자연과
미디어

네덜란드 화가 야코프 판 라위스달Jacob van Ruisdael(1628~1682)의 〈하를렘의 전경*View of Haarlem with Bleaching Fields*〉(1670~1675).

The Marvelous Clouds

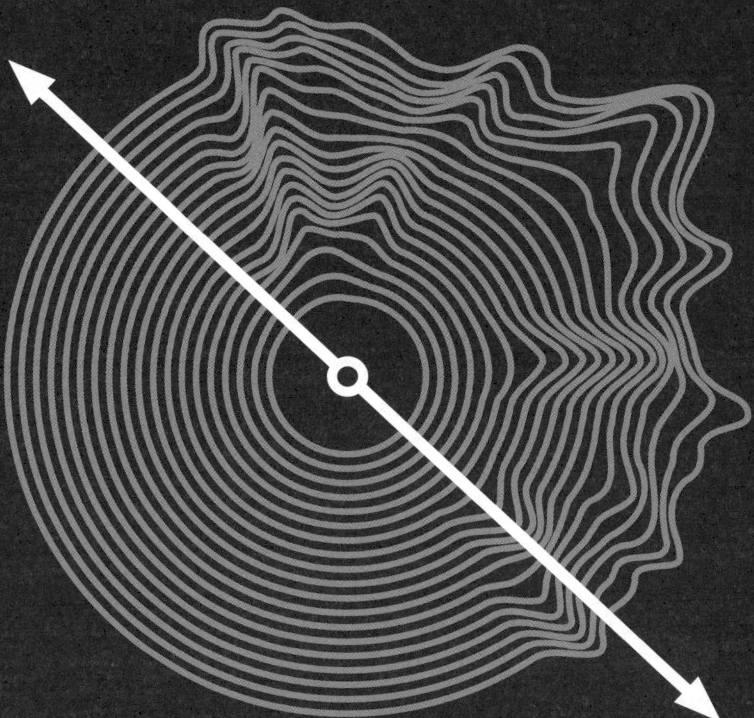

존 더럼 피터스 지음
이희은 옮김

고래에서
클라우드까지,
원소 미디어의
철학을 향해

자연과 미디어

컬처룩 미디어 총서 012

자연과 미디어

고래에서 클라우드까지, 원소 미디어의 철학을 향해

지은이 존 더럼 피터스
옮긴이 이희은
펴낸이 이리라

책임 편집 이여진
본문 디자인 에디토리얼 렌즈
표지 디자인 엄혜리

2018년 10월 25일 1판 1쇄 펴냄
2025년 10월 10일 1판 3쇄 펴냄

펴낸곳 컬처룩
등록번호 제2011－000149호
주소 03993 서울시 마포구 동교로 27길 12 씨티빌딩 302호
전화 02. 322. 7019 | 팩스 070. 8257. 7019 | culturelook@daum.net
www.culturelook.net

The Marvelous Clouds: Toward a Philosophy of Elemental Media
by John Durham Peters

ISBN 979－11－85521－62－6 94300
ISBN 979－11－85521－06－0(세트)

★ 2019 대한민국학술원 우수학술도서
★ 2019 한국언론학회 학술상(번역 부문)

culturelook

차례

일러두기

- 한글 전용을 원칙으로 하되, 필요한 경우 원어나 한자를 병기하였다.
- 한글 맞춤법은 '한글 맞춤법' 및 '표준어 규정'(1988), '표준어 모음'(1990)을 적용하였다.
- 외국의 인명, 지명 등은 국립국어원의 외래어 표기법을 따랐으며, 관례로 굳어진 경우는 예외를 두었다.
- 사용된 기호는 다음과 같다.

  신문 및 잡지 등 정기 간행물, 영화, TV 프로그램 등 : 〈 〉

  책(단행본): 《 》

옮긴이의 글

몹시도 뜨거운 여름이었다. 이 책의 편집과 교정으로 한창이던 2018년 여름, 우리에게 가장 큰 관심거리이자 말 그대로 뜨거운 이슈는 날씨였다. 해마다 여름이면 기온이 올라간다는 자연과학적인 사실을 알고 있다고 해서, 뜨거운 여름날이 주는 고통이 덜해지는 것은 아니었다. 한국보다 더 무더운 날씨가 지속되는 지역이 있다는 지리학적인 사실을 알고 있다고 해서, 어쨌든 가을을 맞이하게 될 우리는 그나마 살 만한 것 아니겠냐고 안도할 수도 없었다. 그러나 이 책을 번역하는 사람의 입장에서 보자면, 유례없이 더웠던 2018년의 날씨는 역설적이게도 이 책의 의미와 가치를 더 깊이 깨닫게 했다.

이 책의 원제인 "멋진 구름The Marvelous Clouds"은 중의적이다. 동시에 오늘날의 구름, 즉 '클라우드'는 인간의 능력으로 만들어 내고 인간의 편의를 위해 사용하는 네트워크 시스템과 데이터 클라우드를 의미하는 기술적인 의미도 지닌다. 존 더럼 피터스는 이 '구름Cloud'이라는 단어가 우리의 삶에 있어 근원적인 진리 한 자락을 담고 있다고 본다. 자연과 기술 혹은 자연과 문화는 그렇게 동떨어진 영역이거나 서로 반대말이 아니라는 것이다. 시인 샤를 보들레르가 찬탄해 마지않았던 '멋진(경이로운) 구름les merveilleux nuages'에서 이 책의 제목을 따오면서, 피터스는 우리를 드넓고도 멋진 이론의 세계로 초대한다. 우리는 미디어가 인간이 만들어 놓은 삶의 환경 일부라고 생각하기 쉽지만, 그는 그러한 상식과는 반대 방향의 접근법을 택한다. 즉 우리의 환경이 곧 미디어라는 것이다. 그 환경에는 구름과 하늘은 물론, 고래와 나무와 흙과 불과 책과 페이스북과 구글과 클라우드와 스마트폰이 모두 포함된다. 이 책은 그러한 환경을 어떻게 미디어로 볼 수 있고 또 보아야 하는지에 대한 피터스의 안내서다.

제목이나 차례를 얼핏 보았을 때에는, 이 책이 인문학, 사회과학, 자연과학, 예술 중 어느 분야에 속하는 책인지 판단하기가 쉽지 않다. 학술서인지 대중 교양서인지 감을 잡기도 어렵다. "내가 진정 구름이 우리에게 말이라도 건넨다고 이야기하는 것처럼 보였단 말인가?"(서론 중에서). 우리 환경의 모든 것을 미디어로 볼 수 있다는 그의 주장에 대해 가까운 동료들조차 이렇게 의구심을 품었다고 하니, 미디어학자와 일반 독자들의 당혹감도 어렵잖게 예측할 수 있었을 것이다. 나 역시 처음 책을 접할 땐 그러한 의구심이 없었던 것도 아니다. 그러나 불행인지 다행인지 2018년의 기록적인 여름 무더위가 다가왔고, 나는 그때서야 머리가 아닌 마음으로 이 책의 의미를 이해할 수 있게 되었다.

예를 들면 이런 것들이다. 기온 39도와 40도는 1도의 차이지만, 38도와 39도가 나타내는 1도의 차이와는 다른 의미를 지닌다. 언론에서는 '불볕더위'가 기승이라 하지만 40도에 불이 붙는 것은 아니고, 태풍으로 '물폭탄'이 쏟아졌다고 하지만 정말 비가 폭탄인 것은 더더욱 아니다. 그럼에도 40도의 더위에 목숨을 잃는 사람들이 속출하고 비 피해로 삶의 터전을 잃는 사람들이 부지기수다. 예상 경로와는 다른 곳으로 상륙하는 태풍을 두고, 주류 언론은 태풍이 '다행스럽게도' 수도권과 먼 곳을 지나게 되었다고 말한다. 물론 '불행스럽게도' 그 태풍이 상륙하는 지점에 거주하며 이 책의 교정을 보고 있던 나는 수도권 사람들이 안심하고 잠든 사이 전전긍긍하며 창문을 단속했다. 제주도에서는 나무가 뽑히고 동물들이 떠내려가고 산과 들이 망가졌지만, 뉴스에서는 아직까지 '아무런' 피해가 없다고 말한다. 인간의 생명 외에는 생명이 아니란 말인가. 심지어 '천만다행으로' 태풍이 한국을 벗어나 일본을 강타한다고 말하기도 한다. 한국 땅에 사는 생명 이외에는 생명이 아니란 말인가.

날씨에 관한 이 부조리극은 그저 천재지변이므로 어쩔 수 없는 영역으로 남겨 두어야 하는 것일까? 피터스는 우리가 이러한 자연과 환경을 미디어로 볼 수 있어야 하며, 날씨에 대한 관심 역시 미디어 연구의 한 부분이어야 한다고 말한다. 해가 뜨고 비가 내리는 일이야 정해진 이치라 할지라도, 그 이치를 밝히고 이용하는 과정을 통해 인간이 서 있는 삶의 터전도 달라지기 때문이다. 고래는 인간의 부족함과 넘침을 깨닫게 해 주는 우리 동료이고, 해와 달은 권력과 제도의 타당성을 부여하는 동기로 작용하기도 한다. 이러한 여러 사례들을 하나씩 곱씹다 보면 피터스가 이 책에서 말하고자 하는 (부제의 일부이기도 한) '원소 미디어의 철학'이 왜 단순한 은유나 허황된 과장이 아닌지 알 수 있다. 그는 미디어가 인간이 만들어 낸 의미를 담고 운반하는 어떤 내용이나 형식이나 운반체에 머무는 것이 아니라, 인간이 삶을 현재의 모습으로 이루어나갈 수 있게 만들어 준 자연과 문화의 모든 요소들이 결합한 일종의 인프라infrastructure라고 말한다. 이는 매우 철학적이고 이론적인 주장이지만, 피터스는 이 책에서 주장을 펼치는 데 머물지 않고 구체적인 사례들을 제시한다. 그것이 바로 이 책이 고래에서부터 클라우드에 이르는 다양한 이야기로 이루어진 이유다. 기독교와 불교, 문학과 예술, 건축과 식물, 동물원과 영화, 책과 페이스북 등 역사와 공간을 가로지르는 그의 사례들은 (그래서 읽기에 많은 지적 노동이 필요하지만) 흥미로운 여정으로 우리를 이끈다. 피터스에게 미디어란 단지 TV나 소셜 미디어나 인터넷이 아니라, 우리의 사회와 우리의 환경을 이루는 모든 인프라인 것이다.

우리말로 '뜬구름 잡는다'는 표현이 있다. 허황되고 막연하고 현실적이지 않은 것을 좇는다는 뜻이다. 그러나 피터스는 그 멋진 뜬구름을 잡는 일이야말로 미디어 이론이 지향해야 할 방향이라고 말하는 것 같다. 뜬구름이라고 의미가 없는 것은 아니며, 설사 의미가 담겨 있지 않다 하더라도 뜬

구름의 존재 그 자체가 우리의 삶에 깊은 연관성을 갖고 있기 때문이다. 그래서 이 책은 일반적인 사회과학 서적이나 역사서처럼 시계열적으로 혹은 순차적으로 전개되지 않는다. 오히려 플래시백으로 시공간을 오가는 영화처럼, 고대 그리스와 현대 사회, 독일과 미국, 하늘과 바다, 기독교와 불교를 가로지르는 철학적인 인식의 흐름에 따라 구성되어 있다. 그가 작가 호르헤 루이스 보르헤스를 여러 번 인용한 것은 우연이 아니다.

일반적인 사회과학 서적이나 미디어 이론서처럼 쓰이지 않았다는 것은 이 책이 낯설어 보이는 이유일 수도 있다. 그러나 이 책은 그 낯섦을 충분히 넘어설 수 있을 만큼 많은 매력들을 갖고 있다. 이 책은 서론과 결론과 일곱 개의 장으로 구성되어 있다. 마셜 매클루언의 유명한 책《미디어의 이해》의 제목을 딴 1장은 이론적인 내용이지만, 나머지 여섯 장은 넓은 의미로 보아 역사적이며, 생태학, 고고학, 역사, 물리학, 해부학, 천문학, 지리학, 언어학 등을 포괄한다. 학문적인 관심을 가진 학자들이나 독자들이라면 서론부터 읽는 것이 가장 흥미로운 여행 방식이 될 것이다. 일반적인 미디어와 역사 이야기에 관심을 가진 독자들이라면 1장을 제외한 나머지 여섯 장 중 어느 것을 먼저 골라 읽더라도 상관없을 것이다. 마치 바다를 유영하는 고래를 주인공으로 삼은 흥미로운 소설처럼 쓰인 2장을 먼저 읽어도 좋고, 종교와 신화의 이야기 한 장면처럼 보이는 3장을 먼저 읽어도 좋으며, 천문학과 건축의 멋진 풍경들이 그려진 과학사처럼 쓰인 4장과 5장을 먼저 읽어도 좋을 것이다. 조금 더 요즘 미디어에 관심을 가진 독자들이라면 페이스북과 구글에 대한 독특한 접근이 드러난 6장과 7장을 먼저 읽고 싶을 수도 있을 것이다.

어떤 방식으로 이 책을 읽든지 상관없이, 이 책의 결론에서 우리가 얻는 것은 명확한 단언이 아니라 더 큰 논쟁을 시작하는 새로운 출발점이다. 7장에 이르기까지 인간에 대한 희망과 유머러스한 웃음을 잃지 않던 피터스는 '의미의 안식'이라는 제목의 결론에서 다소 의외의 결론을 내놓는다.

그는 우리에게 고래와 불과 구름과 하늘을 소개했던 이 책의 여정이, 결국은 인간이란 우리의 생각보다 작은 존재라는 점을 일깨워 주기 위한 것이었다고 고백한다. 인간은 많은 것을 해 왔고 앞으로도 그럴 테지만, 예나 지금이나 여전히 우리의 능력으로는 모두 가닿지 못할 커다란 환경 속에 살고 있음을 알아야 한다는 것이다. 우리를 둘러싼 환경의 인프라가 미디어라는 이야기는, 인간의 존재란 전체 환경의 네트워크 속에 자리 잡고 있을 때 의미가 있음을 알아야 한다는 뜻이다. 그러니까 이는 인간이 마치 미디어라는 기술에 종속되거나 그를 조종할 수 있기라도 하는 양 인간의 힘을 과대평가하는 미디어 이론에 대한 조심스런 경고이기도 하다.

이러한 결론은 책을 다 읽었다는 안심보다는 새로운 논쟁에 대한 고민거리를 더 가져다준다. 뚜렷한 결론을 내리기보다는 미디어 이론이 지향해야 할 새로운 방향을 제시하며 마무리하고 있기 때문이다. 이 과정에서 피터스 역시 그 방향을 찾기 위해 힘들지만 지난한 싸움을 계속하고 있음을 성찰한다. 이런 면에서 이 책 자체도 피터스가 삶과 학문의 과정을 지속하기 위해 선택한 그의 인프라이자 미디어이자 '멋진 구름'이라고 볼 수 있다. 하루가 다르게 새로운 미디어가 등장하는 것처럼 보이는 요즈음, 그는 역설적으로 오랜 미디어가 여전히 중요함을 역설한다. 그는 땅과 바다와 인터넷으로 네트워크화된 인간의 삶에서, 언어와 글쓰기가 지니는 혁명적인 힘을 여전히 믿는 학자다.

이 급진적이면서도 성실하고 또 겸손한 학자를 이제라도 한국의 독자들에게 소개할 수 있어서 다행이고 영광이다. 존 더럼 피터스는 미디어 역사와 철학과 테크놀로지에 대한 저서와 논문으로 잘 알려진 국제적으로 저명한 학자다. 그의 책들은 독일어와 중국어를 비롯하여 여러 언어로 번역되어 있으나, 한국어로 정식 번역된 것은 이 책이 처음이다. 전문을 번역한 것은 아니지만 그의 첫 번째 단독 저서인 《허공에 말하기*Speaking into the Air*》가 소개된 적은 있다(성민규, "흩뿌려지는 것에 대한 사랑과 욕망,"

한국방송학회 엮음, 《책, 텔레비전을 말하다》, 컬처룩, 2013). 또한 그의 논문 한 편이 국내 학술 저널에 편집자의 소개글과 함께 원문 그대로 실린 바 있다(《언론과 사회》, 15권 3호, "Strange sympathies: Horizons of media theory in America and Germany"와 편집자의 소개글, 2007).

피터스의 연구와 사상은 현재 우리 사회 일반과 학계에 꼭 필요한 주요 사안들을 집약하고 있다. 그는 미국 주류 사회에서 나고 자랐지만, 그의 학문적 궤적은 미디어 연구의 주류에서 살짝 벗어나 있다. 미디어 역사와 철학에 대한 이론적인 논의에 중심을 두되, 경험적인 연구들을 풍부하게 포함한 비판적 연구를 지향한다는 점에서 그렇다. 피터스는 학제 간의 명확한 구분보다는 학제의 경계를 넘어서는 인식론에 더 큰 관심을 갖고 있으며, 비판적 연구를 지향하면서도 테크놀로지는 물론 종교와 영화와 언론 일반과 민주주의에 이르기까지 다양한 주제들을 아우른다. 당장 응용 가능하고 시류를 좇아가느라 바쁜 연구들을 다량 생산해 내야만 살아남을 수 있는 오늘날의 학문 세계에서, 그의 복합적이면서도 상상력이 풍부한 연구들은 묘한 낯섦과 긴장감을 준다. 이 책 역시 그의 엉뚱한 상상력과 깊이 있는 통찰이 맞물려 읽는 즐거움을 제공해 준다.

개인적으로는 내 지도 교수의 책을 번역하게 되었다는 점에서 기쁘면서도 조심스럽다. 그는 2017년 현재 몸담고 있는 예일대학교로 옮기기 직전까지, 30년 동안 아이오와대학교의 커뮤니케이션학과에서 가르쳤다. 나는 아이오와대학교에서 1998년 처음 그를 만났다. 그는 스스로에게 가하는 학문적인 엄밀함과는 달리 일상에서는 타인에게 매우 배려심이 강해서, 미국의 학자들은 모두 오만하고 잘난 척을 할 것이라는 당시의 내 편견을 보기 좋게 깨준 사람이었다. 그는 민주주의의 가치를 믿지만 미국의 패권을 비판하고, 뛰어난 사상가들을 존중하지만 지적인 오만함에는 불편함을 표했다. 그와 함께하는 수업과 세미나는 늘 편안한 분위기였으나, 끝나고 나면 머리를 한 대 얻어맞은 듯 더 큰 질문들이 넘쳐나곤 했다. 여러 언어를 능숙하게 할 만큼 언어에 대한 관심이 많고 타문화를 존중하는 그는 지금도 나와 이메일을 주고받을 때 편지 말미에 '존 올림' 혹은 '존 드림'이라고 한국어로 표기한다.

이 책의 제목을 두고는 많은 고민을 했다. 원제인 "The Marvelous Clouds"라는 표현 속에 담긴 역사성과 문학적 은유와 과학적 관찰과 인문학적 지향을 모두 담아내기에 '멋진 클라우드'라는 번역어로는 부족하다고 느꼈다. 결국 출판사와의 협의를 통해 '자연과 미디어'라는 다소 평범하지만 포괄적인 제목으로 정했다. 한국어판 부제("고래에서 클라우드까지, 원소 미디어의 철학을 향해")에 담긴 멋지고 기이한 의미가 독자들에게 잘 전달되었으면 하는 바람이다. 또한 연도와 관련된 번역어가 독자들에게 다소 낯설 수 있어 짧게 설명하고자 한다. 흔히 연도를 표기할 때 서기(서력 기원)를 기준으로 하여 기원후를 AD, 기원전을 BC라고 표기하곤 한다. 그러나 이 책에서는 원문을 따라 이를 각각 CE(Common Era, 공통 시대)와 BCE(Before Common Era)로 표기했다. 이는 기독교와 서유럽 문명의 역사적 패권에 대한 대안적 표기 방식이며, 피터스가 이 책에서 강조하기도 했던 부분이다.

피터스는 훌륭한 학자인 동시에 너그러운 인품을 지닌 교육자다. 이번 번역을 위해 연락을 주고받으면서, 그는 내게 번역의 권한을 한껏 부여했다. 자신이 이 책을 많은 고민과 괴로움 속에 집필했던 만큼, 번역 역시 많은 땀과 고민이 필요한 작업임을 안다고 말했다. 번역을 마치면서 내가 그의 격려를 받을 만한 자격이 있을까 하는 생각에 몹시 부끄럽다. 고대 철학과 종교의 경전과 세계의 문학 작품과 자연과학의 이론들을 모두 이해하고 찾아봐야 하는 번역의 과정이 쉽지만은 않았다. 이 책에 오역이 있다면 그것은 내 부족함 탓이니, 번역상의 흠결에도 불구하고 이 책의 큰 그림을 봐주시기를 독자들에게 감히 부탁드린다.

이희은

존 M. 피터스, MD(1935~2010),

그리고

구드런 “구디” J. 폴센(1915~2010),

인프라의 주인공인

이들을 기억하며

한국어판 머리말

커뮤니케이션과 미디어를 연구하는 학자로 살면서 많은 한국 친구들을 만나 왔다. 스탠포드대학교 대학원 동료들을 비롯해, 이후 아이오와대학교와 예일대학교의 학생과 동료들도 있었다. 이들과 만난 일은 내게 학문적으로나 개인적으로나 즐거운 일이었다. 한국에 관심이 많았던 나는 한국인 학생들과 동료들에게 한국에 관해 많이 배울 수 있었다. 2007년 서울을 처음 방문했는데 여러 면에서 인상 깊었다. 효율적인 교통 시스템, 전통과 현대의 충돌, 엄청나게 빠른 삶의 속도, 영어를 대단히 중시하는 사람들, 아름다운 산, 맛있는 음식, 거기다 친구들과 동료들의 환대가 특히 기억에 남는다.

한국의 상황과 비슷한 다른 나라를 떠올리기는 쉽지 않다. 한국은 반도이면서도 섬나라나 다름없지만, 특별한 문화적인 영향력을 행사하고 있다. 이는 전 지구적으로 뻗어나간 한국의 대중문화를 봐도 알 수 있다. 지정학적으로는 중국이라는 초강대국과 핵을 가진 북한과 식민 침탈을 했던 일본 사이에 있다. 미국으로서는 이전엔 소련, 지금은 중국이라는 경쟁자와 대면하는 최전선이기도 하다. 한국은 공식적으로는 결코 끝난 적이 없는 전쟁의 영향력 아래 놓여 있었고, 그 과정에서 주한 미군의 주둔과 압축적 경제 성장도 겪었다. 이를 통해 한국은 세계 최빈국 중 하나에서 벗어나 가장 부유한 나라 중 하나가 되었고, 이 과정에서 민주화를 향한 고통스러운 투쟁도 있었다. 이 모두가 한국을 매력적인 요소들이 조합된 나라로 만든다. 이처럼 압력솥 같은 삶을 산다는 일은 시련일 수도 있지만 기회일 수도 있다. 좋은 결과도 나쁜 결과도 있을 것이다. (나는 이 책이 미약하나마 좋은 방향으로 기여하기를 희망한다.)

한국은 전 지구상에서 가장 앞서 있는 디지털 연결 사회일 뿐만 아니라 오랜 커뮤니케이션 연구의 전통이 있다는 점에서 자부심을 가질 만하다. 한국에서 온 한 방문학자가 내게 이런 농담을 했다. 한국은 커뮤니케이션 연구의 (수준에 있어서는 세계 최고가 아닐지 몰라도) 양만큼은 세계 최대임에 틀림없다는 것이다. 그 말에 우리 둘 다 웃었지만, 그 농담 속에 뼈가 있음을 알 수 있었다. 한국의 동료들 상당수가 빠른 속도로 논문을 써내야 하는 압력을 받고 있는데, 그것도 사회과학 인용 색인(SSCI: The Social Science Citation Index)과 이른바 피인용 지수로 인정받는 방법론과 주제의 논문을 써야 하는 압박을 받고 있음을 알 수 있었다. 물론, 인용될 만큼 영향력이 있는 연구란 모든 학자들의 바람이다. 하지만 그 바람을 이루기 위해 겪을 위험이 있고, 이는 한국뿐 아니라 전 세계 모든 나라에서 마찬가지다. 학자들이 높은 연구 성과를 얻기 위해, 진정한 연구와 진정한 상상력과 진정한 호기심을 포기해야 하는 위험을 감수해야 하는 것이다.

학문의 진정한 영향력이란 측정하기 어렵다. (한 젊은이의 머리와 마음속에 자리 잡은 아이디어 하나가 세계를 바꿀 수도 있다. 어떤 현자가 말했듯, 온 세상을 얻는다 해도 그 와중에 영혼을 잃는다면 무슨 소용이란 말인가?) 전 세계의 학자들은 연구비를 지원받고 학자로서의 명성을 유지하기 위해서는 오직 논문만을, 오직 영어로, 그것도 대량으로 써내야 하는 압력 아래 놓여 있다. 이 새로운 학문적 난관 속에 지혜와 지식을 잃게 될까 걱정스럽다. 솔직히 나는 이 책이 50년 혹은 100년 동안 읽힐 수 있기를 바란다. 물론 그 바람이 이루어질지는 알 수 없다. 한국, 미국, 그리고 전 세계에서, 학자들은 우리가 마주하는 점점 더 뜨겁고 혼란스러워지는 지구에 진정으로 중요한 차이를 만들어 낼 심원의 시간에 대한 감각을 잃을 위험에 처해 있다. 학자들은 깊은 숨을 들이쉬고, 생각하고, 어려운 질문들을 던져야 한다. 우리가 연구와 교육에서 최고의 것을 추구하지 않는다면 우리의 사명을 배신하는 일이 될 것이다.

이 책에서 한국은 남북 분단이라는 불행한 상황에 대해 딱 한 번 짧게 언급될 뿐이다. 하지만 이 책은 훨씬 더 깊은 의미로 한국과 연관된다. 어쩌면 한국 문화의 역사에 담긴 주제들이 더 심도 깊은 관점을 제공할지도 모른다. 만일 이 책에서 그리는 인간의 조건을 이해하는 하나의 문화를 꼽으라면, 바로 한국일 것이다. 세종대왕이 한글을 창제할 때, 그는 음양을 결합하고 그 가운데 인간을 둔 천지인의 원리를 바탕으로 글자를 만들었다. 이는 내가 이 책에서 주장하는 바이기도 하다. 인간은 언제나 하늘과 땅 가운데에 있는데, 책 첫머리(p.20)에 인용한 랠프 월도 에머슨의 말처럼 중간계가 최고다. 중간은 물론 미디어를 의미한다. 미디어는 가운데에 온다. 미디어는 공통의 장이다. 알파벳은 문명의 역사에서 가장 중요한 테크놀로지 중 하나다. 최근 구글이 자신의 모기업 이름을 '알파벳Alphabet'이라 결정한 일에서도 미묘하게 드러난다. 세종대왕은 커뮤니케이션에 필수불가결한 미디어인 글쓰기 언어를 고안함으로써 의미 만들기의 인프라를 수립했다. 그가 창제한 한글은 한국 문화 고유의 것이고, 수많은 사람들이 매일 사용했고, 수백 년을 이어져 내려왔으며, 하늘과 땅 사이에 인간이 살고 있는 방식에 대한 심원한 방식을 우리에게 일러 준다.

이 책이 한국 문화가 이룩한 위대한 성취들에서 찾을 수 있는 깊이와 지혜의 수준에 공명할 수 있기를 겸허한 마음으로 열망한다. 아울러 인류세 시대에 우리의 생태학적이고 정보적인 조건을 이해하고자 하는 학자와 연구자들은 물론 커뮤니케이션 및 미디어 연구에 관심을 가진 일반 독자들의 책장에도 이 책이 안착하기를 바란다.

존 더럼 피터스

"작고 단순한 일로 큰 일이 이루어진다."

— 앨마서 37:6

"중간계가 최고다."

— 랠프 월도 에머슨

서론

사건의 가운데에서

미디어 철학을 위한 때가 무르익었다. 미디어 철학은 자연철학을 필요로 한다. 미디어는 정보의 장치일 뿐만 아니라, 질서의 운영 기관이기도 하다. 미디어는 인간이 하는 일 및 인간이 생태계나 경제 체계와 맺고 있는 관계에 대한 메시지를 보내기만 하는 것이 아니다. 내가 이 책에서 주장할 확장된 의미의 미디어 개념에서 보자면, 미디어는 그 체계들을 구성하는 요소이기도 하다. 인간과 인간이 만들어 낸 것들은 자연 속으로 파고들어 땅과 바다 전체와 하늘 대부분을 완전히 바꾸어놓았고, 인간의 손이 닿지 않는 무언가로 여겨지곤 했던 '자연'이 이제는 인간이 '자연'이라고 따로 구별한 곳에서만 존재하는 것이 되었다. 물론 인간의 자연호 운항이 순조롭기만 한 것은 아니어서, 사방에서 폭풍우가 몰아치기도 한다. 기후 변화와 디지털 기기의 폭증으로 우리 삶의 터전에 불가역적인 위협이 찾아올 가능성, 즉 대기 중 탄소의 과다와 '클라우드'의 데이터 과다가 닥칠 가능성을 고려하면, 미디어와 자연의 관계를 다시 펼쳐보는 것이 좋다.

이 책은 원소의elemental• 미디어, 즉 우리의 관습과 삶의 터전에 기

• elemental은 '기본적인'이라는 뜻이 있지만, 근본적인 구성 요소로서의 '원소'라는 의미가 더 강하다. 고대 그리스 자연철학에서는 엠페도클레스와 아리스토텔레스를 따라 흙, 물,

본적인 것으로 당연시 여겨졌던 원소 미디어의 철학을 디지털 시대와 관련하여 살핀다. 이 책은 미래를 추측하거나 컴퓨터의 사용이 문화와 사회를 얼마나 바꾸어놓았는지 연구하려는 것이 아니며, 인간과 다른 생명체들에게 닥친 환경 위기를 말하려는 것도 아니다. 여러 학자들이 이미 많이 연구하는 이러한 주제들도 물론 이 책의 관심사에 속하기는 한다. 이 책에서 내가 관심을 갖는 미디어는 언론이 환경 위기를 어떻게 보도하는가 혹은 자금 조달이 잘 되는 시끌벅적한 대중 토론에서 증거에 입각한 비판적 사고가 어떻게 더 큰 목소리를 얻게 되는가 등의 문제보다는 조금 더 모호하고 더 근본적인 것들이다.[1] 나는 미디어가 선박이자 환경임을, 즉 우리의 존재를 정착시키고 우리가 하는 일을 가능케 하는 컨테이너임을 주장할 것이다. 미디어가 신문과 라디오와 텔레비전과 인터넷처럼 메시지를 담은 기구들을 의미한다는 생각은 사상사에서 비교적 최근의 일이다. 요훈 회리쉬Jochen Hörisch가 언급하듯이, "19세기에 접어들고 한참이 지날 때까지도, 미디어라는 말은 물과 지구와 불과 공기처럼 자연 요소들을 의미하는 것이 일반적이었다."[2] 미디어 개념에 담긴 원소와 관련된 유산은 지금 이 시대, 즉 우리를 둘러싼 모든 환경이 테크놀로지와 관련되고 꿀벌과 개에서부터 옥수수와 바이러스에 이르기까지 모든 자연이 인간의 조작으로 흠뻑 물들어 있는 이 시대와 전적으로 상관관계가 있다. 질소의 순환과 인터넷 중 어느 것이 지구를 유지하는 데 더 결정적인지 말하기 불가능한 이 시대에, 비록 어려운 일이기는 하지만 미디어를 자연적인 동시에 문화적인 것으로 이해하는 신중한 변증법으로부터 많은 것을 배울 수 있다고 나는 믿는다. 만일 미디어가 의미를 운반하고 전

공기, 불이라는 네 원소와 제5의 원소로 세계가 이루어졌다고 믿었다. 미디어를 이 다섯 가지 원소들로 이해함으로써 미디어 연구의 철학적 외연을 확장하려는 것이 저자의 흥미로운 통찰이다. — 옮긴이

달하는 이동 수단이라면, 미디어 이론은 모든 가능한 의미의 배경이 되는 자연을 신중하게 고려해야 한다.

지금부터 할 얘기가 우리 시대 인간의 조건에 대해 알고자 하는 일반 독자와 다양한 학문 영역에서 미디어에 관심을 갖는 학자 모두에게 흥밋거리가 되기를 바란다. 의미가 전달되는 수단이라는 뜻을 지닌 '미디어'는 의미를 갖고 있으나 발화하지 않는 더욱 근본적인 미디어의 가장 상층에 위치한다. 다니엘 다얀Daniel Dayan과 엘리후 카츠Elihu Katz로부터 시작된 미디어 이벤트 연구의 활발한 전통은 텔레비전이 9·11이나 전쟁과 같은 대참사와 아폴로호의 달 착륙이나 올림픽 경기와 같은 행사들을 어떻게 구성하는지 잘 보여 주었는데, 우리는 그러한 통찰력을 조금 더 확장할 수 있다. 넓게 이해하자면 미디어는 사회뿐 아니라 자연의 영역에도 속하고, 이벤트는 물론 물질적 대상의 영역에도 속한다. 오존층, 극지방의 빙하, 고래 개체수가 모두 오늘날과 같은 상태가 된 것은, 기자들이 이들을 뉴스로 그렇게 다루어서가 아니라 데이터와 통제의 인프라* 역할을 하는 미디어가 그들을 그런 식으로 변화시켰기 때문이다. 수많은 생명 형태들이 이제는 생체 실험in vivo만큼이나 자주 컴퓨터 시뮬내기 실험in silico의 형식으로 번성한다.** 약학은 점점 더 정보과학의 한 분야가 되어가고 있다. 삼림 산업은 데이터 산업이다.

미디어가 환경이라는 오래된 아이디어는 이제 뒤집어 생각할 수 있다. 환경 역시 미디어다. 물, 불, 공기, 흙, 에테르는 존재를 지속하게 하는 안락

---

* 이 책에서 'infrastructure'는 하부 구조와 기반 시설을 모두 아우르는 말로 사용된다. 이미 국어사전에도 올라 있고 널리 사용되는 '인프라'로 번역했다. — 옮긴이

** 기존 생명공학의 연구 방법 중 살아 있는 세포(생명체)를 대상으로 한 실험을 '인 비보In-Vivo,' 유리 시험관을 통한 방법을 '인 비트로In-Vitro'라 한다. 이에 반해 최근 컴퓨터의 발달로 컴퓨터 시뮬레이션을 이용하는 방법이 있는데, 이러한 가상 환경에서의 실험 방법을 '인 실리코In-Silico'라 한다. — 옮긴이

하고 숭고하고 위험하고 멋진 원소들이며, 우리는 아직도 이 원소들을 어떻게 다루어야 할지 파악하지 못했다. 기술사는 이 원소들을 다루려는 우리의 노력으로 이루어져 왔다. 인간 개체군의 대다수를 차지하며 당연시 여겨졌던 환경은 굳이 구분하자면 인공 생명체가 자연 생명체와 느슨하게 짝을 이룬 형태로 구성되어 있다. 우리의 존재는 자연과 문화를 관리하는 다양한 기술에 의존하고 있으며, 그러한 기술 대부분은 아마도 의미 만들기의 수준이 열악할 것이라는 이유로 최근의 커뮤니케이션 이론에서 무시되어 왔다. 70억 인구가 살 수 있는 세계를 어느 정도는 존재하게끔 하려고 수많은 기본적인 생명 유지 방법들이 확립되어 왔다. 그 방법들에는 불 관리, 주거, 의복, 말하기, 목축, 농업, 정착, 글쓰기 등이 있으며, 물질과 마음, 자연과 예술, 생물학과 문화 등에 광범위하게 걸쳐 있는 보다 최근의 설비들도 포함한다. 생명과학에서 '미디어'는 지금까지 문화가 성장하는 데 필요한 겔gel과 기타 물질들을 의미하는데, 이는 환경을 의미하던 예전의 매질medium에서 비롯된 것이다. 이와 비슷한 맥락에서 우리는 미디어를 다른 미디어들을 포함하여 다양한 형태의 생명체들에게 서식지 제공을 가능케 하는 환경으로 간주할 수 있다.• 미디어는 자연의 요소와 인간의 가공물이 더해진 앙상블이다. 우리가 한때 미디어를 이렇듯 확장된 의미로 생각했던 것을 고려하면, 미디어 철학은 엄청난 중요성과 절박함을 지닌다.

이 책의 이런저런 면에 대해 이야기를 나누던 중에 나는 깊은 관심과도, 때로는 이상하게 보는듯한 눈길과도 마주치곤 했다. 몇몇 친구들과

• 2013년 봄 내 이메일함에 광고 하나가 도착했다. 그것은 "건조 분말 배지dehydrated culture media" 350가지에 관한 광고였다. "억제제가 없고, 뛰어난 투명도를 지니며, 지속력이 강하고, 믿을 만한 복제 가능성[원문 그대로], 뛰어난 응고력"으로 유명한 "세계 수준의 프리미엄 퀄리티"를 지닌 한천, 펩톤, 아가로스의 광고였다. 미디어의 특성으로 손색없는 목록이다! 약간은 다다이즘 시 같은 이 스팸 메일을 몇몇 동료들에게 전달하자, 그들은 "건조 분말 배지"가 우리의 연구 분야를 제법 잘 묘사한다고 보았다.

동료들은 내게 미디어란 인간에 관한 것이며 조금 더 구체적으로 말하자면 인간의 의미와 의도를 표시하기 위한 수단이라고 말했다. 이러한 견해에 따르면, 바다나 땅이나 불이나 공기를 미디어라고 말하는 것은 유용성의 한도를 벗어나 미디어의 개념을 희석하는 일이 된다. 게다가 한술 더 떠 사회과학과 인문학이라는 목초지에 있던 미디어학자들을 자연과학과 철학과 신학의 영역으로 몰아넣으며 무자비하게 많은 과제와 불가능할 정도의 융합 학문적 탁월성을 요구하는 셈이 된다는 것이다. 많은 사람들이 내게 "그렇다면 미디어가 아닌 것은 무엇인가"라고 물었다. 일부는 심지어 내 정신 건강 상태에 우려를 표하기도 했다. 내가 진정 구름이 우리에게 말이라도 건넨다고 이야기하는 것처럼 보였단 말인가?

나는 자연에 의미가 있다고 생각하며, 그렇게 생각하지 않는 것이야말로 정신 나간 일이라고 생각한다. (마찬가지로, 우리의 의미에는 생태계의 상호의존성이 없다고 생각하는 것은 미친 일이다.) 그러나 우리는 의미가 무엇을 의미하는 것인지를 다시 생각해 보아야 한다. 만일 우리가 정신적 내용이란 누군가에게 무엇인가를 말하기 위해 의도적으로 고안한 것을 의미한다고 본다면, 당연히 구름이나 불은 커뮤니케이션하지 않는다. 그러나 만일 우리가 존재를 가능케 하는 신뢰할 만한 데이터나 처리 과정의 저장고를 의미한다면, 당연히 구름과 불은 의미를 갖고 있다. 만일 우리가 두 인간이 커뮤니케이션 모델로서 생각을 나누려 노력하는 것이 아니라 인간 개체군이 환경과 지적인 상호 관계를 하면서 진화한 것으로 여긴다면 어떨까? 고전적인 프래그머티즘 학자들은 커뮤니케이션을 이러한 방식으로 이해했다. 만일 우리가 기술이란 단지 고체 상태인 물체를 조각내는 도구를 의미하는 것이 아니라 자연이 적어도 인류를 위해서 표현되고 변경되는 것이라 여긴다면 어떨까? 마르틴 하이데거Martin Heidegger와 그를 따르는 많은 학자들이 테크놀로지를 이러한 방식으로 이해해 왔다. 앞으로 1장에서 설명하겠지만, 미디어 이론이 메시지와 내용에 관한 것인

만큼 환경과 인프라에 관한 것이기도 하다는 생각은 다양한 사상의 전통에 깊이 뿌리를 내리고 있다.

디지털 기기는 우리로 하여금 미디어를 단지 사람들의 머리에 기호학적인 의미를 주입하는 도구가 아니라 우리 서식지의 일부인 환경으로 생각할 것을 권한다. 이 책은 디지털 미디어의 도래가 우리를 커뮤니케이션과 문명에 관한 근본적이고도 영구적인 문제로 돌려보낸다는 생각으로부터 출발한다. 이른바 뉴 미디어라고 하는 것이 우리를 미지의 물속으로 이끌지는 않는다. 뉴 미디어는 복잡한 사회에서 한 몸이 되어 버린 생명체들의 가장 기본적인 문제를 되살리고 가장 오래된 말썽거리들을 안도할 수 있는 영역으로 던져놓는다. 남용되고 함부로 쓰이는 단어인 '문명'을 나는 도시의 성장과 관련된 현상의 신드롬으로 본다. 인류 사이를 둘로 가르는 권력의 계층화(남자와 여자, 주인과 노예)는 더욱 심해지고, 인간과 동물 사이, 노동 분화, 인구 증가, 글쓰기와 문서 관리, 점증하는 화재와 재난의 위험도 마찬가지며, 극소수에게만 해당되는 일이지만 예술과 과학을 추구할 수 있는 기회도 점차 증가해 왔다. 문명civilization은 위험한 용어이며, 랠프 월도 에머슨Ralph Waldo Emerson이 말했듯이 "여러 측면에서 모호하고 복잡한 이름"이다. 그 단어에서 풍기는 도덕적 우월감과 식민의 역사 때문이기도 하지만, 우리 인류의 역사적인 전이와 인프라의 물질에 대해 생각하기에 유용하기 때문이다.[3] (우리가 위험한 용어 사용을 모두 피해야만 했다면 우리는 아예 생각할 수도 없었을 것이다.) 조금 더 구체적으로 말해서, 사회학자 노르베르트 엘리아스Norbert Elias와 그를 추종하는 연구자들은 '문명'을 이해하기 위한 3대 급소가 있다고 이해했다. 즉 인간 자신들과의 관계, 다른 인간들과의 관계, 그리고 자연 세계와의 관계가 그것이다. 문명은 정신적, 사회적, 생물학적 자원들을 통제하기 위한 다각도의 체제로 구성되어 있으며, 그 복잡한 상호 관계를 추적하는 일이야말로 엘리아스가 말하는 사회학의 임무였다. 심리학적, 사회적, 환경적인 이 세 가지 긴장 전선을 어떻게 관리할 것인가라는 문제야말로 인류가 아직 분명하게 해결하지 못한 끊임없는 도전이다. 나는 엘리아스의 견해를 따라, 문명은 우리의 거대한 골칫덩어리이자 임무이며, 인간과 자연 자원을 관리하는 실천들의 취약하고도 힘 있는 앙상블이라고 본다.

미디어는 문명 발주 장치다. 이러한 통찰에 도달하기 위해서 우리는 지난 세기 동안 미디어가 얼마나 예외적이었던가를 볼 필요가 있다. 지난 세기 내내 라디오, 텔레비전, 영화, 신문, 잡지 등의 '미디어'는 유권자들에게 정보를 제공하고 소비자를 유혹하며 노동자들에게 오락을 제공하고 멍청이들에게는 이데올로기를 제공하는 것으로 여겨졌다. 다른 말로 표현하자면, 미디어는 대체로 인간을 위해 고안된 메시지나 의미의 전달자로 인식되었다. 미디어가 일반적인 영향력을 갖고 있다는 것은 두말할 나위 없지만, 인프라에는 속하지 않는 것으로, 즉 배경ground이 아니라 형상figure으로 여겨졌다. 지난 반세기 동안 커뮤니케이션의 지배적인 기술 형태는 방송에서부터 통신과 인터넷으로 옮겨갔으며, 모든 것이 보다 혼란스런 미디어 세계의 역사적인 규범으로 되돌아갔다. 거대 규모로 행해지는 일대다 커뮤니케이션이 여전히 남아 있지만 전파가 "드라마화된 사회를 위한 드라마"[14]로 가득 차 있던 20세기 대부분의 기간에 비해서는 다소간 형식적으로 남아 있을 뿐이다. 우리는 한 세기 이전의 방식인 일부 대 일부, 하나 대 몇몇, 또는 심지어 하나 대 아무도 없는 것 사이의 커뮤니케이션 모드로서, 즉 미디어가 보다 근본적인 방식으로 삶에 장착되는 커뮤니케이션 환경으로 되돌아갔다.

이미 전성기를 지난 과거의 용어가 되어 버렸지만, 새로운 미디어를 의미하는 뉴 미디어에 있어서 새로움이란 무엇인가? 미디어 시장에는 이미 많은 답들이 나와 있다. 긴꼬리 분포long-tail distribution, 플래시 몹flash mob, 분산 연구, 사용자 제작 콘텐츠(User-Generated Contents: UGC), 입소문viral fame, 글로벌 연결성, 범용 아카이브, 빅 데이터, 풀뿌리 혁명

등이다. 인터넷에서 우리는 포르노, 스팸, 메타데이터, 금융 등을 밀매하는 비인간적인 괴물들을 볼 수 있고, 미디어 기기를 통해 직접 그런 행동들을 하는 인간 괴물들도 볼 수 있다. 국가와 기업은 인터넷으로 감시하고, 친사회적이고 반사회적인 사람 모두를 해킹하며, 집단 따돌림이 일어나고, 피해자를 협박하여 자살하게 만든다. 어떤 면에서 이런 일들은 모두 이상하지만 다른 한편으로는 모두 익숙한 일들이다. 사람들은 시간을 낭비하거나 장거리 사교를 하고, 10대들은 익명성이라는 가면 뒤에 숨어서 시간을 허비하고 악랄한 짓들을 한다. 엘리트들은 사람들을 감시하기 위해 미디어를 사용하고, 미디어에 집중된 권력으로 일부 사람들은 상처를 입고 다른 일부는 엄청나게 부자가 된다. 새로운 것은 무엇인가? 비록 우리의 특정한 기술적, 정치적, 경제적 조건이 전례 없기는 하지만, 조금 거리를 두고 바라보면 이 모두는 인간만사 서커스 같은 소동이 상대적으로 안정된 것에 불과하다.

사람들은 언제나 시공간의 거리를 넘어서 상호 작용해 왔지만, 디지털 미디어는 사람 대 사람 사이에서 생겨나는 기회와 문제들을 더욱 격렬한 것으로 만들었다. 어떤 동물에게나 같은 종의 개체와 일대일로 마주친다는 것은 깊이 뿌리내린 도전이다. 맞서 싸울 것인가 도망칠 것인가, 춤출 것인가 아니면 짝짓기를 할 것인가? 인간에게 있어 이러한 직접적인 마주침의 복잡성은 한층 더 날카롭다. 저기 다가오는 낯선 이가 적이 될 것인가, 연인이나 동맹이 될 것인가, 아니면 교역 상대가 될 것인가? 그 낯선 이를 적대감으로 대할 것인가, 예의로 대할 것인가, 무시할 것인가, 아니면 이 셋을 절충할 것인가? (우리 모두는 적대적인 예의나 예의 바른 무시에 대해 잘 알고 있다.) 일단 그 낯선 이를 문 안에서 환영하고 난 후라도, 골칫거리가 모두 사라진 것은 아니다. 타인의 존재처럼 위험하고 당혹스러움이 무르익은 현장은 없으며, 문명은 이러한 위험과 협상하려는 노력의 길고 긴 이야기다.

이른바 소셜 미디어는 이러한 문제들을 해결하지 못한다. 이 책의 6장에서 주장하듯이, 비록 소셜 미디어의 주요 매력 중 하나가 면대면 상호 작용의 위험들을 많이 감소시켜 줄 수 있는 사회관계 형태를 제공해 주는 것이기는 하지만, 그 대신 다른 위험들이 도드라질 뿐이다. 소셜 미디어는 우리에게 존재의 커뮤니케이션 행동유도성affordance과 매개된 몸에 대해 새롭게 생각할 수 있도록 해 준다. 몸은 모든 미디어 중에 가장 기본이며 가장 풍부한 의미가 담겨있는 곳이기도 하다. 하지만 그러한 몸의 의미는 주로 언어나 기호의 형태를 띠고 있지 않으며 더 모호한 변연계의 유체limbic fluid• 깊숙이 전달된다. 몸은 그 자체로 단일한 개체가 아니다. 몸은 하나의 네트워크다. 다른 사람과 함께 같은 시간과 공간을 공유한다는 것은 말을 채 꺼내기 전이라 할지라도 이미 의미를 품고 있다. 도저히 불가능할 것만 같은 누대에 걸친 진화가 어떠한 조우라도 가능케 하는 일을 꾸민다. 하나의 얼굴이나 목소리 혹은 동작의 의미는 문장 1000개로도 제대로 잡아낼 수 없다. 가운데 있다는 뜻을 지닌 미디어라는 단어는 우리가 의식적으로 구성하는 의미의 중요성에 비해 부차적인 것으로 여겨지는 일이 종종 있지만, 미디어는 일반적으로 의미의 가장 깊고 거대한 항구다.

디지털 미디어는 단지 이러한 오래된 변연계의 유체뿐만이 아니라 오

• 1878년 프랑스의 신경학자이자 해부학자 폴 피에르 브로카Paul Pierre Broca는 뇌의 주변부limbus에 속하는 부분이 감정에 관련된다고 주장했다. '변연계limbic system'라는 용어는 1952년 미국의 신경학자 폴 맥린Paul MacLean이 처음 사용했다. 맥린이 제안한 뇌의 삼중구조설에 따르면 본능적 생존에 관련된 R-복합체, 고등한 판단과 단기 기억을 담당하는 신피질과 달리, 변연계는 감정, 동기, 학습, 장기 기억에 관련되어 있다. 변연계는 해마, 편도체, 시상, 시상하부, 변연엽 등으로 이루어져 있으나 유체로 연결되어 있는 것은 아니다. 뇌 안에는 뇌척수액이 있지만 변연계와 직접 관련된 것은 아니다. 저자가 limbic fluid라고 쓴 것은 스피노자의 전통에서 몸이 직접 감응하는 것을 넓은 의미로 '유체'라 부르기 때문이라 할 수 있다. — 옮긴이

래된 데이터 사용을 재활성화하기도 한다. 20세기의 매스 미디어와 달리, 디지털 미디어는 콘텐츠와 프로그램과 의견에 대한 것보다 조직과 권력과 계산에 대해 더 많이 교류한다. 디지털 미디어는 사회 전체에 똑같은 이야기를 전달하기보다는 추적하고 위치를 찾는 병참학의 도구로 더 많이 기여한다. 디지털 미디어는 고대의 항해 기능을 되살린다. 디지털 미디어는 우리에게 시간과 공간을 알려 주고, 우리의 데이터를 색인해 주며, 우리를 네트워크 위에 올려놓는다. 글쓰기 미디어는 메소포타미아에서 빵과 맥주와 밀과 노동 시간 등을 기록하기 위해 처음 사용되었다. 서정시와 서사시와 논설이 나온 것은 그 후의 일이다. 물론 '콘텐츠'라는 말이 무엇을 의미하든지간에 여전히 중요한 것으로 남아 있고, 2013년 한 해 동안만 하더라도 유튜브에 분당 평균 100시간 분량의 비디오가 업로드될 정도로 아직 많이 남아 있다. 그러나 디지털 미디어의 혁신은 트래킹과 트윗과 태그 달기로 퍼져나갔고, 매일의 삶과 권력 조직의 구조로 더 많이 확산되었다.

미디어가 언제나 세 가지 문명의 축을 기준으로 권력을 집중했다는 사실은, 디지털 기술의 초월성을 과장하는 물결 속에서 놓치기 쉬운 부분이다. 가장 발견이 쉬운 축은 두 번째 축, 즉 사람 사이의 긴장이다. 우리 인간들이 온라인에서 합창하고 재잘대는 소리는 제대로 된 도구를 활용할 줄 아는 사람에게라면 엄청나게 구체적인 지식을 생산해낸다. 문화적 권력은 늘 사람들이 행동하고 생각하는 방식에 영향을 주려 했지만, 디지털 미디어는 근대적인 인구 관리에 있어서 가장 최근 단계다. 근대적 인구 관리는 늦어도 18세기 유럽에서 처음 시작되었을 만큼 오래된 추세이고, 설문 조사 도구로 무장한 광고주와 여론 기관이 대중의 감정과 태도를 작은 표본 추출로 측정하는 법을 사용하여 이를 통계적 추론에 의한 것이라 둘러댔던 20세기 초반이 되어 다시 등장했다. 온라인 세계에서는 모든 행동의 흔적이 일종의 기록으로 남게 된다. 그러한 문서 자료는 그에 접근하여 읽을 수 있는 능력을 가진 자들에게는 강력한 데이터로 제공된다. 지금까지는 공통의 공간이었던 곳에 대한 이러한 "인클로저"는 특정 계급의 사람들에게 부와 힘을 가져다주었다.[5] 대부분 소유주가 분명한 이러한 데이터의 폭발적인 증가가 반드시 민주적인 통제의 발전을 의미하는 것은 아니다. 인터넷은 많은 것들에 빛을 드리웠지만, 정작 스스로에게는 그러지 않았다. 다른 모든 미디어와 마찬가지로 인터넷은 은폐 장치를 갖추고 있다. 데이터 트래커들은 우리가 일할 때나 잘 때나 놀고 있을 때에도 내내 우리를 따라다닌다. 최근 어느 비평가는 구글이 모든 디지털 사용자에 대해 소유하고 있는 정보는 조지 오웰George Orwell이 《1984》에서 감히 꿈도 꿀 수 없었을 만큼 많다고 주장했다.[6] '분석' 산업의 번창은 디지털 미디어가 의미보다는 권력과 조직에 관한 것임을 우리에게 일깨워 준다. 오늘날 우리의 주요 임무 중 하나는 빅 데이터를 읽는 도구를 민주화하고 컴퓨터 광신도들로부터 조종간을 빼앗는 일이다.

디지털 미디어는 질서와 유지 보수의 기본 작업, 데이터가 우리 존재를 만들어 내는 방식, 그리고 지구상의 인간 주거지 핵심에 놓인 테크닉을 가리킨다. 디지털 미디어는 쓰기, 주소, 숫자, 이름, 달력, 시간 기록, 지도, 돈과 같은 올드 미디어를 부활시킨다. 디지털 미디어는 항해, 재배, 별 바라보기, 날씨 예측, 문서 기록, 어업과 같은 오래된 일들에 새 생명을 불어넣어 주고, 바로 이러한 내용들이 대체적으로 이 책의 2장부터 7장까지의 주요 주제가 될 것이다. 각 장은 디지털 미디어의 핵심적인 은유를 비롯한 많은 것들, 즉 바다와 불과 하늘과 구름과 책과 신에 대해 검토한다. 우리의 환경이 기술적으로 너무나도 포화될 때, 우리가 만든 인공물들이 공기와 바다를 변화시켜 버렸을 때, 그래서 예컨대 구글이 생태계의 주요 행위자가 될 때, 우리는 최근 몇천 년 동안 인간이 지구 위에서 패권을 장악하도록 해 준 지능형 장치들, 그리고 테크놀로지와 테크닉(이 둘의 구별은 2장에서 자세히 설명할 것이다)을 이해해야 한다. 뉴 미디어는 사회 이론의 가장 깊고 오래된 질문으로 우리를 초대한다. 유비쿼터스 컴퓨터는 우리에게 메시지에만 묶여 있지 말고 미디어의 자연(그리고 자연의 미디어)으로 눈을 돌리라는 초대를 건넨다. 이 책은 그 초대를 수락한다.

우리의 역사적인 순간은 우리에게 배울 수 있는 엄청난 기회를 제공하고, 이 책 또한 인문학자들이 자연과학으로부터 배우고 얻어 내야 할 책임이 있음을 진지하게 받아들인다. 많은 이들이 우리가 문화-자연, 주체-대상, 인문학-과학의 이분법적 구도를 벗어나야 한다는 데 동의한다. 잘못된 생각이 환경 위기를 초래한다고 말하는 것은 철학에 너무 큰 역할을 부여하는 것일지도 모른다. 왜냐하면 탄소에 찌든 우리의 삶의 방식 때문이라는 더 간단한 설명이 있기 때문이다. 그럼에도 불구하고 나는 주체-대상 구분의 표준적인 형태가 생태학적으로나 형이상학적으로 재앙이라는 입장에 함께한다. 우리의 데이터 미디어는 화전火田, 농사, 목축, 건축 등 더욱 기본적인 자연공학 미디어 못지않게 지구를 이끄는 커다란 역할을 부여받았다. 우리의 몸이든 우리의 컴퓨터이든, 모든 미디어는 자연적인 것과 인공적인 것의 앙상블이며, 위키리크스, 옥수수시럽, 고래유, 오징어, 페이스북, 시차, 일기 예보, 이족 보행 자세 등은 미디어 이론이 다루어야 할 주제들이다. 이 주제들 중 일부가 이 책에서 논의될 것이며, 다른 주제들도 일부 함께 다루어질 것이다.

사실상 이 책에는 더 많은 주제 목록들이 계속 등장할 것이다. 이는 알아야 할 것이 너무 많아 마비 상태에 놓인 데 대한 반응이기도 하고, 우리의 구글 왕국Googlecopia의 지표이기도 하다. 역사학자인 고故 케네스 크밀Kenneth Cmiel이 주장했던 것처럼, 우리는 난잡한 지식의 시대에 살고 있으며, 위 목록은 정보 과잉의 한가운데 서 있는 우리의 유혹에 대처하고 이를 활용하기 위한 하나의 전략이다. 우스꽝스럽게 터무니없는 목록의 반복된 병치는 이 세상이 얼마나 우리의 개념을 벗어나 있는가를 가리키는 것이다. 그 목록에는 또한 이 지구가 얼마나 넓고 우리의 시간은 얼마나 짧은가에 대한 어느 정도의 절망과 분노가 담겨 있기도 하다. 이 책을 쓰기에는 내가 너무나 부족함을 절절히 느낀다. 내가 파헤치려고 하는 지점마다 내 발 아래가 무너져 내리고, 그 무너진 곳에는 다루지 못한 자료들로 가득한 또 다른 동굴이 드러난다. (확대하는 모든 수준에서 복잡성이 유지된다는 프랙털 현상의 모습을 띤다.) 모든 사이트는 또 다른 링크로 이어진다. 정확하고자 노력했지만 공허한 울림이 남을 것에 틀림없다. 무엇을 이야기해야 할 것인가를 말하기 위해 내가 평생 알아야 할 지식들이 너무나 많다. 어떤 면에서, 이 책을 쓰는 것은 한 인간이 유인원의 상황을 조금이라도 들여다볼 수 있을까를 알아보는 실험과도 같다. 그것이 가능할지 판단하는 것은 독자들의 몫이겠지만, 내 생각에 적어도 나는 그런 사람이 아닌 것 같다. 나는 영화와 마찬가지로 책 역시 편집에 비례하여 풍부해진다는 말을 기억하며 위안을 얻는다. 기타 등등을 반복하며 헤매는 목록들은 차후의 탐구에 다루어져야 할 지식의 영역을 암시한다. 그렇게나 많은 새로운 금항아리를 연달아 발견하는 일에 흥분하기도 했지만, 수많은 무지개 끝에서 구름처럼 피어오르는 많은 것들을 보는 일은 현기증 나는 일이었다. 미디어 이론은 포용 불가능한 관련성의 위기에 직면하고 있으며, 구글은 그 자체로 '선험적 미디어'다.

우리는 앞서 언급한 이분법의 구도를 넘어서 생각해야 할 필요가 있지만, 그럴 수 없는 끈질긴 이유들이 있다. 이러한 구분들은 참을 수 없는 동시에 피할 수 없는 것임을, 우리는 곧 보게 될 것이다. 인간은 분리될 수 없는 존재이며, 주체와 대상을 분리할 수밖에 없는 존재다. 이는 임마누엘 칸트Immanuel Kant 이후로 지속되어 온 철학의 비판적 전통, 즉 주체와 대상 사이의 지속적인 융합과 구분을 변증법적으로 다루고자 했던 전통을 갈아 뭉개 버리는 데 관심을 두는 미디어 이론의 최신 버전에 대한 내 유보적 입장을 나타낸다.[7] 곰은 고삐가 풀렸고 미디어의 단 꿀은 모든 곳에 얼룩을 남기고 있다. 나는 미디어 개념이 고갈되는 것이 두렵고, 그 비극과 어려움을 파헤치는 것은 더 두렵다. 미디어는 부정적인 것을 숙달하는 데 우리가 얼마나 절묘한 동시에 궁극적으로 실패했는가를 보여 주는 기호다. 자연의 미디어 철학은 대상이 전시된 가게에서 모두가 공짜를 외치는 것이 아니라, 우리가 만들어 놓은 것 사이에서 어렴풋이 드러나는 재앙의 경중을 따지자는 것이다.

이 책은 다양한 저자들의 이론적인 입장을 비교하는 대신에 양초와 시계, 글쓰기 시스템과 돌고래의 수중 음파 탐지와 같은 구체적인 사례들을 다룬다. 이 사례들은 그 자체로도 흥미롭지만 축적되는 것이기를 희망한다. 루트비히 비트겐슈타인Ludwig Wittgenstein은 "철학자의 작업이란 특정한 목적을 위해 기억을 집결시키는 것이다"라고 말했다.[8] 나는 풍부한 실증적 구체성을 수집하는 것은 그 자체로 철학적이고 역사적인 숙고의 모델이 될 수 있다고 했던 해럴드 애덤스 이니스Harold Adams Innis, 발터 벤야민Walter Benjamin과 같은 학자로부터 영감을 받았다. 발터 벤야민은 미완성인 자신의 파리 아케이드 연구를 위해 수집했던 모든 사실들이 그 자체로 이론이 되기를 희망했다.● 비록 때때로 백과사전적인 배움이 있겠으나 이 책이 비판적인 병목 지점과 전환점을 찾기 위해 호기심을 전시하는 것 이상으로 넘어서기를 희망한다. 정박지는 항해에서나 지적인 일에서나 모두 중요하며, 이 책은 그러한 정박지를 조금이나마 제공하려 모색한다.

내가 2장에서 주장하는 것처럼, 배는 미디어가 어떻게 세상을 만들며 다시 자연을 드러내고 감추는지를 말해 주는 은유이며, 존재의 기반으로서의 미디어를 의미하는 사례이기도 하다. 존재Being는 심오함과 젠체함 사이의 어디쯤을 떠도는 단어다. 미디어를 존재의 측면에서 생각함으로써, 나는 가능한 한 가장 기본이 되고자 하며 이는 언제나 철학의 목

● 벤야민은 괴테의 문장을 인용했다. "가장 중요한 것은 모든 사실이 이미 이론임을 이해하는 것이다."

표다. 기본이란 많은 사람들의 생각과는 달리 어떤 배움의 영역에서도 가장 쉬운 것이 아니라 가장 어려운 부분이다. 더 기본으로 다가갈수록 토끼 굴은 더 깊어진다. 구체적이고 진보한 주제들은 명료성과 정확성을 받아들인다. 생물학자들은 크레브스 회로Krebs cycle•에 대해 합의할 수 있을 것이고, 수학자들은 3차원 다양체에 대해 합의할 수 있으며, 사회이론가들은 이데올로기와 헤게모니의 차이에 합의할 수 있을 것이다. 그러나 그들에게 생명, 숫자, 사회를 정의하라고 요청하면, 가능한 모든 방향으로 철학의 바람이 휘몰아치기 시작할 것이다. 진정으로 기반을 흔들려면, 높은 수준이 아니라 낮은 수준을 들여다보아야 한다. G. W. F. 헤겔G. W. F. Hegel이 경고한 것처럼, 만일 우리가 존재를 충분히 깊게 파고들면, 순식간에 무無가 됨을 발견하게 될 것이다. 미디어 이론에서 우리에게 남겨진 것은 구름이 전부다. 이는 그렇게 나쁜 일이 아니다.

이 책의 구성은 다음과 같다. 1장에서 내가 지적으로 빚지고 있는 것들에 대해 개괄하고 미디어 이론과의 관련성을 조망할 것이다. 2장과 3장에서는 바다와 불의 미디어, 4장과 5장에서는 두 가지의 하늘 미디어를 살펴볼 것이다. 얼핏 보기에 대양과 불꽃과 하늘은 인간의 작업에 있어 그들만의 방식대로 적대적이기 때문에 인간의 창조성이나 기술적인 취급을 다루기에 가망 없는 영역으로 보일지 모른다. 그러나 그들의 저항에도 불구하고, 아니 오히려 그러한 저항들 때문에, 그 요소들은 기술과 공예의 온상이 되고, 그중 상당수는 너무나도 기본적인 것이어서 생태 위기와 디지털의 격변을 자명하게 만든다. 적대적인 환경은 예술을 낳는다. 적

• 독일 출신의 영국 생화학자 한스 아돌프 크레브스Hans Adolf Crebs의 이름을 딴 것으로, 흔히 TCA 회로라고도 불린다. 세포 호흡의 중간 과정 중 하나로, 산소 호흡을 하는 생물에서 아미노산, 지방, 탄수화물 따위가 분해되어 발생한 유기산이 산화하는 경로를 말한다. —옮긴이

의는 발명의 어머니다. 6장에서는 몸과 글쓰기와 같은 땅의 미디어를 탐색하며, 7장에서는 자칭 에테르 미디어인 구글에 대해 논쟁한다. 이 미디어들은 모두 그 자체로 생산적인 어려움을 갖고 있다. 마지막으로 결론격인 몇 가지 생각을 제시한다.

최근 들어 미디어 이론은 물론 사회 이론과 문화 이론 일반적으로도 물질성materiality을 강조하는 것이 유행이 되었는데, 이 물질성이라는 용어는 많은 것을 의미한다. 이 책은 크게 움직이는 지레 아래 놓인 작은 지렛대가 되는 일에 관심을 두고 분명하게 그 정신에 참여한다. 그러나 자연과 인공물의 앙상블로서의 미디어 분석은 결국 약간은 정반대다. 미디어는 아마도 무엇이 물질화를 거부하는가를 드러낼 때 가장 흥미로울 것이다. 파도와 바람은 배를 나아가게도 하지만 부수기도 한다. 불꽃이 하는 가장 대단한 일은 물질을 다른 형태로 바꾸거나 전부 사라지게 하는 일이다. 하늘은 인간이 만든 거의 모든 인공물에 방해를 놓았지만 언제나 인간 지식의 핵심에 있었다. 그 누구도 아직 질병과 죽음에 맞서 시간을 비축하거나 몸을 저장하는 법을 찾지 못했지만, 그렇게 하려는 노력은 우리 기록과 의학 기술의 역사를 이루어왔다. 미디어의 역사는 존재하는 것을 붙잡아 두려는 생산적인 불가능성의 역사다. 밤의 어둠은 우리에게 천문학이라는 가장 정확한 과학을 가져다주었다. 사라지는 구름은 가장 아름다운 그림들을 남겼고, 그늘을 드리우는 구름은 우리에게 가장 소중한 기상학의 지식을 가져다주었다. 무엇보다도 미디어는 시간을 잡아 두는 데 성공하고 실패하였고, 바로 이 시간의 덧없음은 모든 자연적 사실들 중에서 가장 아름답고 어려운 일이다. 조지프 콘래드Joseph Conrad의 《로드 짐*Lord Jim*》에서 한 구절을 인용하자면, 우리는 파괴적인 원소에 우리 자신의 몸을 기꺼이 내어 맡기는 바로 그 순간 최고의 자리에 선다.

우리가 미디어의 고향을 찾는 것, 그래서 인간이 만들어온 것의 핵심을 찾는다는 것은 어렵고 까다로운 일이다. 비물질성은 아마도 인간이 이루어 낸 가장 큰 성취일 것이다. 점, 숫자 0, 이름, 돈, 언어 등이 그 사례다. 물질성에 대한 강조는 우리가 원자의 세계에서 비트의 세계로 이동해가고 있다는 디지털의 과장법에 대한 건강한 평형추이지만, 비물질적이고 (상징적인) 작용이야말로 가장 오래되고 가장 당연하게 받아들여졌던 미디어의 핵심에 있다는 점을 잊지 말아야 한다. 인류가 그러하듯, 미디어 역시 언제나 바다와 땅과 하늘의 중간 어딘가에 있었다. 따라서 미디어학은 철학적인 인간학, 즉 인간의 조건에 대해 숙고하는 형태를 띠며, 이는 곧 비인간 조건에 대해 숙고하는 것을 의미하기도 한다. 이 책은 심원까지 항해하기 위한 탈것이 되고자 한다. 즐거운 항해가 되길 바란다.

1장

미디어의 이해

"인류는 언제나 도움을 필요로 한다."

— 프리드리히 빌헬름 요제프 셸링

미디어는 의미가 아니라 존재여야 한다

이스라엘 작가 아모스 오즈Amos Oz가 쓴 《사랑과 어둠의 이야기*A Tale of Love and Darkness*》는 멋진 회고록이다. 그 책에서 오즈는 1930년대 말에서 1940년대 초까지 예루살렘에 살았던 자신의 부모가 텔아비브에 있는 친척에게 이따금씩 장거리 전화를 하곤 했던 일을 묘사한다. 3~4개월마다 한 번씩 찾아오는 바로 그 순간은 미리 서로 편지를 주고받으며 진지하게 마련된다. 마침내 긴 카운트다운이 지나고 나면 양가의 가족들은 미리 지정한 공중전화를 통해 서로를 만나곤 했다. "그러고 나면 갑자기 양측의 전화가 울려댔는데, 그것은 언제나 너무나도 신나는 소리였고 마치 마법과 같은 순간이었다." 그 많은 준비를 거쳐 대화는 이런 식으로 이어졌다. "어떻게 지내요? 좋아요. 자, 그럼 조만간 또 이야기해요. 목소리 들어서 좋았어요. 나도 목소리 들을 수 있어 좋았어요. 편지할 테니까 다음번 전화 일정을 맞춥시다. 곧 이야기해요. 예, 꼭 그래요. 곧 만나요. 곧 봐요. 건강 조심하세요. 잘되길 바랄게요. 당신도요." 그렇게 그들은 전화를 끊고 아직 몇 달이나 남은 다음번 전화를 교신하기 위해 돌아갔다. 가장 재미있는 이야기꾼 중 한 명인 오즈는 시작하자마자 끝나버리는 이러한 대화를 유머러스하게 묘사한다. 그러나 미래에 나눌 전화를 논의하기 위해 여러 통의 전화를 하는 것이 반드시 터무니없이 이상한 되풀이는 아니었다. 오즈의 가족은 소식을 주고받기 위해서가 아니라 더 근원적인 무언가를 위해서 전화하는 것이었다. 그것은 서로의 목소리를 듣는 일, 그들이 아직 살아 있으며 현재 시간에 존재하고 있음을 확인하기 위한 것이었다. 그들은 17년 된 메뚜기 떼가 나타나 노래를 하고 또 다른 생명 주기를 위해 번식하는 일만큼이나 심오한 일을 하고 있었다. 매번 통화는 그것이 마지막 통화가 될 수도 있다는 가능성에 저항하며 조마조마하게 대비책을 마련하고, "곧"이라는 이야기를 할 때마다 희망을 실천하는 것이었다. 생명선으로서의 전화는 역사적인 상황에 따라 점차 확대되었다. 팔레스타인과 유럽에서 유대인의 운명이 위태로웠고, 유럽에서는 그들의 상황이 얼마나 좋지 않은지 막 알려지기 시작했다.[9]

오즈의 친척들은 커뮤니케이션 인프라 수단을 이용하여 현존한다는 징표를 교환하고 있었다. 전화가 걸려오는 것은 정보적인 일이 아니라 존재론적인 일이다. 양측은 아무 할 말도 없었지만, 그럼에도 모든 것이 의미 있었다. 커뮤니케이션을 신호의 선명성이 아니라 존재의 드러냄으로 보는 것은 '미디어'라는 개념을 더욱 확대할 수 있는 자유로움을 준다. 바다, 불, 별, 구름, 책, 인터넷 등 모든 미디어는 그것이 정확히 무엇을 의미하는지 말할 수 없을지라도 우리의 존재에 뿌리 깊게 닻을 내리고 있다. 우리 몸의 경우도 마찬가지고, 궁극적인 기반인 일반적인 자연의 경우에도 마찬가지다.[10] 비트겐슈타인은 이렇게 말한 적이 있다. "수학에서 모든 것은 알고리즘이며, 아무것도 의미가 아니다In der Mathematik ist alles Algorismus, nichts Bedeutung."[11] 그가 미디어에 대해서 같은 말을 할 수도 있었을 것이다. 그리고 음악에 대해서도. 그리고 사안이 되는 거의 모든 것에 대해서도.

미디어는 의미가 아니라 존재여야 한다. 오즈의 친척들은 서로의 소식을 교환하기 전에 관계의 생태계를 유지하고 있었다. 사람들 사이에서도 미디어는 모든 종류의 기본적인 역할을 수행한다. 일단 커뮤니케이션이란 메시지를 보내는 것일 뿐 아니라 — 물론 이것이 가장 필수적인 기능이기는 하지만 — 존재의 조건을 제공하는 것이라 이해한다면, 미디어는 더 이상 스튜디오나 방송국, 메시지와 채널에 국한되지 않고 생의 인프라이자 형태가 된다. 이러한 물질적이고 환경적인 의미들은 메시지로서의 미디어를 넘어 서식지로서의 미디어에까지 이른 최근의 경향을 알려 준다.[12] 미디어는 문화와 여론에 관심을 가진 학자들이나 시민들에게만 중요한 것이 아니라, 숨 쉬고 두 발로 땅을 딛고 서 있으며 기억의 바다를 항해하는 모든 사람들에게 중요하다. 미디어는 우리가 우리일 수 있고 무언가를 할 수 있는 우리 존재의 기반이자 서식지이며 물질이다. 이는 미디어가 생태학적으로나 윤리적으로나 존재론적으로 중요하다는 것을 말해 준다. 바다나 하늘이나 또 다른 사람이 현존한다는 사실처럼 멋진 일도 드문데, 정작 미디어 철학자들은 그러한 요소들을 너무 쉽게 간과한다. 철학자 찰스 하츠혼Charles Hartshorne은 새들이 노래하는 것은 단지 자신의 영토를 지키거나 짝을 유혹하기 위해서만이 아니라, 자연사가 새들로 하여금 새소리와 같은 노래의 사랑이 진화의 핵심 형태나 건강을 추구하는 일에 참여할 수 있는 방식이 되도록 만들었기 때문이라고 말한다.[13]

어느 수준에선가 표현과 존재는 하나로 만난다. 1장은 미디어의 개념을 재고하기 위한 지성사의 지형을 조망한다.

축제의 해, 1964년

마셜 매클루언Marshall McLuhan의 《미디어의 이해*Understanding Media*》(1964)는 최근 출간 50주년을 맞이했는데[2014년 집필 당시], 나는 이 책에서 미디어가 단지 상징을 운반하는 운송 수단이기만 한 것이 아니라 존재를 만드는 수단이기도 함을 주장했던 그의 견해를 다시 돌아본다. 소수가 매스 커뮤니케이션 수단을 이용하여 다수에게 발화하던 방송 시대의 전성기에, 매클루언은 미디어가 그 자체로 메시지임을 주장했으며 미디어를 근본적으로 다양한 것으로 여겼다. 그는 도로, 숫자, 주택, 돈, 자동차 등을 20세기 당시에 더 전형적인 미디어였던 광고, 영화, 전화 등과 함께 분석했다. 미디어를 존재론적으로 살피고 다원화했던 그의 시도는 디지털 시대와 놀랄 만큼 유사성이 있다. 비록 계보학적으로 볼 때 훨씬 더 광범위한 영역에 걸쳐 있기는 하지만, 매클루언의 기여로 생겨난 이러한 미디어학은 이 책에서 내가 추구하는 미디어학의 정신이기도 하다. 매클루언은 특유의 불명료함과 짓궂음 그리고 이야기를 만들어 내거나 증거를 무시하는 등 정신 나간 사람으로도 많이 알려져 있지만, 그의 눈부신 뛰어남은 몇 겹의 죄들을 덮고도 남는다. 그는 미디어 이론가들이 빼놓지 않고 도달하고야 마는 목적지가 되었다. 그의 아이디어에서 핵심적인 것은 모든 미디어에는 문법이 있다는 것이다. 즉 세상과 감각 기관을 각각 구별되는 '비율ratio'로 배열하기 위해 일종의 언어처럼 작동하는 근원적인 프로토콜 세트가 있다는 점, 그리고 뉴 미디어는 미디어와 짝을 이루고 있는 몸을 연장할 수도 있고 그 몸에 폭력을 행사(그는 "절단"이라는 용어를 사용했다)할 수도 있다는 점이다. 그는 언제나 활용할 수 있는 뛰어난 도서관을 가까이 두고 많은 책을 읽었다.[14]

그러나 《미디어의 이해》만이 1964년에 나온 유일한 미디어 이론서였던 것은 아니다. 축제의 기쁨을 함께 나눈 책으로는 프랑스의 고인류학자인 앙드레 르루아구랑André Leroi-Gourhan이 1964~1965년에 쓴 기념비적인 두 권짜리 책 《몸짓과 말하기*Le geste et la Parole*》가 있다. 이 책은 "Gesture and Speech"라는 제목으로 번역되었다. 이 논문집은 인체 해부학 및 언어와 도구에 의한 그 형성 과정을 진일보한 설명으로 보여 주었다. 이 두 책은 몇 가지 측면에서 묘하게 겹친다. 《미디어의 이해》는 테크놀로지를 신체 기관의 연장으로 다루었고, 《몸짓과 말하기》는 신체 기관을 확장된 테크놀로지로 다루었다.[15] 같은 해에 출간된 다른 책들도 언급할 만하다. 스타니스와프 렘Stanisław Lem•의 《기술 개요*Summa technologicae*》, 노버트 위너Norbert Wiener••의 《신과 골렘 주식회사*God and Golem, Inc.*》, 스튜어트 홀Stuart Hall과 패디 웨널Paddy Whannel의 《대중 예술*The Popular Arts*》, 허버트 마르쿠제Herbert Marcuse의 《일차원적 인간*One-Dimensional Man*》, 클로드 레비스트로스Claude Lévi-Strauss의 《날것과 익힌 것*Le cru et le cuit*》, 마거릿 미드Margaret Mead의 《문화 진화의 연속성*Continuities in Cultural Evolution*》, 질베르 시몽동Gilbert Simondon의 《개체와 그 물리-생물학적 발생*L'individu et sa genese physico-biologique*》. 1964년은 테크놀로지, 문화, 사회에 대한 거대한 생각을 하기에 좋은 해였다. 특히 매클루언과 르루아구랑, 레비스트로스와 시몽동, 렘과 위너는 생물학적 진화와 기술적 진화의 융합을 보았고, 렘과 위너는 생명과 프로그래밍의 통합에 걸려 있는 신학적 문제에 대해 탐색했다.[16]

르루아구랑은 특히 독일을 비롯한 유럽 대륙의 미디어 이론가들에게는 매우 중요한 인물이었는데, 그와 그들의 생각이 형태론적으로 비슷하기 때문이다. 즉 형태와 물질이 얽혀 있는 신축성 있는 가능성의 범위

• 스타니스와프 렘(1921~2006)은 폴란드의 저명한 작가로, SF 소설과 철학 에세이 등을 남겼다. 주요 작품으로는 《우주 여행자 피륵스*Opowieści o pilocie Pirxie*》, 《솔라리스*Solaris*》, 《사이버리아드*Cyberiada*》 등이 있다. 특히 《솔라리스》는 1972년 러시아의 안드레이 타르코프스키Andrei Tarkovsky 감독, 2002년 미국의 스티븐 소더버그Steven Soderbergh 감독에 의해 각각 영화로 제작되었다. — 옮긴이

•• 노버트 위너(1894~1964)는 사이버네틱스의 창안자로서, 전자공학과 정보공학 및 제어공학의 기틀을 마련한 미국의 수학자다. 시스템 컨트롤 이론, 노이즈 이론 등에 대한 탐구를 통해 물리학, 기상학 등 개별 과학에서의 실제적인 연구를 창안하고 정리했을 뿐 아니라, 이를 기반으로 철학적인 논의에서도 두드러진 성과를 남겼다. — 옮긴이

와 신체적 형태에 가해진 기술적 압력에 대해 예민한 민감성과 관련하여 비슷하기 때문이다. 르루아구랑에게 있어 인체 진화의 역사는 언어와 테크놀로지와 떼어놓을 수 없다. 그는 인간 존재의 근원적인 기술성을 말한 가장 위대한 이론가다. 그의 흔적은 이 책 전체적으로도 그렇지만 특히 6장에서 인체를 미디어로 보는 이론에 미친 그의 관련성을 다룰 때 더욱 명백히 드러날 것이다. 물론 지난 50여 년 동안 고고학과 유전학의 연구들이 진행되는 와중에 그의 주장들이 모두 인정된 것은 아니다. (그러한 측면에서라면 매클루언의 주장 중 많은 부분들이 오늘날 받아들여지지 않았는데, 이는 아마도 그의 주장이 1964년에도 받아들여지지 않았기 때문일 공산이 크다. 사람들은 학문적 목적이 아니라 영감을 얻기 위해 매클루언을 읽는다.) 르루아구랑은 인간의 근골격 형태가 걷기, 채집하기, 씹기, 말하기, 그리기, 쓰기, 기억하기 등의 테크닉과 함께 공진화함을 보여 주었다. 그는 구체화된 행동들과 기술적인 물체들이 한데 얽힌 형태가 두개골에서부터 발가락에까지 이어진다고 이해했다. 그가 보기에 인간의 조건은 우리가 두 발로 서 있다는 바로 그 사실, 그리고 그 결과 자연과 문화를 분리하는 일이 불가능해졌다는 그 사실로 정의된다.

매클루언과 르루아구랑만이 내 책에 영감을 준 것은 아니다. 미디어학은 멋진 것이 많이 담겨 있는, 흥미로운 연구와 질문으로 가득 찬 학문이다. 미디어학자들은 일반적으로 인쇄 미디어, 방송, 영화, 인터넷 기구와 행위, 그리고 더 큰 맥락의 사회적, 정치적, 문화적, 경제적 결과를 연구한다. 약 30여 년 전에 엘리후 카츠는 자신의 연구를 들여다보고 이를 마치 갈리아인처럼 세 부분으로 나누었다. 그는 미디어를 각각 정보, 이데올로기, 조직 기구로 파악하는 세 가지의 흐름을 구별했다. 첫 번째 흐름은 주류 정치학의 틀에서 사람들의 태도, 행동, 인지에 대한 실증 연구를 하는 대체로 사회과학적인 전통이다. 두 번째는 미디어를 지배와 저항의 전장으로 보고 접근하는 비판적 계보에 속하는 전통이다. 세 번째는 미디어 테크놀로지가 어떻게 근원적으로 정신적이고 사회적인 질서를 형성하는지에 대한 역사에 초점을 두는 입장이다.[17]

이후 많은 일들이 일어나기는 했지만, 카츠의 구분법은 이 책이 세 번째인 이른바 테크놀로지 전통에 걸쳐 있음을 보여 준다. 이 전통은 물론 그 자체로 실증적이고 비판적이지만 미디어학의 대상이 되는 영역을 훨씬 더 관대하게 받아들인다. 주류 미디어학이 미디어를 사물이나 기구로 본다면, 내가 이 책에서 표방하고자 하는 전통에서는 미디어를 존재의 양식으로 파악한다. 인문학에서 최근 일어나는 미디어에 대한 관심 대부분 역시 이 전통에 속하며, 종종 카츠가 말한 다른 두 가지 전통에서 보여 주는 수용자와 언론 조직과 정치경제학에 대한 관심을 무시하는 경우가 있다. 이러한 연구에 관심을 두지 않는 것은 매우 유감스러운 일이다. 나는 개인적으로 실증적인 연구나 상식이라는 기본 바탕을 모두 잃어버린 미디어학에는 속하고 싶지 않다.[18] 세 번째 방법은 루이스 멈포드Lewis Mumford와 제임스 캐리James Carey 등의 미국 학자들, 해럴드 이니스와 매클루언과 같은 캐나다 학자들, 르루아구랑과 브뤼노 라투르Bruno Latour 등의 프랑스 학자들, 마르틴 하이데거와 프리드리히 키틀러Friedrich Kittler 등 독일 학자들을 포함한다. 이들 모두가 '미디어'를 자신들의 핵심 주제로 인식한 것은 아니지만, 미디어를 분석되어야 할 텍스트로 여기거나 인터뷰해야 할 수용자로 여기거나 밑바탕을 차지한 산업으로 여기기보다는 문명을 구성하는 역사적인 요소나 심지어는 문명 그 자체로 인식했다. 이 학자들은 미디어를 문화와 사회의 전략이자 전술로 보았고, 인간과 사물, 동물과 데이터가 시공간에서 함께 만들어 낸 도구이거나 인공물로 여겼다. 이제 그 학자들을 차례차례 살펴보자.

지 렛 대

해럴드 이니스는 미디어 이론에서 인프라 문제가 핵심이라고 주장한 최초의 사람 중 하나다. 그는 캐나다인으로서 영국, 프랑스, 미국 제국들이 캐나다의 경제적 역사와 문화를 어떻게 만들어 놓았는지 똑똑히 알고 있었고, 모피 무역에 대한 고전 역사 연구 중에 캐나다 자연 속의 오래된 무역 경로를 자작나무 껍질로 만든 카누를 타거나 기차를 타고 여행했던, 병목 지점에 관한 한 전문가였다. 멈포드와 마찬가지로 이니스 역시 미디어의 역사는 전쟁과 광산과 삼림과 수렵과 글쓰기와 인쇄의 역사 일부로 보아야 한다고 생각했다. (조금 더 심미적인 사상가였던 멈포드는 사랑과 집짓기와 만들기를 추가했을 것이다.) 캐리와 마찬가지로 이니스는 미디어 그 자체가 미디어가 무엇을 운반하는가 하는 점보다 더 중요하다고 생각했다. 마르크스주의 비판 이론가가 아니었던 이니스는 20세기 중반에 나온 여러 목소리 중 일부였다. 예를 들어 프랑크푸르트학파는 너무 쉽게 더 나은 사회를 꿈꾸게 함으로써 사회의 불만을 놀리듯이 달래는 꿈의 조작을 통해 미디어가 특별한 힘을 발휘한다고 보는 경향이 있었지만, 이니스는 추상의 사다리 중 낮은 단계에서 미디어의 힘이 작동한다고 보았다. 그는 내용보다는 조직에 더 관심이 있었다. 이니스는 처음에 모피, 물고기, 목재 등의 기본 품목을 먼저 연구하고 나중에 이를 미디어로 인식했으며, 돌과 진흙과 파피루스와 종이 등 글을 써 기록하는 데 사용된 물질에 중점을 두어 이집트와 바빌로니아에서부터 그리스와 로마와 유럽을 거쳐 20세기 북아메리카에 이르기까지 그 역사를 연구했다. 이니스는 미디어를 시공간을 자아내는 물레로 파악했고 인류 역사의 확장을 그 전개로 인식했다. 미디어 역사를 구체성의 숙달로 보았던 이니스의 방식은 앞서 이야기했던 것처럼 이 책에 영감을 주었다.

이니스의 관점에 동의하는 사람이라면 그 누구도 20세기에 '올드 미디어'라는 용어를 사용할 것이라고는 꿈조차 꾸지 않았을 것이다. 방송이라는 오래된 공룡 주변을 유연하고 빠르게 움직이는 작은 포유동물처럼 더 작고 더 빠르고 이동성이 있고 프로그래밍이 가능한 디지털 미디어에 감명받은 나머지, 많은 사람들은 거대 뉴스 기업과 엔터테인먼트 산업들을 20세기의 '올드 미디어'라고 부르게 되었다. 그 기업들은 사실상 조금 더 구체적으로 말하자면 '매스 미디어'다. 매스 미디어에 비해 디지털 미디어는 어마어마한 역사적 단절처럼 보였다. 그러나 만일 우리가 디지털 기기를 보다 넓은 커뮤니케이션 실천의 역사에 놓고 본다면, 뉴 미디어는 올드 미디어나 고대 미디어와 비슷하게 보일 수도 있다. '뉴 미디어'와 마찬가지로 기록, 인덱스, 인구 조사, 달력, 목록 등과 같은 고대 미디어는 언제나 문화를 기록하고 전송하고 조직하는 산업이었고, 주제와 대상과 데이터를 관리하는 산업이었으며, 시간과 공간과 권력을 조직하는 산업이었다. 레이먼드 윌리엄스Raymond Williams가 말하듯 끝없는 "흐름flow"으로 뉴스와 오락을 쏟아내는 거대 오락 기계로서의 미디어는 상대적으로 특이하다. 20세기의 핵심에 있는 주요 커뮤니케이션 양식인 시청각 방송은 역사적인 예외다. 디지털 미디어는 많은 사람들이 참여하지만 세련된 '콘텐츠'가 드문, 다양한 크기와 모양과 포맷의 데이터 처리 장치라는 표준 방식으로 복귀한다. 미디어는 다양한 취향의 도구들을 제공하지만, 그 안의 주된 내러티브는 오직 하나다.[19] 이니스는 저장하고 전송하고 처리하는 통로로서의 미디어라는 개념을 우리에게 알려 준 여러 학자 중 한 명이다. 이러한 정의는 역사적으로 광범위하게 적용되어 하드 드라이브부터 주판까지 모두 들어맞는다.

미디어는 전적으로 근대적인 것이 아니다. 미디어는 서로 다른 모습과 크기로 지구와 아마도 지구 밖 어떤 곳에 사는 생명의 역사에 기여해 왔다. 미디어는 어떤 기구가 만들어지는 데 근본적인 구성 요소다. 미디어는 도시와 벌집, 기록 문서와 별자리를 구성한다. 거대한 피라미드와 성서 이래로, 페르시아의 우편 제도와 로마의 인구 조사 이래로, 베네치아의 회계소와 중세의 성당 이래로, 진시황제가 중국의 문자와 무게와 측량을 표준화하고 만리장성 공사를 시작하고 분서갱유를 실시하여 결국 좋든 나쁘든 중화를 통일한 이래로 계속 인간의 미디어는 존재해 왔다.

문명 이전에 인간에게는 무덤, 바구니, 별, 가족, 불 등의 미디어가 있었다. 우리는 1900년 혹은 1800년 이전에는 미디어가 존재하지 않기라도 했던 것처럼 말해서는 절대 안 된다. (비록 이렇게 역사를 초월하는 미디어에 대해 이야기할 수 있는 역량이 생겨난 것은 20세기 중반부터이긴 하지만 말이다.) 모든 복잡한 사회는 시간과 공간과 권력을 관리하기 위해 어떤 물질들을 사용하는 한 미디어를 갖고 있다. 문화가 이미 언제나 데이터 처리 과정이었다고 보는 키틀러의 지적은 이니스에게로 확고하게 이어진다. 키틀러가 사용했던 단어는 문화와 문명 모두를 의미하는 쿨투어Kultur였으며, 거대한 주장을 결코 회피하지 않았던 그는 문화와 문명 모두를 포함하는 의미로 말한 것이었다.

이니스는 언제나 지렛대 원리로 되돌아갔다. 여기서 지렛대란 말 그대로 인간과 자연에 힘을 집중하여 행하는 지점을 의미한다. 왕의 통치, 글쓰기, 관개 관리, 달력에 대한 예언 등은 엘리트에게 권력을 집중하기 위한 고대의 테크닉이었다. 음경phallus에 권력을 집중하는 가부장제 역시 마찬가지로 정치적이고 경제적인 효과를 최대화하기 위해 작은 지레를 활용했고, 모권보다는 부권을 체계적으로 선호하는 것을 문명이라 이해할 때 가부장제는 문명의 시작 이래 지속적으로 통치 법칙이 되어 왔다. 문명은 모든 종류의 지레 받침을 활용한다. 아르키메데스Archimedes는 자신에게 지렛대와 설 수 있는 땅을 준다면 지구를 움직일 수 있을 것이라고 말했다. (수렵 채취 사회는 결코 그런 꿈을 꾸거나 거대한 상상의 수단을 가진 적이 없으며, 실상 오늘날 지구 위에 살고 있는 대부분의 사람들은 브로커나 정부 관료와 중요한 지점을 다스리는 사람들에 집중되는 거대한 권력에 접근하지 못한 채 살아가고 있다.)

그러한 지레받침 중 하나가 이 책의 6장과 7장에서 더 자세히 이야기할 기록 문서documentation다. 기록에 존재하지 않는 것은 이 세상에 존재하지 않는다Quod non est in actis, non est in mundo. 16세기 스페인이 해상 제국의 정점에 이르렀을 때 펠리페 2세는 이 말을 되풀이하여 말하기 좋아했는데, 광범위한 원정 사업을 관리하기 위해 지도 제작 및 정보 수집 기관이 산더미처럼 쌓아둔 서류에 정당성을 부여하기 위해서였다. 최근의 미디어 이론가들도 마찬가지다. 이 말은 데이터가 이 세상을 보여 줄 수도 관리할 수도 있는 방식을 집약적으로 표현한 것으로, 개입하여 재현하고 재현으로 개입함으로써 지도와 지형이라는 낡은 이분법을 허물고자 하는 과정에 매료된 독일의 미디어학자들이 연구 주제로 선호하는 상투적인 주제이기도 하다.[20] 마찬가지로 기업가, 해커, 혁명가, 미디어 이론가들은 '~를 통해'처럼 '탈격ablative case'으로 생각한다.[21] 미디어는 세상에 대한 것만은 아니며, 이 책에서 구체적으로 보여 주는 것이 우리의 임무이기도 하겠지만, 미디어 자체가 곧 세상이다. 내가 가르치는 대학생들에게는 휴대폰을 잃어버린다는 것은 곧 손발이나 뇌를 잃어버리는 것을 의미한다. 그 학생들의 삶이 휴대폰 그 이상이기는 하지만, 그들은 휴대폰을 통해 살아간다. 휴대폰과 같은 도구들은 학생들이 심적으로나 사회적으로 물질 대사를 통과시키는 좁은 문이다.

펠리페 2세의 격언은 또한 이니스가 말한 의미를 멋지게 일깨우기도 한다. 이니스는 서류더미를 통제하거나 지렛대 받침점에 서 있거나 두 가지 언어를 하는 등의 중개업자나 중재자가 부를 축적하고 제국을 형성하고 멸망시킨 당사자들이라고 파악한다. 이니스의 주요 통찰 중 하나는, 새로운 미디어의 등장은 그 특별한 처리 능력과 표준을 조작하고 프로그래밍할 줄 아는 전문가 집단을 길러낸다고 본 점이다. 이니스에게 미디어의 역사란 직업의 역사이자 숙련공들의 역사이기도 했다. 이 전문가들은 미디어의 구체적인 전략 기술들을 숙달하고 그 미디어에 대한 일반인의 접근을 이니스가 "지식의 독점"이라 부르는 방식으로 차단하며, 자신들의 이득에 유리하도록 그 지렛대를 활용한다. 이집트의 상형 문자를 썼던 수사들과 중세의 조합은 이니스에게 생생한 사례들을 제공했다. 하이테크 기업가들의 엄청난 권력과 부는 보다 최근에 나타난 사례다. 미디어의 특성과 이상한 점들은 일단 숙달하고 나면 새로운 통제 가능성을 드러낸다. (미디어의 통과 지점은 좁은 것이 통상적이다. 살아 있는 유기체도 마찬가지다.) 이니스가 보기에 미디어 역사가의 임무는 시간과 공간과 권력의 짓궂은 비율을 이해하는 것이고, 초기 운영자가 파악한 지렛대 인프라의 맹점과 병목을 이해하는 것이다.

미디어는 세계를 지렛대로 들어 올리는 힘을 갖고 있다. 블라디미르 레닌Vladimir Lenin은 소비에트 공산당의 핵심 자리를 당 비서라고 보았는데, 모든 서류가 당 비서의 방식에 따라 통과해야 했기 때문이다. 레닌은 당의 통제권을 갖기 위해 (여러 가지 다양한 형태의 무자비함에 힘입어) 당 비서직을 활용했고, 이후 소비에트의 지도자는 대통령이기보다는 사무총장의 역할을 하는 특수성으로 이어지게 되었다. (그는 또한 당 비서가 젊은 노동자들에게 더 잘 통한다고 보았다.) 레닌은 기록과 전송의 힘, 즉 기록의 유통이 사물의 유통으로 받아들여진다는 점을 잘 알았다. 그의 후계자인 이오시프 스탈린Iosif Stalin 역시 비슷한 점을 알았다. 즉 에디터의 펜이 지닌 힘이 역사를 바꾼다는 것이다. 스탈린의 펜은 역대 가장 치명적인 무기 중 하나였고, 그 힘으로 인해 넘쳐나는 사망자의 수는 아마도 영원히 알려지지 않을 것이다.[22]

미디어에서 기호가 곧 사물인 경우가 종종 있다. 뉴스 미디어는 단순히 뉴스를 보도하는 것만이 아니라 뉴스를 만들어 낸다. 윌리엄 랜돌프 허스트William Randolph Hearst의 〈뉴욕 저널*New York Journal*〉이 스페인과 미국의 전쟁 발발을 보도했던 것일까 아니면 그 전쟁의 원인을 제공한 것이었을까? 저널리즘에서 기사 속보는 종종 기사 그 자체다. 어떤 후보자가 선거 토론에서 승리했다고 선언하는 머리기사는 단지 토론회라는 이벤트를 보도하는 것만이 아니라 그 이벤트 양상을 만드는 것이다. 구글과 페이스북은 이와 비슷하게 가능성을 고정하는 힘을 발휘한다. 내가 가르치는 대학생들은 자신들의 연애가 페이스북에서 공인되기 전까지는 진짜가 아니라고 말한다. 부동산에서 소유권 증명은 집이라는 사물이 아니며, 소유권 증명서를 소유한 사람이 집도 소유하는 것이다. 외국에서 신분증명서가 없다 해도 우리는 여전히 존재하지만, 여러 가지 현실적인 상황에서 우리는 증명서 없이는 존재하지 않는다. 채널의 특성은 단지 사소한 것이 아니라 자신들의 권리에 커다란 관심을 길어 올리는 지렛대와 같은 것이다. 못 하나가 부족하면 왕국을 잃는다.● 매매 거래 상인은 튤립이나 밀이나 쇠고기 덩어리가 아니라 계약서를 사고판다. 그러나 매매 선택권을 너무 오래 붙잡고 있다가는 눈앞에서 엄청난 밀이 선적되는 것을 보게 될 것이다.[23] 이와 마찬가지로 스포츠 역시 감상적이지 않다. 스포츠는 우리가 무엇을 할 수 있는가의 문제가 아니라 '실제로 측정이 될' 때 우리가 무엇을 하고 있는가의 문제다. (즉 문서 기록의 공식적인 눈길이 주목하고 있을 때만 우리는 운동선수의 성취를 '기록'이라 부른다.) 상품 위에 데이터를, 가치 위에 기록 문서를, 사건 위에 기록을 겹쳐 올려두는 것은 근대 자본주의의 핵심일 뿐만 아니라 미디어 운영 일반의 핵심이기도 하다.[24] 데이터와 세계가 관리되는 곳 어디에서나 우리는 미디어를 발견한다.

● 사소한 것(못) 하나가 부족하여 결국 큰 것을 잃게 되었다는 의미로 사용되는 관용구다. 벤저민 프랭클린이 원래의 속담(못 하나가 부족하여 정을 잃고 말을 잃는다)을 이용하여 쓴 시 중 일부는 다음과 같다. "못 하나가 부족하여 신을 잃었고, / 신 하나가 부족하여 말을 잃었고, / 말 하나가 부족하여 기수를 잃었고, / 전투 하나가 부족하여 왕국을 잃었고, / 이 모든 것이 말굽의 못 하나가 부족한 때문이라네." — 옮긴이

테크닉과 문명

이른바 뉴 미디어는 미디어의 물류 역할을 무대 중앙으로 가져다놓았다. 우리는 새로운 것과 낡은 것이 겹쳐 쓰인 시대에 살고 있다. 가장 근본적인 미디어는 곧 사양길로 접어들 것이라는 예측이 간간이 등장하는 와중에도 여전히 우리 곁에 있다. 글쓰기가 인간들 사이의 거래에서 핵심인 것과 마찬가지로, 몸과 목소리와 얼굴은 인간 사이의 상호 관계에서 핵심이다. 그러한 측면에서 매스 미디어인 라디오, 텔레비전, 영화, 저널리즘은 종종 새로운 모습으로 탈바꿈하기는 하지만 어쨌든 잘 버티고 있다. 올드 미디어가 완전히 사라지는 일은 거의 없다. 다만 후방으로 물러나서 더욱 존재론적이 될 뿐이다. 예외라고 한다면 2006년 웨스턴 유니온Western Union이 전신 업무를 중단한 경우를 들 수 있겠지만, 이 경우에도 역시 전신이 완전히 죽은 것이 아니라 단지 인터넷으로 흡수된 것뿐이라고 말할 수 있다.

모든 미디어는 문명 안에서 영속하는 생명체의 문제를 제기한다. "이 경이들은 (다른 모든 경이로움들과 마찬가지로) 몇 세기 동안 반복될 뿐이다"라고 허먼 멜빌Herman Melville은 말했다.[25] 디지털 미디어는 역사적이고 창의적인 서비스를 제공한다. 디지털 미디어가 우리가 하는 일에 대해 끊임없이 꼬리표를 붙이고 추적하고 수색하는 일은, 권력과 이윤과 기원을 위한 데이터 관리라는 것이 고대나 현대나 똑같다는 것을 우리에게 일깨워 준다. 인구에 여러 유용한 표시를 붙여 수집하는 것은 드라마나 뉴스를 제공하는 것만큼이나 기본적인 커뮤니케이션의 임무다. 넓게 말하자면, 계산은 눈으로 별을 관찰하던 고대의 사제에서부터 '클라우드'를 뒤져 별을 관찰하는 현대인들에 이르기까지 계속되고 있다. 일부 정부는 르네상스 유럽의 사례에서 볼 수 있듯 데이터 관리를 더욱 정교한 극한까지 밀어붙이지만, 어떤 의미에서 국가는 언제나 정보 국가였다.[26] 뉴 미디어의 역사는 오래되었다.[27] 제프리 초서Geoffrey Chaucer는 "오래된 밭에서 이 모든 새로운 곡식이

나온다"고 말했다.

미디어학의 새로운 곡식 중 상당 부분은 독일어로 산출되었다. 이 책이 이른바 독일 미디어 이론의 이야기와 점차 다양한(지역화된) 계보를 다루거나 가장 앞서 있으면서도 가장 논쟁적인 학자인 프리드리히 키틀러(1943~2011)의 삶과 사상을 살펴보기 위한 것은 아니지만, 그가 산출한 풍부한 연구들을 가져올 것이다. 이 책에서는 편의상 키틀러를 사례로 들어 독일 미디어 이론의 인프라에 대한 감수성과 초학제적인 야심을 강조하고자 한다.[28] (독일 미디어 이론의 용어들이 까다롭다는 점은 말해 두어야겠다.)

키틀러는 명백하게 인간적인 관심사로 보이는 것이라면 무엇이든 그로부터 거리를 두고, 대신 그 뒤에 감추어진 구조에 초점을 두는 일을 사랑한다. 내용(콘텐츠)은 언제나 부수 현상이다. 그를 유명하게 만들고 게르만학Germanistik의 학문 체제에 심각한 위기를 초래했던 책은 영어로 《담론 네트워크*Discourse Networks*》라고 번역된 《기록 시스템 1800/1900*Aufschreibesysteme 1800/1900*》(1985)이다.[29] 키틀러에게 있어 기록 시스템Aufschreibesysteme(문자 그대로는 적거나 쓰는 시스템을 의미)은 인간의 뇌와 소프트웨어와 하드웨어의 혼합체였다. 기록 시스템은 어머니 혹은 의사 등과 같은 체화된 행위자, 교육 정책과 정신의학과 같은 문화적 처리를 거치는 알고리즘, 글쓰기나 축음기와 같은 기술적 미디어, 이렇게 세 가지로 구성된다. 연구 방법으로서 담론 네트워크를 찾는 것은 신뢰할 만한 동시대의 협력자와 짝을 이루는 것이었고, 문학과 인류와 정신을 그러한 네트워크의 효과로 보는 것이었다. 키틀러는 가끔 예민한 문제에 대해서는 기꺼이 싸울 준비가 되어 있었고 그가 학문적으로 비상식적이라고 생각하는 모든 형태에 싸움을 거는 냉소적인 논쟁가였다. (자칭 쌈닭에게는 다행스럽게도 싸움거리가 끝이 없었다.) 그의 까칠함과 실수와 비범함에 대해 많은 이야기를 할 수 있을 것이다. 그의 사회 역사에 대한 경멸, 그의 전쟁 테크놀로지에 대한 애정, 그의 수상쩍은 젠더 정치학, 그리고 지식 만들기의 미디어에 대한 그의 성찰은 그가 독일의 미디어학을 대신하여 수행한 놀라울 만큼 성공적인 군사 작전용 정찰 임무의 일부였다. 그러나 어느 한 개인이 얼마나 창의적으로 생각할 수 있는지, 그리고 그의 책을 읽고 그의 강연을 듣고 그와 이야기를 하는 것은 얼마나 큰 지적 자극이 되는지!

그 어느 경우에라도 키틀러는 미디어학의 새로운 진화의 발걸음을 분명히 내딛었다.[30] 여기에서 유용한 것은 미디어가 참신한 역사적이고 실존적인 가능성을 위한 바늘귀를 형성할 수 있다는 개념이다. 이 개념은 하드웨어에 대한 그의 중기 연구에서부터 그리스의 문화 테크닉에 대한 그의 말기 연구에 이르기까지 이어진다. 글쓰기는 19세기 후반의 아날로그 미디어(녹음과 영화)가 갑자기 등장하기 이전까지는 모든 의미가 반드시 통과해야만 했던 좁고 협소한 문, 즉 '병목Engpass'이었다. 축음기와 카메라는 백색소음을 포함하여 시간의 흐름을 기록했고, 그리하여 기표의 독점을 파괴한다. 시간축 조작은 실시간의 체제를 파괴했고, 이 뛰어난 포인트가 이 책 중 특히 6장의 핵심이다. 시각적, 청각적, 문자적 데이터의 흐름은 그 나름의 고유한 기술적이고 실험적인 체제를 창조해냈다. 라디오를 들을 때 우리는 말을 잃고 눈이 멀지만, 우리의 귀는 공간을 가로질러 저 멀리까지 뻗어나간다. 전화를 사용할 때 우리의 눈은 멀지만 우리의 목소리와 귀는 비슷한 먼 거리로 뻗어나간다. 축음기를 사용할 때 우리는 과거를 들을 수 있다. 매클루언과 매우 비슷하게 키틀러는 각 미디어가 어떻게 인간의 감각 기관을 확장하거나 장애를 겪게 만드는지 살펴보았다.[31]

거의 모든 방면에서 독특하고 드문 경우라고밖에 할 수 없는 음악과 수학에 대한 그의 미완성 연구에서, 키틀러는 그리스 문자를 헬라스(그리스인)가 통과해야 하는 일종의 체크 포인트로 취급했다. 마치 수세기에 걸친 유럽의 논의를 거부하기라도 하는 양, 키틀러는 고대 그리스의 위대한 점은 드라마나 윤리학이나 정치학이 아니라 문자와 숫자와 억양이 결합되어 구성된 미디어 시스템이라고 보았다. 키틀러에게 있어 고대 그리스가 세계의 역사에 갑자기 등장시킨 것은 그가 프리드리히 니체Friedrich Nietzsche를 쫓아 강력하게 경멸했던 플라톤Plato의 철학이나 에우리피데스Euripides의 비극이 아니라고 생각했다. 오히려 획기적인 것은 컴퓨터가 등장하기도 전에 보편적인 컴퓨터의 노릇을 하며 시와 수학과 음악을 동시에 처리할 수 있는 미디어의 역할을 했던, 모음 표기가 가능한 문자의 창제라고 보았다. 여기서 그는 하이데거에 기대어 미디어를 존재사Seinsgeschichte 못지않은 핵심으로 만들었다. 키틀러에게 미디어는 세계를 가능케 하는 인프라이며, 내용을 실어 나르는 수동적인 통로가 아니라 존재론적인 중개자다. 눈에 잘 띄지 않게 운반한 변화는 거대한 역사적 효과를 발생시킬 수 있다. 역사의 통행로는 인간에게만 국한되지 않는다. 결국 존재란 커다란 것이고 다중성을 담고 있다.

키틀러는 아르키타스Archytas에서부터 레온 바티스타 알베르티Leon Battista Alberti와 앨런 튜링Alan Turing에 이르기까지 우리가 존재의 기술자라 부를 만했던 사람들을 위해 특별히 파라다이스에 자리를 마련해 둔다. 각각의 경우에 그는 철학자들보다는 프로그래머들을 역사의 가장 중요한 인물로 다룬다. 아르키타스는 플라톤과 동시대인이었고 십중팔구 서로 아는 사이였을 것이다. 키틀러의 의견에 따르면 플라톤의 거대한 업적은 거의 전적으로 해로운 반면, 아르키타스는 사과quadrivium(고대 수학 분과)를 처음 정의하였고, 최초의 기술자였으며, 음향학과 음악의 한 형식으로 타악을 발명하였다. 서구에서의 교육은 엉뚱한 사람에게 꽂혀 있었다. 플라톤은 세계에 대한 '이데아'를 개략했지만, 아르키타스는 어떻게 소리를 연구하고 투석기와 딸랑이를 제작하는지, 그리고 어떻게 피타고라스Pythagoras 음률로 우주의 음악을 재현하는지 보여 주었다. 15세기 피렌체의 인문주의자였던 알베르티는 건축과 원근법 그림과 암호 해독법에 이론과 실제를 결합하였고, 이는 키틀러가 빈번하게 다루었던 주제의 대표적인 사례를 보여 준다. 훗날 생각할 때 인문주의로 칭송받던 이탈리아의 르네상스는 사실상 그 시대 예술가들이 기술자였기 때문에 위대했던 것이다.[32] 키틀러가 끊임없는 애정을 보였던 사람 중 한 명인 앨런 튜링은 최고의 프로그래머이며, 오늘날 우리가 세계를 다루고 세계에 접근하는 방식을 재편하게 한 컴퓨터를 발명한 것으로 대표되는 위대한 수학자이자 암호 해독의 천재다. 키틀러에게 튜링은 우리 시대의 핵심 인물이었다. 우리 시대는 튜링 시대Turing-zeit다.

키틀러는 말년에 미디어의 개념에 대한 의혹을 표현하곤 했다. 내 의견을 말하자면, 오래된 비트에도 충분히 단맛이 남아 있다고 생각한다. 키틀러의 불만은 미디어학Medienwissenschaft이 수많은 학문 분야 중 하나로 제도화되었다는 데서 부분적으로 기인한다. 그는 미디어학이 미디어 일반을 연구 대상으로 삼아야 한다고 생각했다. 매클루언의 경우와 마찬가지로, 키틀러에게 있어서도 미디어학은 학제 간의 뒤섞임 속으로 비집고 들어가는 또 하나의 학문 분야가 아니라, 학문 분야들에 관한 학문, 즉 다른 모든 학문들을 재조직하거나 통째로 받아들일 수 있는 '포스트' 혹은 '메타'학문이다. 물론 미디어학은 그 자체로 혹은 다른 많은 것들에 대해서 야심찬 언술을 할 수 있는 학문으로 알려져 있다. (매클루언 역시 이러한 발언을 많이 했다.) 키틀러의 발언 중 가장 유명하면서도 악명 높은 문장은 "미디어는 우리의 상황을 결정한다"다. 또 다른 문장은 그가 펠리페 2세의 말을 원용하여 정보 이론 유물론이라고 불렀던 "Nur was schaltbar ist, ist überhaupt"라는 선언이다.• schaltbar는 번역하기 어려운 단어인데, 폐쇄 회로에 연결된다는 의미를 나타내지만, 이 문장이 진짜 의미하는 골자는 이렇다. 네트워크로 연결될 수 있거나 스위치로 켜고 끌 수 있는 것만이 존재할 수 있다.[33] 만일 구글이 당신을 찾지 못한다면, 당신은 존재하지 않는다. (무선) 연

• 2011년 키틀러가 사망할 당시, 병상에 누워 의학적 장치만으로 버티던 그가 이렇게 말한 것으로 알려져 있다. "모든 장치들을 꺼주시오Alle Apparate ausschalten." — 옮긴이

결은 존재보다 선행한다. 네트워크 너머에는 오직 물자체Ding-an-sich만이 있을 뿐이다. 격자나 회로판은 존재론적으로 그 자체의 효과를 발생한다. 가장 야심차게 말하자면, 미디어학은 그 자체로 모든 것에 대한 학문, 즉 형이상학의 뒤를 잇는 학문이다.

키틀러에게 있어서 철학과 인문학은 모두 일반적으로 테크닉에 대해 생각하기를 거부했으며, 그로 인해 존재의 역사에 대해 눈을 감아 버리는 엄청난 대가를 치렀다.[34] 키틀러의 급진적인 견해에 따르면, 미디어학은 존재를 매개된 것으로 보는 특권 받은 형식의 학문이었다. 미디어학은 대상에 대한 학문이 아니라 대상을 보는 방식에 대한 학문이었다. 키틀러는 인문학과 사회과학 사이에서 잘 정돈된 교차로에 선 채 기다리기만 하는 것이 아니라 자연과학, 수학, 공학, 의학, 군사 전략까지 나아가는 일종의 포스트학문적인 미디어학을 조망했다. 미디어학에 대한 그의 최근 비판은 지식은 지식일 뿐이며 미디어학이든 다른 어떤 종류이든 특별한 지식의 분야는 존재하지 않는다는 그의 생산적으로 오만하기까지 한 주장에 불을 지폈다. 그는 어떠한 종류의 전문화에도 저항했으며, 그러한 저항이 몰고 올 위험을 감수했다. 키틀러는 여러 학문 분야를 방랑하는 와중에 아마추어와 같은 실수들을 꽤 많이 저질렀는데, 그 점에 대해서라면 나 자신도 비판할 처지는 아니다. 그의 어록 중 또 다른 하나는 이제까지 받아온 것보다 더 많은 유명세를 얻을만하다. "단순한 지식이면 될 것이다."[35]

미디어학이 최근의 학계 용어로 STEM●이라 부르는 분야를 포함할 수도 있다는 생각은 분명 유익한 일이다. 진정 미디어학은 정신Geist과 자연Natur이라는 오래된 이분법을 거부하고 합류 지점을 찾을 수 있는 학문이다. 30여 년도 넘는 오래전에 우리는 사회과학과 인문학 사이에 혁신적인 교류가 일어나고 있다는 말을 들었지만,[36] 오늘날 인문학자들은 자

● STEM이란 과학Science, 기술Technology, 공학Engineering, 수학Mathematics을 말한다.

연과학에서 새로운 힘을 재발견하고 있다. 그리고 거기엔 그럴만한 이유가 있다. 자연은 심오하리만치 역사적임이 드러났다. 진화생물학은 개체군이 몇 세대에 걸쳐 환경 위기에 재빠르게 적응함으로써 유연성(가소성)이 있는 종이 얼마나 대단한가를 보여 준다. 생명과학은 역사적인 과학이고, 생명 그 자체는 가능한 수단에 맞게 적응하고 기회kairos• 포착을 추구한다는 점에서 해석이 가능하고 심지어는 수사학적이기까지 하다. 모든 자연과학은 해석학적 요소를 지니고 있지만, 우주론, 지질학, 진화생물학, 고세균학, 기상학 등의 자연사 과학은 더 절실히 그러하다. 키틀러는 언제나 진실을 찾아 문학과 음악 작품들을 읽었으며, 인문학이 결코 인식론적인 주장을 포기해서는 안 된다고 했던 그의 주장에는 영감이 될 만한 그 무엇인가가 있다. 인문학의 임무는 단지 감수성을 교육하는 것만이 아니라 지식에 순서를 두는 법을 교육하고 그중 단 한 가지(무수한 변종으로)가 있을 뿐임을 교육하는 것이다. 진정한 인문학자는 또한 자연학자이기도 하며, 현재 존재하고 과거에 있었고 미래에 다가올 것들에 대한 지식을 생산하는 일을 한다.

넓은 의미로 보아 인문학은 테크네technē의 고향이다. 두 발로 직립 보행하는 일부터 시작해서 예술/기술이 없는 인문학은 없다. 우리는 정신이나 몸에서 이미 기술적이다. 자연과학만이 도구 사용에 의존하는 것은 아니다.[37] 인문학자들은 펜, 종이, 컴퓨터, 슬라이드, 교실, 파일, 목소리, 책, 의자, 안경, 아카이브(도서관이나 구글) 등에 의존한다. 그 무엇보다도 인문학은 문화(그리고 아마 자연도)를 저장하고 전송하고 해석하는 학제다. 인문학에

• 그리스어에서 '때'를 나타내는 말로 카이로스καιρός와 크로노스χρόνος가 있다. 전자는 '시각,' 후자는 '시간'을 의미한다. 크로노스는 그리스 신화에 나오는 태초의 신 가운데 하나로, 자연적으로 해가 뜨고 지는 시간, 즉 일반적인 시간을 의미한다. 반면 그리스 신화 속 제우스 신의 아들인 카이로스는 의식적이고 주관적인 시간, 즉 기회의 시간을 의미한다. — 옮긴이

다른 조사 대상들이 있는 것과 마찬가지로 물질적 조건과 미디어가 있다. 키틀러는 이를 논쟁적으로 표현했다. "인문학에서 가르치고 연구할 것 중에 비기술적인 것은 하나도 없다."[38] 시, 음악, 춤 등은 모두 계산과 관련되며, 글쓰기라는 기본적인 테크놀로지 없이는 그 어떤 인문학도 존재할 수 없을 것이다. 루소 이후 많은 사람들이 테크놀로지가 우리의 진정한 인간적인 특성을 얼마나 많이 침해했는지에 대한 이야기를 해 왔고, 오늘날 그런 이야기는 여전히 사람들 사이에서 울려 퍼지고 있다.[39] 이 이야기에서 더욱 슬픈 점은 인간성이 존재의 인프라에서 분리된다는 사실이다. 장치는 세계를 망치는 것이 아니라 세계의 기초다. 우리가 지닌 아름다움의 핵심에는 계산과 측정이 있다. 인간이 즐길 수 있는 최고의 예술인 음악은 수학적이면서 기술적이다. 그 모든 기이함을 지녔던 키틀러는 여기에서 숭고한 진실을 보았다(또는 들었다).

미디어학의 대상 영역은 루이스 멈포드가 쓴 고전 《기술학과 문명 *Technics and Civilization*》(1934)에 잘 포착되어 있다. 기술학technics은 멈포드가 독일어 Technik를 번역하여 사용한 용어로, 우리가 Politik를 정치학politics 혹은 Physik를 물리학physics으로 번역하는 것과 마찬가지의 경우다. 이 용어는 영어에서 부활시켜 마땅하다. 멈포드의 박식한 야심은 그 후 미디어학의 기본적인 교과 과정 형태를 이루게 했는데, 온 도서관을 뒤져서 자료를 활용해야 한다는 것이다. 미디어를 공부하기 위해서는 미디어만 공부해서는 안 된다. 이 점에 대해서는 이니스와 매클루언과 캐리와 키틀러가 모두 동의할 만한데, 이 학자들은 모두 터무니없는 비유와 잡다한 배움에 눈독을 들였던 사람들이다. (더글러스 커플랜드Douglas Coupland는 매클루언을 일컬어 "정보 낙엽 송풍기leaf blower"라 불렀다.)[40] 데이비드 헨디David Hendy는 미디어의 역사를 기술함에 있어 "우리는 사실상 다른 모든 것의 역사를 쓰고 있는 것이다"라고 말한다.[41] 미디어를 이해하기 위해서 우리는 불, 수로, 전력망, 씨앗, 하수구, DNA, 수학, 섹스, 음악, 백일몽, 절연체 등을 이해해야 한다. 이 책에서는 이 길고 긴 목록 중 극히 일부만을 다룬다. 기술지향적인 미디어 이론가들은 지금까지 우리의 삶에서 진정 핵심적인 미디어라고 전혀 의심받지 않았던 대상을 하나하나 늘어놓기를 더없이 좋아한다(예를 들어 매클루언은 전구와 자전거와 옷과 무기 등을 다루었다). 키틀러 이후 창의적으로 활기를 띠었던 독일의 미디어학은 이론적 진보와 이제까지 개발되지 않았던 새로운 물질에 대한 발견에 힘입은 것 못지않게 기록하는 마니아들에게 빚진 부분이 크다.[42] 나는 이러한 정신에 감동받아 이 책에서 배, 불, 밤, 탑, 책, 구글, 클라우드에 관심을 두게 되었음을 고백한다. 우리가 기이한 미디어 이론이라고 부를 만한 것은 수많은 연구 대상을 갖고 있지만, 그것은 축복인 동시에 부담이다.

물론 미디어가 무엇인지에 대한 설명력을 잃을 우려가 있다. "모든 사람이 특별하면 아무도 특별하지 않다"(길버트와 설리번),• 그리고 명성에서 진실인 것은 개념에서도 진실이다. 개념은 언제나 완벽한 보편성에서 약간 모자란 상태로 멈춰야 한다. 미디어는 그 정의 자체가 위치의 문제이고 무엇인가의 중간에 있는 것을 의미하기 때문에, 어떤 것이 미디어로서 갖는 지위는 일단 그 위치가 변경되면 사라질 수 있다. 특히 대상 지향적인 존재론에서 기술철학의 경향은 모든 다양한 놀라움으로 가득한 많은 사물들의 기이한 목록을 환영할 만큼 매우 야심차서, 때로는 사물의 무자비하게 위계적이고 불평등한 특성이 시야에서 사라지곤 한다. 내가 많이 기대는 브뤼노 라투르는 "평평한 존재론"을 논쟁적으로 요구해 왔지만, 그의 신봉자들이 한 연구 중 일부는 사물들의 엄청난 불평등에 관해 비판적인 판

• 윌리엄 길버트William Gilbert가 대본을 쓰고 아서 설리번Arthur Sullivan이 작곡한 오페라 〈곤돌라 사공*The Gondoliers*〉(1889)에 나오는 대사다. 베네치아를 배경으로 한 이 오페라에서, 주인공들은 모든 평민에게도 작위를 수여하여 귀족과의 차이를 없앨 것이라 선언한다. 이에 종교재판소장이 귀족과 평민 사이에는 반드시 차이가 있어야 한다고 주장할 때 나오는 대사다. — 옮긴이

단을 꺼리는 것처럼 보이는 경우가 있다. 인프라, 전망, 전환점에 관심이 있는 학자라면 누구나 '사물들'이 차기만cool 한 것이 아니라 얼마나 고집불통인지 알기 위해서 구식 사회학이 필요하다. 존재론은 평평하지 않으며, 주름지고 흐릿하며 다발로 뭉쳐 있다. 때로는 바다처럼 폭풍우가 몰아치고 사납다. 나는 내재론 철학 전체 중 일부만을 따를 의향이 있다. 퀑탱 메이야수Quentin Meillassoux는 아름다운 문체로 쓴 책에서 자신이 "상관주의correlationisme"라고 부르는 것, 즉 의미가 강력한 의도를 지닌 인간의 정신에 의존한다고 보는 독트린을 비판했다.[43] 나는 의미를 정신으로부터 분리하는 것은 전적으로 지지하지만, 그(와 그보다는 조금 더 절제하는 방식으로 그를 따르는 사람들)가 공격하는 칸트 이후post-Kantian의 비판적인 유산에서 기인한 비판 프로젝트를 포기할 수 없다. 우리에게는 판단력Urteilskraft, 즉 판단하는 능력이 그 어느 때보다 더욱 필요하다. 중요한 임무는 주체-대상이라는 그릇된 구분이 없는 비평의 근거를 찾는 일이며, 그 철학적 뿌리는 독일의 관념론에서부터 프랑크푸르트학파의 비판 이론에 이르기까지, 그리고 프래그머티즘과 현상학에까지도 이어진다.

인프라구조주의

인프라는 지난 20여 년 동안 학문의 주제로 두각을 나타내고 있는데, 이는 냉전이 사그라들면서 정치경제적 변화가 광범위하게 일어나고 대규모의 기술 시스템들은 낡아가고 인터넷이라는 네트워크망이 건설되는 현실을 반영한다. 인프라란 원래 기반 시설을 의미하는 군사 용어였다. 2차 세계 대전 때 영국군은 아이슬란드의 활주로가 자신들의 필요에 못 미친다는 것을 알게 되었다. 영국군은 레이캬비크에 새로운 공항을 건설하면서 아이슬란드에 재정 지원을 요청하였다. 아이슬란드 정부 관리들은 "유감이지만 거절

하겠습니다"라고 답하면서도 "하지만 필요하다면 나중에 공항도 함께 갖고 떠나시든지 뜻대로 하십시오"라고 말했다. (영국군은 그렇게 하지 않았고, 그 공항은 여전히 아이슬란드 국내 비행장으로 사용된다.) 인프라(기반 시설)란 일반적으로 공항, 고속도로, 전력망, 송수로 등 옮기기 어려운 커다란 규모의 단순한 시스템으로 생각되었다. 19세기 초반 이후 전 세계는 유례없는 인프라의 발달을 목격해 왔다. 이러한 인프라의 발달로는 철도, 전신, 대양 횡단 케이블, 시간대, 무선 통신 네트워크, 수력 발전 댐, 화력 발전소, 기상 예보 시스템, 고속도로, 우주 탐사 프로그램 등이 있다. 힐러리 클린턴Hillary Clinton이 "우리 시대의 새로운 우상과 같은 인프라"라 표현했던 인터넷은 그러한 질문들을 계속 자극하고 있다.[44] 모더니티를 무엇이라 정의하든, 이는 인프라의 확산을 의미한다. "모던하다는 말은 인프라 내에서 살거나 인프라를 이용하여 산다는 것을 의미한다."[45]

인프라는 "시공간을 가로질러 거대 규모로 사람들과 기구들을 연결하는 거대한 세력 확장 시스템" 혹은 "크고 튼튼하며 잘 작동하는 시스템과 서비스"라고 정의할 수 있다.[46] 인프라는 종종 자본력과 법적, 정치적 권력과 그것을 추진할 수 있다는 과대망상에 사로잡힌 정부 혹은 공영-민영 파트너십의 후원을 받는다. 쿠푸Khufu•에서부터 스탈린에 이르기까지, 인프라는 독재자들과 폭군들의 놀잇감이었다. 인터넷은 중앙 통제가 없다는 명백한 특성이 그 출발점이 된 것으로 보이지만, 인터넷의 발전을 형성한 정부나 시장의 힘은 충분히 크다. 인프라는 기술적으로 복잡하고 소요 비용도 막대하기 때문에 공공 감시와 엄청난 위험과 의도치 않은 결과가 공개 토론도 거치지 않은 채 감추어지는 경우가 종종 있다. 전통적인 인프라는 민주적인 거버넌스의 영향을 거의 받지 않는 것으로 여겨졌고 또 사실상 그

• 이집트 제4왕조의 파라오다. 세계 7대 불가사의 중 유일하게 남아 있는 기자의 대피라미드를 건설했다. — 옮긴이

렇게 고안되었지만, 보통 때 같으면 변화를 위한 저항의 움직임이 전혀 없다가도 사보타지(방해 공작)의 가능성에는 열려 있다.[47] 이러한 인프라는 거의 언제나 하이재킹에 취약하다. 모든 탑은 쓰러질 위험이 있다. "인프라는 일단 설치되면 자체 부패와 기생의 가능성을 발생시킨다."[48] 벽을 좋아하지 않는 무언가가 있다.

인프라는 구조상으로는 크기가 크지만 인터페이스는 작을 수 있는데, 수도꼭지, 가스 펌프, 전기 콘센트, 컴퓨터 단말기, 휴대전화, 공항 검색대 등에서 나타나는 것처럼 모두 더 크고 숨겨진 시스템으로 문이 이어진다. 인프라는 기본 요소의 위험을 감소시키기 위해 고안되지만, 그렇게 하기 위해서 새로운 위험성을 만들어 내는 경우도 종종 있다. 시스템을 만든다는 것은 부작용을 관리한다는 의미이고, 그 관리 자체의 부작용도 관리한다는 의미다. 예를 들어 전력망은 어린 시절에 백혈병에 걸릴 위험성을 증가시킨다.●[49] 인프라가 거대할수록, 의식하지 못할 확률이 많아지고 잠재적인 파국의 가능성도 커진다. 철도가 건설되기 이전에 기차 충돌은 없었으며, 아일랜드에서 단일 작물 수확에 과도한 투자를 하기 이전에는 감자 기근은 없었다. 지렛대는 취약성을 의미한다.

인프라에는 하드한 것과 소프트한 것이 있다. 댐과 웹사이트, 고속도로와 프로토콜은 모두 같은 인프라다. 가볍고 이동성을 지닌 인프라도 있으며 무겁고 고정된 인프라도 있다. 이러한 점은 이니스가 되풀이해서 언급했던 지점이다. 로마의 도시, 도로, 송수관과 같은 콘크리트 작품에 비교할 때, 그리스인과 유대인의 수학과 역사, 철학과 윤리학, 음악과 휴일은 오늘날 훨씬 더 많이 살아남아 있다. 실상 로마에 남아 있는 것은 종교, 언어, 법률, 그리고 유럽이라는 아이디어 그 자체에서 벌어진 문화적 공학

● 무선 환경 속에서 방사능을 온몸에 받으며 살기로 한 우리의 선택은 이전에 볼 수 없던 건강 문제를 야기했다.

이다. 문화적 연속성이 상수도나 도로 시스템의 지속적인 기능보다 더 큰 성취인 경우가 많다. 현존하는 문화 중에서 오직 중국인, 그리스인, 인도인, 유대인만이 몇천 년에 걸쳐 자신들의 민족 정체성을 유지해 왔다. (물론 끊임없는 정체성의 재발명이 없었던 것은 아니다.) 소프트웨어는 종종 하드웨어보다 오래 가는 경우가 많다. 지질 시대에 모든 인프라는 람세스 2세(오지만디아스Ozymandias)•와 같은 운명을 겪는다. 헤겔이 고대 이집트에 대해서 언급했듯이, "왕과 성직자의 궁전들은 돌덩어리로 변신하는 반면, 그들의 무덤은 시간의 흐름을 거부한다."[50] 그 어떤 문명에서도 자체 수명보다 더 오래 지속되도록 만들어진 것은 없다. 유일한 예외는 달력이라 할 수 있는데, 달력은 이론상으로는 그 어떤 인간이 관리하는 것보다도 훨씬 더 큰 규모로 만들어질 수 있다. 비록 지구 움직임의 다양성 덕분에 달력을 하늘의 움직임에 가깝게 맞출 수 있는 확률은 몇천 년 이상을 지속하기 힘들 것이지만 말이다. (4장에서 설명하겠지만 우리의 달력은 이보다도 훨씬 더 많고 잦은 업데이트를 필요로 한다.) 문명은 그 내구성이 수천 년 정도로 한정되어 있는 듯 보이고, 커뮤니케이션의 장기적인 시스템 관리는 엄청난 비용과 전문성을 필요로 한다.[51]

인프라는 끊임없이 변화하는 경향이 있고, 이전의 혁신이 무디어질 무렵 그 위에 새로 건설된다. 인프라는 모듈 단위로 개량되고 경로 의존성의 원칙을 분명히 보여 준다.[52] 여기엔 노동과 유지가 필요하다. 인프라는 표준화되어 당연히 여겨지는 한도 내에서만 인프라다. 인프라에는 사회적 요소와 함께 기술적 요소도 담겨 있다.[53] 원시적인 기능과 구조를 유지하는 것은 우리의 세포 조직에서만큼이나 미디어에서도 관련된다. 신체 기관과 기술 기관ὄργανα(고대 그리스어로 '도구'라는 뜻의 organa)은 서로가 겹쳐진 다

• 오지만디아스는 고대 이집트의 람세스 2세를 그리스어로 읽은 것이다. 영국의 시인 퍼시 비시 셸리가 쓴 시의 제목이기도 하다. — 옮긴이

른 환경들이 뒤죽박죽된 것이다. DNA는 새롭고 낡은 것의 아카이브다. 모든 자연 언어의 경우도 마찬가지다(왜 단어의 역사가 축적된 통찰력의 거대한 소스인지 말해 주는 이유 중 하나다). 우리는 이를 쿼티QWERTY 원리라 부를 수 있다. 이는 덜 최적화된 패턴이 경로 의존성으로 인해 원래의 조건보다도 더 오래 지속되는 것을 가리킨다.[54]

여기서 학문의 이름들이 서로 뒤얽혀 있는 와중에 또 하나의 '주의'를 소개하기는 매우 싫지만, 그렇게 해야만 한다면 그것은 인프라구조주의 infrastructuralism 독트린일 것이다. 원초적이고 근대적인 생각의 원칙을 의미의 조합으로 설명하고자 하는 야심을 지닌 구조주의, 그리고 틈과 아포리아와 불가능성을 사랑하고 붕괴와 갈망과 실패를 축복하며 가능한 모든 것들의 터무니없는 범주와 숨 쉴 틈 없는 구문론에 대한 사랑에 흥미를 가진 후기 구조주의 이후에, 이제 아마도 인프라구조주의의 시간인 것 같다. 인프라구조주의를 매료시키는 것은 기초적이고 지루하고 따분한 것들, 그리고 이면에서 벌어지는 온갖 짓궂은 일들이다. 인프라구조주의는 환경과 작은 차이들의 원칙이고 좁은 문과 바늘귀의 원칙이며, 우리가 사는 세계 아래 버티고 있지만 이해할 수는 없는 것들의 원칙이다. 그리하여 이 절의 제목에는 조용한 말장난이 들어가 있다. 인프라구조주의적 미디어는 아래에서 버티고 있는 미디어다.

인프라는 대개의 경우 조용하다. 뒤로 물러섬이 인프라의 작업 방식이며, 이는 다른 것이 도드라져 보이게 하느라 자기 자신이 드러나는 것을 희생하는 미디어의 일반적인 특성과도 많이 닮아 있다.[55] 카를 마르크스Karl Marx는 단지 산업 장치에 매료되어 있었기 때문만이 아니라 어떻게 권력 관계가 감추어지는가를 분석했다는 점에서 인프라 이론가다. 가장 위대한 인프라 사상가들은 절대 장비에만 관심을 두지 않는다. 그들은 필수적인 것들에 대한 깨달음이 왜 그렇게 순식간에 "지각력 없이 남들이 다 다니는 뻔한 길"로 접어드는지 알고 싶어 한다.[56] (이는 올바른 행동의 기반이 되는 원칙을 찾으려는 탐구가 왜 계속되는 탐구 그 자체보다 더 확실한 기반을 찾지 못하는가라는 오래된 도덕적 미스터리의 또 다른 버전이다.) 지그문트 프로이트 Sigmund Freud는 인프라 은유를 생생하게 사용하며, 정신을 도시, 하수구, 유적, 서류 정리 시스템, 우편 검열 등의 측면에서 바라본다. 그러나 그는 또한 흐릿한 지각, 우리가 자기 자신과 나누는 왜곡된 커뮤니케이션을 분석하기도 했다. 프로이트에게 모든 기억의 흔적이란 자신이 지닌 상당한 수준의 법정 기술을 뽐내며 범죄 현장을 탐문하는 것과 같았다.

근본적인 것들이 어떻게 해서 배경으로 물러서게 되었는지 이해하기 위해 가장 명백하게 노력했던 사람은 아마도 프로이트와 동시대를 살았으며 철학적 현상학을 발전시켰던 에드문트 후설Edmund Husserl이었을 것이다. 마르크스, 프로이트, 후설 및 그와 동시대를 살았던 사람들은 엄청난 인프라의 변형을 겪었고, 지루함과 명료함은 의식이 작동하게끔 해 주는 멋지고 종종 일탈적이기까지 한 일들을 의식적으로 감추는 책략이라고 생각했다. 이는 찰스 다윈Charles Darwin, W. E. B. 두 보이스W. E. B. Du Bois, 에밀 뒤르켐Émile Durkheim, 샬럿 퍼킨스 길먼Charlotte Perkins Gilman, 페르디낭 드 소쉬르Ferdinand de Saussure, 막스 베버Max Weber 등 생명과 인종과 사회와 성과 언어의 인프라를 분석했던 19세기 인물들의 경우에도 마찬가지였다. 19세기에 태어난 사상가들은 증기기관, 석탄, 전기, 철조망, 표준화된 도량형, 표준화된 시간의 시대를 살면서 연쇄 관계를 관찰하지 않는 것은 미친 짓이라 여겼다. 그들은 모두 무엇인가의 가장 깊숙한 곳으로 가게 해 주거나 그것을 더 엉망으로 만들 수 있는 이성의 힘을 믿었다. 프로이트의 유명한 격언인 "그것이 있던 곳에 내가 있게 될 것이다Wo es war, soll ich werden"라는 말은 모든 인프라들을 분명하게 만들어 주는 데 필수적인 것이라 이해되었다. 현대 사상에는 깊은 인프라적인 윤리가 있다.

인프라에 대한 관심을 불러일으킨 비교적 최근의 중요한 책 중 하나는 제프리 보커Geoffrey Bowker와 고故 리 스타Leigh Star가 함께 쓴 《사물의 분류*Sorting Things Out*》(1999)로, 인프라학에 강력한 현상학적 유산을 가져다주었다. 이 책은 기본적인 범주와 표준이 어떻게 형성되었으며 어떻게 평범한 것으로 형성되었는지에 대한 문제를 제기하기 위해 인프라를 크고 거대한 시스템 그 이상으로 한껏 밀어붙인다. 당연시 여겨지는 것들이 최초에 어떻게 만들어졌는가 하는 것은 현상학의 고전적인 질문이다. 어떻게 해서 물은 물고기에게 보이지 않게 되었을까? 보커와 스타는 우리가 사는 세상은 표준과 잊혀 버린 규칙에 맞서 털을 곤두세우는 것이라 보았으며, 그 표준과 규칙은 일상생활에서 일상적인 것들을 생산해 내는 동시에 희미하게 축적된 몸들의 작동에 의해 유지되는 것이라 보았다. CD나 연필 등의 일상적인 사물들은 "수십 년에 걸친 협상" 과정을 감춘다. 보커와 스타가 신랄하게 지적하듯이, "어려움 없이 쉬운 것 안에는 많은 고된 노동이 담겨 있다."[57] 그들은 겉껍질을 부수는 방법으로 "인프라의 전복"이라는 개념을 제안한다. 이는 해럴드 가핀켈Harold Garfinkel이 "위반breaching"이라 불렀던 개념, 즉 뒤로 물러난 배경을 전면으로 공개하기 위해 사회 규범을 의도적으로 어기는 것의 사촌 격이다. 비슷한 일들이 사고나 붕괴와 함께 일어난다. 인프라가 목공 바깥으로 드러나는 것이다. 작은 결함들은 현실적으로 당황스러운 것만큼이나 지적으로는 결실을 낳는다.[58] 하이데거의 (아리스토텔레스Aristoteles의 특징을 살린) 단조로운 말에 따르면, 본질은 사고가 날 때 드러난다.[59]

인프라는 창문 밖으로 내리는 가느다란 빗줄기만큼이나 보기 어려운 경우가 많다. 인프라는 천성적으로 비가시적일 뿐 아니라 리사 파크스Lisa Parks가 "인프라 은닉infrastructural concealment"이라 부르는 설계로 감추어져 있다.[60] 일부 인프라들(물, 하수구, 전기선, 케이블선)은 말 그대로 땅(혹은 해저)에 묻혀 있고 어떤 인프라 구조물들은 경관과 섞여 버리도록 설계된다. 이보다는 드물지만, 탑이나 수력 발전 댐은 권력과 근대성의 의도적인 전시물이고, 일부 건축물의 유행은 (돌출된 파이프와 관들로 대담하게 설계된 파리의 퐁피두센터처럼) 건물의 핵심 내용을 전면에 내세운다. 20세기에 방송국은 자신만의 고유한 기술을 뽐내는 전송의 전당이었다.[61] 곧 살펴보겠지만, 중세의 시계탑들 역시 마찬가지로 도시의 부나 명성을 과시하는 선언이었다. 테크놀로지는 결코 기능적이기만 한 것은 아니다. 모든 도구들은 언제나 사회적 전시, 즉 '화려한 장식성'의 요소를 지닌다.

망각은 인프라가 작동하는 핵심적인 부분인 것처럼 보인다. 스타는 인프라가 종종 "지루하리만치 평범하다"고 말한다.[62] 그러나 이는 모두 그 구조가 무엇의 아래(인프라)인가 하는 것에 따라 달라진다. 인프라는 종종 레이더망을 벗어났다거나 알아차리지 못했다거나 무대 바깥에 있다거나 하는 식으로 정의된다. 지나친 반복은 지루할 수도 있지만, 튼튼한 시스템의 본질은 백업 옵션이다. 이와는 대조적으로 테크놀로지는 새로움을 편파적으로 지향하는 개념이다. 호흡, 화재 진화, 글쓰기, 도시와 같은 것들은 힘든 노력을 쏟아부어야 하는 일임에도 불구하고 테크놀로지로 간주되는 일은 거의 없다. 우리는 우리가 만들어 낸 환경 중에서 낡고 지루해 보이는 부분들을 무시한 채 밝거나 빛나거나 새롭거나 무서운 부분들만을 따로 떼어내서 '테크놀로지'라 부르는 쓸모없는 습관을 갖고 있다. 1, 2차 세계 대전에서 말은 탱크만큼이나 중요했고, 최근 몇십 년 동안 자전거는 자동차만큼이나 중요하다.[63] 지루함의 정치학이 있다. "성숙한 기술 시스템은 나무나 낮 동안의 빛이나 먼지와도 같이 아주 일상적이고 별것 아닌 것처럼 자연화된 환경 속에 존재한다"라고 폴 에드워즈Paul Edwards는 말한다.[64] 그의 말은 전적으로 옳지만, 나무와 낮 동안의 빛과 먼지는 당연하게도 극히 주목할 만하다. 이들 역시 성숙한 기술 시스템이다. (에머슨은 "지혜를 나타내는 변하지 않는 표식은 평범함 속에서 기적을 보는 것이다"라고 말했다.[65]) 단조로움을 인식하는 것은 생각의 넓이를 보여 주는 잣대다. 신의 생각에는 그 어떤 것도 지루하지 않을 것이다. 사물들이 얼마나 지루해지는지에 대한 공부는 사실상 절대 지루해지지 않는 좋은 방법이다. 이 책은 이 특효약 조제를 추구하며, 기본이 가진 경이로움이 진부함을 물리칠 수 있다는 데 내기를 건다.

인프라구조주의는 미디어가 하는 일이 근본적으로 물류에 관한 것임을 이해하는 방법을 제안한다. 물류 미디어logistical media는 근본적인 규약과 단위를 명령하는 일을 한다. 이런 미디어는 시간을 축약하는 기록 미디어에 의해 그리고 공간을 축약하는 전송 미디어에 의해 점차 지렛대 역할을 수행한다. 이 두 미디어는 모두 사람들과 사물들 사이의 관계를 조정하고 종속시키고 준비한다.[66] 물류 미디어는 x축과 y축이 만나는 영점을 설정한다. 매클루언의 슬로건인 "미디어는 메시지다"는 특히 이러한 미디어에 잘 적용된다. 물류 미디어는 자연과 문화와 같은 구분을 할 수 있는 기반을 마련한다. 이러한 미디어는 대양, 땅, 공기, 우주 공간, 사이버 공간 등이다. 4장과 5장 거의 전체를 통틀어서 물류 미디어에 대해 다룰 텐데, 달력, 시계, 탑과 같은 고전적인 형태에 초점을 둘 것이다. 그 외의 핵심 사례로는 이름, 인덱스, 주소, 지도, 목록(지금 이 목록처럼), 납세자 명부, 기록문, 계좌, 아카이브, 센서스 등이 있다. 돈은 확실하게 주요 물류 미디어다. 마르크스가 불평했던 것처럼, 돈은 그 자체로 내용물을 갖고 있지 않으면서도 그 주위를 둘러싼 모든 것을 배치할 수 있는 힘을 지닌 미디어다.[67]

양극 지점에 사물들을 배치할 때, 물류 미디어는 모든 사람들이 작동해야 하는 규약들을 설정한다. 숫자 0은 물류 미디어의 대표 사례다. 명백한 무無이면서도 경도와 위도를 설정하고 정도의 순서를 설정하고 그래서 세상의 모양을 잡는다. 0은 데이터를 배열하고 처리 과정을 규제하는 운영자다. (은행 계좌 잔액의 적당한 자리에 0 하나가 더 붙어 있는 것을 불평할 이는 거의 없을 것이다.) 0은 아르키메데스의 혼신의(판크라티온 παγκράτιον),• 즉 지구를 움직이는 지렛대다. (0은 그 어떤 자연어의 숫자 시

• 판크라티온은 그리스어로 모두를 의미하는 판pan과 힘을 의미하는 크라토스kratos가 결합된 것이다. 온몸과 온힘을 다하여 싸우는 그리스어의 격투 경기를 의미한다. — 옮긴이

스템에도 존재하지 않지만, 달력 만들기나 회계와 같은 그래프 작업의 창조자다.) 따라서 브리검 영Brigham Young•의 지팡이는 솔트레이크 밸리 주소의 기준이 되는 중앙 지점과 교회를 표시할 때 제 역할을 하고, 좋든 싫든 그 후로 솔트레이크 밸리는 눈금처럼 표시된다. 물류 미디어는 중립적이고 추상적인 척 하지만, 미묘하고도 깊은 정치적 혹은 종교적 당파성을 부호화하는 경우가 많다. 사람들은 아직까지도 우리 시대가 'AD'인지 'CE'인지에 대해 논쟁하고 있으며, 토요일 다음날이 '일요일'인지 '첫째 날'(4장 참조)인지에 대해서도 말이 많다. 소실점, 소수점, 프린터의 빈 공간 등에서처럼 점point은 현대의 모든 미디어 중에서 가장 결정적인 것이다.[68] 물류 미디어가 일반적으로 중립적이고 당연한 것처럼 보이지만, 그들의 씨줄과 날줄은 얼마든지 흔들릴 수 있다.

인프라구조주의는 미디어 이론과 고전적인 관심사를 공유한다. 그 관심사는 환경을 가시적으로 만드는 것에 대한 요청이다. 인류가 모두 같은 정신을 지닌 떼거리로 자라나는 끔찍한 환상에 반대했던 매클루언이 제기한 가장 근본적으로 윤리적인 요구는, 자각에 대한 요구일 것이다.•• 매클루언은 우리의 기술적 거주지를 무시하는 사람들을 "몽유병자"로 보았으며, 우리가 미디어에 마취되어 있음을 설명하기 위해 그리스 신화의 나르키소스를 불러냈다. 키틀러는 CD에서 전기회로도를 들을 수 있거나 디스코텍의 불빛 속에서 볼 수 있는 사람은 축복받은 일이라 말했다.[69] 존재론은 그것이 무엇이든지 간에 일반적으로는 그저 잊혀진 인프라다.

• 브리검 영(1801~1877)은 미국 예수그리스도후기성도교회(모르몬교)의 지도자다. 미국 동부에서 신도들을 이끌고 당시 황무지였던 유타주 솔트레이크 분지에 도착했을 때, 자신의 지팡이를 꽂으며 "바로 이곳이다"라고 선언했다고 알려져 있다. — 옮긴이

•• "오늘날 우리는 엄청나게 정보를 얻고 깨달으려는 의지가 필요하다." *Understanding Media*, 75.

존재와 사물

존재론을 언급하자니 또 다른 인물이 떠오른다. 나 자신은 자꾸 하이데거의 궤도 속으로 마지못해 빨려 들어가고 있음을 고백해야겠다. 그의 생각에서 독기를 빼도록 도와준 뛰어난 해석가들의 분투 덕분에, 그는 자연(퓌시스φύσις)과 테크놀로지(테크네τέχνη, 예술, 기술)가 어떻게 서로 섞이는지에 관심을 가진 사람들이라면 반드시 알아야 할 필수불가결한 학자가 되었다. 하이데거는 최고로 다양한 정신을 지닌 사람들로 구성된 원격 청소 여단으로부터 지원을 받았다. 하이데거를 읽기 위해서는, 특히 독일어로 읽을 때 그 효과가 더 극대화되지만, 한 걸음 그리고 또 멋진 한 걸음을 따라 읽고 주시하고 그의 언어를 사용할 때마다 일종의 도취감이 생겨나, 이 세계는 이전에 없던 방식으로 동이 트기 시작한다. 하이데거는 상상할 수 있는 가장 다양한 모습과 계절로부터 배움을 얻은 위대한 학자다. 그의 생각은 보비 피셔Bobby Fischer•의 체스 게임만큼이나 놀랍고 이상하고 빛나는 움직임으로 가득 차 있다. 하이데거는 현대 철학의 가장 강력한 기물이기도 한 '생각하는 자아'라는 퀸을 제물로 삼아 '존재'와 '사물'이라는 철학의 2열 기물을 선택했으며, 거기에서부터 체크메이트를 향해 냉혹하게 전진함으로써 파괴적인 효과를 발전시켰다. 피셔의 경우와 마찬가지로, 하이데거의 천재성이 그의 재앙에 가까운 판단을 미리 막아 주지는 못했지만, 철학 중에서도 실존주의 계열에서는 이론과 삶이 체스의 경우보다는 덜 분리되는 것처럼 보인다. 여기에서 명백한 점

• 보비 피셔(1943~2008)는 미국의 체스 영웅이라 불리는 체스 선수로, 1972년부터 1975년까지 세계 체스 챔피언 타이틀을 차지하는 등 크게 성공했다. 그러나 반유대주의 발언을 하고 히틀러를 존경했다는 의혹에 휩싸이는 등 삶은 평탄치 않았다. 이러한 이유로 그는 정치적 논쟁에 휩싸인 비운의 천재로 여겨지기도 한다. 여기서는 이러한 점에서 하이데거와 피셔 사이의 공통점을 비유적으로 이야기하고 있다. — 옮긴이

은 1930년대 초반에 그가 한 점 후회도 없이 나치 당원이 되었으며, 이로 인해 그에게 호의적인 사람에게나 적대적인 사람에게나 모두 괴로우리만치 오랫동안 그의 중요성이 무너져 내렸다는 점이다. 최근에 출판된 그의 《검은 노트*Schwarzen Hefte*》•는 불에 기름을 붓는 격이어서, 그의 반유대주의를 더욱 명백히 기록하고 있다.

타협을 본 정보원으로부터 얻은 위대한 작품들의 도덕적 미스터리는 아마도 죄의 생산성에 대한 신학적인 문제로 더 적절할 것이며, 하이데거는 물론 그 어떤 사상가라도 제대로 읽는 것은 매우 중요한 문제다. 그가 나치와 맺은 관계는 그가 살아가고 일하는 동안에는 세계 어느 곳에서라도 가시화되었던 도덕적으로나 정치적으로 잘못된 판단들의 징후 중 하나다. 그는 엄숙했고, 핵전쟁이나 홀로코스트가 나쁜 생각보다 더 재앙이라는 것을 알아차리지 못했고, 농담을 받아들일 줄 몰랐으며, 심오한 문제인 수많은 주제들에 대해 그토록 고통스럽고도 참을 수 없을 정도로 명쾌한 글을 썼다. 그의 주장 중에서도, 테크놀로지(테크닉)는 인간이나 사회에 무엇인가를 해 주기 때문에 가장 중요한 것이 아니라 자연을 재배치하는 방식 때문에 중요하다는 말은 특히 내가 이 책에서 하는 주장에 결정적인 영향을 미쳤다. 무엇을 할 것인가? 라투르나 리처드 로티Richard Rorty와 같은 프래그머티즘 사상가들은 하이데거에 크게 의존하며 그를 끊임없이 조롱한다. 라투르는 하이데거가 존재를 슈바르츠발트Schwarzwald(검은 숲)에서 찾으려 한 것 같다면서, 하이데거가 말한 테크놀

• 하이데거가 개인적으로 남긴 일종의 철학 일기인 이 책은 2014년에 처음 출간되었다. 출간 당시 논란이 된 것은, 하이데거가 수동적인 반유대주의자가 아니라 적극적인 반유대주의자였으며 이를 자신의 철학 사상 핵심에 두었다는 점이다. 그는 서구 근대성의 주요 추동 요인으로 세계유대주의Weltjudentum를 지목하고, 자신이 그토록 해체하고자 했던 모더니티의 배후에 바로 이러한 유대인들의 계산과 야심이 있었다고 본다. 이에 따라 그는 나치의 우생학적 인종주의를 적극 변호했다. — 옮긴이

로지는 "원자폭탄, 댐, 거짓말 탐지기, 스테이플러 사이에 아무 차이도 없다"고 본다며 비꼬았다.[70] 한번은 로티가 하이데거를 일컬어 "자기도취에 빠진 떠버리"라 부를 정도로 도를 넘었지만, 로티의 핵심은 하이데거에게 민주적 감수성이 부족하다는 점을 강조하기 위한 것이었다.[71] 그러나 로티와 라투르 모두 하이데거가 테크놀로지를 그저 존재의 망각이라 여겨 애통해했다고 해서 그를 문화적 회의주의자로 읽는 것은 잘못된 것임을 분명히 안다. 오히려 하이데거는 테크닉을 역사의 몰락으로 보지 않고 인류의 유산에 필수적인 요소로 보았으며, 라투르가 하이데거에 빚지고 만든 개념인 "사물의 의회Parliament of things"에도 필수적인 요소로 보았다.[72]

라투르는 아마도 이 책이 쓰이는 이 순간 가장 뜨고 있는 '잇it' 사상가일 것이다. 그는 도처에 존재하고, 어마어마하게 똑똑하며, 우리 서식지에서 일어나는 인류 발생적인 조작에 대해 걱정하는 우리를 생산적으로 도울 수 있는 최적의 사람이다. 생태학, 테크놀로지, 신학의 측면에서 인간의 땅에 비전을 제공하고자 하는 이 책의 희망은 라투르의 궤도에 완벽하게 들어맞는다. 그는 자연에 대한 우리의 상상이 우리와 자연에 관한 모든 것을 재발명할 수 있는 기회라고 호소하는 오늘날 학자들 중 가장 탁월한 학자군에 속한다. 그는 자신이 근대성의 특성이라고 보는 자연-문화의 엄격한 이분법을 격렬히 비판하는 사람이다. 그 대신에 그는 우리에게 인간과 비인간 사이의 '난국'이 얼마나 완고한 실재의 문제인지 보기를 원한다. 그는 AIDS 부정론자, 담배 기업, 지구 온난화 회의론자, 기타 불편한 과학적 증거에 대해 대중의 불확실성에 크게 몰두하고 있는 자들이 고소해하면서 사회구성주의를 지지하고 있다고 애처롭게 지적한다. 라투르는 과학 비판론자들이 "대중을 미성숙하게 자연화하여 받아들이는 사실들로부터 해방시키기 위한"[73] 돌진에서 지나치게 극단으로 흘렀다고 생각한다. 비판적 학문의 상당 부분은 자연의 영역이라 생각되었던 것의 정치적인 특성을 드러내는 데 바쳐졌지만, 자연이 문화의 한가운데서 과열된 양상을 보이는 것은 그 자체로 흥미로운 일이다. 밤, 날씨, 잔디, 이스트는 모두 인공적인 특성을 지니고 있다. 단맛 나는 옥수수나 푸들이나 튤립 등의 유전자 구조에서 가장 우선시되는 메시지는 그들이 인간과 공존한다는 점이다. 알려진 바대로 DNA는 환경 압박 요인들에 대한 엄청난 책임이 있고, 따라서 근원적으로 역사적이다. 라투르의 세계는 인간 행위자와 비인간 행위자들의 협업으로 이루어지고, 그 결과 등장한 것이 의지와 물질, 그리고 공예와 원소를 한데 녹여낸 하이브리드 '사물들'의 등장이다.

라투르는 자연과 문화에 대해 급진적인 생각을 갖고 있어서 그를 읽은 사람들은 그가 사회구성론자인지 아니면 실재론자인지 혼란을 겪는다. 둘 다 맞는 얘기는 아니다. 그는 철학적으로는 실용주의자이고, 사실을 만들어 내는 것과 사실이 세계를 장악하는 일, 그리고 인간이 자연을 형성하는 것과 자연이 인간의 계획에 저항하는 것 모두를 인식하고 있다. 라투르는 과학의 적이 아니다. 그는 과학을 사랑하는 사람이며, 따라서 과학을 맨눈으로 보기를 선호한다. 과학은 존재론적으로 발생적이다. 루이 파스퇴르 Louis Pasteur 이전에 미생물이 존재했는가의 여부에 대한 질문에서, 라투르는 상식을 가진 사람이라면 누구나 격분하여 이렇게 대답할 것이라고 주장했다. 당연히 아닙니다![74] 그가 의미하는 것은 무엇일까? 이는 단지 미생물의 발견으로 그들이 다시 존재하게 되었다는 유명론이 아니다. 그의 말은 조금 더 강한 것을 의미한다. 엄격한 사실성에 근거해 말하자면 자연에 대한 지식은 자연을 바꾼다. 인류발생론의 노하우는 미생물의 개체군과 존재를 급격하게 변하게 만들었다. 요구르트 용기, 페트리 접시(샬레), 제약회사 등 완전히 새로운 서식지가 그들에게 열렸다. 개체군에게 일어난 변화보다 더 많은 새로운 지식이 과거를 바꾸어 놓았다. 파스퇴르가 미생물을 발견하고 나서 우리는 한때 그들이 존재하지 않았다는 사실을 잊어버렸다. 파스퇴르의 위업은 인식론적일 뿐만 아니라 역사적이다. 과거는 이전까지는 존재하지 않았던 미생물을 위한 자리를 갑자기 마련해 주어야 했다. 발견은 역사 그 자체에 존재론적인 잔물결을 만든다. 미생물이 언제나 존재했다거나 하는 상식처럼 보이는 것은 지각하지 못한 사물들의 감추어진 영구성에 대한 깊은 관념론으로 드러났다. 새로운 지식이 이렇게 과거를 존재론적으로 재조직하는 것을 '미생물 효과'라 부르기로 하자.

우리가 자연을 어떻게 파악하는가 하는 것은 인식론적일 뿐 아니라 정치적인 문제이기도 하다. 레이먼드 윌리엄스가 '문화'에 대해 말하면서 영어에서 가장 복잡한 두세 단어 중 하나일 것이라 지칭한 것은 분명 '자연'에도 마찬가지로 적용된다.[75] 자연-문화 구분은 20세기의 인종 차별 반대론자와 페미니스트에게는 절대적으로 비판적인 것이다.[76] 자연을 하나의 범주로 진지하게 여기는 일은 자연의 개념이 돌이킬 수 없을 만큼 권력으로 물들어 있어서 간섭하지 않고 그대로 내버려 두는 것이 최선이라고 조심스레 가르쳤던 비판적 학자들에게 경종을 울리는 일이 될 수도 있다. 이러한 생각이 담긴 고전적인 출처가 있다. 롤랑 바르트Roland Barthes는 "자연화"가 이데올로기의 가장 주요한 전략이라고 말했다. 발터 벤야민은 자연의 지배가 사람의 지배와 뗄 수 없는 관계에 있다고 말했다. 막스 호르크하이머Max Horkheimer와 테오도어 W. 아도르노Theodor W. Adorno는 한 걸음 더 나아간다. 자연의 지배는 단지 동물과 식물과 광물과 인간을 착취했을 뿐 아니라 내면으로 견고한 금욕주의의 광란에 숙달해 있는 부르주아 계급 자체를 착취했다고 보았다. (쾌락주의는 이러한 차디찬 체제에 저항하는 형식이며, 그들은 와인과 시가와 좋은 음악을 즐기는 사회의 회복을 예시하는 데 최선을 다했다.) 비판 이론에 있어서 자연을 정의하는 일과 인간을 정의하는 일은 언제나 서로 연결되어 있다. 주체는 대상에 대하여 정의되고, 인간은 동물에 대하여, 남성은 여성에 대하여, 흰색은 검은색에 대하여, 주인은 노예에 대하여 정의된다. 최근 수십 년 동안 젠더와 섹슈얼리티, 인종과 민족에 대한 글이 엄청나게 많이 쏟아진 것도 그러한 생각을 발전시켜 왔다.

라투르의 전략은 자연이라는 개념을 포기하자는 것이 아니라 그것에 맞서 싸우자는 것이다. 그는 자연과학이 온갖 좋은 것들을 독차지하게 하려는 것이 아니다. 분명한 것은, 젠더, 인종, 계급, 자유 시장 및 나머지 모든 것의 자연스러움을 주장하며 이와 발톱을 피로 물들이는 무자비한 자연을 칭송하는 사회사상의 목록이 길게 이어진다는 점이다.[●] 허버트 스펜서Herbert Spencer에서부터 리처드 도킨스Richard Dawkins에 이르기까지, 다윈주의를 사회과학적으로 적용한 생각들은 종종 지배의 기록인 경우가 많다. 그러나 내 동료 학자인 데이비드 드퓨David Depew가 잘 설명하였듯이, 아리스토텔레스에서부터 마르크스와 존 듀이John Dewey와 테오도시우스 도브잔스키Theodosius Dobzhansky와 그 후에 이르는 또 다른 생물학적 전통이 있다. 이 전통은 유기체와 환경이 민주 사회와 마찬가지 방식으로 상호 적응과 실험의 과정을 겪는 관계라는 통찰에 바탕을 둔 민주적인 생물학을 수립하려는 지속적인 노력을 해 왔다. 듀이는 유기체가 자신에게 닥친 문제들에 적응하는 것과 마찬가지 방식으로 사회가 진화한다고 보았으며, 사회가 실수로부터 학습하는 자각의 가속도를 경험하는 일(그는 이것을 과학이라고 불렀다)에서 우위에 있다는 점만이 유일한 차이라고 보았다. 듀이는 숙의가 "인간이라는 종이 갖고 있는 고유한 자연 선택의 형식"이라고 보았다. 진화와 민주적 숙의는 여러 옵션의 변형, 선택, 유지에 의해 좌우되었고, 이는 한때라도 지구상에 존재했던 종들의 99%가 이미 멸종해 버렸을 정도로 때로는 헛되고 고통스럽고 비극적이지만, 듀이는 두 경우의 학습 과정이 매우 닮아 있다고 생각했다. 그가 인용했던 아리스토텔레스와 헤겔처럼, 듀이는 생물학이 정치학의 기본이며 정치학은 다시 생물학에 뿌리를 두고 있다고 생각했다.[77]

● 흔히 진화론을 말할 때 "이빨과 발톱이 피로 붉게 물든 자연Nature, red in tooth and claw"이란 알프레드 테니슨의 시구를 언급하여 진화론에 담긴 무자비한 경쟁을 설명하곤 한다. 이 말의 원래 기원은 성경 혹은 셰익스피어의 작품부터라고도 알려져 있다. — 옮긴이

정치적인 개념은 논쟁의 주제가 될 만하고, 따라서 자연이라는 개념을 최고 낙찰가에 파는 것은 실수다. 정치적인 개념은 활발한 갈등이 필요한 비판적인 자료다. '자연'을 진지하게 고려한다는 것은 사회가 그 자체로 존재하는 것이 원래 그런 것이라고 말하는 일이 아니며, 오히려 우리의 환경 역시 역사에 의해 만들어졌으며 따라서 변화 가능하다는 점을 인식하는 일이다. 자연이라는 개념은 다중성을 담고 있으며, 비인간을 비롯한 각계각층의 사람들을 모두 받아들일 만한 충분한 여지가 있다. 받아들이려는 끊임없는 노력을 의미하는 민주주의는 인간에서부터 동물에 이르기까지, 그리고 유기체에서부터 무생물에 이르기까지 뻗어나갈 필요가 있다.

실험과 자연

지금까지 이 책과 관련된 몇몇 캐나다, 독일, 프랑스의 사상가들을 간략히 언급했지만, 친근한 사물들 속에 무엇이 살고 있는지 고려하는 임무를 담당했던 하이데거 등이 속한 또 하나의 전통이 있다. 랠프 월도 에머슨은 이 특별한 우주에서 휴머노이드라는 존재의 멋짐과 기묘함을 알았고, 그는 인류동물학을 한데 섞느라 노력했던 가장 뛰어난 학자였다. 그리하여 많은 미국의 작가들이 그의 궤적을 따랐다. 그들은 하이데거처럼 많은 것들을 보았다. 칭찬할 만한 테크닉과 위험한 테크놀로지 사이의 대조, 당신에게 공포를 던져 주는 방식, 가장 일상적인 것의 놀라움 등이 그것이다. 스탠리 카벨Stanley Cavell이 수십 년 동안 줄기차게 주장했던 것처럼, 헨리 데이비드 소로Henry David Thoreau와 하이데거는 여러 면에서 서로 공명한다. 얼핏 보기엔 둘 다 꽤 깊은 절망 속에 삶을 비통해하며 살았던 비관주의자처럼 보이지만, 조금 더 자세히 살펴보면 둘 모두 실천과 오두막과 고대 그리스 문학과 테크닉에 있는 힘껏 열광했던 팬들이었다. 둘 모두 신발과 시계와 봄날 녹아내리는 진흙과 같은 것에 자세한 관심을 기울임으로써 철학적인 질문을 풍성하게 추구할 수 있다고 생각했다. 소로의 《월든*Walden*》은 살림살이에 대한 문화 테크닉의 축제이자 정치경제학 논고다. 사는 곳에 대한 하이데거의 명상은 언제나 우리와 함께 존재하는 도구들에게로 돌아간다.

초월론자의 영향을 받은 미국의 많은 사상가들도 이와 비슷한 생각을 했다. 허먼 멜빌은 지평선에서 비구름을 볼 줄 알았고 배의 돛대에서 물위로 솟구치는 고래를 관찰할 줄 알았으며, 고래를 잡아 고래오일을 추출할 수도 있었다. 에밀리 디킨슨Emily Dickinson은 식물, 벌, 새의 방식들을 관찰했고 정교한 식물 표본을 한 땀 한 땀 만들었으며, 에머슨과 마찬가지로 당시의 자연사에 관해 많은 것을 알고 있었다. 월트 휘트먼Walt Whitman은 동물, 원주민, 곧 해방을 맞이할 노예처럼 신기한 창조물에 둘러싸인 자신의 존재를 노래했으며, 야생적인 다중성을 품고 있는 민주주의를 꿈꿨다. (에머슨과 멜빌의 추종자였던 멈포드도 이 계통에 포함시켜야 한다.) 인간과 비인간의 혼합에 대한 그러한 생각은 프래그머티즘 학자들에게 공통적인 것이었는데, 특히 윌리엄 제임스William James와 찰스 샌더스 퍼스Charles Sanders Peirce는 모두 부모의 재능을 물려받은 일류 자연과학자들이었으며 인간의 존재에 대한 그 어떤 철학이라도 유기체의 진화라는 사실과 함께 시작해야 한다고 생각한 사람들이었다. 퍼스는 기호를 생명의 공정한 역사 속에 내장되어 있는 것으로 보았고, 제임스는 정신을 여러 유용한 진화적 적응 중 하나로 보았다. 듀이와 마찬가지로 퍼스와 제임스는 커뮤니케이션을 두 정신이 일치하는 것이 아니라, 진화하는 공동체에서 풍족한 활동을 배양하는 것으로 이해했다. 의미란 선택적 어림짐작의 부산물이고 개체군의 자기 보정이었다. 인간 공동체는 과학의 조타를 통해 추가 이득을 얻었다. 이 책은 에머슨과 멜빌에서부터 제임스와 퍼스에 이르기까지 이어진 전통을 받아들인다.

초월주의적인 미국의 사상가들은 일상의 영역에서 이루어지는 시끌벅적한 상거래, 즉 에머슨이 "편익"이라 불렀고 훗날 퍼스가 "2차성"이라 불렀던 것에 대해 실질적으로 건전한 응원를 보냈다.[78] 하이데거는 그의 비범한 천재성에도 불구하고 이 영역에 대해서는 거의 감이 없었다. 물론 도구와 사물의 현상학에 대한 하이데거의 감각에 필적할 만한 사람은 거의 없지만, 그의 바다에 시민들의 물결은 거의 없었다. 민주주의에 참여하기 위한 두 가지 핵심 요구 사항은 상식과 유머 감각인데, 이 둘 모두 하이데거의 장점은 아니었다. (케네스 크밀은 언젠가 무술 영화를 인용하여 하이데거에 대해 이렇게 말했다. "춤 못 추는 성자를 주의하라.") 미국의 사상가들이 그 어떤 엉뚱한 생각들을 품고 있든지, 실제로 이런 경우는 매우 많지만, 그들은 언제나 소리 없고 단순한 것을 포함하여 타자와의 아주 단순한 연대를 상실하는 것을 궁극적으로는 거부했다. 미국인들은 좋든 나쁘든 물화, 모더니티, 무역, 불순, 불완전 등과 휴전하는 데 있어서 더욱 동작이 빨랐으며, 가장 유명한 것은 제임스의 재앙에 가까울 만큼 잘 들어맞는 개념인 진실의 "액면가"다.[79] 물화를 인내하는 것은 자연과 이 땅에 함께 사는 다른 인간을 이해하기 위한 제1 원칙 중 하나였다. 식물과 동물과 구름에 대한 사랑스러운 침묵도 있다.

초월주의자 계열에 속하는 미국 사상가들에게 근본적인 질문은 민주주의에 대한 위대한 사상가인 듀이가 표현한 것처럼 경험과 자연과의 관계다. 그들은 유익한 기술 수단은 우리를 인간으로 만들어 주는 핵심이라 여겨 환영했다. 프래그머티즘 계열의 사상들은 존재란 매일의 실천과 알고리즘과 프로그램에서 발견된다는 하이데거의 직관을 공유한다. 하이데거와 뉴잉글랜드의 사상가들은 모두 기본으로 돌아가 초원과 배와 신발 한 켤레에 무엇이 갇혀 있는지 보여 준다. 이 둘은 모두 일반적으로 자명하게 여겨지는 것은 전혀 자명하지 않다는 인프라적 직관을 공유한다. 이 둘 모두 철학과 신학의 지평에 있는 미디어와 테크닉과 동물의 삶의 놀라움에 관심이 있었다. 에머슨과 하이데거, 그리고 제임스와 키틀러 모두에게 미디어로부터 자유로운 삶이란 없었다. 미디어에 묶여 있다는 것은 멋진 조건이다. 하이데거 그리고 월든 호수의 바닥 깊이를 측정하고자 했던 소로와 같은 프래그머티스트들은 깊이를 잴 수 없는 것의 깊이를 재고자 하는 그 어떤 노력도 우리의 궁금증에 대한 밑 빠진 능력만 드러낼 뿐일 것임을 알고 있었다. 또한 프래그머티스트들은 적어도 간헐적인 지루함의 마법이 이 세계를 보충하는 핵심임을 알고 있었다.

두 가지 전통 모두 하이데거의 주문 중 하나를 사용하기 위해 비상사태 실험, 즉 위험의 자체 구조 능력을 느끼기 위해 위험에 접근하는 실험에 관심을 갖는다. 두 전통 모두 리어왕이 "집도 절도 없는 사람"이라 불렀던 것에 관심을 두고, 우리가 한 번 더 땅과 공기와 날씨에 몸을 담글 때 문명을 보호하던 껍질이 붕괴되고 나면 그 후 어떻게 할 것인가에 관심을 둔다. (명백히 리어왕과 비슷한 캐릭터인 멜빌의 아합 선장은 흰 고래와의 마지막 대결을 준비하면서 "하늘을 바라보는 도구"인 자신의 사분원을 부수고, 결국 자신의 선원과 화물 전체를 잃게 된다.) 미국 사상가들의 이러한 관심은 단순히 탐욕스러운 개척자 에토스를 반영할 뿐 아니라 불가사의한 농업 인간이 땅에 대해 갖는 좀 더 깊고 윤리적으로 굴절된 감각을 내재한다. 위기에 대한 준비성은 그들의 지속적인 주제였다. 소로는 우리에게 "모든 측면에서 매우 긴밀하고 준비성 있게 살기를, 즉 적이 마을을 덮치면 당신은 마치 옛날 철학자처럼 두려움 없이 맨손으로 문을 향해 걸어 나가기를" 요구했다.[80] [《모비 딕*Moby-Dick*》에서] 포경선 피쿼드호에 올라탄 이스마엘과 자신의 오두막에 있던 소로는 그 누구의 도움 없이 인간의 삶을 탐색했다. 그들은 우리가 가진 모든 것들을 뒤로 하고 떠날 때 무슨 일이 일어나는지 질문했다. (이 책의 다음 장에서 논의할 고래에 대한 내 관심은 이러한 질문과 일맥상통한다.) 우리의 물질들이 붕괴될 때 파국을 맞이하는 우리는 무엇을 준비해야 하는가? 배가 부서지면 그때 우리는 무엇을 할 것인가? 초월론자와 프래그머티스트들의 후예들은 모두 "몹시 큰 희생을 치르긴 했지만 인간이 제공하는 발명품과 산업의 이득들"을 믿는 학자들이다.[81] 그들은 우리에게 테크닉과 문명을 잃을 것에 대한 대비를 생각하라고 가르치며, 이는 또한 우리 자신의 죽음에 대해서도 준비하고 우리의 존재에 대한 감사를 소리로 표현하여 낮은 목소리로 노래하라는 의미다.

미디어와 자연 혹은 자연으로서의 미디어

언급했듯이 미디어의 개념은 테크놀로지와 연결되기 이미 오래전부터 자연과 연결되어 있었다.[82] 미디어의 개념은 고대 그리스와 로마에 뿌리를 두고 있지만, 많은 핵심적인 변형과 변화는 중세와 근대에 일어났다. 미디어는 언제나 사물들 사이에 있는 요소, 환경, 혹은 매개를 의미했다. 중요한 고대 그리스 출처 하나는 아리스토텔레스의 개념인 토 페리에크혼τὸ περιέχον/to periekhon, 즉 "주위 환경" 혹은 환경과 얼추 비슷한 의미로 "우주와 인간 사이의 공감과 조화"를 표현하는 말이다. 레오 스피처Leo Spitzer는 자신의 핵심 연구에서 이 개념에는 대기, 구름, 기후, 공기 등을 암시하는 "하늘의 특질"이 있다고 말했다.[83] 미디어medium와 환경milieu 이 두 개념은 오랫동안 서로 같은 궤도 안에서 돌고 있는데, 두 개념 모두 아리스토텔레스의 질료와 라틴어에서 중간을 뜻하는 메디우스medius라는 말에서 나온 쌍생아다. 이와 관련하여 영향을 준 것은 아리스토텔레스의 시각 이론인데, 이 이론은 눈과 사물 사이에는 둘을 연결해 주는 투명한 중간 요소가 있다고 가정한다. 아리스토텔레스가 라틴어 계보인 미디어라는 단어를 사용한 것은 분명 아니지만, 사이in-between를 의미하는 그의 토 메타크수τὸ μεταξύ 개념이 그 길을 준비하고 있었다. 결정적인 순간은 13세기에 토마스 아퀴나스

Thomas Aquinas와 함께 찾아왔다. 아퀴나스는 아리스토텔레스를 번역하면서 멀리 있는 것을 보는 행위에서 빠진 연결 고리를 설명하는 데 미디어라는 용어를 슬며시 집어넣는다. 그 후로 미디어는 언제나 원거리에서의 접촉을 설명하기 위한 환경적인 간극을 채우기 위해 사용되었다.[84] 스피처는 아퀴나스의 유산에 대한 글을 쓰면서 미디어의 지속적인 역할을 정의한 한 스콜라 학자의 말을 인용한다. "모든 행위는 접촉에 의해 발생하고, 그 결과 일종의 미디어가 없이는 그 어떤 행위도 원거리에서 발생하지 않는다 Omnis actio fit per contactum, quo fit ut nihil agit in distans nisi per aliquid medium."[85] 미디어는 그의 조상격인 periekhon과 형제격인 milieu와 마찬가지로 중요한 사물들 사이에 남겨진 진공을 채운다.[86]

아이작 뉴턴Isaac Newton에 이르자 미디어는 더욱 도구적인 개념이 되어, 빛, 중력, 자기, 소리 등과 같은 존재의 전달을 위한 조건인 '매개하는 행위자'라는 의미를 획득하게 되었다. 뉴턴의 미디어는 더 유기적인 다른 개념들에 비하면 투명하고 상대적으로 건조하지만, '신의 센소리움sensorium dei'•으로서의 우주에서 핵심적이고 신성한 요소다. 뉴턴이 보편적 미디어(매질)로 내세운 것을 훗날 에테르라고 부르게 되는데, 이는 엄격하게 비물질적인 향취를 지닌 것으로서, 근본적으로 상호연결성을 지닌 환경의 의미와는 대조된다. 하나는 투명하고 다른 하나는 내재하며, 하나는 건조하고 다른 하나는 유동적이며, 하나는 물리학에 맞고 다른 하나는 생물학에 맞는다. 두 감각 모두 미디어에 대한 이야기에서 계속 공명한다. 특히 독일 관념론과 낭만주의는 모두 엄청난 창조성으로 미디어의 개념을 탐색했고, 이

• 뉴턴이 공간의 존재론으로 제시한 센소리움 데이, 즉 신의 지각 기관은 라이프니츠와의 공간 논쟁에서 공간의 절대성을 주장하면서 이를 신적인 것으로 높이기 위한 개념이었다. 특히 《광학*Opticks*》의 질문들에서 상세하게 논의한 이 개념은 신이 인간에게 은총을 내리거나 인간 세계와 만나는 통로였다. — 옮긴이

는 아마도 최근 독일 학계에서 미디어의 개념을 따뜻하게 받아들이는 뿌리 깊은 배경이 되었을 것이다.[87]

결정적인 단절은 19세기에 미디어가 서서히 특별하게 인간의 신호와 의미를 위한 전달 수단으로 바뀌어가면서 발생했다. 커뮤니케이션 미디어로서의 전신은 자연에서 오랫동안 관찰되어 왔던 물리 현상(빠른 속도의 비물질 과정)과 오래된 사회적 행위(멀리 있는 소식통에게 편지 쓰기)를 결합했다. 새로운 미디어 개념은 신호(물리학)와 상징(기호학)의 경계를 흐리고, 오늘날까지도 우리를 괴롭히는 '커뮤니케이션'을 둘러싼 개념상의 난장판을 초래했다. 아마도 가장 결정적인 전환은 1850년경 유심론(심령주의)과 함께 찾아왔을 것이다. 넓은 간극을 연결하는 능력을 가진 사람, 보통 여성인 경우가 많았는데, 이들이 미디어라 불리게 되었다. 이는 더 이상 자연 요소가 아니가 현세와 내세 사이를 인간이 매개하는 것이었다. 유심론적인 미디어는 환경을 감싸는 유기체가 아니라 한 인간이 의미를 커뮤니케이션하는 명백히 인간적인 것, 즉 마음에 위치한 것이었다(육체의 모습을 하고 있든 아니든). 이는 20세기에 팽배하던 감각으로 이어지는 징검다리가 되어, 미디어는 뉴스와 오락과 광고와 기타 이른바 콘텐츠를 실어 나르는 인간이 만든 채널로 여겨졌다.[88] 먼 곳에 있는 지적 존재와의 코뮈니케communiques(교신)를 향한 유심론적인 탐색이 이어지면서, 커뮤니케이션이라는 개념은 인간들 사이에 의도적으로 전송되는 것이라는 의미로 축소되었다.

20세기에 접어들어 미디어는 라디오와 텔레비전, 영화, 신문, 잡지, 그리고 때로는 책을 포함하는 매스 미디어를 의미하게 되었지만, 미디어라는 용어에서 그 환경적인 의미가 완전히 사라진 것은 결코 아니었다. 사실상 매스 미디어는 너무나 편재하고 기본적인 것이어서 주위 환경으로서의 미디어가 보여 주는 긴 목록에 잘 맞아 들어가고, 매클루언과 그의 추종자들을 포함한 일부 학자들은 조금 더 확대된 (그리고 고전적인) 미디어 생태학의 개념을 추구하기도 했다. 비슷한 정신에서 사회이론가들은 돈이나 권력이나 사랑의 미디어를 말하곤 했고, 예술가들은 목탄, 연필, 물감, 오일 등을 자신의 미디어라 말하곤 했다. 미디어라는 용어는 때로는 단수 동사와 함께하고 스파게티(이 역시 문법상으로는 복수형)의 경우처럼 질량 명사로 바뀌기도 하지만, 대부분의 미디어학자들은 미디어의 특수성에 대한 관심을 지키기 위해서 최소한 복수형 미디어와 복수형 동사media are를 고수한다. 오늘날 미디어라는 용어는 의미 만들기 양식에 대한 100년 이상의 담론을 담고 있으며, 인간의 흔적이 모두 남겨질 때 즈음이면 아마도 먼 훗날 인류세Anthropocene•의 의미 지표가 될 것이다.

내 목표는 미디어의 개념을 결정적 순간 이전의 자연적인 개념으로 돌려놓으려는 것이 아니다. '미디어'의 개념을 의미론의 영역으로 제한해야 할 만한 강력한 이유가 있다.[89] 나는 근대 인문학-기호학적인 전환이 미디어 개념을 풍부하게 해 주었다고 보지만, 이제 새로운 통합을 바라는 마음으로 그 가지들을 원래의 자연적인 뿌리에 접붙일 때가 되었다. 이는 바다나 불이나 하늘 그 자체가 자동적으로 미디어라는 의미가 아니라, 특정한 종이 특정한 방식으로 특정한 기술을 사용할 때 그들이 미디어가 된다는 의미다. 즉 미디어를 자연과 문화, 즉 퓌시스와 테크네의 앙상블로 본다는 의미다. 나는 탄소를 생각하지 않고는 컴퓨터 계산을 생각할 수 없고 데이터를 생각하지 않고는 클라우드를 생각할 수 없는 이러한 역사적 순간에 말을 거는 여러 의미론적 계통들을 한데 뒤섞으려 노력한다. 오늘날 자연적인 사실들은 미디어이고, 문화적인 사실들은 자연 원소의 흔적을 갖는다. 우

• 네덜란드의 화학자 파울 크뤼천Paul Crutzen이 2000년에 처음 제안한 용어로, 새로운 지질 시대 개념이다. 인류의 자연 환경 파괴로 인해 지구의 환경 체계는 급격하게 변하게 되었고, 그로 인해 지구 환경과 맞서 싸우게 된 시대를 뜻한다. 시대순으로는 신생대 제4기의 홍적세와 지질 시대 최후의 시대이자 현세인 충적세에 이은 것이다. — 옮긴이

리는 인터넷을 그 기본적인 환경의 모양이라는 측면에서 물, 공기, 흙, 불, 에테르에 가까운 존재의 수단으로 볼 수 있다. 예를 들어 디지털에 관한 최근의 이야깃거리인 '커먼스commons'와 같은 개념에 대한 관심, 혹은 둘레 세계Umwelt라는 개념을 유명하게 만들었던 생물학자 야콥 폰 윅스퀼Jakob von Uexküll에 대한 광범위한 관심은 환경과 분위기에 대한 오래된 생각의 전통을 부흥시킨다.[90] 오늘날의 인프라는 미디어를 환경의 측면에서 바라보는 관점을 불러오게 했고, 미디어 개념의 지성사가 풍부한 정당화와 자료들을 제공해 준다는 면에서 우리는 운이 좋다.[91]

많은 인공물 위를 항해하며

지금 이 책을 읽는 독자들은 이 책이 우리를 인간으로 만드는 모든 것에 있어 테크닉이 핵심이라는 생각을 방어한다고 해서 우리의 디지털 테크노 미래에 대하여 특별히 유토피아적인 관점을 갖고 있지는 않다는 것을 눈치챘을 것이다. 물론 컴퓨터와 그 후손들은 우리가 일하고 놀고 배우는 것을 대부분 재형성했다. 디지털 디바이스는 마치 호주에서 토끼가 급속히 번식했듯이 빠르게 퍼져나갔다. 유기체는 자연의 적이 없는 서식지로 이식되었을 때 번성하고, 컴퓨터는 우리의 차와 오븐, 옷가지와 쓰레기, 음악과 마음, 의류와 몸으로 거의 동물학적인 속도로 퍼져나갔다. 과학사학자 조지 다이슨George Dyson이 과감하게 언급했던 것처럼, 아마도 광섬유 케이블의 규산염 서식지에도 새로운 종이 생겨나고 있을 것이다. 컴퓨터는 한때 도나 해러웨이Donna Haraway가 개, 고양이, 말 등과 같이 "자연 문화에 살고 있는 동반자 종"이라고 부르는 것과 비슷하겠지만, 동물들과는 1000년을 같이 살았던 반면 가정용 디지털 물품들과는 고작 30년을 같이 살아오고 있다.[92] 몽상가, 디자이너, 벤처 자본가 등이 플랫폼이나 프로그램에 실시한 칩들은 우리의 환경을 극적으로 바꾸어놓았다. 로버트 칼슨Robert Carlson은 생물학이 테크놀로지가 되었다고 과감히 주장한다.[93]

그러나 기술적 격변 한가운데서도 모든 기본적인 문제들은 여전히 남아 있다. 세상은 여전히 미쳐있고, 스마트한 사람들은 재앙과도 같이 멍청한 선택들을 하며, 수요일 오후는 여전히 수요일 오후이고, 우리에게 고통을 주는 거의 모든 것에 대해 의사들은 답을 하지 못한다. 디지털 미디어는 계산서나 허리 통증이나 형편없는 날씨 같은 것들을 없애지 못했고, 강간이나 가난이나 경멸은 말할 것도 없다. 핵심적인 윤리와 정치 문제들은 영구적으로 남아 있지만, 많은 기기들은 새로운 사회적이고 정치적인 가능성들을 열어놓았다. 새로운 발명품들은 오래된 골칫덩이 문제들로부터 우리를 놓아주지 않았다. 방글라데시 정부가 정보와 공공 의료 부분의 인프라를 향상시키기 위해 두 분야에서 전면전을 펼친다는 소식 하나가 내 말의 요점을 말해 준다. 방글라데시 정부가 그토록 열렬히 사용하는 디지털이라는 용어는 방글라데시의 속어로는 무엇인가 최신식이라는 혹은 모던하다는 의미를 갖고 있는 것처럼 보이며, 여기에는 전염병 확산을 막고 식수를 깨끗하게 유지하기 위한 바람으로 보급한 일회용 화장실인 '피푸' 봉투까지도 포함된다.[94] 너무나 꼭 들어맞는 이 조어는 결정적인 진실을 드러낸다. 디지털은 때로는 맨날 똑같은 예전의 똥을 모을 뿐이라는 것을.

가운데 있는 것들, 예컨대 척추나 내장과 같은 것들은 종종 그 가치를 인정받지 못하지만, 그들 역시 우리의 분석에서 한 자리를 차지할 만하다. 작은 의미들이 거대한 무엇인가를 초래한다. 미디어는 우리 인간이 우리의 물질적 조건의 어찌할 수 없는 죽음에 직면하는 곳마다 나타난다. 기억은 유지될 수 없고 몸은 지속될 수 없으며, 시간은 기본적으로 인간과 사물에게 무자비하고 관대한 서식지다. 미디어는 가장 광범위한 의미로 말하자면 데이터를 저장하고 처리할 수 있는 상징적 세계를 제공함으로써 우리를 시간으로부터 건져 올린다. 아리스토텔레스나 한나 아렌트Hannah Arendt와 마찬가지로 나 역시 인간의 조건이라는 것이 있다고 생각하며, 그 조건은 땅, 세계, 타자, 노동, 일, 시간, 말, 행동, 탄생과 죽음, 약속과 망각 등을 포함한다고 생각한다. 그러나 인간의 조건은 재귀적이다. 즉 인간의 조건은 조건의 조건이다. 우리의 행동은 특히 조건이 우리를 바꿀 때 그렇게 행동하는 조건을 바꾼다. 우리는 말하고 행동하고, 우리가 그렇게 하는 것처럼 우리가 말하고 행동하는 조건을 바꾼다. 월터 옹Walter Ong이 멋지게 표현했듯이, "인공물은 인류에게 자연스럽다."[95] 인간과 사물의 교차로는 미디어학의 영역을 정의한다. 우리는 우리가 조건 짓는 조건에 의해 조건 지어진다. 우리는 창조된 창조자로서 우리를 형성하는 도구를 형성한다. 우리는 우리가 만든 공예품들과 조건들에 의해 산다. 그 조건들을 바로 쳐다보기는 어렵다. 가장 거대한 관점에서 미디어학은 조건에 대한 일반적인 명상이다. 이 생각의 모험을 시도하는 것이 이 책의 임무다. 이 책은 바로 하이데거가 "존재의 극단적인 가능성과 한계로부터 끌어올린 우리 존재의 시적인 개요"라고 말했던 것의 스케치다.[96]

자연과 인간과 미디어를 어떻게 정의하는가라는 질문은 궁극적으로는 같은 질문이다. 우리는 우리가 만든 인공물들을 통해서만 자연을 알고 활용한다. 이 인공물들은 자연으로도 그리고 우리 몸으로도 만들어지며, 자연사 속으로 들어갈 수 있다. 르루아구랑은 "사륜마차, 쟁기, 풍차, 범선 등의 발명은 생물학적인 발명으로도 보아야 한다"고 말한다.[97] 음악과 글쓰기는 내온성과 이족 보행만큼이나 우리 자연사의 일부다. 우리의 기술적 노하우와 몸의 형태는 공진화한다. 인간 두개골의 풍선 같은 모양과 아이오와 옥수숫대의 볼록한 모양은 모두 기술적 성취다. 불의 역사는 인류발생론의 적응이나 다양한 동식물의 멸종이 그러하듯 최근 수백 년 동안의 자연사에서 상당 부분을 차지한다. 미디어는 인간권과 생물권을 연결하는 물류 테크닉으로서 자연과 인간을 이끄는 데 도움을 주며, 인간권과 생물권의 운명은 이제 서로 연결되어 있다. 인간은 지구라는 행성의 조절 기능 권역 안에 있다. 훨씬 더 큰 재앙에도 살아남았던 우리의 난파선이 지구를 멸망시키지는 않겠지만 우리를 멸망시킬 수는 있다. 난파는 바다가 아니라 배를 파멸로 몬다. 최소한 우리가 언어를 습득한 이후부터, 그리고 길게 보자면 불을 사용하고 머리부터 발끝까지의 인공화라 할 수 있는 이족 보행을 하던 더 오래전부터, 언제나 인간 자연에 일어났던 일은 오늘날 모든 자연에도 일어난다.

다음 2장에서 분명해지겠지만, 인간 기술성을 옹호하는 주장이 반드시 테크놀로지의 문화 운영을 찬성한다는 의미는 아니다. 오히려 우리는 서로 연결되어 있다는 것 그리고 바다와 하늘과 땅과도 연결되어 있다는 것을 인정함으로써 인간의 조건을 더 잘 이해해 보고자 하는 노력이다. 우리의 터전은 식물, 동물, 그리고 죽은 것들 사이에도 다양하게 속해 있다. 미디어는 그저 관이나 채널이 아니다. 미디어 이론은 말하자면 생태학적이면서도 존재론적이다. 미디어는 프로그램이나 광고로 자극을 주어 우리의 비어 있는 일각을 채우고자 애쓰는 시청각이나 인쇄 조직 그 이상이다. 미디어는 우리의 조건이고, 우리의 운명이며, 우리의 도전이다. 수단 없는 생명은 없다. 우리는 우리 몸에 의해 매개된다. 그리고 우리의 산소 의존에 의하여, 우리의 세포 속에 새겨진 고대 역사에 의하여, 직립 보행에 의하여, 성적으로 자기 짝을 찾는 유대에 의하여, 불의 사용에 의하여, 언어와 쓰기와 금속 제련에 의하여, 농사와 동식물 기르기에 의하여, 달력 만들기와 천문학에 의하여, 인쇄술과 녹색 혁명과 인터넷에 의하여 매개된다. 우리는 역사적으로 풍부한 응용 지식의 인공물로만 둘러싸여 있는 것이 아니라, 우리 스스로가 그러한 인공물이다. 문화는 우리 자연사의 일부다.[98] 시인 골웨이 키넬Galway Kinnell의 익살스런 표현에 따르자면 "우리는 그렇게 결정된 창조물이다."[99] 미생물과 비트는 모두 존재의 미디어다. 미디어학은 철학적 인간학의 형태를 띨 수 있고, 소크라테스

Socrates가 알키비아데스Alcibiades•를 괴롭혔던 질문인 "인간이란 무엇인가?"와 같은 문제를 제기할 수 있다.[100] 나 스스로도 그 문제로 괴롭지만, 다음 장에서 하나의 답을 제시해 보려 한다. 인간은 많은 인공물들 위를 항해하는 창조물이다.

• 알키비아데스(BCE 450~ BCE 404)는 고대 그리스의 정치가이자 군인으로 소크라테스의 제자다. — 옮긴이

2장

고래와 배

우리 존재의 정박

"상상력은 자연보다 더 빨리 고갈된다."

— 블레즈 파스칼, 《팡세*Pensée*》

바다는 미디어인가

미디어를 이해하기 위해 우리는 땅이 아니라 바다에서부터 시작해야 한다. 바다는 오랫동안 역사가 끝나고 야생이 시작되는 탁월한 장소로 여겨졌다. 광대하게 깊고 어두운 미스터리인 심연은 기록되지 않았고 알려지지 않았고 지도로 만들어지지 않았다. 멜빌은 바다를 일컬어 "침범의 흔적 없는 원시 자연 그 자체"라고 불렀다. 바다는 오랫동안 인간의 삶에서나 생각에서나 심오하게 비자연적인 환경이었다. 지구 표면의 71%가 경계도 없고 이해하기도 힘든 숭고하고 불가사의한 장소, 즉 궁극적인 황무지다. 대양은 한때 용과 레비아탄과 해적들이 휘젓고 다녔으며, 배에 올라 목숨을 거는 용맹하거나 멍청한 자 그 누구라도 위험에 빠트릴 수 있는 운명과 바람과 날씨의 무자비한 혼합체였다. 바다는 여전히 매우 위험한 장소이고, 불행한 이민자들을 포함한 많은 생명체에게는 일종의 지구 쓰레기 하치장이자 묘지다. 최근에 와서야 인간은 바다 표면 아래로 깊이 들어갈 수 있었고, 바다 깊은 곳 탐사는 역사적으로도 해안가에 제한된 경우가 많았다. 바빌로니아와 히브리 신화는 모두 혼란스러우며 아직 완성되지 않은 물(티아마트tiamat, 테홈tehom)을 정복함으로써 일어나는 창조를 묘사한다.• 창세기의 성서와는 완전히 반대편의 입장으로 대립해 있는 요한묵시록은 이제 더 이상 바다가 아니라 마치 마지막 원한이 사라지기라도 한 양 더 이상 바다는 없고 새 하늘과 새 땅이 있음을 선언함으로써 정복을 마무리한다(요한묵시록 21:1). 바다는 신화를 만들기에 더 없이 적합한 장소다. 바다에서 인간은 낯선 곳에 있는 상태가 되어 그들의 자연스러운 욕구와 서식지의 경계를 넘어선다. 오직 신만이 물 위를 걸을 수 있다. 다시 말하면, 신만이 이족 보행을 하는 인간에게 자연스러운 서식지인 것처럼 바다를 다룬다.[101]

그렇다면 한편으로 대양은 미디어가 없는 최초의 구역, 즉 모든 인간이 의도적으로 만들어 놓은 것들에 면역되어 있는 곳이다. 다른 한편으로, 대양은 모든 미디어의 미디어이고, 지구상의 모든 생명이 탄생한 샘이다. 모든 다양한 생명체는 그 구조나 기능에 있어서 바다에 오마주를 표한다. 고대 비유에 따르면, 육상 동물의 피와 체액은 피부 아래를 흐르는 몸 내부의 대양이고 강이다. 고대 대양의 화학을 피가 보존해 주었다는 생각은 20세기 초반 프랑스의 생물학자 르네 캥텅René Quinton이 시작한 것으로 보이며, 심지어 존 F. 케네디John F. Kennedy의 연설에도 등장한다.•• 빌렘 플

• 티아마트는 메소포타미아 신화의 여신으로 염수(소금물)를 의미한다. 그의 반려자인 압주Abzu는 담수를 뜻한다. 히브리 신화의 테홈은 문자 그대로 심연 혹은 어둠이 깊은 바다를 의미한다. 노아 홍수 때 이 테홈의 물이 터진다. 땅은 물 밑에 있어서 공허하고 혼돈스럽고, 이 세상에 태초에 있던 것은 어둠과 심연의 바다밖에 없다. — 옮긴이

•• "우리 모두는 대양에 존재하는 것과 정확히 똑같은 비율의 소금을 우리의 피에, 우리의 정맥에 갖고 있고, 따라서 우리의 피에, 우리의 땀에, 우리의 눈물에도 소금이 있습니다. 우리는 대양과 연결되어 있습니다. 그리고 우리가 배를 타기 위해 혹은 바라보기 위해 바다로 돌아갈 때, 우리는 우리가 처음 왔던 그곳으로 다시 돌아가는 것입니다." 1962년 9월 12일 존 F. 케네디가 로드아일랜드 뉴포트에서 한 연설이다. 유감스럽게도 염분의 역사는 이보다 훨씬 더 큰 간극이 있다. 오늘날 바다는 약 3%의 소금, 인간의 피는 약 1%의 소금을 함유하고 있다. 아마도 우리 조상들은 민물과 바닷물이 섞이는 강 하구에서 왔나 보다.

루서Vilém Flusser와 루이 벡Louis Bec이 빈정거리듯이, "생명은 특별한 바닷물 한 방울로 여겨질 수도 있다"고 말했다.[102] 우리의 뇌는 뇌척수액을 따라 흐르고, 중력에 저항하며 영양분을 공급받고 유지되며, 포유류 태아는 양막 주머니의 바다와 같은 환경에서 자란다. 물론 많은 유기체들은 바이러스와 식물, 그리고 플랑크톤과 갑각류와 연체동물과 어류와 포유류가 넘쳐나는 바다를 결코 떠나지 않지만, 대다수의 식물을 포함한 지구상 대다수의 생물량은 바다에서부터 땅으로의 모험을 성공리에 마친 덕에 육지 생명체가 되었다(생태학에서 널리 알려진 사실은, 개체군은 새로이 적응한 서식지에서 번성한다는 것이다). 육지동물형으로부터 파충류, 조류, 마침내 포유류가 발생했고, 포유류는 (대개) 새끼에게 젖을 먹이는 동물로서 집단생활을 하고 온혈 동물이며 털이 많고 엄청나게 다양한 종류가 있다. 파충류, 조류, 포유류는 모두 물을 기반으로 한 채 남아 있다. 만일 이렇듯 널리 퍼져 있는 바다의 환경, 즉 수많은 생명체 안팎의 범우주적인 삶의 세계Lebenswelt가 미디어가 아니라면, 그 무엇이 미디어일까?

보다 일반적인 관점에서, 대양은 오랫동안 그 사용자에게는 보이지 않는 미디어로 생각되어 왔다. 플라톤은 하늘의 진실을 관측하는 인간의 영혼을 물 위로 고개를 내민 물고기에 비유했다.[103] 아리스토텔레스는 "물에 사는 동물은 물속에서 서로를 건드리는 그 무엇인가가 젖은 표면의 물질이라는 사실을 깨닫지 못한다"고 관찰했다.[104] 초기 전파물리학과 심령주의의 대표적인 인물이었던 영국의 물리학자 올리버 로지Oliver Lodge는 최소한 뉴턴에게까지 거슬러 올라가는 의미로 미디어라는 용어에 힘을 부여한다. "깊은 바닷속 물고기는 아마도 물의 존재를 이해할 수 있는 방법이 없을 것이다. 물은 너무나도 균일하게 그 안에 스며들어 있다. 그것이 에테르와 관련된 우리의 조건이다."●[105] 젊은 시절 항해하기를 좋아했던 매클루언은 이

● "대양 저 밑바닥 깊은 곳에 심해어가 있다고 상상해 보자. 그는 물로 둘러싸여 있고, 물

"축축하지만, 건조한 축축함이야."

그림 1 물에 대한 감식안. 아비 스타인버그Avi Steinberg의 만화.

러한 물고기의 망각을 유명하게 만들었지만, 이러한 주장을 한 것이 그가 처음은 아니었다. "물고기가 전혀 알지 못하는 한 가지는 바로 물이다. 왜냐하면 물고기는 자신들이 살고 있는 요소를 지각하게 할 수 있는 반反환경을 갖고 있지 않기 때문이다."[106] 사실, 물고기는 물의 온도와 투명도와 흐름과 날씨와 먹이 등등을 아마도 잘 알고 있을 것이다. 하지만 여기서 요점은 물고기가 이러한 것들을 물이라고 인식하지 못한다는 점이다. 물고기에게

속에서 살며, 물을 숨 쉰다. 이제 물고기가 마지막까지 발견하지 못할 것은 무엇인가? 나는 물고기가 마지막까지 깨닫지 못할 것은 아마 물일 것이라 생각한다." "Lodge Pays Tribute to Einstein Theory," *New York Times*, 9 February 1920.

물은 그저 배경이고, 인프라의 망각 속으로 미끄러져 들어가는 어떤 것일 뿐이다. 매클루언이 다른 책에서 말했던 것처럼 "환경은 비가시적이다."[107] (그의 임무는 언제나 반환경을 제공하는 것이었다.)

그렇다면 바다는 가장 거대한 미디어인가 아니면 그 어떤 미디어로서의 가능성에 한계가 있는 것인가? 얼핏 보기엔 매우 단순해 보이는 이 질문에 대한 답은 미디어가 종種이자 특정 서식지에 특수한 것임을 보여줄 것이며, 미디어가 무엇을 위해 존재하는가에 의해 정의될 것임을 보여줄 것이다. 2장에서는 명백하게 고도의 지능을 가졌으며 매우 다른 방식으로 바다를 정복한 포유류인 고래와 인간의 두 개체군으로 사고 실험을 시행할 것이다. 고래, 돌고래, 쇠돌고래 등을 포함하는 고래목은 바다로 돌아가 진화를 거치며 적응했던 육지 동물의 혈통을 갖고 있다. 바다로 갔던 인간 일부는 발명과 공학으로 바다에 적응했다.• 고래목은 분기공과 수중 음파 탐지 기능과 정교한 청력을 획득했고, 인간은 배와 온갖 종류의 선박 장비를 건설했다. 고래목은 자연적으로 바다에서 살고, 인간은 기술에 의해 바다에서 산다. 바다는 어떤 동물에게는 쾌적한 환경이고, 다른 동물들에게는 무척이나 적대적인 환경이다. 고래목은 바다 미디어에서 태어나지만, 인간은 인공물 없이는 그렇게 살 수 없다. 고래와 인간은 서로 매우 다른 물질성의 세계에 살고 있다. 나는 지능이 높은 해양 포유류를 중세 신학자들이 천사를 다루는 것과 같은 방식으로 다룬다. 즉 해양 포유류를 여러 다른 미디어의 지성에 대한 사고 실험에 도움이 되는 개체로 다룬다.

지구 역사의 핵심적인 서식처에서 가장 큰 뇌를 갖고 있는 두 포유류의 매우 다른 운명은 이 세상에서 테크놀로지가 어떠한 역할을 하는

• 쇠돌고래는 일반적으로 돌고래에 비해 조금 더 작고 조금 덜 복잡한 군집을 이루고 살며, 부리와 지느러미와 이가 조금 덜 뾰족하다.

지 우리에게 말해 주며, 우리가 미디어와 몸과 존재에 대해 어떻게 생각해야 할지를 알려 준다. 지적 수준이나 사회성에서 인간과 쌍벽을 이루는 동물들이 육지 환경이 아닌 바다 환경에서는 어떠한 모습을 띠고 있을까? 오랫동안 앉아 있고 서 있고 잘 수 있으며 하나의 주소에 몇 년 동안 거주할 수 있는 인간과 달리, 고래목은 온전히 정적인 상태로 존재하기란 불가능해 보인다. 그들은 손발이 없고 둥지나 굴이 없으며 작은 방이나 무덤이 없다. 불과 별과 책들은 결코 자신들의 세계를 만들 수 없을 것이다. 세상을 만들고 영속하지 못하는 환경에서 산다는 것은 어떤 의미일 것인가? 물의 마음은 어떻게 생겼고 소리는 어떠할 것인가? 만일 우리 몸을 물속에서 살도록 적응하게 한다면 어떤 기분일 것인가? 우리가 알고 있는 인간에 더 가까운 것이 있을까? 돌고래와 고래는 우리가 추측할 수 있는 그 어느 것보다 더 신기하다. 마치 우리의 몸이 우리의 서식지를 보여 주는 것처럼, 고래목은 활용할 수 있는 물질에 가까운 환경 속에서 살고 그들의 몸이 그것을 보여 준다. 생물의 생체 역학적인 모습은 그들이 진화하여 살고 있는 세계의 목격담을 담고 있다. 우리의 몸은 우리 각각의 기술을 드러내고 가능케 한다.

바다 서식지에서의 고래목

우리는 이 사고 실험에서 우리 파트너와 잠시 조우해야 한다. 고래목은 5000만 년 전 즈음에 바다로 돌아갔던 유제류• 동물의 혈통을 갖고 있다. 따라서 그들은 사슴이나 소와 가까운 관계이지만, 땅에서 가장 가까

• 유제류는 발굽이 있는 포유동물을 말한다. 고래목(고래, 돌고래 등), 말목(말 등), 소목(소, 양, 염소 등), 장비목(코끼리) 등을 포함한다. — 옮긴이

운 친척은 하마다. 따라서 고래목은 기껏해야 500만 년 전에 등장하기 시작했던 인간보다 10배나 더 나이가 많다. 초기 고래목은 메마른 땅을 포기하고 바다로 서식지를 옮겨 적응하며 귀와 코와 혀 등 일부 신체 기관은 발전시켰고, 머리카락과 후각 기관과 결국은 모두 사라지고 만 뒷다리와 같은 기관들은 퇴보시키거나 잃었다.[108] 고래목의 몸은 바다–육지–바다의 순서로 적응했던 두 겹 역사의 흔적을 갖고 있다. 바다표범, 강치, 바다코끼리 등 기각류(지느러미 발을 가진)와 같은 일부 해양 포유류는 땅에서 가장 중요한 자신들만의 일을 계속해 나갔다. 그러나 고래목은 수륙양용이 아니기 때문에 만일 해변으로 떠밀려가게 된다면 죽게 될 것이다. 왜냐하면 숨 쉬기가 어려워질 것이고 지탱하기 힘들 만큼 무거운 몸무게로 인해 내장 기관이 파열될 수 있으며, 체온을 조절하거나 조정할 수 없으며, 직사광선에 노출될 때 아무 보호도 받을 수 없기 때문이다. 고래목은 전적으로 해양 동물이고, 그들의 몸은 우리 인간이 전적으로 대기와 땅에 의존하는 것과 마찬가지로 절대적으로 바다에 의존한다. 물 미디어는 그들의 자연 환경이다(비록 그들이 짠 바닷물을 그대로 마실 수는 없고, 그들이 소비하는 유기체를 통해 수분을 공급하지만). 바다는 고래목들이 하는 모든 일들을 형성하면서도 당연시 여겨지는 원소다. 마치 산소와 중력과 땅 혹은 불이나 언어나 천체가 우리에게 그러하듯이.

고래목은 두 개의 현존하는 아목(여기에 멸종한 아목 하나를 더한다)으로 나눈다. 그중 더 작은 것은 수염고래아목(11종)으로 흰긴수염고래와 혹등고래를 포함하고, 더 큰 것은 이빨고래아목(72종)으로 향고래(향유고래), 외뿔고래, 범고래, 그리고 다양한 돌고래들을 포함하는 참돌고래 등으로 이루어져 있다. 수염고래아목은 작은 먹이를 먹으며, 그 거대한 입으로 현미경으로 보아야 할 만큼 작은 크기의 플랑크톤을 엄청나게 빨아들인다. 이들은 단독 생활을 하거나 작은 집단을 이루어 살며, 저주파 음역대를 갖고 있는데 10초에 10사이클에 이를 정도로 초저주파다. 이빨고래아목은 물고기와 오징어와 해양 포유류처럼 먹이 사슬에서 조금 더 상위 수준의 유기체를 먹는다. 이들은 상한선이 없어 보일 정도로 구성원이 많은 복잡한 집단 구조를 가지며, 거의 박쥐에 필적할 만큼의 초음속 주파수를 사용하여 반향 위치 결정법을 활용한다. 이 두 고래아목의 먹이 패턴은 서로 다른 종류의 탐색 전략을 드러낸다. 이빨고래는 목표를 정하고 먹이를 찾지만, 수염고래는 먼저 빨아들이고 나서 걸러낸다. 반향 위치 결정과 수염으로 걸러먹기는 그들이 서식지에 서로 다르게 적응한 결과다. 하나를 목표로 정하고 다수를 걸러내는 것은 먹이 찾기의 핵심 양식이다. (구글 검색 요청은 하나의 목표로 시작하지만 걸러내기로 끝난다. 구글은 이빨고래이자 수염고래다.) 고래목의 몸은 우리 인간의 몸처럼 그들의 기술적인 행위와 환경과 함께 진화해 왔다.•

내 이야기의 한가운데는 돌고래, 특히 병코돌고래(큰돌고래속)가 차지하는데, 이 돌고래는 마린 스튜디오Marine Studios, 영화 〈플리퍼*Flipper*〉, 씨월드, 냉전, 그리고 해군의 생물과학을 통해 고래목에 대한 지식에 이르는 첩경을 만들어 주었다.[109] 돌고래는 다소 솔직한 선택이고, 최소한 50년 동안 인간에 비견할 만한 지적 능력을 가진 해양 동물로 생각되어 왔다. 돌고래는 온전하게 연구할 기회가 많았고, 따라서 우리의 사고 실험에 더 곱씹어 보아야 할 실험 재료를 제공해 줄 수 있다. (중국 속담에서 말하듯, 악마와 악령보다는 말과 개를 그리는 일이 더 어렵다.)

신경계는 유기체와 환경 사이를 매개하며, 여기에는 내적 환경도 포함된다. 뇌와 몸은 서식지와 역사의 강조점들의 기록을 담고 있으며, 고래목의 뇌는 비교적 극한으로 진화해 왔다. 현대 고래목의 반구형 뇌는 화

• 대부분의 구글 사용자들이 이빨고래–수염고래의 전략을 사용한다. 수많은 배열에서 하나의 목표를 찾지만, 구글 그 자체는 수염고래처럼 작동하여 온 우주를 삼키고 싶어 한다. 7장을 참조하라.

석에 남아 있는 그들 조상의 뇌보다 훨씬 더 크고 더 복잡하게 얽힌 모양이다. 고래는 순수한 뇌의 크기만으로 볼 때 지구상에서 가장 큰 뇌를 갖고 있다. 향고래의 뇌는 8킬로그램 이상 무게가 나가지만, 절대적인 뇌의 크기가 지능을 나타내지는 않는다. 조금 더 나은 척도는 대뇌화 지수(EQ: encephalization quotient)로, 이는 전체 뇌의 크기와 성체가 되었을 때 몸의 부피 사이의 비율로 나타낸다. 돌고래는 EQ에 있어서 지구상의 모든 동물들 가운데 2위를 차지하는데, 유인원보다는 높지만 인간보다는 낮다.[110] 또한 돌고래는 전체 뇌 부피에서 소뇌가 차지하는 비율이 인간의 경우보다 더 높다. 돌고래는 전체 뇌 중 소뇌가 15% 정도를 차지하는 데 비해, 인간은 10% 정도 차지한다.[111] 아마도 돌고래의 거대한 소뇌는 근육 통제를 세부 조정하고, 물에서나 공중에서 돌고래가 보여 주는 운동 기술은 아마 이와 연결되어 있는 것 같다. 운동 감각은 돌고래가 이 세상에 존재하는 주요 방식이고, 그들이 보여 주는 눈부신 묘기 동작들은 '비언어적' 의미라고 부적절하게 불리는 와중에도 모방의 측면에서 풍부하다. 물에서 산다는 조건이 그들의 몸을 표현의 주요 양식으로서의 몸 기술을 발휘하도록 북돋웠을 것이다.

상대적인 뇌 능력 측정은 뉴런의 충전 밀도 등과 같은 다른 요소들로 인해 신뢰하기 힘들지만, 고래목의 사회적 지능에 대해서는 충분한 증거가 있고 그들의 복잡한 사회 체계는 종종 영장류에 비견되곤 한다. 수중 음파 탐지는 환경 탐사와 커뮤니케이션 모두를 위해 사용된다. 돌고래들 사이에는 개별적인 '목소리'를 구분할 수 있다는 증거가 있고, 서로를 부르는 고유한 이름과 비슷한 것도 있다. 특유의 '휘파람' 소리는 각각의 돌고래마다 독특하다.●[112] 또한 돌고래는 거울에 비친 자신을 인지할 수

● 향고래는 '코다 맞추기'로 이중창을 하며 이전의 목소리를 흉내 내는 방식으로 서로에게 반응하는데, 이는 아마도 소속 집단을 나타내는 표식이기도 할 것이다.

있는데, 이는 극히 일부 종에서만 찾을 수 있는 지능의 신호다. 돌고래들은 평생 결속한다. 돌고래가 이른바 메타인지metacognition 능력, 즉 안다는 사실을 아는 능력이 있어서 타자의 감정 상태를 추론할 수 있는지, 그래서 공손함이나 기만의 행위에 관여할 수 있는지의 여부는 여전히 논쟁 중이다.[113] 돌고래는 재능 많은 목소리와 근육의 흉내 내기 능력을 지녔다. 물에서 공중으로 날아올라 힘껏 박수를 치고 몸으로 물살을 가르는 것 역시 신호의 목적에 부합할 수 있다. 고래목은 또한 고도의 이타주의를 보여주는데, 집단 사냥을 하고 부상당한 동료를 서로 도와주는 것 등이 여기에 포함된다. 이러한 경향은 다친 동료 주위로 모여 들어 무리를 이룸으로써 작살에 더 노출되기 쉽게 만드는 향고래에게는 좋지 않은 것일 수 있다. 몇 세기 동안 고래 사냥꾼들은 더 많은 사냥감을 찾기 위해 고래들이 서로 돕는 특성을 활용해 왔다. 고래목의 집단과 지능에 대한 지식은 그들의 포식자를 통해 제일 먼저 알려졌다.[114]

물이라는 조건이 행사하는 다른 압력으로는 무엇이 있을까? 바다는 땅과 공기와 하늘만큼이나 다양한 서식지다. 바다에는 영하의 북극해가 있는가 하면 거의 화산 폭발에 가까울 정도로 뜨겁게 끓고 있는 곳도 있고, 산소가 풍부한 물이 있는가 하면 죽음의 바다도 있고, 투명한 바다 표면이 있으면서 빛이 통하지 않는 심해도 있다. 바다는 진화의 실험에서 가장 광범위한 시대에 걸쳐 유지되어 오고 있다. 만일 미디어 이론이 세상과 상호 작용하는 정신의 감각 비율이 달라지는 것에 관심이 있다면, 그리고 뚜렷한 역사적이고 생태학적인 기후로 존재하는 다양한 세상들에 관심이 있다면, 대양은 우리 두 발로 걷는 풋내기 뱃사람들로 하여금 우리가 당연시 여겼던 대부분의 것들을 포기하게 만드는 환경으로서 가장 주요한 관심이 되어야 할 것이다. 해양 세계는 근본적인 인류학적 질문을 불러온다.[115]

마른 땅과 비교할 때, 지구를 뒤덮고 있는 물은 그곳에 서식하는 생물들에게 몇 가지 신기한 효과를 나타낸다. 등락과 낮밤과 중력과 자고 깨는 24시간의 리듬이 미치는 영향력은 우리보다 해양 생물에게 훨씬 덜 절대적일 것이다. 인간 진화의 동력이자 육지를 근거로 살아가는 인간의 지주인 두 발을 그들은 모두 잃어버렸다. 물속에서는 체온을 유지하기가 더 어려운데, 온혈동물이 지방층 피부의 열담요를 갖추게 된 것은 진화를 통한 적응의 결과이기 때문이다. 따라서 고래목은 피부 아래에 옷을 입고 있는 셈이고, 일부 열성팬들이 관찰했듯이 고래들은 나체촌에서 살고 있다. 이제 이야기할 것처럼, 1960년 이래 인간의 환상 속에서는 동물의 모습에서 에로틱한 전율을 찾는 일이 많아졌지만, 동물들도 역시 간단한 옷을 걸치고 있으며 그들의 생식기는 몸 안에 감추어져 있다.[116]

아마도 해양 서식지의 가장 중요한 특징을 꼽으라면 빛을 필터링하여 소리의 전달성이 증가된다는 점일 것이다. 물속에서 빛은 흩어지고 흡수될 뿐이지만 소리는 퀵실버Quicksilver•만큼이나 제멋대로의 속도로 진행한다. 광학은 약해지고 음향학은 촉진된다. 1950년대 이후로 컬러 영화와 텔레비전 다큐멘터리에 등장하는 바닷속 풍경은 밝게 빛나고 있지만, 이는 대양이 인간 테크놀로지에 의해 개척될 수 있고 또 그래야만 한다는 생각의 광고일 뿐이며, 실제로 대양은 매우 어두운 장소이고 일정한 깊이에 도달하면 빛은 사실상 사라져 버린다. 소리는 공기 중에서와 다르게 작용하여 네 배나 빠른 속도로 나아간다(온도, 깊이, 염도, 그리고 음향 관측에 잡히지 않는 지점을 만들어 내는 온도의 층, 즉 '변온층'에 따라 달라진다). 바다의 구조 설계, 예컨대 물의 깊이, 표면의 거칠기 정도, 해저 바닥의 구성 요소 등은 소리의 전파 속도에 영향을 미치고, 소리는 마치 공연장 천장에 부딪혀 나오는 것처럼 바다 표면이나 북극 얼음에 부딪혀 튕겨 나온다. 공기 중에서 소리는 재빨리 사라지고 최대 10킬로미터 정도 퍼져나가

• 퀵실버는 마블코믹스의 슈퍼히어로로 초고속으로 이동하는 능력을 지녔다. — 옮긴이

지만, 바다의 소리는 수천 킬로미터를 여행할 수 있다. 멕시코 연안의 혹등고래 '노래 소리'는 알래스카 연안에서도 들을 수 있고, 대양의 깊고 낮은 바닥으로 인해 생겨난 자연의 "깊은 소리 채널"은 지구 전체로 소리를 실어 나른다.[117] 어떤 실험에서는 남인도양의 (이름도 적절한) 허드Heard 섬의 175미터 바다 깊이에서 전송된 소리가 멀리 (대서양을 거쳐 아프리카를 돌아 여행한 끝에) 미국 동부 해안은 물론 (태평양을 돌아) 서부 해안에까지도 들렸다.[118] 그러한 조건에서 5000만 년을 산다는 것은 감각과 정신과 몸을 재형성하기에 충분할 것이다. 감각 기관의 자연사는 미디어 생태학의 핵심 주제인 몸에 환경이 결합되는 모습을 보여 준다.

숨 쉬기, 얼굴, 그리고 목소리

물의 환경에서 음향 채널에 커뮤니케이션을 할 수 있는 지능을 장착하는 것의 진화론적인 이점이란 엄청나게 클 것이다. 그러나 모든 해양 유기체들이 청력의 달인인 것은 아니다. 모든 포유류들이 땅에서 바다로 돌아가는 역방향 움직임 중에 고래목과 같은 청력을 발전시킨 것은 아니다. 예를 들어 매너티(해우)는 철저한 해양 포유류지만, 고래목의 초음속 청력 비슷한 그 어떤 것도 발전시키지 않았다. 셀 수 없을 만큼 무수한 생명체의 다양성을 감안하면, 우리는 진화에서 필요성보다는 경로 의존성을 더 먼저 이야기해야 한다.

이러한 동물 형태의 다양성은 낯선 감각 비율의 현상론으로 우리를 초대한다. 고래목 뇌의 확장 중 상당 부분은 소리를 내고 듣는 데 엄청나게 몰두했기 때문인 것으로 보인다. 음향 운동 시스템의 비대함은 고래목의 거대한 뇌 크기를 설명해 줄 수 있다. 그들의 다른 감각 기관은 줄어든 것처럼 보이고, 특히 후각은 그들의 두개골 모양에서 후각 신경으로 통하는 어떠한 통로도 없기 때문에 기능적으로 부재한 것이나 마찬가지다. 후각은 음향의 코-얼굴 구조로 대치되었다. 돌고래 호흡관의 코 부분은 냄새를 분별하지 못하는 대신 소리를 낼 수 있도록 완전히 형태가 바뀌었다.• 전정 자극vestibular stimulation••이 어떤 역할을 수행하는지는 불분명하다. 돌고래의 뇌 해마는 매우 작은데, 이는 돌고래가 매우 제한된 기억력을 갖고 있음을 암시할 수 있다. 그러나 이는 돌고래의 인지에 대한 다른 것들과 마찬가지로 잘못 알려진 사실이며, 아마도 돌고래는 다른 구조를 사용하여 과거를 기록할 것이다.[119]

고래목은 박쥐가 그러하듯 어두운 서식지에 살며 청력에 집중하는 것으로 어둠의 문제를 해결한다. 그렇다고 모든 바다 생물에게 시각이 없다는 말은 아니다 (그런 면에서라면 박쥐에게 시각이 완전히 없는 것은 아니다). 돌고래의 망막은 희미하거나 압도적으로 청색광 이하의 빛에 맞춰 적응되어 있다. (심해에 사는 대왕오징어는 농구공 크기의 눈동자를 갖고 있으며, 이는 아마도 천적인 향고래의 희미한 움직임을 포착하고 동종 생물이 내뿜는 발광 신호를 포착하는 데 도움을 주기 위함일 것이다.) 고래목의 눈이 별을 관측할 만큼 좋을 가능성은 거의 없다. 청백돌고래의 시신경에 있는 축색돌기의 수는 인간의 것에 비해 8분의 1이고, 색채를 지각하는 고래는 없는 것 같다. 비록 고래목의 눈은 독립적으로 작용하지만, 일부 돌고래만이 두 눈으로 보는 시각이 가능한 유일한 고래목일 것이다. 예를 들어 대부분의

• 경쟁에서 적소를 포기했다는 것 이외에 후각의 쇠퇴에 대한 필연적인 환경적 요인은 없다. 상어는 작은 양의 피에도 반응하는 것으로 잘 알려진 화학적 수용 기관을 갖고 있다. 진화의 압력을 평가하는 관련 단위는 환경만이 아니라 적소 경쟁도 있다.

•• 중력이나 운동을 경험할 때 몸이 받는 자극을 의미하며, 머리를 끄덕이거나 계단을 오르는 등 가벼운 것에서부터 스카이다이빙이나 롤러코스터를 타는 것과 같이 강력한 것까지 다양하다. 시각 자극 및 자세 유지를 필요로 하는 자극이 안쪽 귀에 위치한 전정 기관vestibulule에서 감지되어 중추인 교뇌pons의 명령에 따라 반사 운동을 하게 된다. — 옮긴이

고래들에게 눈은 물고기와 마찬가지로 머리의 양쪽에 붙어 있다. 멜빌은 고래의 시야를 경험한다는 것은 우리의 바로 앞과 뒤는 전혀 보지 못한 채 두 귀를 통해 양옆을 보는 것과 비슷하리라고 추측한다. 이는 마치 우리에게 뒤가 둘 앞이 둘 있는 것과 마찬가지일 것이다. 멜빌은 돌고래의 눈이 양옆에 위치하기 때문에 동시에 두 개의 시야를 즐길 수 있을 것이고, 따라서 인간 의식의 한 번에 하나씩이라는 단선적인 양식을 초월할 수 있을 것이라 생각했다.[120] 돌고래들 사이에서 면대면 커뮤니케이션의 의미는 매우 다를 것이다. 친밀한 모임이란 옆으로 나란히 수영하는 것을 의미할 수도 있다. 서로의 두 눈을 바라보는 일은 없을 것이며, 한 번에 하나씩의 눈만을 바라볼 수 있을 것이다.[•] 고래목은 서식지의 중요성과 커뮤니케이션의 구현을 보여 준다. 그들은 존재론적이고 심지어는 해부학적이기까지 한 서식지의 힘을 드러낸다.

하이데거와 키틀러에 따르면, 인간은 소리를 통해 존재에 접근하는데 소리가 존재의 핵심적인 측면을 구현하기 때문이다. 이는 우리가 그렇게 부를 수만 있다면 고래목의 '세계'에서 더욱 더 그러할 것이다. (이는 음향학적인 감수성이 자기 유기체의 구성 요소인 일부 식물의 경우에도 마찬가지일 것이다.)[121] 물속에서 소리를 보내고 받는 것은 귀가 예민한 고래목에게는 생물학적으로 결정적이다. 인간에게도 바다에 대한 지식은 소리와 함께 온다. 어느 해양생물학자가 표현하듯, "음향학은 우리가 볼 수 없는 곳에서 무슨 일이 일어나는지를 볼 수 있는 가장 훌륭한 방법이다."[122] 해양 환경은 사운드 연구를 위한 최적의 장소다.

돌고래의 귀와 코와 목은 우리 인간의 것과는 완전히 다르다. 돌고래는 코로 소리를 내는데('유성화하다'), 이빨고래에게 흔한 이른바 '원숭이 입술'을 사용하여 코주머니로 공기를 불어넣어 소리를 낸다. 인간의 성대주름처

• 엄밀히 말하자면, 이는 인간의 면대면 상호 작용의 경우에도 마찬가지다.

럼 돌고래의 입술은 더블 리드• 악기와 같아서, 두 개의 주름이 떨면서 서로 부딪혀 소리를 만들어 낸다. 이러한 구조는 돌고래의 분수공에 내시경을 넣어 관찰할 수 있는데, 우리 인간의 성대만큼이나 섬세하며 거의 무한대의 톤과 색채와 액센트를 발화하는 능력을 지닌 음향 생산 기관의 일부처럼 보인다.[123] 돌고래 이마의 '멜론'은 소리를 받고 방향을 정하는 변환기처럼 보인다. 실상 오랫동안 사냥 대상이었던 이유이기도 한 향고래의 커다란 경랍 기관••은 거대한 공명체인 것 같다.[124] 우리가 감기에 걸리면 자신도 모르게 훌쩍거리거나 삑삑거리거나 팽 소리를 낸다. 그렇게 미약한 소리를 내는 기관이 수백만 년에 걸쳐 복합적인 소리 생산 기관으로 자라난다고 상상해 보라. 게다가 호흡 조절에 간접적으로 연결되어 있을 뿐인 노래하기를 상상해 보라. 혹등고래는 공기를 다시 만드느라 거품을 내지 않고서도 10~20여 분 동안 '노래'할 수 있다.[125] 생명 유지에 필수적인 공기를 들이쉬며 부르는 노래와 목소리는 언제나 숨의 호흡과 몸에 의존하는 우리 인간의 노래나 목소리와 매우 다를 것이다. 인간의 노래는 언제나 순환이 짧아서 산소를 필요로 하며, 이로 인해 노래는 자연적으로 필요한 것을 뒤로 미룬 채 만들어 내는 시공간의 예술이 된다.

호흡 조절은 우리 인간에게보다 고래목의 존재 조건에서 훨씬 더 핵심에 놓여 있다. 전후에 돌고래에 매료된 초창기 인물이기도 했던 신경학자 존 커닝햄 릴리John Cunningham Lilly는 돌고래들이 마취 상태가 되면 숨쉬기를 아예 멈추고 죽는다는 것을 발견했다. 그는 1950년대에 연구팀과 돌고래의 신경해부학을 연구하던 중에 인간과 비슷한 자율 신경 호흡을 할

• 목관 악기에서 소리를 내는 얇은 판을 리드reed라고 하며, 클라리넷과 같은 싱글 리드와 오보에, 잉글리시호른, 바순 등처럼 두 장의 리드로 소리를 내는 더블 리드가 있다. — 옮긴이

•• 향고래 이마에는 기름이 든 두 부위가 있는데, 그중 하나가 '멜론'이고 다른 하나가 '경랍 기관'이다. 경랍기관의 기름은 19세기 포경선들이 주요 목표로 삼던 것이기도 하다. — 옮긴이

것이라는 가정에 대해 채 문제 제기할 틈도 없이 다섯 마리 돌고래가 순식간에 연이어 죽는 경험을 했다.[126] 마취약을 맞은 돌고래들은 사실상 질식사했다. 큰 고래건 작은 고래건 고래들에게 숨 쉬기는 언제나 의식의 영향 아래 있는 것처럼 보인다. 인간은 단 1분 동안에도 수없이 숨을 쉬지만 이를 의식적으로 하는 경우란 천식 환자와 수영 선수와 가수와 금관 악기나 목관 악기 연주자와 명상을 하는 사람 정도를 제외하고는 거의 없다. 인간이 비교적 균질하게 숨 쉬는 것과 비교해서 고래목은 대단히 급격하게 숨을 내뿜고 들이마신다. 쉬고 있는 향고래는 1분에 3~5회밖에 호흡하지 않는다. 이빨고래의 분수공은 콧구멍 두 개가 외눈박이 키클롭스처럼 결합하여 머리 꼭대기까지 진화의 여정을 거친 기관이며, 복잡한 근육 시스템을 사용하여 잠글 수 있는 밸브와 같다. 반면 우리 인간은 물이 들어오지 않도록 콧구멍을 밀봉할 수 없다. 고래목은 입으로 숨을 쉴 수 없으며, 공기를 받아들일 수 있는 유일한 기관은 분수공이다(수염고래에게는 분수공이 두 개다). 따라서 고래목은 음식을 먹다가 질식할 일이 없다. 입은 식도를 통해 위로 연결되고 분수공은 곧바로 허파에 연결되어, 해부학적으로 두 가지 임무를 수행해야 하는 인간의 혀 역할을 한다. 인간의 허파는 산소를 자연스레 흡입할 수 있도록 환경적으로 진화되어 왔지만, 모든 고래목은 숨을 쉬기 위해서는 물 표면으로 나와야 한다. 고래와 돌고래들이 물속에 있을 때는 언제나 숨을 참는다.

우리가 습관적으로 하는 것을 고래목은 아마도 예술적으로 승화시킬 것이다. 고래들 사이에는 숨 쉬는 법에 대한 지혜가 전해 내려올지 모른다. 향고래는 오징어를 사냥하기 위해 약 3킬로미터 깊이로 잠수하여 하루에 많게는 1톤가량을 먹어치운 뒤, 바다 표면으로 올라와 과호흡을 하며 핏속에 산소를 잔뜩 저장한 후에라야 다시 얼어붙을 만큼 차고 험난한 깊은 바닷속으로 하강한다. 관절로 연결된 고래의 갈비뼈는 그들의 흉강이 바닷속의 어마어마한 압력에서 견딜 수 있도록 해 준다. 향고래에게도 역시 '잠수병'(질소 마취 상태)이 있는데, 바다 표면으로 빠르게 올라오고 핏속에 너무 많은 질소를 쌓아두는 바람에 피부 조직은 상처를 입는다. (인간만이 살기 위해 험악한 환경에 자신들의 몸을 그대로 내던지는 동물인 것은 아니다.) 고래목은 호흡 문제를 무시할 수 없기 때문에 우리 인간과는 매우 다른 모습으로 잠을 잔다. 돌고래는 최소 5일 연속으로 수면 부족 증상을 보이지 않은 채 깨어 있는 것이 관찰된 적이 있다. 돌고래의 뇌는 한 번에 절반씩만 잠에 들고 이때 한 쪽 눈도 따라 감는데, 이런 현상은 '단일반구 수면unihemispheric sleep'이라 알려져 있다.[127]

만일 돌고래의 목소리가 코에서 나온다면, 돌고래의 귀는 턱에 있는 것 같다. 고래목의 청각은 자연 선택이 보수와 창조와 멋지게 결합한 사례다. 고래가 뭍으로 이동하면서 육지 동물의 귀는 물의 환경으로부터 공기의 환경으로 변화한 상태에 적응해야만 했다. 포유류의 몸속 귀는 물을 기반으로 한 상태로 남아서 물의 뛰어난 소리 전달성의 이점을 취한다. 육지 생물의 귀는 공기로 전해지는 아주 작은 양의 소리 에너지가 고막을 울리는 것을 귀의 청각으로 방출하거나 다른 방법으로 전환하는 법을, 조금 더 구체적으로 말하자면 더 확대하는 법을 배워야 했다.[128] 그러나 고래목의 귀는 다시 한 번 물속으로 잠긴다. 인간이 물속으로 들어가면 공기를 기반으로 한 청각은 기능을 멈추고 두개골의 뼈가 안쪽의 귀에 소리를 전달하는 주요 전달체가 된다. 속도가 더 빠를 때 그러하듯이, 이는 두 귀로 듣는 위치 기능, 즉 두 귀에 와 닿는 소리의 시차를 압축하는 기능을 작동하지 않게 만드는 효과를 발휘한다. 고래목의 청각은 적응했고, 그들의 외이도(바깥귀길)는 흔히 세포 부스러기나 귀지로 덮여 있어서 소리를 실어 나르는 데 사용조차 되지 않는 것 같다. 따라서 외이도는 고래의 나이를 알려 주는 실마리가 되고, 이는 고래잡이에서 매우 긴요한 정보가 되는데, 잡힌 고래의 나이로 그 개체군이 얼마나 심하게 씨가 말랐는지 알 수 있기 때문이다. 퇴화된 바깥 귀 대신에, 청백돌고래의 아래턱이 고막을 우회하여 중이(가운데귀)에 기차처럼 길게 연결된 귓속뼈사슬을 통해 달팽이관에 연결됨으로써 소리를 잡아내는 복합적이고 대안적인 청각 장치를 형성하는 것 같다. (이런 점에서 돌고래는 뱀과 약간 닮아 있다. 뱀의 턱뼈는 땅에 닿을 때 진동하여 곧장 달팽이관과 비슷한 기관에 연결된다. 뱀은 바깥귀와 가운데귀가 모두 없다.) 실상 돌고래의 고막은 세 개의 청각 뼈에 전혀 연결되어 있지 않다. 기름이 풍부하여 인간 사냥꾼들이 그 가치를 쳐 주는 돌고래 턱의 지방질 부분은 소리를 증폭하지만(인간의 귀가 이와는 다른 메커니즘을 통해 같은 기능을 하는 것처럼), 고래목의 청각에 대해서는 아직 많은 것이 알려져 있지 않다.[129]

이빨고래의 발성과 청력은 모두 초고주파에서 작동한다. (돌고래가 해저 신호와 같은 고주파에 민감하고 대포의 쿵쿵거리는 소리와 같은 저주파는 무시한다는 사실은 1차 세계 대전 중에 포착되었다.)[130] 공기로 음향 탐지를 하는 데 숙달한 박쥐와 마찬가지로, 돌고래는 초음파 주파수를 사용하여 먹이나 동료를 찾고 환경을 탐색한다. 범고래는 박쥐와 비슷한 초음파 주파수역대에서 사냥 소리를 사용한다. 향고래의 소리는 코 전체를 가로지르는데, 이 "중간 펄스 간격"은 소리를 듣는 자에게 고래의 크기를 알 수 있게 하는 지표(따라서 "정직한 신호")가 된다.●[131] 수중 청음기를 통해 들으면 향고래가 내는 소리는 팝콘이 튀는 소리, 베이컨이 지글거리는 소리, 혹은 망치로 못을 박는 소리와 비슷하다. 이는 잠수함 조종사들이 한때 향고래를 '목수 물고기'라 가정했던 이유기도 하다. 이와 정반대로 수염고래는 음향 탐지 기능을 갖추기 못한 저주파 전문가다. 초저주파 주파수는 가까운 곳의 정교한 소리 전달이라는 목적에는 부족하지만 장애물을 피하는 장거리 커뮤니케이션에 적합하고, 따라서 인간을 제외하면 (별 사이에 꽃씨나 페로몬을 흩날리지 않는 한) 대부분의 동물들에게 가장 큰 커뮤니케

● 천문학에서의 적색 이동과 같이, 주파수는 크기와 거리를 나타낸다.

이션 네트워크를 형성한다. 최소한 우리에게는 수염고래가 무슨 말을 할 것인지 전혀 알려져 있지 않다.[132]

턱으로 듣고 코로 말을 하는 기이한 생물! 인간에게 있어서 얼굴이란 감정의 기관이자 개인의 성격이 윤리적으로 드러나는 부분이지만, 고래는 서로의 얼굴을 쳐다볼 수조차 없다. 두 눈으로 보는 돌고래조차도 인간과 같은 얼굴을 갖고 있지 않다. 한편으로 돌고래는 물속에서 잘 볼 수 없지만, 거울에 비친 자신을 인지할 수는 있다. 더 중요한 것은, 돌고래의 얼굴은 감정을 시각적으로 드러내지 못한다는 것이다. 돌고래에게 나타나는 사람의 모습을 닮은 미소는 돌고래의 입모양 때문이다. 비록 돌고래의 '얼굴' 주변에 있는 피부가 인간의 얼굴 피부나 손가락처럼 민감하기는 하지만, 사실상 돌고래의 입술은 움직이지 않고 머리에는 얼굴 표정을 짓기 위한 근육 조직이 없다(상대적으로 표현이 풍부한 인간의 얼굴은 마흔두 개의 고유한 근육들로 인해 꼭두각시 인형처럼 조종된다).[133] 대신 돌고래의 얼굴은 '음향의 얼굴 표현'을 통해 소리로 존재할지도 모른다. 얼굴로 개인의 존엄성을 주장하지 못하고 목소리로 개인의 의지와 선택을 표현하지 못한다는 것은 어떠한 윤리적 의미를 가질까? 아마도 고래목의 공감 표현은 얼굴 표정보다는 신체적인 표현이나 몸의 움직임을 통해서 이루어질 것이고, 혹은 아마도 고래목은 서로가 내는 소리의 미분음을 정교하리 만큼 섬세하게 읽어 낼 수 있을 것이다.

아니면 아마도 고래목은 수중 음파 탐지로 서로의 진심을 직접 확인할지도 모른다. 돌고래는 움직이는 초음파 기계와 같아서 물속뿐만 아니라 서로의 몸을 통해서도 응시할 수 있는 능력을 갖고 있다는 것이 릴리의 기묘한 가정 중 하나(혹은 여럿일 수도 있)다. 그는 돌고래들이 서로에게 "안녕?"이라는 인사를 할 필요가 없을 만큼 이미 그 대답을 알고 있을 것이라고 상상했다. "우리는 돌고래들이 서로 이렇게 이야기하는 모습을 상상해 볼 수 있다. '자기야, 당신이 날 사랑한다고 할 때 비틀어지는 그 비강은 정말 귀여워. 당신의 전정낭vestibular sac●의 모양을 사랑해.'" 만일 돌고래에게 얼굴 표정을 짓기 위한 근육 조직이 부족하다면, 아마도 창자를 표현력 있게 뒤틀어서 진심을 찡그리거나 미소 지을 수 있을 것이다.[134] 돌고래의 사회성을 응용 방사선학으로 보았던 릴리만큼 상세한 사례를 만들 수는 없다. 그가 돌고래들이 서로의 얼굴에 대해 갖는 기호를 확실히 정리해서 우리에게 말해 주는 것은 아니다. 개나 코끼리처럼 대규모 군집 생활을 하는 수많은 포유류들에게 대소변을 보는 일은 서로를 파악하고 알아나가는 방식이다. 배설물 분석은 돌고래에게도 서로의 안위를 파악하는 가장 좋은 방법 중 하나인 것 같다. 만일 그렇다면 이런 동물들은 인간과는 매우 다른 방식으로 순수와 위험 사이의 경계선을 구분하는 것이다.

만일 돌고래가 3차원 수중 음파 탐지로 주위 환경을 '볼'(들을) 수 있다면, 이는 사물의 표면을 멀리서 불명확하게 파악하는 우리 인간이 보는 방식과는 그 의미가 매우 다르다.[135] 어떤 것의 내부를 들여다보기 위해서 우리는 분해하거나 난도질하거나 잘라보거나 영상 기술을 사용해야만 한다. 즉 우리는 보기 전이나 후에 추가 작용을 필요로 한다. 철학자 토머스 I. 화이트Thomas I. White가 쓴 것처럼, 돌고래는 "개별 초음파 도구…… 잠수함에 사용되는 테크놀로지의 생물학 버전"을 장착하고 있다.[136] (자연을 테크놀로지의 '버전'으로 표현하는 이 호기심 넘치는 언어는 고래목에 대한 담론과 광범위하게 맥을 같이 한다.) 서로의 속이 환히 들여다보이는 사회 세계란 어떤 것일까? 우리 서로가 서로에게 공감하며 속을 들여다볼 수 있다면 상호 작용은 어떻게 변화하게 될까? X선을 통해서 우리는 질병과 임신과 굶주림과 부상과 아마도 기분과 감정까지도 볼 수 있을 것이다. 투명하게 들여다보이는 피부는 몸 안의 내장이 똘똘 말린 형태라든가 그 대칭성 등과 같은 사

● 귀의 안뜰 내부에 있는 둥근 주머니와 타원 주머니를 통칭하는 것으로, 중력에 반응하여 머리의 방향에 관한 정보를 뇌에 제공하는 전정계의 한 구성 요소를 말한다. — 옮긴이

랑스러움의 영역을 새롭게 개척할 것이다. 아름다움은 더 이상 겉모습에 불과하지 않게 될 것이다. 우리는 해부학 박물관에 놓인 투명한 남녀처럼 될 것이다. 소리로 듣는다는 것은 빛으로 본다는 것과 동등한 의미가 아니다. 몸 안과 밖의 위상학은 다를 것이고, 피부색은 덜 중요하게 될 것이다. 불투명하지 않은 몸이란 우리에겐 모순 어법이지만, 돌고래에게는 아마도 평범한 일일 것이다.

판타지의 역사

나는 이미 일반적인 기준에 비해서는 조금 더 느슨하긴 하지만 그래도 고래목과 특히 돌고래의 능력들에 대해서 분석하기 시작했다. 인간에게 극단적인 '타자'와도 같은 바다 생물을 상상하는 데는 그다지 순수하지 않은 오래된 전통이 있다. 고래목은 (앵무새와 오징어와 더불어) 탁월한 상상의 동물이다. 고래목의 가장 훌륭한 점 중 하나는 우리에게 상상력을 제공한다는 것이다. 그러한 상상력 제공은 그들이 수 세기에 걸쳐 제공해 온 기름, 뼈, 고기, 닭 모이, 윤활유, 비료, 용연향ambergris●만큼이나 멋진 것들이다. 고래는 존재하고 함께 존재한다는 것에 대한 대안적인 방식의 소망의 이미지를 자아낸다. 일단 살던 곳에서 쫓겨나면 낭만적으로 빛나는 노스탤지어에 가득 물들어 버리곤 하는 원주민들처럼, 고래와 돌고

● 향고래 수컷의 소화기관 속에서 생기는 윤기 없는 무채색 덩어리로 단단하고 가연성이 있다. 향고래가 즐기는 먹이인 대왕오징어가 향고래의 뱃속에서 소화가 잘 되지 않아 장내 분비물과 섞여 덩어리를 이룬 것이다. 가끔 향고래가 용연향을 뱉어내기도 하는데, 이것이 기름처럼 바다 위를 둥둥 떠다니다가 해안가로 밀려오는 경우가 있다. 이 용연향은 다른 향료와 섞일 때 향의 증발을 막아 주어, 향수를 만드는 일 등에 매우 귀한 재료로 사용된다. —옮긴이

래는 작살 사냥의 대상에서 영적인 대상으로 급격히 이동했다. 1965년부터 1975년까지 10년 남짓 동안에, 고래와 돌고래에 대한 지배적인 개념은 고기나 윤활유를 제공하는 긴 통 모양의 움직이는 바다 동물에서, 인간에게 고등한 지성과 나이 먹은 요다•와 같은 공존을 선보이며 우주 평화와 조화를 노래하는 영적인 바다의 전문가로 거듭났다. 박쥐와 외계인과 염력 이동처럼, 고래목은 생각할 거리를 던져 준다. 그들은 커뮤니케이션 프로젝트가 처음 시작된 1950년대 이후 커뮤니케이션 이론을 따라 헤엄쳐 왔다. 그들은 텔레비전과 영화에, 수족관과 휴양지에, 페미니스트 이상향과 사회주의자 이상향에, 심리철학과 미디어 이론가들의 깊은 생각에 등장한다. 그 어떤 생물체도 지난 반세기 동안 고래와 돌고래처럼 우리를 현혹시킨 적이 없다. 고래목과 바다는 사실상 인간 정치를 강력하게 반영할 때조차도 종종 인간 정치에 대한 해독제처럼 여겨진다.[137] 바다에 사는 인간의 타자성에 대한 비전은 해양 착취와 상업적 착취에 의해 미리 조건이 만들어진 것이다.[138]

더 긴 역사가 있다. 고래는 오랫동안 인간에게 환상과 신비의 대상이었다. 그들은 창세기의 천지 창조 이야기에도 발탁되었다. 욥기는 '레비아탄'을 기상학과 동물학 현상에 관한 인간 지식의 한계를 보여 주는 표시이자 신의 격노한 질문 앞에서 미약하기만 한 인간의 인식론적 능력의 증거로 상세히 설명한다. 일부 학자들은 비늘에 덮인 레비아탄이 이미 이집트에 여러 가지 뜻으로 전해 내려오는 이야기 속 나일강의 신, 즉 악어일 것이라 생각하기도 한다. 하지만 레비아탄은 머리가 여럿인데다가 불을 내뿜듯 번쩍이는 눈과 강한 심장을 지녔으며 바다를 끓어오르게 만드는

• 영화 〈스타 워즈〉에 등장하는 제다이 기사단 그랜드 마스터로, 900세까지 살면서 우주의 포스를 감시하고 제다이의 능력으로 미래를 예측하는 일을 맡는 캐릭터다. 늙은 현자의 원형에 속하는 인물이다. — 옮긴이

능력 등 생물학적으로 믿기 힘든 여러 특성들을 지닌다는 점에서 바다와 마른 땅이 생겨날 때 벌어졌던 오래된 싸움을 재현하는 신화적인 창조물이라 할 수 있다.

고대 그리스인들은 지중해 동부에서 가장 중요한 바다 동물이었던 돌고래에 매혹되었다. 'delphis'는 동물, 별자리, 무기를 의미했고, 더불어 아폴로Apollo(델포이의 아폴로)를 상징했다. 비슷한 용어인 'delphys'는 자궁이나 둥근 모습을 나타냈다. 19세기 말 고전학자 오토 켈러Otto Keller는 동시대 사람이었던 니체와 비슷한 의견을 보였는데, 그리스인들은 쾌활하고 명랑하며 바다와 음악과 체육과 춤을 사랑한 자신들을 이상화한 이미지로 돌고래를 사랑했다고 생각했다.[139] (멜빌 역시 비슷한 맥락에서 이렇게 썼다. "만일 당신이 이 쾌활한 물고기를 보며 내뱉을 세 번의 함성을 견딜 수 있다면, 하늘이 당신을 도울 것이다. 신의 장난스러운 영혼은 당신 안에 있지 않다.")[140] 돌고래는 바다의 지배자 포세이돈을 상징하는 데 사용되었고, 오르페우스의 신화와 음악, 죽음으로의 여행, 그리고 불가능한 사랑과 관련되었다. 그리스인과 로마인은 돌고래를 인간과 음악에 사랑에 빠진 지극히 에로틱한 창조물로 이해했으며, 돌고래가 아프로디테와 그의 아들인 에로스를 구출해내자 에로스가 다시 돌고래의 등에 올라 바다를 항해하며 리라와 플루트를 연주했다고 생각했다.[141] (《오디세이아*Odysseia*》의 세이렌이 몸의 절반은 여자이고 절반은 물고기인 인어였다는 생각은 훗날 유럽의 상상 속에서 발전된 것이다. 세이렌은 새였으며 그 소리는 매혹적이었지만 시각적으로 특별히 유혹적이지는 않았다.)[142] 헤로도토스Herodotos는 시인이자 하프 연주자인 아리온의 이야기를 들려준다. 아리온은 시칠리아에서 코린토스로 돌아오는 항해 도중에 그의 재산을 탐낸 뱃사람 도둑들에게 둘러싸였다. 아리온은 살려달라고 간청하며 돈을 줬지만 뱃사람들은 그에게 스스로 목숨을 끊으라고 강요했다. 그는 하프를 연주하고 노래를 하는 것을 핑계로 시간을 벌다가 뱃사람들 몰래 바다로 뛰어들었다. 이후 돌고래 한 마리가 그를 안전한 곳으로 구출해 주어 그는 도둑들의 죄를 증언할 수 있었다. 이 이야기에 담긴 의미는 아리온이 음악으로 돌고래를 불러 자신을 돕게 할 수 있음을 알았다는 점이다. 이것이 퓌시스와 테크네가 근본적으로 만나는 지점이다. 아리온의 시가 가진 예술 — 시는 그리스인들에게 최고의 테크네였다 — 은 노래를 사랑하는 본성과 바다에선 살 수 없는 생명체들을 실어 나르는 본성을 모두 지닌 돌고래를 불러들였다.[143]

돌고래는 오랫동안 자연과 기술 사이, 바다와 하늘 사이, 삶과 죽음 사이에 있는 경계의 생명체였다. 고래와 돌고래의 특징인 숭고함의 상당 부분은 그들이 별들과 평행을 이루며 맞물려 있는 영역에 거주한다는 데서 온다. 달 아래 지상에 살고 있는 인간과는 반대로, 돌고래들은 마치 천사와도 같이 숭고한 천상의 환경이나 해상의 환경에 살고 있는 존재로 우리에게 출몰한다. 존 밀턴John Milton은 돌고래를 음악에 영감을 주는 뮤즈이자 음악 애호가로서 나이팅게일과 겨룰 수 있는 유일하고 독보적인 시적 존재로 보았으며, 천체의 음악을 듣고 천상의 돌고래자리와 특별한 연관을 맺고 있는 존재로 여겼다.[144] 몇 년 전 돌고래를 보러 보트 여행에 나섰던 어느 시인은 "천사들이 배의 용골● 아래를 미끄러지며 지나간다"라고 썼다.[145] 바다와 별들이라는 두 환경은 인간이 오직 탈것이나 시각이나 청각을 통해서만 가로지를 수 있으며 결코 영원히 살 수 없는 곳이다. 바다와 하늘의 문제는 깊게 흐른다. 돌고래는 또한 하늘에서나 바다 깊은 곳에서, 그리고 삶과 죽음 사이에서 영혼들을 실어 나르는 것으로 여겨졌다. 초기 기독교인들은 돌고래를 부활의 상징으로 여겼고, 이 세상과 다음 세상 사이의 안전한 통과를 보장하는 특별 사절이라 생각했다. 돌고래들은 난파된 배들에서 생존자들을 구출하고 경계에서 살아간다는 것이었다. 돌고래의 신적인 쾌활함에 대한 상상은 아주 많은데, 예를 들어 사랑스러운 영화 〈웨일 라이더*Whale*

● 선체의 중심선을 따라 배 밑의 선수에서 선미까지 설치된 부재를 말한다. — 옮긴이

Rider〉(2002, 뉴질랜드, 감독 니키 카로Niki Caro)가 있다.

인간과 고래와 돌고래 사이의 상호 작용이 언제나 시적이었던 것은 아니다. 르네상스 시대에 새로운 태도가 감지된 이후 고래 사냥은 거의 1000년 이상 이어졌다. 고래는 하이데거가 말한 "비축품Bestand," 즉 기름이나 돈으로 액화될 수 있는 천연 자원이 담긴 움직이는 거대한 통으로서의 저장재 내지 "비축standing reserve"으로 여겨지기 시작했고, 이러한 인간의 태도는 고래 집단에 대한 대량 살육으로 이어졌다. 북유럽인들은 대표적인 고래잡이가 되었다. 마르틴 루터Martin Luther는 신약을 번역하면서 고래의 척추뼈를 발판으로 사용하였는데, 지금도 독일 아이제나흐의 바르트부르크성에서 그 모습을 볼 수 있다. 선구적인 현미경 관찰자였던 안톤 판 레이우엔훅Antoni van Leeuwenhoek은 협력선의 선장이 브랜디에 절여 두었던 고래의 눈을 해부했다. 네덜란드의 해안에서는 16세기와 17세기에 걸쳐 향고래들이 해안가로 몰려와 죽는 일이 허다했으며, 사업에 눈이 밝은 네덜란드인들은 그 고래에서 기름과 뼈뿐 아니라 징표와 신탁까지도 풍부하게 수확했다. 영국의 역사학자 사이먼 섀머Simon Schama는 "북해 모래사장에서 음파가 뒤섞여 버린 위대한 레비아탄들은 대서양에서 북해까지 이동했을 뿐 아니라 신화와 도덕의 영역에서 상품의 문제로까지 이동했다"고 쓴다.[146] 그 후부터 지금까지 고래들은 바로 이 두 영역 사이를 이동하고 있다.

부분적으로 네덜란드 혈통이었던 허먼 멜빌은 섀머가 언급한 고래에 관한 생각의 전통 한가운데 정확하게 위치했다. 포경선의 젊은 항해사로서, 멜빌의 일은, 고래들을 우화로 만드는 것이 아니라 램프 기름과 코르셋 뼈대로 만드는 것이었다. 고래 과학의 역사는 피비린내 나는 것이었다. 미국의 과학사학자 D. 그레이엄 버넷D. Graham Burnett이 고래만큼이나 커다란 책에서 잘 설명하듯이, 20세기 고래학의 전통은 고래 서식지의 물결을 피로 어둡게 물들였던 도살자들(고래의 껍질을 벗겨 냈다고 알려진)과 함께 긴밀하게 협조했던 생물학자들로부터 유래한 것이다. 과학자들은 도살자 뒤에 남아 당장 상품으로 유용하지 않은 고래의 사체 부분들을 맘껏 뒤졌다. 귀와 난소는 특히 가치가 있었다. 귀는 육지에서 바다로 돌아간 진화 여정의 역사적인 증거이기 때문이고, 난소는 고래의 개체수 관리에 매우 중요한 고래 나이 측정의 수단이기 때문이었다. 이러한 "죽음의 나락에서 일하는 생명과학"은 언제나 고래 산업의 이해관계와 우스꽝스러우면서도 비극적으로 뒤섞여 있었다.[147]

판타지에 대한 새로운 보람, 그리고 고래목의 존재론적 변환은 1차 세계 대전에서 시작하여 2차 세계 대전에서 완전히 부상한 해저전의 등장과 함께 시작되었다. 버넷이 보여 준 것처럼 새로운 종류의 고래학이 대두했는데, 그것은 고래 사후의 해부보다는 생명체로서의 행동에 더 관심을 기울이고, 비교동물학과 자연역사보다는 군사 생체음향학과 커뮤니케이션 공학에 더 가까운 것이었다. 고래와 돌고래는 순식간에 사인을 내보내는 동물, 즉 신호의 송신자가 되었다. 녹음기와 수중 청음기가 작업용 장화와 껍질 벗기기용 칼을 대신했으며, 고래목은 음악과 의미 속에 살아가는 존재가 되어 가고 있었다. 전후에 클로드 섀넌Claude Shannon•의 커뮤니케이션의 수학적 이론과 위너의 사이버네틱스의 여파로, 고래의 특성은 다양한 군사용 시청각 기기와 신호 기기들에 의해 변형되었다. 고래목에 대한 대중의 판타지와 과학적 탐구의 역사 모두 미디어 테크놀로지의 역사다. 뉴 미디어는 동물들에 대한 인식론적 접근을 가능케 해 주었을 뿐 아니라 실제 동물이 무엇인지를 다시 정의했다.

훨씬 더 중요한 미디어인 사운드로 화제를 돌리기 전에, 영상 영역 특

• 클로드 섀넌(1916~2001)은 미국의 수학자이자 컴퓨터 과학자이며 정보 이론의 창시자다. 2차 세계 대전 때 벨연구소에서 암호학을 연구하던 중 앨런 튜링을 만나게 되어 보편 튜링 기계 연구를 접하고 영향을 받는다. — 옮긴이

히 스쿠버다이빙과 해저 컬러 영화 카메라를 고려해 보라. 여기에서 핵심 인물은 수중 잠수 장비인 아쿠아렁Aqua-Lung의 발명가이자 스킨다이빙을 대중화한 사람이며 다큐멘터리 영화제작자이고 저명한 해저 탐사 주창자이기도 한 자크 이브 쿠스토Jacques-Yves Cousteau다. 그가 쓴 《침묵의 세계*The Silent World*》(1953)는 세계적인 베스트셀러였다. 책의 제목이 말해 주듯, 해양은 오랫동안 사운드가 없는 곳으로 여겨졌고 이전까지 수중 탐사 장비 대부분은 저인망, 트롤망, 수중 탐사 밧줄 등 촉각적인 것들이었다. (예를 들어 고래의 위 속 내용물을 탐색하여 바닷속 깊은 곳의 생체 검사를 하는 식이었다.) 쿠스토의 영화와 텔레비전 프로그램은 평화롭고 생명체들이 떠다니며 경이로움으로 가득한 환하고 온갖 색이 가득한 바닷속을 펼쳐 보여주었으며, 전후 실존주의의 언어로 내레이션을 했다. (찰스 린드버그Charles Lindbergh에서 쿠스토에 이르기까지 그리고 조지프 콘래드의 말로•에서 앙투안 생텍쥐페리Antoine Saint-Éxupery에 이르기까지, 배의 선장, 비행기 조종사, 우주인, 수중 다이버들은 종종 실존주의적인 남성 영웅 역할을 했다.) 바다에 대한 쿠스토의 문장을 살펴보자. "남자는 태어나면서부터 자신의 어깨에 중력의 무게를 지고 있다. 그는 땅에 붙어 있다. 그러나 지표면 아래로 떨어지기만 하면 그는 자유다. 물에 몸을 띄운 채 손만 까닥이면 그는 위로 아래로 옆으로 어느 방향으로든 날아갈 수 있다. 수중에서 남자는 대천사가 된다."[148] "나는 가라앉는다, 고로 존재한다"라는 말은 전후 고래목 연구에 있어서, 그리고 조금 다른 방향이지만 우주 탐사에 있어서, 꿈의 물질 상당수를 제공하는 것이었다. 물속 심연과 원시의 조수 속으로 돌아가는 것은 지상에 붙어 있는 우리를 씻어 주는 일종의 성인 세례라고 할 수 있었다. 중력은 공중 부양에 자리를 내주었다. (쿠스토의 책을 읽고 세세하게 주해를 붙인 존 커닝햄 릴리는 버진아일랜드의 "커뮤니케이션연구소"에 있는 자신의 감각 차

• 콘래드의 소설 《어둠의 심연*The Heart of Darkness*》 주인공으로 증기선 선장이다. — 옮긴이

단 탱크 안에 떠 있는 동안 마치 환각 상태에 빠진 듯한 해방감을 경험했다고 주장했다.[149]) 쿠스토의 바다 세계는 마치 1990년대에 생각했던 온라인 세계와 같다. 즉 손만 까닥여 세계를 항해함으로써 지상의 삶의 제약으로부터 해방된다는 것이다.

돌고래의 모습이 크게 증가한 또 다른 시각적 요인은 테마파크와 텔레비전 프로그램과 자연을 소재로 한 영화에서 유래했다. 1930년대 이후 플로리다의 마린 스튜디오는 서커스와 과학과 쇼맨십을 약간씩 섞어 돌고래를 스펙터클로 만들었다. 이후 제작된 〈플리퍼〉 등의 텔레비전 프로그램에서, 마린 스튜디오는 돌고래가 지닌 성적으로 탐욕스럽고 제멋대로인 특성을 비밀로 덮어 두었다.[150] 해저 세계를 시각적으로 풍부하게 묘사한 또 다른 사례들도 있다. 한때 아돌프 히틀러Adolf Hitler의 측근이었던 영화 감독 레니 리펜슈탈Leni Riefenstahl은 사람들이 기대하는 만큼의 순수한 아름다움과 정치적 맹목성의 모순된 환희를 담아 화보집을 만들었고,• 해양 생물 센서스Census of Marine Life 프로젝트는 벨벳과도 같은 검은 배경으로 한 채 보석처럼 반짝이는 진기한 심해 동물들의 이미지를 지속적으로 수집해 왔다.[151] 우리의 미디어 덕택에 바다는 계속하여 시각적으로 매혹적인 장소로 남아 있다.

그러나 고래목의 세계를 수정하는 데 가장 결정적인 역할을 한 것은 사운드 테크놀로지다. 쿠스토의 책 제목과는 달리, 2차 세계 대전 중 해양은 음향 탐지기와 레이더와 음향 측심기와 기타 여러 감지 테크놀로지들로 인해 매우 시끄러웠다. 전쟁 중 적선의 소리를 들으려는 시도들은

• 1990년 《해저의 신비*Wunder unter Wasser*》라는 제목으로 출간된 사진집 시리즈를 말한다. 나치에 협력하는 영화를 만들었다는 과거의 행적으로 인해 더 이상 영화 작업이 어려워진 리펜슈탈은 사진작가로 전업하였다. 그가 직접 스쿠버다이빙을 하며 찍은 해저 생물들의 아름다움을 담은 이 사진집은 그에게 다시 세계적 명성을 가져다주었다. — 옮긴이

작은 고래들과 돌고래들이 내는 (인간 귀에는) 꽤 새롭고도 시끌벅적한 "휘파람 소리, 끼익 하는 소리, 울음소리, 딱딱거리는 소리, 그리고 온갖 귀에 거슬리는 소음들"을 가로챘다.[152] 미확인 비행물체나 기상 전선이나 적군의 배 등과 마찬가지로, 돌고래들은 수평선에 아른거리는 신비로운 개체들이었다. (돌고래들은 사이버네틱스에서 말하는 "적군의 존재론"에 완벽하게 들어맞는다.)[153] 초음파 부호의 전달자인 고래목은 암호 기술과 전반적으로 비슷한 기관을 갖고 있다. 릴리는 돌고래가 내는 소리를 명백한 암호 해독 기술의 문제로 파악했다. 1950년대에 새롭게 등장한 여타의 존재들, 예컨대 외계, 컴퓨터, 벌, 수달, 유인원, 정신분열증 등과 마찬가지로 고래와 돌고래는 커뮤니케이션의 주제가 되었다.

1950년대와 1960년대에는 미국과 소비에트의 해군이 모두 고래목 연구에 깊이 연관되어 있었고, 돌고래를 무장 전투병이나 정보수집원으로 활용하고자 하는 시도로 악명 높았다. 두 나라 모두 외계와의 커뮤니케이션 연구에 열성적으로 자금을 쏟아 부었으며, 때로는 서로 겹치는 영역도 있었다. 돌고래 등에 올라탄 아폴로는 미국의 우주 탐사 사업명이기도 했다. 릴리는 SETI(Search for Extra-Terrestrial Intelligence 외계 지적 생명체 탐사) 연구원들과 긴밀한 관계를 맺었으며, 그들 중 일부는 유별난 돌고래 선언Order of the Dolphin을 창제하고, 마침내는 옷깃에 핀을 꽂아 외계와의 커뮤니케이션을 신봉하는 전 지구적인 결사 모임의 회원임을 나타냈다.[154] (때로 고래들과 돌고래들은 〈스타 트랙 4*Star Trek IV*〉, 〈은하수를 여행하는 히치하이커를 위한 안내서*Hitchhiker's Guide to the Galaxy*〉 등에 묘사된 것처럼 원래 외계 생명체였는데 어쩌다 보니 해양에 거주하게 된 것으로 그려지는 경우가 있다.) 어느 군사 전략가는 돌고래를 "자체 추진력을 지닌 해양 선박 혹은 플랫폼, 목표를 감지하고 분류하는 데 적합한 내장 음향 감지 시스템을 갖고 있으며, 복잡한 수행을 할 수 있도록 프로그래밍된 컴퓨터를 탑재한" 것으로 상상했다. 버넷이 결론 내리듯이 돌고래 연구는 "냉전 시대의 군사 생명과학과 불가분의 관계이자 의존적인 관계다."[155] 전쟁 이후에는 잠수함과 어뢰를 탐지하는 도청 장치들이 해양 포유동물 용도로 변경되어 사용되었다. 릴리가 돌고래 실험을 했던 실험실은 최신 시설을 갖춘 녹음 스튜디오였다. 녹음기, 알루미늄 호일, LSD, 로큰롤, 레게, 전파천문학 등과 마찬가지로, 고래 연구는 전후 테크놀로지에서 파생된 것이었고, 키틀러가 남긴 유명한 말처럼 "군사 장비의 남용"이었다.[156] 해양을 가로질러 퍼져나간 또 다른 초인간적 지성의 일종인 인터넷과 마찬가지로 돌고래 역시 냉전의 가마솥에서 주조되었다.

돌고래가 유비쿼터스하고 유기적인 정신의 네트워크 속에서 살고 있다는 개념이 널리 퍼져 있지만, 그러한 연결은 단순한 은유 그 이상이다. 존 커닝햄 릴리, 테드 넬슨Ted Nelson(하이퍼텍스트의 창시자), J. C. R. 리클라이더J. C. R. Licklider(컴퓨터 기반의 소셜 미디어를 예측)는 모두 1960년대에 해럴드 우스터Harold Wooster가 수장으로 있던 미 공군의 정보과학 담당 부서로부터 지원을 받았는데, 그 관계에 대해서는 더 많은 연구가 뒤따라야 마땅하다. 또한 젊은 시절 넬슨은 1962~1963년에 걸쳐 릴리의 커뮤니케이션연구소에서 영화 감독이라는 큰 꿈을 품고 인턴을 지냈다. 그는 미완의 다큐멘터리 한 편을 작업했고, 그가 "돌고래 섹스 영화"라고 부른 단편 영화를 편집했으며, 자신은 동물을 사랑했다고 말한다.[157] 그는 자신이 정보 능력이 있는 뇌를 지닌 바닷속 생물과 보낸 몇 년을 집합적 컴퓨팅이라는 생각과 연결하지는 않았지만, 그 둘 사이에는 추가 연구가 이루어질 수도 있는 만큼의 유사성이 어느 정도 드러난다. 바로 다음에서 볼 수 있듯이, 오늘날 해양생명학자들은 돌고래가 벌집처럼 네트워크로 연결된 "분산 지각" 혹은 사이보그와 같은 지식과 지각을 보유한다고 말하고 싶어 한다.[158]

군사 테크노과학은 돌고래가 평화로운 존재로 태어날 수 있게 해 주었다. 1960년대부터 일부 사람들은 돌고래를 인류의 잔인함과는 반대의 특성을 지닌 종으로 보기 시작했다. 고래 사냥과 군사적 착취에서 드러나는 거의 전적으로 남성적인 역사와는 대조적으로, 일부 페미니즘 사상가들에게 고래목은 아마도 세이렌, 인어, 셀키Selkies[●]의 전통에서 나타나듯 물속에서 평화주의자로 스스로의 모습을 바꿀 수 있는 존재가 되었다. 메테 브릴드Mette Bryld와 니나 리케Nina Lykke가 쓴 《우주돌고래*Cosmodolphins*》는 대단히 훌륭한데, 버넷의 잘 요약된 책에서도 빠져 있을 정도로 불공평하리만치 간과되었다. 《우주돌고래》는 고래목을 둘러싼 전후 판타지들을 분석한 빼놓을 수 없는 책이다. 소비에트의 훌륭한 자료들을 포함하여 냉전 중이던 양측의 과학과 SF 소설을 모두 분석한 이 책에서, 브릴드와 리케는 반문화counterculture 담론과 유토피아 담론의 돌고래 찬양이, 음향 탐지력과 항해력 활용을 열망했던 당시의 군사적이고 과학적인 맥락으로부터 떼놓을 수 없는 것임을 보여 준다. 돌고래들은 지난 50여 년 동안 잉크 얼룩이었고, 하이테크 커뮤니케이터로, 고귀한 야생 동물로, 양성의 특성을 모두 지닌 포스트젠더 존재로, 해변의 게으름뱅이이자 서핑하는 녀석으로, 자유연애자로, 아마도 테크놀로지의 저주로부터 자유로운 천사로, 그리고 좋은 사회의 전형으로, 여러 다양한 모습으로 인식되었다.[159]

버넷의 설명에 따르면 릴리는 돌고래를 "성적으로 해방되고 입체 음향을 낼 수 있으며 조종력을 지니지 않은 초지능super-intelligence"을 가진 것으로 보는 추론의 길을 튼 사람이었다.[160] 릴리와 뜻을 같이 했던 애슐리 몬태규Ashley Montagu는 1962년에 "돌고래들은 커다란 뇌를 갖고 있다"고 말하면서 약간의 연민을 더해 이렇게 말했다. "아마 언젠가 돌고래들이 뇌란 무엇에 쓰는 물건인지를 우리에게 가르칠 수 있을 것이다."[161] 브릴드와 리케

● 스코틀랜드와 아일랜드 전설에 등장하는 바다표범의 요정이다. 평소에는 바다표범의 모습으로 다니다가 인간 세상에 올라올 때는 가죽을 벗고 아름다운 인간의 모습으로 변신한다. 이때 그 가죽옷을 몰래 빼앗으면 셀키는 바다로 돌아가지 못하고, 그 옷을 가진 사람과 결혼하게 된다. 인간과 셀키 사이에서 태어난 아이는 손에 물갈퀴와 비슷한 흔적이 있다고도 전해진다. — 옮긴이

가 보여 주듯, 릴리는 인간의 극단적 타자를 상상하려 애쓰던 중에 일부 명백한 불평등만을 재생산해낼 뿐이었다. 그는 자신의 연구가 예를 들어 "인간이 돌고래뿐 아니라 다른 종들, 예컨대 코끼리나 거대한 고래와 커뮤니케이션을 하는 데, 혹은 인간 남녀 사이의 커뮤니케이션을 하는 데에도 유용하게 사용되기를" 희망했다.[162] 릴리에게 타자였던 것은 여성만이 아니다. 그는 돌고래를 "서구화되고자 애쓰고 있는 아프리카의 흑인종"과 비교하기도 했다. 브릴드와 리케는 돌고래를 빌어 말하는 젠더와 인종에 대한 릴리의 아이디어가 얼마나 이상하면서도 전형적인지 보여 준다. 릴리는 냉전 시대의 신경학자로 시작하여 시대가 바뀌자 약과 돌고래의 주창자가 되었으며, 이러한 그의 변화 와중에도 자연이 소수 인종이나 여성과 마찬가지로 타자라는 생각은 흔들림 없이 남아 있었다. (물론 이러한 자연의 개념을 내가 이 책에서 지지하는 것은 결코 아니다.)

고래들은 "그들의 어마어마한 덩치와 신비로운 방식으로" 어느 정도 다른 역할을 수행한다. 돌고래의 경쾌한 테너에 비해 우르릉대는 베이스 소리를 내는 고래들의 깊고 신비스러운 목소리는 1970년대 이후로 사운드스케이프와 음악적 상상력에 훨씬 더 많은 영향력을 미쳤다.[163] 고래를 구하자는 호소는 핵 멸망과 홀로코스트가 인류에게 가져다주는 멸종의 위협과 맥을 같이 했다. 돌고래의 모습 또한 관광이나 상상에서 불쑥 나타나는 파라다이스와 같은 환경에서 산다는 점의 덕을 크게 본다. (한 그린피스 활동가는 고래 집단을 "팔 없는 부처의 나라"라고 불렀다.)[164] 돌고래가 극단적 대안의 이미지로 봉사한 것이 산업 사회의 서구에서만은 아니었다. 소비에트도 돌고래로부터 좋은 생각할 거리를 찾아냈다. 1966년 소비에트의 기관지 〈이즈베스티야*Izvestia*〉의 의견란에는 "돌고래의 특성은 동지애의 느낌이다. 돌고래는 이기적이지 않고 늘 남을 돕는 관계를 유지하고, 부르기만 하면 설사 자신의 목숨이 위험에 처할지라도 언제든지 도움을 주러 달려온다."[165] 오리지널 공산주의자인 돌고래는 냉전 중에 미국과 소련이 탐사와 전쟁의 다툼을 벌였던 두 곳의 땅이 아닌 공간, 즉 우주와 바다라는 공간의 핵심에 있었다. 다시 한 번 말하지만 고래목은 언제나 잔혹한 자원 이해관계와 환상적이고 영적인 기발함 사이에 발을 걸치고 있었다.

최근 돌고래는 불가피하게도 더욱 어두운 명성을 얻어가고 있는 중이다. 지난 20여 년 동안 우리는 돌고래가 장난삼아 사냥을 하고 집단 강간으로 보이는 행위를 저지른다는 명백한 사실을 알게 되었다. (그리고 돌고래는 근친상간이라는 금기를 준수하는 것처럼 보이지 않는다.) 동물의 성과 포식성의 선정적인 가능성에 관한 문제에 있어서는, 어디까지가 돌고래의 행위이고 어디까지가 우리의 추측인지 명백히 선을 그어 알기란 언제나 어려운 일이다. 오랫동안 우리의 천사 같은 자연의 이미지를 투사하는 스크린이었던 돌고래는 이제 악마와 같은 측면 또한 드러내고 있다. 돌고래는 "신성함과 동족상잔이라는 쌍둥이 유령" 사이를 오가고 있다.[166]

인프라 없는 정치적인 동물

그러나 문명이라는 수단을 장착한 몇몇 인간들이 이루어놓은 사악함의 규모에 비하면 그 어떤 돌고래의 사악함이라도 상대적으로 약하다. 나는 돌고래를 인간 지성에 대응할 만한 바다의 지성이라든가 우리들 중에 섞여 함께 사는 외계인으로 보는 것이 아니라 매우 영리한 바다 하마로 여긴다. 왜냐하면 철학자 앤디 클라크Andy Clark가 주장하듯, 정신은 근본적으로 몸에 깃드는 것이어서 돌고래의 정신은 인간의 정신과 같을 수 없기 때문이다. 클라크는 수영하기, 피아노 치기, 자전거 타기, 연필로 방정식 풀기 등과 마찬가지로 무엇을 안다는 것이 얼마나 기술적인 기법과 기술적인 미디어가 조화로운 연주를 이루는 과정인지를 보여 준다. 정신과 물질은 결합하고, 정신은 뇌의 바깥에 있다. 인간의 인지는 "다양한 행동

지향적인 내부 자원, 그리고 언어 능력과 문화적 도구와 실천으로 이루어진 보다 큰 네트워크 사이의 비옥한 인터페이스"다. 정신은 환경과의 혼합물이다. "(행위 주체와 인공물의) 보다 큰 구조는 모두 개인 이성의 모양을 쳐내기도 하고 변형하기도 한다."[167] 우리가 그토록 많이 사용하면서도 무시하는 물질적 지원이 없다면 우리의 지성은 달라질 것이며, 고래목은 우리가 놓칠 수도 있는 것들이 무엇인지 살짝 알려 준다. 돌고래들에게는 발, 손, 불, 집, 무덤, 천문학, 시계, 글쓰기 등 우리가 알고 있는 인간 조건의 모든 인프라의 능력이 없으며, 나는 이 책에서 곧 이 점을 주장할 것이다. 그들은 손이 아니라 몸으로 무언가를 창조할 수 있다. 그들은 우리의 존재가 얼마나 우리의 물질적 환경과 한데 얽혀 있는지를 대조적으로 보여 준다.

그러한 존재들에게 어떠한 종류의 세상이 나타날 것인가? 인간과 돌고래라는 이름의 생명체를 만드는 데 수백만 년이 걸렸고, 그들이 거주할 수 있는 바다와 땅과 하늘을 제공하는 데에만 수십억 년이 소요되었다. 돌고래들은 우리로 하여금 우리 세계를 규정하는 것으로 당연하게 여겨지던 요소들을 다시 생각하게 만든다. 무엇이 위에 있고 무엇이 아래에 있는가? 돌고래들에게는 시각적으로는 아니더라도 운동학적으로는 분명히 앞과 뒤가 있고 아마도 오른쪽과 왼쪽이 있을 테지만, 그들에게도 북쪽과 남쪽이 있을까? 뇌와 세계의 좌우 분화(편측성)가 항해에 사용될까? 쪽잠을 자거나 한 번에 뇌의 절반만 잔다는 것은 어떤 것일까? 귀로 보고 코로 말한다는 것은? 우주와의 관계가 주로 청각적이라는 것은? 아마도 해와 달을 빼고는 천체에 대해 알지 못한다는 것은? 근대적 인간 영역 중 하나인 사생활, 즉 방음이 된 서식지에서 홀로 사는 일이 불가능하다는 것은?[168] 물질적 인프라나 기록이 전혀 없는 사회에 산다는 것은?

고래목이 달성할 수 있는 그 어떤 물질적 변화도 그들이 만들어 낼 수 있는 물질의 모양, 즉 몸으로 들어와야만 가능하다. 마르셀 모스Marcel

Mauss는 몸의 테크닉technique du corps이라는 개념을 통해 "도구가 있을 때에만 테크닉이 있다는 생각이 지닌 근본적인 오류"에 대해 경고한다. 그는 몸이란 우리가 지닌 최초의 도구라고 말한다.[169] (모스에게 최고의 몸 테크닉은 출산이었다.) 고래목에게 몸은 유일한 도구이고 뇌는 유일한 프로그래밍 물질일 것이다. 돌고래와 인간 사이의 경계는 지성이나 이성이나 커뮤니케이션과 같은 숭고한 물질이 아니라 신체적 모양과 불과 발과 손과 텍스트와 같은 소박한 물질에 놓여 있다. 우리 존재가 분명한 까닭은 우리가 사는 땅의 거주지, 우리가 받아들인 몸과 환경, 그리고 지속성이라는 재능에 있다. 물화란 악이라기보다는 시간과 함께 지속하는 물질적 기반이라 이해하는 것이 적절하다.

물의 세계와 땅의 세계 사이의 핵심적인 차이는 대상(물질)을 만들어 내는 능력에 있다. 돌고래들은 예술을 가질 수 있지만 장치는 가질 수 없는데 그들이 세계와 맺고 있는 관계가 르루아구랑의 용어로 말하자면 순전히 "얼굴적"이기 때문이다. 이는 사실 그들의 가장 가까운 인척인 유제류와 마찬가지다. 르루아구랑에게 있어서 전방의 장le champ ant rieur de relation의 얼굴극과 손극은 모든 동물들이 환경과 관계를 맺는 가장 중요한 두 가지 모드다. 참치, 가젤, 말, 소, 비수렵 새들은 얼굴의 장만 갖고 있다.[170] 척추동물들은 종종 얼굴과 손의 장을 모두 갖고 있으며, 르루아구랑은 우리가 직립 보행을 하면서 발로 걷고 뛰는 일을 하는 것을 제외하면, 이동하는 임무로부터 손을 자유롭게 한 것이 우리에겐 특별한 축복이라고 믿었다. 르루아구랑은 인간의 손이 (그리고 아마도 요리가) 음식을 채집하고 먹는 임무로부터 입을 구해 주지 않았더라면, 그래서 그 자유는 다시 두개골이 격렬한 이의 움직임을 뒷받침할 필요로부터 해방시켜 주어서 뇌의 부피가 확장될 수 있지 않았더라면, 인간의 언어는 결코 나타나지 못했을 것이라고 생각한다. 게다가 손과 입은 공진화하는 상징화 기관으로, 손은 르루아구랑이 "그래피즘graphism"(그리기와 쓰기)이라 부르는 것을 통해, 그리고 입은 목으로 내는 언어 소리를 통해 공진화한다. 그러나 물의 세계에서 커다란 뇌는 목을 약화시키지 않고도 지탱될 수 있다. 만일 고래목에게 말하는 행위가 존재한다면 이는 손을 거치지 않아야 할 것이다.•

고래목에게 무기물의 세계는 조작의 범위를 벗어난 세계인데, 마치 우리에게 별이나 날씨가 그런 것과 같다. 즉 우리의 손을 벗어나 주의 깊게 관찰된 배경 세계다. 고래목은 소리를 전달하는 매개로 물을 사용할 수 있다. 그들이 솟아올라 물을 튕기는 것은 타악의 기호학이 될 수 있지만, 그들은 결코 안무의 형식을 빌지 않는다. (일부 돌고래들은 열정적인 서퍼다.) 돌고래들은 항로 표지, 파도, 조수 등으로 항해하는 테크닉을 지닐 수 있지만 글을 쓰는 도구는 갖고 있지 않으며, 가장 간단한 물질 공학 기술만을 갖고 있다. 그들에게 테크닉이란 도구가 아니라 행동으로만 구성된 것이다.[171] 그들의 세계에는 기록이나 직각이나 방위와 같은 것이 없고 아마 표준시의 가능성도 없을 것이다. 이 모두는 우리를 떠있도록 만들어 주는 좀처럼 헤아릴 수 없는 인프라들이다. (일반적인 이야기를 복잡하게 만들면, 주둥이와 지느러미 이외에 환경 조작을 할 수 있는 것처럼 보이는 유일한 기관은 페니스로, 이는 고래목에서는 자율 통제하에 있어서 어떤 경우에는 그물을 끌어가는 것처럼 보일 때도 있다. 마치 원숭이가 꼬리로 무엇인가를 잡는 것과 비슷한데, 그러한 능숙한 움직임은 연인들끼리 서로를 팔로 껴안을 수 없는 물속 환경에서 짝짓기를 하려 적응한 것이다.)

고래목의 역사는 인간의 역사를 상당 부분 형성한 돌, 유리, 실리콘,

• 고래목에서도 머리가 목으로부터 '해방'된 정도는 다양하게 나타난다. 큰 머리가 고정되어 있는 고래로부터, 하나로 이어지지 않은 척추 덕분에 길고 가늘고 부리와 같은 주둥이를 매우 특이한 범위로 움직이는 극히 유연한 척추를 지닌 아마존강 돌고래에 이르기까지 다양하다.

철, 전기처럼 무기물의 공모자가 치명적으로 부재한 역사다. 꽃, 곡물, 소, 이스트, 개, 파피루스, 나무 등과 같은 유기물의 공모자도 마찬가지다. 고래라는 동물들이 소유한 문화는 모두 핸즈프리hands-free일 것이다. 그들은 인프라 없이도 지능을 가질 것이다. 우리에겐 방향을 알려 주고 우리가 건설한 환경의 모양을 잡아 주는 데 결정적인 역할을 하는 하늘 미디어가 그들에겐 없다. 그들에겐 그들을 장소에 정착하게끔 붙잡아 둘 발이 없다. 그들에겐 하이데거가 손안의 존재성Zuhandenheit, 즉 용재성ready to hand이라 불렀던 것과 같은 특성이 없다. 그들이 손가락 없이도 자신들을 따르는 무리의 수를 세거나 산술을 할 수 있을까? 그들은 걷기, 바라보기, 듣기, 훑어보기, 하늘과 수평선으로 방향을 알아내기 등처럼 우리에겐 기본적인 현상학적 조건들 없이도 점, 선, 평면의 기하학을 가질 수 있을까? 기하학은 명백하게 땅과 하늘의 모양을 참조하고 이러한 예술을 행하는 이들의 몸의 모양과 거처를 참조한다(현상학적 전통이 세상의 인류의 지표로서 왜 그렇게도 기하학에 매료되어 있었는가 하는 하나의 이유). 만일 돌고래가 수학이라는 것을 가질 수 있었다 하더라도 우리를 지배해 왔던 도식의 테크닉 없이 존재해야 했을 것이다. 고래들이 일으키는 소용돌이와 3차원적인 움직임을 고려하면, 아마도 그들은 우리가 생각하는 토러스의 모양을 길게 잡아당긴 형태의 고리와 안팎이 뒤집힌 표면으로 된 위상수학에 뛰어날 것이다. (플루서는 오징어가 기하학 대신 역학을 보유한다고 생각한다.) 어떤 경우에라도 고래목은 테크네가 우리의 영역임을, 우리의 육지 환경에 새겨져서 인간의 특성과는 떼려야 뗄 수 없는 것임을 대조적으로 보여 준다. 이 책의 나머지 연구 내용이 보여 줄 것은, 돌고래에게는 바다 미디어, 불 미디어, 하늘 미디어, 글쓰기 미디어, 데이터 미디어가 없다는 것이다. 그들 모두에게, 그리고 꼬리에 침을 지닌 모든 존재에게는 엄청난 축복이다.

돌고래는 우리에게 인공물 없이 커뮤니케이션하는 것을 보여 준다.

돌고래에게는 생각이라는 무기질 미디어의 가능성이 영원히 닫혀 있다. 그들은 도구나 건축물을 만들 수 없으며, 자동화 도구를 만들 수 없다. 그들이 지닌 퀵실버의 지성은 사건이 벌어지면 사라져 버릴 것이다. 데이터는 언제나 스트리밍이고 결코 다운로드되지 않을 것이며, 가정에서의 녹화가 가능하지 않던 시절의 라디오나 TV 프로그램처럼 즉각적으로 사라져 버리는 책들의 도서관과 같을 것이다. 받침나무를 괴어 정박해야만 하는 우주선이나 배를 제외하고 나면 우리는 정지해 있는 물체를 당연히 여긴다. 고래목은 물체의 고정성 그리고 철학자 폴 리쾨르Paul Ricoeur가 "의미의 고정"이라 불렀던 상징적 (법적, 종교적, 시적, 음악적, 철학적) 성취의 보존 두 가지를 모두 갖고 있지 않다.[172] 좋든 나쁘든 고래목은 "세상의 몸에 생각을 쏟아 부을 굉장한 힘"을 보유하고 있지 않다.[173] 돌고래는 자연적으로 불교의 수행인 무심함(초연함)을 배우고 익힐 것이며, 다만 자신들만이 그러한 사실을 모를 뿐이다. 그들은 시민들의 모임이라는 의미에서 '사물들'을 가질 수도 있겠지만, 인공물이나 건축물이라는 의미에서의 '사물들'은 갖지 못할 것이다. 요약하자면, 돌고래는 의회를 가질 수는 있지만 피라미드를 가질 수는 없고, 기억은 있지만 역사가 없으며, 시는 가질 수 있지만 문학은 가질 수 없고, 종교는 있지만 경전은 없고, 교육은 있지만 교과서는 없으며, 법은 있어도 법전이 없고, 셀 수 있지만 분필과 종이와 방정식이 없어서 수학이 없고, 음악이 있지만 악보는 없고, 날씨 예보는 있지만 연감은 없고, 방향을 찾을 수는 있지만 천체 달력은 없고, 문화는 있지만 문명은 없다.

멜빌이 말하기를, 바다에는 "비석을 만들 돌 하나 없다."[174] 돌고래는 '구어' 문화를 대표한다. 돌고래들 사이에서 불멸의 명예는 기억으로 남을 것이며, 비록 어떤 고래목 종들은 훨씬 더 장수하여 일부 고래들은 200년까지 살면서 기억을 더 오래 지속하기도 하겠지만 대개는 몇 세기 정도 기억이 지속될 수 있을 것이다. 실제로 만일 고래가 집단 기억을 갖고 있다면, 그들이 가진 가장 중요한 내러티브 중 하나는 20세기에 걸쳐 자기 종족에 대해 마치 히에로니무스 보스Hieronymus Bosch•의 그림처럼 초현실적으로 행해졌던 학살일 것이다. 물속의 사운드와 고래의 뇌와 몸 안의 기억과 같은 고래들의 물질 미디어는 우리 인간의 것보다 덜 혼성적이다. 글쓰기 및 그와 관련된 기록의 수단들이 있다고 해서 우리가 인간이 되는 것은 아니지만, 좋든 나쁘든 우리가 알고 있는 문명을 만드는 데 일조한다. 문명의 표지 중 하나는, 어떤 한 개인의 지식으로 가능한 것보다 훨씬 더 많은 기록이 문서로 보관되어 있다는 것이다. 구어 문화에서는, 어떤 한 개인이 알아야 할 모든 것을 알 수 있다. 실제로 무엇을 알아야 하는가는 어떤 한 개인의 기억 능력에 따라 달라진다. 돌고래들은 우리 인간의 세계가 어느 정도까지 비인간 물질들로 만들어져 있는지를 깨닫게 해 준다. 바닷속 깊은 곳에서는, 기술결정론 그리고 근본적으로 인간적인 특성이라는 학문에 있어서의 두 가지 '죄'가 더 이상 그렇게 나빠 보이지만은 않는다.

핵심은, 고래목은 비록 죽은 자들을 추모하는 것처럼 보이기는 해도 죽은 자의 몸을 묻거나 오래 간직된 묘소를 만들 수는 없다는 것이다.[175] 수천만 년 전의 근대 인간에게서 찾을 수 있었던 상징 사용의 흔적이 집대성된 것, 즉 가장 결정적인 '행동상의 근대성'은 죽은 자를 묻는 것이다. 상징화는 역사적으로 죽음을 표시하고 극복하는 것과 밀접한 관련이 있고, 글쓰기나 사진과 같은 모든 상징적 저장 시스템은 지하 동굴이 얻었던 것과 비슷한 명성을 획득할 것이다. 돌고래 문화는 인간의 가장 위대한 기호학적 자산인 무덤, 즉 인간 최초의 고정 주소지이자 파라오 이후로 모든 기록 미디어의 원형이라 할 수 있는 무덤 없이 이루어질 것이

• 네덜란드의 화가 히에로니무스 보스(1450?~1516)는 상상 속 풍경을 담은 그림을 주로 그렸으며, 20세기 초현실주의에 영향을 주었다. — 옮긴이

다. 근대 유럽은 우리 인간의 온갖 장비 기술이 하나의 커다란 무덤에 총집결되었다는 생각에 사로잡혔으며, 문명이란 장비를 사용하여 죽음을 갈라놓는 프로젝트에 다름 아니라고 생각했다.[176] 돌고래의 노하우는 전적으로 정치적이고 행위적인 예술로 구성되어 있을 것이다. 그들은 만일 그들의 사회 질서가 진실로 삶과 죽음의 한도를 넘어서는 일을 허용하는 정도까지 간다 하더라도, 자신들의 에이브러햄 링컨Abraham Lincoln이나 블라디미르 레닌이나 마오쩌둥毛澤東의 무덤을 가질 수 없다.

이러한 여러 결여에도 불구하고, 고래처럼 그토록 지적이고 사회적인 생물이 고도로 발전된 커뮤니케이션 형식을 갖지 못했다고 생각할 이유는 없다. 그리고 만일 그들이 복잡한 형식의 문화나 지식을 갖지 못했다면, 이 점이 그들에게 아무 해를 끼치지 않으며 심지어는 앞으로 인간이 만들어 낼 해악들로부터 그들을 보호할지도 모른다는 추측이 가능하다. 수영과 사냥부터 시작해서 그들에게 가능한 수중 테크닉들을 생각해 보라. 참치는 수영할 때 발생하는 수력학을 활용하여, 그 몸의 크기나 힘으로 예상할 수 있는 것보다 훨씬 더한 속도로 물속에서의 추진력을 얻기 위해 소용돌이를 이용한다. 그들의 테크닉은 그들의 테크닉을 향상하기 위한 환경을 조성하는 데 사용된다.[177] 거두고래속은 한 번에 많으면 100마리가 무리를 지어 사냥에 나서고, 돌고래는 수천 마리가 떼를 지어 수영하며, 외뿔고래는 유니콘처럼 생긴 소용돌이 모양의 이빨로 서로를 찌르는 것을 간신히 피한다. 이 모든 묘기들은 재빠른 협동(아마도 반향 위치결정이나 피드백에 의한)을 요한다. 북대서양의 범고래와 북태평양의 흑고래는 음파를 발사하여 청어를 쫓아내는데, 이는 그들의 잘 발달된 청각 기관을 통해 아무렇지도 않게 공명하지만, 그 소리는 번개 치는 소리보다 크고 예컨대 잠수사들이 마치 말에게 머리를 발로 차이는 듯한 느낌을 갖게 만든다. 고래는 꼬리로 청어를 후려치거나 물 표면으로 몰아넣어, 마치 왕이 포도를 먹듯 느긋하게 이 정신 잃은 청어를 포식한다. 범고래는 음파를 사용하여 맛없는 다른 물고기들을 제치고 왕연어만을 골라내는 것 같다. 큰돌고래속 돌고래는 19세기 중반 이후로 브라질 해안의 어부들과 이해관계에 따라 서로 도우며 협동해 왔다. 큰돌고래는 얕고 탁한 물에 서 있는 어부들을 향해 숭어떼를 몰아간 다음 대굴대굴 굴러가는 방식으로 신호를 보내 어부들이 그물을 던져야 할 때를 알려 주며, 그런 후에 그물에서 도망 나온 물고기들을 집어삼킨다. 물고기잡이는 어부들이 아니라 돌고래들이 먼저 시작하며, 어부들은 이 돌고래들의 이름을 부르며 알아볼 정도다.[178]

다른 테크닉들은 실증적으로 접근하기에 조금 더 어렵다. 물에서만 거주하는 환경이 왜 엄청난 문화적 발전을 담보하지 못하는 것일까? 돌고래들은 복잡한 형태의 사회적 삶과 신호를 갖고 있으며, 이 신호들로 엄마와 자식 간에 접촉을 하고 집단의 질서를 잡고 유대를 맺거나 적대 관계에 들고 그 외에도 다른 형태의 사회적 삶을 유지한다.[179] 고래들 사이에도 평생 이어지는 모계 유대 관계가 존재하고, 따라서 친족 관계는 사회적 조직의 원천이 될 수도 있다. 수컷 돌고래들은 평생 유대를 맺거나 팀을 이루며, 그들의 특징적인 휘파람 소리는 종종 새로운 합주 휘파람으로 합해지기도 한다. 고래는 지적 수준이 있는 바다 포유류로, 음악과 춤과 체조와 양육과 언어의 전통을 가질 법도 하다. 실제로 돌고래에게는 집단에서 들락날락함을 나타내는 고유 방언이 있는 것처럼 보인다(아웃사이더를 구별하지 않는 진정한 공동체 유토피아다). 선생과 학생이 있을 수도 있다. 비록 고대 그리스 이후로 건축이 그리고 어느 정도는 천문학이 기억 테크닉에 제공해 온 고정된 "장소들topoi"이 없기는 하지만, 그래도 돌고래들에게 기억의 예술이 있을 수도 있다.[180]

고래목은 한나 아렌트가 오랫동안 지속되는 세계에서 물건을 만드는 일인 "작업work"과 대비하여, 존재에게 새로운 정치적 질서를 가져다주는 "행위action"라고 불렀던 능력을 가질 수 있음에 틀림없다. 고래목은 또한 아렌트가 생명 자체를 재생산하는 일, 즉 "노동labor"이라 부르는 능력도 갖고 있다. 아렌트에게 작업과 행위는 인류가 시간에 도장을 찍는 두 가지 방식이다. 대상들 사이의 관계를 바꾸는 일(작업), 혹은 주체들 사이의 관계를 바꾸는 일(행위), 즉 창조와 생식을 말한다. 아렌트에게 행위의 패러다임은 산출, 즉 '탄생성'이며 이는 근본적으로 새로운 무엇인가를 세상에 내어놓는 행위다. 인간에게는 작업과 행위의 경계가 분명치 않지만, 돌고래에게는 작업이 없을 수도 있다. 돌고래는 집단에서 배제되는 것을 포함한 그들의 법과 벌칙에 신중할 수도 있고, 이해관계에 따라서는 정치적인 동물이 될 수도 있다. 그들의 존재는 상호적이며, 이해interest는 여럿 혹은 둘 사이inter esse를 의미한다. (아렌트는 아리스토텔레스를 따라 공동의 프로젝트를 추구하는 과정에서 역할을 분담하는 것으로 정치적인 동물을 정의한다.)[181] 돌고래가 수중 공공장을 갖고 있다고 생각하는 사람들도 있다. 어떤 해양생물학자는 "민주주의는 시간이 걸린다"면서 "돌고래는 어떤 결정을 내리는 데 매일 몇 시간씩을 쓴다"고 추측한다.[182] 돌고래의 사회성이 드러내는 강렬함은 릴리의 커뮤니케이션연구소에서 시간을 보냈던 또 다른 선각자인 그레고리 베이트슨Gregory Bateson으로 하여금 돌고래는 감정적인 지능을 갖도록 독특하게 진화하여 정신치료사로 이상적일 것이라는 상상을 하게 했다.[183] 어떤 이들은 돌고래가 크리에이티브 커먼즈(Creative Commons: CC)를 만드는 공동체주의자 전문가와 같다고 생각했다.[184] 돌고래는 심지어 수사학을 보유하고 있을 수도 있는데, 수사학은 인식론적으로 무가치한 것이라 여겨져 비난을 받아왔던 수많은 '테크닉들' 중 최초의 것이었으며 기억의 예술과도 밀접하게 연관된 학문이다.

돌고래는 우리에게 인프라의 은혜로움을 가르친다. 고래목은 인공적인 환경과 자연적인 환경을 만드는 도구를 갖고 있지 않다. 돌고래는 아마도 주둥이나 지느러미나 꼬리로 진흙을 모아서 물고기를 가둘 수 있는 임시 댐을 만들 수도 있고, 물고기를 쫓아 머리로 모래사장에 뛰어들 때는 해면을 입에 물어 충격을 최소화할 수도 있지만, 시간과 공간과 물질에 오래 지속되는 흔적을 남길 수는 없다. 돌고래의 예술은 변덕스러워서, 멜랑콜리한 어느 낭만주의 시가 묘사하듯 "신화가 담긴 책 한 권 / 그 안에 / 우리의 이름은 없다."[185] 많은 고래목 고래들은 물속으로 숨을 쉬어 공기를 내뿜는 물거품 예술가처럼 보인다. 물거품 구름이 물고기 주위를 둘러싸는 그물처럼 그리고 남성적인 공격처럼 작용하고, 아마도 놀이처럼 작용하기도 하겠지만, 그러한 해양생물학(말 그대로 수중 안무)은 순식간에 사라져 버린다. (물거품의 흐름은 돌고래의 남성성을 드러내는 크기의 신호이기도 하다. 거품이 많을수록 허파가 더 크고 몸집도 더 크다.)• 일부 고래들은 비록 색을 구별하여 볼 수는 없음에도 숨구멍에서 일부러 무지개를 내뿜는 것처럼 보인다. 이는 아마도 수를 세는 것처럼 보였으나 사실은 그저 인간이 자신에게 보내는 비언어 신호를 읽어서 인간을 기쁘게 했던 말의 이름을 딴 '영리한 한스clever Hans' 현상••에서처럼 인간 관객을 기쁘게 해 주기 위해서일 것이다. 자연 미디어는 짠 바닷물에 사는 우리 인간의 친족에게 허용된 유일한 미디어이며, 그 미디어의 상영 목록이란 매우 제한적이어서 그 어떤 시각적인 지구력에도 독특하게 저항한다.•••

• 1809년 독일의 의사인 사무엘 토마스 폰 죄메링Samuel Thomas von Sömmering은 수소 거품을 사용하여 전신 시스템의 원형을 발명했다.

•• 영리한 한스는 인간의 말을 이해해 계산도 가능했던 19세기 말부터 20세기 초 독일에서 화제가 된 오를로프 트로터 종의 말이다. 1891년경부터 수학 교사인 주인이 내는 간단한 문제를 발굽으로 횟수만큼 두드려서 유명해졌다. 1907년 심리학자 오스카르 풍그슈트Oskar Pfungst가 한스가 어떻게 답을 알았는지를 밝혔는데, 그 자리에 있던 사람들의 반응으로부터 발굽질을 해 온 것이다. 즉 계산을 하는 것이 아니라, 주위의 분위기를 민감하게 감지하는 데 뛰어난 말이였다. 이러한 것을 영리한 한스 현상이라고 부른다. — 옮긴이

••• "그리고 비록 고래목이 공기를 숨 쉰다고 해도 그들은 기본적으로 물속에 있는 것과 마찬가지다. 한편 책은 대개 종이에 씌어져 있는데, 이때 종이는 물에 잠기면 제 기능을 하지 못하는 재료다. 이러한 의미에서 책과 고래는 매우 중요한 방식으로 섞이지 않는다." Burnett,

아마도 고래목은 그들의 기억과 역사의 솜씨를 그저 아웃소싱하는 건지도 모른다. 바로 우리에게 말이다![186] 마치 신들이 고대 그리스인에게 그러했듯 우리 역시 고래목에게 혼란을 주고 있는 것 같다. 우리는 고래들이 해안가에 휩쓸려 오면 구하고, 그들의 음향 전달 지방 부위를 얻기 위해 고의로 죽이거나 참치잡이 어망에 걸린 그들을 본의 아니게 잡기도 하며, 그들의 연대기를 쓰기도 하는 한편 소음과 화학약품으로 그들의 거주지를 망쳐 버리기도 한다. 아마 고래들도 그들의 머리 어딘가 신기한 영역에 데이터를 저장해 두고, 감지하기는 하지만 거의 이해하지 못한 채 '클라우드' 위 어딘가에 간직해 두고 있을 것이다.

테크놀로지 없는 테크닉

다른 말로 하자면 돌고래들은 테크닉을 가질 수 있었지만 테크놀로지는 갖지 못했다. 테크닉과 테크놀로지는 후자가 더 지속성이 있는 물질성이라는 점에서 구별된다. 테크놀로지라는 개념은 오랫동안 이 양극 사이, 즉 한편으로는 실행이나 기술을 다른 한편으로는 도구나 기기를 의미하는 양극 사이를 맴돌아왔다. 고대 그리스어에서 테크네technē는 예술이나 공예로 번역되는 경우가 많고, 고대 그리스어에서 암시되는 의미를 잘 드러내곤 하는 근대 그리스어로는 이 용어가 '탁월함,' '예술성' 혹은 '능숙함' 등을 의미한다. 이 모든 의미들이 단지 물질적인 도구나 최종 완성품만이 아니라 장인의 활동 자체를 나타낸다. 19세기 영어에서 테크놀로지는 이 용어가 지닌 고대의 인지적인 의미를 담아, 기술적인 장치나 시스템이라기보다는 기계적인 예술을 학습하는 것을 지칭했다. 테크놀로지

Soundings, 1~2.

라는 말은 1770년대 독일에서 처음 만들어졌으며 배움의 장을 의미하는 말이었는데, 이 의미는 1861년 설립된 대학 MIT(Massachusetts Institute of Technology)의 이름에도 잘 반영되었다. (이 의미는 오늘날 프랑스어와 독일어에도 남아 있어서, 프랑스어 technique와 독일어 Technik는 '테크놀로지'를 의미한다.) '공예,' '도구,' 그리고 심지어는 '기계'와 같은 용어들은 한때 전술적이고 수사학적인 의미를 지녔으나, 근대 과학과 산업의 압력하에서 점차 물질적 대상으로 의미가 굳어지기 시작했다.

지난 20세기에 테크놀로지의 개념을 형성하는 데 아마도 가장 중요한 인물이었을 소스타인 베블렌Thorstein Veblen은 테크놀로지를 한편으로는 손재주와 기술, 다른 한편으로는 기계와 과학 시스템 사이를 오가는 양가적인 개념으로 보았다. 베블렌은 1910년대와 1920년대의 글에서, 근대적 '테크놀로지'는 이전의 예술과 테크닉이 기대지 않았던 방식으로 이론적인 지식에 기대어 있다고 썼다. 모든 근대 테크놀로지들과는 달리, 중세의 수공예나 고대의 금속 공예는 시간의 과학이 별로 필요치 않았다. 베블렌은 만들기와 안다는 것이 역사상 유례가 없는 방식으로 한데 합해졌다고 생각했고, 테크놀로지는 그 결합의 대표 격이었다. 20세기 중반이 되어 테크놀로지는 원자폭탄, 텔레비전, 수소 발전 댐, 대량 생산, 기타 인간의 개입이나 민주적인 조정을 용납지 않아 보이는 잔인한 기계들에 사악한 분위기를 드리웠다. 예를 들어 카를 야스퍼스Karl Jaspers는 테크놀로지라는 개념의 '악마성'에 대해 쓴 적이 있다. 그 후 테크놀로지 철학의 대부분은 테크놀로지라는 개념이 압도적인 사회적 방향 혹은 '결정론'의 의미를 수반하는 방식을 가려 내려 애써 왔다.[187]

테크놀로지가 비인간적이라는 개념은 그 유래가 오래되었다. 고대 그리스인들과 히브리인들 이래로 테크닉은 신의 영향력으로부터 쫓겨난다는 이야기가 있었다. 낙원에서 추방된 사람들은 지혜와 도구와 전술로 살아가야 한다는 것이었다. 플라톤으로부터 루소에 이르기까지 테크닉에 대한 생각들을 추적했던 기술철학자 베르나르 스티글레르Bernard Stiegler가 말한 것처럼, "추락은 외부로 내놓는 것이다The fall is exteriorization."[188] 철저하게 미디어가 없는 삶을 산다는 것은 수단에 대한 필요성이 제거된, 예상컨대 천국과 같은 상태를 의미한다. 천사들과 마찬가지로 돌고래 역시 물질 없는 의미의 꿈을 표상한다. 어떤 이들은 돌고래에게는 도구가 없으므로 악도 없다고 가정한다. 그러나 내가 하려는 이야기는 그게 아니다. 돌고래와 마찬가지로 우리 인간의 미덕 역시 하늘과 땅 사이에 우리가 고안해 놓은 기반에 온전히 의지한다.

나를 포함한 기술철학자들이 가진 거시적인 초점이, 전적으로 인간 세계에 대한 관심을 더 많이 갖고 있는 학자들의 정서에는 거슬릴 수 있다. 그들이 말하는 인간 세계는 노동자와 여성과 일반 사람들이 새로운 대상들의 정의와 사용을 놓고 투쟁하는 곳이다.[189] 테크놀로지라는 말이 지닌 '해로운' 지적 DNA를 고려하면, 그 용어의 사용은 인간이 수행한 역할의 흔적을 지울 위험성을 띨 수도 있을 것이다. 그러나 대중적으로 행해지는 이러한 '기술결정론' 비난은 도구의 힘을 과소평가할 뿐만 아니라 인간의 힘을 과대평가하는 것이다. 이러한 입장은 주체와 대상을 별개의 상자에 분리함으로써 형이상학적인 편안함을 제공하는데, 나는 여기에 문제가 없지 않다고 본다. 테크놀로지가 인간에 종속되어야 한다고 보는 이러한 주장은, 마치 우리를 이미 네트워크로 연결된 창조물이 아닌 것으로, 그리고 물질을 텅 비어 있는 아무것도 아닌 것으로 봄으로써, 인간의 의지를 비물질적이고 외재적인 것으로 파악하는데, 이는 이 다원적인 세상에 대한 모욕이다. 마치 우리의 의도와 행위가 우리 자신에게 매우 투명하기라도 한 것처럼. 마치 우리의 몸이 우리가 사용하는 도구들만큼 신기하거나 신비로운 기술적 시스템이 아니기라도 한 것처럼. 지구상의 생명의 역사가 이미 그곳에서 행위와는 무관한 지적 존재들의 창조적인 혼란스러움의 전시장이 아니기라도 했던 것처럼. 인류라는 존재는 우리가 대답해야 할 질문이지 우리가 당연시해야 할 사실이 아니다. 인간의 기술성 이론은 우리의 근본적인 근거를 보여 줌으로써 우리를 겸손하게 하는 것이어야 하며, 우리가 가진 독특한 힘을 과시하도록 부추기는 것이어서는 안 된다. 테크놀로지에 관한 질문은 우리 인간이 무엇인지에 대한 근본적인 검토여야 한다.[190]

'기술결정론'에 대한 공포는 정신과 물질, 인간과 사물, 동물과 기계, 예술과 자연 사이의 경계를 유지하게 만든다. 사실 이 경계들을 가로지르는 것이야말로 가장 흥미로운 미디어의 문화사가 쓰이게 된 각본들이다. 테크놀로지라는 절실한 부분을 마치 우리가 통제해야 할 어떤 것이라도 된 양 우리 세계에서 고립시켜놓음으로써, 우리가 자궁부터 시작하여 우리가 만들지 않은 기관들 속에서 환경적으로 의존하며 살고 있다는 존재론적 사실을 지워 버린다. 테크놀로지가 그 자체로 인간 외부에 힘을 작용할 수 있다는 공포는 인간이 이미 예술에 의해 만들어진 존재라는 점을 부인하는 형태다. 비록 나 자신은 일부 테크놀로지 형태들에 대해서는 심각한 비평이 필요하다는 것을 거부하지 않겠지만 말이다. 사물은 살아 있을 수 있고 인간은 기계가 될 수 있다. 이러한 양도할 수 없는 진실이 기술결정론으로 인해 흐려진다. 우리는 브뤼노 라투르가 말한 "사물 역시 인간이다"라는 말에 더하여 이러한 귀결에 이를 수 있다. "인간도 역시 사물이다." 성 아우구스티누스Aurelius Augustinus 또한 이런 말을 했다. "그러나 다른 사물들을 즐기고 사용하는 우리들은 그 자체로 사물이다."[191]

테크놀로지를 암실에 가두었지만 훨씬 더 많은 수동 작용과 정신 작용을 요구하는 작고 스마트한 디지털 기기들이 최근 범람하는 것은 이러한 용어들을 다시 생각하게 만드는 하나의 조건이다. 폭탄과 댐에서부터 랩톱 컴퓨터와 유전자 조작 곡식들과 지구공학에 이르기까지, 기술철학의 기반은 최근 몇십 년간 급격히 전환하고 있다. 우리의 임무는 테크놀로지를 인류의 기본 구성 요소로 다시 생각하되 실리콘밸리가 이를 마케

팅용 주장 등으로 사용하는 일이 없도록 하는 것이다. (이언 보고스트Ian Bogost가 말한 객체 지향 존재론을 예로 들자면, 여기서 사물의 자리는 종종 애플사의 상품이 차지하곤 한다.) 기술자들과 엔지니어들의 기술 애호에 대해 타당한 이유를 들어 반박해 왔던 인간주의적 목소리가 컸던 몇십 년을 지나, 이제 우리의 기상학적이고 기술적인 기후의 변화는 비판적 판단을 잃지 않고도 테크닉을 기꺼이 받아들이는 미디어 철학의 방향으로 우리를 이끈다.

분명한 것은 모든 기술적인 작업의 핵심에 놓인 수공예에 관심을 갖고 있는 라투르와 같은 학자들의 새로운 지적 관심사의 주요 배경에 디지털 기기가 있다는 사실이다. 이와 비슷한 것이 최근 독일 미디어 이론의 개념인 문화기술Kulturetechniken인데, 이 용어는 그 단어 안의 두 부분이 각각 영어의 어원상 두 가지 의미(문화 혹은 문명, 테크닉 혹은 테크놀로지)를 함께 갖고 있어 번역하기에 어렵다. 이 용어들은 돌고래의 힘을 빌어 정리할 수 있다. 최근의 정의에 따르면 문화기술은 "파일 정리함, 글쓰기 도구, 타자기 등 눈에 띄지 않는 지식의 테크닉, 물음표와 같은 문장부호, 칠판과 같은 교육 미디어, 축음기처럼 분류하기 어려운 개별 미디어, 읽고 쓰는 능력의 훈련과 같은 연습 실천" 등을 포함할 수 있다.[192] 그러한 문화적 테크닉은 비록 눈에 잘 띄지는 않지만 세상을 바꿀 수 있다. 테크닉의 중심에 놓인 인간 중심적인 사업의 발견 속에서, 키틀러 이후 독일 미디어 연구에서는 억압되었던 것들이 다시 되돌아오고 있다.[193]

내 생각에는 만일 우리가 노하우, 수공예, 몸이나 도구와 상호 작용하는 몸의 지식 등과 같은 행위 실천들을 생각한다면, Techniken의 번역어로는 테크닉이 옳을 것 같다. 차를 예로 들자면, 자동차 세차 등의 꾸미기 활동이나 자동차 진단이 테크닉인 반면, 캠축이나 크랭크실은 테크놀로지다. 만일 돌고래였다면 테크닉은 순수하게 인지적이거나 신체적일 것이지만, 대상의 영향에 묶인 인류에게는 그러한 순수성을 찾기 힘들다.

맨눈으로 별 바라보기, 숨 쉬기, 헤엄치기 정도가 상대적으로 대상이 없는 테크닉에 가까운 것처럼 보이지만, 이들 역시 환경Umwelten(하늘, 산소, 물)과 행위 실천에 모두 의존하고 있다. 행진하기, 제자리 뛰기, 오르기, 쪼그려 뛰기, 잠자기 등과 같이 모스가 말한 신체의 테크닉 중 상당수는 군사 훈련에서 유래했고 일종의 소프트웨어의 결과였다.[194] 모스의 학생이었던 르루아구랑은 이를 다음과 같이 잘 표현했다. "테크닉은 동작과 도구 모두를 포함한다."[195] 테크닉은 생물학의 역사와 인공물의 역사를 함께 갖고 있으며, 비록 사용자의 몸이 물질이기는 하지만 어쨌든 행위와 물질의 외양을 모두 갖추고 있다. 르루아구랑에게 있어서 테크닉은 도구와 "연쇄 작용chaîne opératoire"의 상호 작용을 조율한다.

내구성이 있는 모든 것은 물질이지만, 모든 물질이 내구성을 가진 것은 아니다. 테크닉은 물질이지만 반드시 내구성이 있지는 않은 반면, 테크놀로지는 언제나 내구성이 있다. 말하기는 테크닉이지만 글쓰기는 테크놀로지다. 말하기는 압력 경도를 조정하는 근육의 움직임이고 말하는 사람의 음성 기관과 청각 기관이라는 물질들을 모두 움직이는 작용이며, 공기나 물과 같은 매개체에서 작용한다. 말하기에는 잉크나 종잇장이나 기타 발화의 흔적을 오래 견디게 해 주는 그 어떤 것도 필요 없다. 테크닉과 테크놀로지 사이의 경계는 내구성이 있는 형태로 외재화하는가의 여부이며, 따라서 거리와 부재로부터 이익을 얻어낼 능력이 있는가다. (철학자 알프레드 코르지브스키Alfred Korzybski는 "시간 묶기"가 인간을 특징지어주는 핵심적인 것이라 정의했다.) 우리는 우리가 없을 때 말해 줄 기호를 만들고, 우리보다 먼저 가 버린 사람들의 떠남에 빠져든다. (자동 테크놀로지는 산업 시대에만 독특한 것은 아니다. 이는 인간 테크닉의 일반적인 역사 일부다.) 이 흔적들은 우리의 몸을 포함하는데, 몸의 구조와 DNA는 죽은 자들과 부재한 자들의 오랜 역사를 증언한다.

비동시성

물론 내구성의 가장 큰 적은 시간이고, 시간은 우리의 사고 실험에 있어서 최후의 차이축이다. 표준시 없는 세계에서 산다는 것은 어떤 것일까? 역사적 사건의 순서를 표시할 수 있는 그 어떤 합의된 연표가 없는 세상에 산다면? 만일 결과가 원인에 앞서고 대답이 질문에 앞선다면 어떨까? 특히 시공간에서 고래목의 커뮤니케이션 테크닉은 어떤 모습일까?

돌고래들은 월드 와이드 웹을 고안했던 팀 버너스 리Tim Berners-Lee가 "유일한 글로벌 정보 공간"[196]이라 불렀던 바다에 있어서 거부할 수 없는 은유다. 아마도 돌고래들은 열린 커뮤니케이션의 인터넷을 구축하는 데 수백만 년을 썼을 것이며, 이러한 은유는 고래학 문헌에 꾸준히 등장한다.[197] 돌고래들의 엄청난 청각 범위는 우리가 꿈도 꾸지 못할 신호 처리의 가능성을 열어 줄 수 있을 것이다. 우리가 알고 있는 정보 이론에서는 주파수가 채널의 능력을 재는 척도다. 예를 들어 FM 라디오가 AM 라디오보다 음악을 전달하기에 더 나은 이유는 음악이 말에 비해 더 복잡한 신호를 필요로 하기 때문이다. FM은 킬로헤르츠 대신 메가헤르츠를 사용하고, 가장 낮은 FM 주파수는 가장 높은 AM 주파수보다 초당 50배 더 많은 사이클에서 작동한다. 이빨고래아목의 발성과 청취 주파수는 매우 높기 때문에, 아마도 컴퓨터와 마찬가지로 눈 깜짝할 사이에 엄청난 양의 데이터를 인코딩하고 디코딩할 수 있을 것이다. 잘 발달된 신경 청취 처리 센터는 그들로 하여금 매우 복잡한 데이터를 물속에서 주고받을 수 있게 해 줄지도 모른다. 아마도 그들은 심지어 청각 '이미지'를 교환할 수도 있을 것이다. 우리에게 돌고래의 '말'을 있는 그대로 이해한다는 것은 마치 전화를 사용하던 모뎀이나 팩스 기기가 내던 끼익거리는 소리를 이해하려 노력하는 것과 마찬가지일 것이다. 우리는 그 소음을 들을 수는 있으나 그 소리가 어떠한 문자, 숫자, 그림, 혹은 음악을 나타내는지 전혀 알 수 없다. 우리의 '보드 속도'는 너무나 느리다 (인간이 들을 수 있는 영역은 기껏해야 초당 20에서 2만 사이클 혹은 헤르츠다. 돌고래는 대략 400에서 20만 헤르츠에 이른다.)•[198]

해양은 수백만 년 동안 물을 가지고 실험을 거듭한 영리한 동물들에게 어느 정도의 청취 저장 능력과 전달 능력을 제공할 수 있을 것인가? 초기 라디오 역사에서 알 수 있듯이, 재밍jamming(간섭)은 여러 송신자가 동시에 하나의 채널을 사용할 때 일어나는 문제다. (1912년 타이타닉호가 가라앉기 2년 전에, 미국의 해군은 사용하지 않는 방송 전파를 가리켜 "천상의 아수라장"이라는 시적 표현을 사용하기도 했다.) 단일 서식지에 사는 고래목은 끊임없이 소리가 울리는 물속으로 메시지를 걸러내기 위해 상당한 진화론적 압력하에 놓여 있었을 것이다. 집단으로 떠들어대는 알아듣기 힘든 소리들은 나름의 유용성과 즐거움을 갖고 있지만, 잡음을 가로질러 어떻게 메시지를 얻어낼 것인가 그리고 그 와중에 어떻게 신호를 포착할 것인가 하는 것이 라디오 역사에서 핵심 문제들이었다. 아마도 이와 비슷한 문제가 높은 보드 속도를 지닌 고래목의 청취 능력을 멀티태스킹 청취가 가능한 정도까지 끌어올렸을 것이다. 인간은 배를 만들고 별을 쫓고 프로그램을 쓰는 법을 배웠고, 돌고래는 아마도 그들의 커다란 뇌와는 하등 관계없이 고주파 소음이 깜깜하게 뒤얽힌 속에서 하나의 음성을 정확히 골라내는 법을 배웠을 것이다. 만일 돌고래가 해양 인터넷을 만든다면, 거기엔 아카이브는 없고 집단 두뇌만이 있을 것이고 검색 엔진은 없이 음파만 있을 것이다.••

비록 사운드가 공기보다는 물속에서 훨씬 더 빨리 퍼져나가지만 그

• 최근 해양생물학자들은 컴퓨터를 이용한 음성 변조 장치를 가지고 물속으로 들어가곤 하는데, 고주파 사운드를 발생하여 돌고래의 관심을 끌 수 있을까 하는 바람에서다.

•• (대조적인) 커뮤니케이션 시스템으로서의 해양에 대해서는 스타니스와프 렘의 《솔라리스》를 참조하라.

래도 빛보다는 여전히 훨씬 더 느리다. 대부분의 인간 커뮤니케이션은 미세한 비동시성이라는 특징을 지닌다. 비록 한 사람이 말하고 다른 사람이 듣는 것 사이에 극히 미세한 시간 지체가 (그리고 인지 처리 과정에서는 더 긴 시간 지체가) 있다고 하더라도 상호 작용의 구조에 영향을 줄 만큼의 차이나 흔적을 파악하는 일은 거의 없다. 말하고 듣는 것은 비동시적이지만, 우리의 감각은 그것을 눈치 채기에는 너무나 둔하다. 심지어 전기 속도에 있어서도 우리의 자그마한 지구의 전 세계적인 통신에서는 약간의 시간 지체가 동시성으로 인정되기도 한다. 우주의 거리에서는 이러한 시간차가 명백해지는데 온갖 종류의 혼란이 일어난다. 알베르트 아인슈타인Albert Einstein은 서로 멀리 떨어진 시계들 사이의 차이에 관한 생각과 먼 거리에서 표준시를 동기화하는 일의 어려움에 관한 생각에서 엄청난 이론적 이득을 얻어 냈고, 단일한 '지금'이란 우주의 규모에서 보자면 불가능할 것이라는 결론을 얻었다(7장을 참조하라). 먼 거리의 동시성을 획득하기 위하여, 두 개의 시계는 신호가 두 번째 시계에 완전히 도달하기까지의 시간만큼을 보상해야 했다. '지금'은 신호 속도로 정의되었다.

아인슈타인은 빛의 유한한 속도에 대해 숙고하다가 상대성을 발견했으며, 우리의 바닷속 친구들은 이와 비슷하게 사운드 속도의 유한성을 깨달았을지 모른다. 그들에게는 모든 시계를 동시에 같은 시간으로 맞추는 전 지구적인 음향 중심대가 없다. 아인슈타인은 관찰자의 상대성을 이야기했고, 아마도 해양의 일부 돌고래들은 듣는 자의 상대성을 발견했을 것이다. 음향학적으로 지적인 해양 포유류인 돌고래들에게는, 우리만큼은 아니지만 소규모 거리의 동시성이란 분명 어려운 문제일 것이다. 시간성의 근원이 다양하다는 문제점을 그들은 어떻게 다루었을까? 고래목은 원거리 커뮤니케이션과 근거리 커뮤니케이션의 전략을 구별하여 갖고 있는 듯 보인다. 먼 바다의 큰돌고래들은 집단으로 헤엄칠 때면 아주 빠른 소리를 토해낸다. 그들의 휘파람은 두 마리에서부터 여섯 마리의 발성에 있어서 50% 정도 겹치는 특성을 보인다. 합창이라고 알려진 이 현상은 해안가 돌고래들에게서는 더 드물게 발견된다. 아마도 먼 바다에서 사는 일은 더 넓은 영역을 포괄하는 것이고 그 압박감 때문에 조금 더 잘 짜인 커뮤니케이션을 필요로 하는 것 같다.[199] 수염고래들 사이에서 어미와 새끼가 쌍으로 내는 발성은 조금 더 드물게 일어나고 낮은 소리를 내는데, 아마도 천적이나 수컷의 주의를 끌지 않으려 하기 위함인 듯하다. 따라서 이 경우 발성은 명백히 근거리를 위해 고안된 것이다. 같은 수염고래목에 속하지만 혹고래는 이와 조금 달라서 바다를 맴돌며 부르는 '노래'로 전설적이다. 이에 대해서는 많은 추측들이 있다. 그들의 발성은 교향악인가 외로운 짝짓기의 울음인가 아니면 단순히 즐거움에 내는 소음인가? 왜 수컷들만이 노래를 하는가? (새들의 노래 소리 역시 대부분 수컷들의 것이다.) 우리는 태평양을 가로질러 널리 퍼지는 혹고래의 노래에 유행 흐름이 있다는 것을 알고 있으며, 따라서 고래의 노래는 최소한 지극히 사회적이다.

먼 바다의 지적인 존재가 마찬가지로 멀리 있는 지구 밖의 생물과 대화할 때 같은 문제를 가질 것인가? 서로 다른 우주 전망대의 관찰자들이 서로 다른 별자리를 보는 것과 마찬가지로, 해양의 서로 다른 지점에 있는 청취자들은 저마다의 음향 별자리를 듣는다. 이때 멀리서 오는 메시지의 순서는 송신자의 시간에 의해 결정되는 것이 아니라 송신자에 대한 수신자의 위치에 따라 결정된다. 세부 분석에 의하면 바닷속의 발화는 위치에 따라 청취자에게 조금씩 다른 순서로 전달된다(부록 참조). 우리가 일상 대화에서 해석의 근거로 활용하는 돌아가며 말하는 순서는 먼 거리의 해양 대화에서는 살짝 빗나간다. 그러나 바닷속의 전파에서 시간상의 순서가 보존될 리는 결코 없으며, 거의 일어나기 힘든 일이기는 하지만 같은 음원에서 나온 음파가 지구를 서로 반대 방향으로 일주하는 경우 예외가 될 수 있다. 바닷속에서라 할지라도 시간은 거꾸로 흐르지 않는다. (실시간축을 조작하려면 지상의 녹음 미디어가 필요하다.)

멀리 떨어진 고래목 특파원들이 메시지의 순서를 똑같이 공유하지 않기 때문에, 그들은 같은 순서의 논리를 예상할 수 없다. 송신자가 많은 멀고 깊은 바다에서의 커뮤니케이션에서는 그 어떤 단일한 '지금'도 순서를 돌아가며 대화하는 지렛대로 작용할 수 없다. 엄격한 시간 순서 없는 커뮤니케이션이란 어떠한 것일까? 저 멀리로부터 전해지는 목소리가 도달하는 데 몇 분 심지어 몇 시간이 걸린다면 어떤 일이 벌어질까? 영리한 발화자가 실시간으로 전달되는 메시지의 순서를 재구성하기 위한 차이를 고려하여 말할 수 있을까? (일부 고래목들은 박쥐처럼 자신들의 동작을 조정하기 위하여 도플러 이동 보정을 활용하기도 하는데, 아마도 천문학자들이 별의 나이와 거리를 측정하기 위해 적색 이동red shift•을 사용하는 것과 마찬가지일 것이다.)[200] 영국의 언어철학자 폴 그라이스Paul Grice가 발화란 그들이 따르는 것에 어떻게든 관련된다는 가정을 설명하는 데 사용했던 용어인 "대화 함축"은, 먼 거리 때문에 둘 사이에서 정확히 순서대로 돌아가며 말하는 것이 불가능한 미디어에서 어떤 의미를 지닐 것인가? 확장된 '지금'이 있는 환경에서는, 혹고래와 기타 장거리 송신자들은 지금 여기의 연관성을 중시 여기지 않는 이야기와 노래의 양식을 개발할지도 모른다. 발성은 서로 다른 귀에 서로 다른 시간에 도달하기 때문에, 아마도 혹고래는 목소리를 파악하고 나서 누가 누구에게 보내는 것인지를 역으로 재구성할 것이다. 마치 우리가 인터넷 대화를 읽고 나서 대화의 다양한 글타래들을 함께 엮는 것처럼 말이다. 혹은 어쩌면 그들은 아예 신경 쓰지 않은 채 클라우드 음악용으로 목소리를 연주할지도 모른다. 아마도 고래목은 중세의 신비주의자들이 지금의 시간이라고 불렀던 환경, 즉 서로 다른 많은 시간들이 교차하는 복수의 지금

• 적색 이동은 우리로부터 멀어지는 천체는 분광 스펙트럼의 흡수선이 긴 파장 쪽으로 치우치는데, 이를 적색 편이 또는 빨강 치우침이라고도 한다. 이를 통해 은하의 후퇴 속도를 알아낼 수 있으며, 허블의 법칙을 이용하여 천체까지의 거리를 측정할 수 있다. — 옮긴이

으로 이루어진 환경에서 살고 있는지도 모른다.[201]

하나의 발화에 다른 소리가 뒤따르지 않는 세계란 얼핏 생각하면 기이하고, 대화의 규범을 넘어서는 것이다. 그러나 가늘고 길게 이어진 지금의 시간은 자연 세계 및 인간 세계 도처에서 찾아볼 수 있다. 밤에 뜨는 별은 실제 별이 빛을 내기 시작한 시간과 우리 눈에 뜨이기 시작한 시간 사이에 엄청난 격차가 있는 비동시성의 장에 있다. 어떤 별들은 더 이상 존재하지 않음에도 불구하고 영겁의 시간 전에 쏘아올린 그 빛은 여전히 우리의 홍채에 와 닿는다. 만일 별빛이 끝없이 팽창하는 코스모스를 여행하는 데 몇 광년이 걸리지 않고 우주가 영원히 존재한다면, 밤하늘은 모든 가능한 지점(어느 정도 균일하게 분포되어 있다고 가정하고)에서 빛을 내는 별들로 가득 차 하얗게 빛날 것이다. 밤하늘의 어둠은 빛의 속도가 유한하고 우주의 나이가 유한하기 때문이라는 올베르스의 역설•은 미디어에 대해 언급하는 메시지이기도 하다.

시간의 충만함에 대해서는 창고를 가득 채울 만큼의 사례들이 있다. 지각, 우리의 DNA, 우리의 언어 등에는 우리가 무작위로 접근할 수 있는 과거의 조각들이 뒤섞인 채 보존되어 있다. 우리의 DNA는 인류의 전염병학 역사의 기록이며, 이제는 대부분 우리의 숙주 지놈에 면역으로 탑재된 바이러스에 대항해 싸웠던 우리의 선사 시대의 기록이다.[202] 도서관, 박물관, 기억, 그리고 역사 그 자체는 모두 다중의 지금들의 컬렉션이며, 거기에 접근하는 것은 데이터베이스 기관들에게는 근본적인 문제다. (어떻게 DNA나 후생에 접근할 것인가 하는 것도 비슷한 문제다.) 인간의 청취력은 아주 작은 시간 차이에서 추론할 수 있고, 아마 고래목은 바닷속 사운드에 대해서 더

• 19세기 독일의 천문학자 하인리히 빌헬름 올베르스Heinrich Wilhelm Olbers는 우주가 영원하고 무한하다면 밤하늘이 대낮보다 밝아야 함을 논증했다. '어두운 밤하늘 역설'이라고도 불리며, 우주 팽창을 발견하는 데 중요한 역할을 했다. — 옮긴이

큰 규모로 마찬가지 일을 할 수 있을 것이다. 아마도 해양 전체는 그들의 청취 기관이자 아카이브일 것이다. 바닷속 생활에 기반을 둔 자신들의 몸 내부 귀와 해양의 바깥귀를 한데 합하여, 그들은 아마도 우리 인간의 기록 미디어와 비슷하게 시간을 담아내지만 우리의 즉각적인 구어 커뮤니케이션과는 대조적인 미디어를 갖고 있을 것이다. 아마도 그들에게는 매우 자연스러울 비선형적인 데이터 접근은 우리에게는 문화적 테크닉의 문제일 것이며, 기록 미디어를 이용할 때만 가능하다(6장을 참조하라).

흡혈오징어와 집고양이에 관하여

오징어를 떠올려보자. 다국어를 구사하고 박식가였던 미디어 철학자이자 지옥에서 온 뱀파이어 오징어라는 뜻의 흡혈오징어Vampyroteuthis infernalis를 유명하게 만들었던 빌렘 플루서에 따르면 오징어는 최소한 지금까지는 돌고래보다 훨씬 더 기괴한 해양 판타지다. 그가 생물학자 루이 벡과 함께 써서 최근 영어로 번역된 외계 현상학으로의 첫 진출 작품은 그 장르가 동화, 블랙코미디, 공포, 조롱, 우화, SF 소설, 동물 포르노 사이 어디쯤엔가 속하는 짤막하지만 굉장한 글이다. 플루서와 벡은 오징어를 인간 현존재의 정반대 존재로 다룬다. 인간은 앞으로 보고 뒤로 배출하며, 위장 기관은 머리 아래쪽에 있다. 이와 대조적으로 오징어는 머리 아래쪽에 감각 기관과 촉수가 있고, 내장은 위쪽에 있다. 내골격이 없는 오징어는 다양한 형태로 몸을 배배 꼴 수 있으며 그 자체로 자기 파괴적이다. 한 달간 지속되는 그들의 오르가즘은 결국 자기 자신이나 다른 오징어를 서로 잡아먹는 것으로 끝나기도 한다. 오징어는 자신들의 에로스 수준을 넘어서기 위해 죽음을 이용하기도 한다. 우리 인간은 에로스를 통해 죽음의 영역을 넘어선다. 플루서와 벡은 오징어가 지닌 세 개의 페니스에 각별한 관심을 쏟아 붓는데, 우리에게 그들의 판타지가 페미니즘 돌고래에 대한 일종의 남성주의 대항마임을 경고한다. "우리가 페니스로 세계를 장악할 수만 있다면"이라고 그들은 포효하는데, 이는 기술철학 대부분의 핵심에 자리한는 판타지를 신선한 솔직함으로 언급한 것이다.[203]

플루서와 벡은 먹물을 내뿜어 구름 모양으로 만드는, 즉 예술적 장치를 가진 먹물오징어의 능력에 매료되었다. 오징어는 멜라닌과 점액의 혼합물을 머리에 달린 항문으로 사정하여 천적들을 현혹하고 주의를 흐리며, 아마도 자신의 동료들에게는 강렬한 인상을 주는 것 같다. 이러한 잉크액은 일단 분사되고 나면 여러 가지 모양으로 형상화되어 자신을 닮은 유령의 모양이 된다. 천적은 이러한 오징어의 '헛꼴pseudomorphs'을 대신 공격하게 되는 것이다. 플루서는 그러한 해저 세계의 모양 만들기가 자기방어 그 이상의 의미를 갖는다고 생각했다. "흡혈오징어는 암갈색 구름으로 정보를 내보낸다." 여기 인간이 그러하듯 예술적 재능을 부여받아 거짓에 능한 유기체가 있었다. 그의 특기는 위조다.[204] 물론 오징어가 광범위한 먹물 구름을 발산하는 이러한 능력은 어떤 이론가라도 쉽게 확인할 수 있다.

보다 최근에는 디지털 디자이너이자 가상 현실 선구자인 재런 래니어Jaron Lanier가 두족류의 다채로운 모핑 기술에 푹 빠졌다. 그는 오래전 바다와 외계의 연결을 생각할 때 오징어가 우리에게 "먼 훗날 우리가 외계 생명체를 조우하게 될지 모르는 순간을 위한 드레스 리허설"을 제공한다고 말한다. 두족류는 자신의 몸을 3차원으로 모핑함으로써 신호를 내보내는 것이 아니라 몸의 형태를 변형해서 이루어지는 커뮤니케이션의 '후기 상징적' 양식을 실천한다. 두족류에게 있어서 기호는 존재Sein다. 외양과 실재 사이에 간극은 없다. 래니어에 따르면, 두족류는 엄청나게 변형성이 좋은 몸과 색소 세포로 가득한 피부를 지닌 덕분에 근본적으로는 색깔 있는 땀을 흘리는 3차원 전시의 기능을 타고났다. 그는 오징어가 현존하면서 몸의 행위 예술을 한다는 점, 즉 다양한 색과 모양으로 변화하는 그들의 몸과 모든 세포에 각인된 기술성을 드러내는 그림자 그림에 매료되었다. (래니어의 음악 밴드 이름은 크로마토포리아chromatophoria[색소포]다.)[205]

이상 오징어에 대한 보충 설명은 동물 타자성의 윤리에 대한 문제를 제기한다. 상상할 수 있는 가장 이국적인 종에 접근할 때 중요한 것은 무엇인가? 동물철학자들은 예컨대 집고양이를 왜 추켜세우지 않는가? 조디 벌랜드Jody Berland는 이러한 질문을 제기하며, 일부 남성 철학자들이 동물들에게서 최대치의 이국성을 높이 평가한다고 언급하는데, 이는 오징어 이론가들에게도 틀림없이 해당되는 비판이다. 래니어가 찬탄하며 말했듯 "두 족류는 아마도 우리가 아는 가장 극한의 '타자'일 것이다." 그 누구도 고양이에 대해 이러한 말을 하지는 않는다. 벌랜드는 고양이가 너무나도 친근한 존재라고 주장한다. 여성적인 반려 동물인 야옹이는 억압된 야생성과 여성성의 섹슈얼리티에 대한 (남성)들의 걱정을 불러오며, 길들이기에 관한 일반적인 신경질적 반응을 불러일으킨다. 고양이는 (가축 도살장을 제외하면) 가장 사악한 것으로 여겨져 괴롭힘을 당했던 동물이고, (포르노그래피를 제외하면) 온라인에 가장 많이 존재하는 동물이기도 하다. 벌랜드는 질 들뢰즈Gilles Deleuze와 펠릭스 가타리Félix Guattari와 같은 사상가들이 집고양이를 노예화되고 처참한 존재로 여기며 마치 집에서 사는 것이 노예 생활이라도 되는 양 해방이 필요한 존재라고 생각하는 것을 비판한다. 고양이는 가장 어렵고 고단한 노동이 행해지는 집안 세계의 불가사의하고도 낯선 특성을 일깨워 준다.[206] 프로이트가 말하듯이 아마도 가장 낯선uncanny 것은 우리가 그곳으로부터 나왔으나 전혀 인식하지 못하는 집인 자궁일 것이다. 벌랜드와 마찬가지로 프로이트도 여성의 몸에 대한 남성들의 불안을 이러한 낯설고 기이함unheimlich과 연결하였으며, 물론 거세 불안 또한 낯섦 그 자체das Unhiemliche의 근원이라 본다. 여기서 das Unheimliche는 번역하기 어려운 용어인데 영어의 unnerving(공포를 자아내는)이라는 말이 제법 잘 들어맞는다.

오징어 혹은 고양이? 동물을 기술철학의 대상으로 고려하다 보면 우리는 어찌됐든 가장 기본적인 수준의 젠더 정치학의 땅에 서게 된다. 하이데거는 테크네에 대해서 물어보는 것은 퓌시스에 대해서 물어보는 것과 같다고 말했다. 그러나 키틀러가 지적하지 않은 것은 아니지만, 하이데거는 퓌시스가 고대 그리스어로 생식기를 의미하기도 한다는 것(독일어에서는 자연을 의미한다)을 알았다.[207] 테크놀로지는 자연을 드러냄으로써 성적인 차이도 드러내게 된다. 테크놀로지는 결코 젠더 문제로부터 떨어져 생각할 수 없으며, 매우 남성성이 강한 범주로 남아 있다. 이니스라면 편향이라고 불렀을 이러한 편향은 어떻게 생겨난 것일까?

이 책 다른 부분에서처럼 논문이 필요한 부분에 대해서는 몇 단락의 설명을 해야 하겠지만, 두 가지 생각을 먼저 살펴보자. 첫째, 수렵 사회(이는 물론 돌고래만큼이나 평등에 대한 상상에 근거한다)와는 대조적으로 농사로 유지되는 문명은 매우 많은 논쟁거리를 이유로 남성 지배적이다.[208] 상대적으로 소수만이 내가 이 책에서 연구한 배, 달력, 글쓰기, 컴퓨터, 철학 그 자체 등의 테크놀로지들을 다루어 왔다. 그중 지극히 손에 꼽을 소수만을 제외하면 대부분이 남성이었다. 재러드 다이아몬드Jared Diamond의 파푸아 친구가 물어보았던, 왜 백인들이 모든 "짐"을 가져가느냐 하는 "얄리의 질문"은 다른 집단들도 쉽게 던질 수 있는 질문이다.[209] 예를 들어 왜 결국은 남자들이 모든 짐을 다 가져가는가? 혹은 더욱 콕 집어 말하자면 왜 결국은 아주 일부의 남자들만이 모든 짐을 다 가져가는가? 남성이든 여성이든 대부분의 인간들은 연속성을 지닌 미디어 없이도 생명의 순환을 유지하기 위해서 몸으로 노동을 해 왔다. 돌고래들은 아마도 페미니즘 이론가들에게는 매우 흥미로운 주제일 것이다. 왜냐하면 돌고래의 기술은 전통적인 여성의 기술인 출산, 육아, 양육, 요리, 공동체 만들기 등을 매우 닮아 있기 때문이다.[210] 내가 여기서 출범, 항해, 불붙이기, 시간 맞추기, 문서 만들기 등에 의해 수행되는 결정적인 역할을 강조하는 것은 모성적인 미디어보다 부성적인 미디어가 누려온 역사적인 우위를 인정하고자 하는 목적이 아니다. 누구나 하늘을 읽거나 기록을 하거나 시계를 맞출 수 있는 것은 아니지만, 이들은 나머지 우리들을 위해 인프라의 설정을 마련할 수 있는 사람들이다. 도구를 이해한다는 것은 그것을 어떻게 민주화하는지 배우도록 해 준다. 인공물은 우리의 영역이다. 그렇다. 하지만 그것이 어떻게 인공물을 설계해야 하는지를 놓고 싸울 영역이 남지 않았다는 뜻은 아니다. 이니스를 읽은 독자라면 누구나 인프라를 찾는다는 것은 역사의 모든 것이 잘될 거라는 망상에 굴복하는 것이 아니라 기꺼이 싸울 준비를 하는 것임을 이해한다.

두 번째로, 가부장제 사회(즉 문명)에서 테크놀로지란 사람과 그들의 몸을 생산하고 돌보는 테크닉이라기보다는 지배하고 조직하는 도구로 여겨지며 남성적인 방식으로 받아들여져 왔다. 매클루언은 가부장제의 현상을 요컨대 남자는 테크놀로지를 낳고 여자는 남자를 낳았다고 말함으로써 논란거리를 제공한다. "남자"는 "기계 세상의 성 기관들"이고 "여자"는 "남자의 기술적인 확장"이라는 것이다. 매클루언은 또한 그 어떤 비판적 평가도 곁들이지 않은 채 "남자에게 가장 오래된 짐 나르는 동물은 여자였다"라고 덧붙였다.[211] 이 말의 문제점은 너무나 명백하지만, 매클루언은 최소한 테크놀로지가 왜 대부분 언제나 여성에게 적대적인 것으로 정의되었는지를 파악했고 보여 주었다. 여성은 오랫동안 테크놀로지처럼 그려졌고, 남성이 도구를 사용하여 자식을 얻고 나면 제거될 수 있는 존재로 그려졌다. 이브는 아담에게 제공된 도움이었고, 창세기 2장에 대한 해석 두 가지 중 하나에선 아담의 갈비뼈로 만들어진 존재였다. (다른 하나의 해석에서는 남성과 여성은 처음부터 동등하게 탄생한 존재다.)[212] 서구 전통에서는, 물론 주름과 차이가 없는 것은 아니지만, 자연에 대한 남성의 지배는 우월함을 가능케 하는 생물과 무생물의 도구의 일부로서 여성에 대한 지배임을 암시하기도 했다. '테크놀로지'라는 개념의 젠더 약호는 오늘날까지도 이어지고 있다.

비록 젠더가 테크놀로지를 연구하는 많은 학자들에게 하나의 맹점이지만, 매클루언과 키틀러와 같은 사상가의 역할을 그렇게만 묘사하는 것이 최선은 아니다. 그들이 젠더 문제를 간과한 것은 아니었으며, 《기계 신부*The Mechanical Bride*》나 《음악과 수학*Musik und Mathematik*》과 같은 글을 쓴 작가들에게 젠더(와 섹스)보다 더 큰 흥미를 주는 주제는 없었다. 매클루언과 키틀러 둘 모두에게 있어서 에로틱은 미디어에서 기록의 지각 변동이 일어나는 모든 영역 중 궁극적으로 가장 민감한 영역이며, 그들의 생각에 절대적으로 결정적인 범주를 형성한다. 매클루언은 젠더에 대해 보수적이었고, 이러한 점은 잘 드러난다.[213] 키틀러는 조금 달라서, 비록 주로 이성애를 염두에 두고는 있지만, 그가 말년에 보인 아프로디테와 세이렌에 대한 매혹을 그냥 넘겨 버리기는 어렵다. 그리고 존재 자체가 여성적이라는 생각은 여성 친화적이거나 아니면 남근 성애의 한 형태라고 볼 수 있다.[214] (물론 모든 호의가 항상 환영받는 것은 아니다.) 매클루언과 키틀러에게 젠더는 맹점이 아니었다. 아니, '점'이라는 말은 그 의미가 너무 작다. 오히려 젠더에 대한 질문은 게슈탈트 심리학자가 "간츠펠트ganzfeld(전체 시야) 효과"라 부르는 것, 즉 너무나 편재하여 지각하기가 어려워져 시야가 모두 하얗게 흐려져서 아무것도 보이지 않는 현상에 가깝다.

이 책은, 기술철학은 또한 젠더 철학이어야 한다는 매클루언과 키틀러가 명시적으로 남겨 준 교훈을 따른다. 나라고 해서 이러한 가장 어렵고 중요한 주제에 있어서 맹점이 전혀 없다고 주장할 수 없으며, 그저 내가 연구한 지적 전통의 독주에 약간의 면역력을 제공하는 비판적인 자기 인식이 되기를 바랄 뿐이다. 테크놀로지를 테크닉과 쌍을 지어 설명하고 자연을 진지하게 고려하는 하나의 미디어인 이 책이 모든 인간에게 보다 우호적으로 다가가기를 희망한다.

배 모양과 바다의 기술●

돌고래와는 대조적으로 인간은 바다에서 오직 배를 타야만 살거나 활동할 수 있고, 하늘에서는 더 말할 것도 없이 그러하다. 따라서 배는 우리가 엄혹한 요소들 와중에 인공적인 거주지에서 생존할 수 있는 방식, 즉 우리가 근본적으로 테크닉에 의존하는 방식에 대한 지속적인 은유다. 여기서 테크네는 선박으로 번역되는 것이 가장 적합한데, 특히 해양선, 항공선, 우주선 등은 모두 우리에게 자연스럽지 않은 풍토를 헤치고 나아갈 수 있게 해 주는 총체적 환경을 의미한다. 배라는 은유는 우리의 환경의 존재론에 관해 생각할 때마다 떠오른다. 독일의 철학자이자 역사학자 한스 블루멘베르크 Hans Blumenberg가 주장하듯, 인간은 실용적 이유 때문에 육지에서 살지만 실존적으로는 바다에서 산다. 우리의 언어는 뱃사람들의 것으로 가득하다. 조타 장치와 닻, 항구와 산호초, 등대와 폭풍, 출항과 입항, 해류와 무풍, 나침반과 항해, 바람과 돛, 반란과 난파는 우리의 깊은 관심사들을 묘사하는 풍성한 팔레트를 제공한다. 심지어 상당 기간 동안 바다에 가본 적이 없는 사람에게도, 배는 블루멘베르크가 지칭하듯 주요 은유Grundmetaphor로 남아 있다.[215] 특히 독일어 그룬트Grund는 땅이라는 뜻을 담고 있는데, 배에 대한 이 명백하게 혼합된 은유는 실상 매우 적절하다. 배는 그 외형

● 원문에서 이 소제목은 "Shipshape and Seacraft"로 표현되어 있다. 이 표현은 본문의 내용과 연결된 매우 복합적인 의미를 지니고 있다. 사전적인 의미를 먼저 살펴보면, 'shipshape'은 '잘 정리된, 정연한,' 'seacraft'는 '항해술'을 의미한다. 그런데 단어의 배열을 조금 달리하면, 'ship shape'은 '배의 모양,' 'sea craft'는 '바다의 선박' 혹은 '바다의 기술'이라는 뜻으로도 해석될 수 있다. 이어지는 글에서 볼 수 있듯, 저자는 인간이 살아가는 환경을 존재론적으로나 은유로나 배라는 미디어로 볼 수 있음을 설명하고 있고, 이를 가능하게 만드는 것이 테크네, 즉 바다와 관련된 기술임을 말한다. '배 모양과 바다의 기술'이라는 번역어 표현은 이러한 중층적 의미를 담고자 하는 불완전한 노력임을 밝힌다. — 옮긴이

자체가 땅에서의 진화 역사를 입증하는 이족 보행 생명체에게는 움직이는 대지나 마찬가지기 때문이다. 배는 말 그대로 은유라고 할 수 있는데, 한 장소에서 다른 장소로 승객과 짐을 실어 나르는 선박 혹은 탈것을 의미하며, 이는 물론 은유(메타포)의 원래 의미이기도 하다. 배는 고대의 커뮤니케이션과 교통의 결합을 떠올리게 해 주며 운반이 우리에게는 가장 깊은 의미를 갖고 있음을 여러모로 일깨워 준다.

배가 은유이기만 한 것은 아니다. 배는 미디어와 세계의 존재론적인 독특함을 드러내 주는 가장 주요한 미디어다.[216] 배 위에서 존재와 테크놀로지는 하나다. 당신의 존재는 전적으로 선박에 달려 있다. 만일 여정이 잘 진행된다면 당신은 대지에 상륙하여 선박을 뒤로 한 채 떠나게 되지만, 여정 중에 오작동이 시작된다면 대참사가 다가온다. 배의 운명이 곧 당신의 운명이기도 하다. 탈것은 존재를 대신한다. 선박은 존재론을 위한 대용물, 즉 인공적인 땅으로 건설된다. 배와 바다는 하이데거의 "세계"와 "땅" 만큼이나 밀접하게 연결되어 있다. 그는 "세계와 땅은 서로 근본적으로 다르지만 그럼에도 불구하고 절대 분리되지 않는다Welt und Erde sind wesenhaft voneinander verschieden und doch niemals getrennt"라고 말한다.[217] 유한한 삶의 인간에게 세계와 땅은 하나지만, 신에게는 그렇지 않다. 항해사들에게 배와 바다는 하나이지만, 고래목에게는 그렇지 않다. 고래목에게 바다란 항해사에게 배와 같다. 존재에 필수불가결한 조건이다.

배는 기술이 자연이 되고, 선박이 환경이 된 것의 대표적 원형이다. 생각이 가장 실존의 문제가 되는 곳마다 어김없이 배가 등장한다. 고전적인 사례로는 소포클레스Sophocles의 《안티고네*Antigone*》에서 인류에 대한 송가 합창이 있다.

> 이 세상엔 기이하고 경이로운 것이 많지만
> 인간보다 더 놀라운 존재는 없다네.

겨울 폭풍 몰아치고 하얀 파도가 부서지는 바다
솟구치는 파도가 인간을 삼키려 드는
그 바다에 길을 내고 건너간다네.[218]

호메로스의 《오디세이아》는 무수한 위험의 와중에 바다에서 생존하는 이야기의 문학 장르를 처음 수립했고, 성경은 갱신과 생존의 교훈을 말하는 배의 이야기로 가득하다. 자신의 방주로 땅 위의 생명들을 구한 노아, 바다 한가운데서라도 신으로부터 도망칠 수 없다는 것을 알았던 요나, 어부들을 측근으로 두고 고기 잡는 일을 자신의 핵심적인 은유로 사용했던 예수, 그리고 사도행전에서 바오로의 선교 여행과 난파에 관한 피카레스크식 이야기. 에페소 신자들에게 보낸 서간 4장 14절은 초기 기독교인들에게 더 이상 교훈의 파도와 바람에 밀려 요동하지 말 것을 훈계한다.• 고대 로마의 시인 호라티우스Horatius는 시편 1장 14절에서 오늘날까지도 의의가 있는 충고를 던진다. "바람의 노리개가 되지 않도록 주의하라."[219] 블레즈 파스칼Blaise Pascal은 인간을 키 없는 배를 타고 항해하는 것과 같다고 묘사했다.[220] 뱃사람의 정신 상태는 육지 사람의 정신 상태를 묘사한다. 메스꺼움nausea은 장 폴 사르트르Jean-Paul Sartre가 실존적 감정을 탁월하게 그려 내는 데 사용했고(나우스ναῦς는 그리스어로 배를 뜻한다), 향수(노스탤지어)는 원래 오디세우스처럼 집을 그리는 항해사들의 상태를 나타냈으나 18세기 이전까지는 그런 이름조차 없었다. (노스탤지어는 귀향을 뜻하는 노스토스νόστος와 아픔을 뜻하는 알고스ἄλγος를 합한 말로, 독일어 하임베Heimweh에 해당한다.) 실존적인 한계점을 의미하는 현상학적 용

• 킹 제임스 성경의 번역자들은 바오로가 아도키모스adokimos("시험에 들지 못한")라는 점을 강조하려 했고, 따라서 코린토 신자들에게 보낸 첫째 서간 9장 27절에서 표류자castaway라 표현했다.

어인 수평선horizon은 바다에서 기원했음을 암시한다. 무풍지대doldrums는 단지 바람이 없는 상태뿐 아니라 정서적인 황량함과 우울을 묘사하게 되었다. 지루함은 항해사들이 늘 함께했던 것이며, 항공 조종사나 마취과 의사들과 마찬가지로 항해사들의 시간도 지루함이 길게 이어지다가 짧은 공포가 갑자기 다가오는 방식으로 이루어져 있다. 그리고 멜빌의 아합 선장은 광기에 쫓겨 다니는 수많은 뱃사람들 중 한 명일 뿐이다. 늘 가던 익숙한 곳으로부터 전적으로 소외되는 바다에서의 삶은 제정신을 놓게 만드는 것 같다.• (이런 점에서 육지에서의 삶도 마찬가지다.)

여기서 우리는 다시 한 번 종 특이성을 본다. 미디어는 관련 종을 위한 자연적인 요소들을 현상학적으로 결합한다. 인간에게 있어서 배란 실존적으로는 바다와 같지만, 다른 종들에게는 그렇지 않다. 재앙은 인프라의 실존적인 곤경을 드러낸다. 비상시에는 배와 승객과 화물이 모두 하나다. 나무, 철, 유리 등과 같은 단지 2.5센티미터의 테크네가 정기 항해선이나 정기 비행선에 타고 있는 승객들을 깊은 바다로부터 혹은 래브라도 유빙 속 11킬로미터 깊은 곳으로부터 분리시킨다. 그렇다고 선박이 당신의 실존이라고 말하려는 것은 아니지만, 위험한 때에 당신의 실존은 탈것에 의해 상쇄된다. 화물이라는 개념 바로 그 자체가 탈것을 그것이 실어 나르는 것으로부터 구별할 수 있음을 함축하지만, 위기 시에 이러한 대조는 유지될 수 없다. 극단적인 상황에서 배에 실린 것이라고는 배 자체를 포함하여 화물밖에 없을 수도 있다. 비상 상황은 필요를 과잉으로 전환한다. 내 나라를 줄 테니 말 한 필을 다오.•• 무서운 해협에서는 내용을

• 서구 사상에 대한 이 간단한 조사는 블루멘베르크의 논의에 수정을 제시한다. 바다에서 실존적으로 살았던 것은 아마도 인간 전체라기보다는 유럽인이었을 것이며, 그들의 문화는 지중해 해변과 이보다는 조금 덜하지만 북해와 발트해에서 생겨났다. 강의 문명을 보유한 중국인들은 이와 비슷한 정도의 배에서의 삶에 대한 은유를 갖고 있지 않다.

최우선으로 버려야 한다. 이것이 바로 인류세의 먼동이 트는 지금 원소의 미디어 철학이 필요한 이유 중 하나다.

인프라의 초점은 우리의 관심을 미디어가 싣고 있는 화물이 아니라 미디어가 조종하고 흘러 떠다니는 방식으로 향하게 만들었다. 배는 화물을 위해 존재하지만, 배는 존재론적으로 화물에 우선한다. 짐이 먼저 던져지면 미디어는 메시지보다 더 높은 위치가 된다. 선구적인 책인《미디어의 이해》에서 매클루언은 이렇게 썼다. "실어 나르는 미디어의 형태에 따라서 길 미디어의 성격은 크게 달라진다."[221] 매클루언에 관해서 종종 일어나는 일이지만 우리는 처음엔 뭔가 앞뒤가 바뀌었다고 느낀다. 길이 탈것을 바꾸는 것 아닌가? 그러나 현상학적으로 이해하면, 탈것이 길을 바꾼다. 어떤 트럭에게 길이란 다른 자동차나 자전거나 도보 여행자나 혹은 고장 나서 버려진 차에 앉아 있는 운전자에게 있어서 길의 의미와 같지 않다. 탈것의 미디어가 길 미디어를 바꾼다. 배는 바다를 바꾸고, 혹은 아예 바다를 항해 가능한 것으로 만들어 버린다. 하나의 미디어는 다른 것을 드러내고, 배가 없다면 바다도 없을 것이다. "모든 미디어는 경험을 새로운 형태로 번역할 수 있는 힘을 지닌 능동적인 은유다."[222]

배는 인류가 살기 위해 만든 최초의 온전한 인공적 환경이며 문명의 알레고리다. 리처드 버크민스터 풀러Richard Buckminster Fuller•에게 바다는 인간의 발명과 해적 행위가 가장 결정적으로 일어나는 곳이다. 왜냐하면 바다가 사람들로 하여금 지혜를 사용하여 살도록 만들고 사람들을 지구 여기저기로 실어 나르기 때문이며 따라서 사람들이 다방면의 지식을 가진 교양인이 되기 때문이다.[223] 배는 바다를 접근 가능하게 만들 뿐 아니라

•• 윌리엄 셰익스피어의《리처드 3세*Richard III*》에 나오는 대사다. — 옮긴이

• 리처드 버크민스터 풀러(1895~1983)는 미국의 발명가이자 건축가로 지오데식 돔Geodesic dome을 설계한 것으로 유명하다. — 옮긴이

사회적 질서의 특성을 가시적으로 만든다. 배 위에서 퓌시스(자연)와 테크네(기술)는 하나다. 배는 자연을 대신하고, 받침돌, 물, 음식, 은신처, 잠, 쓰레기 처리 등 지상에서의 환경이 제공할 수 있는 것들을 장기간 동안 공해상에서 복제한다. 존 로John Law가 언급하듯, 근대 초기의 장거리 항해선은 환경의 요소를 배의 디자인과 건설에 받아들였다.[224] (이와는 대조적으로 보트는 장거리 여행이 아니라 해안선을 따라가는 여행을 위한 것이며, 따라서 세계를 축소한 모양으로 꾸며지지 않았다. "국가라는 배"와 "국가라는 보트"라는 구절을 비교하면 그 차이는 명백할 것이다.) 배를 설계할 때는 그 어떤 것도 암시적으로 남겨져서는 안 된다. 모든 기능들이 명백한 조타, 항해, 사회적 질서의 시스템으로 변환되어야 한다. 배 위에서 인프라는 숨지 않고 드러난다. 자연의 요소(바다), 인공물(배), 기량(항해, 조타, 예측, 규율)의 혼합이 이루어져야만 이 앙상블을 최고의 문화적 테크닉으로 만든다. 각각의 배는 저마다 자신들의 세계를 물의 혼란을 이겨내는 새롭고 광활한 세계로 창조한다.

배는 항해, 조타, 지렛대, 하늘과 별 읽기, 지도 만들기, 시간 지키기, 기록, 목공, 방수, 비상식량 마련과 보존, 컨테이너 수송, 노동 분업, 24시간 감시, 수비, 불 통제, 바닥집, 비상 신호, 정치적 위계질서 등과 같은 무수한 예술이 탄생하는 진정한 온상이다. 심지어 영양도 그렇다. 영국의 '수병들'은 괴혈병을 방지하는 감귤류를 발견한 것으로 유명하다. 해운에서 위험이라는 개념과 보험이라는 행위가 닻을 올렸다. 바다에서의 삶은 병참술이다. 별을 읽어야 하고 폭풍우를 예측해야 하며, 변덕스러운 바람은 잡아서 통제해야 한다. "바닷사람은 그 어떤 다른 직업을 가진 사람들보다도 더 많은 자연의 측면들을 마주하고 다루어야만 한다."[225] 돛을 가득채운 바람과 배를 떠있게 해 주는 바다 역시 배를 파괴하는 위협이 된다. "폭풍우는 내 최고의 조수 / 어디로 갈지 날 이끄네."[226] 항해는 달력 그리고 훗날에는 시계를 필요로 했고, 달력과 시계는 유럽의 뱃사람들의 대항해 시대 동안 정교함을 꽃피웠다. 해양 연감과 천체력(조류와 달의 위치와 별의 위치를 예측하는 도표)은 중요한 도구였다. 항해에는 구명 밧줄, 매듭, 정박 도구, 도르래, 명령이 필요했다. 물 통제는 필수였다. 여기에는 비옷과 기타 날씨에 대비할 것들이 필요했고, 펌프와 밸브 등 액체 흐름의 관문은 물을 대는 데에도 널리 사용되지만 항해에 사용되었던 이력도 갖고 있다. 수심 측량은 형이상학적인 제안들이 가득한 해양 테크닉이다. 간략히 말하자면 배는 하나의 칩이다. 배와 컴퓨터 하드웨어는 모두 작고 재귀적인 구조물이 필요하다. DNA 및 기타 강건한 시스템처럼, 배는 여러 가지 다른 환경을 다루기에 충분할 만큼 넘치게 갖추고 있어야 한다.

배와 해안 사이의 경계 공간은 놀라울 만큼 비옥한 발명의 영역이다. 예를 들어 해적 활동, 국경 통제, 세관, 그리고 아주 오래된 관세와 밀수의 혼합 등이다. 테크놀로지는 삶과 마찬가지로 바다와 육지 사이에서 진화론적인 도약으로부터 이익을 얻은 것처럼 보인다. 15세기와 16세기 동안 전 세계에 걸쳐 행해졌던 포르투갈과 스페인의 바다 항해는 재고와 인구를 적기 위한 종이 기계의 발명과 함께했다. 예를 들어 재판 기록, 승객 명단, 선적, 화물 관리, 정명서, 시각 자료, 숫자와 구어 자료 관리 등이다.[227] 다른 커뮤니케이션 미디어는 항해의 상황으로부터 혜택을 입었다. 아직 무선 전신이 생겨나기 훨씬 전에 배와 해안 사이의 경계 공간은 부표, 깃발, 불꽃, 봉화, 경적, 종, 시선, 그리고 온갖 신호 등의 기호 테크닉이 발명되는 집중 영역이었다.[228] 해안은 공해보다 훨씬 더 위험하다. 그 어떤 인프라에서라도 마지막 1킬로미터는 늘 횡단하기 가장 어렵(고 비용이 많이 든)다. 비록 등대가 날씨와 사건에 대한 뉴스를 쏘아 보낼 수 있지만, 등대의 가장 중요한 커뮤니케이션은 업데이트하지 않는 것이다. "나는 여기 있다."[229] (그래서 등대는 고전적인 물류 미디어다.) 알렉산더 그래엄 벨Alexander Graham Bell은 전화에 응답할 때의 말로 마치 배와 배 사이에 소리를 질러 신호를 하듯 "어어이"를 제안했다. (이에 맞서 토머스 에디슨Thomas Edison이 제안했던 "헬로"가 영어권 국가에서는 승리를 거두었다.) 무선 전신은 최초의 해양 미디어였고, 바다가 근대 무선의 기반이 되는 상황을 가능케 했다. 유기체와 기계의 커뮤니케이션과 제어의 메타과학인 사이버네틱스는 배를 조종하는 기술에서 나온 이름이다.

물론 바다의 은유는 가상 공간에서도 편재한다.[230] 바다는 한 세기 전에 '주파수를 낚던' 무선 아마추어에서부터 오늘날 인터넷을 '서핑'하고 정보의 '홍수' 속에 살고 있는 사람에 이르기까지, 뉴 미디어가 선호하는 상상의 서식지다. 어떤 미디어는 '몰입적'이다. 우리는 시계를 움직이게 하듯 '로그온'한다. 소니는 처음 영국에서 워크맨을 '밀항자'라 마케팅했다. '인터넷'이라는 용어는 낚시의 주요 도구 이름이다. 컴퓨터는 '도킹'(정박)과 '포트'(항구)를 통해 연결된다. 한때 '웹 포털'이라고 알려졌던 구글은 처음 책을 스캔하여 온라인에 올리는 계획을 일컬어 "해양 프로젝트Project Ocean"라 불렀다. 야후의 초대 CEO였던 팀 쿠글Tim Koogle은 "인터넷은 연결에 관한 모든 것이지만, 내비게이션을 잘 하지 않고서는 사람들을 연결할 수 없다"고 말했다.[231] 캘리포니아 마운틴뷰에 있는 구글 '캠퍼스'는 크고 하얀 해양탐험가들의 조각들로 장식되어 있으며, 그중에는 오래된 텔레비전 프로그램인 〈시 헌트*Sea Hunt*〉에 출연했던 배우 로이드 브리지스Lloyd Bridges의 것도 포함되어 있다. 여기에서 구글은 디지털 영역을 클라우드처럼 그리고 바다처럼 그린다. 그리고 (불쾌한 전체주의 혹은 사회주의적 리얼리즘의 느낌을 풍기면서) 스스로를 그 배의 선장으로 여긴다. 실제로 구글은 바다의 탈것과 온갖 탈것들, 특히 자율 주행 자동차에 적극적으로 투자해 왔다.[232]

바다는 또한 사회 조직 기술의 풍부한 산실에 영감을 주었다. 바다 선박은 국정 외교 기술의 모델이 된다. 최초로 국가를 배에 비유했으며 바다의 무질서를 싫어했던 플라톤은 민중과 철학자의 지혜를 대비시켰던 것과 비슷한 의미로 시끄러운 항해사들과 배의 선장의 전문성을 대비시키는 은유를 사용했다. 비록 기술 전문가에게 배의 통제권을 넘기는 것을 그가 좋아한 적은 결코 없지만 말이다. 평형 유지를 위한 통제 작업을 할 때 선장은 "한 해, 계절, 하늘, 별, 바람"에 주의를 기울여야 했다.[233] (훌륭한 키잡이[쿠베르네테스κυβερνήτης]는 우주의 움직임을 쫓아갈 의무가 있다.) 바다에 관련된 국제법은 1609년 휴고 그로티우스Hugo Grotius가 처음 입안했다. 기독교 중세 동안에 성당은 그 중앙홀을 네이브nave(라틴어 navis에서 온 말로 배라는 뜻)라 부르는 등 상징적으로 배의 모양새를 갖추었다. 교회는 구원의 배였다. 중세 바보들의 배에서부터 레프 톨스토이Lev Tolstoy의 《크로이처 소나타*Kreutzer Sonata*》에 이르기까지, 존 포드John Ford의 〈역마차*Stagecoach*〉(1939)에서부터 시트콤의 엘리베이터 장면에 이르기까지, 대중교통 수단들은 순식간에 사회 질서를 보여 주는 소우주이고 거부할 수 없는 내러티브 장치다. 멜빌이 커뮤니케이션의 구어 장르에 대해 말한 것은 다른 대부분의 경우에도 사실이다. "그리고 바다가 이러한 측면에서 육지를 앞서면서, 고래잡이가 다른 종류의 바다에서의 삶을 앞서고, 거기에는 가끔씩 퍼져나가는 헛소문의 멋짐과 공포가 있다."[234]

배는 우리에게 탈것으로 움직이는 것을 일깨워 주고 우리가 얼마나 공예물에 의존하는지와 가혹하고 비인간적인 생태계가 기술적으로 얼마나 비옥한 것인지 보여 준다. 이는 우리의 근본적인 기술성과 그 후 계속된 인프라 모두의 원형이기도 하다. 바다는 이러한 점에서 육지를 앞선다.

간략히 어원을 훑는 저인망으로 이 장을 마무리하고자 한다. 배라는 용어가 네덜란드어의 창조schepping나 영어의 형성shaping과 어원이 같은 독일어의 창조schopfung처럼 창조, 규약, 조건과 연결되어 있는 듯한 점은 시사하는 바가 있다. 어디나 편재하는 게르만어의 접미사인 ship(영어), -schap(네덜란드어), -schaft(독일어), -skab(덴마크어)는 질적 수준의 예술 혹은 사실을 의미한다. 우정(friendship, vriendschap, Freundshaft, venskab)은 친구가 되는 상태나 조건이다. 풍경landscape은 화가가 창조한 풍경에 대한 관점이다. 고대 영어에서 shaft는 창조, 근원, 제작, 자연, 규약을 의미했다.[235] 이 모든 의미들이 고대 그리스어의 퓌시스와 매우 가깝다. 창세기의 서사에서조차 땅은 원시적인 물을 극복하기 위해 만들어진 일종의 배다. 만일 미디어 연구가 세계가 만들어지는 방법에 대한 연구 영역을 포함한다면, 배는 그 전선이자 핵심이어야 한다. 배 안에서, 존재론은 공예에 의해 만들어지고 자연은 예술에 의해 만들어진다. 배는 어떻게 존재가 인공적인지를 우리에게 보여 준다.

서로 흉내 내는 자연과 테크놀로지

고래목의 자연사는 바다를 문화적(비물질 예술을 위한 미디어)으로 만들고 인간 기술의 창의력은 바다를 자연적(배를 타는 장소)으로 만든다. 돌고래는 우리가 발명으로 흉내 내야만 하는 자연의 재능을 장착하고 있다. 돌고래들이 자연스럽게 하는 것을 우리는 공예품으로 하거나 아예 하지 못한다. 돌고래들에게는 인간의 배와 잠수 장비와 음파 탐지 장치가 인상적일지 모르지만, 그보다는 그들이 아무 보조 도구 없이 하는 것을 우리 인간이 미약하고 잘못된 방식으로 시도하는 것을 깨닫고 있을 확률이 더 크다. 만일 우리가 그들에게는 테크네가 부족하다고 본다면, 그들은 우리에게 퓌시스가 부족하다고 볼지도 모른다. 그들에게는 몸이 있고 우리에게는 장비가 있다. 한 생명체에게 결여인 것이 다른 생물체에게는 자연이다. 다른 생명들과 비교할 때 인간은 자연의 요소를 관리하는 데 있어서 자연적으로 서툴다. 참치는 헤엄치며 숨을 쉬고, 지렁이는 땅을 경작하며, 비둘기는 방향을 찾고, 박쥐는 듣고, 개는 냄새를 맡고, 심지어 파리는 보면서 난다. 바다에서 땅에서 그리고 하늘에서 대부분의 생명체들이 별 어려움 없이 우리를 넘어선다. 우리는 이를 에피메테우스• 탓으

• 그리스 신화에 나오는 티탄 신족으로, 프로메테우스의 동생이고 판도라의 남편이다. 프

로 돌릴 수도 있다. 그는 하늘이 부여한 재능을 인간에게 남겨 두는 걸 잊어버린 채 처음 동물들에게 넘겨 버렸다. 그래서 그의 형인 프로메테우스가 그 대가로 신으로부터 불을 훔쳤고, 이는 인간이 가진 재능의 기본이 되었다. 이 이야기의 핵심은 우리 인간이 만들어야 할 것들을 동물은 이미 가졌다는 점이다.[236] 따라서 불은 우리가 능력을 지니지 못했다는, 즉 다른 동물들에 비해 자연적인 재능이 결여했다는 신호다(3장 참조). 인간에게 테크놀로지는 많은 동물들에게 자연과 같다.

인간은 다른 생명체들의 자연적인 힘을 테크닉으로 하도급 계약한다. 카나리아는 광산에서 일산화탄소를 감지하고, 개는 마약 냄새를 맡고 물건을 찾아냄으로써 인간을 위해 복잡한 화학 검사를 해 주고, 벌은 곡식의 꽃가루를 옮기고 지뢰 제거와 같은 군사적 임무를 수행하게끔 훈련받을 수 있다.[237] 일부 개구리들은 독침을 사용하는 사냥꾼들에게 독을 제공하고, 박테리아는 치즈와 요거트와 약을 만들 뿐 아니라 우리 몸의 세포 수의 10배가 넘을 만큼 기다란 창자 안의 까다로운 물질들을 소화하도록 해 준다.[238] 식물의 어마어마한 생화학적 창조 능력은 세계의 약물류에 축적되어 있고, 곤충과 박테리아는 결과적으로는 언제나 살충제와 항생제보다 더 영리하다. 돌고래와 새는 오랫동안 지중해의 항해사들에게 바람의 방향에 대한 안내 정보를 제공해 왔다. 뇌는 컴퓨터를 탄생하게 한 영감이다. 우리는 공예품을 가지고서도 생명체들이 자연스럽게 하는 일들을 어떻게 해야 하는지 알지 못한다. 자연은 우리의 상상뿐 아니라 우리의 테크놀로지까지도 능가한다. 생체 모방 테크놀로지, 즉 '생체공학'은 이러한 효과를 입증하는 장이다.[239] 항해술은 새를 모방한다. 포도 재배는 이스트를 모방한다. 찍찍이 벨크로는 도꼬마리를 모방한다. 유전자

로메테우스와 함께 인간과 동물에게 각각의 재능을 부여하는 일을 담당했으나, 어리석음으로 인해 인류에게 재앙을 가져온다. — 옮긴이

변형은 진화 과정 그 자체를 흉내 낸다. 음파 탐지는 이빨고래의 재능을 흉내 내고 드러낸다. 동물들은 그러고 싶어서 짝짓기를 하지만, 오직 테크닉만이 생산하고 저장하고 몸 밖의 정자와 난자를 결합할 수 있다. (정자은행은 하이데거가 말한 "비축품"의 궁극적인 사례다.) 테크닉은 생각에 노출된 자연을 의미한다. 종합하자면 테크놀로지는 동물학을 흉내 낸다.

하이데거는 이렇게 말한다. "테크놀로지는 탈은폐하기 위한 방법(혹은 양식)이다Die Technik ist eine Weise des Enbergens."[240] 자연 역시 일종의 탈은폐이지만 매우 중요한 점에서 차이가 있다. 그에게 탈은폐entbergen란 단지 파헤치는 것만을 의미하지 않는다. 이는 내포되어 있지만 매우 다른 형태로 있으면서 온갖 알려지지 않은 결과들을 자아내는 무엇인가를 공개하는 것이다. 드러낸다는 것은 미디어에서 형태의 변환을 의미한다. 자연은 그 자체로 존재하지만, 자연이 지식이나 이론의 형태로 존재하게 될 때 세계는 위험에 빠지거나 수단화된다. 마찬가지로 배는 바다를 위험과 발견의 장소로 드러낸다(탈은폐한다). 하이데거에 따르면 위태로운 동시에 탈은폐하는 이러한 드러냄이야말로 테크닉의 주요한 의미다. 고래목의 자연에 대한 우리의 접근은 언제나 기술적이다. 우리의 군사 해양 음향 공학 사운드 테크놀로지, 카테터, 검사법은 돌고래의 발성 시스템을 탈은폐한다. 우리는 그들의 자연을, 그리고 우리가 우리의 자연에 대해 배우는 방법까지도 오직 기술적 수단을 사용해서만 알게 된다. 테크닉은 탈은폐하며, 모든 공예물들이 그러하듯 존재를 대치한다.

돌고래 음향이 "잠수함에 사용되는 테크놀로지의 생물학적 버전"이라고 말한 토머스 I. 화이트의 신기한 논리를 다시 생각해 보자. 버전이라는 말은 좀 이상하지만, 어쨌든 일종의 장치로서 생물학적인 능력이라는 아이디어는 말이 된다. 다만 고래목의 반향 위치 결정 능력은 군사 산업적인 음향학의 발전보다도 수백만 년이나 더 오래된 것이라서 흉내를 낸 시간의 축이 놀랍도록 뒤집어져 있을 뿐이다. 화이트의 문구는 1500만

년 된 돌고래의 자연사를 100년 된 인간 테크닉의 측면에서 다시 쓴 것이다. 우리가 지닌 과거에 대한 이러한 취소 가능성과 개정 가능성은 이전에 미생물이 효과를 내면서 만났다. 매우 이상한 방식으로 테크놀로지는 존재론적으로나 인식론적으로 (로고스로서의) 생물학에 우선한다. 음파가 없이는 돌고래에 대한 우리의 지식에서 놓치는 것이 있을 수 있다.● 은유는 과거와 자연 그 자체를 다시 쓴다. 배가 그러하듯, 우리의 은유도 근본적인 테크닉이다.

미디어의 개념은 여러 의미로 수륙 양생이다. 미디어는 바다와 땅을 오간다. 배는 바다를 재귀적으로 변형하여 우리를 위한 자연 미디어로 만든다. 바다와 배 모두 매개체이며, 어느 것이 '문화'고 어느 것이 '자연'인지 말하기 어렵다. 그들의 얽힌 관계는 아주 오래된 것이지만, 그 얽힘은 오직 배 때문에 벌어진다. 선박 없이는, 바다는 앎의 영역 너머에 있는 물자체Ding-an-sich일 것이다. 배는 바다를 여행과 낚시와 탐험을 위한 채널인 미디어로 만들지만, 이 일은 적어도 우리에게는 배 없이는 불가능할 것이다. 자연은 우리에겐 언제나 문화를 통한 자연이고, 그럼에도 불구하고 자연은 문화가 아니다. 문화에 대한 자연의 타자성은 의문에 싸인 종의 문화를 통해 드러난다. 도구와 사회적 행위들, 정박 장치와 임무들, 밧줄과 규제 장치 등과 같이 배를 지배하는 예술은 바다를 거대한 미지의 영역에서 수단의 영역으로 옮긴다. 그리하여 바다는 두 목적지 사이에서 전이하는 장소가 된다. "그 어떤 미디어도 다른 미디어 없이 혼자 혹은 동떨어져서는 의미를 갖지 못한다."[241]

이 어려운 정의 작업을 한 번 더 시도해 보자. 하나의 미디어는 다른 미디어를 미디어로 드러낸다. 다른 미디어 없이는, 하나의 미디어는 미디어가 아니다. 배나 바다가 미디어일까? 돌고래에게 바다는 미디어일 수 있

● 마찬가지 방식으로 하이데거는 근대 물리학에서 테크닉을 수학에 우선한 것으로 보았다.

다. 돌고래들은 자신들만의 배를 갖고 있다. 그러나 오직 돌고래가 아닌 존재들만이 바다가 돌고래들에게 미디어라는 것을 볼 수 있다. (방해받지 않는 미디어는 미디어라고 말하기 어렵고, 따라서 해양에서의 인간의 개입은 고래목에게 미디어의 특수성을 더욱 분명하게 만들어 주었다.) 우리에게 배는 분명히 미디어지만, 다른 미디어인 바다를 드러내고 항해하게 해 주는 미디어다. 하이데거는 땅이 예술 작품에서 울부짖거나("tobt") 슬그머니 다가오거나 배회한다고 말한다.[242] 바다도 배에게 마찬가지다. 형태가 없거나 진공 상태였을 수도 있었을 요소들이 비록 완벽하게 다스려지는 일은 결코 없지만 미디어와 함께 모양을 잡아 배가 된다. 화로는 불을 만들고, 외투는 겨울 날씨를 드러내며, 서류는 역사를 담고 있고, 뇌는 지성을 함유하고 있고, 바다는 배에서 사라진다. 하이데거는 특유의 어조로 말한다. "바람은 '돛에 걸린 바람'이다."[243] 다리는 강둑을 드러나게 한다.[244] 미디어는 자신이 실행의 근거로 삼고 있는 자연을 드러낸다.

따라서 미디어의 개념은 유기체와 인공물 사이에서 수륙 양생이다. 우리는 놀랍고도 때로는 익살스러우리만치 다양한 살아 있는 유기체의 형태론적이고 기능적인 범주가 존재의 문제에 대한 여러 해결책으로 역사적으로 침전되어 있는 것을 탐색하지 않을 수 없다. 만일 몸이 기관이고 인터페이스라면, 즉 다른 말로 하나의 미디어라면, 동물학은 비교 미디어 연구를 쉽게 보여 주는 책이 될 것이다. 살아 있는 생명체의 몸은 열을 조절하고 지구 자기를 계측하는 딱딱한 껍질과 안테나를 갖고 있으며, 고주파 청각과 자외선 시력, 유체 보존, 실크와 독의 보유, 페로몬의 생산과 감각, 면역 체계 등을 갖고 있어 환경과 상호 작용하는 문제에 대해 역사적으로 풍부한 해결책이 되어 왔다. 이들은 다른 테크닉이 자신을 드러내 주기를 기다리는 테크닉들이다. 동물은 존재의 대안적 양식을 제공한다. 동물학은 다양한 몸의 모양과 감각 비율 기관에서 일어나는 끊임없는 순열 등을 보여 주는 동물 우화다. 다양한 몸의 모양과 크기가 풍부하게 갖추어진 동물학은 미지의 미디어 이론이다. 일단 몸이 어떻게 이 세계에 존재하게 되는가 하는 질문에 대해 역사적으로 축적된 답임을 알고 나면, 이는 미디어 이론과 기술철학 결합에 있어서 핵심 문제이기도 해서, 우리는 진기하고 멋진 야생의 삶을 기관의 종합 목록으로 보기 시작할 것이다. 만일 이 세계의 존재가 채현의 문제라면, 다양한 몸을 연구하는 동물학은 백과사전이나 마찬가지다.

자연은 스스로 실천praxis(자연은 지칠 줄 모르는 문제 해결자다)하고 생산poiēsis(자연은 가장 거대한 생산자다)하는 데 뛰어나지만, 이론thēoria에 약하다. 테크닉은 이론을 가능케 한다. 자연은 이미 어떻게 놀랄 만한 일들을 성취하는지 알고 있지만, 그럼에도 그 성취들이 기적처럼 보이는 까닭은 우리가 (아직) 어떻게 그것을 이루는지 모르기 때문이다. 자연의 지식은 우리의 지식과는 같지 않다. 자연의 지식은 이론이 부족하다. 자연이 얼마나 많은 것을 알고 있는지를 끊임없이 드러낸다는 점에서 과학은 우리의 무지에 대한 지속적인 고백이다. 새들은 지구의 자기장을 측정하고 시각화하는 기계를 만들만큼 충분히 영리하지 않다. 그들은 그럴 필요가 없다. 벌들은 다각도의 색을 보고 편광에 의해 방향을 잡는데, 이는 우리 인간의 장비로는 거의 흉내조차 낼 수 없는 방식이다. 우리의 뇌는 컴퓨터가 측량하기 힘들 만큼 통합의 능력을 발휘한다. 고래들은 다이빙할 때 잠수함이나 광산 기술자들이 간신히 이루어 내는 일들을 가뿐히 해내며, 이는 인간 다이버들이 제 아무리 멋진 성취를 이룬다 해도 ("무호흡 잠수 경쟁"이라는 멋진 이름을 지닌 프리다이빙 부분의 세계 기록은 210미터가 넘는다) 감히 견줄 수 없는 것이다. 지렁이는 작업할 때 영겁의 지혜를 활용한다. 과학은 자연에 못 미치며, 이미 거기 있었던 것이 무엇인지를 명백하게(인간이 알 수 있도록) 만든다. 자연은 풍부한 지식을 갖고 있지만 그 정보를 쉽사리 내놓지 않는다. 수백만 년의 진화를 거치는 동안 축적된 지능은 이제까지 출간된 모든 과학 논문을 합한 것보다도 더 영리하다. 자연은 일시 중단된 모든 종류의 비밀들을 쥐고 있다. 어떤 일에 있어서는 새들의 뇌가 인간의 뇌보다 더 낫다. 그러나 새의 뇌가 하나의 이론으로 드러날 때, 세계를 움직이는 지렛대 하나가 새롭게 존재하게 된다. 원자는 오랫동안 핵이었고, 이는 미생물 효과 때문인 것으로 추측되었으나, 1945년 이후에야 핵폭탄이 건조되었다. 과학은 그 미디어를 변화시키면서 자연을 변화시키고, 자연을 인간이 접근 가능한 네트워크 속으로 밀어 넣는다.

자연과 사물 모두에 크게 관여한 천재가 있다. 모든 물질 형태에는 지능이 있다. 지렁이의 실천에서 보듯, 인간 창조자들도 그러하다. 하나의 시계, 칼, 혹은 신발 한 짝에는 수많은 실천적인 지식의 생애들이 집약되어 있다. 그러한 지능은 사라진 것이 아니다. 다만 잠자고 있을 뿐이다. 동물, 식물, 광물 지식의 숙소는 테크닉에 의해 잠에서 깬다. 하이데거의 의미로 말하자면 테크놀로지는 자연 속에 이미 있었던 것을 탈은폐하지만, 그것을 다루기 좋게 만듦으로써 자연 그 자체를 변화시킨다. 따라서 하이데거의 불안은 광대한 지성의 역사적 저장소를 조작 가능한 공식이나 에너지로 만들어 파괴로 나아가는 근대의 비축이나 자연을 괴롭히는 일에 있다. 테크닉과 자연 사이의 연결에 대한 또 다른 글은 미국의 프래그머티즘 학자들에게서 찾아볼 수 있다. 그들은 우리의 예술과 공예, 장치와 데이터를 모두 영겁의 시간 동안 생산되어 온 지능이자 저장과 사용이 가능하도록 점차 인공적으로 지혜가 된 지능이라고 본다. 조지 허버트 미드George Herbert Mead는 과학이란 "자기의식 속에서 자라나는 진화의 과정"일 뿐이라고 말했다.[245] 격변론자인 하이데거의 말에 한 표를 던지든 혹은 개선주의자인 미드에 한 표를 던지든, 분명한 것은 과학이 뒤늦다는 것이다. 언제나 자연이 특종을 거둔다.

배는 인간 생태계를 형성하는 모든 커뮤니케이션 수단을 예시한다. 달력, 점, 선, 평면, 고체, 무게, 측정, 나침반, 시계, 화로, 쟁기, 인쇄기, 타자기,

축음기, 라디오, 컴퓨터 등이 모두 무엇이 어떻게 누구에 의해 관리되는지에 기여했다. 장치는 세계의 전제 조건이지 타락이 아니다. 정신분석학자 자크 라캉Jacques Lacan의 말은 미디어 역사에 의무가 되었다. "C'est qu'à toucher si peu que ce soit à la relation de l'homme au signifiant…… on change le cours de son histoire en modifiant les amarres de son être."[246] 이 말은 대략 이런 뜻이다. 그 무엇이든 아주 약간이라도 인류가 기표와 맺는 관계를 변화하는 것은, 그 존재의 정박 장치를 변형함으로써 역사의 과정을 바꾸는 것이다. 만일 역사가 우리가 기표와 맺고 있는 관계를 눈에 띄지 않게 변형하는 것이 명백하다면, 미디어 역사는 역사 일반에 있어서도 핵심 역사가 된다. 나침반, 로그, 점 등과 같이 명백히 조그마한 장치들은 우리의 생각 속에 그 위대함으로 자리할 만한 자격이 있다. 라캉의 은유를 언급해 보자. 그는 우리의 존재를 배로 파악했다. 배는 정박 장치 그 이상이지만, 그래도 정박 장치가 없다면 배는 떠내려가거나 부서져 버릴 것이다. 정박 장치는 배가 있어야 할 그곳에 붙잡아 두는 수단이다. 존재에게는 그러한 잡아 주는 장치가 필요하다.

3장

불의 설법

"위대한 산피에트로성당의 돔처럼, 위대한 고래처럼,
오 인간이여, 어떤 계절에도 그대 자신의 체온을 유지하라."
—《모비 딕》

불꽃 장치로서의 테크닉

만일 배가 인간이 바다에 머물도록 해 주는 한 벌의 예술이자 테크닉을 대표한다면, 불은 우리를 땅에 머물도록 해 주는 예술이자 테크닉이다. 불은 우리의 환경을 형성하는 가장 극적인 것이며, 서식지 변환의 가장 중요한 도구이며, 우리의 가장 중요한 기본 미디어 중 하나다. 불은 우리가 집과 배를 만드는 데 사용되는 나무를 다루고, 들판을 정리하고 농사지을 작물을 미리 선별하며, 가축과 벌을 조종함으로써 우유와 꿀을 생산하고, 음식을 요리하고, 고기를 굽고 도자기를 다룬다. 불은 우리가 거주할 수 있는 위도의 경계와 밤으로 진출할 수 있는 경계를 설정한다. 불은 하늘(번개)에서부터 땅(화산)에까지 걸쳐 있지만 바다에서는 잦아들며, 이는 우리를 고래와 돌고래와 오징어로부터 구별되게 해 주는 많은 요소 중 하나다. 불은 우리의 통과 의례를 기념하고 우리의 가장 열정적인 감정을 대표한다. 대개 남성적이고 엘리트적인 역사를 지닌 배 만들기나 글쓰기와는 달리, 불은 비록 그 방식에 조금 차이가 있기는 해도 남성과 여성 모두가 사용해 온 진정한 인간의 도구다. 일부 나무와 야생화가 그러하듯, 인류는 불과 친화력을 가진 식물이다. 우리는 불과 함께 자라기 때문이다.[247] 우리의 예술과 도구와 정신과 은유는 여러 방면에서 우리가 불을 보유함으로써 유래한 것이다. 아이스킬로스Aescylos에 따르면, 신으로부터 불을 훔친 프로메테우스는 "인간의 모든 예술의 기초를 닦았다." 앙드레 르루아구랑이 주장하듯, 만일 "인간의 기술성이 단순히 동물학적인 사실이라면," 불은 호모 사피엔스에 기여한 종이라 할 수 있다.[248]

우리 인간 종은 불에 의존하고, 불은 산소와 연료와 기후와 그 외에도 많은 것에 의존한다. 이 때문에 불은 우리가 살고 있는 환경을 중재하는 데 특히 적절한 주제다. 불은 땅을 인간의 집, 즉 우리의 도무스domus로 만드는 데 기여한다. 불로 땅의 표면을 새롭게 만들어 왔고, 식물과 동물을 길들이고, 아마 우리 자신도 길들여 왔을 것이다. 우리는 건물과 신전을 짓는 데 불을 사용해 왔고, 여러 목적으로 철을 주형하는 데도 사용했고, 자연의 비밀을 건드리고 서로를 정복하는 데도 철을 사용했다. 우리는 또한 연기를 피워 하늘에 색을 입히는 데 불을 사용하기도 하는데, 이는 일반적으로는 오직 신만이 꾸밀 수 있는 영역에 잠시 표시를 하는 것이다. 최근 1000년 동안 불의 역사는 문명과 불의 미디어 역사이지만, 파손과 재앙의 역사이기도 하다. 불은 자연을 엄청나게 형태 변형이 가능한 것으로 드러냈고, 인간이 실험실 책임자로 들어가는 현재 진행 중인 실험의 미디어임을 드러냈고, 따라서 연기로 날아갈 수 있는 무엇인가임을 드러냈다. 그 연구는 우리가 맞이하고 있는 기후 위기와 데이터 과잉의 순간에 대한 많은 교훈을 담고 있다.

불은 여러 가지 방향을 다시 알려 준다는 점에서 미디어 이론에 유용하다. 시스템 안에 깃들인 위험으로 우리의 주의를 끌고, 자연에 대한 우리의 철저하게 불안한 의존을 보게 하고, 세계 형성에서 부정의 역할로 우리의 주의를 끈다. 불은 모든 미디어를 떠받치고 있는 외재성의 망이 얼마나 허약한지 가르쳐 준다. 인간의 창의력은 수천 가지의 방식으로 자연을 둘러싸고 있지만, 항상 그 계획대로 되는 것은 아니다. 호라티우스의 말은 여전히 적절하다. "쇠스랑으로 자연을 물리칠 수 있지만, 그럼에도 자연은 그 즉시 되돌아올 것이다Naturam expellas furca, tamen usque recurret." 우리는 가장 위대한 도구인 불에 아직도 숙달하지 못했다. 살아 있는 사람들 대부분이 그러하듯, 내게도 자리를 넘어 튀어 오른 불에 덴 흔적이 있다. 불은 옷으로, 언어로, 그리고 훗날 글쓰기로 인간 역사에 들어왔다.

이 장에서는 미디어 역사를 위해 하나의 자연 원소로부터 얼마나 많은 의미를 끌어낼 수 있는지 실험해 볼 것이다. 독자들은 성냥 하나와 충분한 산소를 마련하고 이 가연성 물질 더미 아래에 피어날지 모르는 불꽃에 힘껏 입김을 불 준비를 해 달라. 문명에서 사는 우리가 지닌 습관은 태워 없애 버리기 어렵다. 나는 불의 광범위한 생명 지지력을 가진 문명을 조금 낯설게 보기 위해 불을 읽어 보려 노력한다. 바다에서 우리가 가용할 수 있는 물품과 방식이 제한되었을 때 인간의 자산이 더 분명해지는 것과 마찬가지로, 불 역시 비슷하게 분명히 드러나는 효과가 있기를 바란다.

불은 여러 가지 방식으로 미디어로 여겨진다. 불은 문명의 한가운데에 있고, 많은 부가적 기술들을 가능케 하며, 도구 중 도구다. 불은 미디어 이론에서 다루기에는 어려운 사례이지만, 불의 개념은 극한까지 뻗어나가기 때문에 자연 요소가 미디어로 이해될 수 있다는 주장을 테스트하기에 좋다. 이는 물리적으로나 지적으로도 저항에 부딪히는 일이고 아마 잠재적으로는 그만큼 유용하기도 할 것이다. 불은 물이나 공기처럼 빛이나 사운드를 위한 미디어가 아니고, 바다나 땅처럼 인간의 거주지도 아니다. 탄소로 가득 차 있는 살아 있는 유기체는 불 안에서 산다기보다는 불을 태우는 연료에 더 가깝다. 그렇다고 바다나 육지처럼 상대적으로 꾸준히 지속되는 요소도 아니다. 숨 한 모금에 꺼질 수도 있고 산소나 연료가 없이는 존재할 수도 없지만, 취약한 만큼 폭력적이기도 하다. 불은 자기가 만든 재에 덮일 수도 있고, "자신을 길러 준 것에 의해 소멸될 수도 있다."[249] 하지만 그 재 속에서 생명이 솟아나고, 이는 농사에서 거름과 비슷한 역할을 한다. 분뇨와

재 둘 다 첫 상태는 성스러운 것들이 전형적으로 그러하듯 쓸모없거나 몸에 해로울 것처럼 보이지만, 이후에 엄청난 역할을 한다. (멜라네시아 피진 영어에서, 재를 뜻하는 용어는 "불에 딸린 똥"이다.) 참회와 부활 모두의 잠재적인 상징이기도 한 재는 미디어 이론이 고려해야 할 중요한 것이다.

불은 미디어다. 왜냐하면 재와 연기, 잉크와 철, 화학업과 요업 등에 필요한 환경을 가능케 해 주기 때문이다. 불은 테크닉과 함께 짝을 이루어 물질을 다루기 쉽게 만들고 광석을 도구로 만들고 추운 날씨를 따뜻하게 만들고 어둠을 낮으로 만든다. 불은 동물을 쫓아내고 (끌어들이며) 농장을 위해 땅을 정리해 준다. 불은 빛을 보고 몰려드는 물고기를 잡을 수 있게 해 주기도 한다. 불은 규율을 필요로 하고 인류를 문명화하여 길들여지는 위대한 드라마를 가능케 한다. 불은 몇 가지 음식 서비스를 제공한다. 요리를 살균하고 끊임없이 씹는 고단한 임무로부터 얼굴을 해방시켜 더 작은 얼굴과 더 늘씬한 두개골 형태를 만들어 더 큰 뇌를 담을 수 있게 해 준다.[250] 모든 미디어와 마찬가지로 인간의 불은 자연의 원소와 문화적 테크닉의 앙상블이고, 다른 수단을 만들어 내는 하나의 수단이 된다. 인간사에서 테크놀로지의 역사는 대개 불꽃의 역사다. 불은 도구의 어머니이자 도구 그 자체이기도 하고, 미디어이자 인간이 만든 거의 모든 미디어의 전제 조건이기도 하다. 불은 메타미디어다.

아마도 불은 존재론적 작동자, 즉 존재를 무로 만들고 무를 존재로 만드는 행위 주체로서 미디어 이론에 가장 연관될 것이다. (영어는 이미 반복적으로 불을 행위 주체로 다룬다.) 언뜻 보기에 불은 환경의 역사에 회전축은 고사하고 그다지 유망해 보이지도 않는다. 네덜란드의 사회학자 요한 하우츠블롬Johan Goudsblom의 요약에 의하면, 불은 "파괴적이고, 의도적이고, 불가역적이고, 자연 발생적이다."[251] 불은 물질을 무로 만들지만 그 교묘한 무 안에는 위험과 이점이 함께 있다. 배를 띄우기도 하지만 침몰 위험으로 몰아넣기도 하는 바람과 파도와 마찬가지로, 불은 저주와 축복을 융합한다. 불은 한편으로는 열, 빛, 음식, 사회성 등을, 그리고 다른 한편으로는 부상, 죽음, 연기, 재 등과 같은 광범위한 활용 가치를 갖고 있다. 시간처럼, 불타는 것은 열역학적으로 오직 한 방향만으로 진행된다. 언젠가 어떤 테크놀로지가 재에서 물체를 재구성해내지 말라는 이론적 근거는 없지만, 그것이 이루어질 확률은 바다에 부어넣은 한 양동이의 물 분자를 다시 모으는 일만큼이나 참담하게 낮다. 불의 엔트로피는 복잡한 형태를 단순하게 만든다. 연금술사들은 자연은 불로 인해 완전히 새로워진다Igne natura renovatur ingegra라고 말한다.

우리와 불의 관계는 돌고래와 바다의 관계와 같다. 두 원소들은 서로가 가진 영속성의 희망을 한껏 조롱한다. 바다는 토목 공사나 건축이나 인프라를 휩쓸어 버리지만, 불 역시 땅 위의 인프라를 불태워 버린다. 만일 바다가 고래목의 공학에 커다란 장애가 된다면, 왜 그만큼이나 물질을 조롱하는 요소가 우리에게 그렇게 유용한 걸까? 여기서 우리는 다시 종 특이성을 마주한다. 물속의 동물들에게는 고체성이 환경의 성취다. 땅 위의 인간에게는 액화가 그렇다. 땅 위에 사는 동물들에게 어느 정도 범주 내에서의 물질의 고체성은 기본 환경이다. 우리는 물론 사라지는 많은 것을 알고 그로부터 이익을 얻지만, 대부분의 것들은 풍파를 겪고 세월을 겪으면서 한 장소에 머물러 있는 경향이 있다. 비록 젊음, 가을 단풍, 아픔 등 많은 것들은 그렇지 않지만. 고래목이 물질의 모양을 잡기 위해 할 수 있는 가장 최선의 것은 나선을 그리며 수영하거나, 물거품을 만들거나, 무지개 빛 물을 뿜어내거나, 인간이 음악과 기도의 알고리즘 예술로만 간신히 엿볼 수 있는 시간과 공간의 음형을 만드는 것이다.

이와 대조적으로, 내구성이 당연한 곳에서는 땅과 그 위의 사물들을 어떻게 액화하고 주조할 것인가 하는 점이 문제다. 불은 위험하고 불똥이 튀고 파괴적이며, 물질을 덜 독재적이고 덜 완고하게 만드는 수단이다. 점과 숫자 0과 언어와 마찬가지로, 불은 세상을 부정하는 하나의 방법이고 따라서 우리가 살 수 있는 장소로 만드는 방법이다. 어떤 물질을 틀에 넣어 만드는 목공이나 도예를 인간 공예의 원형으로 만드는 것은 타당하지 않다. 불은 빼기의 테크닉이고 삭제자이고 사물을 사라지게 만드는 방식이며 물질 대상의 압력에 대한 해독제다. 불은 자연이 사라지는 곳이다. 불은 자연의 지우개다.[252] 사운드와 마찬가지로 불은 사라짐으로써 존재한다. 비물질화는 불의 가장 위대한 재능 중 하나다. 불은 인간이 어마어마하고 결정적인 비존재의 영역, 즉 타르수스의 사도 바오로가 말한 "없는 것"(코린토 신자들에게 보낸 첫째 서간 1:28)으로 접근할 수 있도록 해 준다. 헤겔의 부정처럼, 불은 위대한 변증가다. 불은 인류가 "부정의 발명자"라는 케네스 버크Kenneth Burke의 핵심을 입증한다.[253] 존재론이 잊혀버린 인프라라면, 불은 뭔가 중요한 것을 증명한다. 즉 그 어떤 것도 존재가 되는 데 있어 결정적으로 섞여야 하는 것은 없다는 것이다. 세포의 미토콘드리아처럼, 집의 벽난로처럼, 혹은 유기체의 산소처럼.

생태학적으로 탁월한 인간

인류 발생상의 지배는 불을 이용한 공예의 덕이 크다. 우리가 행성의 키잡이 노릇을 하거나 환경을 변경하는 것 등은 궁극적으로는 불에 귀를 기울이는 테크닉의 역사에 놓여 있다. 클로드 레비스트로스는 잘 알려져 있다시피 《날 것과 익힌 것》에서 인간이 불을 갖게 된 것을 인간 문화의 정수로 다루었다. 오직 인간만이 불을 사용하지만, 인간 모두가 불을 사용한다는 것이 한층 더 놀라운 일이다. 용, 악마, 샐러맨더salamander• 등 오직 신

• 샐러맨더는 주로 근대 이전의 유럽에서 전해 내려오던, 타오르는 불 속에서도 산다는 상상의 동물이다. 중세에는 연금술과 관련해 불이나 정화의 힘을 상징하기도 했다. — 옮긴이

화의 존재들만이 인간처럼 불을 다룰 줄 안다. 음악, 머리 손질, 언어, 음식의 금기, 성역할, 뱀에 대한 공포 등과 같이, 불을 소유한다는 것은 인간 보편적인 것이고 인간 행위에 관한 드물게 강한 일반화다. "불은 지구상 변화의 가장 중요한 행위 주체다."[254] 물론 인간이 환경을 다루는 유일한 존재인 것은 아니다. "틈새 환경 조성niche construction"에서는 유기체의 행동이 자신들에게 유리한 환경을 만드는 방식으로 진화할 수 있다. 예를 들어 벌레는 흙을 갈아 공기를 주고 새들은 씨앗을 퍼뜨리며, 이 씨앗은 나무로 자라 열매와 쉼터를 제공해 준다. 그러나 인간만이 보편적인 틈새 환경 조성의 예술을 소유한다(버크민스터 풀러는 바다가 우리에게 그것을 가르쳐 주었다고 생각한다). 우리의 틈새는 잠재적으로 어디에나 있다. 몸집이 커다란 대부분의 다른 동물들과는 달리, 인간은 지구상의 거의 모든 위도에 걸쳐 불을 가져가거나 피울 수만 있는 곳이라면 어디나 살고 있다. 인간의 거주지로부터 가장 멀리 떨어진 채 남아 있는 극지, 사막, 열대 우림, 그리고 물론 바다와 하늘 등은 여러 방면으로 불을 거부하는 곳들이다.[255]

여러 도구 중에서 불을 가장 최초로 사용함으로써, 인간은 지질학적, 식물학적, 동물학적 역사로 접어들었다. 생태학자들은 오늘날 인간이 형성한 환경이 지구상의 거의 3분의 1을 차지한다고 추정하는데, 하나의 종이 차지하는 비율로는 엄청난 것이다. 농경지와 목초지가 지구 표면에서 얼음이 뒤덮이지 않은 땅 중 35% 정도를 뒤덮고 있고, 만일 삼림지와 인간이 경작하는 다른 숲들까지 모두 포함하면 인간이 차지하는 비율은 더 커진다.[256] 전체 식물 생장 중 40%가 인간에 의해 이용되지만, 우리 활동의 흔적은 어디에나 있다.[257] 심지어는 심해나 상층권도 크게 변화되었고, 인간의 활동은 하늘과 땅과 바다의 거의 모든 종에 영향을 준다. 이는 그 종들의 서식지를 형성하거나(대개는 줄어들고 크게 확장되는 경우는 거의 없다), 그들의 삶의 조건을 재구축하거나, 그들의 진화 속도를 가속화하거나, 그들을 멸종하게 한다. 유사 이래 20세기만큼 급격한 생태학적 변화를 목격한 적은 없었다. 경작지는 두 배로, 인구 성장은 네 배로, 돼지 개체 수는 아홉 배로, 에너지 사용 증가는 열여섯 배로, 산업 생산물 성장은 마흔 배로 증가하면서 생긴 일이다.[258] 그러한 압도적인 지배는 불의 영향력 없이는 발생하지 않았을 것이다. 인간이 불을 지배하면서 생긴 가장 주요한 효과 중 하나는 개체군들 사이의 권력 차이를 증가시켰다는 점이다. 식물과 동물보다는 인간이 우위에 서고, 인간이 다른 인간보다 우위에 서는 것 등이다. 불은 가축과 밀 등의 바이오테크놀로지와 상호 작용하고, 철과 잉크 등의 도구 테크놀로지와도 상호 작용한다. ("철이 있는 곳에 불이 있어야 한다.")[259] 불은 농사에 필수적인 도구이고 사냥과 수렵에도 명백하게 사용된다. 불은 대규모의 농업을 가능케 하는데, 잡초를 없애고 경쟁 종을 통제하며 질소를 흙 위의 식물 바이오매스로부터 재의 형태로 아래로 내려 보냄으로써 소중한 성분들이 바람에 날아가지 않게 하여 토양을 비옥하게 한다. "벌채 후 불태우는" 농업이라는 이름은 마치 재앙처럼 들리지만, 전문가들이 화전이라 부르는 이 방식은 질소 순환을 가속화한다. 영국의 식민지 개척자들에게는 호주의 원주민들이 마치 "물 대신 불 위에" 사는 것처럼 보였는데 언제나 불을 피우고 있었기 때문이다.[260] 많은 생태계들이 인간이 만든 불에 의존한다. 예를 들어 북아메리카의 대초원은 자연적인 풍경이 아니라 원주민들이 화전 경작을 한 결과로 생긴 것이다. 정기적으로 태워 주지 않으면 그 땅은 삼림으로 변해 버릴 것이다. 대초원을 정복한 백인들이 흔히 말하곤 하는 이야기들과는 반대로, 그곳의 숲을 개간하여 농장을 만든 것이 아니다. 오히려 땅을 대초원으로 유지하도록 불태우는 작업을 통제함으로써, 농장이 숲을 가능케 한다.[261] 불은 우리가 자연이라고 생각하는 것의 깊은 역사성을 우리에게 가르쳐 준다.

생태학적인 헤게모니를 쥔 우리 인류의 지위를 놓고 보면, 포스트휴머니즘 철학은 바른 길로 나아가야 한다. 인간의 틀을 넘어 생태학적으로 그리고 철학적으로 생각하기 위해 노력하자는 것이 이 책이 추구하는 노력이기는 하지만, 인류가 바다와 땅과 하늘과 그들이 거주하는 모든 곳에서 행사한 일에 대한 엄청난 압력을 잊지 말아야 한다는 근원적이고 긴급한 이유들도 있다. 인류세의 동이 트는 지금, 인간을 그저 또 다른(훨씬 더 흥미로운) 생명 형태의 하나로 다루는 것은 아이러니할 수 있다. 우리는 인간이 지구에 남긴 흔적을 놓치지 않고서도 인간 주체를 진실의 원천이라 여기는 일을 멈출 수 있다. 인간은 생태학적으로 우월한 존재가 되었고, 우리 인류가 불을 독점함으로써 지각권, 생물권, 냉동권, 원자권, 식물과 동물, 그리고 우리 스스로도 전례 없이 새로 만들어졌다. 최근 몇십 년 사이 멸종해서 사라진 종들이 말을 할 수 있다 치고 그들에게 인간이 사라져야 하느냐고 물어보자. 그들은 인간이 뒤로 물러설 경우의 유토피아를 지지할 수 있겠지만, 인간의 일방적인 권력을 고려하지 못한 그 어떤 분석이라도 싫어할 것이다.

불은 화학적이자 역사적인 과정이다. 환경역사학자 스티븐 파인Steven Pyne은 전 지구적으로 엄청나게 다양한 방식으로 실행되는 불에 대해 우리에게 가르쳐 준다. 불은 많은 인공물들을 만들어 내지만, 산소와 연료와 인간의 기술과 자연 요소들의 엄청나게 다양한 여러 앙상블의 복합체로서의 인공물의 질 그 자체도 갖고 있다. 자연과 문화가 섞인 불은 날씨(덥고 건조한, 습하고 추운), 연료(나무, 관목, 이탄, 석유, 고래), 산소 가능 여부 등을 포함한 서식지에 따라 달라질 뿐만 아니라 불을 사용하는 문화에 따라서도 달라진다. 불은 인간과 비인간이 빚어내는 비옥한 상호 작용의 핵심적인 사례이고, 우리에겐 가장 오래된 행위자 네트워크다. 그만큼이나 인간의 도장이 찍혀 있는 '자연적인' 사물은 거의 없다. 그렇게 전망 없고 스스로에게도 적대적일 만큼 적대적인 존재감은 인간이 만들어 온 모든 것 뒤에 놓여 있다.

베스타의 불

지난 2세기에 걸쳐 인간이 만든 불은 산업 혁명을 추동했고 많은 탄소를 대기 중으로 배출했으며, 수백만 명의 사람을 죽였다. 근대성에서 불은 눈앞에서는 멀어지는 동시에 그 힘은 몇 배나 커졌고, 불의 재정비는 예술, 춤, 문학, 음악, 물리학 등 다른 영역의 근대적 전환만큼이나 결정적이었다. "지식을 찾아 떠난 인간의 기나긴 여정은 눈에 뜨일 정도로 높이 열 사다리를 올라가는 것이었다."[262] 금속 세공 장인들이 풀무를 사용하여 철을 녹이기에 충분할 만큼의 온도를 유지한 것은 이미 오래되었지만, 핵분열을 통해 백열 온도를 얻게 되고 그 여파로 우주 화학의 고온 역사에 대한 지식을 얻게 된 것은 20세기 들어와서야 가능했다. 이 둘은 모두 땅의 불이라는 역사적 단계로부터 급격한 단절을 이루었다. 이러한 획기적인 발전은 20세기의 우주론이 그러했듯 더 이상 지구 땅을 준거로 삼지 않았다. 고대 금속 세공에서부터 입자가속기에서 생산된 나노초 길이의 초고온 폭발에 이르기까지, 열을 만드는 인간의 힘은 정말 급격히 상승했다.

불의 미디어는 배와 같은 탈것의 형태인데, 불을 우리가 겨우 간신히 다룰 수 있을 만큼의 무엇인가로 만들어 준다. 불의 비물질화 능력에는 담는 컨테이너가 필요하다. 구덩이와 가마와 용광로는 불을 통제하는 몇몇 구체적인 사례들이다. 불 사용을 통제하기 위해서는 계획과 사회 질서와 머릿속에 가장 먼저 떠오르는 일을 피하는 능력이 필요하다. 불 통제는 규율과 제약 등과 같은 '문명'의 핵심적인 특성이나 인간 사이의 사회 질서를 전제로 한다. 불은 우리에게 주어진 첫 번째 금지라고 가스통 바슐라르Gaston Bachelard는 말한다. 그에게 있어서 불은 자연적이기 이전에 사회적이었다. 불은 어린아이만큼이나 요구 사항이 많고 고도의 유지 관리가 필요할 수도 있다. 불은 돌봄을 요구하고 그렇지 않으면 죽어 버리며, 불이 스스로 계속 타오르는 일은 아주 드물다(대개는 도시나 관리가 잘못된 삼림처럼 인류 발생론적으로 연료를 쌓아온 것 때문에 예상치 못한 불이 타오르는 경우가 많다). 불은 새로 지피는 것보다 타게 내버려 두는 것이 더 쉽다.

근대성의 법칙은 에머슨이 "레테의 강"이라 부른 것에 불을 담구고 점점 더 눈에 보이지 않게 유지하는 것이다. 산업주의는 특히 불태우는 기술의 가속화였다. 석탄은 멈포드가 침울하게 이름붙인 것처럼 산업 혁명의 '석탄 자본주의'를 불 지폈다. 재를 감추기 위해 검은 옷을 입었던 (옛 이야기가 보여 주듯이) 빅토리아 시대의 사람 중 그 누구도 무엇인가 타고 있다고 의심할 수는 없었다. 탄광의 폭력은 불의 욕망에 대한 충격적인 증인이다. 1830년대 영국의 어느 엔지니어는 거꾸로 뒤집힌 세상을 이렇게 묘사했다. "땅의 안과 밖이 뒤집어져 버린 것만 같다. 땅의 창자들이 흩어지고…… 땅 밑에서 끌어올린 석탄은 땅 표면에서 불탄다…… 낮이나 밤이나 온 나라가 불로 빛나고 있다."[263] (채광은 종종 지옥을 생각나게 한다.) 다른 사람들은 미적인 거부감 없이 산업화된 삶의 부산물을 받아들였고, 1960년대까지도 굴뚝은 산업화 과정의 자랑스러운 상징이었다. 불이 감추어지게 되는 과정에 관한 정확한 이야기는 조금 더 분석이 필요하지만, 불이 특권층을 위해 뒤로 물러난 것만은 분명하다. 내 장인어른은 프랭클린 난로에 연료를 때기 위해 평생 장작을 팼다. 아버지는 어린 시절이던 1940년대에 집안일의 하나로 집에 있는 가마에 석탄을 가져다 날라야 했다. 나는 매달 기름과 전기료를 내야만 하고, 불붙이는 일과 가장 비슷한 일을 하는 것은 주유소에서 기름을 채우거나 난롯불을 켜거나 난방 설정을 조정할 때다. 그러나 30억 명의 사람들은 여전히 직화 요리를 하고, 매년 200만 명의 어린이들이 연기와 화재 사고로 목숨을 잃는다고 알려져 있다. 힐러리 클린턴은 국무장관으로 재직하면서, '신형 화덕을 위한 국제 동맹Global Alliance for Clean Cookstoves'이라는 이름의 민관 파트너십을 통해 아이들의 죽음을 막으려는 계획을 세웠다.[264] 직화는 난로를 소유했는가 그릴을 소유했는가에 따라 가난을 의미할 수도 특권을 의미할 수도 있다. 소로는 한때 기본 원소들에 대한 감을 잃지 않았음을 확인하기 위하여 사향쥐를 날로 먹을 것을 심각하게 고려하기도 했다.

비록 불의 체제는 오래되었지만, 우리가 당연시 여기는 불의 테크닉 진보의 많은 것들은 아직 3세기가 지나지 않은 것들이다. 용광로는 중세 유럽 후기에 시계와 인쇄기의 전쟁용 사촌격인 대포와 대포알을 주조하는 용도로 처음 등장했지만, 18세기 무렵엔 석탄 덕분에 한층 더 강한 화력을 지닌 용광로가 가능해져서 그것이 뿜어내는 화력을 견딜 수 있는 무기를 만들 수 있게 되었다.[265] 18세기 후반에는 건물의 난방에 있어서 주요한 기술 향상이 있었다. 중세와 근대 초의 유럽 벽난로는 비효율적이며 연료를 삼키는 돼지와 같았다. 1742년부터 시작한 벤저민 프랭클린 Benjamin Franklin 난로는 방 안에 고른 열을 만들어 내는 데 있어서 진일보했다. 프랭클린의 광고 문구는 이제 더 이상 누구도 "앞에서는 타 버리고 뒤에서는 얼어 버리는" 일은 없을 것이라 떠벌였다. 1795년부터 생산된 럼포드 벽난로는 공기의 흐름을 더 좋게 조정하기 위한 조절판이 포함되어 있어서 연기를 내며 불이 갑자기 꺼지는 현상을 막아 주며, 이 장치 덕분에 열을 크게 낭비하지 않을 수 있었다. 불을 견디는 내화는 중요한 발전을 이루어 나갔는데, 프랭클린의 피뢰침(1752)은 하늘에서 내려온 불로부터 대다수의 건물들을 지켜 준다.[266] 불과 불 통제 모두 휴대용 소화기(1818), 성냥(1827), 분젠 버너(1855) 등의 발명과 더불어 점차 이동이 용이해졌다. 프랭클린은 근대의 프로메테우스와도 같았다. 프랑스의 철학자 안 로베르 자크 튀르고Anne Robert Jacques Turgot는 프랭클린에 대해 "하늘로부터 번개를 구한 자Eripuit coelo fulmen"라고 말했다.[267]

파인은 근대의 특징적인 불을 "베스타의" 불이라 부르고, 이것이 불의 실행의 역사에 대한 유럽의 핵심적인 공헌이라고 말한다.•[268] 베스타의

• 이와 대조적으로 미국에서는 불이 자연의 근원을 가진 것으로 인식되었다.

불은 인간의 기술로 불이 타오르는 것을 포괄한다. 이는 인류세의 불을 규범으로 다룬다. 최초의 담는 컨테이너 테크놀로지 중 하나인 벽난로는 자연적인 집이다. 벽난로의 신인 베스타(그리스 신화에서는 헤스티아)는 드러나지 말아야 할 내부의 생식기로 여겨져 고전화에서 한 번도 묘사되지 않은 여신이다. 불과 마찬가지로 베스타는 우상을 갖지 않는 상징인데, 봉쇄의 여신인 베스타 존재 자체가 스스로를 되살려 내기 때문이다.[269] 근대는 분젠 버너와 성냥과 자동 온도 조절 장치와 내연 기관을 갖고 있으며, 이 모든 테크닉은 쌓여 있는 불을 언제든 쓸 수 있는 자원으로 만드는 것이다. 베스타 불의 궁극적인 상징은 핵융합이라 할 수 있으며, 핵융합이야말로 근대 과학과 테크놀로지에 의해서만 드러날 수 있는 과정이자 전 지구를 잿더미로 만들 수 있는 힘을 가진 과정이기 때문이다. 뜨거운 물이 나오는 수도꼭지를 틀면 연료비를 내고, 차 시동을 걸면 베스타의 불을 다루는 것이다. 그러한 불은 베스타만큼이나 숨어 있고, 심지어 연기로 드러나는 결과는 눈에 보이지 않는 경우가 많다. 파인은 근대 테크놀로지가 자신이 기반하고 있는 자연에 빛을 가져다주기보다는 무의식적으로 변형해 버린다는 하이데거의 불만을 암시적으로 웅변한다.[270]

파인은 베스타의 불이 거둔 보편적인 승리를 제외한 모든 것을 자연의 피드백 순환에 관한 인간의 무지이자 죽음과 변화로 새롭게 이어지는 풍요에 저항하는 우리의 반항을 말해 주는 비극적인 은유로 본다. 20세기의 비참했던 삼림 소각 금지 정책은 불을 주로 파괴적인 것으로 보게 만드는 실수를 범했다. 그리고 불이 점점 더 많이 시야에서 멀어질수록 불을 다루기는 점점 더 어려워진다. 아마도 지구 역사상 오늘날처럼 많은 화재가 있었던 적은 일찍이 없었을 것이며, 그 화재의 대부분은 인간이 유발한 것이다. 베스타의 불의 지배는 지구상 불의 양을 광범위하게 증가시켰다. 벼락이 치고 난 후나 용암이 흘러내린 이후에 불규칙하게 일어나는 불꽃, 혹은 공동체의 심장에서 일어나곤 하는 귀한 불꽃은 불을 좋아하는 하늘과 땅 속의 신이 내린 우연한 선물 혹은 파멸이던 적이 있었으나, 이제 불은 대부분의 사람들이 마음만 먹으면 접근할 수 있는 것이 되었다. 비록 짧은 시간 동안의 공포와 드라마를 자아내는 들불이 여전히 뉴스 머리기사를 차지하기는 하지만, 그것이 탄소를 토해내는 가장 중요한 요소는 아니다. 들불은 우리의 그릴과 연료 탱크 안에서, 난로와 서버팜 안에서, 휴대폰과 셀 안에서 통제된 척 하고 있으며, 베스타의 불의 자기 충족적이고 타자를 억누르는 에고에 대항하는 이드와 같다. 어느 곳을 둘러봐도 일상의 인공물이나 환경에서 불이 이루어 낸 일들의 기호를 볼 수 있다. 베스타의 불은 물처럼, 전기처럼, 케이블 TV처럼, 다른 공공요금처럼, 언제든지 사용할 수 있게 되어 있다. 이는 하이데거가 말한 비축품Bestand, 즉 필요하지만 완전히 길들여지지 않은 것에 딱 들어맞는 사례다. 베스타의 불은 인프라가 활동 중일 때에는 시야에서 멀어진다는 규칙을 따른다.

이 책을 쓰는 지금 이 순간, 여러 건의 산불이 걷잡을 수 없이 번져서 나무를 집어삼키고 집을 파괴하며 야생의 생물과 사람을 쫓아내고 있다. 독자들이 이 책을 읽을 때쯤이면, 그 불은 진화되었겠지만, 틀림없이 새로운 불길이 새로운 장소로 번지고 있을 것이다. 그러나 이보다 더 확실한 것은 감추어진 불 또한 여전히 타고 있을 것이라는 점이다. 문명 역사의 전체 몇 세기 중에서, 최소한 사망자 수나 파괴의 정도로 측정할 때 불의 재앙이 가장 심했던 것은 의심할 여지없이 20세기다. 홀로코스트의 소각로에서부터 도쿄와 드레스덴과 함부르크 폭격에 이르기까지, 그토록 많은 사람들이 불로 죽어가는 것을 목격한 시대는 일찍이 없었으며, 느리고 꾸준하게 끊임없이 불타고 있는 화석 연료는 아직도 더 많은 죽음이 올 것임을 예견한다. 2012년 지구상에서는 매 1초마다 평균 3만 갤런의 기름이 불타고 있으며, 그로 인한 결과는 불가역적이다. 만일 우리가 인프라를 무시했을 때 치러야 할 일의 사례가 필요하다면, 베스타의 불이 아마 좋은 예가 될 것이다.

전기는 베스타의 불이 일상에 현시된 것이다. 통제하지 못하는 격렬하고 사납게 잡아채는 공포의 불이 아니라, 차고 깨끗하고 빠르게 인프라를 타고 흐르는 불이다. 그러나 내장처럼 이어진 전기 기관의 한 끝이나 다른 끝에는 필연적으로 연기나 재가 있다. (오직 아주 나쁜 일이 벌어질 때에만 전기 콘센트나 장비에서 연기가 피어나는 것을 보는 경우가 생긴다.) 전기는 억눌린 불이며, 아마도 환경 친화적인 클라우드 컴퓨팅에서도 마찬가지의 것을 보게 될 것이다.

데이터를 형성하거나 삭제하는 힘에 있어서 뉴 미디어는 불에 많은 빚을 지고 있다. 불은 인터넷에 대한 주요 은유다. 유기체를 초월하고, (정보) 음식의 영역을 확장하고, 사람들이 새로운 시간대(밤)와 지식의 영토를 탐색할 수 있게 해 주고, 일종의 사회성을 증가시키고 지속적인 관리 유지가 필요하며, 이전에는 존재하지 않았던 위험과 외재성을 생산한다. 불은 최초의 월드 와이드 웹이었고, 파급력 있게 퍼져나가기에는 취약한 시스템이었다. 오늘날 젊은이들은 TV 화면, 컴퓨터 모니터, 스마트폰 등 반짝거리는 불빛을 바라보며 밤늦게까지 깨어 있는데, 한때 그들이 공동체의 불씨를 돌보던 것과 마찬가지다. (텔레비전은 언제나 가정의 난로에 비유되곤 했다.) TED의 수석 큐레이터인 크리스 앤더슨Chris Anderson은 "불의 재발견"이라는 제목의 짧은 에세이에서 인터넷 비디오를 격하게 칭송했는데, 모닥불 주위에서 이야기하던 체화된 목소리의 힘을 재구축했다는 이유에서다.[271] 우리는 컴퓨터에서 디스크를 "굽는다." 밈meme과 특정 테마가 들불처럼 인터넷을 가르기도 하지만, 중국 정부의 경우처럼 검열의 '방화벽'에 의해 늦어지기도 한다. 인터넷의 물질적 인프라의 핵심인 서버 팜은 엄청난 양의 열을 발생시키고, 그 과정에서 전기는 물론 에어컨까지 필요로 한다. (데이터 센터는 냉방 비용을 절감하기 위하여 선선한 기후의 장소에 건설되는 경우가 많다.) 터치스크린 테크놀로지는 불꽃에 손을 대는 일종의 판타지를 충족시킨다. 폴 프로시Paul Frosh가 말하듯 "텔레비전과 컴퓨터 화면(아이패드 등 포함)은 불의 특징을 몇 가지 갖고 있는데, 특히 자체 발광이라는 점이 그러하다. 영화나 인쇄와는 달리 텔레비전과 컴퓨터는 내부에서 불을 밝힌다."[272] 정보는 환원 불가능한 방식으로 열과 불태우기에 연결되어 있다.

미디어 기기들의 명명법은 불에 대한 은유의 귀한 보고다. 기업들은 브랜드 이름을 만드는 데 어마어마한 노력과 돈을 투자하고, 따라서 그렇게 선택된 이름들은 결코 사소하게 보아 넘길 문제가 아니다. 불의 중심성은 뉴 미디어를 둘러싼 상상에 관한 무엇인가를 이야기해 준다. HTC의 스마트폰 "와일드파이어"(들불), 삼성의 "갤럭시 블레이즈"(은하 불꽃)와 "이그나이트"(점화), 블랙베리의 "토치"(횃불) 등이 있다. 모토롤라의 "일렉트리파이"(감전시키다)는 번개 이후에 늘 존재했으나 18세기에 이르러서야 알게 되었던 불과 전기와의 연결을 호소한다. 파이어폭스(불여우) 웹 브라우저가 있고, 사진 공유 서비스인 플리커(깜빡이)가 있으며, 2012년 중동 근방의 컴퓨터들을 감염시켰던 악성 소프트웨어 중 하나인 "플레임"(불꽃)이 있다. 방송을 뜻하는 독일어 룬트푼크Rundfunk는 스파크 갭 송신기를 사용했던 초기 라디오의 역사에 대한 경의의 의미로 푼크Funk(불꽃)라는 용어를 포함한다. 불의 역사는 미디어의 역사에 주목할 만한 관련성을 갖고 있는 것으로 나타나는데, 명명법에서뿐만 아니라 당연시 여겼던 시스템이 우리가 전혀 숙달할 수 없었던 자연적인 과정에 의지하게 된다는 교훈에서도 그렇다. 또한 불을 만드는 도구들을 안전하게 보관할 수 있다는 지나친 확신에서도 그렇다. 아주 옛날부터 이어진 불 통제는 확 타오르는 것에 대비하라고 가르친다. 이와 비슷하게 디지털 미디어에 대해 우리가 취할 수 있는 교훈으로는 무엇이 있을까?

산소와 기름

만일 산소가 없다면 불도 없다. 불은 산화라고 불리는 화학 작용이다. 만일 어떤 물질이 산소와 화학적으로 결합하지 못하면 불탈 수 없다. 산소는 불의 조건이자 산소를 필요로 하는 모든 탄소 기반 유기체 생명들의 조건이다. 산소는 우리 생명의 화학과 상호 작용한다. 산소는 지구 표면에서 가장 풍족한 원소로, 지표면과 대기권을 합한 질량 중에 절반 정도를 차지한다. 산소는 높은 독성을 띨 수도 있다. 신생아에게 산소를 너무 많이 공급하면 눈이 멀거나 뇌손상의 원인이 될 수도 있고, 산소통을 메고 바다로 뛰어든 잠수부들은 산소를 과다 호흡하지 않도록 주의해야 한다. 우리 대다수는 수영을 하거나 연기를 피해 도망갈 때, 폐렴일 때, 혹은 비행기에 탔을 때와 같이 아주 극단적인 상황이 아니면 산소의 존재를 눈치 채지 못한다. 산소는 오직 위험에 의해서만 드러나는 인프라다.

사실 산소는 불타는 우주와 행성의 역사를 갖고 있다. 산소는 우주에서 핵심적인 요소이지만, 그럼에도 수소나 헬륨에 비하면 상대적으로 희박하다. 우주 원자의 99.9%는 수소나 헬륨이고(이 중 수소 분자에 비해 헬륨은 10배나 많다), 수소와 헬륨은 빅뱅 때 현재의 비율로 생성된 것으로 예측할 수 있다. 나머지 1%의 10분의 1이 가장 흥미로운 부분이다. 이 중 4분의 3이 산소, 8분의 1이 탄소, 기타 원소들이 나머지 1%의 10분의 1의 10분의 8을 차지한다. (이 마지막 부분이 천문학자들이 "메탈"이라고 부르는 무거운 원소들을 함유하기 때문에 전체 질량 중에 차지하는 몫은 그 분량에 비해 훨씬 크다.) 우주는 금처럼 무거운 원소보다는 수소와 같은 가벼운 원소를 훨씬 더 넉넉하게 만들어 낸다. 우리의 몸에서 물이 가장 중요한 구성 요소이기 때문에 몸무게 중 3분의 2를 산소가 차지하지만, 몸은 탄소, 질소, 칼슘, 인, 포타슘, 유황, 소듐, 염소, 마그네슘, 철, 아연 등 무거운 원소가 없이는 존재할 수 없다. 아이오딘이나 불소처럼 미량의 원소들도 우리의 생리 작용에서 결정적인 역할을 한다. 그러한 원소들은 빅뱅에서 나온 것이 아니라 초신성이 팽창하고 붕괴하면서 만들어졌는데, 초신성의 초고온이 복잡하고 (무거운) 핵들의 합성을 가능하게 했다. 우주의 화학적 역사는 또한 불의 역사이기도 하다. 핵융합은 상상할 수 없을 정도로 높은 열에서 발생한다. 넓은 의미로 불은 산소 등 우리의 몸을 유지하는 복잡한 화학물들을 생산하는 과정이다. 우주학자들이 즐겨 말하듯이 우리의 몸은 우주의 먼지로 만들어졌고 우리의 뼈는 희귀한 원소들이 담긴 무기질 은행이다. 우주의 규모에서 볼 때 우리의 살은 지구의 규모에서 볼 때의 금만큼이나 귀하며, 이는 우리가 서로를 소중히 여겨야 하는 또 하나의 까닭이다. 지구상의 물질은 우주 평균에 비해 10^{30}배 더 빽빽하다. 생물학과 마찬가지로 화학은 우주의 역사에서 볼 때 상대적으로 후기에야 존재할 수 있는 학문 분야다. 빅뱅 이후 물질들이 화학적으로 흥미롭게 되기까지는 오랜 시간이 걸렸다.[273]

산소는 지질학 역사에 있어서 상수가 아니다. 24억 년 전의 산소 급증 사건Great Oxygenation Event은 지구 역사상 가장 큰 재앙의 파고였고, 당시 지구상 생명체의 절대 다수를 차지하고 있던 무산소 생명체들 대부분을 죽게 만들었다. (우리 내장 속에 살고 있는 박테리아와 와인을 식초로 만들어 주는 박테리아의 대다수는 무산소성이다.) 대기는 소란스러운 역사를 겪어 왔다. 19억 년 전 즈음에, 대기권의 산소 수준이 다시 감소했다. 석탄기 즈음해서는 대기의 35%가 산소였다. (모든 것들이 산산조각으로 불타지 않았다는 것은 놀라운 일이다. 틀림없이 연료가 풍부했을 테고, 우리는 지금도 그 연료를 불태우고 있다!). 대기에 산소가 12% 이하로 떨어지면 불이 붙을 수 없다. 25% 이상이 되면 불은 멈출 수 없다. 현재 우리 대기의 21% 산소 비율은 딱 안성맞춤이어서, 이런 측면으로 보자면 우리는 특별히 엄청나게 행운인 셈이다. 현재 대기의 산소에는 7.6×10^{19}그램의 원자가 있는데, 그 정확도 면에서 매우 놀라운 큰 숫자들 중 하나다(7장 참조).[274] 동위원소 분석에 따르면 지구의 산소는 광합성과 지질학적 자원을 통해 생겨난다. 지구의 산소 중 아주 극소량만이 살아 있는 유기체의 호흡에 사용되고, 대부분은 히말라야 화강암처럼 산화된 물질 안에 갇혀 있다. 화성을 보면 산소가 전부 화학적으로 땅에 갇혀 있을 때 어떤 일이 벌어지는지 알 수 있다. 화성은 녹 때문에 붉다. 이와 비슷한 상황은 바나나와 사과 껍질을 벗기면 갈색으로 변할 때 일어난다. 이럴 때 과일들은 산화되고 서서히 연소하여 붉은 행성을 닮아간다. 최근까지만 해도 과학자들은 식물이 물과 이산화탄소를 가지고 산소를 만들거나 에너지를 저장하는 광합성이라는 놀라운 과정이 지구 역사상 꽤 일찍부터 나타났을 것이라는 의견을 갖고 있었다. 그러나 최초의 광합성 날짜에 대해서는 수정안이 계속되어, 38억에서 35억 년 전이라고 보던 견해에서 십 수 억 년이 줄어들어 최근에는 27억 년 전이라고 보고 있다.[275] 만일 우리가 아는 한 호기성 생물체에 보편적인 미디어가 있다면, 그것은 바로 산소일 것이다.

우리는 땅에는 탄소를 바탕으로 한 생명체가 있고 하늘에는 산소가 풍부한 대기가 있는 불타오르기 쉬운 행성 위에 살고 있으며, 우리의 몸은 그러한 환경을 반영한다. 우리 몸의 모든 세포는 천천히 연소하고 있다. 각각의 세포 안에서 내부 공생하며 살고 있는 것은 세포소, 미토콘드리아, 작은 화로이며, 이는 태양원의 에너지를 내뿜어 결국엔 이를 필요로 하는 식물이 잡아채게 한다. 우주에서 가장 복잡한 물질이라고 알려진 인간의 뇌 역시 서서히 불타고 있다. 약 5분 정도 산소가 없다면 뇌는 죽고 만다. (뇌는 또한 온도의 변화에 가장 민감한 신체 기관이기도 하다.) 호흡은 우리가 몸 안의 불이라 부르는 것, 즉 우리의 생명 안에서 타오르는 삶의 불꽃이다.

우리의 몸은 다양한 열과 강도에서 살고 있는데, 이는 마치 근대적인 난방이 없던 시절의 크고 외풍이 잘 드는 낡은 집과도 같다. 의사들이 발견했듯이 우리의 팔다리는 낮은 온도에서 신선한 산소 공급 없이 오랜 기간 동안 견딜 수 있다. 어느 정도 일정한 온도는 몸의 핵심부(머리와 흉부)에서 마치 난방열이 있거나 자동 온도 조절기가 설치된 방처럼 유지되지만, 다른 방들은 온도 변화가 다양해서 우리의 팔다리는 37도보다 훨씬 낮은 온도에서도 문제없이 지낼 수 있다. 우리 인간은 몸의 열이 다양하게 나타나는 변온 동물의 특성을 갖고 있는데, 다른 동물 중에서도 대표적으로 박쥐와 이 특성을 공유하지만 물론 박쥐보다는 훨씬 낮은 정도의 변온성을 갖고 있다.[276] 그러나 일반적으로 우리는 우리의 체온을 항상성으로 유지한다. 만일 모든 것이 적절하게 작용하고 있다면 인간은 온혈동물이다. 감염에 대한 반응으로 열이 나는 것은 적응에 의한 것이다. 불은 몸의 안팎에서 모두 세균을 죽이는데, 세균이나 기타 적대적인 생명체들을 제거하는 역할을 한다. 우리의 몸은 불을 담고 있으며, 각각의 세포는 베스타의 난로의 이미지와 같다. 열 통제는 동물과 기계를 결합하는 고전적인 사이버네틱스의 과정 중 하나이며, 오늘날의 주요 미디어인 컴퓨터에 있어서도 핵심적인 설계의 문제로 남아 있다.

지방과 기름에 대해서도 산소와 비슷한 정도로 간략히 언급할 만하다. 생물학적으로 지질은 세포막을 가능케 하고 유기체에서 필수적인 장벽의 역할을 하며, 막은 모든 미디어 중 가장 오래된 형태인 문과 같은 역할을 한다. 막은 세포를 가능케 하고 기포를 만들기도 하는데, 이는 철학자 페터 슬로터다이크Peter Sloterdijk가 사랑했던 것이기도 하다.• 열역학적으로, 지방은 연소를 위한 중요 에너지원이고, 근대 세계의 기름에 대한 중독은 석유가 아니라 고래기름으로부터 시작되었다. 기름 없는 근대성이란 없으며(석탄과 종이의 경우도 마찬가지다), 기름은 처리된 사체다. 지방은 동물과 인간과 기계 사이를 빠르게 순환하며, 초와 전등과 비누와

• 페터 슬로터다이크의 3부작 《기포*Blasen*》, 《지구*Globen*》, 《거품*Schäume*》을 의미한다. — 옮긴이

화장품과 음식과 윤활유로 기능한다. 기름은 비료와 플라스틱을 만들고 바다를 더럽히며 선택받은 왕에게 기름을 뿌리고 전쟁 기계에 연료를 댄다.[277] 미국의 상무부는 '기름과 지방' 담당 부서를 설치하여, 기름을 전략적인 물질로 보고 자세한 보고서를 작성한다. 이 보고서를 통해 예컨대 2007년 12월에 미국에서는 12억 8260만 파운드의 샐러드유 혹은 요리용 기름이 소비되었음을 알게 된다. 기름은 독특하게 에너지로 꽉 들어찬 유기 물질이고, 불을 숨 쉬는 우리 인간을 기름보다 더 집착하여 따라다니는 물질은 거의 없다.[278] 다른 무엇보다도, 현대의 부유한 사람들은 자신들 몸 안팎의 지방을 태우길 원한다.

기름에 대한 인간의 갈망은 역사상 가장 필사적인 환경 약탈로 인간을 몰아넣었다. 멕시코에서 스페인 정복자들은 죽은 사람의 지방을 연고로 사용했고, 칼싸움에서 생긴 자신들의 상처에 필요한 연고를 얻기 위해 싸움에서 진 피해자들의 시체를 가르기도 했다.[279] 오늘날 이와 거의 맞먹을 만큼 끔찍한 것 중에 수압을 이용한 골절, 즉 '수압파쇄법'이 있다. 이는 지구에서 셰일오일(혈암유)을 뽑아내기 위해 지하 폭파와 화학약품을 이용하는 것이다. 고전적인 의미의 전도된 질서ordo inversus에서, 수압 파쇄에 가까운 몇몇 영역에서, 불꽃은 수도꼭지에서 쏟아진다. 물론 기업들은 불이 깃든 물은 자연적인 우연일 뿐이라며 책임을 부정한다.[280] 수도꼭지에서 나오는 불은 베스타의 불의 뒤틀린 이미지다.

고래잡이는 지방 약탈의 스펙트럼에 있어서 아즈텍의 시체와 불꽃을 내는 수도꼭지 사이 어딘가에 위치한다. 고래잡이는 도살의 규모에 있어서 산업의 묵시록이라 할 만했고, 사냥꾼들이나 도살자들("지방 벗기는 사람들") 모두에게 커다란 위험을 가져다주는 일이 흔했는데, 특히 20세기 초에 고래 사냥이 기계화되고 나서부터는 더욱 그러했다. 그러나 작은 배를 타고 작살을 든 채 레비아탄을 쫓는 일 역시 가장 안전한 사업은 아니었다. 멜빌은 "고래기름 1갤런도 타지 않지만, 최소한 이를 위해 인간은 피 한 방울을 흘렸다"고 말했다.[281] 고래잡이 기지는 또한 위험을 가져다주었다. 고래는 죽은 지 한 시간 안에 부패하기 시작한다. 썩는 과정에서 액화한 내장 기관이 가스를 축적하면 악취 나는 사체가 폭발하게 되고, 이로 인해 인근의 사람들이 죽고 마치 어뢰를 쏘듯 새끼들을 뿜어낸다. 20세기 초의 고래잡이 기지는 단테의 《신곡*La Divina Commedia*》에 비견할 만한 외설스런 장면을 보여 주었는데, 그중에는 악취를 내는 고래 살이 따뜻한 바다 온도로 인해 몇 년 동안이나 부패하지 못한 채 산호처럼 두껍게 쌓이기도 했다. 못지않게 충격적인 것은 고래에서 얻어 낸 기름으로 만든 글리세린을 1차 세계 대전 동안과 그 후까지도 사용되었던 소이탄의 원료로 사용했던 것이다. 고래기름은 산업 장비에 기름칠을 했고 심지어는 자동차 변속 용액에까지 사용되었으며, 작은 불타는 땅 게헨나에서 만든 연기 없는 불꽃으로 상을 받은 초를 만들었다. 이와 비슷한 방식으로 향고래기름은 전등과 등대에 사용되었는데, 전등의 유리 컨테이너와 렌즈가 연기로 검게 그을리지 않기 때문이었다. 고래뼈는 석탄용으로 태워졌고, 고래 경피유는 캐메이Camay 비누•의 원료로 사용되었다. 소련인들은 농장에서 고래껍질을 먹인 밍크를 사육했다. 향고래는 마가린으로, 개 사료로, 비타민 보충제로 변환되었다. (이는 절대 팔 없는 부처를 다루는 법이라 할 수 없다.) 만일 하이데거가 게슈텔Gestell(몰아세움), 즉 자연을 착취 가능한 원료로 "틀을 짜는" 일이라 불렀던 것을 상징할 수 있는 게 있다면, 고래가 바로 그것이다. 만일 베슈탄트Bestand(비축품), 즉 에너지를 언제든지 사용 가능한 자원으로 저장해 두는 것을 상징하는 것이 존재한다면, 기름이 바로 그것이다.

• 프록터앤드갬블사(P&G)가 1926년 미국에서 출시한 미용 비누다. "여성을 위한 희고 순수한 비누"로 광고되며 널리 소비되었다. — 옮긴이

모호하지만 강렬한 의미

불은 의미가 풍부하지만, 의미론적으로 정확한 의미의 수단이 되는 일은 거의 없다. 야생 동물이나 야생 식물과 마찬가지로 불도 길들여져야 했으며, 불이야말로 기나긴 길들임 과정 중에 최초의 것이었다. 비록 언제부터 인간이 불을 통제하기 시작했는지 초기의 연대기를 특정하기는 어렵지만, 언어보다도 훨씬 더 오래 인간과 함께했다. 그 날짜에 대한 논쟁은 예컨대 편의상 사용한 때에 초점을 둘 것인지, 혹은 요리에 사용한 때나 철과 도기를 정련했을 때에 초점을 둘 것인지에 대한 방향으로 흘러간다.[282] 일부 사람들은 호모 에렉투스Homo erectus(직립 원인)와 불 통제는 서로가 서로에게 근본적으로 존재하는 것이라고 말하며, 거의 200만 년 이전의 호미닌Hominin(사람족)이 불의 최초 사용자라고 말한다. ('호미닌'은 오타가 아니며 이전의 용어인 호미니드Hominid[영장류, 사람]과를 대치하기 시작했다.) 다른 사람들은 인간이 불을 통제했다는 확실한 증거는 35만 년에서 50만 년을 넘지 않는다고 말한다. (자연 발생적으로 일어난 불은 4억 년을 넘게 거슬러 올라간다.) 전문가들이 옥석을 가려내겠지만, 핵심은 불이 "행동 현대성behavioral modernity" 그리고 우리가 알고 있는 인간이 실천에 옮겼던 언어 사용과 언어 남용의 생명 형태(매장, 장식, 의례, 복잡하고 개념적인 계획 등)보다 앞서 있음에 분명하다는 것이다.● 불을 사용하는 일에는 사회적인 조직과 규율이 필요하고, 이는 분명히 유전자 돌연변이 혹은 문화적인 스스로의 힘에 의해서 인간이 언어를 사용하기 이전부터 존재

● '행동 현대성'은 호모 사피엔스가 그 이전의 영장류 등과는 차이를 보이는 특징적 행동을 말한다. 상징적 사고에 더 많이 의존하며 문화적인 창조성을 나타내기 시작한 것을 의미하며, 언어의 진화와도 관련이 있는 것으로 여겨진다. 행동 현대성의 기원에는 두 가지 이론이 있다. 하나는 유전적 돌연변이에 의한 것(대비약, 대약진, 구석기 혁명)이고, 다른 하나는 점진적인 유전적 변화와 지식과 문화의 축적에 의한 것이다. — 옮긴이

했던 것이다. 커뮤니케이션은 언어보다 깊고 오래되었다. 불은 그 안 깊은 곳에 담긴 의미를 일깨운다.

불은 인간과 신에게, 천국과 지옥에, 그리고 우리 철학과 시 대부분의 주제에서 가장 오래된 비유어다. 불은 정신을 나타내고 인식론적인 힘을 갖고 있다. 플라톤이 말했듯, 불 없이는 아무것도 볼 수 없다.[283] 파인은 발화가 인지와 함께한다고 말한다. 행동 현대성의 징표를 알린 벽화는 여러 의미에서 불의 공예품이다. 예를 들어 라스코 동굴의 예술가들은 불이 있어야만 어두운 동굴 안을 보고 그림을 그릴 수 있었을 것이고, 아마도 동물 지방을 넣어 태운 돌로 불을 밝혔을 것이다. 그러나 불은 또한 희미한 물감 물질인 예술 미디어 그 자체와 주제를 제공하기도 했다. 불을 사용한 사냥이나 밤하늘의 불과 같은 그림들이다(다시 말해 당신이 벽화의 점이 별자리를 가리키는 것이라 믿는다면 그렇다).[284] 여기에서 미디어란 여러 수준의 의미를 갖고 있고, 언제나 그렇듯 스스로를 기념한다. 불은 예술에 있어서 광범위한 가소성을 지닌 원천이고 예술에 영감이 되기도 한다. 특히 음악과 영화처럼 시간을 바탕으로 한 작업에서는 더욱 그렇다. 세르게이 에이젠슈테인Sergei Eisenstein에게 있어서 불은 애니메이션 영화의 정수였다. 그가 언급했듯, "불은 존재가 드러나는 과정의 이미지다."[285]

매클루언의 전구처럼, 불은 학습과 탈격의 관계가 있다. 쓰기, 읽기, 공부하기는 불과 오래된 연관성이 있고, 그 도구는 연소성이다. 잉크는 라틴어 엔카우스툼encaustum, 그리스어 엔카우스톤ἔγκαυστον에서 온 말로 '불에 탄'이라는 의미인데, 이는 많은 잉크들이 생산되는 과정을 지칭한다. (이와 관련된 용어인 홀로카우스툼holocaustum은 동물을 통째로 태워 바친다는 뜻이며, 홀로코스트의 어원이기도 하다.)[286] 모세의 불타는 가시덤불은 성스러운 텍스트, 즉 읽으면 불꽃으로 타오르지만 결코 불타 없어지지 않는 텍스트의 은유일 수도 있다.[287] 텍스트는 종종 불꽃 아래에서 읽힌다. 학자들은 밤새도록 기름을 불태우며 공부하지만 불은 도서관에는 커다란 위협이기도 하다. (옥스퍼드대학교 보들리안 도서관의 입장권을 얻으려면, 불을 붙이거나 태우지 않겠다는 케케묵은 서약을 암송해야만 한다.) 속독을 하는 사람들은 '불타도록' 텍스트를 읽어나간다. 전자책 리더의 상품명인 '킨들'(불을 붙임)과 '킨들 파이어'(불태움)는 이러한 유래를 일깨우고, 우리가 아는 책들에 대해 이러한 이름이 어떠한 악영향을 암시하는 것일까 하는 궁금증을 유발한다.

대중음악에서 불은 분노, 헌신, 열정, 아픔, 고통의 이미지들의 레퍼토리를 제공하고, 말을 넘어서는 과정에서 깊은 의미를 만들어 낼 수 있는 능력을 음악과 공유한다. 이는 마치 에로스와 인식론적 의지가 함께 있는 것과 같아서, 알고자 하는 욕구로 설레고 맥박이 뛴다. "불은 석탄에서보다 영혼에서 더 잘 타오름에 분명하다."[288] 불은 우리의 몸과 마음과 은유 안에 있다. 죽음이 생명에 의미를 부여해 주는 커다란 역할을 하는 것과 마찬가지로, 불의 부정성은 우리의 의미의 위대한 도구다. 불은 치명적인 매력을 지니고 있으며, 이 매력은 단지 나방만을 끌어당기는 것은 아니다. 바슐라르는 불꽃 속에 자신을 던지고자 하는 욕망을 일컫는 "엠페도클레스 콤플렉스"를 언급한다. 조금 더 코믹한 버전은 로버트 서비스Robert Service의 시 "샘 맥기의 화장"으로, 이 시는 알래스카의 어느 금 채굴자가 화장장의 장작더미 위에서 바싹 타오르는 바로 그 순간 비로소 따뜻함을 느낀다는 내용이다. 신학적인 개념에서 연옥은 영혼이 죽음 뒤에 기다리는 천국과 지옥 사이의 제3의 공간이며, 이는 불에 대한 성찰과 그 효과의 역사를 제공해 준다.[289]

불은 조건이자 내용이기도 하다. 고대 그리스와 바이킹의 신호용 장작더미에서는 부호화된 데이터를 나타내기 위해 불이 사용되기도 했고, 아메리카 원주민의 연기 신호에도 불이 사용될 수 있다. 시스티나 성당 굴뚝의 흰 연기는 교황이 선출되었다는 의미를 나타내고, 검은 연기는 교황 선거 비밀회의가 아직 결론을 내지 못했다는 의미다. 프랑스어로 신호

등을 a feu, 즉 불이라고 부르는 것은 신호기의 초기 역사를 떠올리게 한다. 어떤 언어에서는 등대를 불탑이라 부르기도 한다. 성서의 성경강림절에는, 마치 언어들 사이의 차이가 소진될 수 있기라도 했던 양, 대도시 군중의 일원들이 자신들의 머리 위로 갈라진 혀처럼 날름거리는 불을 보았다. 그러나 일반적으로 불은 자체적인 파동과 연소 이외에 특별한 메시지를 갖고 있지 않다. 크리스마스 때 미국의 일부 TV 채널들은 벽난로의 비디오 장면을 무한 반복하여 보여 주지만, 정작 100만 개가 넘는 벽난로나 장작을 때는 난로를 보유한 노르웨이에서는 금요일 밤의 어느 텔레비전 프로그램이 8시간 동안 밤새도록 불타는 벽난로를 생방송으로 보여주며 전국적인 토론에 불을 붙인다. 어느 노르웨이 사람은 이 프로그램에서 불이 전달하는 호소력을 다음과 같이 요약한다. "어떤 이유에서인지 이 방송은 매우 차분하면서도 동시에 매우 흥분된다." 불은 예컨대 있는 그대로를 통해 가능한 메시지를 전달하는 식으로 애매함을 일깨우는 기준선이다.[290] 때로 미디어는 아무것도 말하지 않으며 모든 것을 말한다.

불은 사회적 연결을 촉진시킨다. 정치적 항거, 종교적 의례, 생일 파티, 낭만적인 저녁 식사 등이 모두 불을 필요로 한다. 불은 벽난로나 캠프파이어 둘레로 사람들을 한데 모이게 한다. 이야기가 뜸해지며 침묵의 순간이 다가올 때쯤이 되면, 불꽃은 빈 시간을 채운다. 크리스마스철의 통나무는 유쾌한 분위기를 전해 주고, 이와 관련된 단어가 (게르만어를 어원으로 한) 율Yule•이다. 불이 사람을 끌어들이는 것은 단지 시각적인 이유만은 아니다. 벽난로에서 나는 타닥거리는 소리는 산불이 공포스럽게 내는 커다란 소리만큼이나 사람을 흥분시킨다. 이 두 사운드는 모두 우리

• 율yule은 원래 게르만족의 종교 축제로 훗날 기독교화를 거친 뒤 성탄절이 되었다. 여기서 '율'은 크리스마스 혹은 크리스마스 무렵 먹는 나무 장작이나 나무 장작처럼 생긴 케이크를 뜻한다. — 옮긴이

가 숨 쉬는 바로 그 공기와 부딪힌다. 그리스와 히브리의 신들은 동물을 제물로 삼아 불태울 때 하늘로 올라가는 연기를 보며 기뻐했다. 불은 강렬하게 향기로워서 만일 당신이 불 옆에 서 있다면 머리와 옷에서 그대로 알 수 있을 것이다. 열과 연기의 파장 그리고 펑펑 튀는 목재의 불꽃은 통제를 벗어난 불이 움직이며 도약하는 것의 공포만큼이나 강렬하게 촉각적이다. 항해할 때와 마찬가지로 불꽃놀이 기술에 있어서도 바람을 통제하는 것이 가장 우선되는 원칙이지만, 2차 세계 대전 중에 연합군이 함부르크, 드레스덴, 도쿄를 폭격했을 때 만들어진 불 폭풍에서 볼 수 있듯 불은 그 자체로 바람을 만들어 낼 수 있다.

불은 일종의 결합의 의미로 가득 차 있어서 인류의 조상이 구문론과 의미론을 통달하기도 전에 그들이 함께 느끼고 활동하게 해 주었다. 불은 우리 안으로 쉽게 들어오는데 이미 거기에 있기 때문이다. 불은 가장 위대한 의미 생산의 원료다. 궁극적인 것들은 스스로를 불로 표현한다. 히브리 성경의 신은 불의 신이다. "신은 불을 소비한다"(신명기 4:24) 그리고 그의 말은 불이다(예레미야서 23:29). 성경만큼이나 불로 가득 차 있는 책은 거의 없으며, 사례를 더하는 것은 쉬운 일일 것이다. 가스통 바슐라르는 불에 관한 에세이에서 이렇게 말했다. "인간은 아마도 자연이 스스로 모순되고자 하는 최초의 자연 대상일 것이다L'homme est peut-être le premier objet naturel où la nature essaie de se contredire." 인간의 영혼은 변덕스럽고 고귀하고 반항적이고 자기희생적이고 비합리적이고 계산적이고 약삭빠르고 자기 파괴에 이를 때까지 충실하고, 유령과 사랑에 빠지며, 이 모든 것은 아침 식사도 시작하기 전에 일어난다. 유한한 인간과 신과 마찬가지로, 불은 그 자체로 모순이다. 불은 스치는 모든 것을 파괴하지만, 자기 스스로를 파괴하기도 한다. 불은 가장 움직임이 많은 방식으로 춤추고, 그럼에도 스스로를 불태운다. 이 모든 것이 의미론적이지는 않다.

연기도 의미를 띤다. 사실 기호학 기초론에서 강조되듯, 연기는 불의 지표다. 중국에서는 죽은 이에게 바치는 물품들은 연기로 만들어진다. 화폐와 기타 종이류는 불태워지고, 연기는 신과 영혼과 조상을 위한 매개체가 된다. 중국어로 향을 태운다는 것은 조상을 섬김을 의미하기도 한다. 영혼들은 허기져 있고 그래서 연기를 마시기 좋아한다. 반대로 향의 불이 꺼지면 이는 가계의 종말을 의미한다. 이제 더 이상 조상을 위해 연기를 태우는 후손은 없다.[291] 많은 종교적 의례가 인간이 만든 구름(클라우드)과 관련되어 있고 연기 신호 역시 마찬가지다.●[292] 이스라엘의 후손들이 집단 이주하고 떠도는 동안, 신이 머무는 곳과 신의 옷자락은 구름이었고, 신성한 존재의 영광을 숨기기 위해 (그리고 의미하기 위해) 구름은 시나이 산을 뒤덮었다. 구름은 일종의 여행 가이드이기도 했는데, 이스라엘 사람들이 언제 이동하고 언제 머물러야 하는지를 암시했다.

조금 덜 숭고한 기록에서 보자면, 우리가 느와르 영화를 보면 알 수 있듯이 담배는 기분과 분위기를 내는 데 마술봉과 같은 역할을 할 수 있다. 제프리 윈스롭 영Geoffrey Winthrop-Young이 프리드리히 키틀러의 젊은 시절에 대해 쓴 멋진 회고록은 연기의 기호학적 잠재력을 탐색한다. "나는 그처럼 자신의 담배와 친근한 관계를 가진 사람을 본 적이 없다. 그가 불을 붙이는 순간 담배는 변화무쌍한 도구가 되어, 마술사의 마술봉, 지휘자의 지휘봉, 치어리더의 배턴, 트롤의 곤봉이 되었다. 그는 마치 참을성 없다는 신호를 전보로 치듯 담배로 테이블 위를 톡톡 두드리곤 했고, 잘못된 내용을 말하는 반대자의 목을 베기 위한 사무라이 칼처럼 담배를 활용했으며, 중요한 점을 밝히는 반짝이는 느낌표를 찍듯이 담배

● 매클루언이 좋아했던 농담 하나. 담배 연기로 이야기를 나누던 두 명의 아메리카 원주민이 핵실험의 버섯구름을 본다. 한 명이 다른 한 명에게 신호를 보낸다. "내가 저걸 말했어야 했는데."

를 똑바로 들곤 했다. 담배를 다 태울 때쯤이면 그는 당황스런 고마움으로 꽁초를 빤히 바라보곤 했고, 잠시 고요한 교감을 나누다가 또 다른 담배로 손을 뻗곤 했다. 보편 튜링 기계universal Turing machine•의 개념을 이해하기 위해 앨런 튜링을 공부할 필요는 없었다. 그저 키틀러가 담배 피는 모습을 바라보기만 하면 되었다."[293]

모든 인프라 미디어와 마찬가지로 불은 시공간을 다룬다. 불은 모든 전투 육군에서 사용되는 도구이지만, 시간을 붙들고 있는 도구이기도 하다. 횃불과 벽난로는 역사에서 인간과 관련된 불의 두 가지 핵심적 유형이다.[294] 많은 문화들이 성스러운 중심 지역에 불을 두었다. 아테네의 시청인 프리타네이온에서는 헤스티아(베스타)에게 바치는 불을 피웠고, 그리스인들은 이 불을 모든 식민지 점령 도시에까지 운반하여 불꽃을 밝혔다. 라틴어에서 벽난로는 가정의 중심focus이라는 의미다. 이것이 프랑스어로는 feu, 스페인어로는 fuego, 이탈리아어로는 fuoco, 포르투갈어로는 fogo가 되었는데, 이 모두가 불이라는 의미다. 아즈텍 달력의 52년 주기의 끝이 되면, 제국의 모든 불을 꺼야 하는 것이 하나의 의식이었다. 그러고 나면 사제들이 우주를 재시동하는 것의 일환으로 모든 불을 다시 붙여야 했고, 이는 국가가 존재의 부여자라는 역할을 수행함을 나타내는 것이었다. 세계 여러 곳을 가로지르는 길을 따르도록 꾸며지는 올림픽 성화 봉송은 공간의 점령과 시간의 지속을 함께 나타낸다. kinship(친족, 유사)과 kindling(불쏘시개, 출산)은 관련된 용어다. 이집트로부터의 엑소더스가 일어나는 동안 나답과 아비후는 제물 의식에서 "낯선 불"(레위기 10:1~2)을 바쳤다는 이유로 화형의 벌을 받았다. 이는 그들에게 허가된 불의 범위를 벗어났다는 의미일 수도 있고 아니면 단지 그들이 허가 없이 행동했다는 의미일 수도 있다. (아마도

• 튜링이 구상해낸 상상 속의 기계로 오늘날 우리가 사용하는 모든 컴퓨터의 청사진을 제시했다. — 옮긴이

불은 낙인의 일종으로는 최초의 것일 텐데, 물론 낙인 역시 불과 관련된 용어다.) 제단의 불과 성화, 성스러운 불과 군사적인 불의 미디어가 이니스도 예측했듯 항상 깔끔하게 구분되는 것은 아니다. 나사렛의 예수는 "나는 땅에 불을 건네주러 왔다"고 말했다(루카복음서 12:49). 예수가 불의 영적인 침례를 의미했든 아니면 정복자가 자신의 이름으로 불태우는 아우토스다페autos-da-fé[●]를 의미했든 그는 옳았다.

촛불 또한 구문론 속에 숨어있는 의미의 영역을 밝혀 준다. 16세기 기도문에서 말하듯, "촛불이 없다면 모든 것이 공포일 것이다." 촛불은 밤에 글을 읽게 해 주고 길을 쉽게 찾도록 해 주며, 범죄를 억제한다고 알려져 있다. 초는 전통적으로 동물 지방을 정제한 우지로 만들어졌다. 18세기에는 고래기름 촛불이 유행했고, 이는 고래잡이를 더욱 증가시켰다. 촛불은 사치품이었다. 동물 지방으로 만들어진 촛불은 왁스로 만들어진 것보다 저렴했지만 냄새와 연기가 났다. 근대 초기 유럽에서는 인간의 몸에서 마법과도 같고 아름다운 촛불이 만들어졌다. "도둑의 촛불"은 처형당한 죄인의 체지방이나 손가락으로 만들었다. 사산된 아이의 손가락은 마술의 촛불이라 평가받았고, 죽은 죄인의 손 전체는 "영광의 손"이라 불리며 어둠과 악함에 대항하는 동종 요법의 하나로 불붙일 수 있었다.[295] 추모 집회나 홀로코스트 기념관에서 촛불은 위태롭고 사라지기 쉬운 생명들을 표상한다. 윌리엄 셰익스피어William Shakespeare의 작품에서 촛불은 항상 무언가 불길한 일의 전조가 된다. "꺼져라, 꺼져라, 짧은 생이었던 촛불이여!"라며 맥베스는 울부짖고, 로미오의 죽음은 그의 촛불이 얼마나 많이 탔는가에 따라 결정된다.[296] 그림 형제에 따르면, 죽음의 대부는 초로 가득한 동굴을 갖고 있는데, 그 초 하나하나가 사람을 의미한다. 촛불 하나가 다 타면 한 사람은 죽

● 포르투갈어로 '신념에 따른 행동'을 뜻하는 말로, 죄인을 군중 앞에서 공개 재판하고 화형을 집행했던 행위를 의미한다. — 옮긴이

는다.[297] 정치적인 항거의 도구로 사용될 때는, 아주 약간의 바람에도 촛불을 두 손으로 잡아야 한다. 1989년 라이프치히의 혁명적인 촛불 추모에서 어느 기독교 목사는 촛불은 평화의 상징이며, 이는 그 누구도 촛불과 무기를 동시에 들 수는 없기 때문이라고 말했다. 어둠에 대항하여 불빛을 깜박이는 촛불의 미약함은 그 상징적 힘의 원천이다.[298]

불은 순수와 위험 사이의 경계선, 즉 어떤 사물이 축복과 저주를 모두 받는 불가사의한 성스러움의 지점에 놓여 있다. 불을 의례적으로 사용할 때는 육화된 것과 천상의 존재 사이의 커뮤니케이션 통로를 만든다. 예루살렘 남쪽의 게헨나로 더 잘 알려진 힌놈 골짜기에서의 설교는 가장 생생한 이미지를 담은 설교를 보여 준다. "지옥불"은 끊임없이 유해한 연기가 나는 쓰레기 더미에서 가져 온다(마태오복음서 5:22, 29~30). 더 오싹한 것은 이 계곡이 가나안의 신 몰록에게 어린아이를 분신 공양하던 장소였다는 기억이다. 특별한 불태움의 의식을 통해 무언가를 불태우는 일은 위험한 것을 제거하거나 귀한 것(깃발, 연금, 성스러운 책)으로 승화시키는 방법이다. 만일 불태워 처분하는 특별한 의식을 위반한다면 심각한 사회적 제재가 가해질 수 있다.[299] 성스러운 것이 제 자리를 벗어나는 것보다 더 유독한 것은 없다.

사체는 궁극의 위험한 사물이어서 (마치 쓰레기가 다루어지듯) 화장해야 하는 경우가 많다. 인간의 몸이 얼마나 많은 재를 남길 수 있는가 하는 것은 기이한 물질적 사실로, 몸 하나당 몇 킬로그램이나 된다. 하우츠블롬은 화장이 맹수들이 인육에 대한 입맛을 개발하지 못하도록 하는 기능적인 적응이라 할 수도 있다고 추측한다. 사체를 그냥 쓰레기처럼 뒤질 수 있도록 남겨 두는 것은 맹수들의 식욕을 돋우는 일이 될 수 있고, 이렇게 형성된 기호는 치명적인 결과를 나을 수도 있다. 인육의 맛을 알게 된 인도의 어떤 표범은 8년간 인간 126명을 죽였다.[300] 대부분의 문화적 적응과 마찬가지로 불을 가지고 행하는 일들은 대개 이젠 잊혀버린 인프라 지성에 의거해 있다. 불은 자연스러운 것이든 인간이 만들었든 상관없이 우리의 제2의 자아이고 우리의 파괴 천사이며 수호천사다. 바오로가 "이는 불로 나타날 것이다"라고 일반화한 것은 옳았다(코린토 신자들에게 보낸 첫째 서간 3:13).

컨테이너 테크놀로지

미디어는 미디어를 번식하며 부작용을 관리한다. 텔레비전은 TV 가이드를 만들었고, 인터넷은 검색 엔진을 태어나게 했고, 글쓰기는 구두점을 낳았고, 불은 벽난로와 구덩이와 가마와 오븐과 방화대 등 모든 종류의 컨테이너를 필요로 한다. 불의 풍요로운 허무주의는 봉쇄를 필요로 한다. 벽난로, 소화기, 피뢰침, 보험 등은 모두 부정의 부정이다. 만일 인프라 사상가라는 것이 존재한다면 유일하게 그에 해당할 루이스 멈포드는 컨테이너 테크놀로지라는 풍부한 개념을 소개했다. 《기술과 문명*Technics and Civilization*》(1934)에서 그는 기술의 역사가 "기구, 장치, 도구"들을 간과해서는 안 된다고 주장하는데, 여기에는 항아리와 바구니, 염색통과 벽돌 가마, 저수지, 수로, 길, 빌딩 등이 모두 포함된다.●[301] 멈포드는 기술사학자들이 인간이 가진 장비 중에 움직이고 더 시끄러운 부분들, 예컨대 화살촉과 창끝을 벽난로나 항아리나 바구니보다 더 지나치게 강조했다고 생각했다. 훗날 그는 컨테이너 테크놀로지를 더 분명하게 정의하여, 형figure을 가져오지만 그렇게 함으로써 사라지게 하는 배경ground으로 보아 명백하게 현상학적인 방식으로 설명했다. 테크놀로지는 우리의 시야에

● 또한 선사 시대에 대한 이해에서 그는 "예리한 대상들objets tranchants"이 테크닉의 부상에 절대적으로 중심이 되었다고 생각하면서도 그에 의한 불균형의 역할도 언급한다.

서 사라지는데, 부분적으로는 테크놀로지 중 다수가 신석기 시대에 개발되었고 그 후에는 더 나은 것들이 거의 없었다는 역사적인 정지 상태 때문이며, 이는 그 후에도 게걸스러우리만치 '개량'을 이루어온 전쟁 테크닉과는 대조적이다. 그러나 또 다른 이유로는 고고학적 기록이 화살촉이나 도끼처럼 흔적을 남기는 행위들 쪽으로 집중된 반면 흔적을 남기지 않는 의례나 공동체 건물 같은 것들에 대해선 풍부하지 않다는 점을 들 수 있다. 컨테이너 테크놀로지는 "지하실, 쓰레기통, 물통, 통, 화병, 주전자, 관개수로, 저수지, 헛간, 주택, 곡물 창고, 도서관, 도시"를 모두 포함하며, 언어, 글, 의례, 가족 등과 같은 좀 더 추상적인 컨테이너들까지도 포함한다.[302] 19세기는 식료품과 시청각 기록의 화학적 보존에 있어서 커다란 도약이 있었다 할 수 있고, 이 때문에 시간 내에 사건을 포착하고 응답하는 것이 가능해졌다. 컨테이너 테크놀로지는 미디어를 가장 환경적인 방식으로 보여 준다.

불과 마찬가지로 컨테이너는 부정과 특별한 관계를 갖고 있다. 잡아두기 위해서는 먼저 비어 있어야 함이 전제된다. 처음에는 컨테이너가 방수나 밀폐가 되어 있는 불투과성이어야 한다는 것이 결정적인 것처럼 보인다. 그러나 완벽한 봉인은 깨기 위해 만든 컨테이너의 경우에만 들어맞는다. 예컨대 타임캡슐, 피냐타(사탕을 넣어둔 항아리를 깨는 것), 달걀껍질, 무덤 등이다. 이런 경우들을 제외하면 컨테이너는 꼭지나 코르크 혹은 일종의 배출구와 같은 구멍을 갖고 있다. 모든 약병들은 반드시 마개가 있어야 한다. 컨테이너들은 대개 새지 않아야 하지만 부을 수는 있어야 한다. "조금씩 새어나오는 것"은 여과기, 물시계, 필터에게 필수다.[303] 은행 계좌는 돈을 유지하고 낭비됨이 없이 해야 하고 이자가 붙어 수익이 나야 하지만, 돈을 빼는 출금 메커니즘을 필요로 한다. 돈 그 자체는 네거티브에 관련된다. 와인이나 기름이나 물 등 모든 귀한 액체류가 그러하듯, 돈의 가장 큰 쓰임새는 그 돈이 풀렸을 때, 즉 돈 자체가 가치로 작용하면서 사라질 때 가장 커진다.

다른 컨테이너들도 비어 있을 때 가장 잘 작용한다. 누구나(특히 보험 회사들은 더욱) 건강보험, 화재보험, 생명보험을 쓸 일이 결코 없기를 원할 것이다. 안전망은 그것이 비어 있을 때가 최선이고, 감옥이나 다른 페널티 박스 등도 마찬가지다. 비무장 지대의 지점, 예컨대 예전의 동베를린과 서베를린 사이 혹은 남한과 북한 사이에 있는 무인 지대는 두드러져 보일 만큼 텅 비어 있고, 그 텅 빔은 경비견과 전기 철조망과 자동 소총으로 강화된다. 핵 컨테이너에 대한 냉전 시대의 정책에서도 이는 마찬가지였다. 사용하지 않는다는 바로 그 사실이 승리의 지점이다. 히브리어의 '중지'라는 뜻을 지닌 말에서 유래한 안식Sabbath은 훨씬 더 행복한 종류의 텅 빔이다. (영어에서 휴가vacation가 빔vacancy과 관련된 것도 같은 의미다.) 안식일은 시장과 국가가 요구하는 것으로부터의 일시 정지, 즉 간섭의 출입 금지 구역을 선언하며, 일종의 달력의 구두점으로 기능한다.

일부 컨테이너들이 비어 있을 때 가장 잘 작용한다면, 꽉 찼을 때 가장 잘 작용하는 컨테이너는 없다. 성서에 나오는 넘치는 잔의 이야기처럼, 가득 담긴 음료가 흘러넘치는 컨테이너는 아름다운 분수를 만들 수는 있지만 엄밀한 의미에서 실용적이지 못하다. 병, 주차장, 주사기, 스케줄 등은 모두 느슨해야만 하고 만일 그렇지 못하면 꽉 막혀 쓸모없게 되어 버릴 것이다. 건물에는 복도가 필요하고, 농사를 지을 때는 노는 땅이 필요하며, 와인을 코르크 마개까지 꽉 차게 가득 채우는 것은 '부족량'(병 윗부분의 빈 공간)이 와인의 숙성과 와인을 따를 때 결정적인 역할을 한다는 점을 고려하면 나쁜 일일 것이다.●304 하드 드라이브는 최대 용량에 가까워지면 작동을

● 스파티움spatium이라는 용어는 훗날 미디어 역사가인 프리드리히 키틀러, 베른하르트 지거트Bernhard Siegert, 볼프강 섀프너Wolfgang Schäffner가 르네상스 시대에 일어난 세 가지 점에 바탕을 둔 미디어 혁신을 말할 때 사용했다. 그 세 가지는 원근법, 인쇄, 회계다.

멈춘다. 경제학자들은 약간의 실업률이 노동 시장의 경직을 막아 준다고 믿는다. 정밀공학은 윤활을 위한 약간의 여유를 남겨둔다. 브뤼노 라투르는 최근 관심을 갖고 있는 컨테이너 테크놀로지에 대해 말하면서, 네트워크는 "주로 빈 공동들로 구성되어 있다"고 말한다. 이는 항아리가 바닥과 벽면으로 이루어져 있는 것이 아니라 "공동"을 열어 보이는 빈 공간으로 구성되어 있다고 말한 하이데거의 말과도 일맥상통하는 것이다.[305] 공간이 컨테이너에 대해 갖는 관계는 불이 물질에 대해 갖는 관계와 같다.

컨테이너 테크놀로지는 필연적으로 젠더를 함축하고, 멈포드는 컨테이너의 노동이 전형적으로 여성에 의해 이루어졌다면서 여성들은 그들이 만든 컨테이너만큼이나 넘치지 않기를 요구받았다고 언급했다. 이는 테크놀로지가 오직 남성의 몸의 연장만을 포함한다는 아이디어에 정면으로 반박하는 것이다. 멈포드의 컨테이너 개념은 남권주의자들이 말하는 무기와 돌과 화살 등의 '파워 테크놀로지'에 대하여 균형을 잡아 주는 의미가 있다. 다른 학자들과는 대조적으로, 멈포드는 테크놀로지가 젠더를 떼어놓고는 생각할 수 없는 범주임을 알고 있었다.

조 소피아Zoe Sofia가 멈포드에 바탕을 두고 쓴 멋진 페미니스트 에세이는 보유와 공급과 관련하여 내장되어 있는 테크놀로지에 대해 생각할 수 있는 섬세한 방식을 제공한다. 집, 의류, 문화, 보호소 등 모든 "자궁 외의 매트릭스"는 인간에게 거주할 곳을 제공해 준다. 우리가 일반적으로 테크놀로지라고 생각하는 사물들은 유지와 공급의 감추어진 시스템에 결정적으로 의지한다. 이 시스템은 소피아가 그렇게 부르지는 않았지만 인프라라 할 수 있다. 자동차는 도로와 주유소와 보험회사를 필요로 하고, 컴퓨터는 전기망을 필요로 하며, 발견은 실험실을 필요로 하고, 태아는 어머니를 필요로 한다. 하이데거의 비축품Bestand(물질의 저장고)은 모든 테크놀로지에 해당하고, 소피아는 이를 하이데거가 선호했던 보다 신비로운 사물들(물항아리나 성배와 같은)만큼이나 가치 있는 존재로 본다. 장비, 장치, 도구라는 배경 없이 테크놀로지를 생각하는 것은 위험한 일이며, 젠더 관계를 고려하지 않고 생각하는 것 역시 마찬가지다. 소피아의 에세이 전체는 탈격 관계에 대한 숙고다. X가 없는 A는 없다는 것이다. 미디어는 무언가를 드러내고 가능케 한다. 미디어는 필요조건이다. 소피아는 젠더 이분법을 강화하지 않고도 테크놀로지의 아귀를 맞추는 결정적으로 중요한 움직임을 실행한다. 그의 핵심은 감정이입을 하여 '남성의' 지배적인 테크닉을 '여성의' 양육하는 테크닉과 균형을 맞추려 할 것이 아니라, 전체 프레임을 해체해야 한다는 것이다. 남성의 몸 역시 하나의 컨테이너이고, 많은 요리 도구만큼이나 폭력적인 사물들도 별로 없다.[306]

소피아는 자궁을 전적으로 테크놀로지로 다루며, 이는 새로운 인간을 이 세상에 내어놓는 일, 즉 아렌트가 탄생성natality이라 불렀던 일을 하는 수많은 미디어 중에서 가장 중요한 것임에 틀림없다. 아마도 세상을 바꾸는 물질적 행동 중에 가장 대단한 것이 출산일 것이고, 이는 인간의 몸이 근본적으로 기술적임을 보여 주는 최고의 과정이기도 하다. 인간이 도움 없이 출산을 하기란 매우 어렵고, 조산술과 산과학 등으로 발전된 출산 테크닉의 목록은 매우 길다. 직립 자세는 큰 두개골과 좁은 골반을 갖게 하여 곧게 뻗은 척추와 움직이는 두 다리를 고정시켜 주었지만, 그 결과 출산은 걱정되고 위험한 일이 되어 최근까지도 여성 조기 사망의 주요한 원인 중 하나였으며 여전히 큰 모험을 걸어야 하는 일이다. 출생의 관에 이르는 곧은 통로는 없다. 아기는 몸의 위치를 뒤집거나 끌어내는 방식으로 출생하는 일이 빈번하고, 보통 아기의 얼굴이 아래를 향한 채로 나오기 때문에 산모들은 더 큰 산고를 겪게 된다. 출산은 뼈와 뼈를 맞부딪히게 한다. 아기의 두개골에 이어 어깨가 짓이겨지고, 아기의 머리뼈는 작게 만들고 산모의 골반은 확장하여 분만(delivery는 원래 구조 혹은 어머니의 구출을 뜻하는 용어다)을 완수하게 해 주어야 할 수도 있다.[307] 이른바 자연 분만도 테크닉이 없는 경우는 거의 없으며, 오히려 기술, 자세, 지도, 테크놀로지 등으로 가득하다.

(산부인과는 마르셀 모스가 논의했던 "몸 테크닉"으로 가장 중요한 것 중 하나다.) 홀로 출산하는 것은 일반적으로 태아를 유기한다는 신호다. 침팬지는 골반이 넓어서 태아가 뒤틀리지 않고도 나올 수 있어 '자연' 출산을 할 수도 있지만, 직립하여 두 발로 걷는 그들의 사촌 격인 인간에게는 이러한 선택의 여지가 없다.

재생산이란 남성의 씨앗을 운반하여 수동적으로 아이를 낳는 것이라 추측했던 오래된 이야기처럼 통로로서의 여성을 의미하는 것이 아니라, 인간의 필수적인 기술성의 핵심적인 영역을 의미한다. 재생산이야말로 지난 몇십 년 동안 가장 격렬한 정치적이고 문화적인 전투의 영역이었을 뿐만 아니라 생명공학에서 가장 극적이었던 몇몇 혁신의 핵심이었다는 것은 놀랄 만한 일이 아니다. 테크닉이 테크놀로지만큼이나 필수적이라는 것을 인식하는 것은 기술적인 자연사에 미친 젠더의 공헌에 균형을 잡을 수 있도록 해 주지만, 우리는 자연이든 문화든 어떤 양극단 사이의 완벽한 대칭을 기대하는 것 이상의 지식을 갖추어야 한다. 스스로 인위적인 인공물에만 국한시키는 모든 테크놀로지 이론들은 인간이 생명 존재나 무생명의 물체 모두의 창조자로서 이루어왔던 가장 창의적이고 놀라운 절반의 일을 놓치는 것이다. 인간은 출산과 예술을 통해 불멸에 도달한다. 물론 '물질적'이라는 용어가 mater(어머니mother)에서 유래했음에도, 그 연결성을 우리에게 알려 준 아리스토텔레스의 철학조차도 물질적이거나 모성적인 것에 대해 그다지 우호적이지 않았다. 아리스토텔레스는 (그가 이해한 것에 따르자면) 남성의 씨앗이 주는 모양 형성에서 '부성의paterial' 측면을 훨씬 더 선호했으며, 그 후 대부분의 테크놀로지 이론도 마찬가지였다. 만일 '테크놀로지'가 무기물 발명만을 의미하고 인간과 인공물을 낳는 몸의 테크닉을 의미하지 않는다면, 테크놀로지의 철학은 수컷만이 계속해서 노래를 불러야 하는 혹등고래처럼 저주받은 운명이 될 것이다.

정착과 기타 컨테이너

비록 덧없고 변덕스럽기는 하지만 불이 지닌 치유력은 인간이 도시에 정착한 것과 관계가 있다. 도시는 핵심적인 컨테이너 테크놀로지로, 사막의 유목민을 여성화한 것으로 간주되기도 한다(메트로폴리스는 어머니 도시를 의미한다). 저장은 문명에서 가장 복잡한 유산 중 하나인데, 힘을 배가하고 시간을 연장하는 능력 때문에 그렇다. 모든 장기간의 저장을 위해서는 공간의 안정성이 필요하다(6장 참조). 인간이 왜 정착하게 되었는가에 대해서는 논쟁이 분분하다. 정착으로 인한 불리함은 예컨대 약탈자나 인간쓰레기나 남에게 빌붙어 사는 사람 등이 증가하는 것에서 보듯 명백하다. 군집 생활은 재러드 다이아몬드가 언급했듯이 사람들을 새로운 질병에 노출시켰고, 도시는 시골에 비해 일반적으로 살기에 덜 건강한 장소였다. 예를 들어 고대 로마의 기대 수명은 이탈리아의 다른 곳에 비해 훨씬 짧았다.[308] 정착은 쓰레기, 하수구, 범죄와 같은 문제들을 유발했다. 또한 낯선 이들과 상호 작용하는 일이 필요했고, 계급과 젠더에 따른 사회 위계질서를 양성했다.[309] 도시들은 경찰력, 소방단, 위생 시설을 필요로 했다.

물론 정착의 동기가 된 것은 농업이었다. 곡물 경작을 하려면 최소한 한 철 동안은 정착해야 한다. 과수원을 위해서는 장기간 헌신해야 하고 과일이 열리기 몇 년 전에 미리 식수를 해야 한다. 올리브 나무는 손주들을 위해 심는다. 개척자들이나 그들의 군대가 올리브 숲을 파괴하기 시작하면, 그것이 야비한 짓임을 우리는 안다. 안톤 체호프Anton Chekhov의 《벚꽃동산*The Cherry Orchard*》에서 그러하듯, 과수원은 언제나 대를 넘어 이어지는 지속성을 나타낸다. 그러나 고고학자들이 농업이 없는 정착 사례를 발굴해내면서, 정착이 농지화로부터 직접적으로 유래했다는 견해가 최근 흔들리고 있다. 그러나 정착 없는 농업이 없다는 것만은 명백하다. 머물고자 하는 동기는 농업적인 것일 수도 있지만 종교적인 것일 수도 있고, 상징적이거나 예술적인 것일 수도 있다. 영국의 고고학자 이언 호더Ian Hodder는 식물과 동물을 길들이기 시작한 것이 인간이 서로 상호 작용하고 사물과 상호 작용하는 전체적인 재구성의 일부라고 하면서, 이 변화는 경제적이고 생태적인 만큼 사회적이고 상징적이기도 하다고 주장한다.[310] 물론 정착의 의례적인 기원설은 아직 더 추론이 필요하지만, 죽은 자와 음식과 문자 기록물을 모두 저장하는 것은 시간을 가로질러 의미를 고정하고자 하는 노력으로 볼 수 있다. 이 모든 것들은 인간 공예의 산물이고, 보다 구체적으로 말하자면 대부분 인간이 불을 이용한 기술의 산물이다.

정착은 언제나 무덤과 함께한다. 멈포드는 고정된 주소를 가진 최초의 인간은 죽은 자였을지도 모른다고 설명한다.[311] 화석인류학에게는 다행스럽게도, 인간은 행동 근대성이 드러나는 가정상의 범위 내에서 수만 년 전에 신중하게 돌봄을 받는 존재로 남기 시작했다. 기억이 깃든 장소이자 의례적 방문의 장소인 묘지는 해저 세계에서는 이루어질 수 없는 인간성이 담긴 신호다(침팬지도 죽은 몸을 매장하지 않으며, 이 때문에 그들의 긴 역사를 추적하는 일은 훨씬 더 어렵다.)[312] 고대에는 팔레스타인이나 그리스나 로마에서 도시에 접근할 때 가장 먼저 마주치는 것이 묘지들이었으며, 고정된 주소를 가진 이 묘지들은 도시를 둘러싼 채 조상으로부터 내려온 공간이라는 연속성을 주었다. 죽은 자가 도시를 만든다. 키케로에 따르면 무덤을 공유하는 일은 인간의 유대감 중에 가장 강한 것이다.[313] 묘소는 인간이 의미를 저장하는 모든 장치 중에서 가장 기본적인 것 중 하나다. 그리스어로 세마σῆμα는 의미semantic와 기호semiotic의 어원이 되기도 하지만, 매장지에서의 무덤 즉 떠난 자의 명성을 지속적으로 표시하고 기념하는 의미이기도 하다. 세마는 깨어남을 기념하고 영혼의 귀환을 상징한다는 점에서 태양과 관련되기도 하는 것 같다.[314]

정착을 위해서는 옷, 쉼터, 음식 저장고 등 환경의 규율자, 즉 소피아의 용어로 말하자면 "자궁 바깥의 매트릭스"가 필요하다. 기후 통제의 여러 테크닉 가운데, 유목 생활은 더 나은 날씨를 찾아 동일 위도 지역으로 계절에 따라 이주하는 방식으로 기후를 통제한다. 새와 나비와 고래와 일부 인간들은 계절에 따라 이동한다. 저장 테크닉은 아주 작은 규모로 행해지는 것 이외에는 거의 움직임이 없고, 있다면 일반적으로 텍스트(의미 저장고)와 보석(가치 저장고)과 같이 아주 가벼운 것들이다. 불이 없었다면 문명이 등장했던 온대 기후대는 정착지가 되지 못했을 것이다. 테크닉 없이 중국이나 메소포타미아나 그리스에서의 겨울을 날 수 있는 사람은 없다. 입구, 문, 벽, 지붕 등은 온도를 통제하는 마이크로 기후대를 만들어 냄으로써 세계의 역사에서 한 역할을 한다. 입구는 동물을 길들이고 기르는 데 사용된 가장 초기 장비 중 하나다. 문은 모든 문화적 테크닉 중 가장 기본적인 것의 하나이며, 공간의 안과 밖을 구분하는 전환이 된다. 매클루언의 표현은 이를 잘 말해 준다. "피부와 열 통제 메커니즘의 연장인 옷과 가옥은 커뮤니케이션 미디어인데, 무엇보다도 인간의 관계맺음과 공동체의 유형들을 형성하고 재구성한다는 점에서 그렇다."[315]

도시들은 불과 복잡한 관계를 갖고, 불을 도시의 품으로 가지고 오는 바람에 대화재에 취약하게 된다. 도시화의 역사는 화재와 진화의 역사다. 나무와 짚은 작업이 쉽고 아름다운 건물을 만들 수 있게 하지만, 곧 화장용 장작더미가 될 차례이기도 하다. 불을 진화하는 세 가지 고전적인 방식은 물, 모래, 기도이며, 하우츠블롬이 비꼬아 언급하듯이 "이 세 가지는 모두 비슷하게 효과적이다."[316] 화재 보험은 근대 도시 계획과 건축을 형성한다. 실제로 보험 산업은 "사실상 모든 근대 인프라의 근본적인 재정 요소"다.[317] 소방대는 역사가 오래되었고, 화재경보기는 알림 시스템 중 핵심이다. (모든 경보 시스템은 잘못된 경보의 위협에 대처하는 전략을 함께 고안해야 한다.)[318] 소화전은 근대의 배관 및 하수구 시스템에서 공공의 얼굴이다. 중국의 명나라와 청나라 시대 궁전들에는 건물 바깥에 구리와 철로 만든 물통이 항상 갖추어져 있어서 언제든 소화기로 쓸 수 있도록 준비되어 있었다. 겨울에는 그 물통들을 천으로 덮어두거나 때로는 불로 녹여서 동결을 방지했다. 그들이 맞서 방어해야 할 대상이 그들을 사용 가능하도록 유지해 준 셈이다. 나무와 대나무로 만들어진 건물이 들어선 중국의 도시 역사에서 주요 화재 사건은 늘 발생하는 주제다. 송나라의 수도였던 카이펑開封은 북송 시대 동안 화재 관측탑을 설치하는 등 체계화된 화재 제어 시스템을 갖추었던 중국 최초의 도시 중 하나다.[319] 사용할 만한 최초의 소방 호스는 17세기가 되어서야 유럽에 등장했고, 런던 대화재 동안에는 장난감 물총과 소방 호스 둘 모두의 조상 격이라 할 수 있는 커다란 '물총'이 사용되기도 했다. 또 다른 형태의 도시 화재 제어는 프랑스어 couvre-feu(불을 끄다)에서 유래한 야간 통행금지curfew다. 불이 꺼지고 나면 권력자들이 밤을 관리하는 일이 더 쉬워진다. 경찰은 불을 비추어 장난을 탐지할 수 있고 소방대는 걱정할 것이 별로 없다.

그러한 화재 봉쇄 조치에도 불구하고, 여러 도시에서 여전히 화재가 발생한다. 우리는 부작용에 대처하는 우리 노력의 부작용에 대처해야만 한다. 석면은 오늘날 잘 알려진 건강 유해 물질이다. 토스트 빵을 구울 때면 연기 경보기가 울릴 것이다. 소화기는 대학 기숙사에서 벌어지는 싸움에서 즐겨 사용되는 무기다. 고대 로마에서 마르쿠스 크라수스Marcus Crassus•는 완전히 타 버린 건물들을 사들여 개발함으로써 큰 경제적 이익을 보곤 했다.[320] 불은 오랫동안 부동산 투기 및 도시와 마을의 재생을 모두 가능케 해 주었다.[321] 런던의 여러 지역들은 798년부터 시작하여 1666년의 '대화재'에 이르러 최고조에 달한 몇 세기에 걸쳐 일어난 여러

• 마르쿠스 크라수스는 로마 공화정 말기의 정치가이자 장군으로 스파르타쿠스 반란을 토벌하고 콘술을 지냈으며 폼페이우스 및 카이사르와 삼두 정치를 하였다. 은광산의 노예 거래, 화재가 난 집에서의 재산 거래 등 악랄한 방법으로 엄청난 재산을 불려나간 것으로 악명 높았다. — 옮긴이

차례의 화재로 완전히 파괴되거나 크게 파괴되었다. 오슬로는 1624년 화재로 파괴되었다. 모스크바는 1812년 나폴레옹 군대를 몰아내기 위해 도시에 불을 질러 파괴했다. 20세기의 전쟁 이전에 일어난 최악의 도시 화재는 1871년 시카고 대화재였는데, 3일 동안 계속된 이 불로 도시 중심부의 4제곱마일(10제곱킬로미터)에 이르는 면적이 파괴되었다. 이는 오늘날 시카고가 보여 주는 위대한 건축미의 원천이 되었다고 할 수 있다. 1906년에 일어난 샌프란시스코의 지진과 그 뒤를 이은 화재 역시 비슷한 트라우마 효과와 전환 효과를 가져다주었다. 1491년 드레스덴이 완전히 파괴된 것처럼 1842년 함부르크도 그러했고, 이는 다가올 공습을 예고하는 것이었다.[322] 거의 모든 도시에서 최소한 한 번의 끔찍한 화재가 발생했다. 친화성 식물들이나 삼림 시스템과 마찬가지로 많은 양의 가연 물질을 좁은 공간에 집중시켜놓은 도시들은 불이 전멸시키고 재생하기에 가장 적합한 표적 대상이다.

식물 길들이기

불은 핵심적인 길들이기 중 최초의 것이었다. 그 뒤를 이은 두 가지는 식물과 동물이었다. 그러나 불은 식물과 동물을 인간 통제하에 가져오는 데 있어서 주된 역할을 했다. 길들이기는 일반적으로 상호의존성을 가지고 인간에게 바람직한 형질을 극대화하기 위한 유전자 조작 과정이며, 인간이 자연을 인위적으로 수정하는 것을 보여 주는 가장 강력한 사례다. 비록 자연의 다양한 공생 관계가 복잡한 상호 적응을 보여 주기는 하지만, 다른 종들을 키우는 체계적인 통제를 하는 것은 인간 외엔 없다. 인간의 관리로 인해 식물학과 동물학은 급격하게 변화했다. 만일 우리 인간이 역사적인 존재라면, 미디어학은 우리가 별 생각 없이 살고 있는 이 환경을 드러내는 임무를 갖고 있고, 그러고 나서 지구상에 우리의 터를 구성하는 세 가지 주요 원소인 불과 식물과 동물의 삼인조가 탐구의 주요 대상이 되어야 한다.

인간 번창의 역사는 식물 번창의 역사와 함께한다. 사실상 '번창'은 식물의 삶에서 나온 말이다. 우리의 운명은 식물의 운명과 함께 던져졌다. 식물은 태양의 위대한 중재자다. 식물이 없다면 태양의 에너지는 공간으로 흩어질 뿐이거나 바다와 대기에 열로 흡수될 뿐(이거나 구름에 반사되어 극지방 만년설을 점차 줄여나갔을 뿐)이었을 것이다. 우리는 태양 에너지를 탄수화물로 저장하고 그 부산물로 산소를 얻어 내는 방식으로 식물에 의존한다. 식물은 그 광합성 덕분에 온갖 종류의 불에게 연료를 제공해 주는 최초의 저장 미디어다.

식물은 이 지구상에 어마어마하게 풍부하고 다양한 생명의 형태로 존재한다. 식물의 바이오매스 총량phytomass(피토매스)은 동물의 바이오매스 총량zoomass(주매스)에 비해 1000배 정도 큰 것으로 추산된다. 여기서 육지의 바이오매스는 대양의 바이오매스보다 100배 더 큰 것으로 추산되는데, 이는 새로운 서식지에서 이식된 개체군이 증가하는 전형적인 사례다. 동물과 마찬가지로, 식물은 바다에서 등장했고 그 세포 안에 염분을 함유하고 있다. 식물 길들이기는 인간 역사와 지구 역사에 커다란 변화를 가능케 했다. 약 1만 년 전만 해도 모든 인간은 사냥과 채집을 했다. 1500년 전쯤에는 인구의 1%만이 사냥과 채집을 했다. 오늘날은 약 0.01%만이 그 일을 한다. 이는 지질학적으로 볼 때는 짧은 시대에 인간 영토에서 일어난 급속한 변화다.[323] 지난 몇천 년 동안, 대다수 인류의 주요 노동은 식물(과 닭)을 경작하는 것이었다. 농업은 수천 년 동안 가장 근본적인 노동의 형태였는데, 구대륙에서는 이르면 BCE 9000년에 처음 시작되었고 이어서 신대륙에서는 BCE 4000년 무렵 시작되었다. 중국은 농업의 고대 중심지 중 하나로, 그 자연적인 생물의 다양성이 예컨대 빙하가 휩쓸고 지나갔던 북아메리카 지역에 비해 훨씬 컸다. 8000년에서 1만 년 전 즈음, 쌀은 장강을 따라 경작되었고 황하 유역에서는 기장이 재배되었다. 물론 비옥한 초승달fertile crescent• 지대 역시 농업과 도시가 성장한 또 하나의 지역으로, 예를 들어 예리코••에서는 1만 1000년 동안 사람이 살아오고 있다.

농업의 기원을 연구한 학자 대부분은 재러드 다이아몬드에 동의한다. "이른바 문명의 축복에는 여러 가지가 섞여 있다."[324] 농업은 인간이 저지른 최악의 실수라는 그의 신랄한 견해에 모든 이들이 동의하는 것은 아니다. 농업은 필연적인 발전은 아니었다. 다이아몬드는 이를 역사의 잘못된 전환으로 보는데, 인간을 아프게 하고 더 작게 하고 성차별주의자로 만든다는 이유에서다. 농업은 우리가 도시로 몰려들어 인간끼리 혹은 동물들과 매우 가까운 거리에서 살게 했고(그래서 새로운 세균 배양지를 만들어 내고), 우리 식생활의 다양성을 감소시키며(그래서 우리의 몸을 작게 만들고), 임신율과 반복적인 노동을 증가시킨다. (그래서 여성에 비해 남성의 불균형적인 힘의 우월함이 가능해진다).[325] 다이아몬드는 신석기 혁명이 도시, 노동 분업, 글쓰기, 예술, 천문학, 종교, 국정 기술 등으로 인해 인간의 터전에 주요한 개량을 가져왔다고 보는 '진보주의' 담론에 대항하고자 하는데, 신석기 혁명은 우리가 여전히 힘겨워 하고 있는 극단적인 사회 계층화, 권력의 집중, 물질과 힘과 에너지에 있어서 비인간 원천에 대한 착취적인 의존 등 많은 남용을 유발했다고 보기 때문이다. 수렵과 채집에 비하면, 문명은 풍부한 미디어를 갖고 있으며 삶과 죽음에 대해 엄청난 영향력을 발

• 비옥한 초승달 지역은 최초의 농경 문화 발상지로, 서쪽으로는 지중해 동안의 팔레스타인에서 북부 메소포타미아, 동쪽으로는 이란 고원에 이르는 초승달 모양의 지대다. 유프라테스강과 티그리스강을 따라 비옥한 충적 평야가 펼쳐져 일찍부터 농경과 목축업이 발달했으며, 여러 고대 문명이 출현하였다. — 옮긴이

•• 요르단 강 골짜기의 요충을 차지한 세계 최고最古 도시의 하나로 BCE 9000년경 신석기 시대까지 거슬러 올라간다. — 옮긴이

휘한다. 이니스는 우리가 유목의 삶으로 돌아가야 한다고 주장하지는 않았지만, 문명이란 집단 자살의 여러 가지 방법 중 하나를 선택하도록 제시하는 데 탁월하다는 것을 우리에게 알려 주고자 했다.

동물의 경우와 마찬가지로 식물 길들이기는 고도로 선택적이다. 무수한 후보들 중에서 오직 몇 개만이 성공적으로 길들여져서, 몇천 년 만에 인간의 풍경과 식생활과 소화기 계통을 재정리했다. 곡물은 오늘날 인간 식생활에서 열량의 절반을 담당하고 있는데, 밀, 쌀, 옥수수, 보리, 수수가 가장 큰 비중을 차지한다. 이 외에 일곱 가지 식물이 30%를 차지하는데, 대두(콩과), 감자, 카사바, 고구마(뿌리작물), 사탕수수, 사탕무, 바나나의 순이다.[326] 밀, 옥수수, 쌀이 지배적이며 이들은 이미 수천 년 전에 길들어졌다. 토마토소스 파스타가 전 지구화의 특징인 것만큼이나(멕시코에서 유래한 토마토와 유라시아에서 유래한 밀이 이탈리아에서 만남) 마카로니와 치즈 요리는 문명의 특성을 보여 준다(면의 재료인 밀은 농업으로 얻고, 치즈의 재료인 우유는 가축에서 얻는다). "음식은 인간과 환경이 상호 작용한 대표적인 사례다."[327] 불은 우리의 신진대사 조건의 상당 부분을 다시 쓰게끔 만드는 데 필요조건이다. 불은 식물과 동물을 길들였고 이는 다시 우리의 내장을 재정리했다. 우리 중 일부는 성인이 되면 유당을 소화할 수 있도록 진화하기도 했다.

마이클 폴랜Michael Pollan은 《잡식 동물의 딜레마*The Omnivore's Dilemma*》에서 돼지옥수수에서부터 미국 중서부의 거대 옥수수에 이르기까지 옥수수의 역사를 위대한 능력과 불길한 암시를 함께 갖고 있는 것으로 서술했다. 기꺼이 인간과의 공진화를 택한 옥수수는 인간에게는 커다란 보람이었다. 이러한 유익한 공생은 마치 개와 인간의 공생과도 같았다. 펜실베이니아에서 네브래스카에 이르는 광대한 지역은 소로가 "곡물의 물결"이라 불렀던 끝없는 옥수수의 물결로 뒤덮여 있고, 이들은 햇볕과 물과 석유화학 비료들을 들이마셔 녹말과 설탕을 과다 생산함으로써 미국에서 증가

하는 비만율에 먹을 것을 공급하고 있다. 여기서 세 가지 형태의 저장고(화석 연료, 탄수화물, 지질)는 병을 유발하는 피드백 순환 고리로 작용한다. 인간은 직접적으로 옥수수의 성생활에 개입하고 술 떼기를 하는데, 미국 중서부 10대들에게는 통과 의례이자 여름 동안 돈을 벌 수 있는 기회를 제공하기도 하는 까다로운 작업인 술 떼기는 번식을 위해 잘 익은 술을 옥수수대에서 떼어 버리는 작업을 의미한다. 이처럼 인간이 이끄는 거세 작업은 선택적인 수정과 새로운 잡종의 실험적인 번식을 가능케 한다. 라투르의 확장된 의미로 보자면 옥수수는 잡종, 즉 식물학과 동물학의 명령과 통제의 혼합으로 이루어진 것이다. (그러한 적응은 식물의 관점에서 보자면 전적으로 역기능을 하는 것이며, 씨 없는 오렌지나 씨 없는 포도 등의 사례에서 볼 수 있듯 씨를 받아들이고 퍼뜨리기 위해 유혹하는 과실의 역할을 완전히 전복하는 것이다. 그리고 일부 식물들은 인간 앞에 스스로를 완전히 포기해 버리는데, 예를 들어 양귀비는 이제 더 이상 야생에서 발견되지 않는다.)[328] 폴랜의 설명을 통해, 우리는 선사 시대의 동식물이 석유 매장물로 분해된 후 거기서 나온 탄화수소가 다시 옥수수 작물을 위한 비료가 되는 것을 볼 수 있다. 이 옥수수는 분쇄되어 농장에서 기르는 닭의 사료가 되고, 그 닭은 도축되고 조각으로 분해되어 옥수수 식용유를 두르고 조리한 요리가 되며, 이를 옥수수가루에 섞어 빵처럼 만든 치킨 맥너겟을 옥수수시럽으로 만든 케첩에 찍어먹고, 결국은 누군가의 동맥에 세균태로 혹은 누군가의 복근에 지방으로 최종 상륙하게 된다. 옥수수에게 좋은 것이 우리에게도 반드시 좋은 것은 아니다. 폴랜은 옥수수가 인간을 길들였다고 추론한다.[329] 그러한 상호의존성에 있어서 누가 주인이고 누가 노예인지는 알 수 없는 일이다.

꽃 역시 중요한 인간의 동반자이며, 비록 다른 대륙에 비해 아프리카에서는 꽃에게 문화적으로 작은 지위를 부여하기는 하지만, 꽃은 견실한 생태학적 이유로 인간과 함께한다. 포유류와 꽃을 피우는 식물들은 고래목과 동시대에 처음 등장했다. 꽃은 새로운 색과 빛과 맛을 더함으로써 땅의 풍경을 바꾸었다.[330] 멈포드는 이렇게 묘사했다. "항균제의 번식 체계는 그저 4000개가 넘는 수많은 다양한 잔디의 종들로 구성된 녹색 카펫으로 지구의 전체 표면을 뒤덮는 것만이 아니라 모든 종류의 생명 활동을 강화했는데, 꽃가루와 씨앗과 열매와 다육질의 잎이 감각을 넓히고 정신을 자극하며 식량 공급의 총량을 엄청나게 증가시켰기 때문이다." (토마토는 속씨식물이다.) 자연의 놀랍도록 넘치는 아름다움을 보는 일에 있어서 멈포드는 그의 유년 시절 우상이었던 에머슨을 따른다. 꽃의 노다지는 "삶의 근원적 선물"이며 그 자체로 넘치도록 훌륭하다.[331] 독일의 동물발생학자 카를 에른스트 폰 베어Karl Ernst von Baer가 이를 두고 멋진 말을 했다. 열매와 꽃들은 식물들의 결혼 예복이다.[332] 벌들은 인간과 맛의 목록을 함께한다. 색깔, 크기, 모양, 냄새, 달콤함은 벌과 인간 모두에게 매력적으로 다가가고, 해는 벌과 인간 모두에게 방향의 중심을 잡아 준다. 식물과 벌이 가는 방향으로, 인간도 간다.[333] 식물은 아마도 우리에겐 최초의 생존 인프라일 것이다. 식물이 없다면 포유류의 조상들은 육지로 올라와 생존하지 못했을 것이다. 우리는 식물의 번성에 필요한 조건을 제공하기 위하여 2차적으로 꿀벌과 지렁이와 비구름에 의존한다.

꽃들은 인간이 길들인 대표적인 것이고, 거의 대부분 정원이나 별도로 구별된 공간에서 특별하게 가꾸어진다. 중국과 지중해 지역에서는 종교적, 의약적, 미학적, 사회적 목적을 갖고 꽃을 키운 것이 3000년이 넘었고, 생태계와 문화에 따라 전 세계적으로 멋진 다양함으로 존재한다. 18세기 이전까지 유럽에서 길들여진 유일한 꽃이었던 장미의 역사는 또한 지난 2000년간 유라시아 서쪽의 종교와 회화와 문학과 로맨스의 역사이기도 하다.[334] 비록 호라티우스는 장미를 동방의 퇴폐와 연결하기는 했지만(송가 1.38), 유럽에서는 많은 장미의 변종이 생겨났고, 중세 이후 장미는 유럽의 삶에서 가장 핵심적인 꽃이 되었다. 16세기 프랑스의 왕이었던 프랑수아 1세에게 바쳐진 축복의 말은 성역할에 대해 말하는 것만큼이나 원예에 대해 말하는 것에서도 각별한 의미가 있다. "여성이 없는 왕국의 정원은 봄이 없는 계절과 같고 장미 없는 봄과 같다Une cour sans femmes est une annee sans printemps, et un printems sans roses." 17세기 이후 네덜란드의 경제와 회화와 정체성에 있어서 매우 중요한 튤립은 사실 터키에서 유래했고 그 이름도 turban(페르시아어)에서 유래했다. 폴랜은 대개는 무던한 네덜란드에서 튤립이 이끌어 낸 사변적인 광기에 대해 추론하는 데 책의 한 장을 할애한다.[335] 장미와 튤립 그리고 다른 많은 식물들의 유전자 풀과 개체군은 인간의 개입으로 바뀌었다.

일반적으로 식물이거나 동물이거나 길들여진 것들은 모두 색과 질감과 크기와 모양에 있어서 야생의 것에 비해 훨씬 더 다양하다. 어떤 의미로는 식물의 유전자 변형은 매우 오래된 것이지만, 많은 이들을 불안에 떨게 하는 유전적으로 변형된 작물은 조작의 속도가 가속화된다는 점, 하나의 문화가 될 지도 모른다는 위협, 어렵게 획득한 강건함과 여분 등을 잃을 수 있는 위험을 가진 강요된 유전자 변형 등으로 인해 매우 특징적이다. 몇 세기가 된 번식은 느릿한 정교함과 세대에 의존한다. 새로운 유전적 테크닉은 유전자 물질 그 자체에 끼어든다. 이것이 바로 하이데거가 비축품Bestand과 몰아세움Gestell이라는 개념을 통해 우려하던 바로 그것이었다. 즉 자연은 인간의 조작을 위한 원료가 될 것이라는 점이다. (하이데거가 테크놀로지에 대한 자신의 에세이를 출간한 것은 프랜시스 크릭Francis Crick과 제임스 왓슨James Watson이 DNA를 발견했다고 발표한 이듬해였다.)

농경 사회의 특성은 그 사회들에서 동시에 나타나는 생산성과 취약성에 있다.[336] 예를 들어 단종 재배는 마름병에 취약하다. 근대의 농업은 잡초제거제, 살충제, 화학 비료에 심각한 위협을 받고 있는데, 이들의 사용은 녹색 혁명 동안 폭발적으로 증가하여 1940년에는 400만 톤, 1965년에는 4000만 톤, 1990년에는 1억 5000만 톤이 사용되었다. 이는 또 하나의 군사장비 남용이었다. 20세기 초기의 암모니아 합성 과정은 단번에 비료와 독가스와 폭약이 되었다.[337] 비료는 아직도 폭약으로 다시 변환될 수 있다. 1995년에 일어난 미국 오클라호마시티 폭파 사건은 4800파운드의 질산나트륨으로 점화되었다. 비료는 다른 활동을 가능케 해 주는 탈격 미디어다.

으스스하게도 물고기나 가금류나 인간 등의 시체 역시 질산으로 가득한 비료 덩어리다.[338] (앞에서 이야기했듯, 몸은 우주의 퇴적물이다.) 농업의 비료화 행위에 속하는 것들은 많다. 죽은 자를 매장하는 일, 대변을 사용하는 일, 재나 질산염을 퍼뜨리는 일, 직접 씨를 주입하는 일 등이 포함된다. 프로이트가 말한 지나치게 임상적인 용어로 표현하자면, 에로스와 타나토스의 결합, 그리고 생식기와 항문의 결합으로 비료만 한 것이 없다.

농업의 취약성 중 마지막 형태는 날씨다. 온도와 강수량의 작은 변화만으로도 미국에서 보조금을 받아 수행되는 농업 관련 사업 모델에는 치명타가 될 수 있다. 사실상 문명은 좋은 날씨의 마법의 덕이 크다. 그린란드의 얼음에서 채취한 샘플에 따르면 흔히 홀로세라고 알려진 지질 시대였던 지난 1만 년 동안의 날씨는 지구 역사 초기에 비해 상대적으로 온화하고 일정하게 지속되었다. 이는 우리가 생명체와 함께 지구상에 살며 이 순간까지 진화해 온 것뿐만 아니라 우리의 모든 인프라들이 지구 기후 역사상 드물었던 태평한 시기에 등장했다는 것이 기적이었음을 의미한다. 인간은 홀로세의 카이로스kairos(때)를 잡았다. 농업은 상대적으로 안정적인 기후를 전제 조건으로 한다. 빙하 시대와 문명은 섞일 수 없다.[339] 문명이 기대고 있는 주요 곡물은 뜨겁고 추운 날씨가 번갈아 있는, 여름과 겨울의 페르세포네 순환이 있어야 한다. 만일 기후가 지나치게 추우면, 식물들은 싹을 틔우는 데 필요한 햇빛과 온기를 받지 못할 것이다. 만일 기후가 항상 따뜻하기만 하다면, 식물들은 혹독한 시기 동안 저장하기 위해 과실과 알뿌리와 두꺼운 곡식을 열매로 맺으려는 동기가 덜할 것이다. '저장 기관'으로서의 식물은 인간이 착취할지도 모르는 에너지를 효과적으로 조달하고 보관한다. 농업에서 병목 지점의 힘과 위험에 대한 미디어 이론의 관심은 훨씬 더 원초적인 물질을 찾는다. 식물들은 에너지 저장과 전달의 통로이며, 햇빛과 이산화탄소와 산소와 물의 처리 장치다. 그들은 우리가 지구와 태양의 덕을 받아 살 수 있게 해 준다.

그리고 동물 길들이기

동물을 통제하고 길들이는 데 있어서 불의 역할은 자명하다. 불은 맹수를 겁을 주어 쫓아내고 큰 동물들을 몰아내며 그들이 숲에 숨어 있다가 튀어나오게 만든다. 연기는 벌레를 쫓아내는 데 사용할 수 있고 양봉에서 결정적인 진정 역할을 한다. "길들인 동물은 인간 문명 발전의 필수적인 요소다."[340] 축산의 예술은 자연 선택을 인공 선택으로 대체하는 것이다. 동물 길들이기는 고기와 유제품을 생산할 수 있게 해 줄 뿐 아니라 노동력을 아끼는 동력(소, 말)을 제공하고, 비료와 연료, 양모, 가죽, 접착제, 장식품 등 인간에 대한 끊임없는 서비스를 제공해 준다.

모든 짐승들이 길들임의 대상이 되는 것은 아니다. 다이아몬드는 프랜시스 골턴Francis Galton을 인용하여 이렇게 말한다. "모든 야생 동물들이 길들여질 기회를 가질 수도 있었던 것처럼 보이는데, 일부는 오래전에 길들여졌지만 간혹 아주 작은 특성에서 맞지 않았던 나머지 대부분의 동물들은 영원히 야생성으로 남는 운명이 되었다." 다이아몬드는 또한 다른 권위자의 설명을 인용한다. "청함을 받은 자는 많되 택함을 받은 자는 적으니라." 예를 들어 얼룩말은 길들이기에는 너무나도 심술궂은 기질을 지녔다. (낙타는 길들여졌지만, 그렇다고 그들의 심술궂음이 사라진 것은 아니다.) 코뿔소는 길들여지거나 훈련된 적이 전혀 없는데, 성질이 너무 나빠서다. 길들이기는 하나의 개체군을 인간의 보호 아래로 데려온다는 것을 암시하지만, 훈련은 개별 동물의 일생에 걸쳐 일어난다. 예를 들어 일부 코끼리들은 훈련을 받기도 하지만 전체 코끼리가 그런 것은 전혀 아니다. 다이아몬드는 대체 역사를 좋아하는데, 그의 기발한 '만일 그랬다면' 중에 내가 가장 좋아하는 것은 로마 군대가 코뿔소에 올라탄 반투 전사들에게 정복당하는 상상이다.[341] 동물은 다른 미디어와 마찬가지로 행동유도성을 갖고 있다. 신대륙에서는 거의 모든 거대 동물들이 인간에 의해 죽임을 당했다. 고대 마야인들은 칠면조를 길들였고, 아즈텍 사람들은 그들이 종종 먹기도 했던 개를 길들였지만 짐 나르는 동물들은 길들이지 않았다. 정의하기 어려운 복잡성도 있다. 예를 들어 집참새와 집쥐는 의도치 않게 선택적으로 길들여져서 인간 거주지에서 번성하게 되었지만, 이는 인공 번식이라기보다는 자연선택에 의한 것이다.[342]

길들여진 주요 동물 다섯은 소, 염소, 말, 돼지, 양이다.[343] 길들여진 동물들은 인간의 수를 넘어섰고 지구상 전체 인구 70억이 먹는 음식보다 더 많은 음식을 소비하고 있으며, 가축은 우리 대기에 온실 효과를 유발하는 메탄 생산량 중 상당량을 차지하고 있다. 전 세계 닭 개체수는 평균 190억으로 인구 한 명당 세 마리 꼴이다. 호주에서는 인구보다 양의 수가 더 많으며, 미국 아이오와주에는 돼지가 사람 1인당 여섯에서 일곱 마리 정도의 비율로 더 많다. 길들인 동물과 야생 동물의 비율도 압도적으로 전자가 우월한 쪽으로 기울고 있다. 야생 동물은 드물고, 커다란 육지 동물들 중 수가 많고 집중된 개체군이 있다면 그것은 언제나 항상 길들임의 징후다.

이러한 과정 중 일부는 아마 개의 경우에 가장 명확한데, 개는 인간에게 사냥꾼으로, 경비견으로, 친구로, 점심 식사로 봉사하고, 모든 길들여진 동물들 중에서 가장 광범위하게 퍼져 있다. 개들은 짖기 위해(이는 숨어서 사냥하는 늑대는 결코 하지 않는 행위다), 주인이 사냥을 하거나 추적할 때 충성을 다하기 위해 번식했다. 그리고 개들은 인간의 기분이나 비언어 커뮤니케이션을 해석하는 놀라운 기술을 가진 채 인간의 모포이자 반려자로 복무하는데, 이러한 능력은 더 높은 지능을 가진 돼지나 침팬지 등보다 더 뛰어난 것이다. "이 지구상에서 인간이 주도권을 잡기 시작하던 이후로 상호 의존적이었던 우리 두 종이 서로 커뮤니케이션하지 않는다는 것은 아마도 불가능할 것이다."[344] 철학자 에마뉘엘 레비나스 Emmanuel Levinas가 2차 세계 대전 중 독일 포로수용소에서 비참한 삶을 견디고 있을 때 '보비'라는 이름의 길짐승만이 그를 받아들인 유일한 생명체였다. 이는 동물 윤리와 서로 다른 두 종 사이의 인식의 가능성을 보여 주는 것이다. 레비나스는 보비야말로 "나치 수용소 최후의 칸트학파"라며 냉소적으로 말한다.[345] 개들은 도시의 정착된 삶의 조건을 반영한다. 개들은 무엇보다도 사적 소유물이고, 이는 아마도 공동의 삶을 살았던 사냥과 채집으로부터 이루어진 주요한 전환일 것이다. 개들은 또한 식용으로 길러지기도 했다.[346] 포르노그래피와 마찬가지로, 개와 스팸과 고양이는 온라인에서 번성한다. 그들은 감각을 일깨우고, 보고, 마약 냄새를 맡고, 짐승을 쫓고, 게임을 하거나 막대기를 가져온다. 그들은 세계에 존재하는 모든 기본적인 물류를 다룬다. 가리키기, 설정하기, 물어오기, 지키기hüten, 쫓기(찾기), 양떼몰기(모으기), 바라보기, 경고하기 등등. (프로이트는 보철 개에 대해 이야기할 수 있었을지도 모른다.) 개들은 하이데거적인 생명체이며, 지평선에서 어렴풋이 떠오르는 불안감에 대해 각별히 주의한다. (1950년대 하이데거는 피프라는 이름의 개를 갖고 있었다.) 치와와에서 아이리시 울프하운드까지, 닥스훈트에서 푸들까지, 모든 개들은 이러한 적응성을 지닌 대표적 사례이며, 우리가 자연이라고 생각하는 경향이 있는 적응성은 사실 인공적이고 역사적인 특성이다.[347]

개와 마찬가지로 다른 종류의 '자연'도 그렇다. 인간은 진화를 위한 온갖 종류의 조건을 만들었는데, 이는 한없는 시간이 걸리는 빙하기 과정일 뿐 아니라 세대 내에서 빠르게 일어나는 변화에 대한 하나의 반응이기도 한다. 약한 정부의 방해를 받지 않는 밀렵꾼들의 압력하에서, 예컨대 남아프리카의 코끼리는 그들의 상아를 점차 잃어가고 있다. 밀렵꾼들이 관심을 갖지 않는 상아 없는 코끼리들은 살아남아 번식하여 그러한 생존을 향상시키는 특질을 물려받은 후손들을 낳게 되고, 현재 어떤 코끼리 무리 중에는 거의 5분의 2 가량이 상아가 없는 상태이며 그 비율은 점차 증가하고 있다. 마찬가지로 미국 정부의 마리화나 금지령은, 경찰 감시에 대응하기 위해 더 작고 더 확실하며 보다 강력한 작물을 만들도록 고안된 일련의 유전자 변종과 잡종을 의도치 않게 촉발하기도 했다. 정부는 생물학적인 행위자로 기능할 수 있다. 인간이 손을 대어 자연을 변형하는 또 다른 사례들로는 들소, 옥수수, 면화, 장미, 튤립 등을 들 수 있다. 생물학은 그 유전자 구조가 직접적으로 변경될 수 있다는 의미에서뿐 아니라 다른 종들(대개는 인간)과 공진화하며 형성될 수 있다는 의미에서 테크놀로지다. "일단 우리가 공진화적으로 생각하면, 우리는 어떻게 인간이 유기체를 형성하는지 뿐 아니라 어떻게 유기체가 인간을 형성하는지에 대해서도 적극 검토할 필요가 있다."[348]

포유류만이 동물 중에 핵심적인 가축이 된 것은 아니다. 일찍이 중국에서는 누에를 길들였고, 그로 인해 옷, 무역, 전 지구화라는 중요한 결과(실크로드)로 이어졌다. 우리가 여기에도 길들인다는 용어를 사용해야 하는지 말아야 하는지는 분명치 않지만, 미생물 역시 오랫동안 치즈와 요거트와 음료를 공급하는 데 이용되었다. 이스트는 양조와 제빵에 필수불가결한 요소이며, 이스트 문화는 몇 세기 동안이나 이어지고 일부 빵집에서는 1세기 반을 거슬러 올라가는 '누룩' 사용의 계보를 찾을 수 있다. 인간은 가능한 한 모든 생명체의 자연 기술을 보유하고 있으며, 현재는 광범위하게 수확된 모든 유전자들을 포함한다. 오늘날 우리의 대지 위에서는, 미디어가 어디서 시작하고 어디서 끝나는지 분명하지 않다.

나는 이 글을 미국의 아이오와주에서 쓰고 있는데, 오늘날 아이오와의 땅은 옥수수, 콩, 돼지 등의 가축 시설로 뒤덮여 있으며 거의 독점적으로 농업 기업 모델 방식으로 운영되고 있다. 이는 가족 농장의 붕괴

및 작은 마을과 농촌의 삶에 미치는 해로운 영향력을 의미한다. 아이오와에서는 동식물을 근본적인 존재의 인프라로 생각하는 것이 어렵지 않다. 또한 가축이 주는 보상과 병리학을 보기에 좋은 장소이기도 하다. 돼지는 바이러스의 배양기이자 이동 기지이고, 아마도 조류 독감 바이러스를 인간에게 전달하는 중개자일 확률이 크다. 돼지는 너무나도 좁은 공간에 한데 몰아넣어져서 돼지 한 마리에게는 자신의 몸이 차지하는 면적 이상의 넓이가 할당되지 않는다. 다른 동물들이라면 서로 싸우지 않고서는 그러한 가까운 거리를 용납지 않을 것이다. 축산업에서 기계로 닭의 "부리를 자르는" 끔찍한 관행을 하는 이유 중 하나는 닭들끼리 서로 쪼아 죽이는 일이 없도록 하려 함이다. (집단 친화적인 동물들은 홀로 생활하는 동물보다 가축화에 취약한데, 공모를 할 수 있어 스트레스를 감소시키기 때문이다.) 돼지를 가두어놓는 것은 또한 벽에 차고 넘칠 만큼 용량이 초과되는 돼지 분뇨의 집중을 의미하는데, 이는 수시로 냄새 구름을 몇 마일씩이나 내뿜을 뿐 아니라 물에 질병과 독소를 쏟아내기도 한다. 분뇨통이 넘쳐 터질 때 바람을 타고 가거나 물을 따라 흘러가기를 원하는 사람은 없다. 카를 마르크스는 다윈이 "자연 테크놀로지Naturtechnologie의 역사, 즉 동식물 기관의 형성"을 발견했다는 점을 높이 평가했다. 마르크스는 진화가 기술사라는 아이디어를 냈으며, 이에 더해 좋든 나쁘든 "테크놀로지가 인간이 자연과 맺는 능동적인 관계를 드러낸다"고 덧붙였다.●[349] 그는 이 두 가지 점에 대해 분명히 옳았다.

● 여기에서 마르크스가 사용한 테크놀로지라는 용어는 "학문의 영역"이라는 옛날의 의미로 사용된다.

그리고 인간 길들이기

인간은 아주 극소수 예외를 제외하고는 더 이상 야생이 아니다. 지구와 같은 크기의 행성에서 길들이지 않은 단일 거대 동물 종이 70억이나 되기란 어렵다. 실제로 약 1만 년 전의 농업 혁명 이전에 지구상의 총 인구수는 오늘날 다른 거대 야생 포유류의 규모와 비율상으로 볼 때 비슷했다. 1800년 이후 인구 폭발로 인해 인구수는 약 10억에서 70억으로 급격히 불어났고, 길들이기의 경향에 따라 증폭되고 구축되었다. 세계보건기구(WHO)에 의하면, 2010년에 인류는 임계치를 넘어섰다. 전체 인구 중 절반 이상이 소도시와 대도시에 살고 있다. (5%만이 인구 1000만 이상의 메가시티에 살고 있다.) 여기에서도 바다, 땅, 대기, 인간 동맥의 지방 침전물, 우리의 잠 습관, 우리가 서로 함께 그리고 우리 스스로 살아가는 방식 등을 변화시키는 처리 과정의 시작에 간접적으로나마 불이 있다.

앞에서도 언급했듯이, 노르베르트 엘리아스는 "문명"이 도시를 기반으로 한 복잡한 기구(왕권, 신권, 노동 분업, 글쓰기 등)일 뿐 아니라 자아와 타자와 환경의 통제를 둘러싼 갈등이기도 하다고 보았다. 그에게 문명화의 과정이란 훈련을 필요로 하는 세 가지 전선을 포함하는 것이었다. 인간 내에서의 압력, 인간 사이의 압력, 그리고 인간과 비인간 사이의 압력이 그것이다. 불과 식물과 동물은 비유적으로나 또는 문자 그대로나 서로가 서로의 심리학적, 사회적, 환경적 전선에 서 있다. 그가 쓴 고전《문명화 과정*The Civilizing Process*》은 중세의 날 것에서 근대의 섬세함으로의 이동을 기록하는데, 특히 독일과 프랑스와 잉글랜드의 역사적인 기록에 반영된 것을 중심으로 한다. 유럽의 저녁 식사에서는 한때 도축한 동물의 살코기를 그대로 집어먹는 거친 식탁 매너가 있었고 청결한 손이나 깨끗한 치아에 대한 격식이 없었던 반면에, 훗날 유럽인들은 도축성을 감추고 테이블에서 포크와 냅킨을 사용하는 법을 학습했다. 그들은 역겨움과 민감함에 대한 경계를 높이고 훨씬 더 정서적으로 말하면서 정교하게 조정되었다. 근대성은 사회적 상호 작용에서 훨씬 더 큰 부드러움과 온화함의 방향으로 이동하는 것을 목격했다. 국가가 폭력 수단에 대한 독점을 담당함에 따라, 사람들은 검을 멀리하고 식기류로 식사를 했다. (이러한 과정은 중국에서 더 먼저 시작된 것으로 보인다. 엘리아스는 유럽인들이 "검을 가지고" 식사한다는 것, 즉 평온한 젓가락 대신 칼을 사용한다는 점에 놀라워했던 중국인 방문자의 표현을 인용한다.)[350] 엘리아스에게 있어서 문명의 과정은 감수성, 욕망의 규제, 당황스러움의 증가, 우리와 타자의 몸에 대한 혐오, 자아와 타자와 자연을 관리하는 새로운 제도에서의 이동을 의미한다. 사람들이 서로 가까운 거리에 살게 되었을 때, 예의바름, 즉 상호 작용의 규정은 길들이기의 결정적인 형태다. 더 광범위한 규모로 동정을 다루는 윤리적 시스템은 분명 문명의 한 부분이다.[351]

엘리아스는 나중에 자신의 원래 이야기가 지나치게 국지적이었다는 것을 알았다. 문명의 과정은 유럽에 국한된 현상이 아니었고 또한 과거 5~6세기 만의 고유한 특징도 아니었다. 그의 분석은 후속 연구자들에 의해 시간적으로나 공간적으로 점차 확장되었다. 대표적으로 이 장에서 중요하게 다루는 하우츠블롬은 문명화 과정이 어떻게 여러 시대에 걸쳐 매우 장기간 동안 효과적일 수 있었는지에 대한 날카로운 질문을 불이 던져 준다고 보았다. 아주 오랜 과거에 이루어졌던 발전과 지난 2세기 동안의 과거에 이루어졌던 발전 사이에는 놀라운 유사성이 있다. 광범위한 불공평이 쌓여만 갔고, 자연은 급격한 방식으로 변형되었으며, 인간은 도시에서 사는 법, 대규모의 기술 시스템에 의존하는 방법, 규칙적인 뭉텅이 시간으로 자고 일하는 방법, 그리고 폭행과 강간과 살해를 저지르지 않고도 원하는 상품을 파는 수많은 가게에 걸어 들어갈 수 있다는 점 등을 학습했다. 우리 모두는 빌어먹을 예외가 있다는 것을 알고, 가족, 학교, 병원, 감옥 등과 같은 규율 기구들이 언제나 문명에 대항하는 수준 낮은 범법자들을 다룬다. 인구의 급격한 증가는 우리의 서식지와 다른 인간들과 우리 자신과의 관계에 대해 커다란 변화를 가져오고 그 변화에 의존했다. 근대성이란 몇천 년이 아니라 지난 몇 세기와 몇십 년에 걸쳐 인간과 자연의 길들이기가 집중되고 가속화한 것이라 설명할 수 있다.

근대 인간이 무리 동물과 같이 된다는 점은 지난 200년 혹은 그 이상 동안 있었던 사회적 비판의 단골 소재다. 그런 이야기의 대부분은 정신과 기타 등등에 초점을 맞추지만, 우리 몸에도 똑같이 적용될 수 있다. 우리의 뼈, 치아, 두개골은 길들여진 삶에 적응하는 증거다. 특히 시사적인 것은 두개골이 얇아지고 안면두개골이 축소되는 것으로, 인간과 개와 돼지가 모두 비슷한 시기에 경험한 것으로 보이는데 아마도 주택과 저장 식품의 보급에 대한 응답인 것 같다.[352] 유아 때의 특질을 성인기까지도 유지하는 유생 성숙pedomorphosis(유형幼形 성숙neoteny이라고도 불리는)은 길들여진 인구에서 널리 발견되는 특성이다. 우리의 얇은 두개골과 (상대적으로) 귀여운 얼굴은 길들이기의 깊은 역사를 가리킨다. 얼굴의 구조는 환경을 흡수하고 이를 반영한다. 개나 인간이 마찬가지로, 길들여진 생명체들은 형태와 행동에서 더 귀엽거나 어린아이 같다. 우리의 얼굴이나 두개골의 두께를 네안데르탈인(이 지점에서 불완전한 비교라는 것을 인정할 수밖에 없는데, 원칙적으로는 현대 인간이 네안데르탈인의 직접적인 후손은 아니기 때문이다)의 것과 비교해 보면, 우리의 얼굴이 더 부드럽고 두개골은 더 얇다는 것을 쉽게 알 수 있다. 근대인의 두개골은 네안데르탈인과 호모 사피엔스 등의 조상 모두에 비해 더 작아 보이는데, 이 사실은 그다지 좋은 것으로 여겨지지 않았다.[353] 내 입에는 서른두 개 치아가 있지만, 치과 의사들은 제한된 구강 영역에 맞춘다는 이유로 그중 여덟 개 치아를 빼 버렸고, 많은 사람들에게 사랑니는 불필요한 여분의 것이어서 치과적인 개입을 필요로 한다. 죽음의 고정된 상징으로 여겨졌던 뼈는 사실상 지극히 역동적인 환경의 지표이고, 생물학과 지질학과 역사의 혼합이다.

생물학자 헬무트 헤머Helmut Hemmer에 따르면, 동물 길들이기는 일반적으로 다음과 같은 결과를 낳는다. (1) 외형의 다양화, (2) 운동성의 감소, (3) 성행위의 현란함 증가, (4) 낮과 밤 그리고 계절 순환의 중요성 감소, (5) 스트레스에 대한 적응력 감소와 보다 단일하고 안정적인 환경으로부터 얻는 삶의 지원 요구, (6) 소심한 태도의 감소와 사회적 융화성의 증가, (7) 기존 형질의 위축 혹은 비대, (8) "die Verarmung der Merkwelt." 헤머의 글 번역자는 이 마지막 문구를 "환경에 대한 감사의 감소"라고 멋지게 옮겼지만, 이는 사실 문자 그대로는 "인식된 세계의 빈곤"을 의미한다. 헤머는 유기체가 자신의 둘레 세계Umwelt를 만드는 내부 모델을 설명하기 위해 감각 세계Merkwelt라는 개념을 가져왔는데, 여기서 둘레 세계는 야콥 폰 윅스퀼의 개념으로 그는 길들여진 동물이 자신들의 둘레 세계에 주의를 덜 기울인다고 믿었다. 길들여진 동물은 서식지를 감시하는 데 뇌의 능력을 덜 사용하는데, 그들이 살고 있는 인공적인 환경에서는 음식과 쉼터와 사회성에 대한 예측이 가능하기 때문이다.[354] 감각적인 경계는 길들임으로 인해 손상을 입었다. 야생 동물은 일반적으로 가축에 비해 더 큰 뇌를 지녔으며, 이는 수많은 위험 가능성을 쫓을 수 있으려면 모든 감각과 인지력에 밝아야 하기 때문이다.

헤머는 인간 존재에 대한 이러한 변화의 중요성에 대해서는 언급하지 않지만, 문명화된 인간에 미치는 그 중요성은 명백하다. (자연스럽게 지시된 시간의 순환에 대한 네 번째 항목은 다음 장에서 다시 논의될 것이다.) 현대의 인간을 숲속이나 사막에 떨어트려 놓으면, 특별 훈련을 받지 않고는 어떻게 그곳에서 살아남을지에 대한 아무런 실마리도 잡지 못할 확률이 크다. 헤머의 범주는 또한 소처럼 살아가는 현대적 삶에 대한 고전적인 비평을 반영하는 것이고, 테크놀로지가 감각 기관을 확장하면서도 단절한다는 매클루언의 핵심을 떠올리게 한다. 길들이기로 인해 치러야 하는 대가는 우리 존재의 정박에 대한 체계적이거나 선택적인 명백함이며, 우리의 인프라적 무지는 그에 들어맞는 골격 구조와 감각 구조를 갖게 한다. 인간은 씹는 일에 시간을 덜 쓰는 것처럼, 둘레 세계(최소한 자연 둘레 세계)에 주의를 기울이는 일에도 시간을 덜 쓴다. 우리 중 얼마나 많은 사람들이 별자리나 계절의 징후나 동물의 흔적을 알 것이며, 아무것도 없이 불을 피울 수 있는 사람은 얼마나 될 것인가? 인위적인 멸종의 시대에, 자연과 테크네에 의해 이중으로 중재되는 우리의 조건에서 거대한 맹점의 운명은 무엇일 것인가?

근대성은 문명의 부상을 확대하여 되풀이한다. 인공적인 환경의 빌딩(조명, 날씨 보호, 면역), 광대한 규모로 동물의 왕국 조작, 새로운 형태의 농업, 직접적인 유전자 변형, 유례없는 수준의 화재, 고도로 전문화된 새로운 노동 분업, 관습의 변형(물론 이번엔 위계보다는 평등을 향하는 방식으로) 등이 그것이다. 모든 테크놀로지의 진보는 그때마다 상응하는 저항과 반발을 불러온다. 붕괴와 악용의 가능성이 없는 인프라란 존재하지 않는다. 납득할 만한 테크닉의 진보에도 불구하고 그 어떤 수단으로도 불을 더 쉽게 다스릴 수는 없다. 인간의 가슴속의 불 또한 마찬가지다. 감각 세계의 빈곤에 대하여 베스타의 불보다 더 좋은 사례는 없다. 한때는 위험을 끊임없이 경계했지만, 이제 우리는 감시를 아웃소싱한다. 이제 환경에 완벽하게 초연한 채 집과 헤드폰이 제공해 주는 일정한 감각 미기후 microclimate에 거주하는 것이 가능하다. 오랜 역사 동안 도시가 한 것 그리고 노예가 주인에게 한 것을 이제 디지털 미디어(좁은 의미의)가 짧은 기간 안에 해내고 있다. 디지털 미디어는 우리에게 오는 많은 것을 막아 내고 극히 일부의 것들에만 노출시킨다.

지금까지 본 것처럼, 인간이 자연을 더 많이 조종할수록 잠재적 재앙은 더 커진다. 인간과 마찬가지로 불도 쉼터와 연료가 필요하다. 그리고 우리가 불에 의지하게 되어가면서, 우리는 또한 의존성에 의존하게 된다. 이것이 하우츠블롬이 강조하는 핵심이기도 하다. 불은 사용자에게 커다란 힘을 주는 동시에 그들에게 부작용도 함께 부여한다. 우리는 불에 깊이 빚을 지고 있고, 불은 연료에 빚을 지고 있으며, 따라서 우리는 연료에 빚을 지고 있다. 불은 질투심 많은 신이고, 엄청난 지출과 희생(기름, 화재 보험, 경보 시스템, 기타 등등)을 요구한다. 비인간 자원을 인간 사회에 융합하는 것은 우리의 힘과 취약성을 함께 증가시킨다.[355] 환경 통제는 결코 완결되지 않으며, 불완전한 길들이기의 원칙은 세계의 완전한 사회적 구성을 믿는 사람들 모두에게 끊임없는 힐책이다. 개는 공격하고 죽이고, 잡초는 만연하고, 정신병자와 군중은 힘껏 달리고, 불은 어디서나 타오른다. 우리는 우리의 의존성의 위기를 준비하고 있는가? 폴 에드워즈는 근대성이란 "체계적인 취약성의 조건"이라고 말한다.[356] 최근 몇 세기 동안 우리가 생산해낸 이러한 인프라의 곰탕처럼 신기한 이것을 무엇이라 부르든, 그리고 이를 관리하기 위해 개발해 온 바라건대 민주적인 형태가 무엇이든, 이것은 인류가 세상에 가져온 위대한 변화의 일부다.[357]

석가모니는 모든 것이 불타고 있다고 말했다. 성 아우구스티누스도 같은 말을 했다. 동양과 서양의 금욕주의를 대표하는 가장 위대한 이 둘은 이구동성으로 기본적인 생물학적 사실을 알아차렸다. 모든 살아 있는 것은 불타고 있다.[358] 이보다 더 우리의 세계 혹은 조건을 더 잘 묘사할 수는 없을 것이다. 디지털 미디어가 가져다준 모든 편리 또한 우리에게 새로운 규모의 재앙을 준비하게 한다. 하이데거는 테크놀로지에 대해 쓰면서 프리드리히 횔덜린Friedrich Hölderlin의 시를 인용하기 좋아했다.

그러나 위험이 자라나는 곳에Wo aber Gefart ist, wächst
구원하는 힘 또한 자란다Das Rettende auch.•

• 프리드리히 횔덜린의 시 "파트모스Patmos." — 옮긴이

그는 불을 생각하고 있던 것일 수도 있다.

델모어 슈워츠Delmore Schwartz의 시 몇 줄은 우리를 그리로 데리고 간다.

> 불타는 방에서 1초 1초가 폭발하고,
> 위대한 지구는 태양의 불에서 휘청거리고,
> 하찮고 독특한 것들을 빙빙 돌려 날려 버린다.
> (어떻게 모든 것들이 빛나는가! 어떻게 모든 것들이 불타는가!)
> 그때의 나는 지금 무엇인가?
> 기억이 다시 또 다시 되살아나게 하라
> 가장 작은 날의 가장 작은 색깔을.
> 시간은 우리가 배우는 학교이고,
> 시간은 우리가 타오르는 불이다.[359]

4장

창공의 빛

하늘 미디어 I (크로노스)

"하늘의 궁창에 광명체들이 있어 낮과 밤을 나뉘게 하고,
그것들로 징조와 계절과 날과 해를 이루게 하라."
— 창세기 1:14

하늘 미디어

가장 중요한 미디어 중 많은 것이 하늘에서 태어났다. 흔히 알려진 바와는 달리, 하늘은 미디어로 가득 차 있고 오랫동안 그래 왔다. 그러나 근대 천문학과 우주 탐사가 우주 정거장에서 암흑 물질에 이르기까지 깜짝 놀랄 만큼 새로운 것들로 하늘을 어지러울 만큼 채워 나가고 있다. 하늘 미디어는 하늘 그 자체만큼이나 다양하고, 완전히 똑같은 모습을 두 번 보여 주는 일은 사막에서조차 결코 없다. 불은 가장 오래된 하늘 미디어 중 하나다. 불은 오랫동안 인공 구름으로 하늘을 물들였고, 우리 시대에는 대기를 다시 만들고 우리 서식지도 다시 만들고 있다. 모든 건물들, 즉 저장고, 굴뚝, 사원, 안테나, 그리고 무엇보다 탑 등의 건물들은 하늘을 건드리고, 하늘을 긁는다는 뜻의 마천루skyscraper(네덜란드어와 독일어에서는 '구름을 긁는 자'를 의미한다)도 마찬가지다. 하늘 미디어는 사회적 통제력을 발휘한다. 깃발과 배너는 영토의 경계를 표하고, 불꽃놀이는 공동체를 축하하며, 봉화와 횃불과 스포트라이트와 하늘에 글을 쓰는 비행쇼 등은 신호를 보낸다. 비행선과 풍선과 위성은 원거리 커뮤니케이션의 기점이 되고 대기를 조사한다. 하늘을 채우는 모든 것이 온화하지는 않다. 드론과 폭격기는 공중에서 발사

체를 쏘고 사진을 찍으며, 노년의 하이데거가 크게 매혹되기도 했던 주제인 벼락은 태곳적부터 사람들을 놀라게 했다. 죽음은 하늘로부터 올 수 있고, 이는 지난 세기에 전쟁을 통해 명시적으로 완비되었다. 하늘은 다섯 가지 최신 군사 '영역'인 땅, 하늘, 공중, 우주, 사이버 공간 중 최소한 두 개를 보유하고 있다. 사실상 하늘은 개방성과 비어 있음이라는 명성에도 불구하고 근본적으로는 이질적이다. 또한 바다와 마찬가지로 하늘은 기후와 문화로 연결되는 여러 겹의 깊이를 갖고 있는데, 특히 군사화와 상업화가 유토피아적인 대안과 전쟁 모두에 대한 심각한 환상과 함께하는 방식의 여러 층을 갖고 있다. SF는 대기권 밖 우주를 미래의 운동장일 뿐 아니라 궁극적인 우주 전쟁터로 꿈꾼다(예를 들면 〈스타 워즈*Star Wars*〉).

몇천 년 동안 하늘은 인간성의 두 얼굴을 보여 주었다. 항상성과 변수, 즉 천체의 규칙적인 운동과 대기의 예측하기 힘든 사건들이 그것이다. 이에 상응하여, 하늘은 위대한 그러나 매우 다른 두 과학을 만들어 냈는데 바로 천문학과 기상학이다. 이 중 하나는 모든 과학 가운데 가장 오래된 것이고 다른 하나는 최소한 예측 과학으로서는 비교적 최근의 것이다. 하나는 전통적으로 태양과 달과 행성과 별의 크로노스χρόνος를 주기 상수로 다루고, 다른 하나는 비, 우박, 천둥과 번개, 온도, 구름 등처럼 날씨의 변수인 카이로스καιρός를 다룬다. 하나는 정확한 과학의 전형이고, 다른 하나는 확률적 과학의 전형이다. 20세기까지는 천문학자들이 모든 별들의 전수 조사를 축적할 수 있다는 꿈을 꿀 수 있었지만, 구름이나 바람은 하나의 방식으로 셀 수 있는 것이 아니어서 과학적으로 분류하려는 노력을 거부해 왔다. 천문학을 통해 당신은 시간상으로 지난 일이거나 앞으로 일어날 일을 예측할 수도 있다. 실제로 스톤헨지나 기자의 피라미드들과 같은 거석 기념물에서 고대에 별빛 방향으로 선을 맞추는 것을 시험하는 방식 중 하나가 바로 과거로의 투사다. 행성 주기를 보여 주는 영화는 거꾸로 돌려 보아도 여전히 말이 되지만, 구름이나 번개의 형성은 그렇지 않다. 천문학의 과거와 미래는 이론적으로 대칭적이지만, 이런 점이 기상학에는 전혀 없다.[360] (심지어 천문학에서도 갯벌이나 지진 활동 등과 같은 카오스의 요소들은, 미래가 과거로부터 선형 투사되지 못하게 하고, 빅뱅은 명백하게 비가역적인 과정이다.) 천체의 규칙적인 주기와 대기권에서 벌어지는 심술궂은 일들은, 오랫동안 하늘이라는 존재의 행위를 보여 주는 두 가지 모델을 제시해 왔다.

이 같은 하늘의 두 얼굴이 이 장과 다음 장의 주제다. 여기서 목표는 우리 천체의 현재 상황에 대해 최신의 설명을 제공하는 것이라기보다는, 시계와 달력 및 천체와 같은 주기적이고 선형적인 하늘 미디어의 긴 서곡을 스케치하고, 탑과 종과 날씨 및 구름 등처럼 시간을 알리거나 프랙털의 성격을 지닌 하늘 미디어를 스케치하는 것이다. 지상의 미디어에 비해 물의 미디어와 천체 미디어는 일반적으로 말해서 보다 숭고하고 보다 추상적인데, 손이나 불로 건드리기가 거의 불가능하다는 것이 그 부분적인 이유다. 그럼에도 불구하고 하늘 미디어는 격렬한 정치적 흔적을 지닐 수 있다. 바다와 하늘은 "외계의 공유지"이며 인간의 땅에 경종을 울리는 숭고함의 쌍둥이다.[361] 성서에 셀 수 없이 크고 많은 것으로 나오는 두 가지는 바다의 모래와 하늘의 별이다. 우리는 심원한 하늘에 관한 한 돌고래와 같다. 비록 많은 민족이 하늘의 비위를 맞추고 하늘이 우리의 운명에 미칠 '영향력'을 조종하기 위한 의식 절차들을 개발했지만, 우리는 불을 피우고 무리를 이루고 땅을 개간하는 것처럼 별을 형성하거나 만들 수 없다. 최근까지도 인간의 행위 영역으로서의 하늘은 거의 전적으로 인간의 손을 타지 않았다.

따라서 하늘의 미디어 기술의 역사는 꽤 독특하고, 천문학과 기상학 모두 각자의 온전한 미디어 역사를 가질만한 자격이 있다. 피타고라스는 천체가 수학적으로 작동한다고 생각했고, 인간이 하늘과의 관계를 제어하기 위해 사용해 왔던 수단들의 핵심에는 숫자가 있다. 게다가 고전적인 의미에서 이론적인 그러한 미디어는 거의 항상 시간의 계산, 즉 세상에서 가장 큰 수수께끼를 포함한다. 시간은 존재하거나 존재하지 않는 가장 이상한 것이고, 모든 것은 과거의 부정을 통해 무엇인가 되어 간다. 시간은 비록 수학이 종종 가장 충실한 미디어이자 번역가였지만 물질화에 가장 저항하는 요소이고, 하늘과 마찬가지로 우리의 가장 위대한 퍼즐이고 행동 영역이다.

이론은 우리의 모든 은유들이 여전히 암시하듯 처음에는 하늘과 연관되어 있었다. 고대 그리스에서 테오리아θεωρία/theōria는 보기 혹은 바라보기를 의미했고 극장theater과 연관되는데(이는 영어에서 드라마라는 의미의 스펙터클spectacle과 생각을 뜻하는 추측speculation이 연관된 것과 마찬가지다), 두 단어 모두 본다는 뜻의 동사인 테오θεάω/theaō에서 온 것이다(하지만 신을 뜻하는 테오스θεός/theós와는 다르다). 예를 들어 아크로폴리스로 구불거리며 올라가는 길은 오도스 테오리아ὁδός θεωρίας/odos theōrias라 불렸다. 고대 그리스어를 아는 사람들은 이를 "이론의 길"이라 번역하려는 충동을 느끼겠지만, 이는 "전망 좋은 길"이라는 뜻으로 이 단어의 고대 의미를 꽤 잘 포착한 것이다. 테오리아는 아름다운 천체의 질서를 경험하는 것이었고, 우주κόσμος(코스모스)는 질서 혹은 배열을 뜻하는 말로 오늘날 우리가 쓰는 용어인 화장cosmetic에 그 의미가 살아남아 있다. "철학은 하늘에 대한 관찰을 이론을 향한 인간의 사명 중 대표적인 사례로 만들어서 세계와의 신화적인 관계에서 스스로를 해방시켰다."[362] 플라톤은 이러한 주제들을 함께 가져와서, 하늘을 숫자들이 시간을 드러내고 눈이 진실을 드러내는 장소라고 본다. "내 생각에 비전은 우리에게 가장 큰 이익을 가져다주는 원인이다. 만일, 별과 해와 하늘을 볼 수 없었다면 우주에 대한 그 어떤 설명도 불가능했을 것이기 때문이다. 낮과 밤과 달과 몇 해의 회전에 대한 비전은 수의 예술을 창조했으며, 우주의 본질을 찾는 능력뿐만 아니라 시간의 개념을 우리에게 가져다주었다. 이러한 것들로부터 우리는 철학을 얻었고, 신이 우리에게 준 것 중 이보다 더 위대한 것은 없다."[363] 그 후로, 유럽의 사상가들은 하늘에 진실을 저장했다.

천문학은 조작 불가능한 대상의 과학으로서, 모든 지식은 미디어로 가득하다는 견해에 대해 오랫동안 가장 커다란 도전이었다. (천문학이 순전히 관찰에 의한 것이라는 견해는 19세기 후반에 분광학이 실험 도구들을 도입하면서 바뀌었고, 이후 천문학은 그 어떤 다른 근대 과학 못지않게 기구 사용이 풍부한 학문이 되었다.) 야금술, 음악의 재능 또는 항해가 우리의 지식의 원칙들을 정립했더라면, 서구 사상은 미디어를 사라지는 가능한 것들 이상으로 받아들였을지도 모른다. 그러나 많은 그리스인들에게 우주에 대한 비전이라는 이론에서의 핵심은 그것이 인공물로 오염되지 않았다는 바로 그 점이다. 천문학은 지식을 모형을 만드는 것으로 파악하고, 아마도 논리학을 제외하고는 그처럼 물자체로부터 구별하기 힘든 현상은 아마 없을 것이다. 천문학은 강도 높은 공간적인 상상력을 요구하는 아주 드문 종류의 지식이고, 앤디 클라크가 말하듯 "재현에 굶주린" 지식이다.[364] 알고 있는 자와 알려진 것의 실질적인 공동 규약에서 발생하는 지식의 형태와는 반대로, 천상의 영역은 역사적으로 잡아낼 만한 것을 전혀 제공하지 않았다. 별과 별자리 및 별들의 계절에 따른 변화를 알기 위해서는 시각적 상상력과 빠짐없이 문서로 기록할 수 있는 머리 터지는 능력을 필요로 하며, 지구가 타원형이고(균시차) 약간의 흔들림이 있으며(세차 운동) 23도 기울어 있다는 점(회귀선 그리고 춘분과 추분)을 고려하면 지구의 경로를 이해하는 것은 매우 어려운 작업이다. 우리 행성의 움직임에 대한 수년간의 공부 끝에 마침내 내게는 직관적으로 느껴지기 시작했지만, 여전히 매번 방향을 잘 잡아야 한다.

물론 천문학의 역사가 미디어 없이 이루어진 것은 아니다. 망원경 이전에 이미 많은 장비들이 오랫동안 하늘을 조사했다. 천문학은 최초의 데이터베이스 중 일부를 만드는 결과를 낳았고, 바빌로니아의 기록은 고대 그리스 천문학의 결정적인 원천이었다.[365] 나무와 탑과 그 외 여러 인공적인 지시물들처럼, 손과 손가락이 천 년 동안 하늘의 시선들을 정렬했다. 플라톤은 진짜 지식에는 미디어가 아무 상관없다는 뿌리 깊은 관념의 핵심을 제공한 당사자이기도 한데, 《티마이오스*Timaeus*》를 집필하던 중에 혼천의를 사용하여 행성의 회전을 모델링한 것처럼 보인다.[366] 해시계의 그노몬(지시침), 연감, 아스트롤라베astrolabe(천체 관측기) 등은 모두 1600년 광학 혁명이 일어나기 훨씬 전부터 천구 관찰대의 역할을 했다. 우리의 지식 중 가장 돌고래와 비슷한 처지인 분야에서도, 우리는 오랫동안 하늘을 표시하고 알기 위해 조그마한 물질적 이점을 이용해 왔다. 윌리엄 제임스는 인간의 교묘함의 흔적은 어디에나 있고 심지어 하늘에도 있다고 말했다.•

하늘 읽기

인간 역사 내내 하늘은 문화의 가치를 찾을 수 있는 최고의 장소였다. 하늘은 인간이라는 존재의 정당성, 의미, 지향의 원천이었고, 아마 일부 동물들에게도 마찬가지였을 것이다. 만일 읽을 수만 있다면 하늘은 나침반이고 달력이자 시계다. 어쩌다 보니 당신이 북극이나 남극에 위치하게 되어 별들이 계절에 따라 움직이지 않거나 여름만 내내 계속되느라 별들이 보이지 않는 경우만은 예외다. 하늘은 또한 지도이기도 하다. 만일 시간과 날짜와 하늘을 충분히 잘 알고 있고 막힌 것 없는 지평선의 시야를 확보하고 있다면,

• 이 부분에 인용된 제임스의 말의 원문은 "The trail of the human serpent is thus over everything"(따라서 인간 뱀의 흔적은 도처에 있다)이다. 여기서 '인간 뱀'은 '뱀처럼 지혜를 추구하는 교묘하고 영민한 인간'을 의미한다. 따라서 이 말은 절대적인 진실이라는 것은 없으며, 모든 진실들에는 인간의 주관적인 요소가 포함된다는 뜻을 담고 있다. 이는 인간은 경험을 통해 앎에 근접하고 그러한 인간의 노력은 모든 부분에 편재한다는 제임스 사상의 핵심을 보여 준다. — 옮긴이

당신은 지표면이나 바다 표면의 어디쯤에 당신이 서 있는지 파악할 수 있다. 하늘은 또한 신문이기도 하고, 아니면 최소한 일기 예보다. (소로는 묻는다. 영원을 읽을 수 있다면 무엇 하러 시간을 읽겠는가?) 바빌로니아 사람들은 별을 "하늘의 글씨"라고 보았고, 3세기의 철학자 플로티노스Plotinos는 별이 "하늘에 영원히 쓰이고 있는 글자, 혹은 편지처럼 한 번 쓰고 나면 영원히 움직이는 글자"라고 생각했다.[367] 하늘은 또한 공중전에 배치된 기이한 일들을 찾고 주최자를 관찰하는 영화관이자,[368] 항법, 농업, 방위, 도시 계획 및 종교 의식을 위한 불가분의 자원이기도 하다. 점성가들은 하늘을 바라보고 길조에 대한 조언을 얻는다. 어떤 사람이 하늘을 어떻게 읽는가를 보면 그가 누구인지 상당 부분 알 수 있다.

우리의 행성이 만일 화성처럼 끊임없는 구름으로만 뒤덮여 있었다면, 우리의 세계는 지금의 지구 모습과는 놀라우리만치 달랐을 것이다. 화성은 이산화탄소, 질소, 황산으로 이루어진 두껍게 지속되는 구름층을 갖고 있다. 태양과 달과 별을 전혀 볼 수 없다는 것은 엄청난 결과를 초래했을 것이다. 방위와 기하학에 필수불가결한 이러한 의미 만들기의 좌표가 없다는 것은 우리의 세계를 해양 포유류의 세계와 비슷하게 만들 것이다. 밤에 하늘을 바라볼 수 있다는 것은 엄청난 영향력을 지닌 작은 사실이며, 이는 인간의 문화가 관통하는 직접적인 통로가 된다. 20세기가 되어서야 비광학적으로 천체를 감지하는 것이 가능해졌는데, 푸코의 추를 제외한다면 전파 천문학이 최초의 것이었다. 해가 빛으로 하늘을 가리고 푸른색 천구로 별을 가로막고 있기 때문에 밤은 지식의 조건이 된다. 하늘의 역사와 의미를 연구하는 데 평생을 보냈던 한스 블루멘베르크는 이렇게 말했다. "우리가 지구상에 살고 있고 별을 볼 수 있다는 복합적인 상황, 즉 삶을 위해 필요한 조건이 시각을 위해 필요한 조건을 배제하거나 그 반대가 되지 않는 상황이란 놀랍도록 실현 불가능한 것이다. 필수불가결함과 숭고함 사이의 이 깨질 것 같은 균형이라니."[369]

인간은 유사 이래로 오랫동안 하늘을 관찰해 왔다. 1960년대에 고고학자 알렉산더 마샥Alexander Marshack은 구석기 시대의 뼈들에 표시된 줄은 한 달 동안 달을 보고 센 날들을 나타내며 따라서 달력 만들기의 초기 형태라는 의견을 냈다. 그러나 줄을 새긴 사람이 인지했던 세계를 우리가 알지 못하는 상태에서, 그것이 우연한 디자인인지 의도적인 계산인지는 결코 구분할 수 없다. 1만 년에서 1만 3000년 정도 전에 그려진 프랑스 라스코 동굴의 벽화에는 소 한 마리와 그 어깨 위에 점 여섯 개가 함께 그려져 있는데, 어떤 사람들은 그것이 황소자리와 플레이아데스이며 그런 방식으로 달력의 의미를 지녔을 것이라고 추측한다. 만일 그것이 사실이라면, 별을 바라보는 일은 장례, 예술, 섹스, 장식, 의식 등과 함께 초기 근대 인간이 가장 몰두했던 것 중 하나임을 보여 주는 것일 수 있고, 최소한 몇몇 별자리의 경우는 여러 다른 문화들에서 수천 년 동안 같은 방식으로 별무리를 만들었음을 의미할지도 모른다. (여러 문화들에서 북쪽 밤하늘의 큰곰자리를 본다.) 이미지들은 또한 동굴이 시각적이고 청각적인 전시 모두를 할 수 있도록 음향학적인 위치에 그려진 것처럼 보인다. 동굴의 자연스런 천정은 멋진 소리가 울리는 공명 장치가 되었다.[370] 만일 동굴이 하늘을 모방한 것이라면, 동굴들은 단지 이미지의 스크린일 뿐만 아니라 바람과 천둥 같은 신비로운 소리에 걸맞은 공명 장치임을 보여 준 것이다.

BCE 4000년 무렵에는 주요 도시들이 등장하기 시작했는데, 체계적인 별 바라보기가 보다 결정적이다. 북유럽 특히 영국에는 천문학적으로 유의미하게 정렬된 다양한 고대 기념물들, 거석 배열, 경관선, 매장지 등이 있다. 스톤헨지는 노먼 록키어Norman Lockyer 경 이후 오랫동안 그러한 관심의 중심에 놓여 있었다. 록키어는 천문학자이자 〈네이처*Nature*〉의 편집인이었으며 태양에서 헬륨의 존재를 밝혀냈고 20세기 초부터는 스톤헨지를 연구했다. 별 모양으로 정렬된 기자의 피라미드도 마찬가지다. 록키어가 창립에 힘썼던 고고천문학 분야는 선사 시대의 예술과 건축물로부터 고대 하늘에 대한 지식을 추론하려 노력한다. 뉴 에이지 사상가들은 이러한 문제들을 좋아하지만, 그 선들은 호기심 어린 눈에는 너무 쉽게 바로크 양식의 배열처럼 도드라져 보인다. 따라서 고고천문학자의 임무는 사람에 대한 데이터가 없는 상태에서 그 선들이 우연히 그렇게 되었다기보다는 정렬된 사례임을 보여 주는 것이다. (천상의 현상은 항상 아포페니아apophenia•를 불러일으키지만, 별자리라고 부르는 방식으로 점들을 연결하는 게슈탈트는 오랫동안 이어지며 어느 정도의 지속성을 입증한다.) 영국의 거석 기념물은 인공적인 지평선, 관찰자의 위치 표시 기둥, 그리고 데네브Deneb••와 리겔Rigel•••과 알데바란Aldebaran•••• 등의 별들과 동지와 하지를 가리키는 방향 지시선 등의 테크닉을 갖고 있다. 건축물은 천문학적 사실들을 가리키고 있다.[371]

하늘은 지도이거나 시계이거나 책일 뿐 아니라 무덤이거나 동굴이다. 여러 문화에서는 하늘을 죽은 자의 거처로 본다. 하나의 별이 하나의 영혼을 나타낸다는 생각은 여전히 널리 퍼져 있다. 셰익스피어가 "죽음의 두 번째 자아"라고 불렀던 검은 밤은 천천히 회전하며 일부 별들을 지평선 아래로 보냈다가 나중에 다시 데리고 온다.[372] 행성, 동물, 조수는 하늘의 잡아당기는 힘을 따른다. 전체 순환 과정은 삶과 죽음의 바퀴를 제시한다. 만일 하늘이 무덤으로 다루어지는 경우가 종종 있었다면, 무덤은 때로는 관측대로 다루어지거나 최소한 저 위의 하늘로 가는 관문으로 다루어졌다. 이집트의 무덤에서 미라의 장기를 보존하기 위해 사용되었던 카노포스 단지는 4방위와 연관되어 있다. BCE 3세기에 중국을 통

• 아포페니아는 서로 연관성이 없는 현상과 정보 속에서 규칙성이나 연관성을 추출하려는 인지 작용을 칭하는 심리학 용어다. — 옮긴이

•• 백조자리의 가장 밝은 별을 말한다. — 옮긴이

••• 오리온자리에서 두 번째로 밝은 별이다. — 옮긴이

•••• 황소자리에서 가장 밝은 별이다. — 옮긴이

일했던 진시황제의 무덤은 함께 매장된 테라코타 병마용으로 유명하며, 기본 방위에 맞춰 정렬이 이루어졌을 뿐만 아니라 천장에 묘사된 천체를 포함한 정교한 천문학적 상징들로 장식되어 있다.●[373] 콜럼버스 이전 시대의 북아메리카와 중앙아메리카의 고분들과 매장터는 우주론적인 설계에 따라 배치되어 있다(야구 경기는 아메리카 원주민의 우주론을 반영한 것일지도 모른다. 마운드를 따라 시계 반대 방향으로 도는 흐름은 육상 경기장이나 대부분의 스케이트링크에서도 마찬가지이며 지구가 태양 둘레를 도는 방향과도 같다). 아일랜드의 선사 시대 무덤인 뉴그레이브Newgrave는 1년에 한 번 동지 때만 햇빛 한 줄기를 받아들인다.[374] 최근 알려진 바에 따르면, 스톤헨지 역시 매장터였다(그리고 거대한 실외 실로폰이라는 가설도 결코 사라지지 않는다). "나를 하늘에 묻어 줘, 나와 하늘을 향해 결혼해 줘"라는 캣파워Cat Power의 노래는 오래된 테마에 다시 불을 지폈다.●● 더욱 끔찍한 사례로는, 시인 파울 첼란Paul Celan이 홀로코스트 소각로에서 희생된 사람들의 무덤이 구름 위에 있다고 비통해한 것이다.[375]

하늘은 기호학적으로 비옥하다. 로마인들은 황도대zodiac를 기표(기호 운반체)라 불렀는데, 이 용어 자체는 아마도 두 번은 읽어야 하지만 그 모양은 수천 년을 살아남았다. 하늘을 읽는 것은 도표를 읽는 기술이다.[376] 황도대의 기호들은 고대 그리스와 로마 이후 혹은 아마 그보다 훨씬 더 먼저부터 놀랄 만큼 안정적으로 유지되어 왔다. 황도대는 동물학zoology과 어원이 같지만, 황도대에는 동물 말고도 (인간과 도구 등) 더 많

● 엘리트 계층은 계속해서 인공적인 별들을 향유했다. 2014년형 롤스로이스 레이스Wraith는 "별이 빛나는 하늘을 시뮬레이션하는 천장 장식재로 작은 광섬유 등을 사용했다."

●● 미국의 싱어송라이터 캣파워가 발표한 곡 "체로키Cherokee"의 일부로, 아메리카 원주민인 체로키족의 고유한 매장 풍습과 반대되는 내용의 가사다. — 옮긴이

은 것들이 포함되어 있다. 명백한 것은 우리가 곰자리, 전갈자리, 사수자리, 큰개자리라고 함께 무리지어 이름붙인 별들이 지구의 특정한 위치 때문에 가능했다는 사실이다. 우주 그 어디에서도 우리가 지구에서 보는 것처럼 그 별들이 그렇게 정확히 함께 있는 것처럼 보이지 않을 것이다. 우리의 별자리는 우리가 이웃임을 말해 준다. 우리는 별자리를 과도한 상상력의 낡은 환상이라 여겨 없애 버릴 수도 있었지만, 이 별들의 모양은 황도대의 12개 기호들을 열두 명의 족장, 사도, 혹은 천사로 바꾸려던 초기 그리스도인들이 이교도를 탈피하려는 시도를 견뎌 왔다.[377] 그러나 천문학자들은 인식론적인 꺼림칙함이 있다 하더라도 손쉬운 방위 장비가 지속되기만 한다면, 여전히 황도대와 별자리를 천상의 구역 계획에 편리한 방식으로 사용한다. 쿼티 자판의 키보드처럼, 일부 방위 장비들은 처분하기엔 너무 비싸고, 물류 기술은 엄격한 경험적 지원으로부터의 보조금 없이도 자신만의 방식으로 값을 치를 수 있다. 정확성이 도구를 평가하는 유일한 가치가 아니라는 점은 프래그머티즘 사상의 근본 원리 중 하나다(그리고 종교적인 사상의 방어 논리 중 하나다).[378]

근대의 하늘은 고대의 하늘과 같지 않다. 그 변화를 설명하는 방식 중 하나는 상실로 표현하는 것이다. 이러한 관점으로 대표적인 것은 죄르지 루카치Georgy Lukács의 향수 어린 《소설의 이론*The Theory of the Novel*》 첫 구절로, 별이 빛나는 창공이 인간이 가야만 하는 순례의 길을 알려 주던 시절의 축복을 이야기하고 있다.[379] 발터 벤야민은 그 뒤를 이어, 1920년대에 발명된 플라네타륨planetarium•은 자연Natur이 테크닉Technik을 대체하고 우주에 대한 열광적인 관계가 순전히 광학적인 관계로 대치되는 것을 의미했다고 말한다.[380] 우리는 아마도 한때 사람들이 별

• 천체의 운행을 나타내는 기계(천체투영관)로 천체의 과거, 현재, 미래의 운행을 영상화하여 주로 교육적인 목적에 사용되나 천체 운행의 간편한 계산기로도 사용된다. — 옮긴이

과 함께 살았으나 지금은 시계와 전구와 함께 산다는 생각에 너무 빨리 탐닉해서는 안 될 것이다. ("배운 자들의 우주에 대한 무관심"에 대한 매클루언의 불만이 대표적이다.[381]) 우리 모두는 우주에 대해 그 어느 때보다 많은 것을 알고 있고, 지난 세기 동안에는 천문학과 우주론에서 상대성 이론, 허블의 법칙, 빅뱅 등 경이로운 발견을 목격했다. 궁극의 정밀과학으로서의 천문학은 항상 정확한 측정에 대한 강박관념과 열정을 요구했고 이를 보유한 이는 거의 없었다. 대부분의 사람들은 하늘에 대한 생각으로 골머리를 앓을 필요를 느끼지 않지만, 대다수의 농부들, 항해사들, 순례자들은 사실상 천문학자의 후손이나 마찬가지다. 많은 사람들은 오랫동안 책력과 점성가를 찾아 상서로운 날들에 대한 조언을 구했다.[382] 하늘과 깊은 연관을 맺기 위한 대중적인 방법을 찾는 사람들은 천문학보다는 점성술을 따랐는데, 점성술을 밤의 마녀인 리스가 이브를 쫓는 것처럼 쫓았다. 일부 문화에서는 하늘에 대한 관심은 거의 없었고, 흡사 우리 대부분이 구름을 바라보듯 천체를 관찰한다. 즉 천체는 때때로 아름답지만 관찰하기에 필수적인 것은 아니라고 여기는데, 가정컨대 천체에는 인지할 만한 내용이 없다고 보기 때문이다.

내 생각에는 독특하게 근대적인 것은 하늘을 잃었다는 그 사실이 아니라 하늘이 명시적으로 더욱 오래된 테크닉들과 함께 할 테크놀로지들로 채워졌다는 사실이다. (다음 장에서 설명하겠지만 하늘을 세속화하려는 노력은 오래되었다.) 한나 아렌트는 갈릴레오 갈릴레이Galileo Galilei의 망원경과 스푸트니크호와 관련하여 대략 이와 비슷한 주장을 한다. 망원경은 맨눈으로 보던 천문학을 신뢰하지 않게 만들었고 태양흑점을 발견했다. 이는 고전적으로 순수의 정수라고 여겨지던 장소의 비순수성들이다. 갈릴레오는 두 개의 동기를 결합했는데, 그것은 기술적 도움 없이는 우리의 감각이 우리를 배신할 것이라는 공포, 그리고 지구 바깥에서 아르키메데스의 점을 찾고자 하는 탐구였다. 아렌트에게 두 번째 핵심적인 사건은 하늘이 더 이상 테오리아의 순수한 공간이 아니라는 것이었다. 그는 스푸트니크를 전적으로 획기적인 전환이라고 보았다. 사상 최초로 인간 인공물이 눈에 보이는 물체를 밤하늘에 올려놓았다. 이는 마치 돌고래들이 쓰고 설계하는 방법을 학습하는 것만큼이나 급진적인 행위, 즉 정신 미디어의 완전한 변화였다. 영원한 것이 만들어지려 하고 있었다. 호모 파베르Homo Faber는 하늘에 도달했고 테오리아를 하나의 행동 형태로 바꾸었다. 인간에게는 불가해한 하늘 공예품이었던 바벨탑 이야기와는 대조적으로, 위성은 하늘에서의 인간의 작업이다. 영원은 조작에 민감한 것이 되었다. 인간은 $E=mc^2$으로 별에서 불을 끌어와서 이를 자신들 스스로에게 사용했다. 우리의 이론이 오랫동안 지구를 넘어서기를 원하고 있었기 때문에, 아르키메데스 점을 찾고 실제로 우리의 거주지를 위험에 빠뜨렸다.[383]

시간 계측

시간은 정말 이상한 서식지이며, 하늘에 의해 그리고 왕과 수사와 부유한 자들에 의해 면밀하게 형성된다. 해럴드 이니스가 우리에게 가르쳐 주듯, 정치적, 경제적, 종교적 권력과 통제에 있어서 가장 근본적인 미디어들은 시간 계측에 관심을 둔다. 성 아우구스티누스는 시간이란 무엇인가라는 물음을 던진다. 그는 적절하게도 이것이 가장 위대한 질문 중 하나라고 생각했다. 그의 명석한 분석이 문제의 퍼즐을 풀지는 못했지만, 그 이전이나 이후부터 현재까지도 그 문제에 제대로 답한 사람은 아직 아무도 없다. 시간은 우리 삶의 의미 한가운데 놓여 있다. 시간은 우리가 신날 때도 나이를 먹을 때도 흐른다. 시간은 음악의 핵심이기도 하며, 아마도 음악은 모든 예술 중에서 가장 풍부한 의미를 담고 있으면서도 의미론적으로는 가장 약할 것이다. 우리는 좋은 기회 때, 즉 카이로스의 행운을 원한다. 언제나 사라지고 있는 시간은 내용이 없이 계속해서 과거 속으로 빨려 들어간다. 많은 커뮤니케이션 이론들이 헤겔이 감각 확실성 sense-certainty이라 불렀던 것의 수준에 머물러 있어서, 메시지는 본질이어서 우리가 찾을 수 있는 가장 풍부하고 다양한 자료를 담고 있는 것처럼 보여야 하며, 또한 가장 먼저 사라질 때는 가장 변덕스러운 부분이 사라지는 것이어야 한다고 생각한다.[384] 경험이란 모든 내용물들이 사라졌을 때 남는 것이다. 시간의 문화적 테크닉에 대한 내 관심은, 현저하게 평범한 장치의 작업에서 거대한 철학적 질문들이 유용하게 추구된다고 가정한다. 때로는 간단한 지식이어도 족할 것이다. 시간 계측은 종종 전체 철학을 내장한 장치들을 포함한다.[385]

시간이 무엇이든 간에, 달력과 시계는 시간을 측정하고 조정하고 구성한다. 그러면 다시 탑과 종들은 빛과 소리를 통해 공간에 대한 지배권을 선언하고 긴박함을 외치는 시간의 전령사가 된다. 이러한 물류 미디어는 너무나 근본적인 것이어서 때로는 미디어로 보이지 조차 않기도 하지만, 하늘과 땅, 자연과 문화, 우주 기관과 사회적 기관 사이를 협상하고 시간은 물론 공간에 대한 우리의 기본적인 지향성을 정의한다. 물류 미디어들은 이러한 방식을 통해 우리로 하여금 지금 몇 시이며 시간이 어떻게 흐르는지에 대해 생각해야 하는 짐을 덜게 해 준다. 달력과 시계 등의 올드 미디어는 하늘에 주의를 기울여 얻은 큰 결과를 작은 인프라의 사실로 보여 준다. 달력과 시계와 탑은 단지 인식론적인 효과만을 내는 장치는 아니며, 미디어가 어떻게 존재론적으로 작동하는지를 우리에게 보여 준다. 달력과 시계는 자연과 문화 사이의 "유사-대상"이다.[386] 그들은 땅과 하늘의 실체라는 정해진 환경적 사실을 모델링하지만, 그 구현에 있어서는 여전히 커다란 변형적 차이들이 존재한다. 비록 대중적으로는 재빠르게 사용이 일상화되기는 해도, 그 미디어들을 설계하는 데는 엄청난 양의 정신적 대역폭이 필요하다. 달력과 시계는 땅과 하늘, 문화와 자연,

역사와 천문학의 주기적인 사건들을 동기화하는 구성체로서, 가장 오래되고 가장 중요한 신학 정치적 커뮤니케이션 미디어이며, 디지털 미디어 어디에서나 그 유산을 볼 수 있다.

여러 가지 변형된 형태의 달력과 시계들은 하늘과 땅 사이에 서 있다. 수학적이고 정치적인 측면에서 볼 때 그들은 하늘의 순환을 흉내 내고 문화적 변덕에 사로잡혀 있으며, 인지적이고 정치적이고 종교적인 조직의 추상적인 장치들이고, 무엇보다도 모든 인간의 의미 만들기 수단 중에서 가장 기본적인 것 중 하나다.

그들은 우주를 일상적인 용도로 파악할 수 있게 만든다. 달력은 주기적인 천문학적 사건(년, 일식, 달의 차오름, 날 등)을 주기적인 인간의 사건(기념, 주기, 휴일, 안식 등)에 맞춰 조정하도록 설계되어 있고, 땅의 역사를 하늘의 주기와 연결하는 이중의 직무는 그들에게 커뮤니케이션 미디어로서의 특정한 힘을 부여한다. 시계 역시 마찬가지지만 조금 더 작은 수준에서 진행되었고, 달력과 시계 모두는 한때 재현의 양식이자 개입의 도구였다. 그들은 시간을 보여 주는 동시에 구성한다.[387] 그들은 가능한 한 가장 근본적인 방식으로 매개한다. 달력과 시계는 하늘 나라와 땅의 나라 사이를 중재하고, 우리에게 시간과 영원의 방향을 알려 주며, 따라서 비록 세속의 세계에 있다 하더라도 우주에 대한 의미 있는 지향을 제공하는 고전적인 기능, 즉 막스 베버가 모든 종교의 임무라고 생각했던 기능을 수행한다. 달력과 시계는 궁극적인 것들과 일상적 삶의 결 모두를 설계한다. 미디어는 묶거나(과거, 커뮤니티) 연결할 뿐 아니라(공간, 시간, 사람), 조직하기도 한다.

시간 계측은 아주 소량을 작동시키는 수학적이고 계량적인 예술이다. 천문학, 음악의 조화, 측지학, 우주론, 신경생리학, 측지학, 항해 등과 같이 하늘의 관찰과 연결된 많은 예술과 과학들은 미세한 조각들과 정밀한 측정을 소중히 여긴다. 대수표의 사소한 실수 하나가 배의 난파를 초래할 수도 있다. (찰스 배비지Charles Babbage의 컴퓨터 원형은 부분적으로는 로그표를 계산하기 위해 고안된 것이다.) 19세기에 시계가 느리게 가는 일이 일어난다면 열차 충돌을 일으킬 수도 있었다. 3과 3.14159의 차이는 세계를 회전하도록 만든다. 피타고라스는 우주의 음악을 만드는 수들을 들었다. 천문학적 관찰은 거의 감지 불가능한 차이들을 추적하고, 앞서 언급했듯이 이는 정밀과학의 최초이자 정수가 되었다. 그러나 달력 그 자체는 결코 자연의 순환에 대한 순수한 모델이 아니다. 달력은 언제나 절충하며, 인간이 자연적인 사실들을 가지고 얼마나 창의적일 수 있는지 보여 준다.

매클루언은 커뮤니케이션의 핵심에는 인문학을 문법, 수사학, 변증법으로 나누었던 고대와 중세의 3과가 있다고 생각했다. 이는 오늘날의 말로 하자면 문학, 웅변, 철학이며 모두 언어와 연결된 학문들이다. 키틀러는 그의 마지막 저서에서 3과 대신 4과를 제안했는데, 비슷하게 존중받는 학문 영역인 산술, 기하학, 음악, 천문학으로, 이 학과들은 모두 숫자에 연결되어 있다. 음악을 뮤즈의 예술(즉 기억이나 녹음)로, 그리고 수를 세고 춤추고 사랑하고 노래하고 그림으로써 신의 리듬을 흉내 내는 측정의 알고리즘을 창조하는 우리 존재의 과학으로 보았던 키틀러의 마지막 시각에는 미칠 것 같은 아름다움이 있다. (키틀러는 "존재는 얼마간은 물질," 즉 양적 물질이라고 보았던 퍼스에 동의할 수도 있을 것이다.)[388] 이 책은 비록 키틀러의 의견을 전적으로 따르는 것은 아니지만 미디어 이론에 대한 4과의 관련성을 지지한다.

이 네 가지 학문 분야는 우아하게 정렬될 수 있다. 음악과 천문학은 하늘에 관심이 있고, 산술과 기하학은 땅에 관심이 있으며, 산술은 음악의 바탕이 되고 기하학은 천문학의 바탕이 된다. 음악과 기하학은 구체적이고 천문학과 산술은 추상적이다. 음악과 천문학은 역동적이고, 산술과 기하학은 정적이다. 산술과 천문학은 영원을 연구하고, 음악과 기하학은 사라지는 것을 연구한다. 사람들은 수학적이거나 기술적인 실수가 그렇게 놓치는 것들은 가장 감동적이고 적절한 것이라고 말한다. 우리는 하늘과 시간과의 관계에서 가장 인간답다. 하늘 미디어는 인간의 독특한 특질인 불멸에 대한 탐구를 가능하게 해 준다.[389]

생체 달력

시간 계측은 이론적일 뿐만 아니라 수학적이고, 시간생물학에서의 연구가 우리에게 말해 주듯 생명 그 자체로부터 출발한다. 의도적으로 체계화된 달력은 인류 역사에서 매우 늦게 등장했다. 우리가 알고 있는 생명은 상대적으로 짧은 자전(하루)과 상대적으로 긴 태양 둘레 공전(1년)을 하는 지구 위에서 발생했다. 낮과 밤이 교대로 나타나는 맥박은 어떤 수준에서는 단일 세포 동물 이상의 모든 생명체들에게 장착되어 있는 것 같다. 예를 들어 청각적인 지각과 관련된 작은 규모의 시간 임무와는 달리, 활동일주기는 고등 신경 체계를 필요로 하지 않는다. 육지의 원형질은 빛과 어둠이 날마다 교차하는 특성의 환경에서 진화했다. 하루 단위의 리듬은 바다 깊은 곳 생명체들에게는 구속력이 덜한 것으로 보이지만, 낮에는 가라앉고 밤에는 떠오르는 물고기와 동물 플랑크톤의 두꺼운 바다 층이 있는데 이를 심해산란층(소리를 내는 음향 미디어에 대한 효과를 따라 멋지게 이름 붙인)이라고 한다. 만일 지구가 축을 중심으로 더 느리거나 더 빠르게 자전했다면, 혹은 어쩌다보니 생명체가 중간 위도가 아니라 양극 지역에서 발생했다면, 우리의 달력이 달라졌을 뿐만 아니라 우리도 달라졌을 것이다. 사실상 부분적으로 활동일 주기의 조정에 어려움을 느끼는 심리 장애를 지칭하는 말로 사용되는 '양극성'이라는 용어에는 주목받지 않는 진실이 하나 담겨 있다. 이러한 일이 극지방 가까이 살고 있는 사람들이나 조종사들, 대륙 간 여행자, 대학생, 동굴 거주자에게 발생한다는 점이다.[390]

비록 만일 유기체가 시간에 대한 환경적인 실마리(이른바 zeitgebers)에 접근하기 어렵다면 내부적인 시간 감각은 떨어졌을 것이지만, 이 지구상에 있는 생명체가 주기적인 삶을 산다는 데는 의문의 여지가 없다. 굴, 감자, 초파리, 해바라기, 바다거북, 대하, 비둘기, 벌 등은 태양을 따라갈 수 있고, 스스로 지구 자기장에서 방향을 잡거나 초기 종 역사에서 구축된 하루의 리듬에 따라 산소를 소비한다.[391] 꿀벌의 천재적인 탐색 능력의 일부는 그들의 시간 감각에서 온 것 같고, 태양을 따라가는 그들의 능력과 밀접한 관계가 있다. 땅과 하늘을 향한 이러한 놀라운 행동들은, 2장에서도 언급했듯이 인간의 테크놀로지를 넘어설 때가 많다. 인간은 사춘기, 폐경기 및 노화와 같은 장기적인 바이오주기성, 그리고 배가 고프거나 졸음이 쏟아지는 등의 일상의 주기성을 갖고 있다(이 모두는 환경적인 계기에 민감하다). 인간의 월주기 혹은 새와 물고기와 박쥐와 왕나비들이 매년 이동하는 일은 계산된 달력으로부터의 도움을 필요로 하지 않는다.●

우리의 달력을 형성하는 동일한 리듬의 많은 부분이 우리의 생리학에 기록된다. 인간의 뇌는 엄격하게 동기화되는 것은 아니지만, 신경과학자 데이비드 이글맨David Eagleman의 멋진 저서들이 보여 주듯, 놀랍고도 잡다하기까지 한 시간 척도 메커니즘을 갖추고 있다. 신경 진동자, 맥박 조정기 및 기타 메커니즘은 서로 다른 시간의 척도와 감각 입력의 종류(촉각은 시각보다 느리고, 시각은 청각보다 느리다)에 따라 하는 일을 달리 한다. 일부 내부 시계 장치들은 진동하는 화학물처럼 작동하고, 다른 것들은 신경망처럼 작동한다. 인간 몸의 활동일 시계는 시각교차위핵suprachiasmatic nucleus으로, 대뇌반구 각각의 시상하부에 위치해 있다. 이처럼 시신경 교차점과 근접해 있어서 24시간 단위로 살기에 유리할지

● 마치 최적의 수면 주기에 사람을 깨워 준다고 주장하는 수면 앱이 있는 것처럼, 특히 배란 주기를 따르는 의학 정보 앱 중에는 '불임 추적기'가 있다. 엘리자베스 엘세서Elizabeth Elcessor에게 감사한다.

도 모른다.[392] 감각 기관은 육체로 만들어진 미디어다.

뇌에 중심 시계는 없으므로 인간의 통일된 시간 감각은 사후 생산의 결과다. 이글맨은 "세계에 대한 통일된 감각 지각은 느리고도 전반적인 정보를 기다려야 한다"고 말한다. 우리는 텔레비전 생방송처럼 세계를 경험하여 언제나 약간의 시간 지체를 겪는다. 현재에 대한 우리의 감각은 뇌가 다양한 데이터의 흐름을 버퍼링하는 동안 필연적으로 지연된다. 이글맨에게 있어서, 뇌는 독특한 감각 체계의 제한된 채널 용량을 보상하면서 "그것을 공급하는 장비의 특성"을 고려해야 한다. 다른 모든 미디어와 마찬가지로 뇌의 시간에 대한 해석은 가로챔을 당하거나 속기 쉽다. 시각적이고 청각적인 환영은 물론이고 시간적인 환영도 있기 때문이다.[393] 이글맨은 자신의 주장에서 미디어 은유가 수행하는 구성적인 역할을 깊게 생각하지는 않았지만, 그가 말하는 뇌의 그림은 고전적인 인프라를 닮았다. 사용자에게는 부드럽고 일관성이 있지만, 요충 지점이 조금만 뒤틀리면 하이재킹에 취약하다.

인공 시간 계측 시스템은 유한한 삶을 뛰어넘어 이어질 수 있지만, 생체 시계의 범위는 매우 넓어서 사운드를 거의 마이크로초 단위로 추적하는 것에서부터 활동 일주기 리듬, 발정 주기 및 폐경에 이르기까지 수백 가지에 이른다. 유기적 시스템이 마이크로초 수준의 사건까지 추적할 수 있다는 사실은 몹시 놀라운데, 가장 빠른 뉴런의 사건인 행동 잠재성도 수백 마이크로초의 수준으로 훨씬 느리기 때문이다. 뇌는 우주물리학자들이 하는 것과 같은 원칙을 사용한다. 즉 시간과 거리의 척도를 교환하는 것이다. 전문화된 뉴런은 서로 다른 입력의 도착 시간을 비교하여 '동시 검출'이라 부르는 것을 생산한다. 신경의 길이는 시간의 간접 측정이고, 거리는 지연으로 전환된다. (이글맨은 익살스럽게 말한다. 과거에는 키가 큰 사람들이 작은 사람들에 비해 약간 더 멀리 살았을지도 모른다고.) 신경 전략은 두 개 신호 사이의 간격을 원래의 자극의 증거로 읽어 내는 것이다. 뇌는 직접 접근할 수 없는 외부의 사건들의 증거로서 뇌의 고유한 상황을 읽어 낼 수 있다. 뇌 또한 재귀적 미디어다. 외부로부터의 스트리밍 자극으로 최근 상태의 데이터를 모아서 시간의 지속을 추정할 수 있다. '단기 시냅스 가소성' 현상은 뇌가 어떻게 즉각적인 이력을 시각 또는 사운드의 타이밍의 지표로서 읽어 내는지 설명할 수 있으며, 시간 계측이 전용 신경 세포의 유일한 영역이 아니라 일반적으로 분산된 신경학적 능력임을 시사한다.[394] 고래목의 커뮤니케이션, 별빛, 고고학의 발굴, 도서관 등과 마찬가지로 다양한 연대 기원의 다중 전송에 동시 접근하는 것은 뇌의 데이터베이스 조직에 대한 근본적인 문제이기도 하다.

날과 해

스스로 외형을 잡고 그 외형화에 발맞춰 진화하는 생명체로서, 인간은 진화론적으로 연마된 바이오리듬에만 의존하지는 않는다. 시간 계측에 대한 갈망은 인간 문화와 함께해 왔을 가능성이 크다. 수렵과 채집, 목가적 유목, 그리고 농경은 모두 자연의 순환 주기를 면밀하게 관찰하는 것에 의존하는 일이고, 문자와 숫자로 된 달력이 제 역할을 하기 이미 오래전부터 인간은 식물 심기, 동물 이동시키기, 그리고 파종 시기와 추수를 해와 달과 별자리의 순환 주기에 맞춰 조정하는 일에 대한 구전 지식들을 풍부하게 축적했음에 틀림없다.[395] 심지어 일부 지역에서 해마다 나타나는 꿀벌 떼도 달력 만들기에 활용되는 느슨한 데이터가 될 수 있다. 많은 달력들이 자체 내용을 천문학적 정보원에서 가져오는 것만큼 농업의 정보원에서도 가져온다. 아마도 BCE 10세기의 것으로 추정되며 1908년에 발견된 게저 달력Gezer Calendar은 비옥한 초승달 지역의 서쪽에서 행해지던 농경 활동을 1~2개월 간격으로 분류해놓은 석회암 판이다. 흥미로운 것은 12개월을 순전히 농사에 관련된 것으로(비록 음력이기는 하지만) 표현했다는 점이다. 수천 년 이후에 제작된 혁명적이었던 프랑스의 공화력 역시 계절의 날씨와 사건들에서 각 달의 이름을 따왔다. 예를 들어 가을의 달인 방데미에르, 브뤼메르, 프리메르는 각각 포도, 안개, 서리를 의미한다.• 반면에 이슬람 달력은 태양의 공전에 따라 정해진 관계는 없으며 따라서 각 달을 계절이나 날씨의 순환 주기에 맞추는 일도 없다. 이슬람 달력은 그 내용을 땅이 아닌 하늘에서만 가져온다.

일부 사람들은 해와 달과 별의 천체 기호와는 무관하게 온전히 땅의 변화에만 근거한 비공식적인 달력에 따라 산다. 인류학자 에드워드 에번스 프리처드Edward Evans-Pritchard에 따르면, 수단의 누어인은 사회학적이고 생태학적인 두 가지의 시간 계측을 중첩해서 사용하며, 일반적으로 시간에 대한 추상적인 개념을 갖고 있지 않다. 누어인들 사이에서 사회적인 시간은 '연령 집단'(즉 같은 해에 성년식을 거친 사람들의 무리)이라는 복잡한 유사 친족 시스템을 포함하는데, 이는 시공간상에서 협력을 형성한다. 사회적 관계와 소속 계통은 누어인이 자신들의 연표와 역사를 진행하는 하나의 좌표나 체계로 작동한다. 누어인들 사이에 생태학적 시간은 대략적으로 번갈아 찾아오는 우기와 건기에 기반을 둔다. 그들은 해와 달, 다른 천체들, 바람의 변화와 새들의 비행 등을 관찰하지만, 이를 시간 계측의 참조 지점으로 사용하지 않았다. 그들에게는 자연과 계절이 어떻게 그들의 목가적 삶에 영향을 주는지에 대한 실제 사용 가능한 연간 달력과 풍부한 지식이 있었다. 이는 비와 가뭄, 강물 수위의 오르내림, 파종과 추수, 들판 불태우기, 낚시, 사냥, 채집, 곤충과 동물의 삶, 부족과 풍요 등에 근거한 것이었다. 시간은 한 해의 다른 때마다 다른 가치를 맡을 수 있었다. 그들은 날들을 '몇 잠'으로 세거나 때로는 태양에 따라 세기도 했다.

• 마치 새로 나온 탄산음료처럼 들리는 이름들이다.

"매일의 시간 조각은 소의 시간이고, 시골에서 해야 할 일들의 순환이다." 에번스 프리처드는 종종 돌고래와 기타 시계 없는 세계에 살고 있는 주민들을 향한 비교 문화적인 갈망에 대한 기록을 남겨두지 않을 수 없었다. "사건들은 논리적인 순서를 따르지만 추상적인 체계에 따라 조정되지도 않으며, 활동들이 정확하게 따라야만 하는 자율적인 참조점이라는 것은 없다. 누어인들은 운이 좋다."[396]

공식적인 달력은 천문학에 대한 고급 지식을 필요로 하고, 글쓰기, 수학, 노동 분업, 급격한 사회적 계층화, 중앙 집중화된 종교와 국가 권력 등과 더불어 문명의 핵심적인 징표다. 두 가지의 자연적인 사실들이 모든 달력 시스템을 형성하는데, 하루에 걸친 지구의 자전과 1년에 걸쳐 태양 주위를 도는 지구의 공전이 그것이다. 달의 월간 주기는 대부분 밝혀졌고, 다른 천체 자원은 동지와 하지와 춘분과 추분, 심지어 일식과 혜성을 포함한다. 달력 만들기를 이끄는 것은 일상의 삶을 천구의 움직임과 동기화하려는 종교적이고 정치적인 욕망이었고, 감자와 굴이 본능적으로 하는 것을 의식적으로 하려는 것이었다. 시간은 하늘에 심어졌다. 사도 바오로는 코린토스의 사람들에게 보내는 글에 이렇게 썼다. "해의 영광이 다르고 달의 영광이 다르고 별들의 영광이 다르도다……"(코린토 신자들에게 보낸 첫째 서간 15:41). 그가 무엇을 의미했던 것이든, 그는 달력 만들기의 원료를 잘 언급했고, 그 각각이 고유의 정보원을 생산해낸다는 점을 제대로 말했다. 대부분의 실용적인 달력들은 햇빛용으로 만들어졌고, 때로는 달빛용이었고, 별빛용은 결코 없었다. 별을 사용하는 것이 훨씬 정확한 모델을 제공하지만 우주 중심으로부터 벗어나면 약간의 소름 끼치는 차이가 있다. 이는 지구에 거주하는 이들에게 즉각적으로 소용되는 것은 아닐지라도 아주 조그마한 증가량도 목적지에서 주요한 편차로 나타날 수 있는 항해와 항공에는 필수적이다. 언제나처럼 탈것의 조종사들은 양적으로나 다른 방법으로 그들의 존재를 정박하게 하는 세부 사항을 면밀히 조율해야 한다.

만일 태양계가 정수로 작동한다면 달력 만들기는 훨씬 더 쉬웠을 것이다. 카스티야 왕국과 레온 왕국의 왕인 알폰소 10세는 출처가 불분명하지만 매력적인 말을 했다. "만일 전지전능한 신이 창조를 행하기 전에 나와 상의했더라면, 나는 조금 더 단순한 무엇인가를 추천했을 것이다."[397] 지상과 태양계의 순환이 보여 주는 숫자상의 복잡성이 문화적 개입과 변용의 여지를 만들어 주며, 달력을 만들 수 있는 단 하나의 직접적인 방법이란 없다. 일, 월, 년은 공약 불가능한 단위에서 발생한다. 완전한 달의 한 주기(삭망월)은 약 29.53059일이고, 춘분에서부터 다음 춘분까지 완전한 해의 한 주기는 약 365.24219일이다. 모든 측정 형태가 그러하듯, 시간 계측에 있어서도 정밀성과 편리함은 종종 함께하지 못한다. 인간의 인지와 정수는 태양계의 주기에 있어서는 조화롭게 효율적이지 않다. 물론 그러한 불편함은 숫자의 특성으로 인한 것이다. 파이pi는 비합리적이고, e는 정수가 아니며, 음악의 간격 비율은 일단 옥타브와 5도를 넘어서서 완전 4도의 4/3와 같은 소수점이 반복되면 두통거리다. 수와 양 사이의 차이는 고대 그리스 수학에서 중요한 발견이었고, 연속적인 양을 다루는 기하학과 불연속의 양을 다루는 산술을 분리하는 기본이 되었다. 양은 수와 같은 것이 아니다. 한 변의 길이가 1인 사각형의 대각선은 2의 제곱근이다. 완전 4도의 화음은 완전하게 들린다. 두 양 모두 실재이고 측정 가능하지만, 어림하지 않고서는 산술적으로 표상하기란 불가능하다. (모호함의 이점에 대해서는 이후에 다시 설명할 것이다.) 아날로그와 디지털의 대조는 기하학과 산술의 대조로 돌아간다.[398]

비록 모든 달력들이 날과 해를 갖고 있지만, 각각이 정확히 무엇인지 정하는 것은 말도 안 될 만큼 어렵다. 날에서부터 시작해 보자. 24시간이라는 단위는 지구가 축을 중심으로 한 바퀴 자전하는 시간과 정확히 맞아떨어지는가? 그렇지 않다. 해가 자오선, 즉 하늘을 동반구와 서반구의 절반으로 나누며 남북으로 그어진 가상의 선인 자오선과 교차하는 지점으로 되돌아올 때까지 평균 24시간이 걸린다. 해는 해시계의 그림자가 가장 짧을 때 자오선을 지난다. 그렇게 한 번 교차하는 시간으로부터 다음 번 교차 시간까지의 시간은 '명백한 태양일'이다. 그러나 만일 해를 무시하고 지구가 완전히 한 바퀴를 도는 데 얼마나 걸리는지 측정해 보면 23시간 56분 4초 더하기 오차가 걸린다는 것을 알 수 있다. 이를 일컬어 항성시라 하거나, 혹은 별에 관련한 날이라고 부른다(라틴어에서 sidereal은 별sidera을 의미한다).

하루는 전적으로 좌표계에 따라 달라진다. 우리가 가장 당연하다고 여기는 것 중 하나로서, 하루는 어떤 인프라에서라도 일어날 수 있는 표준화와 투쟁의 고전적인 작업을 보여 준다. 거의 4분에 이르는 나머지 시간에 무슨 일이 벌어졌던 것일까? 기본적으로 지구가 태양 주위를 공전하는 1년 동안 약간의 시간이 더해진다. 지구는 태양 주위를 시계 반대 방향을 따라 공전하면서, 지구의 축을 중심으로 서에서 동으로 자전한다. 태양 주위를 공전하는 1년마다 지구 자체가 한 바퀴 더 돌게 되는 것이다. (여기서 '공전'은 지구가 태양 주위를 궤도를 그리며 도는 것을 의미하고 '자전'은 지구가 매일 회전하는 것을 의미한다.) 다른 말로 하자면, 지구가 궤도를 따라 매일 조금씩 전진하는 과정에서, 어제의 자오선을 따라잡기에는 360도의 회전이 부족하게 된다. 하루가 되기 위해서는 태양을 기준으로 똑같은 지점으로 돌아오는 데 완전한 1회전에다가 약간의 회전이 더 필요하다. 대략 361도 정도가 되는 것이다. 이러한 하루의 증가 분량이 축적되면 연간 한 바퀴의 추가 회전이 생긴다. 만일 지구가 동에서 서로 회전한다면, 지구가 태양을 기준으로 이전 지점을 따라잡는 것은 360도 회전에 약간 못 미칠 것이므로 연간 회전에서 빼기를 해야 할 것이다. (1항성일 = 365.24219/366.24219, 평균 태양일 = .99727, 평균 태양일 = 23.93448시간, 즉 23시간 56분 4초다.)

항성일은 다소 일정하지만, 태양일은 연중 내내 다양하게 변한다. 태양 주위를 도는 지구의 궤도는 완전한 원이 아니라 타원이어서, 태양을 도는 움직임의 속도가 일정치 않다. 지구가 조금 더 빨리 움직이고 있을 때는 더 넓은 면적에 걸쳐 움직이므로 자오선으로 돌아오는 데 시간이 더 많이 걸린다. 지구는 북반구가 겨울일 때 태양에 더 가까워서 정오가 될 때까지는 시계가 지구보다 더 빨리 간다. 태양일(자오선을 태양이 두 번 연이어 지나는 사이의 시간)은 2월에는 24시간 10분이 걸리지만 11월에는 23시간 50분이 걸린다. 해시계에서 볼 수 있는 하루 길이의 연차 변이가 고대에는 아날렘마analemma라고 불리는 장치로 입력되었는데, 이 장치는 지구의 연간 타원형 경로를 압축한 거울의 모양을 하고 있다. 하루는 매일 24시간이 걸린다는 허구의 이야기를 담은 시계 시간은 그 어떤 자연의 순환 주기와도 정밀한 연관성이 없는 협상의 결과물인 셈이다.

이미 머리가 어지러운가? 그것이 내 의도는 아니고 내 잘못도 아니다. 그러나 만일 독자 여러분이 어지러움을 느낀다면, 그것을 표상에 굶주린 천문학의 특성과 하늘의 패턴을 시각화하고자 하는 공간적 상상력의 발전에 대한 도전의 증표로 여겨 주길 바란다. 육안 관찰로 이러한 현상 중 일부를 알아챌 수 있는데, 예컨대 지구가 1년에 한 바퀴 더 도는 것 같은 일이다. 북쪽 하늘에서 가장 밝게 빛나는 시리우스는 8월 말 이른 아침이면 남쪽으로 난 내 방의 창문에서 바로 내다보이는 위치에 있었다. 11월이 되자 시리우스는 아침의 같은 시간 무렵에 서쪽으로 난 창문에서 바로 내다보이는 위치에 있었다. 3개월 만에 90도를 옮겨간 것이다. 물론 시리우스 자체는 전혀 움직이지 않았다. 3개월 만에 하루 중 같은 시간에 태양과 별들에 대한 지구의 위치가 90도 이동했을 뿐이다. 매일 밤 맨 눈으로 볼 수 있는 별들의 경관은 그 달력의 날과 조금 다르기는 하지만 그날에만 허용되는 독특한 것인 반면, 안내서나 역서曆書(역서라는 용어는 아랍어로 해시계를 의미하는 단어에서 왔을 가능성이 있다)를 갖춘 사람들에게는 행성과 달이 한결 더 눈에 띄는 달력 표식을 제공한다.

하루를 결정하는 또 하나의 주름은 지구 회전 속도의 변화다. 원자시계는 조금씩 느려지는 지구의 자전 속도에 맞추기 위해 때때로 조금씩 조정해 주어야 한다. 오늘날 지구의 항성 자전은 1세기 전에 비해 2밀리초 정도 더 걸리며, 이 차이들이 계속 쌓여서 1년이면 거의 4분의 3초 정도가 되기 때문에, 이렇게 뛰어넘은 몇 초를 때때로 더해 주어야 한다. 예를 들어 2012년 6월 30일에 공식 시계는 23시 59분 59초 이후에 비상사태 때문에 60진법 체계를 잠시 지연하며 23시 59분 60초를 표기했다. 조석의 이끌림이 주범이지만, 해일, 극지방의 얼음이 녹거나 얼어붙는 현상, 지구 핵의 내부 변동(지진으로 가라앉는) 등 다른 현상들도 원인이 된다. 지구가 느리게 진행하는 자전 중 찰나의 순간에 정확히 공전(1년) 당 365도(하루)에 도달하면 하루가 올 것이다. 물론 그리고 나서는 다시 정수 이하로 떨어져 미래의 천문학자들이 더 계산해야 할 일을 남겨 준다. 과거에 지구는 조금 더 빨리 회전했고, 지난 30~50억 년 동안 지구의 하루 자전 시간은 9시간 정도 늘어났다.[399] 화석화된 연체동물과 산호의 성장 고리로부터 얻어 낸 증거에 따르면, 5억 년 전쯤에는 지구가 태양 주위를 도는 데 400일 이상 걸렸을지도 모른다. (지구 주위를 공전하는 달 역시 한때는 더 빨리 돌았고, 한 달은 약 28일 정도 되었다.)

'하루'만큼 그렇게 일상인 것은 없으며, 그럼에도 하루가 무엇인지 알고자 할 때 우리는 순간 당황한다. (이는 시간 일반에 대한 성 아우구스티누스의 불평이었다.) 하루는 별과 해를 기준으로 측정할 때 각각 달라지고, 만일 우리에게 훨씬 더 선명한 신호를 보내는 해를 사용해서 측정한다면 태양일이 계절에 따라 변화하는 것을 감당해야 한다. 순수하게 인간이 시간을 생각하는 측면에서 보자면, 언제 하루가 시작하는지에 대한 보편적인 기준은 없고, 대신 널리 사용되는 기준으로 일출, 달, 일몰 등이 있고 자정과 같이 훨씬 인공적인 것도 포함된다. 하루를 어떻게 정의하든지

간에, 이는 문화적 근사치 및 평균화 작업, 즉 퓌시스와 테크네가 부드럽게 뒤섞여 있는 이루어진 하나의 실체다. (해체는 문화뿐 아니라 자연에서도 작동한다.) 가장 당연하게 여겨졌던 것의 인프라에서 그러한 불확실성을 발견한다는 것은 얼마나 이상한가. 의미를 형성하는 미디어를 더 깊이 생각해볼수록, 미디어는 더욱 모호해진다. 심지어는 하루처럼 아주 단순한 무엇인가도 우주적인 요소로 이루어져 있다.

예상할 수 있겠지만, 한 해는 하루보다 훨씬 더 복잡하다.[400] 바빌로니아 사람들은 1년을 대략 360일 정도로 생각했고, 그래서 원의 각도를 나타낼 숫자로 360을 선택했다(또한 2, 3, 4, 5로 각각 쉽게 나누어지고 6, 8, 9, 10, 12, 15 등의 배수가 된다는 점 때문이기도 했다). 우리가 360이라는 숫자를 사용할 때마다, 우리는 바빌로니아 사람들을 생각한다. 하루를 24시간으로 나누고 1시간은 60분, 1분은 60초로 나누는 것도 마찬가지다.[401] '각도'를 나타내는 우리의 상징(°)은 바빌로니아의 '태양'을 상징하던 것에서 비롯되었다. 이 두 상징은 모두 태양처럼 보이고 우리 지구가 매년 태양 주위를 도는 대략의 길이를 나타낸다. 이 기호는 자의적이지 않다. 이는 태양을 지칭하는 시각적 도상이지만, 360분의 1도라는 의미에서는 표의 상징처럼 기능한다. 이는 마치 중국의 한자나 이집트의 상형 문자와 비슷하며, 근대의 표음 언어에서도 오랫동안 지속되었다(6장 참조). 2000년 전 이집트, 바빌로니아, 중국, 그리스에서는 1년이 365일이 조금 넘는다는 것을 이미 알고 있었다. 율리우스 카이사르Julius Caesar가 통치하던 기간에 실행되었던 달력은 그를 기리기 위해 '율리아누스'라는 이름을 따랐고, 4년마다 윤년을 도입하고 1년을 365.25일로 고정하였고, 이는 1년에 11초에서 15초 사이의 차이로 유효했다. 이는 이전의 로마 달력에 비하면 어마어마한 향상이었고, 이후 몇 세기 동안 유럽의 달력으로 정착했다. 카이사르 시대의 변화에 모두가 기뻐한 것은 아니었다. 키케로는 이제 별들이 황제의 칙령에 맞추어 떠오른다고 불평했다.[402] 그러나 그의 냉소는 권력에 대한 오래된 사실을 정확히 지적한다. 권력이란 왕이 천체를 명령하려 하거나 비밀리에 모방하려는 방식을 일컫는다. 하늘은 언제나 정치적이었다.

더해진 그 11분 조금 넘는 시간에 무슨 일이 일어났을까? 그 11분은 조금씩 더해지고, 율리우스력은 매 128년에 하루 꼴로 태양에 뒤처지게 된다. (매년 잃게 되는 분량은 365.25 − 365.24219 = 0.00781이고 이는 태양력으로 하루의 128분의 1을 의미한다.) 16세기까지의 율리우스력은 3월 21일을 춘분으로 정했던 325년 니케아 공의회•에서의 측정으로부터 약 10일 정도 어긋나 있었다. 율리우스력에서 춘분은 태양력보다 1주 반 정도 늦게 찾아왔고, 교회의 달력을 지구와 해의 상호 작용으로부터 분리해놓았다. 1582년 교황 그레고리 13세는 조치를 취하여 그 날짜를 10월 4일 목요일에서 10월 15일 금요일로 열흘 정도 미루는 중대한 교정을 실시했다. 이로써 그는 그레고리력을 도입했는데, 이는 율리우스력을 사용하면서 400년마다 윤년을 세 번 두는 것이었다. 윤년은 400으로 나누어지고 연도의 자리수가 00으로 끝나는 해에 적용되기 때문에, 1700년, 1800년, 1900년은 윤년이 아니었고 1600년과 2000년만 윤년이었다. 이번엔 키케로가 아니라 개신교 국가들이 불평을 했는데, 바티칸으로부터 명령을 받아들이는 것처럼 보이기를 원하지 않는다는 종교적으로나 정치적으로나 예측 가능한 이유를 들어 혁신에 저항하였다. 프랑스와 유럽 대륙에서의 혼란스러운 170년이 지나고, 영국과 영국의 식민지들이 1752년 마침내 전환을 결정했다. 영국인들은 9월 2일 수요일에 잠자리에 들어 9월 14일 목요일에 깨어났다. 열하루를 돌려달라는 일반인들의 아우성이 클 것이라는 달력 폭동에 관한 소문은 크게 과장된 것이었고 윌리엄 호가스William Hogarth••의 그림처럼 지속되는 듯했다.[403] 러시아는 (그리스와 터키와 마찬

• 소아시아 비티니아주 니케아에서 동서 교회가 함께 모여 개최한 세계 교회 회의로, 325년 로마 황제 콘스탄티누스 1세가 소집하였다. — 옮긴이

가지로) 20세기까지도 달력을 전환하지 않았고, 그 결과 1917년 러시아에서 일어난 '10월 혁명'은 오늘날의 기준으로 보자면 11월에 일어났다.

더 많은 세부 조정이 필요하다는 것은 자명하다. 일상용으로 고안된 그 어떤 달력도 하늘과 완벽하게 일치하지는 않는다. 날의 경우와 마찬가지로 항성년은 태양년과 달라서, 평균 20분 정도 혹은 매 72년마다 1도 정도(즉 하루) 더 빠르다. 이는 BCE 2세기에 그리스의 천문학자 히파르코스Hipparchos가 처음 발견한 것으로 알려져 있다.[404] 춘분점은 해가 한 해 동안 움직이는 경로의 면을 의미하는 황도 주위를 따라 매년 동쪽에서 서쪽으로 궤도면 주위로 20분 정도 조금씩 뒤처지고, 태양 주위를 시계 방향으로 한 바퀴 도는 일을 완료하기 위해서는 25,772년이 걸린다. 알려져 있다시피 '춘분점과 추분점의 세차 운동'은 별자리를 혼란스럽게 만든다. 우리는 고대에 정해진 황도대의 하우스로부터 거의 한 달이나 멀어져 있다. 세차 운동은 지구가 축을 중심으로 하여 마치 큰 천막처럼 매우 느린 속도로 흔들리는 것에서 유래한다. 이러한 발견은 망원경이 개발되기 거의 18세기 이전에 이루어졌다. 눈과 손, 줄, 막대기, 숫자판, 기록 등과 같은 작고 단순한 미디어만을 가지고도 많은 일을 할 수 있었다.

달력과 갈등

모든 달력들은 당분간만 유효하다. 천문학적인 사실들은 비선형적인 방식으로 불안정하고 문명은 지속할 수 있는 최대 기한이 상대적으로 짧다. 지금까지 먼 곳의 문명과의 커뮤니케이션 — 흔적을 해독하는 것이 아니

●● 윌리엄 호가스는 18세기 영국의 화가로 인간 본성에 대한 예리한 통찰력과 생생한 표현력으로 당시 영국 사회를 풍자한 작품을 남겼다. — 옮긴이

라 언어를 공유하는 것으로 정의할 때의 커뮤니케이션 — 이 일어난 가장 오래된 기록은 4000~5000년 전 즈음이다. 달력을 둘러싼 대부분의 싸움은 하늘이 아니라 땅에 맞는지의 문제에 대한 것이고, 하늘의 패턴을 완벽하게 모방하는 것은 시간을 어떻게 계측하는지에 대한 갈등을 결코 만족시키지 못했다. 달력은 탁월한 정체성의 신호이고 제도적인 통제의 도구다. 누구라도 시간을 설정하는 자가 사회를 지배한다. 이 공리가 고대에는 성직자와 점성술사, 오늘날에는 해군 제독과 물리학자와 프로그래머를 잡고 있다.

달력은 종교 의례에서 특히 중요한 아이템이다. 요하네스 구텐베르크Johannes Gutenberg는 1457년 최초의 연감을 인쇄했고, 8년 후 성경이 출판되었다. 달력은 성서만큼이나 종교적으로 중요했을 것이고, 유대교도, 힌두교도, 불교도, 자이나교도, 이슬람교도, 바하이교도는 각각 자신들만의 달력을 갖고 있었다. 기독교는 최소한 세 가지 달력을 갖고 있었고, 로마 가톨릭교, 그리스정교, 아메리카정교는 아직도 각기 다른 날에 크리스마스를 축하한다. 그레고리력을 개혁한 주요 동기는 기독교인들에게 가장 중요한 '날짜가 바뀌는 축제일'인 부활절이 봄철에서 동떨어진 날짜에 떠돌아다니지 않게 하려는 것이었다. 어느 요일이든 상관없이 언제나 12월 25일에 지내는 크리스마스(서구 기독교의 경우)와 달리, 부활절은 언제나 일요일에 지내기 때문에 해마다 그 날짜가 크게 달라진다(이론적으로는 3월 22일에서부터 4월 25일 사이). 축일은 일반적으로 정기적인 것(예를 들어 싱코 데 마요Cinco de Mayo•)과 날짜가 달라지는 것(미국의 추수감사절) 사이에

• 싱코 데 마요는 멕시코의 기념일로, 스페인어로 5월 5일이라는 뜻이다. 1861년 멕시코가 채권국이었던 프랑스에게 이자 지급을 거부하자 프랑스는 이를 빌미삼아 멕시코를 정복할 목적으로 침략한다. 1862년 5월 5일에 멕시코 군대는 푸에블라의 전투에서 프랑스군을 기적적으로 물리쳤지만, 프랑스군은 결국 승리했고 푸에블라주에는 친프랑스 정권이 들어선다. 이 때문에 푸에블라주와 한때 멕시코령이었던 미국의 캘리포니아에서는 중요한 명절이

서 다양하다. 춘분이 지나고 첫 번째 보름달 이후의 첫 번째 일요일이라는 부활절의 정의는 초기 기독교인들의 오랜 논쟁 끝에 325년 니케아 공의회에서 결정된 것이다. 이는 놀라우리만치 엉망진창인 정의 방식인데, (1) 인간의 주, (2) 달의 주기, (3) 해의 주기를 모두 기준으로 해야 결정할 수 있는 날짜이기 때문이다. 그러나 이러한 방식은 명백하게 정치적인 목적을 띤 채 계속 이어졌다. 즉 부활절이 절대 유월절•과 겹치지 않는 날짜를 찾으려는 것이었다. 따라서 니케아 공의회는 기독교도와 유대교도 사이에 쐐기를 박았고, 유월절 전야인 니산Nisan 월•• 14일에 부활절을 지내는 일을 계속했던 콰르토데키만Quartodeciman('십사일교도들')과 같은 기독교 분리주의자들에 대한 법을 제정한 것이기도 했다. 아이러니하게도 기독교도들은 부활절이 유월절과 겹치는 것을 막기 위해서 자신들의 율리우스력 전통에는 매우 낯선 유대교 달력의 태음태양 논리로 복귀해야 했다. 고전적인 방식으로 적과 싸울 때 들어가는 비용은 그의 논리를 내면화하는 것이고, 부활절을 태음력으로 생각하는 것은 기독교의 무의식에 미친 수많은 유대교의 기여 중 하나다. 달력은 결코 중립적인 지도가 아니다. 사람들은 자신들이 지키는 명절(성축일)로 자신의 충성도와 정체성을 알린다.[405]

사실 유대교의 달력은 특히 흥미롭다. 유대인들은 바빌로니아인들이 사용하던 태음태양력을 도입하였는데 이는 태양과 달의 위상을 모두 이용하는 것이며, 다양한 수정을 거쳐서 1년에 6분 정도 또는 216년에 하

지만, 멕시코의 다른 지방에서는 그 중요도가 상대적으로 약하다. — 옮긴이

• 출애굽기에 기원을 둔 유대의 최대 명절이다. 과월절 또는 페사흐라고도 하며, 유대 달력으로 봄에 지내는 절기여서 봄축제라고도 불린다. — 옮긴이

•• 현대 달력의 3~4월에 해당되며 유대 달력에서는 첫 번째 달이다. 유월절이 지켜지는 달이다. — 옮긴이

루 정도 차이가 나는 달력을 갖게 되었다. 중국인들과 마찬가지로 유대인들 역시 19년짜리 메톤 주기Metonic period•(235개월이 1메톤 주기이고, 19년에 걸친 기간 동안 7개월이 윤달로 삽입된다)의 변형을 사용했다. 그러나 유대인들은 하늘에 지나치게 많은 에너지를 쏟을까 긴장하기도 했다. 달을 관찰하는 것은 한 달의 시간을 알기 위한 것이어서 종교적으로 수용 가능하지만, 만일 하늘의 다른 기호들을 관찰하여 미래를 추측하게 된다면 우상 숭배에 빠질 위험이 있기 때문이었다(신명기 18:20). 지나치게 별을 관찰하는 것은 죄악이 될 수도 있었다. 유대의 성서는 세계를 창조함에 있어서 최초로 창조된 것 중 하나가 바로 날 그 자체라는 설명으로 시작하고, 특히 히브리어 성서에서는 하루가 저녁에 시작되는 것으로 정의된다(창세기 1:5). 이에 더하여 창세기는 7일간의 한 주에 성스러운 규칙을 두어 안식일 혹은 휴일로 마무리된다. 유대인들의 정체성을 나타내는데 안식을 준수하는 것은 언제나 핵심 중 하나였고, 이는 욤 키푸르Yom Kippur(속죄일), 페사흐Pesach(유월절), 로시 하샤나Rosh Hashanah(신년제) 등 유대교 대축제일의 경우에도 마찬가지여서 이 날들 역시 설사 한 주 중 일곱 번째 날에 해당되지 않는다 할지라도 안식일로 간주되었다. 안식일 준수는 아마도 달력의 종교성 중에 가장 강력한 형태일 것이고, 시공간에서의 시간적 울타리이며(안식의 공간을 에워싸는 울타리인 '에루브eruv'••로 구분된다), 세속의 흐름으로부터 '타임아웃'을 갖는 것이다.

사실 근대 시간을 가장 명징하게 표상해 주는 것은 밤이 약해지는

• 태양년과 태음력이 일치하는 시기로 19년에 해당한다. 그리스의 천문학자 메톤Meton이 만든 순환 주기로, 그때까지 서로 다른 태음력을 사용하던 그리스의 도시들은 메톤 주기로 통일되었다. — 옮긴이

•• 유대인들이 안식일 기간 중에 평소에는 할 수 없던 일을 할 수 있는 지역을 말한다. — 옮긴이

것만큼이나 안식일이 약해지는 것이다.[406] BBC는 독실한 스코틀랜드인 장로교도였던 설립 책임자 존 리스John Reith•의 운영하에 있던 무렵 방송의 안식일을 준수했는데, 일요일에는 프로그램이 듬성듬성 있었고 그 빈자리는 바다의 해적 방송선들에게 돌아갔다.[407] 20세기 초중반에 랍비 모시스 하이엄슨Moses Hyamson이 이끄는 "달력 개혁에 의한 침범 가능성에 대비하여 안식의 정착을 지키기 위한 연맹"이라는 멋진 이름의 단체가 안식일이 7일 주기의 정해진 위치에서 벗어나지 못하도록 싸웠지만, 달력 개혁은 쇼핑, 스포츠, 방송, 영화 및 그들의 연중무휴 논리에 비하면 사소한 위협이었다. 비슷한 의미에서 제칠일안식일예수재림교도들은 달력의 해석을 종교의 신조로 만든다. 안식일은 언제나 정치권력과 시장 권력에 대한 저항의 주요 형식이었다.[408] 초기 기독교인들이 제7일이 아니라 첫 번째 날에 안식일을 지냈던 것은 사회학적인 경계 획정의 목적에 부합했을 뿐 아니라 부활을 기념하는 것이기도 했다. 고대 유대교도들로서는 이집트 포획자들이 토요일을 첫 번째 날로 숭상하는 것에 대한 복수를 하려고 토요일을 한 주의 마지막 날로 정했을지도 모른다.[409]

유대교 달력의 또 다른 특징은 일반적인 관련성으로, 중앙 권력에 의해 지배된다는 것이다. 70년경 제2성전(예루살렘성전)의 파괴 이후, 디아스포라 달력은 초승달의 관찰을 지속적으로 독점해 왔던 야브네의 산헤드린Sanhedrin••으로부터의 신호탄과 메신저의 원격 조정으로 조정되었다. 빠른 커뮤니케이션이 아직 없던 시기에는, 그렇게 시간에 민감한 데이터를 느

• 존 리스(1889~1971)는 영국의 사업가로 BBC 사장을 비롯해 임피리얼 항공사 사장, 브리티시에어웨이스(BOAC) 초대 회장을 지냈다. — 옮긴이

•• 고대 유대의 도시마다 설치된 최고회의이자 종교재판소의 성격을 띤 조직을 말한다. 도시에 따라 23명에서 많게는 71명까지의 판관을 두었던 최고 재판 기구였으며, 안식일과 유대교 축일에는 회의가 열리지 않았다. — 옮긴이

리게 이동하는 것이 주된 불편함이었고, 이에 적응한 한 가지 방식이 디아스포라의 사람들에게 이중 휴일(예를 들면 유월절과 같은)의 기구를 두어 시간의 오차를 허락하는 것이었다. 힐렐 2세는 365년 예루살렘이 달을 선포해 오던 독점을 종식시키고, 유대 공동체 각자가 초승달을 정할 수 있도록 허락하였다. 이는 흩어져 있는 사람들에게 훨씬 더 유용한 것이었지만, 휴일을 이중으로 지내는 일은 여전히 남아 있었다. (누군들 휴일을 반납하겠는가?) 주권의 핵심적인 신호는 바로 휴일을 선포하는 권리이며, 이 권리는 사면권과 밀접하게 연관되어 있다. 두 권리 모두 시간을 지연시키는 것이다.

이와 대조적으로 이슬람 달력은 엄격하게 음력이어서 '헤지라년'은 354일 혹은 355일이고 12태음월로 이루어져있고, 이슬람 달력으로 매 32년마다 한 번씩은 모든 계절들을 거쳐 완전한 순환을 이룬다. 언급했듯이 이슬람 달력은 태양력과 달리 파종 시기나 추수 시기와는 무관하다. 따라서 신도들이 해가 떠있는 동안 금식하는 라마단월이 때로는 여름의 덥고 긴 낮 동안이 될 때도 있고 때로는 춥고 낮이 짧아 단식하기가 더 쉬운 겨울에 해당되는 경우도 있다. 한 달은 초승달이 관찰되면서 시작되지만, 오늘날 이슬람교도들에게도 전 세계의 표준 달력이 이슬람 달력의 자리를 차지하고 있다. (라마단의 달을 정하는 일은 까다로운데, 일부 이슬람 종파에서는 초승달이 단식이 시작되기 이전에 관찰되어야 한다고 주장하기 때문이다.) 이슬람교도들에게는 달력 날짜가 이리저리 떠돌아서 계절과 어긋나는 것에 대한 그레고리 교황의 우려는 무관한 일이었을 것이다. 이슬람 달력의 첫 해는 그레고리력으로는 622년이고 AH(anno hegirae는 헤지라의 해라는 뜻)를 약어로 사용한다. 이슬람 해가 더 빨리 진행되기 때문에 그레고리력 날짜에서 622만을 빼는 것만으로 이슬람력을 등치시킬 수는 없다. 이런 방식의 계산으로는 아직 다가오지 않은 날을 답으로 얻게 되는데, 이슬람력의 한 해가 그레고리력의 한 해 길이의 97% 정도가 되기 때문이다. 약 2만 년 이후가 되면 이슬람력은 그레고리력을 지나쳐 추월하게 될 것이다.

역사상 대부분의 정부들은 달력을 유지하고 길일(씨뿌리기에, 결혼하기에, 전쟁을 벌이기에 좋은 날들)을 점치는 능력을 갖춘 전문가 집단을 보유했다. 예를 들어 아즈텍인들 사이에서는 성직자 계급이 두 개의 순환 주기를 정착시키는 방식으로 복잡한 달력을 유지했는데, 365일로 이루어진 농경-정치 달력과 260일로 이루어진 종교-신성 달력이 그것이다. 이 두 달력의 주기는 매 18,980일마다 일치한다. 1년 365일 달력으로는 52년 만에, 1년 260일 달력으로는 73년 만에 일치하는 것이다. 달력은 아즈텍 사회 질서의 중심이 되는 컴퓨터였고, 농사, 전쟁, 재생산, 노동, 종교적 의식 등을 지시하는 거대한 프로그램이었다. 이 달력은 금성에 특히 관심을 두었는데, 263일 동안 금성을 볼 수 있다는 점은 신성한 달력과 밀접하게 관련된다. 바빌로니아인, 그리스인, 로마인들에게도 금성은 사랑과 비옥함을 주관하는 행성이었고, 금성의 관찰 주기가 인간의 임신 기간과 대략 일치한다는 점을 인지했음에 틀림없다. 아즈텍 달력의 관리자는 날짜를 계산하고 상서로운 때와 상서롭지 않은 때를 선언하는 역할을 함으로써 이니스가 "지식의 독점"이라 불렀을만한 권력을 갖고 있었다. 달력은 추상적인 계산을 하는 장치(인지적 도구)이지만, 돌에 조각된 예술 작품의 형태를 지니고 있기도 하다. 우주 주기의 모델인 아즈텍 달력은 지배의 도구이기도 했다. 점성술의 예언은 종종 이데올로기적인 지지자의 역할도 했다. 아직도 많은 문화권에서는 점성술사가 별자리의 배열이 좋은 날을 골라 결혼 날짜를 정하며, 어떤 날들이 특히 신비롭다는 개념은 아즈텍과 같은 이국적인 민족들에게만 국한되는 것은 아니다. 우리가 말하는 13일의 금요일, 또는 2007년 7월 7일과 11월 11일에 결혼식이 급증하는 것을 생각해 보면 알 수 있다.

모든 달력은 저항을 불러온다. 예를 들어 사해문서Dead Sea Scrolls•

• 사해문서는 사해 서쪽의 와디 쿰란 주변과 동굴 11곳에서 발견된 두루마리 형태의 문서

의 쿰란 공동체는 그들을 정복했던 그리스인들에 의해 강요받았던 태양태음력을 증오했고, 대신 그들이 "진짜 달력"이라 불렀던 것을 준수했다. 보다 최근의 사례로는 2000년 이상에 걸친 역사를 쓰는 사람이라면 누구나 마주쳤음직한 질문이다. BC인가 BC가 아닌가? 현대의 유대인들 및 다른 사람들은 종종 그레고리력의 기독교에 저항하며 BC("예수 이전")보다는 BCE("공통 시대 이전")를, 그리고 AD("아노 도미니Anno Domini" — 하느님의 해)보다는 CE("공통 시대")라는 연호를 더 선호한다. 아노 도미니라는 말에는 암묵적인 신앙 고백이 내재되어 있다는 것은 의심의 여지가 없다. 달력은 역사의 정오에 왔던 그리스도로서의 예수 증언을 담고 있다. 기독교 달력을 출범시켰던 6세기의 수도사 디오니시우스 엑스구스Dionysius Exiguus는 "우리 대속자의 수난이 더 분명하게 빛나기"를 바라며 이 연호를 고안했다.[410] 역사의 과정에 중간 지점이 있고, 음의 방향(예수 이전)과 양의 방향(예수가 태어난 후)이 있다는 아이디어는 명백하게 기독교적이다. 살짝 걸리는 일은 디오니시우스가 이 날짜법을 파악했을 당시에는 기독교도들이 아직 자릿수 표기법이나 0의 개념을 도입하기 이전이어서 BC 1년 다음에 곧장 AD 1년으로 건너뛴다는 점이었다. 이러한 이유로 순수론자들은 새천년이 2000년이 아닌 2001년에 시작했다고 주장하는데, 2000년이라 함은 실상 예수의 탄생 추정 날짜 이후로 1999년밖에 지나지 않았다고 보기 때문이다. (Y2K 문제 이전에 Y0K 문제가 있었다.) 대부분의 사람들이 2001년이 아닌 2000년에 새천년맞이를 축하했다는 사실은 달력에서 정밀성이 모든 것을 뛰어넘는 가치는 아니라는 점을 다시 한 번 보여 준다.

BCE와 CE라는 약호는 홀로코스트와 이스라엘 정부 수립의 충격

들을 아우른다. 히브리 성서를 포함하여 약 900여 편의 종교적인 내용이 담긴 문서인데, 그 작성 시기가 100년 정도까지 거슬러 올라가기 때문에 종교적으로나 역사적으로나 가치가 있다. 현존하는 구약 사본으로서는 최고의 사본이다. — 옮긴이

으로 사용되기 시작했다. 제임스 미치너James Michener의 소설 《소스*The Source*》(1965)는 어느 고고학자가 이스라엘 정부 초기에 쓰레기더미에서 총알 하나를 발견하는 것으로 시작한다. 그 총알의 날짜를 어떻게 추론할 것인가에 대한 마음속 독백으로 이어지며, 그 고고학자는 이를 1950년으로 예측한다. 그는 AD(아노 도미니)를 기준으로 날짜를 추론하는 것이 아랍 국가들에서와 마찬가지로 이스라엘에서도 못마땅하게 여겨지는 일임을 떠올린다. 이는 마치 영국을 싫어하는 사람들은 경도 0도가 영국에 있다는 점을 좋아하지 않겠지만, 그렇다고 실제로 자오선이 쉽게 무시되는 것은 아닌 것과 마찬가지다.[411] 이 명석한 자기반성은 지리학과 역사의 0점들('자오선들') 사이의 유사점을 언급할 뿐만 아니라 그것의 작용이 얼마나 어려운지를 언급하는 것이다. 일단 확정된 좌표는 저항에 저항한다. 심지어 오늘날까지도 BC와 AD라는 명명법을 옹호하는 사람들이 있다. 런던 시장은 BBC가 BCE와 CE를 채택하기로 한 것에 대해 불평하는 2011년의 사설에서, 달력 개혁에 있어 언제나 진실이었던 무엇인가를 정확히 언급했다. "이것은 사소한 관료주의의 조치가 아니다. 이것은 아주 미묘하지만 광범위한 파급 효과를 가져오는 변화다."●[412]

BC와 AD 대신에 BCE와 CE를 사용하여 시대를 호명하는 것은 인프라를 바꾸지 않는다. 아이러니한 대칭이 하나 있다. 기독교인들이 부활절을 정하기 위해 음력 달력을 인정해야 했던 것과 마찬가지로 유대인 학자들은 좌표와 시간의 기준 자오선을 바꾸지 않고 기독교의 0점 개념, 즉 역사를 기준 이전과 이후로 나누는 개념을 받아들여야만 했다. 에이브러햄 링컨이 이런 질문을 던졌다고 알려져 있다. "만일 내가 개 꼬리를 다리라고 부른다면, 개의 다리는 몇 개가 될 것인가?" 그의 답은 "넷이다. 꼬리를 다리라 부르는 것만으로 꼬리가 다리가 되지 않는다." 비슷한 방식으로, BC 대신에

● 농담: "보스턴대학에서 유대인 학과를 개설했다는 소식 들었어? 응, 그걸 BCE라고 해."

BCE를 사용한다고 해서 시간이 한 지점에서 되돌아 나오지는 않는다. 이름은 자오선보다 바꾸기 쉽다. (그러나 교회 일치 운동의 차원에서 나는 이 책에서 올바른 사용법을 계속한다.)

달력 개혁과 관성

달력은 쿼티 원칙이 적용되는 좋은 사례이며 문화적으로 깊은 보수주의를 갖고 있는데, 이는 시간을 저장하는 미디어로서는 그럴 만한 것이다.* 사회학자 에비에이터 제루바벨Eviatar Zerubavel이 주장하듯, 달력은 장기적인 문화적 기억을 돕고 때로는 잊힌 유물들을 보존하는 기억 장치다.[413] 이전엔 퀸틸리스Quintilis('다섯 번째')와 섹스틸리스Sextilis('여섯 번째')라고 불렸던 7월과 8월은 거의 2000년 전에 죽은 두 사람, 즉 율리우스 카이사르와 카이사르 아우구스투스Caesar Augustus의 허영심 때문에 갖게 된 이름이다. 우리는 아홉 번째, 열 번째, 열한 번째, 열두 번째 달을 각각 9월, 10월, 11월, 12월이라 부르는데, 물론 이 말들은 원래 일곱 번째, 여덟 번째, 아홉 번째, 열 번째라는 뜻이다. (이와 비슷하게, 전통적으로 동이 트고 여섯 시간 이후의 시간을 의미하는 정오는 사실 '아홉 번째'라는 의미다.) 달력의 신들은 유머 감각을 갖고 있다. 모든 명명법 체계와 마찬가지로 달력 역시 달콤한 자의성의 순간을 낳는다. 진화는 문화적으로나 자연적으로 현존하는 구조를 새로운 구조 속으로 끊임없이 들여온다.

달력이 구시대의 합법성의 샘이기 때문에, 혁명가들과 개혁론자들은 종종 달력을 공격하는 것으로부터 시작한다. 20세기에 혁명은 알려진 대

* 천문학자들은 아직도 종종 율리우스력 날짜를 사용하기도 하고, 많은 망원경들이 율리우스력을 기본 설정으로 하고 있다.

로 먼저 텔레비전 방송국을 장악하지만, 달력은 방송의 시스템이고 달력에서의 변화 역시 권력의 이동을 나타낸다. 알카에다의 오랜 유산은 미국에는 9·11이라는, 그리고 영국에는 7·7이라는 기념일을 새롭게 정립한 것이다. 프랑스 혁명은 (고대 그리스에서 그러했듯이) 1주를 10일로 하는 제도를 시행하려 시도했고 축적된 종교적 내용들을 조금씩 없애나갔다. 공화주의자들은 24시간을 10시간으로 변환했고, 각 1시간을 100분으로, 각 1분을 100초로 하려했고, 이를 통해 무게와 측정의 미터법을 이끌어낸 달력에 똑같은 십진법의 열정을 불러일으키려 했다. 그들은 종교 휴일과 안식일의 장악력을 약화시키고자 했고, 성인 축일을 예컨대 식물과 광물의 이름을 딴 날들로 바꾸고자 했다. 간헐적이고 변덕스러운 시도 끝에, 나폴레옹은 1806년에 혁명력을 폐지했고, 의심할 여지없이 많은 이들이 안도했다. 비슷한 이유로, 소련 초기엔 약 10년 동안 주 5일 실험을 했고, 그리고는 포기했다. 나흘 일하고 하루 쉰다는 것은 닷새 일하고 이틀을 쉬는 것보다 더 많은 일을 해야 한다는 의미임에 명백했다. 7일 주기의 장악력은 집요하다.[414] 1주가 7일이라는 것은 이 책을 읽는 누구에게나 제2의 천성이 되어, 슬금슬금 우리의 생물학 연대기로 접어들고 있다. 어떤 것들은 프랑스 혁명과 러시아 혁명조차도 바꾸지 못한다.

실상 거의 생물학적인 힘을 지닌 7일 단위의 일주일은 신비로운 근원을 갖고 있지만, 고대 세계에서 관찰 가능했던 일곱 개의 천체, 즉 해, 달, 화성, 수성, 목성, 금성, 토성과 연관되어 있는 것이 분명해 보인다. (천왕성과 해왕성은 근대에 와서 발견되었다.) 하늘 사물들의 유산은 영어의 토요일Saturday, 일요일Sunday, 월요일Monday에서는 분명하지만, 나머지 요일들의 경우는 모호하다. 해당 신의 독일어 이름에서 따왔기 때문이다. 로망스어는 일곱 개의 움직이는 천체를 보다 분명히 나타내고, 각 요일을 나타내는 이름은 명백한 자연의 체계를 문화적으로 손질했음을 보여 준다. 다른 언어들에서는 요일의 이름이 서수로 정해진다. 예를 들자면 현

표 2. 일부 유럽어의 요일명

	태양(일)	달(월)	화성(화)	수성(수)	목성(목)	금성(금)	토성(토)
영어	Sunday	Monday	Tuesday	Wednesday	Thursday	Friday	Saturday
네덜란드어	zondag	maandag	dinsdag	woensdag	donderdag	vrijdag	zaterdag
독일어	Sonntag	Montag	Dienstag	Mittwoch	Donnerstag	Freitag	Samstag
프랑스어	dimanche	lundi	mardi	mercredi	jeudi	vendredi	samedi
스페인어	domingo	lunes	martes	miércoles	jueves	viernes	sábado
이탈리아어	doménica	lunedì	martedì	mercoledì	giovedì	venerdì	sabato
포르투갈어	domingo	segunda-feira	terça- feira	quarta-feira	quinta-feira	sexta-feira	sábado
현대 그리스어	Κυριακή (Kuriakē) (주의 날)	Δευτέρα (Theftera) (두 번째 날)	Τρίτη (Tritē) (세 번째 날)	Τετάρτη (Tetartē) (네 번째 날)	Πέμπτη (Pemptē) (다섯 번째 날)	Παρασκευή (Paraskevē) (준비의 날)	Σάββατο (Savvato) (안식일)
러시아어	воскресенье (부활의 날)	понедельник (일하지 않은 다음 날)	вторник (두 번째 날)	среда (중간 날)	четверг (네 번째 날)	пятница (다섯 번째 날)	суббота (안식일)

대 그리스어로 일요일은 '주의 날,' 월요일은 '두 번째 날,' 화요일은 '세 번째 날,' 그렇게 이어지다가 금요일은 '준비의 날'(아마도 안식일을 위한)이 된다. 이와 대조적으로 러시아어에서는 일요일이 '부활의 날'이고, 월요일은 멋지게도 '일하지 않은 다음 날,' 화요일은 '두 번째 날,' 수요일은 '중간 날'(마치 독일어 Mittwoch처럼), 목요일은 '네 번째 날,' 금요일은 '다섯 번째 날'이다.• 그리스인들과 러시아인들이 서로 다른 장소에서 순서를 시작했음은 분명하지만, 그들 모두 토요일은 유대 전통의 반향이 남아 있는 '안식일'이라고 부른다. 사실 한 주가 언제 시작하고 끝나는지는 마치 하루가 언제 시작하고 끝나는지와 마찬가지로 자의적이다. 근대의 주말은 일

• 퀘이커교도도 이교도의 신을 기념하는 일을 피하기 위해 일주일의 요일에 서수 체계를 사용한다.

곱 번째와 첫 번째 날의 합으로 이루어져 있지만, 종종 월요일이 첫 날처럼 느껴지는 경우가 있다. 각 월들도 마찬가지로 자의적인 성격을 지닌다. 과연 우리 중 얼마나 많은 사람들이 주먹의 손가락 관절을 세지 않고도 어느 달이 30일로 이루어져 있고 어느 달이 31일로 이루어져 있는지 즉각적으로 기억할 수 있을까? 모든 상징들과 마찬가지로 달력도 자의적인 요소들로 이루어져 있지만 그럼에도 막을 수는 없다.

이러한 인프라에 대한 허튼 소리들이 중국에는 많다. 중국은 세계에서 가장 길고 야단법석한 달력의 역사를 지닌 나라일 것이다. 고대 중국의 《예기》는 체제와 함께 바뀔 수 있는 것들의 목록을 적어 두고 있는데, 그것들은 척도, 의례, 깃발, 탈것, 무기, 의복, 달력이다. (놀랍게도 이 책은 여기 열거된 것들을 감정이나 윤리보다 더 변화 가능한 것으로 다룬다.)[415] 중국 달력은 자연의 주기를 매개함으로써 제국의 규칙과 정체성의 도구로 사용되었는데, 황제들은 이를 통해 자신들이 "하늘의 명령"과 조화를 이루는 모습을 드러내기 위해 계절을 선포하고 연감을 발행하였다.[416] 따라서 중국의 달력 만들기는 실용적이고 지속적인 율리우스력에 비하면 한층 불안정한 것이었다. 새로 즉위한 황제는 매번 새로운 달력을 선포했는데, 이는 서구의 황제들이 자신들의 모습과 문장이 새겨진 새로운 화폐를 발행할 권리를 가졌던 것과 마찬가지로, 시간을 다룸에 있어서 항구적인 혁명을 의미하는 것이었다. 200년에서 1300년 사이에 중국은 세기마다 평균 여러 개 달력을 만들었고, 심지어 오늘날에도 두 달력을 실제 사용 중이다(뒤에 이어질 내용 참조).[417] 결과적으로 천문학은 면밀히 관찰해야 할 통치의 도구였고, 이는 16세기에 예수회 선교사들에 의해 도입된 서구의 시계 테크놀로지가 멋지고도 위험한 것으로 간주되었던 이유이기도 하다.

20세기 중국에서의 달력은 다른 모든 것이 그러하듯 혁명의 격변 속에 있을 수밖에 없었다. 전통적인 달력은 사회적인 행사를 나타내기 위해서는 달의 주기를 사용하고 농업의 계획을 위해서는 태양의 주기를 사용했으며, 24절기는 태양이 황도를 따라 움직이는 15도씩을 등분하여 사용했다. 10일 주기와 12일 주기의 정착된 시스템은 결국 60일 주기를 만들었고, 축제와 경작을 관장했다. 보름달과 초승달은 축제를 위해 좋은 때로 여겨지는데, 이는 전통적인 중국의 달력이 유대교의 달력과 공유하는 여러 특성 중 하나다. 일주일이라는 개념은 명나라 때 기독교 선교사들에 의해 처음 소개되었지만, 19세기 후반이 될 때까지도 중국 대부분은 여전히 7일 주기에 무관심했다. 그러나 상하이와 기타 여러 항구 도시들에서 외국인과의 무역에 종사했던 엘리트들은 그 리듬을 따르기 시작했다. (달력에는 밀고 당김의 요소가 모두 있다.) 1898년의 개혁(변법자강운동)으로 인해 많은 학교들이 1주 7일의 주기로 전환했다. 문제는 새로운 단위를 종교적인 이름인 리바이礼拜로 부를 것이냐 아니면 보다 중립적인 싱치星期로 부를 것인가 하는 점이었다. 쑨원은 독자적인 멋진 움직임으로 1912년 1월 1일부터 중국은 그레고리력을 시행할 것이라고 선언했고, 이는 예상 가능하게도 언제 새해를 맞이해야 하는가라는 혼란을 초래했다. 처음엔 정부 관료들이 다소 외롭게 서구식 신년을 맞이했고, 대다수의 중국인들은 여전히 전통적인 음력 설날을 고수했다.

전적으로 태양을 따르는 '양'력은, 중국에서 축제일을 정하는 데 기준이 되었던 달을 바탕으로 한 '음'력의 가치를 무너뜨렸다. 국민당은 1920년대 후반 음력을 폐지했는데, 이는 프랑스의 공화주의자들과 소비에트 정부에게도 그랬던 것처럼 근대화 원칙의 빼저린 실패였다. 중국 공산당은 보다 실용적으로 두 시스템을 모두 유지했으며, 그레고리력을 새로운 휴일로 채우고 전통적인 휴일들은 사회주의 의식 형성의 계기로 만들었다. 2008년 중국 정부는 마침내 설날 이외에 세 개의 전통 명절, 즉 청명절, 단오, 중추절을 받아들였다. 이 모든 것이 부분적으로는 춘절의 일주일 동안 전국적인 교통의 인프라에 몰려드는 엄청난 압력을 경감하기 위해 가족들과의 명절을 1년 내내 고르게 분산하기 위해 고안된 것으로 보인다. 주 5일제는

1995년에야 공식적으로 도입되었다(이는 사람들에게 쇼핑을 권장함으로써 중국의 소비 시장을 동요시키는 계기가 되었다).[418] 사실상 오늘날 달력에 부과되는 가장 주요한 압력은 아마도 궁전이나 사원보다는 시장에서 유래할 것이다. 밸런타인데이, 어머니날, 할로윈 등 새로운 휴일들이 축하하고 소비할 수 있는 새로운 날들이 되어 세계를 강타했다. 인도의 파시교도들은 세 가지 달력의 영향 아래 있고 중국은 두 달력이지만, 학문, 회계, 쇼핑, 스포츠, 텔레비전, 선거 등 여러 면에서 서로 중첩되는 달력들은 근대를 살아가는 모든 사람들의 운명이다. 아마도 20세기 중반 가장 중요한 달력이라면 여가 시간과 전국적인 관심을 조직하는 방송 일정일 것이다.[419] 모든 종교는 각각 고유의 달력을 갖고 있지만, 아마도 모든 달력 역시 고유의 종교를 갖고 있을 것이며, 심지어는 세속적인 이유의 종교, 소비의 종교 또는 정신없는 멀티태스킹의 종교도 있을 것이다.

포위당한 밤

가장 최근의 달력 개혁 계획은 다행스럽게도 경제학자와 천문학자들이 제휴한 팀에서 나온다. 행크-헨리 영구 달력Hanke-Henry Permanent Calendar은 1년 364일을 제안한다. 이는 정확히 52주로 이루어져 있고 1주일은 7일이며, 해마다 같은 날짜가 같은 요일이 된다. 더 급진적인 것은, 그들이 시간대를 폐지하여 전 세계가 만국 공동 시간(Universal Coordinated Time: UTC)•에 따라 움직이게끔 하자고(이미 항공에서 그렇게 하고 있듯이)

• 이 약어는 그 자체로 인프라의 권력 갈등의 창조물이다. 영어권에서는 이를 CUT(Coordinated Universal Time, 공동 만국시)라 부르길 원했고, 프랑스어권에서는 TUC(Temps Universel Coordonne)를 제안했다. 영어와 프랑스어 어느 쪽으로도 의미가 맞지

제안한 것이다. 이는 시간대의 변화와 일광 절약 시간제에 따른 혼란을 방지해 준다. (항공 조종사들은 이를 "줄루Zulu" 시간•이라 부른다.) 그들의 제안은 1주일을 7일로 하고 안식일을 준수하기 때문에 끊임없이 달력 개혁에 저항하는 두 집단의 반대를 사전 차단한다. 그들은 자신들의 달력이 사업과 일반적인 삶 전체에 "조화로운 배당"을 가져다 줄 것이라 주장한다. 예를 들어 현재 1년의 4분기는 날짜 수에서 동일하지 않으며, 1사분기는 90일이고(윤년에는 91일), 2사분기는 91일, 3사분기 92일, 4사분기는 92일이 된다. 그러한 가변성은 회계 분야에 있어서는 두통거리이고 이율 계산을 엉망으로 만들어 버린다. 영구 달력은 해마다 일정을 재정비하지 않아도 되도록 해 준다. 모든 자동 이체는 같은 날짜에 실행될 것이고 수업 일정은 해마다 같을 것이며, 일곱 명 중 한 명은 영원히 월요일이 생일일 것이다. (그럼에도 부활절은 여전히 이날 저 날로 옮겨 다닌다.) 경제학자 스티브 행크Steve Hanke와 천문학자 리처드 콘 헨리Richard Conn Henry는 안식일은 지키지만 태양을 따르지는 않으며, 얼마나 진지한 말인지는 모르겠지만 러시아와 같은 나라에서는 모든 노동자들이 동시에 출근해야 할 수도 있다고 제안했다. (농부나 기타 태양에 의존하는 노동자들은 면제가 될 것이다.) 모스크바의 노동자들은 동이 트기 전의 어둠을 뚫고 일터에 나오게 될 것이며, 블라디보스토크의 노동자들은 해가 뉘엿뉘엿할 무렵 일터에 나오게 될 것이다.[420]

그들의 달력으로 인한 최대 피해자는 아마도 밤일 것이다. 평탄한 운영을 위한 달력으로 개정하려는 시도에서, 그들은 우리의 몸과 생체 리듬이 어떤 방식으로 태양과 별을 향하는지 잊어버렸다. 인간은 태양 의

않는 UTC가 채택된 것은 그러한 중재의 결과다.

• 줄루 시간은 그리니치 천문대 기준 시간으로, 한국의 경우 로컬 시간과 9시간 차이가 난다. 비행기나 선박에서는 표준 시스템으로 줄루 시간을 사용하며, 군대에서도 활용한다. 1시를 z0100, 오후 3시를 z1500 등으로 표기한다. — 옮긴이

존적이고, 우리의 정신 건강과 바이오리듬은 태양이 보내는 신호에 매우 민감하다. 자연의 시계를 무시하라는 행크와 헨리의 제안은 길들이기 과정 중 제일 마지막 단계다. 야생 동물과는 달리 길들여진 생물들은 "자신의 활동을 [밤]낮에 걸쳐 고르게 분산한다."[421] 역시 자연과 역사의 혼합물인 잠은 오늘날의 유럽인들과 3세기 전의 유럽인들 사이에서 매우 다른 패턴을 갖고 있는 것처럼 보인다. 근대 초기까지만 해도 밤과 낮은 근본적으로 달랐다. 어둠이 바다처럼 깔린 밤은 드문드문 켜지는 빛들만이 점점이 있을 뿐이고 법과 경찰과 교회가 닿을 수 없는 영역이 되어 좀처럼 길들여지지 않았던 반면, 온갖 종류의 정신적이고 육체적인 노동과 야단법석한 일들에는 활짝 열려 있다. 한때는 한 번에 네 시간씩 한 시간 정도의 깨어 있는 시간을 두고 두 번에 걸쳐 자는 것이 사람들에게 일반적이었다. 그러한 조각 잠은 자연적인 패턴처럼 보여서, 문제는 어떻게 해야 '깨지 않고' 혹은 '연결된' 잠을 자는 것이 기준이 될까 하는 것이어야 했다.[422] E. P. 톰슨E. P. Thompson은 근대의 인간이 어떻게 일터에 규칙적이고도 시간에 맞추어 나타나게 되는지를 보여 주었지만, 아마 그 못지않게 호기심이 생기는 것은 우리의 휴식이 어떻게 그렇게 규칙적이 되었을까 하는 점일 것이다. 규칙이기는 해도 이어서 자는 잠은 여전히 성취하기 어려운 일로 남아 있고, 아기들, 노인들, 학생들, 예술가들, 휴가 중인 사람들은 모두 조각 잠으로 복귀하게 된다. 유럽의 통합은 스페인과 그리스 같은 나라에서 행해지는 오후의 낮잠을 전통으로 밀어 넣어 버렸다. 시간을 유연하게 사용하는 것은 길들이기의 분명한 신호다.

근대 이전에는 밤이란 일과 도시의 삶과 장난과 연애와 휴식을 조직하는 모든 인간들에게 필요한 일반 조건이었다. 17세기에는 어둠을 선택할 수 있는 것이 귀족의 특권이 되기 시작했다. 루이 14세는 베르사유 궁전을 모닥불 피우듯 환하게 밝혔고, 유럽의 엘리트들은 무도회와 극장과 가면무도회로 밤을 지배했다. (밤늦게 잠드는 것 역시 귀족의 특권이었다. 드라큘라는 어쨌든 백작이었다.) 이러한 구분은 조명에 남아 있다. 멕시코에서 계급의 위치를 알 수 있는 하나의 사회학적 척도는 거주지에 설치된 전구의 수다. 그러나 지구상 대부분은 이제 인공조명으로 뒤덮여 있고, 각각의 전구는 유럽 베스타의 불의 승리의 조각과 같다. 과감한 표현을 선호했던 매클루언이 "전기의 불빛이 밤낮의 정권을 종료시켰다……"라고 말할 때, 그는 역사의 많은 부분을 놓쳤다.[423] 유럽과 북아메리카에서 밤에 대한 공격은 에디슨이 전구를 발명한 때로부터 1세기 반도 훨씬 더 전에 이미 시작되었다.

우리 근대인들이 별을 잃어버렸든 그렇지 않든, 우리는 분명 밤과의 새로운 관계로 접어들었다. 만일 지구상 인구 절반 이상이 도시에 거주한다면, 아마도 생존해 있는 대다수 사람들은 이제 맨눈으로 은하수를 본 적이 없을 것이며 이는 도시의 불빛이 막을 형성하여 밤을 가리게 하는 또 다른 베스타의 불 효과 때문이다. (또한 은하수는 전체 인구의 90%가 살고 있는 북반구에서 더 보기 어렵다.) 예컨대 영국의 경우, 밤하늘이 사라지지 않고 별을 볼 수 있는 공원을 별도로 두자는, 어두운 하늘을 위한 캠페인도 있다. 이러한 캠페인은 인간 관찰자뿐 아니라 가로등이라는 인공 태양 때문에 수면 주기를 방해받는 새들에게도 이로운 일이 될 것이다.[424] 조명으로 인한 밤의 정복은 직접적으로 생리학적인 효과를 나타내는데, 새 못지않게 인간에게도 그 효과는 크다. 빛은 핵심적인 자연 시계이고, 조종사들뿐 아니라 많은 사람들이 낮밤 주기로부터 자유로운 잠을 이루지 못했다. 그러나 고대의 주기는 우리의 뇌 안에 있는 수많은 심층 신경생리학적 구조 중 하나인 우리의 습관을 계속 끌어당긴다. 사실 조종사들조차도 낮밤 주기에 얽매여 있다. 서쪽 방향으로 장거리 비행을 하는 경우 일광을 극대화하기 위해 일반적으로 아침에 출발하며, 동쪽 방향으로의 장거리 비행은 밤을 최소화하기 위해 일반적으로 밤에 출발한다. 일부 식물들과 마찬가지로 우리 인간도 헬리오트로프heliotrope•다. 우리는 해를 따른다.

많은 개혁들이 그러하듯, 행크-헨리 영구 달력은 센스와 넌센스의 혼합이다. 보편적 시간과 시차로 인한 피로를 규명하는 데 있어서, 이 달력은 자연 주기를 감싸는 인간 시간 계측의 최신판이다. 몸이 지구에 단단히 묶여 있다는 것은 우리의 잠과 걸음에서 찾아볼 수 있다. 율리우스력은 달을 고려하지 않는다. 이슬람 달력은 태양력을 고려하지 않는다. 행크-헨리 영구 달력은 밤을 고려하지 않을 것이다. 우리 인간은 아마도 다른 무엇보다도 꿈꾸는 데 더 많은 시간을 사용할 것이고 (왜냐하면 깨어 있을 때나 잘 때나 모두 꿈을 꾸기 때문에), 그러나 근대의 지속적인 수면은 지하 세계에 대한 우리의 접근을 차단한다.[425] (호르헤 루이스 보르헤스Jorge Luis Borges는 "밤은 우리를 기쁘게 한다"라며 "왜냐하면 기억과 마찬가지로 헛된 세부 사항들을 지우기 때문이다"라고 썼다.)[426] 고래기름은 양초를 밝히고 밤을 측정하는 시계 장치를 윤활 처리함으로써 어둠을 불태워 없애 버렸다. 정복되었던 적이 없는 바다나 닿아 본 적 없는 먼 하늘과 달리, 밤은 불과 양초와 가로등과 법과 경찰과 도시의 담과 개와 주문과 화신에 의해 거의 전적으로 포섭되었다. 아직 포섭되지 않고 남아 있는 밤의 일부는 꿈, 범죄 및 라디오 방송용으로 번성하고 있다.[427] 밤이 되면 법규범을 포함한 대부분의 기관들이나 시설들이 멈추는 것으로 여겼던 근대 초기와는 정반대로, 오늘날의 서비스들은 24시간 일주일 내내 연중무휴로 기능할 것을 요구받는다. 경찰, 소방서, 병원, 전기, 라디오, 텔레비전, 케이블, 인터넷 등이 낮과 밤에 가리지 않고 퍼져 있다. 이는 인간 길들이기의 작은 공헌이자 신호다. 하늘과 땅의 대조는 공간적으로 위와 아래일 뿐 아니라, 시간적으로 낮과 밤이다.

● 헬리오트로프종 식물로, 해를 쫓는 특성이 있다. — 옮긴이

해 시 계

이 장은 달력과 시계를 오가는 미디어, 해시계, 그리고 어떻게 별과 태양이 특히 지리학적인 방향성을 창출하는지에 대해 한층 일반적인 고려로 마무리하겠다.

해시계는 기계식 시계 이전까지는 가장 중요한 고대의 시간 계측 장치였다.[428]• 태양으로부터 동력을 얻고 지시도 받는 해시계는 그림자를 투영하는 일종의 천체 영화와 같고, 그 목표는 땅에서 일어나는 사소한 일을 모방하는 것이 아니라 하늘의 변화를 사방위에 따라 지시하는 것이다.[429] 해시계는 격자 표시가 된 판에 드리워진 그림자로 하늘을 가로지르는 태양의 경로를 나타내는 계산 장치로, 다양한 모양을 지니고 있으며 다양한 장소에 설치되어 있다. 이 장치에서 핵심은 지시침인 그노몬(고대 그리스어로 그노몬gnōmōn은 판사 혹은 해설자를 의미), 그리고 그림자가 드리워지는 표면이다. 해시계는 구름이 허락하는 한 하루 전체를 추적한다. 고전 작가들은 해시계의 결과를 그림자가 만든 쓰기scriptio, 즉 일종의 글이나 그림으로 인식했다.[430] 해시계는 자동 기록 장치이고 따라서 19세기 그래픽 혁명의 선구자였다. 지진계와 항공 진동계, 그리고 카메라와 축음기처럼, 해시계는 인간의 의도나 번역 없이 자연 현상을 상징 언어로 '쓴다.' 그노몬은 비인간 지식체와 과학적 도구의 긴 목록 중 앞쪽에 속한다. "흰 종이 위에 검은 잉크는 그노몬의 바늘이 가리키는 태양의 오래된 그림자를 반영하는 것이다"라고 마이클 세레스Michael Serres는 언급한

• 헤로도토스는 해시계, 그노몬, 그리고 하루를 열두 부분으로 나누는 것이 바빌로니아에서부터 그리스로 전해졌다고 말한다. 성서 해시계도 있어서, 기적과도 같이 그림자가 역방향으로 움직인다는 이야기가 이사야서 38:8과 열왕기 20:10~12에 보고되어 있다. 킹 제임스 성경 1:17도 참조하라.

다.[431] (잉크는 액체 그림자다.) 해시계는 자체 언어나 구문이 없고 "목소리"에 대한 주장도 분명 없기 때문에, 자크 데리다Jacques Derrida가 유럽의 글쓰기 역사에서 너무나도 지배적이었다고 생각한 문자학(그라마톨로지)의 구속을 벗어나 있다. 그것은 글쓰기 행위의 비옥한 강어귀에 속하여, 그래프 작업, 차트 작업, 지도 작업, 격자 작업, 수집, 디자인, 구성, 파악, 셈 등은 언어 쓰기만큼이나 필수적이다(6장 참조).

그림자 작가 혹은 X선 사진가로서, 해시계는 태양의 형태와 분위기를 투영한다. 세레스가 언급한 것처럼, 해시계는 정밀한 시간 계측기라기보다는 하늘을 본 딴 최초의 과학적 도구였고, 시계라기보다는 차라리 관측 도구에 가까웠다. 해시계는 또한 달력의 기능도 수행했는데, 낮 동안 그노몬이 만드는 그림자 길이는 1년 내내 달라지고 물론 위도에 따라서도 달라진다. 태양의 '최고'(남중)점은 우리가 '정오'라고 부르는 즈음에 가장 그림자가 짧아지는 순간을 말하는데, 겨울과 봄이면 북쪽으로 살짝 올라가고 여름과 가을에는 남쪽으로 내려온다. 북회귀선의 북쪽은 언제나 정북을 가리키는 정오의 그림자가 하지에 가장 짧아질 것이고(대략 6월 21일) 동지에 가장 길어질 것이다(대략 12월 21일). 두 회귀선 사이에는, 정오의 그림자가 전혀 없는 시기가 있다. 정의상으로는 이는 회귀선의 북쪽과 남쪽에서는 결코 일어나지 않는다. 표면 위에 주의 깊게 만들어진 구획에 투영하는 해시계는 1년 내내 시간을 보여 줄 수 있다. 우리에게 알고리즘이라는 단어를 전해 준 페르시아의 수학자 알 콰리즈미Al-Khwarizmi는 사실 해시계 연구자였다. 원래 알고리즘은 부호의 연결 형식이 아니라 하늘 길을 본뜬 것이었다.

올드 미디어는 옛 시간을 불러온다. 오래된 미디어는 오래된 시간을 수행한다. 가급적이면 라틴어와 같은 죽은 언어로 시간의 덧없음에 대한 정교한 모토를 장식하는 것은, 탁월한 하늘 미디어인 해시계에게는 일반적인 일이다. "Ultima multis"([오늘은] 많은 사람들에게 마지막 날이다), "Lente hora, celeriter anni"(시간은 느리게, 한 해는 빠르게), "A lumine motus"(빛에 따라 움직이다), "Volat irreparabile tempus"(시간은 돌이킬 수 없게 흐른다)와 같은 말들이다. "Pereunt et imputantur"는 "그들은 사라지지만 여전히 설명된다"라는 뜻이고, 여기서 주어는 명백하게 "horae"(시간들)이지만, 마지막 심판의 운명에 놓인 모든 것들을 암시한다.[432] 영어로도 좋은 것들이 있다. 내가 제안하고 싶은 것은 이것이다. "시간을 말해 주는 것은 그림자다." J. V. 커닝햄J. V. Cunningham의 시는 더 훌륭하다.

> 나는 낮엔 빛으로 작동하고
> 밤에는 일정하고 불변하다.●

힐레어 벨록Hilaire Belloc의 보다 신랄한 접근도 있다.

> 나는 해시계이고 나는 일을 망친다.
> 시계였더라면 훨씬 더 잘했을 일을.●●

해시계는 또한 미디어 장치로 언제나 준비된 장소인 무덤 위에도 설치된다. 실제로 하늘에 뿌리를 둔 시간을 말해 주는 모든 미디어들은 우리를 공허로 불러들인다.

● 미국의 시인 J. V. 커닝햄의 시 "해시계에 대한 모토Motto for a Sun Dial." — 옮긴이

●● 영국의 시인이자 역사가인 힐레어 벨룩(1870~1953)의 시 "해시계에 대하여On a Sundial" 중 일부다. — 옮긴이

방 향

해시계의 판은 하늘의 축소판 이미지다. 해시계의 그림자는 날마다 회전하며 하늘을 가로지르는 태양의 경로를 추적하며, 이를 이어받은 것이 시계의 시침이다. 새벽에서 정오까지의 아침 시간에 태양은 동쪽에 있다. 정오부터 석양까지 해시계는 서쪽에 있다. 만일 해시계의 6~12시 축이 정북을 가리킨다면(즉 자오선과 나란히 정렬된다면), 아침 시간은 해가 동쪽에 있어서 그림자를 서쪽에 드리우는 여섯 시에서 열두 시가 될 것이다. 해가 정오(즈음)에 자오선을 가로지를 때, 그림자는 정확히 12 혹은 북쪽을 가리킬 것이며(북반구에서 그렇다), 오후에는 그림자가 12에서 6 방향으로 움직이면서 동쪽에 생길 것이다. 시침은 12시간마다 한 바퀴를 도는데, 대략 태양이 낮 동안 하늘을 휩쓸고 가는 동안 혹은 별이 밤 동안 하늘을 휩쓸고 가는 동안에 해당한다. 태양이 하루 중 절반 동안에만 빛난다는 사실은 표준 시계판이 24시간이 아니라 12시간을 나타내는 이유이기도 하다. 북반구에서 하늘은 북극성을 중심으로 시계 반대 방향으로(동쪽에서 서쪽으로) 돌기 때문에, 해시계에 비치는 그림자는 시계 방향으로 움직인다. 만일 시계가 남반구에서 발달했다면, 호주의 시계 농담처럼 '시계 방향'은 반시계 방향이 되었을 것이다.

하늘은 방위Cardinal에 따라 만들어진 우리의 환경 곳곳에 횡행한다. (Cardinal은 라틴어에서 온 말로 경첩이나 축을 뜻한다.) 90도 각도와 완전한 원으로 이루어진 인프라는 인간이 땅과 하늘 사이에 사는 존재임을 증명해 준다. 남북과 동서로 이어진 두 선은 직각으로 만난다. 만일 지구의 자전이 더 불안정했다면, 아마도 우리의 기하학이 그렇게 엄격하지 않았을 것이다. 직각은 인간의 환경 안으로 들어와 자리 잡았다. 지금 내가 이 책을 쓰고 있는 방에는 책, 잡지, 종이, 벽, 창문, 컴퓨터 모니터, 상자 등 수 만 가지의 직각이 있다. 이보다는 적지만 그래도 열몇 가지나 되는 원이 있는데, CD, 오디오 스피커, 펜과 연필, 동전, 단추, 손잡이, 공, 시계판, 실링팬 등이다. 플라톤이 기하학적 모양을 천체를 모방한 지구의 모양이라고 생각했던 것은 옳았다. 프리메이슨Freemason이 나침반과 광장을 방향 잡기의 근본적인 도구로 다룬 것도 마찬가지다. 키틀러가 설명하듯이, "이집트와 바빌로니아 시대 이래로, 유라시아는 직각을 사랑했다."[433]

다방면의 영토에 걸쳐 있는 대규모 사회에 매우 중요한 동서남북이 모든 문화에 존재하는 것은 아니다. 그렇지만 실용적인 필요만이 천체를 탐구하는 유일한 동기였던 것은 결코 아니다. (여기서 다시, 아마도 육지에게 항해를 가르쳐 준 것은 바다일 것 같다.) 127개 언어를 비교 연구한 결과 방위의 이름을 정하는 데는 네 가지 요소들이 있다. 그 네 가지는 하늘, 바람, 위아래 옆 아래와 같은 방향 지시어, 그리고 지역 풍경의 독특한 특성이다. 세네카어로 "북쪽"은 "태양이 없는 곳"으로 표현되고, 나바호어로는 "북두칠성 주위를…… 맴돈다"고 표현된다. (남반구에서 "태양이 없는 곳"이란 남쪽을 지칭할 것이다.)[434] 동서와 남북 사이의 비대칭성에 주목하라. 남북은 절대적인 참조 지점으로, 두 극지를 말한다. 북쪽에는 고정된 별이 있고, 이론적으로는 남쪽에도 고정된 별 하나가 있어야 하지만, 필요한 자리에 맨눈으로 관찰할 수 있는 별은 없다. 그러나 동서는 언제나 위치에 대하여 상대적("대상 지시적")이고 불변하는 지표가 없다. 대부분의 언어는 남과 북보다는 동과 서를 가리키는 용어들을 먼저 만들었고, 이는 환경이 제공하는 실마리들 중에 태양이 가장 현저하기 때문이다. 북극성과 지평선을 보면서 위도를 결정하는 것은 상대적으로 쉽지만, 경도를 특정하는 것은 18세기까지도 항해자들에게는 어려운 일이었고, 다음 장에서 이에 대해 이야기할 것이다. 경도는 언제나 움직이는 목표였다. 남북은 회전축이고 동서는 바퀴다. 지정학에서 보자면 '동서'가 '남북'보다 훨씬 더 애매하다.

방향은 의미 만들기에 있어서 엄청나게 풍부한 천상의 자원이다. 역사적으로 국가들은 하늘에 닿기 위한 (그리고 하늘로부터 정당성을 얻기 위한)

건축물들을 오랫동안 배치해 왔다.[435] 많은 도시들이 방위에 따라 건설되었다. 베이징의 자금성은 명과 청 왕조의 궁궐들이 모여 있는 곳으로, 남북 축을 따라 완벽하게 정렬되어 있다. 궁궐 마당 곳곳의 해시계들의 그노몬은 마치 정지 위성처럼 북극성을 가리키고 있으며, 마당의 남북 방향을 지시하고 그 기울기로 베이징의 위도를 반영한다. 기자의 피라미드는 (비록 어느 별을 향하고 있는지는 조금 복잡한 문제이지만) 정확한 동서남북의 격자 위에 세워졌다. 다른 많은 도시들과 국가들도 마찬가지다. 이는 제국주의 시대에 국경이 생겨난 지역들에 특히 더 해당되는 말이며, 미국, 캐나다, 호주, 그리고 그보다는 덜하지만 아프리카 같은 지역들이다. 미국 아이오와주의 99개 카운티는 하나도 빠짐없이 19세기에 경계가 생겨났고, 강이 걸쳐 있지 않는 한 방위에 따른 정확한 직선으로 그어진 네 경계를 갖고 있다. 대부분의 계획도시들이 4방위로 정렬되어 있다. 주요한 예외로는 브라질리아가 있는데, 그 도시의 건축가는 아인슈타인처럼 그리고 여성의 몸처럼 곡선의 공간을 더 선호한다고 말했다. 하늘은 우리의 길과 방, 책상과 옷장의 방향을 관장한다. 동서남북은 땅의 방향이자 하늘의 패턴이며, 조직의 기본 좌표를 위한 자원으로서 우리의 핵심적인 미디어에 속한다.[436] 공자부터 소로에 이르기까지, 도덕주의자들은 북쪽의 별을 항상성과 미덕의 모델로 칭송했다. 추상적인 점에는 의미가 없다고 누가 말할 수 있는가?

예를 들어 하늘 미디어가 기본 구성 요소 역할을 하는 종교인 이슬람은 오랫동안 유지되어 온 전 지구적 방향의 예술이다. 무슬림들은 자신의 일상생활을 구조화하는 데 하늘을 활용한다. 즉 (1) 음력, (2) 해시계나 아스트롤라베에 나타난 그림자와 빛의 현상으로 정해진 시간에 따라 하루 다섯 번 기도 시간을 알려 주는 소리, (3) 역사적으로 다양한 방식으로(물론 오늘날에는 앱과 웹사이트를 포함한다) 결정되어 온 메카 방향(키블라qibla라고 한다)으로 드리는 기도 등이 그것이다. 키블라가 장소의 방향을 제공하는 것처럼 달력과 기도를 알리는 소리는 시간의 방향을 알려 준다. 무슬림

그림 3. 중국 베이징의 자금성에 있는 해시계(晷). 2011년 11월에 저자가 촬영한 사진.

들은 13세기에 중국으로부터 자기나침반을 들여왔고 처음엔 이것을 해상 운항에 사용했으나, 곧 키블라를 찾는 데 응용했고 특히 이슬람의 세계축이자 돌로 만든 신전인 카바Ka'bah를 찾는 데 응용하였다. 성스러운 일은 메카와 나란히 일어나고(예를 들어 코란 암송과 동물 도축), 속된 일은 그것과 수직으로 일어난다(예를 들어 몸이 필요로 하는 활동). 그러나 키블라를 계산하는 일에는 매우 변수가 많았다. 이슬람의 모스크, 마을, 도시, 그리고 심지어는 카이로의 옥상 환기구들도 메카를 향하도록 설계되어 있다. 이슬람은 전체적인 건축물과 일상의 행위들이 하나의 지향점을 공유하며 천문학적인 도구들이 그러한 종교적인 의무들을 반영하는 문명이다.[437] 바로 여기

에서도, 가리킨다는 것은 의미로 가득 차 있다.[438]

방향을 가리키는 것은 얼마나 자연스럽고 뿌리 깊은가? 언급했다시피 우리가 아는 한 원형질은 이 지구상에서 발생하여 지구와 깊은 물리적 연관성을 갖고 있다. "이 지구 행성의 지구물리학적 특성은 살아 있는 유기체의 생리학적 특질을 알려 준다."[439] 많은 동물들이 지구 자기장에 의해 스스로 방향을 잡는 능력을 갖고 있으며, 특히 곤충과 새들이 그러하다. 고래들이 해변으로 밀려와 죽는 현상에 대한 한 가지 설명은 자기장 간섭이다. (비록 지구의 자기장은 변화하고 있지만, 날씨의 양상이나 물의 흐름보다는 훨씬 더 안정적이다.)[440] 소와 사슴들 역시 이런 방식으로 스스로 방향을 잡는다. 최근 한 연구는 소들이 쉬거나 풀을 뜯을 때 남북 축으로 몸을 정렬한다는 것을 발견했다. 붉은 사슴이나 유럽 노루 역시 마찬가지다. 자북magnetic North•이 진북true North과 다르고 바람과 태양이 요인이 되지 않으면, 사슴들은 자북을 따라 줄지어 선다. 지구의 자기장은 비록 매우 미묘하기는 하지만 환경의 단서를 제공하고, 어떻게 자기장을 감지하는지와 남북으로 정렬하는 것이 무슨 이득이 있는지는 아직 미스터리로 남아 있다.[441]

자기장은 심지어 인간에게도 영향을 미친다. 여러 실험들은 방위에 대한 대뇌의 전기적 활동(EEGs)에서 통계적으로 유의미한 차이를 보여 준다. 어떤 한 연구는 동서 방향으로 잠자는 사람은 남북 방향으로 자는 사람들보다 더 빨리 수면 REM 상태에 접어든다는 것을 보여 주었다. 남북 방향으로 자는 사람들은 동서 방향으로 자는 사람들에 비해 알파력이 높았다고 하는데 더 많은 연구 결과를 보면 좋겠다.[442] 또 다른 연구는 인간 뇌의 측두엽 영역에서 생물학적인 자철광 결정을 발견하고, 벌

• 나침반이 가리키는 자북과 실제 지구의 자전축이 지나는 진북은 다르다. 자북은 지구의 자기장이 수직의 아래 방향으로 가리키는 지구 표면 지점이지만, 매년 조금씩 이동한다. 반면 진북은 지구 표면을 따라 지리적인 북극을 향할 때 닿는 지점이다. — 옮긴이

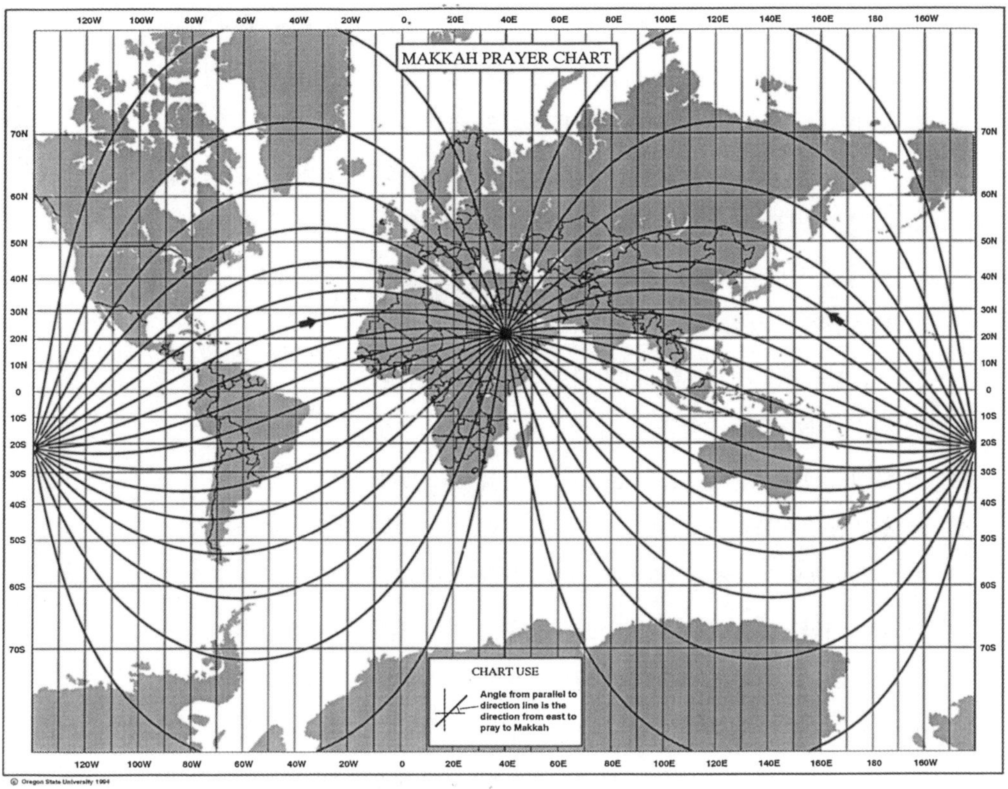

그림 4. 세계의 축으로서의 메카.

출처: http://media.isnet.org/iptek/gapa/MakkahPrayerChart.html.

레, 새, 고래처럼 인간 역시 지구 자기장을 탐지할 수 있는지에 대한 가능성을 조사했다. 그 결과, 그러한 민감도의 증거는 거의 발견하지 못했지만 북극 부근에 위치한 연구 대상자에게서 알 수 없는 일련의 EEG 변화가 나타났음을 언급했다. 저자들은 감질나게 이러한 결론을 내린다. "북반구의 사람들이 진북을 향해 있는 어떤 형태의 나침반이나 자기장 변환기를 보유하고 있는가의 여부는 그렇다고 볼 가능성은 많지 않지만 실험해 볼 만한 가정으로 남아 있어야 한다."[443] 외부의 단서 없이 방위점을 감지할 수 있는 인간의 능력에 대한 증거는 분명 혼재된 결과를 보여 주지만, 동물의 자기 수용magnetoreception에 대한 전문가인 독일 동물학자 빌트쉬코 부부는 인간에게는 아마도 근대적 삶의 조건 아래에서 감추어져 있지만 희미하게 타고난 능력이 있을 것이라고 추측한다.[444] 뇌 말고도 방위는 분명 많은 건물들과 문화들에 내장되어 있다. 하이데거가 '지구'가 인간의 작업에 정보를 준다고 썼을 때, 그는 아마도 그것이 문자 그대로 얼마나 사실인지를 몰랐을 것이다.[445] 앱은 깊다.

아마도 우리의 몸은 그 자체로 천구의 선들을 따라 정렬되어 있는 것 같다. 이는 뒤르켐학파의 뛰어난 인류학자로 1차 세계 대전에서 사망한 로베르트 헤르츠Robert Hertz의 제안이기도 했다. 헤르츠는 많은 문화에서 왼손잡이를 적극적으로 억압하고 오른손잡이에게 유리한 시스템을 정교하게 만들어 두는 까닭을 양손 사이에 존재하는 약간의 힘과 능숙함의 차이만으로는 설명할 수 없는 이유에 대해 의문을 가졌다. (진화론적으로 우리와 가장 가까운 침팬지의 경우 오른손을 체계적으로 선호하는 현상은 보이지 않는다.)[446] 예를 들어 코란은 일상에서 왼손과 오른손을 써야 하는 의례들을 정교하게 구분하며, 중동에서 다른 이에게 왼손으로 무언가를 건네는 일은 심각한 무례함으로 남아 있다. 선은 "옳은" 것이고 악은 "사악한" 것이며, 이러한 사례들은 얼마든지 많다.•

헤르츠는 인간의 몸이 명백하게 우주의 좌표를 갖고 있다고 추측했다. "세계를 빛나는 한편과 어두운 다른 편으로 이등분하는 축은 인간의 몸 역시 빛의 제국과 어둠의 제국으로 양분한다. 우리 몸의 오른쪽과 왼쪽은 우주를 포용하기 위해 우리 몸의 한계를 넘어서서 확장한다."[447] 헤르츠는 수직으로 이등분 대칭을 이루는 우리의 몸은 하늘에 대한 땅의

• '옳은righteous'은 오른쪽이라는 의미가 담겨 있고, '사악한sinister'은 라틴어로 왼손잡이를 의미하는 데서 유래했다. — 옮긴이

관계를 담고 있다고 생각했다. 자오선은 하늘만 나누는 것이 아니라 우리의 몸도 둘로 나눈다. 물론 모든 것이 동쪽에서 떠서 서쪽으로 지고 극을 중심으로 자전하는 밤하늘은 우리의 몸과 신경 체계보다 더 대칭적이지는 않다. 사실 그 어떤 자연이나 문화에도 완벽하게 대칭적인 양극성이 존재하는 것처럼 보이지는 않는다. 단백질, 박테리아, 덩굴 식물, 달팽이껍질 등은 모두 서로 절반으로 접히지 않는 비대칭의 모양을 나타낸다.[448]

헤르츠의 이론은 한쪽 손을 잘 쓰는 기원에 대한 가설 중 하나다. 한쪽 손을 잘 쓰는 것이 진화론적으로 어떠한 이점을 제공할 수 있는 것인지, 혹은 좌뇌의 언어를 관장하는 중추의 위치와 어떤 연관성이 있는 것인지 등은 아무도 알지 못한다. 만일 우리가 동쪽을 향하면, 그래서 문자 그대로 방향을 잡으면, 우리의 왼손은 북쪽을 향하고, 그곳에는 태양이 없다. 만일 우리가 북쪽을 향하면, 우리의 왼손은 서쪽을 향하게 되고, 그곳은 태양이 매일 사라지는 곳이다. 그저 이러한 방식으로, 많은 언어들은 몸의 방향과 방위점에 대해 같은 단어를 사용하여, 오른쪽은 동쪽이거나 남쪽으로 그리고 왼쪽은 북쪽이거나 서쪽으로 표현했다. 왼손과 마찬가지로 북쪽 역시 많은 문화들에서 위험한 것으로 여겨진다. 히브리어 속담에 악마는 북쪽에서 온다는 말이 있고(이사야서 14:13 참고), 창세기에는 방향이 "다마스쿠스의 왼손(북쪽)"으로 지칭된다. 어슐러 K. 르 귄Ursula K. Le Guin의 소설《어둠의 왼손잡이*The Left Hand of Darkness*》는 그러한 상상력을 펼친다. 문화적 규칙에 의해 강화된 천문학적 모방을 하던 1000년 동안, 북반구의 인간들 사이에서는 하늘과 별이 회전하고 태양이 뜨고 지고 달이 차고 기우는 모습을 바라보면서 오른쪽에 대한 선호가 강화되었다. 아마도 우리의 중추신경계의 한쪽 치우침은 하늘에 대한 우리의 유대감, 그리고 소우주와 대우주, 몸과 우주가 어떻게든 일직선이 되어 있다는 신비한 신념에 대한 원격 반영일 것이다. 아마 아닐 수도 있다. 둘 중 어느 쪽이든지, 헤르츠는 심지어 몸도 하늘 미디어이며, "자신의 몸에 하늘과 땅의 완전한 이론을 써넣은"[449]

《모비 딕》의 퀴케그와 같이 몸의 시상축sagittal axis[•]을 따라 순수와 위험이 구현된다는 추측을 강화한다.

• 시상축은 인체의 무게 중심을 앞, 뒤로 관통하는 축, 또는 관상면을 관통하는 축이다. —옮긴이

5장

시간과 계절

하늘 미디어 II (카이로스)

"교우 여러분, 그 때와 시기에 대해서는
여러분에게 더 쓸 필요가 없습니다."
— 데살로니카 신자들에게 보낸 첫째 서간 5:1 (KJV)

시계와 달력

시계는 풍부한 학문적 성과를 거두었고 박물관의 소장품이 되었음에도 불구하고 아직 미디어로서의 전체 역사가 기록되지 않았으며, 하루의 경과가 아니라 지금을 기록한다는 점에서 달력과 다르다. 시계는 달력에 비해 훨씬 더 강렬한 방식으로 "무엇이 이루어져야 하는가?"라는 질문을 제기한다. 넓은 의미로 시계는 카이로스(기회)로서의 시간을 다루며 이는 크로노스(지속)와 대비된다. 1만 년 동안 작동하는 "롱 나우 시계Clock of the Long Now"는 아마존닷컴의 제프 베조스Jeff Bezos의 자금 지원을 받아 제작 중인데, 바로 그 긴급함의 메시지, 즉 심원의 시간deep time에 대한 생각의 긴급함으로 인해 달력이라기보다는 시계에 가깝다고 볼 수 있다.•

• 아마존닷컴의 창업자인 제프 베조스가 수백만 달러를 기부하여 설립한 롱 나우 재단Long Now Foundation의 프로젝트인 롱 나우 시계는 천천히 가는 시계를 만든다는 목표 아래 현재 텍사스 산속 깊은 곳에서 만들어지고 있다. '롱 나우long now'는 '보다 긴 지금'이라는 뜻으로, 롱 나우 시계는 한 번 똑딱 하는데 1년이 걸리고, 괘종 한 번 치는데 100년, 뻐꾸기가 한 번 나오는데 1000년이 걸리게 하겠다는 목표로 만들어지며, 앞으로 1만 년 동안 작동하게 된다. 이 시계는 현재의 문명을 뛰어넘는 시간까지 작동하면서 인간에게 매우 긴 시

비록 한 해는 하루보다 천문학적으로 더 복잡하지만, 시간은 달력보다 더 정의하기 어렵다. 달력은 좌표인 반면 시계는 지침이다. 달력은 휴일과 타임아웃을 선포하여 시간을 유예할 수 있지만, 시계는 똑딱거림을 결코 멈추지 않는다. 달력은 과거와 미래를 저장하고 기존의 자료에 근거하여 추정하지만, 시계의 지능은 매분마다 소진되고 재충전된다. 신기한 자동 기계인 시계는 '얼굴'과 '손'이 있는 신기하고 작은 페르소나이고, 같은 말을 하고 또 하며, 그럼에도 시계가 '지금'이 어디인지 알려 주며 제공하는 정보는 언제나 현재다. (그래서 요기 베라Yogi Berra•가 자신에게 시간을 물어본 누군가에게 대꾸했다고 알려진 말은 "지금 말입니까?"다.)[450] 시계의 메시지는 언제나 비어 있으면서 동시에 한결같다. 샤를 보들레르Charles Baudelaire는 분침의 속삭이는 명령을 1시간에 3600번 들었고("기억하라Souviens-toi!"), 잠시 후 우리는 충전된 시계가 실존적인 제안을 하는 것을 보게 될 것이다.[451] 육분의, 아스트롤라베, GPS 장치가 공간에 대해 하는 일을 시계는 시간에 대해 한다. 즉 '현재 위치'의 지점을 특정 하는 것이다. 나침반과 지도의 관계처럼 시계와 달력은 관계가 있다. 시계는 분침이 북쪽 대신 지금을 가리키는 나침반이지만, 시침은 비록 약하기는 해도 언제나 태양의 위치와 관련된다. 시계의 둘레 환경(움벨트)은 하늘이다.[452]

우리는 시계판을 인간이 자의적으로 만든 것이라 생각할지도 모르지만, 자연은 역사가 그러하듯 (북반구의 우세) 그 회전 방향과 원형의 모양으로 완고하게 말한다. 시계는 지구의 양극이 아닌 지역, 즉 양극단의 위도가 아닌 지역에서 기원을 보여 준다. 양극에서 시계는 우리가 기대한 것처럼 작동하지 않는다. 첫째, 시간대는 모든 경도들이 하나로 합해

간의 관점에서 사고하도록 독려하는 역할을 하게 된다. — 옮긴이

• 요기 베라(1925~ 2015)는 뉴욕 양키스에서 활약한 포수이자 지도자다. "끝날 때까지는 끝난 게 아니다It ain't over till it's over" 등의 유명한 말을 많이 남겼다. — 옮긴이

지는 극지방에서는 의미를 잃는다. 사람들은 스물네 가지 가능한 참고틀 중에서 하나의 시간대를 고를 수 있다. 두 번째, 하루의 경계를 나누는 활동일주기와 4방위의 지표가 되는 일출과 일몰이 없다. 빛과 어둠이 한 번 회전하는 주기를 하루라고 할 때, 양극에서 하루는 1년이 된다. 일광은 6개월 동안 계속되고, 춘추분이 되면 갑자기 6개월의 밤에 자리를 내어 준다. 노르웨이의 탐험가 로알 아문센Roald Amundsen은 1911년 12월 17일 오전 11시 남극점에 도달하였다고 주장하였으나, 밤이나 경도가 없는 지점에서 어떻게 시간을 정확히 알 수 있었는지는 불분명하다.[453] 미디어는 실재의 흔적을 담고 있으며, 퍼스가 말하는 자연의 "이차성"은 모든 수준에서 원소 미디어elemental media를 만연케 한다.

따라서 시계는 나침반이기도 하다. 12시는 북쪽, 3시는 동쪽, 6시는 남쪽, 9시는 서쪽이다. 시계는 북쪽을 가리킨다. 즉 시계의 시침은 태양을 가리키고 시침과 12시 사이의 각도를 양분하며, 남북의 축은 대체로 그 선에 맞게 떨어진다(다시 말하지만 북반구의 경우다). 시계와 나침반의 유사점은 시계판을 방향 지시용으로 사용하는 행위에서 명백히 드러나는데, 이러한 용법은 명백하게 조종사들로부터 유래한 것이다. 움직이는 방향에서 볼 때 90도 왼쪽에 있는 목표는 9시 방향에 있는 것으로 표현하는 것 등이다. 다른 방향에서 보자면, 중세 시대의 나침반은 항해사들이 바람을 읽는 안내서이자 시계로 사용했다.[454] 우리가 언급해야 할 것은 정오 역시 하늘을 자오선에서 동서로 양분한다는 것이다.• 약어인 a.m.은 "ante meridiem"(오전), p.m.은 "post meridiem"(오후)를 의미하며, 이는 하루를 동과 서로 나누는 것과 마찬가지다. 숫자판을 뜻하는 다이얼dial이라는 용어는 태양의 하루 순환과의 연결성을 담고 있으며, 중세 라틴어로 '하루의 바퀴'를 뜻하는

• 프랑스어로 정오를 뜻하는 미디midi는 미디엄medium과 연관되며, 하루의 중간을 의미한다.

"rota dialis"가 영어에 유입된 것으로 보인다. 14세기의 연대 기록자였던 장 프루아사르Jean Froissart는 시계 장치의 숫자판이 "하루에 한 번 회전하는 일일 바퀴roe journal이며, 마치 태양이 하루에 지구를 한 바퀴 도는 것과 같다"고 관찰했다.[455] 모든 숫자판의 뿌리는 하루 12시간이다. 산업화로 인해 수많은 숫자판과 계기판이 생겨났고 이 중에는 전화 '다이얼'도 있는데, 십진법의 회전식 숫자판으로 축소되었다가 이후에 12개 단추로 된 디지털 포맷이 되면서 12진법의 현 상황으로 복구되었다. (뉴 미디어가 올드 미디어를 되살린다는 것은 매클루언의 "미디어의 법칙" 중 하나다.)

따라서 시계는 하늘을 도상적으로 모방하는 반면, 달력은 상징적인 수단을 사용한다. 달력과 시계 사이의 조금 더 단순한 대조는 강도와 방향이다. 달력은 하루 이상의 시간의 단위를 다루며, 시계는 하루보다 작은 단위이자 가장 근본적인 단위인 시를 다룬다. (여러 언어들에서는 시계를 뜻하는 단어는 시를 뜻하는 단어에서 유래하며, 독일어 Uhr나 프랑스어 horloge 등이 그런 사례다.) 달력 시스템은 시간을 확장된 규모로 모델링하는데, 하루하루를 모아 일주일을 만들고, 달, 계절, 년, 10년, 세기, 그리고 무한하게 큰 단위까지 축적한다. 힌두교도와 불교도들의 말인 "겁kalpa"은 아마도 인간에게는 가장 큰 순환 주기일 43억 2000만 년을 의미한다. 이와 대조적으로 시계의 벡터는 시간으로부터 분, 초로 축소되고, 그런 후에 60분법에서 십진법으로 전환하여 10분의 1, 100분의 1, 100만분의 1까지 점점 작은 단위로 내려간다(예를 들어 '욕토세컨드yoctosecond'는 1셉틸리온초septillionth of asecond, 혹은 10^{-24}초다). 대부분의 컴퓨터 프로세서는 100만분의 1초(10^{-3}초)와 10억분의 1초(10^{-9}초)의 속도 사이에서 작동하며, 레이저 연구는 아토세컨드attosecond(10^{-18}초)의 영역을 탐구하는데, 이는 빛이 물의 분자의 넓이보다 조금 더 멀리 가는 데 걸리는 시간이다.[456] 과학사학자 조지 다이슨이 비아냥거리며 말하듯, 아래로 내려가면 빈 방이 아주 많아서 탐욕스러운 과학의 입맛에 따라 시간의 부동산은 점차 더 작은 단위로 나뉘고 있다.[457] 우주론 학자들은 빅뱅의 작은 시간 조각에 매료되었는데, 특히 '팽창'이 일어났을 것으로 가정되는 최초의 10^{-36}초에서 10^{-32}초 사이의 '시대'에 매료되었다. (시계는 1만 년을 갈 수 있고 시대는 1분일 수 있다.)

결과적으로 이렇게 세분화하다보면 시간과 물질 단위의 정밀함을 넘어서는 플랑크 상수에 다다르게 될 것이다. 위쪽으로는 그 어떤 한계도 없어 보이지만, 우주의 나이나 크기가 유한하다는 점에서 물리적인 한계(이론적 한계가 아니라)가 함축되어 있다. 왜 시간의 미세한 부분에서는 자원이 고갈되고 확대한 부분에서는 그렇지 않은가? 왜 우리는 작은 것의 저 밑바닥을 치면서도 사물이 거대해지는 측면으로는 한계가 없는가? 반대로, 왜 지도 안의 지도는 가능한 모든 수준에서 같은 모양의 정체성을 유지하는 반면 지도를 확대하면 순식간에 백색 소음이 되어 버리는가? 우주는 크고 작은 양방향으로 똑같이 규모를 잴 수 있는 것은 아니며, 지금까지 이야기해왔듯이 하늘이나 땅의 그 어떤 것도 순수하게 대칭적이지는 않다.[458]

시계는 달력과 달리 천체의 느린 움직임이나 용수철의 압력과 같은 연속의 과정으로 움직이지만, 일부 시계는 하늘과 아무 상관없는 시간재기 과정의 이점을 활용한다. 물시계는 매우 오래전부터 다양한 형태로 존재하는데, 이르게는 BCE 1600년경에 이집트와 바빌로니아, 고대 그리스와 로마, 그리고 고대와 중세 중국에서 물시계가 사용되었다. 고대의 법원에는 고전적으로 물을 가득 채우면 일정 기간 동안 물을 흘려보내는 도자기 용기가 갖추어져 있었다. 법정의 법관들에게는 판례를 만들기 위한 여러 '항아리들'이나 '물통들'이 배정되었다. 그러한 장비들을 그리스어로 물도둑이라는 뜻의 클렙시드라clepsydrae라고 일컬었다. 중국의 물시계는 물방울을 떨어뜨리는 그리스와 로마 방식의 클렙시드라처럼 작동하는 경우도 많았지만, 조금 더 기계적으로 복잡한 천문학 시계는 물을 시간의 흐름을 나타내는 지표로 사용한 것이 아니라 원동력을 제공하는 용도로 사용하였다. 물시계는 겨울이 되면 뚜렷한 약점을 보인다. 얼어 버리기 때

문이다. 따라서 때로는 모래를 대신 사용했다.[459]

천체와 무관한 시간 계측기들에 대해서도 한 단락 쓸 필요가 있다. 유럽에서는 모래를 사용하는 컵 모양의 시계가 사용되었는데 모래시계라는 이름이 더 정확한 표현일 이 시계는 14세기 이후 다양한 방식으로 사용되어 왔다.[460] 시간 길이에 따라 여러 가지가 있다. 한 시간짜리(설교용), 2분 30초짜리(달걀 삶기용), 14초(배의 속도를 측정하기 위한 용도. 매듭을 묶은 노끈을 배 위로 던지면서 모래시계를 뒤집으면, 뱃사람은 모래가 다 떨어질 때까지 몇 개의 매듭이 자신의 손을 통과했는지 세고, 이것이 오늘날까지도 배의 속도를 '노트knots'[매듭]로 재는 이유다). 오늘날 모래시계는 보드 게임에서 많이 사용되고(한쪽 귀퉁이로 점차 좁아지는 필터의 좋은 모델이다) 시간의 여정을 상징하는 용도로도 사용된다. "모래시계를 통과하는 모래처럼 우리의 삶에 남은 날도 그러하다." 또 다른 핵심적인 지상의 타이머는 불이다. 알프레드왕은 길이가 똑같은 두 개의 양초를 시간 계측용으로 사용했고, 왕실은 여기에 지출을 아끼지 않았다. ("양초의 불꽃은 위로 흐르는 모래시계와 같다"고 바슐라르는 말했다.)[461] 우리는 3장에서 양초가 로미오의 죽음을 법의학적으로 추정하는 데 사용되었음을 보았다. 중국과 일본에서는 시간 측정을 위해 향을 사용하였고, 매클루언은 이 점에 크게 관심을 가져 후각적인 시간을 근대의 기계적인 시간과 대조하였다.[462] 도화선은 불을 사용한 타이머다. 폭죽에 불을 붙이는 사람은 도화선이 불타기 시작하고 얼마나 지나면 폭발할 것인지 알아야 하고, 담배는 7분 정도는 넉넉히 불타는 것으로 알려져 있다. 물론 기계식 시계는 훗날 폭탄의 도화선과 같은 서비스를 제공했다가 휴대전화로 대치되었다. 이러한 시간 계측은 카이로스로 온통 가득 차 있다.

천체를 관찰하는 것에서 멀어져서 땅의 흐름 쪽으로 가는 최근의 움직임은 원자시계다. 1000년 동안 천문학자들은 (때로는 점성술사나 수사들과 협력하여) 시간을 정했다. 20세기 중반이 되자 시간 계측은 물리학자의 임무로 옮겨 갔다. 무게와 척도의 절대 표준을 만드는 일은 프랑스 혁명 중에 시작되었지만, 시간 단위의 절대 표준이 만들어지는 역사까지는 1세기 반을 더 기다려야 했다. 1967년에 1초는 세슘 원자가 91억 9263만1770번 진동하는 시간으로 정의되었다.[463] 이는 인간의 감각으로 접근 가능한 활동일 주기가 아니었다. 루키우스 안나이우스 세네카Lucius Annaeus Seneca는 시계들을 맞추느니 차라리 로마의 철학자들 사이에서 합의점을 찾는 것이 더 나을 정도라며 불평했다.[464] 그의 말과는 대조적으로, 우리가 사는 세상에서는 시계에 대한 동의를 당연한 것으로 여기지만, 다행스럽게도 철학자들 사이의 동의는 그렇지 않다.

기계식 시계

근대 유럽의 시계는 성당 종탑으로부터 그 긴 여정을 시작하여 벽과 테이블 안으로 들어왔고, 그 다음엔 개인용 장신구로 크기가 줄어들어 목둘레에, 호주머니에, 혹은 손목둘레에 걸칠 수 있게 되었으며, 마침내 기계 속으로 퍼져 나갔다. 시계는 탑과 배에서부터 출발하여 라디오, 오븐, 텔레비전, 자동차, 컴퓨터, 그리고 온갖 종류의 디지털 장치로 이동했다. 시계의 크기와 측정하는 시간의 단위 양 측면 모두에서 휴대성과 소형화가 특징이며, 태양과 시계 사이의 관계는 더 느슨해졌다. 그러나 시계는 언제나 하늘의 변수와 행동의 필요성과 밀접하게 연관되어 있다.

유럽에서 시계의 기원은 대체로 종교적이다. 수도사들은 정해진 기도 시간을 지키기 위해 시계를 필요로 했다.[465] 이와 대조적으로 11세기 중국에서는 유럽에 비해 시간학이 훨씬 더 진보했고 최초의 기계식(물로 작동하는) 시계가 고안되었는데, 시간 계측의 주된 동기는 황제가 '하늘의 뜻'에 따라 시간을 규제하기 위한 정치적인 목적이 강했다. 11세기 후반에 공학자였던 소송蘇頌이 개발한 최초의 시계 장치는 하늘의 느린 움직임에 맞춘 혼천의를 움직이는 방식이었고, 따라서 한때는 이것이 관측대이자 시계이기도 했다.[466] 논쟁이 될 만한 여러 역사적인 이유로 중국의 시계 기술 발전은 정체되었고, 유럽이 13세기 이후부터는 계속 세계의 시계 기술을 선도하게 되었다.[467]

유럽에서 가장 빠른 기계식 시계는 기계화된 아스트롤라베였다. 아스트롤라베는 "시계판의 원형"이었고, 13세기 유럽의 초기 기계식 시계는 "움직이는 천체를 물질의 형태로 표상하고자 했던 욕망"에 의해 추동되었던 것처럼 보인다.[468] 아스트롤라베는 하늘 미디어의 정수였다. 그 이름은 그리스어로 '별을 택하다'라는 의미이고, 외관과 기능 양면에서 모두 일종의 우주구조학의 거울이었다. 아스트롤라베는 별의 위치와 시간을 서로 관계 맺었고, 12궁도를 그리고, 탑의 높이와 우물의 깊이를 측정하고, 위도를 계산하고, 이슬람 기도 시간을 선포할 수 있었다. 이는 중세의 가장 중요한 천문학 도구였고, 이제까지 설명했듯이 천문학적 지식에 많은 투자를 했던 이슬람 과학과 기술에서 광범위하게 사용되었는데, 이는 알라가 인간을 안내하기 위한 신호로 별을 주셨다는 코란의 문구를 따른 것이다.[469]

초기의 시계는 하늘과 직접적으로 연관되어 있었다. "최초의 시계들(14세기 유럽의) 대부분은 우주의 작동 방식으로 시간을 측정하기보다는 그 모습을 전시하는 것이었다."[470] 영국의 물리학자 데릭 드 솔라 프라이스Derek de Solla Price의 기억할 만한 문구에서는, 시계를 천문학적 측정의 세계에서 온 "추락 천사"로 표현한다.[471] 13세기와 14세기는 목공예로 만든 바퀴, 태엽장치, 그리고 프톨레마이오스 천문학에서 말하는 여러 개의 구에 열광하던 때였다. 영속적인 운동 기계를 만들기 위한 멋진 설계들은 정밀한 시계태엽 장치를 만드는 기반이 되었다. (단테의 《신곡》은 바퀴 안의 바퀴에 집착했던 시대를 말한다.) 일부 초기 시계들은 달력에 지표들을 제공하기도 했다. 16세기 유럽과 중국에서는 시계를 기반으로 한 지구본을 만들었고, 같은 시기의 일부 시계들은 달력이나 마찬가지였는데, 태양, 달, 별자리, 심지어 교회의 휴일과 일식과 조수, 그리고 1년 동안 계속 달라지는 낮과 밤의 시간들을 나타냈다. 헨리 8세는 햄프턴코트 궁전에 커다란 천문학 시계를 갖고 있었는데, 이는 시, 분(5분 간격), 달의 위상, 달, 별자리를 보여 주는 시계였다. 영국박물관이 소장한 1650년경 제네바에서 만든 아름다운 은시계는 시와 분에 더하여 월, 일, 계절, 별자리, 달의 위상까지도 알려 준다.[472] 일부 시계에는 시간을 선포하는 작은 천사가 그려져 있고, 이는 시계를 성모영보(수태고지)의 대리자로 나타내는 것이다.

기계식 시계와 태양의 가까운 관계는 오래 지속되지 않았다. 해시계가 등장하면서 정오는 그림자가 가장 짧은 때라고 정의되었다. 그러나 흐린 날에는 해시계가 하늘의 소식을 알려 주는 일에 오류가 생기고, 중세 성기가 되자 법정의 시간은 서서히 태양이 아니라 시계에 맞추어지기 시작했다. 프랑스의 샤를 5세는 1370년에 파리의 모든 시계들은 궁전의 시계를 따라야 한다고 명령했으며, 이는 "태양이 빛나든 그렇지 않든luise le soleil ou non" 절대 따라야 하는 명령이었다. 중세의 연대 기록자인 장 프루아사르 역시 이와 비슷하게 기계식 시계가 "해가 없을 때조차도" 시간을 알려 줄 수 있음을 칭송했다.[473] 이것이 우리가 사용하는 정각o'clock의 어원이 되었고, 이는 정각이라는 시간이 인위적인 기준임을 의미한다. 해시계는 자연의 사실들을 그대로 본 따서 지구가 태양 주위를 타원형으로 돌면서 생겨나는 길고 짧은 날들과 시간을 산출하지만, 시계는 태양의 기분 안정제이며 태양의 연간 곡선 운동을 평균 24시간 단위로 진정시키고 태양이나 구름에 상관없이 째깍째깍 흘러간다. 따라서 시간 계측 시스템을 자연의 주기와 연결하지 않은 것이 근대적인 독특함은 아니다. 고대 그리스와 로마에서도 희극 작가들은 해시계의 그림자가 일정한 길이에 다다를 때까지 기다렸다가 밥을 먹는 사람들을 조롱했다.[474] 자연과 인공물은 오랫동안 공모해 왔다.

시간 동기화

지금까지 논의해 온 것처럼, 근대 시간 계측의 드라마는 몸을 인공적인 시간 좌표에 맞추는 데서 일어난다. E. P. 톰슨은 산업 시대가 사람들의 작업 습관을 아주 딴판으로 만들었다는 아이디어를 내놓은 것으로 유명하다. 시계가 있기 이전에는 시간 계측이 어느 정도 일이 진행되었는가 하는 점과 느슨하게 결합되어 있었고, 이는 이미 앞에서 누어족의 사례로 살펴본 바와 같다. 톰슨은 여러 다양한 문화들에서 짧은 시간을 어떻게 정의하는지를 '업무 방향'의 측면에서 설명했다. 밥을 짓는 데 걸리는 시간(30분), 옥수수를 익히는 시간(15분), 메뚜기를 익히는 시간(즉석), 혹은 "아베 마리아"나 "주기도문" 암송에 걸리는 시간 등이다. 중세 영어에서 "소변을 보는 동안"이라는 시간은 그가 생각하기에는 "다소 자의적인 측정"이었다. (톰슨은 이 에세이를 쓸 때 중세 시대에 탐닉하고 있었다.) 물방울을 떨어뜨리는 물시계처럼 자연의 시간 길이를 이용한 이러한 모든 구체적인 측정법들은, 초기의 시간 계측이 해야 할 작업 정도에 따라 정해졌음을 보여 주었다. 이는 시계가 오직 자연의 주기에만 공식적으로 연결되어 있어서 사람들이 그 시계에 맞춰 일해야 하는 신흥 산업 생산 세계의 경우와는 극명한 대조를 이룬다. 톰슨은 시간 준수를 기독교의 덕목으로 만듦으로써 자본주의의 이해관계와 협력하는 교회를 보여 주었다. 따라서 그가 보기에 산업화 이전의 노동자들은 온전히 세속적이기 위해서 자신들의 바이오리듬을 하늘에 기원을 둔 장치에 일치시켜야만 했다.[475] 마찬가지로 루이스 멈포드는 베버에서부터 톰슨이 언급한 마르크스까지도 모두 인용하면서, 시계가 증기기관보다도 더 핵심적인 산업 사회 테크놀로지의 발명이라 보았다. 그는 시계가 사람들의 집단 활동을 조직하고 그들의 공통 세계를 위한 공공 좌표를 창출할 수 있는 힘을 가진 기계라고 보았다.[476] 달력과 시계 모두 규율을 함축하지만, 시계의 규율은 훨씬 더 명확히 두드러진다.

사회적 영향은 부분적으로는 기술의 혁신에 달려 있다. 만일 시계가 그렇게 작고 저렴하고 정확하지 않았다면 시계가 그렇게 넘쳐나지는 않았을 것이다. 우리가 아토세컨드와 욕토세컨드를 도입하기 훨씬 이전부터, 기계식 시계는 분과 초를 쫓는 방법을 배워야 했다. 16세기에 처음 등장한 분침은 1656년경 크리스티안 호이겐스Christiaan Huygens가 진자 실험을 성공리에 마친 이후에야 비로소 실용화되었고, 초침이 곧 그 뒤를 따랐다. 진자는 정확도에 있어서 커다란 한 걸음을 내딛게 했다. 17세기 말까지만 해도 대부분의 사람들은 하루에 한 시간 미만으로 틀리는 시계에 만족했다.[477] 1870년 파리에서는 15초의 오차 정도는 납득할 만한 것으로 여겼는데, 신호가 중앙의 마스터 시계에서부터 기송관 네트워크를 거쳐 주변의 시계들에게 도달하기까지 오랜 시간이 걸렸기 때문이다. 그러나 그로부터 10년이 채 안되어 15초의 손실은 지나친 것으로 인식하게 되었다.[478] 시간 오차는 계속해서 줄어들었다. 근대인 대부분에게 휴가 중일 때를 제외하면 분침이나 초침이 없는 세계란 상상하기 힘들다. 올림픽 수영 경기와 육상 경기에서는 몇백분의 1초 차이로 금메달과 은메달이 갈리는 일이 매번 벌어지고, 앞서 말했듯이 우리의 과학과 테크닉은 점점 더 미세한 시간의 차이에 의존한다.

근대적 시계의 주요 동기는 종교적이거나 정치적인 것이 아니라 경제적인 것이다. 벤저민 프랭클린의 말을 빌리자면 "시간은 돈이다." 시간은 또한 권력이기도 한데 특히 바다의 권력이다. 18세기 중엽 무렵 최고의 시계는 바다에서 사용되었던 크로노미터chronometer였으며, 하루에 오차가 1초 이내일 정도로 정확했지만 그러한 정밀함이 당시의 사회적 규범은 아니었다. 영국과 프랑스의 해상 권력은 전 지구적인 교통과 커뮤니케이션의 통합 좌표를 창출하게 만들었다. 특히 중요했던 것은 바다에서 위도를 계산하는 문제였다. 영국의 시계 제작자 존 해리슨John Harrison은 대서양 한복판에서도 정확히 그리니치 시간을 알려 줄 정도로 정교한 크로노미터를 만들었고, 이 덕분에 동서 축 상의 자신의 정확한 위치를 추정하는 것이 가능해졌다.[479] 근대의 시계는 전 지구적 해상 무역의 시대에 이룩했던 최고의 공학적 성과다. 노버트 위너가 말했듯이 "시계는 호주머니 속 태양계나 마찬가지다."[480] (물론 '분'과 '초'는 시간의 단위일 뿐만 아니라 각도의 측정 단위이기도 하다.) 표준시가 필요하다는 생각은 처음 바다에서 등장하여 서로 멀리 떨어진 여러 곳에서 공유되었으며, 이는 전신이 가능해지고 철로가 필요해지기 훨씬 이전의 일이었다.

철로와 전신 이전에, 모든 마을(궁정에서 멀리 떨어진)은 가장 짧은 그림자가 생길 때를 정오로 정했다. 해시계는 시간을 설정하고, 자연은 여전히 지배한다. 한때 이는 문제가 아니었는데, 예를 들어 만일 도버, 브라이튼, 포츠머스, 플리머스, 펜잰스 등 영국의 남해안을 따라 동에서 서로 늘어서 있는 도시들은 순차적으로 정오를 늦게 맞이한다. 그러나 19세기 중엽에 영국과 미국 등의 산업화된 국가에서 퀼트처럼 조각난 현지 시간들로 인해 철도 교통에서 심각하고도 때로는 재앙에 가까운 문제들이 발생했다.[481] 1833년 그리니치 천문대에서 오후 1시 정각에 기둥 아래로 가죽공을 떨어뜨리는 것은 템스강 위의 배들이 그리니치 평균시(GMT)에 맞출 수 있게 하려는 시각적 신호였다. GMT는 1852년에 국내 전신용으로 처음 퍼져나갔고, 1850년 후반이 되자 영국에는 뉴스를 퍼뜨리기 위한 오후 1시 정각이 언제인지 정확히 가리키기 위한 시간공, 대포 타종, 침들로 뒤덮였다(GMT는 1880년에서야 공식 국가 시간이 되었다).[482] 전신으로 시간을 일치시키려는 주요 동기 중 하나는 일기 예보였다.[483] 1848년 무렵 찰스 디킨스Charles Dickens는 자연의 시계로부터 점차 멀어지고 있음을 관찰했다. "마치 이제 태양 자체를 포기하기라도 한 것처럼, 시계를 따르는 철도 시간이라는 것이 있었다." 그는 중세 성기high Middle Age의 법정 시계 시간에 대해서도 비슷하게 말했을지 모른다.

국제적인 시간대 좌표는 1884년 설립된 그리니치 천문대를 중심으로 하고 있으며, 지구 전역을 대략 15도 안팎으로 이루어진 스물네 개의 시간대로 나누지만, 정확한 경계는 언제나 정치적인 요소가 먼저고 경도는 그 다음이다. 대략의 평균으로서의 시간대는 하늘과 시간의 관계를 느슨하게 하는 경향을 확장시킨다. 하나의 시간대에서도 어디에 위치해 있는가에 따라 가장 짧은 그림자가 생기는 지점은 공식적인 정오로부터 길게는 한 시간 이상 차이가 나기도 하며, 일광 절약 시간은 그 차이를 한층 더 크게 한다.

세계 시간대 체계의 중심을 그리니치에 두는 것은 분명히 제국의 지표이지만, 보다 더 뚜렷하게 드러나는 지표는 태평양상에 놓인 국제 날짜 변경선이다. 이는 유럽과 최대한 멀리 떨어진 곳에 위치해 있다. 세계 시계를 만드는 것은 세계 달력을 만드는 것보다 쉽다. 세계 달력은 법률상으로 아직 존재하지 않지만, 세계 사업의 시간은 그레고리 시간으로 운영된다. 그러나 여전히 저항의 여지는 있다. 아야톨라 호메이니Ayatollah Khomeini는 유럽 표준시의 포로가 된 것에 대해 불만을 표했다. 동서로 넓은 영역에 걸쳐 있는 중국은 하나의 시간대를 갖고 있다. 뉴펀들랜드, 이란, 아프가니스탄, 인도, 미얀마에서는 하루가 30분에 시작하며, 네팔은 45분에 시작한다. 2007년에 베네수엘라의 대통령 우고 차베스Hugo Chávez는 자국의 시간대를 30분 이동하여, 햇빛을 사회주의 재분배의 대상으로 삼아 또 하나의 상품으로 취급했다. 표준 시간은 국제 자본주의에 필수불가결의 조건이며, 차베스의 선택도 아마 이 때문일 것이다. 19세기 이후 몇십 년 동안, 네덜란드는 암스테르담을 기준으로 한 자체 시간대를 운영했고, 그리니치보다 19분 32초 빠르게 시간대를 맞추었다가 결국에는 국제간 환산을 쉽게 하려 20분으로 어림하였다. 독일이 네덜란드를 침략했던 1940년이 되어서야, 유럽에서 최후까지 남아 있던 유일한 예외는 나머지 세계와 일치하게 되었다.[484] 오늘날 미국에서는 애리조나를 제외하고는 전역이 일광절약제를 시행하고 있지만, 여기에도 역시 저항이 따른다. 애리조나의 나바호국 영토는 뉴멕시코와 유타에 있는 다른 나바호 땅과 일치시키기 위해 일광절약제를 지킨다. 시간 계측은 언제나 정체성과 소속감의 문제다.

여전히 많은 것이 불안하게 흔들리고 있다. 시간대는 시간 계측과 관련하여 얼마든지 충돌할 수 있다. 미국에서 일광 절약 시간은 2005년에 살짝 비틀어져 조금 일찍 봄을 맞이하고 조금 늦게 가을을 맞이하게 되었는데, 이는 에너지를 아끼기 위한 목적이었다. (가톨릭 주교들과 보수파 유대인들이 이 입법화에 반대했던 것은 충분히 예상 가능한 일이었다.)[485] 2010년 러시아 대통령 드미트리 메드베제프Dmitri Medvedev는 유라시아 대륙에 넓게 걸쳐 있는 러시아 영토에서의 커뮤니케이션을 보다 관리 가능하게 만들기 위한 시도로 11개의 시간대를 9개로 축소했다. 정체성을 이유로 달력을 땜질했던 또 다른 최근의 사례는 사모아에서 발견된다. 국제 날짜 변경선이 시행되던 초기 시절에, 미국의 관료들은 사모아의 왕에게 그 변경선을 군도의 서쪽으로 이동해 달라고 설득했는데, 미국 캘리포니아와 날짜를 맞추기 위함이었다. 이는 1892년 7월 4일 독립기념일을 기념하여 성취되었다. 그 후로 사모아의 무역과 이민은 뉴질랜드와 호주를 향해 서쪽으로 방향을 틀었다. 그 나라들 및 인근 나라들과 날짜를 공유하고자 했던 사모아는 2011년 12월에 목요일이었던 29일에서 곧장 토요일인 31일로 넘어가는 방법을 택했다. 2011년 12월 30일은 전혀 존재하지 않았던 것이다(물론 노동자들은 여전히 그날에 해당하는 임금을 받았다.) 따라서 사모아는 2012년을 맞이한 최후의 나라가 아니라 최초의 나라가 되었다.[486] 휴일과 마찬가지로 시간대 역시 소속감을 알려 준다.

달력과 시간대 좌표와 마찬가지로, 시계 역시 비록 더 산만하고 심드렁하기는 하지만 많은 저항을 맞이했다. 마르크스부터 찰리 채플린Charlie Chaplin에 이르기까지 산업자본주의를 비판하는 사람들은 시계의 엄격한 시간 규율을 인간 존재에 대한 잔혹한 왜곡이라 보았다. 노동의 역사에서 게으름 피우지 않았거나 다른 방식으로 시계에 저항하지 않았던 출퇴근 표시 시계는 아마 하나도 없었을 것이다. 18세기의 이신론자들은 시계의 무관심하지만 항상성 있는 메커니즘에서 우주의 모델을 발견했다. 처음엔 신도 긴장했을 것이지만 이제는 더 이상 관리 감독 없이 흘러가게 내버려 두었다. 이는 위로와 쓸쓸함의 이미지가 되었다. 손목시계는 근대성 최고의 상징이었고, 시한폭탄은 우리가 적극적으로 선택한 것은 아니지만 그럼에도 포기하지 않을 것들에 대한 우리의 파우스트와도 같은 저당mortgage을 나타낸다.[487] "작은 종이 달린 시계"(윌리엄 쿠퍼William Cowper)•가 근대적 시간 행동 규칙과 일치하지 않았던 것과는 대조를 이룬다.[488] 시계는 우리가 엄청난 이득과 손실에도 불구하고 받아들였으나 결코 공식적 동의를 이루어 내지 못했던 미디어의 대표 사례다.

정신과 의사와 그의 환자들처럼, 시인 역시 미디어에서 가장 좋은 실존적인 기운을 얻곤 하는 일이 많다. 로버트 프로스트Robert Frost는 시계탑에서 뭔가 멜랑콜리한 것을 발견했다.

> 그리고 무척이나 높은 곳에
> 하늘을 등지고 선 빛나는 시계 하나가
> 정확한 시간을 말해 주지 않았다
> 나는 밤과 잘 알고 지내는 사이다.••

시계는 또한 실존적인 질문들과 불만의 특별한 대상이 되기도 했다. (심지어 시계watch라는 단어 자체도 밤을 새워 지킨다는 뜻을 담고 있다.) 다윈의

• 윌리엄 쿠퍼는 18세기 영국의 시인이자 찬송가 작사자다. — 옮긴이

•• 로버트 프로스트의 시 "밤에 익숙해지며Acquainted with the Night" 일부다. — 옮긴이

손녀이자 시인인 프란시스 콘포드Frances Cornford는 어느 날 밤 베개 아래에서 똑딱거리는 시계소리에 잠을 깼다. (크게 읽을 것.)•

> 똑딱거릴 때마다 말한다고 생각했다I thought it said in every tick:
> 너무 아파, 너무 아파, 너무 아파I am so sick, so sick, so sick.
> 오 죽음이여, 빨리 와, 빨리 와, 빨리 와O death, come quick, come quick, come quick,
> 빨리 와, 빨리 와, 빨리 와, 빨리 와Come quick, come quick, come quick, come quick![489]

영국박물관은 1660년대 제작된 해골 모양의 독일산 은시계를 소장하고 있다. 그 은시계에는 라틴어로 "Incertita hora"라는 문구가 새겨져 있는데, 이는 (죽음의) 시간은 불확실하다라는 뜻이다(아마 시간 단위의 정확성에 대한 이야기일 수도 있다).[490] 죽음이나 탄생이나 노동의 시간은 언제나 밤이다. 이것이 시계가 몇 세기에 걸쳐 계속 보내온 메시지다. (시계는 괴물이다Une montre est un monstre.)

시계는 계산기이고, 가리키는 바늘이고, 별바라기이고, 몸의 테크닉이고, 애장품이다. 아르헨티나의 작가 훌리오 코르타사르Julio Cortázar는 그 복합적인 특성을 멋지게 포착했다. 그는 시계에 대해 이렇게 썼다. 사람들이 당신에게 시계를 줄 때면 취약하고 나약한 당신의 한 조각을 주는 것이며, 그것은 당신이지만 당신의 몸이 아니며 그럼에도 작은 갈비뼈 하나가 간절하게 매달려 있기라도 하듯 당신의 손목에 달라붙어 있다. 해야 할 일들과

• 이 시("시계")는 영어 원문을 소리내어 읽어야 그 의미를 이해할 수 있다. 시계의 똑딱거리는 소리가 "so sick" 혹은 "come quick"이라 말하는 것처럼 들렸다는 뜻인데, 이 어구들을 반복해서 읽으면 시계 바늘의 움직임 소리와 비슷한 느낌을 받게 될 것이다. — 옮긴이

걱정이 시계와 함께 밀려들어, 제 시간을 계속 맞춰 줘야 하고, 잃거나 떨어뜨릴까 걱정하고, 동료의 시계와 비교하고, "계속 지킬 수 있게끔" 시계태엽을 감아야 한다. 결국에는 당신이 시계를 받은 것이 아니라 시계의 생일 선물로 당신이 주어진 것이다.[491] 인터넷과 마찬가지로 시계는 네트워크 효과로 활성화된다. 더 많은 사람이 시계를 가지고 있을수록 더 많은 사람이 그것을 필요로 한다. 우리가 이메일에 대해 그러하듯, 우리의 조상들은 별 생각 없이 시계에 동의했다. 여기서 다시 한 번 불의 교훈을 되새긴다. 뉴 미디어는 우리를 더 자유롭게 하고 더 의존하게 한다.

종

'시계'는 라틴어의 클로카cloca(프랑스어 cloche와 독일어 Glocke의 어원이기도 하다)에서 유래했으며, 이 파생어들은 모두 '종'을 의미한다. 종은 한때 중세와 초기 근대 유럽에서 시간을 알려 주고 울려 주는 주된 수단이었다. 요한 하위징아Johan Huizinga는 후기 중세 시대에 대한 그의 고전적인 글을 종소리와 함께 극적으로 시작하는데, 종소리는 진정시키고 경고하고 부르고 사라지며, 시간의 소란스런 소리 위를 맴도는 자비로운 영혼이다.[492] 시간이 유럽의 시계탑으로부터 처음 소리를 내기 시작한 것은 12세기 후반이었지만 14세기를 거치며 공고하게 자리 잡았고, 뻐꾸기시계, 차임벨, 뮤직박스, 오르간, 알람 등을 포함하는 여러 가지 시간 알림 장치의 근원이 되었다. 종은 단지 시간 계측기일 뿐 아니라 종교의 삶과 시민의 삶을 유지하는 핵심적인 미디어 중 하나였다.[493]

시간을 선언하는 시점이 권력의 행위라는 점은 프랑스에서 종을 둘러싸고 벌어졌던 교회와 정부와 시장 사이의 관리권 다툼의 역사에서 분명히 울려 퍼지고 있다. 이렇게 말하는 역사학자 자크 르 고프Jacques Le Goff는 축제를 규정하는 교회의 성스러운 시간과 14세기 프랑스 도시의 삶을 규정하는 시장의 일상 시간 사이에 빚어진 극명한 대조를 보여 준다. 도시의 인문주의자들과 상인들은 수도원으로부터 시간 계측 기능을 가져오려는 싸움을 시작하였고 기계식 시계가 알려 주는 24시간에 따라 규칙적으로 나누어지는 하루를 만들어 냈다. 그 시계들은 믿을만하지 못하고 까다롭기는 하지만 1370년에 샤를 5세가 파리의 모든 시계들을 궁전 시간에 맞추도록 지시하면서 권력을 잡은 것에서 정점에 이르렀다.[494] 그 후로 유럽의 역사에서 종은 교회와 마을의 합동 관리 체제하에 있었고 많은 갈등도 있었다. 초기의 기계식 종시계는 전적인 기술 지원이 필요했고 건설하기에도 비쌌지만, 그 비용 역시 일종의 과시적 소비였다. 시계는 지방 자치 단체의 격렬한 자부심의 문제였던 것이다. 오늘날 미국 대평원에 산재해 있는 급수탑과 마찬가지로, 시계탑은 유럽의 지방 도시가 지닌 정체성의 구심점이었다. 시간의 정확성보다는 장식의 화려함이 더 주된 목표였고, 그러한 동기는 시계와 기타 도시의 랜드마크를 건설할 때 계속 영향을 주어 오늘날 거대한 메카 로열 호텔 시계탑까지 이르렀다.[495]

종은 기독교 달력에서 부활절, 크리스마스, 그리고 기타 축일들을 알리는 핵심적인 선포자였다. 역사학자 알랭 코르뱅Alain Corbin이 설명하듯 19세기 프랑스 농촌에서 종은 사람들을 미사, 결혼식, 장례식, 위급 상황, 의회, 전투 등에 불러 모음으로써 하루의 일과를 형성했고, 각 마을마다 고유의 독특한 소리로 울렸으며 이러한 비슷한 일들이 유럽 전역에서 일어났다.[496] 종의 기능 중 하나는 몸을 움직여 집회에 참석하게 하는 것, 즉 기독교 군인들을 전쟁이나 교회에 나서도록 하는 것이다. 사실 유럽에서 종은 특별하게 기독교적인 기구이며, 헨리 W. 롱펠로Henry W. Longfellow의 "전 그리스도교의 종탑들"•에 대한 구절은 비교 종교의 기

• 헨리 W. 롱펠로의 시 "크리스마스 종소리Christmas Bells." — 옮긴이

초를 알린다. 필리핀과 멕시코에서 스페인 정복자들은 원주민을 "bajo las campanas," 즉 종 아래에 두는 의례를 치렀다. 일단 사람들이 교회 종소리를 들을 수 있으면, 그들은 스페인의 국민이 되었다. 사운드는 왕실과 교회의 지배 공간을 정의했다. 종소리를 듣는다는 것은 스페인의 주권을 받아들인다는 의미였다. 청력 오디션은 동의된 것이었고 아니면 최소한 강제된 것이었다. (이것이 듣기와 경청하기, 그리고 듣기와 복종 사이의 고대의 연결 고리다.) 명령을 내리는 장치로서 종은 울리지 않을 때 두드러진다. 햄릿은 오펠리아의 광기를 "시간과 가혹함에서 나온 달콤한 종소리의 딸랑거림"에 비교했다(III.i.158).

불교도와 고대 중국의 은나라 상왕조 이후 중국의 의례에서는 종을 사용해 왔지만, 유대교와 이슬람에서는 종을 거의 찾아볼 수 없다. 유대교는 종교의 목적이나 시간을 알릴 목적으로 종을 울리는 전통이 없다. 아모스 오즈는 20세기 초 폴란드에서 성장했던 소녀 숙모가 교회 종소리를 으스스한 대학살의 신호로 여겼다고 썼다.[497] 대신 유대인들은 의식에서 타임아웃을 나타내기 위해 쇼파르shofar라고 불리는 양의 뿔을 사용했는데, 이를 메나헴 블론드하임Menahem Blondheim은 "신의 노련한 목관 악기"라 불렀다. 쇼파르는 새해를 알리고 종종 산꼭대기나 탑 위에서 울리며, 때로는 신화적으로 충격에 가까운 군사적 결과를 낳기도 했다(여호수아기 6장에서 예리코의 벽을 무너뜨릴 때 사용되었던 트럼펫이라고 알려진 것이 쇼파르였다). 쇼파르는 전통적으로 사람들을 소집하거나 경고할 때 사용되었고, 위기 상황임을 나타내는 것이었다. 쇼파르는 스피노자가 파문당할 때도 울렸으며, 그 주요 목적 중 하나는 공포를 선동하는 것이다. 아모스가 3장 6절에서 수사학적으로 물었듯, 쇼파르가 도시에서 그리고 두려움 없는 사람들을 향해 울려야 할 것인가? 쇼파르는 인간과 신 모두에게 기억할 것을 요구하는 도구로서, 공명하는 배음을 가진 또 하나의 물류 미디어logistical media다.[498]

무슬림 역시 종 대신 택한 대안이 있었다. 예를 들어 오스만 제국은 그리스에서 교회 종소리를 금지했는데, 이 미디어가 기독교인들을 공고히 하는 데 미치는 대단한 커뮤니케이션 능력과 동원력을 제대로 파악했기 때문이다. 이슬람에서 이와 비슷한 역할은 하루 다섯 번 기도 시간을 노래로 알리는 무에진muezzin이 수행했다. 그들의 테너 목소리는 모스크에 부설되어 있는 뾰족한 첨탑에서 울려 퍼지며 대중을 기도로 이끌었고(카이로, 이스탄불, 예루살렘과 같은 국제 도시를 다녀봤던 내 경험으로도 몇 번밖에 성공하지 못했다), 엄격한 시계의 동기화가 없었다는 것은 마치 무슬림 벌집과도 같은 도시 위를 날렵하게 스쳐가는 대위법의 음성을 들을 수 있다는 의미다. 어떤 음성에 복종해야 하는지 알기는 어렵지만, 어느 순간 어떤 종교가 공기 중에 흠뻑 젖어 있는지에 대해서는 의문의 여지가 없다. 뾰족탑minaret이라는 단어는 아랍어로 빛의 탑이라는 뜻을 지닌 말에서 유래했고, 초기 이슬람 전통에 의하면 이 말은 쇼파르에서 영감을 받았다. 이는 다시 바벨탑의 원형이기도 한 지구라트ziggurat•에 영향을 주고, 심지어 기독교의 종탑에 영감을 주었을 수도 있다.[499]

사운드는 공간을 표시한다. 아프가니스탄에 주둔했던 미군 부대는 아프가니스탄의 여러 지역에서 온 부대들과 함께 일하면서 문제에 직면했다. 현지인들이 아프가니스탄 부대원들을 무슬림도 아니라고 생각했던 것이다. 네이든 솔로몬Nathan Solomon 소령(그의 이름은 지혜를 상징하는 두 명의 성경 인물을 기린다)은 기지에 확성기를 설치하여 하루 다섯 번 기도를 위한 소리를 방송할 것을 제안했다. 한 현지인은 이렇게 보고했다. "저들이 우리처럼 기도하는지 우리는 알지 못했다. 우리 모두가 같은 신앙을 갖고 있다는 것을 알게 되자, 우리는 그들을 더 신뢰하게 되었다."[500] 소

• 메소포타미아의 각지에서 발견되는 고대의 건조물로, 하늘에 있는 신들과 지상을 연결시키기 위한 것이었다. — 옮긴이

리의 표시는 연대와 정체성을 확립하고, 종은 지역 정체성과 충성과 소속감의 경계를 정하는 데 있어서 핵심적인 미디어다. 오래된 속담이 말하듯, 런던 이스트엔드의 세인트 메리르보 교회 종소리를 듣고 자란 사람만이 진짜 런던 촌놈이다. 이탈리아어 campanilismo(문자 그대로는 "종-탑-주의")는 프랑스어 de clocher와 마찬가지로 편협주의를 의미한다. 종은 장소에 뿌리내림을 의미한다. 수십 년 동안 BBC의 방송사 사운드는 빅벤의 종소리였다. 이는 일반적인 시간 계측 미디어인 라디오가 20세기에 종이 하던 역할을 이어받았음을 상징한다. 존 리스 경은 "제국의 중심에서 의회보다 더 정확하게 이 땅의 가장 외딴 곳에 있는 움막에도 울려 퍼져 들리는 시계"를 원했다. 의회-움막, 중심-변방, 제국-마을, 도시-농촌. 대영제국에 있어 빅벤의 사운드는 한 마을의 지역 시계탑과 마찬가지이며, 이는 일반인들의 삶의 맥박이다. 불꽃처럼 종 역시 축제와 휴일로서의 지역 공간과 시간을 집단적으로 표시하는 공공 전시다. 종은 우리를 정치적이거나 종교적인 대상으로 소환한다.

종은 밤에도 운영되기 시작한 이래로 한때 날씨를 조정하고 불과 싸우고 악령을 쫓아내는 데 마법과도 같은 역할을 했다. 성스러운 사운드는 어둠을 뚫는다. 중세와 초기 근대의 밤은 특히 공기가 악마와 망상들로 가득했던 때였으며 소리로 액막이를 하는 시간이었다. 종은 뉴스를 알려 줄 뿐만 아니라 위험을 축출하기도 한다. 상징과 물리 사이의 세속화된 간극은 아직 적용되지 않았다. 유럽과 중국에서 모두 종에 새겨진 라틴어 문구를 가지고 판단해 보자면, 종은 글을 쓰는 핵심적인 표면이었다. 그러한 종은 죽은 자를 깨우거나 추모하고, 산 자를 결혼시키며, 벼락을 물리치고, 바람을 안내하며, 잔인한 자를 벌했다. 한 문구는 이렇게 새겨져 있다.

> 나는 장례식을 보러 가고, 번개를 깨우며, 안식일을 축하하고Funera plango, fulgura frango, sabbato pango

게으른 자들을 깨우고, 바람을 뿌리고, 잔인한 사람들을 정복한다Excito lentos, dissipo ventos, paoc cruentos.

시간tempus을 선포하는 미디어로서의 종은 공기와 그 영령과 날씨를 다스렸다. 중세와 초기 근대 유럽에서 "종은 번개와 뇌우와 폭풍우를 몰아내고 지옥에서 온 존재를 공기에서 씻어 내는 것으로 인정받았다."[501] 종은 나쁜 날씨를 알려 주었을 뿐 아니라 공기의 구성 요소까지도 바꾸었다. 따라서 종은 기호와 존재론 모두에서 작동하는 미디어의 좋은 사례다. 오늘날 우리는 공기가 텅 비어 있고 열려 있는 것이라 생각할지 모르지만, 한때 공기는 유령과 역병에 사로잡혀 있었다. 한때 사람들은 말 그대로 종에 의해 구원받았다. 그러나 근대에 들어와서 사람들은 교회 종에 대한 꿈에서 깨어나 자명종 시계 소리에 눈을 떴다.[502]

종이 가진 힘이 어느 정도였는지 알아보려면 우리는 종을 토네이도나 공습 사이렌에 비교해야만 하는데, 이러한 소리들이 메시지를 보내는 종의 기능을 앗아갔다. 이스라엘의 홀로코스트 추모일인 욤 하쇼아Yom HaShoah에는 기념 사이렌이 울린다. BBC도 위엄을 울려 퍼뜨리는 비슷한 성찬을 갖고 있었다. 1924년 BBC는 매시 정각에 여섯 개 파이프를 사용한 시그널을 시작했고, 뒤이어 1936년에는 말하는 시계 서비스와 빅벤 종소리를 시작했다. 리스는 BBC가 프로그램들 사이에 최장 15분의 쉬는 시간을 두어 소음을 뒤집어썼던 수용자들에게 프로그램을 소화할 기회를 주어야 한다고 믿었다. BBC는 그 시간 동안 방송에 아무것도 내보내지 않기보다는 스튜디오 시계의 똑딱거리는 소리를 들려줌으로써 청취자들이 라디오 신호가 끊긴 것이 아님을 확인할 수 있게 하는 방법을 택했다. 1933년에 어느 비평가는 사람들이 "침묵 신호의 불길한 강타"를 듣게 됨으로써 "그들의 삶의 매초가 시시각각 사라짐을 일깨우는 불쾌한 경험"을 하게 한다고 불만을 표했다.[503] 사이렌 혹은 시계, 이 둘 모두 카이로스를 가득 담고 있다.

종이 다른 사운드나 지역 뉴스들로 대체되어 가는 과정에서도 여전히 유지한 의미 하나는 성스러움이었다. 심원의 시간, 죽음, 그리고 역사의 반향 소리들이 그것이었다. 코르빙은 종이 "계시와 전조와 영험 있는 부적의 역할을 점차 하지 않음"에 따라 "두 번 다시는 없을 것이라는 고통의 감각을 정박하는" 역할만이 남게 되었다고 쓴다.[504] 사람들은 이미 새뮤얼 테일러 콜리지Samuel Taylor Coleridge, 존 키츠John Keats, 알프레드 테니슨Alfred Tennyson의 시에서 이러한 변화를 감지했는데, 예를 들어 종이 울리는 곳은 한때 그랬거나 드물지만 무엇이 다가올지 느끼게 해 주는 쓸쓸함이 있다. 종은 이미 죽은 자가 아직 살아 있던 자들과 함께했던 시절로 당신을 데려가거나 시간의 연속성에 대한 희망을 일깨운다. 아마도 낡아 버린 공명의 궁극이라 할 만한 것은 필라델피아 자유의 종일 텐데, 미국인의 상상에서 그 종이 차지하는 중심성은 종에 금이 갔다는 바로 그 사실에서 온다. 영국의 생물학자이자 작가 줄리언 헉슬리Julian Huxley는 의례의 대상물은 중화된다고 말한다. 즉 평범한 기능이 제거되는 것이다. 자유의 종은 종의 논리를 다른 수준으로 끌어올리는데, 아무도 들을 수 없는 상실과 신비의 소리를 울리는 것이다. 종은 더 이상 소리 내지 않을 것이다. 올드 미디어는 결코 죽지 않는다. 다만 희귀하거나 성스러운 기능을 수행할 뿐이다.

종은 대포와 비밀스런 쌍둥이 관계다. 둘 모두 둥글고 금속성 사운드를 내는 장치이며, 거기에서부터 특정한 발사체(대포알 혹은 종의 추)가 쏟아져서 몸으로 가득한 땅 혹은 악마로 가득한 공기를 정리하기 위해 탄도 작업을 실시한다. 종과 마찬가지로 대포는 시간을 엄수하며, 우리에게 지금 무엇을 해야 할지 알려 준다. 대포의 시간은 벤야민이 텅 비고 동질적이라 말했던 달력의 시간이 아니라 삶이냐 죽음이냐의 긴급한 시간이다. 데보라 루브켄Deborah Lubken은 19세기 미국에서 종과 대포가 상호 교환 가능했음을 보여 준다. 교회의 조례를 울리던 종도 군수품으로 녹아 버렸다. 사람을 죽이는 데 사용된 바로 그 "죽음의 철"은 죽은 자를 애도하는 종이 되기도 하고 그 반대가 되기도 한다. 사실 대포는 음향 미디어다. 사운드의 선전에 관한 근대 초기의 연구 중 가장 중요한 몇 편은 전장에서 대포가 청천벽력과도 같은 소리를 내던 시절에 나왔다.[505] 대포는 죽은 자를 애도하고 관심을 소환하는데, 군대의 장례식에서 21발의 총으로 예를 표하거나 《햄릿*Hamlet*》에서 클라우디우스왕이 술을 마시는 순간을 알리는 왕실의 팡파르와 같은 경우다. (연속 포격에 맞춰 일사불란하게 이루어지는 집단 음주는 조지 워싱턴George Washington이 방문했던 일부 주에서 실시된 적이 있다.) 일부 이슬람 국가에서는 대포가 라마단 기간 중에 하루의 단식이 끝났음을 알리는 신호이기도 한다. 시계와 인쇄기의 금속활자가 그런 것처럼, 대포와 종 역시 장인들이 만들었다. 대장장이, 자물쇠장이, 총 개조기술자 같은 이들이다. 15세기 스위스의 어느 장인은 대포알과 시계의 장인magister bombardarum et horologiorum이라 불렸다.[506] 대포와 종은 마치 단검과 쟁기날처럼 짝을 이룬다.

탑

달력과 시계와 마찬가지로 탑 역시 하늘과 땅 사이를 매개한다. 탑은 하늘을 향해 솟아 있지만, 그로 인해 땅 표면에 비해 더 많은 이익을 얻는다. 탑은 신성하고 성스러운 권력과 독특하게 연관되어 있다. 탑은 소리와 광경을 통해 시간과 계절을 선언한다. 바벨탑에서부터 2001년 9월 11일에 무너진 세계무역센터 쌍둥이 빌딩에 이르기까지, 탑들은 커뮤니케이션의 상징 혹은 커뮤니케이션 실패의 상징이었고 분노의 대상이었다(첫 번째 사례는 신에 의해서, 두 번째 사례는 알카에다에 의해서). 사원이나 기타

"높은 장소들"과 마찬가지로 탑은 하늘과 땅을 결합하는 지점인 세계의 축axis mundi이자 벼락을 맞을 확률이 가장 높은 지점을 표시한다.[507] (많은 문화권에서 번개는 신이 하는 일로 여겨진다.) 여타 물류 미디어들처럼 탑은 모든 것이 회전하는 기준 지점을 선언한다. 탑은 인공적인 산이며, 이미 높은 곳의 꼭대기에 세워지는 경우가 많으며, 하늘과 땅과 그 사이의 일들을 관찰하는 용도로 사용된다. 낮 동안 탑의 그림자는 땅을 훑고 지나가고, 밤이 되면 탑은 별을 바라볼 수 있는 특권을 지닌다.

탑의 핵심적인 사실은 지렛대다. 탑은 광학적으로나 음향학적으로 아르키메데스의 점을 나타낸다. 탑은 먼 거리에서도 보거나 들리며, 탑에서도 먼 거리를 보거나 들을 수 있다. 수직축에서 증가가 한 단위씩 일어날 때마다 삼각법의 원리와 지구의 곡률 덕분에 수평축의 도달거리는 엄청나게 배가한다. 편종, 뾰족탑, 강단, 인명구조대, 라디오와 텔레비전 안테나 등은 모두 수직축의 작은 투자가 둘레 범위의 배당을 크게 산출한다는 점을 보여준다. 연설용으로는 그루터기 하나라도 충분히 높은 경우가 많다. 하늘의 규모를 재겠다는 우리의 욕망에 불을 붙인 "바벨 콤플렉스"는 그 옆으로 땅도 함께 보상해 준다.[508] 탑은 눈에는 기술적 이점을 제공하고 귀에는 유리한 음향을 제공하는 받침대이며, 따라서 가장 뛰어난 파워 테크놀로지다. 탑은 3중의 지렛대를 제공한다. 즉 들리는 것, 보는 것, 보이는 것.

아즈텍의 사원들은 마치 사용하기 전의 방송탑이기라도 한 듯 이러한 세 가지 기능을 잘 보여 준다. 아즈텍인들은 스페인과의 전투에서 자신들의 사원을 잘 활용하여 군사적 이점을 얻었다. 사원은 스페인 사람들의 움직임을 조사하기 위한 전망 지점과 전략적 경계 지점을 제공했으며, 상대편이 파악하기 어려운 지휘 본부였다. (이보다 이전에 훨씬 더 평화로웠던 순간에는, 몬테수마 2세가 에르난 코르테스Hernán Cortés 일행에게 360도 파노라마 전망을 보유한 템플로 마요르Templo Mayor[마요르 신전]에서 수도 테노치티틀란의 놀라운 광경을 보여 주었다.) 그런 후에 스페인은 일단 싸움이 시작되자 사원을 정복하여 그곳의 신상을 자신들의 휘장으로 바꾸어 놓고자 했다. 아즈텍의 엘리트들은 그 사원을 스펙터클의 대리품으로, 그리고 자국민들과 이웃 나라의 사람들에게 겁을 주기 위한 대리품으로 사용했는데, 사원은 인간 희생의 가시성을 증폭하기 때문이다. 지상의 구경꾼들은 제단으로부터 떨어지는 사지 절단된 희생자들을 마치 영화에서 펼쳐지는 광경처럼 바라보았다. 그러나 수도사들 역시 사원을 사운드 전송의 중심점으로 활용했다. 베르날 디아즈 델 카스틸로Bernal Díaz del Castillor는 멕시코 정복 기록을 통해 커다란 아즈텍의 북소리는 사원으로부터 2리그(약 9.6킬로미터) 떨어진 곳에서도 들을 수 있었다고 적었다. 그는 그 소리를 매우 혐오하였고 지옥에서 온 악기라고 생각했는데, 이러한 생각은 분명 그 소리가 자신의 동지 중 일부를 제물 삼아 바치는 것을 알리는 일이라는 것을 알게 되면서 더 강화되었다.[509] 아즈텍 사원들은 종교의 희생 제의를 위한 장소였을 뿐만 아니라 정치적이고 광학적이고 음향적인 통제의 중심이기도 했다. 스페인 사람들은 그러한 중요성을 단번에 인식했고, 마치 혁명군이 텔레비전 네트워크를 먼저 점령하듯 "십자가 종cruz y campana"을 설치했다.

각각의 기능을 하나씩 살펴보자. 첫째, 탑은 우리가 종과 뾰족탑과 아즈텍 북의 사례에서 보았듯이 사운드의 보급과 시공간의 표시를 강화한다. 탑은 언제나 선포와 훈령에 사용되어 왔다.[510] 라디오, 텔레비전, 휴대전화 탑은 인공적인 높이에서 나오는 사운드의 전통을 영속화하고, 하늘 미디어의 긴 혈통에서 가장 최근에 태어난 위성은 하늘의 위치에서 대륙에 도달하는 "발자국"을 남기는 궁극의 탑이라 할 수 있다.[511]

둘째, 기계가 공간의 억압을 확장하듯이, 탑은 눈이 다다르는 시야와 지평을 확장한다. 탑을 바라보는 눈은 자연적인 망원경의 혜택을 누리고 바르트가 "공중에서 바라보는 도취감"이라고 불렀던 것을 즐긴다. 탑은 군대나 폭풍우가 몰려올 때 위와 아래에서 일어나는 일을 모두 관찰할 수 있는 특권을 지닌 전망대다. 모든 탑은 고유의 북극성, 즉 하늘의 회전축을 지닌다. 사실 그리스와 로마의 사원들처럼, 탑은 하늘과 땅이 주는 신호의 전조를 살피는 관측대이며, 원래 의미로는 응시와 숙고의 장소를 뜻한다. 응시하는 것은 사원에서 하늘을 올려다보는 것(새와 구름 등의 전조를 살피는 것)이며, 숙고하는 것은 별을 바라보는 것(숙고, con(=with)+sidera=stars)이다. 우리는 tempus(시간과 날씨)를 식별하기 위해 templum(사원)에 간다. 탑은 시간과 날짜를 정한다. 햄릿이 "시간이 뒤죽박죽이 되었다"고 알아차렸던 곳은 성의 작은 탑 위에서였다.

탑은 종교적인 상상력을 강하게 유지한다. 탑 위에서는 누구나 막 떠오르는 달이나 별이 나타나기를 기다린다. 로마 시대의 건축 이론가 마르쿠스 비트루비우스 폴리오Marcus Vitruvius Pollio에 따르면, 유피테르, 유노, 미네르바 등 도시를 보호하는 신들에게 바치는 사원은 도시를 굽어볼 수 있도록 가능하면 가장 높은 지점에 건설해야 한다. 그리스와 로마 세계에서는 그러한 사원들이 숭배와 도시 축제와 군사 정찰과 연결되어 있었다. 예를 들어 아테네의 아크로폴리스는 한때 경탄을 자아내는 장치였으며, 세금 징수와 몰수를 위해 유용한 도구였다. 성경 역시 비슷한 관점을 표현한다. 잠언 18장 10절에는 "신의 이름은 강력한 힘이다"라는 구절이 있다. 그러나 성경에 나오는 두 개의 탑은 헛됨의 상징이다. 앞에서 이야기했던 바벨탑과 일단 건설하기 시작하면 마치지 못하는 일이 없도록 비용을 미리 계산해 보아야 하는 탑이 있다(루카복음서 14:28). 여호와의 증인은 〈파수대*The Watchtower*〉라는 잡지를 정기적으로 펴내는데, 그 이름은 성경에 나오는 군사적 감시, 복음의 경고, 밀레니엄의 대망 등을 연상케 한다.

탑은 근본적으로 감시의 미디어이며(제러미 벤담Jeremy Bentham의 판옵티콘Panopticon은 그 중앙에 탑이 있다), 보초와 경계의 전진 기지이자 발사 무기류의 발사대로서 오랜 역사를 지닌다. 15세기 이탈리아와 플랑드

르 회화에서 소실점을 발견한 것은 어찌 보면 탑과 성벽에 의해 만들어진 전망 덕분에 가능했다. 알브레히트 뒤러Albrecht Dürer의 마지막 작품은 요새에 대한 논문인 《축성법*Befestigungslehre*》(1527)인데, 이는 탄도학, 초기 근대 광학, 르네상스 예술, 군사 감시 등을 결합한 것이었다. 르네상스 시점과 대포는 모두 15세기에 등장했다. 이 둘 모두 중심점에서 직선으로 뻗은 시야를 분석하는 일에 따라 달라진다.[512] 독일의 천문학자이자 수학자 페터 아피안Peter Apian의 《도구서*Instrument Buch*》(1533) 중 한 장은 별로 건물을 측정하고 건물로 별을 측정하는 방법을 보여 준다. 초기 르네상스 건축과 천문학이 함께했던 것이다.[513] 1440년에 출간된 한 자료에 따르면 영국은 좋은 날씨일 때 배의 돛을 보고 인식할 수 있는 선까지를 영국 해협이라 보고 그 통제권을 주장했는데, 약 21킬로미터 정도였다고 한다.[514] 본다는 것은 그리는 것이고 그리는 것은 설계하는 것이며 설계는 목표고 목표는 불이다. 이러한 무장한 시각의 의미는 오늘날 사진을 찍는다shooting는 일상어에서 계속 이어진다. (바라보는 것은 발사하는 것이다.) 오르한 파묵Orhan Pamuk은 탑이 허락해 준 전망에 대한 이슬람의 세밀화를 비슷한 혁명으로 여긴다. 바그다드의 전설적인 서예가 이븐 샤키르Ibn Shakir는 1258년 몽고의 침략으로 도시가 파괴되는 모습을 첨탑 꼭대기에 숨어서 목격했다. 그는 할 수 있는 동안 도시를 그렸고, 이 덕분에 "높이 솟은 신과 같은 위치에서" 지평선을 새롭게 그릴 수 있었다.[515]

셋째, 탑은 먼 거리를 볼 수 있게 해 줄 뿐 아니라 먼 거리에서 쉽게 보이기도 한다. 나무들 위로 우뚝 솟은 탑은 경관을 관장하고 방향의 표시가 되어 주기도 한다. 탑은 지평선에서 가장 눈에 잘 뜨이는 사물이기도 하고, 해안가의 탑은 오랫동안 보트와 배들에게 항해의 기점이 되어 주었다. 1583년 영국의 한 항해이론가는 예술을 공부하는 학생들에게 이렇게 권고했다. "건물과 성과 탑과 교회와 언덕과 내리막길과 풍차와 기타 땅에 서 있는 다른 지표들을 부지런히 표시하라."[516] 언덕 위에 조성된 도시는 감출 수 없다.

《콜로노스의 오이디푸스*Oedipus at Colonus*》•는 안티고네가 멀리 있는 도시의 탑을 바라보는 것으로 시작하고, 교회의 탑은 시간의 모든 층위들을 보여 주기 위해 십자가, 시계, 풍향계로 장식하는 경우가 많다. 다른 눈에 잘 뜨이는 광경처럼, 탑들도 멀리 떨어진 지점 사이의 연결선을 설정한다. 탑은 보기 위해서 보이고, 때로는 과시적인 비용 지출을 감행한다. (남근은 그 측면이 너무나 명백하여 굳이 설명할 필요가 없다.) 도시에서 가장 높은 건물은 모든 시선이 하나로 모아지는 지점이며, 일반적으로 그 도시의 특성을 선언하는 도시적 제유다. 키예프의 러시아 상징 기념물인 로디나 마트Rodina Mat(모국이란 뜻)는 사회주의-현실주의의 기괴한 조형으로 마치 철로 만든 거대한 녹색 거인처럼 보이며, 언덕 바로 뒤에 자리하며 러시아 정교의 탄생지라는 상징적인 의미를 나타내는 라브라 수도원의 꼭대기보다 약간만 낮은 정도로 설계되었다고 알려져 있다.

근대의 가장 중요한 탑인 에펠탑은 명백하게 파리의 상징이고, 파리를 배경으로 한 모든 영화에서 적어도 한 번은 등장한다.[517] 이를 설계한 귀스타브 에펠Gustave Eiffel은 탑이 경박하다는 비난에 대해 1887년 다음과 같이 반박했다. "군사적인 관점에서 볼 때 이 탑은 가치를 따질 수 없을 만큼 중요한 관측대가 될 것이다…… 이 탑은 육안용이나 광학 전신의 용도로 어쨌든 이제까지 존재하지 않았던 커뮤니케이션을 확립하게 해 준다."[518] 탑의 기능을 이보다 더 간결하게 종합할 수는 없을 것이다. 별과 날씨를 살피는 관측대(하늘과 땅을 연결하여 군사적인 이점을 제공해 주는), 육안으로 보거나 원거리를 살피는 플랫폼, 그리고 새로운 네트워크의 교점. 탑은 도시의 정체성을 나타낼 뿐 아니라 군사 정보와 뉴스와 날씨 그리고 무엇보다도 시간을 전달한다. 에펠탑을 몹시도 싫어했던 기 드 모파상Guy de

• 소포클레스가 BCE 407년에 쓴 희곡으로 오이디푸스왕을 다룬 세 편 가운데 마지막 비극 작품이다. 《오이디푸스왕》 이후의 사건을 다룬다. — 옮긴이

Maupassant은 탑 1층에 있는 식당에서 아침 식사를 즐기곤 했다. 파리에서 에펠탑을 보지 않을 수 있는 유일한 장소가 바로 그곳뿐이라는 이유에서라고 그는 말했다. 에펠탑은 오랫동안 홍보와 광고의 플랫폼이었고, 때로는 (당연하게도) 커다란 시계로 장식되었으며 때로는 거대한 온도계로 장식되기도 했다. 에펠탑이 시간 계측의 경력을 갖기 시작한 것은 1910년이었는데, 전파로 프랑스 표준시를 제국 전역에 전송하는 일과 GPS 위성의 전조가 되기도 했던 신호 기반 동기화 기술을 사용하는 일을 했다.[519] 언젠가는 'CITROEN'(시트로엥)이라는 문구를 형상화한 전구들이 걸렸고, 1940년의 나치는 "Deutschland siegt auf allen Fronten"(독일은 모든 전선에서 승리한다)라고 쓰인 가로 배너를 약간 비스듬하게 내걸었다. 에펠탑은 밀레니엄까지 남은 시간을 초 단위로 알려 주는 거대한 디지털 전광판을 설치하여 2000년을 카운트다운 하는 표지 역할도 했다.

보기vision와 보이기visibility라는 이러한 두 가지 영향력은 함께 작용한다. 롤랑 바르트는 에펠탑을 일컬어 "보는 오브제이자 바라보는 응시의 대상"이라고 칭한다. 에펠탑은 "보고 보이는 일반적인 결별을 넘어선다. 에펠탑은 두 기능 사이의 자체적인 교류를 달성한다. 따라서 이 탑은 응시의 양성을 결합하는 오브제라고 말할 수 있다."[520] "남성성을 띤" 바라보기와 "여성성을 띤" 바라봄의 대상이 되기를 결합하는 것이 물론 에펠탑만의 특성은 아니다. 이는 모든 탑들의 공통된 특성이다. 에펠탑은 또한 "프랑스 방송의 요람"으로서의 음향학적인 측면도 갖고 있다.[521] 이 탑은 전파 정복의 핵심에 있었으며, 최초의 거대한 송신탑이었다. 1899년 마르코니는 에펠탑에서 무선 "전신"을 보내 영국 해협을 건너게 하는 데 성공했다. 1차 세계 대전 중 파리를 경계하던 비행기들은 에펠탑으로부터의 지시를 받았고, 1915년에는 에펠탑이 대서양을 가로지르는 연락 도구가 되었다. 2차 세계 대전 중 에펠탑은 주요 군사 목표였으며, 히틀러가 정복 과정에서 두려움의 대상이었던 바로 그 탑 앞에서 감개무량한 자세를 취하기에 충분했다. 1940년대 후반에 에펠탑은 프랑스 텔레비지옹Télévision Français 최초의 송신탑으로 기능했다. 바르트는 적확하게도 에펠탑이 커뮤니케이션의 상징이라고 언급하지만, 이 탑은 그 맨 꼭대기에 우뚝 솟은 송신과 관제 장치를 지닌 커뮤니케이션의 채널이기도 하다. 아마도 에펠탑은 건축물로 하늘과 땅 사이의 사명을 반영하는 미디어 기업 본부들의 수많은 방송 성전 목록들 중에서도 최초이자 가장 위대한 것일 것이다.[522] 탑은 대중의 관심을 끌어들이는 대상이자 물류망의 핵심 포인트이며, 최소한 어느 정도는 공공 공간과 시간을 지시한다.

이렇듯 송수신이 쉽다는 점 때문에 탑은 옛날의 봉화와 근대의 광학 전신optical telegraphy• 등 시선 커뮤니케이션을 위한 필수적인 미디어가 되었다. (빛 신호는 별과 마찬가지로 밤이 배경인 것을 더 선호한다. 햇살은 빛을 흐릿하게 만들기 때문이다.) 아이스킬로스의 《아가멤논*Agamemnon*》은 장거리 커뮤니케이션을 담은 유명한 1장으로 시작하는데, 클리타임네스트라 여왕이 트로이와 아르고스를 연결하는 봉화 신호 체계를 통해 트로이의 멸망을 점치는 장면이다. 역사에 관심을 가진 모든 미디어 이론가들은 이 점을 정확히 언급한다. 이 희곡은 탑 위에서 한 야경꾼이 신호가 뜨기만을 지루하게 기다리다가 마침내 지평선에서 반짝거리는 불빛을 발견하는 장면으로 시작한다. 그가 해결해야 할 문제는 과연 그 불빛이 환영인지 아닌지, 의도적인 것인지 아닌지, 별이 지는 것인지 등 제대로 신호를 파악하는 것이다. (마음은 너무 오래 바라보는 사람에게 속임수를 쓴다.) 고대 그리스인들은 언덕 위에서 장작불 신호를 사용했는데, 아이스킬로스가 묘사한 장면은 그 정도면 거리에서 보이려면 횃불이 24미터 이상 치솟아야만 한다는 점에서 가능

• 광학 전신은 1791년 클로드 샤페Claude Chappe가 발명한 통신 장비다. 탑 위에 풍차 날개처럼 꺾인 모양의 장치를 설치하여 문자나 숫자를 표시하면, 망원경으로 이를 관찰하여 메시지를 전달하는 방식이다. — 옮긴이

하기는 하지만 있을 법한 이야기는 아니다.[523] 신호는 애매함이 없이 분명한 신호여야 한다. "등대가 그 존재 이유를 달성하려면, 단지 등대가 보이기만 하는 것이 아니라 등대가 보일 때 명확히 인식할 수 있어야 한다."[524] 메시지는 그것이 메시지임을 보여 주어야 한다. 18세기 후반 프랑스에서 발전했던 광학 전신은 이러한 계보를 따르는데, 도시들마다 "표지 언덕beacon hill"이 있는 것과 마찬가지다. 폴 리비어Paul Revere가 보스턴의 올드노스교회에서 등불을 들었던 전설적인 사건•은 또 하나의 사례다. 구스타프 에펠이 말했듯이, 탑은 언제나 탑이 아니라면 존재하지 못했을 커뮤니케이션망을 실제로나 상징적으로 확립한다.

공허의 부름

뉴스가 도달하게 될 지점이자 중력이 가장 무자비하게 작동할 장소로서의 탑은 위험과 위기와 죽음이 서린 파국의 장소다. 탑은 숭고함을 위한 건축적인 전제 조건일 수 있는데, 이는 롱기누스의 원래 공식에서는 단순히 '높이'(휩소스ὕψος)를 의미한다. 이와 반대로 바다는 '점강,' 즉 깊이에 해당하는 목록을 제공한다.[525] 등대는 탐조등과 안개 경적과 무선 커뮤니케이션을 갖추고 있어서 탑의 세 가지 기능을 통합하며, 외로이 우주를 향한다는 비슷한 분위기를 자아낸다. 탑은 고전적인 감금의 장소인데, 탑의 가시성 때문에 어디서나 보이는 감옥이 되기 쉬워서다. 라푼젤이나 T.

• 폴 리비어는 미국 산업 사회 초기의 은세공업자로, 미국의 독립 혁명 당시 말을 타고 달려 영국군의 침공 소식을 알린 영웅적 활약한 것으로 알려져 있다. 이러한 그의 이야기는 미국의 교과서에 실려 있을 정도로 유명한데, 일부 학자들은 리비어의 이야기가 허구이며 단지 건국 영웅 신화 구축의 한 부분일 뿐이었다고 비판하기도 한다. — 옮긴이

S. 엘리엇T. S. Elliot의 "황무지The Waste Land"의 근대적 자아들이 그 사례다. 불륜을 저지르는 부모와 복수하는 자식들에 관한 희곡인 《아가멤논》이 망루 꼭대기에서 목격하는 기이한 일로 시작하는 것과 마찬가지로, 《햄릿》에서는 호레이쇼가 햄릿에게 탑의 상부 끝에서 고소공포증을 묘사하며 경고한다.

> 바다의 가장자리는 절망을 느끼게 합니다.
> 더 이상 동기도 없을 것처럼.
> 바닷속 깊은 곳을 들여다보며
> 그 아래에서 포효하는 소리를 들어야 합니다.
>
> — 《햄릿》, 1막 4장, 75~58)

《아가멤논》과 《햄릿》의 시작 부분은 모두 하나의 주제를 외친다. 파수꾼이 예기치 못하게 무언가를 조작하는 경향이다. 희미한 빛이 정말 트로이의 승리를 알리는 신호였을까? 그 유령은 정말 나타났을까? 반복적인 업무가 지각을 몇 배로 증폭하기 시작하는 것처럼, 외로운 파수꾼에게 환상은 증폭된다. 끊임없는 응시 아래에서, 대상은 산산이 부서진다.

탑은 죽음의 공포(혹은 매혹)를 우리에게 심는다. 에펠탑은 보호 난간이 설치되기 이전까지는 세계 최고의 자살 목적지였다. 그 사촌격인 금문교는 "대륙의 끝을 관장하는 입구이자 그 너머 공허로 이어지는 통로"가 되어, 에펠탑 이후의 괴기한 목적지로 여겨졌다. 그리고 보호 난간 설치로 해마다 최소한 몇십 명의 생명을 구할 수 있다는 충분한 증거에도 불구하고 대중이 그 설치에 대해 저항감을 갖는 일은 기이하다.[526] 프랑스인들은 높은 장소에서 스스로 몸을 던져 뛰어내리고자 하는 충동을 "공허의 부름l'appel du vide"이라 일컫는다. 엠페도클레스는 이러한 충동의 대표적인 상징이다. 세 가지 유혹 중 하나에서, 악마는 그리스도를 성전의 꼭대기로 이끈 후에 스스로를 내던지라고 권유한다(마태오복음서 4:5~7). 표도르 도스토옙스키 Fyodor Dostoyevsky는 잘 알려진 바와 같이 이 권유를 '기적'의 유혹, 즉 초자연적인 힘으로 구경꾼들을 압도하기 위한 곡예로의 유혹이라고 해석했지만, 성경 텍스트에는 그 쇼를 즐기는 관람객들에 대한 언급은 전혀 없다. 그 유혹은 보다 원시적이다. 까닭 없이 높은 곳에서 뛰어내리는 것, 가장 순수하게 보자면 허무주의의 유혹, 높은 곳에서 아래를 내려다보는 누구라도 느끼는 짧고도 떨리는 무의미한 열망 같은 것이다.[527]

탑은 산 자와 죽은 자의 랑데부를 가능케 해 준다. 종과 마찬가지로, 탑은 평범하고 긴급한 것 사이, 높이와 광활함 사이, 성과 속 사이를 나타낸다. 모든 시간 계측 장치들은 시간과 영원의 질문을 함축하고 있다. 그 메시지는 우주 질서의 붕괴이며 이는 불가역성를 위해 치르는 대가다. 시간이 무엇이든지, 사건이 한 방향으로만 흐른다는 것과 우리 앞에는 풍부한 공허가 계속 열린다는 것은 열역학적인 사실이다. 우리가 탑과 해시계와 시계를 의심의 여지없이 커뮤니케이션 미디어로 간주한다면, 의미란 어디에서 오는지에 대한 생각을 새롭게 가져 보아야 할 수도 있을 것이다.

기상병 하이데거

하이데거는 젊은 시절의 대부분을 그의 아버지가 교회지기로 일했던 교회탑에서 보냈으며, 그곳에서 메스키르히의 경관과 자신만의 생각과 박쥐 친구들을 함께 즐겼다. 또한 1차 세계 대전 중에는 군사 관제탑 꼭대기에 앉아 바람을 읽는 역할을 했다. 하이데거는 기상병이었다. 그는 1차 세계 대전이 끝날 무렵 베를린 샤를로텐부르크의 하이마트베터바르트 사령부Heimat-Wetter-Warte-Kommando에서 8주간 훈련 기간을 거친 후에, 1918년 8월 말부터 11월 혹은 12월까지 프랑스 베르됭 북서쪽의 서부 전선에서 독일보병연대보충 113대대의 전선 기상 부대Frontwetterwarte 414 소속 군사기상병으로 복무했다. 하이데거는 아내 엘프리데에게 쓴 편지에서, 7월에 베를린에 도착한 이후 이어질 몇 주간 많은 것을 배우리라 기대하고 있다면서 기상학에 대한 과학 서적들을 받고 싶다고 언급했다. 그는 아내에게 자신의 일이 "포병과 조종사들을 위해 온도, 압력, 바람 등을 전문적이고도 체계적으로 관찰하는 것"이 될 것이라 말했으며, 훗날 자신이 임무 수행 중에 작은 관측탑에 앉아 있는 모습이 담긴 군대 숙소 사진을 보내기도 했다. 그가 기상병으로 무슨 임무를 수행했는지 명확치는 않지만, 그가 전장에 도착한 이후 집으로 보낸 9월의 편지에서 한 면모를 볼 수 있다. 하이데거는 아침 일찍 일어나 "전화기 앞에 앉아서 엄청난 양의 숫자들을 포병, 비행병, 화학병 등에게 보낸다." 그가 미국 병사들을 대상으로 한 가스 공격 계획을 도왔다는 소문은 근거가 없는 것으로 드러났지만, 그가 항공전을 위해 바람의 속도와 방향에 관한 필수적인 데이터를 수집하는 데 관여했다는 점은 분명했다. 전투에서 날씨는 언제나 결정적인 역할을 하지만, 특히 가스 전투에서는 (가스 사용자가 가스를 마시는 일이 없도록 하려면) 바람의 방향을 예측하는 일이 필요하다. 하이데거의 계급인 루프트시퍼Luftschiffer는 문자 그대로 바람의 장교를 뜻하며, 그는 20세기의 가장 뚜렷한 대기인 독가스 구름의 제일 앞자리에 앉아 있었다.[528]

전쟁이 하이데거의 근본적인 생각에 결정적인 경험이 되었던 것은 분명하며, 이 점은 특히 그의 대표작인 《존재와 시간*Sein und Zeit*》(1927)에서 더욱 뚜렷하다.[529] 전쟁 직후에 그는 바오로의 서신에서 "카이로스의 시간"을 발견했지만, 그가 탑 위에서 날씨의 카이로스를 관찰하던 그때 이미 그것을 발견했을지도 모른다. (이 차례를 기록한 그의 1919년 강의는 미사용된 군사 날씨 보고서 뒷면에 쓰여 있다. "전시 위기 학기Kriegsnotsemester" 동안에는 종이가 매우 귀했다.)[530] 바오로가 테살로니카인들에게 "시간과 절기에 관해서 내가 당신들에게 쓸 필요는 없습니다"라고 썼을 때, 그는 아마도 테살로니카인들이 이미 그 원칙을 잘 알고 있었을 것이라 생각한다는 의미였겠지만, 멀리 떨어진 곳에서 날씨에 관하여 쓴다는 것이 헛된 일임을 의미했을 수도 있다. 여기서 시간은 크로노스이고 절기는 카이로스이며, 하이데거는 이 서신을 그의 핵심적인 텍스트로 삼았다. 테살로니카인들은 그리스도가 오기를, 즉 하이데거가 사건Ereignis이라 번역했던 용어인 재림parousia이 일어나기를 기다렸기 때문에 늘 주의를 게을리 하지 않았다. 하이데거는 늘 깨어 있고 경계함을 뜻하는 깨어남Wachsein의 임무에 매료되었는데, 이 개념은 기독교 신학에 깊은 뿌리를 둔다. 예수는 제자들에게 "하늘의 구름을 타고" 그가 언제 돌아올지 아무도 모르니 깨어 있으라 명령한다(마태오복음서 24:42, 30). 제자들은 재림의 징조, 바로 그 순간을 기다리며 하늘을 바라보았고, 이는 하나 다음에 또 하나 식으로 그저 흘러만 가는 지루한 시간과 사건 혹은 비상사태의 황홀한 시간을 결합하는 임무였다. 하이데거는 카이로스를 Augenblick(아우겐블릭)으로 번역했다. 이는 문자 그대로 보자면 눈 깜짝할 사이라는 뜻으로 일상적인 독일어에서는 '순간'을 지칭하는 용어이며 그의 사상에서 점점 더 큰 공명을 일으켰다.[531]

날씨를 관찰하는 일은 하이데거의 수사학에 새롭고 역사적으로 구체적인 용어들을 더해 주었는데, 경계, hüten(경계 혹은 관찰), 카이로스, 준수 등이다. 하이데거에게 가장 중심적인 관심사였던 시간은 날씨로 나타났다.• 하이데거가 하늘과 땅 사이의 탑 꼭대기에 앉아 그로부터 몇 킬로미터 떨어진 서부 전선에서 인간들은 참호 속에서 죽어가고 신은 아마도

• 만일 "Sein und Zeit"(존재와 시간)이란 제목을 영어로 번역한다면 "Sin and Tide"(죄와 파도)가 될 것이다. 만일 이 제목을 프랑스어로 옮긴다면 "L'être et le temps"가 되고, 이를 다시 영어로 하면 "Being and Weather"(존재와 날씨) 혹은 동음이의어인 "Letter and Weather"(편지와 날씨)가 된다. 이 모든 단어들이 하이데거의 사상에서 공명의 역할을 한다

그 장면을 내려다볼 장면을 응시할 때, 그가 사방das Geviert이라는 기상학적 영감을 얻게 되었을 것임을 쉽게 상상할 수 있다. 어쨌든 최고의 윤리적 의무로서의 경계라는 20세기의 개념은 비행기구름, 기상 지도, 공습 경보, 무선 신호, 화덕에서 피어오르는 연기 등 하늘의 숭고한 대상들과 관련이 있다. 하이데거에게서 경계, 양치는 존재, 사건Ereignis 등을 읽을 때마다, 우리는 날씨를 생각해야 하고 그가 기상 풍선과 비행기와 군수품과 독가스를 실어 나르기 위해 바람을 관측했음을 기억해야 한다. 위기의 상황에서 놀라운 영감을 이끌어 내는 것은 사상가들에게 드문 일이 아니다. (해럴드 이니스, 라슬로 모호이너지László Moholy-Nagy, 노버트 위너, 루트비히 비트겐슈타인등이 모두 1차 세계 대전에서 포병으로 복무했다. 탄도학 역시 미디어 이론의 핵심적인 원천이다.) 현재 기후학의 혼란스러움을 고려하면, 기상병 철학자가 대기에 섞인 가스를 분석하기 위해 하늘과 땅을 관찰했다는 것은 매우 그럴싸한 일이었다. 바다와 땅과 마찬가지로, 하늘은 위기일 때 미디어가 된다. 하늘을 관찰하고 시간을 계산하는 것은 여전히 우리의 임무이고, 우리는 300만 년 동안 지구에서 볼 수 없었던 화합물인 400ppm의 이산화탄소를 대기에 뿌렸다. 만일 우리가 기상병이 되고자 한다면, 바로 그 광경이 절망의 장난을 불러일으켜 모든 사람들이 하늘의 심연 속에 망연자실할 것이다.

날씨와 신

카이로스는 고대 그리스어에서 가장 풍부한 단어이기로는 로고스와 맞먹으며, 의학, 전쟁, 활쏘기, 윤리, 미학, 수사학 등에 응용된다. 카이로스는 종종 기회의 창 혹은 좋은 때로 번역되지만, 또 다른 표현에서는 직접적으로 하늘 미디어의 맥락에서 날씨라는 뜻으로 사용된다. 사실상 현대 그리스어에서 카이로스는 바로 정확히 날씨를 의미하고, 그리스 텔레비전 방송에서는 매일 저녁 매력 넘치는 기상통보관이 카이로스를 개괄하여 알려 준다. 하늘에서의 사건들, 즉 기상학meteorology이라는 말이 유래하기도 한 그리스어의 메테오라meteōra는 언제나 시간적이다. 날씨와 시기 사이의 관계는 그리스어에만 나타나는 독특한 것은 아니고 어디에나 편재해 있다. 라틴어에서 tempus란 날씨와 시간을 의미하는데, 여기에서 영어 시간의temporal와 폭풍우tempest 등이 유래했고, 프랑스어 le temps와 스페인어 el tiempo 역시 시간과 날씨를 모두 의미한다. 스페인어 el tiempo는 '계절'(과실의 계절)이나 '실온'(마실 것의 실온) 모두를 의미한다. 온도temperature, 누그러짐tempering, 속도tempo, 기질temperament 등의 용어는 열, 조화, 리듬, 분위기를 가로지르는 의미의 영역을 공유한다. 인간은 시간의 징후를 찾기 위해 언제나 하늘을 한 치의 방심도 없이 관찰해 왔고, 기후 변화에 대한 걱정으로 대기 속에서 우리의 운명을 읽어내는 역사적인 규범을 계속 유지해 왔다. 재앙은 '나쁜 별'을 뜻하는 말이며 하늘에서 먼저 일어난다. 시간과 흐름, 기회와 행운, 기회가 열리고 닫히는 순간, 행동을 취할 수 있는 짧은 순간 — 이러한 의미의 묶음은 날씨와 기후가 긴급한 행동을 고민하는 데 결정적으로 중요한 하늘 기반의 장임을 보여 준다.[532] (카오스 이론이 기상학의 자손임은 놀라운 일이 아니다.) 카이로스는 무르익고 위급한 시간 혹은 발터 벤야민이 메시아의 시간이라 부른 것을 알려 준다.

키틀러는 "우리는 날씨와 신을 결코 떼어놓을 수 없다Wir können niemals scheiden, was Wetter und was Götter sind"라고 말했다.[533] 축복과 파멸을 간헐적으로 강화하고 불규칙적인 패턴을 지닌 날씨는 신이나 부모와 같이 행동한다. 우리가 감성적으로 날씨에 결부되어 있는 하나의 이유다. 별이 그러한 것만큼이나 날씨도 절대자의 직접적인 행동처럼 보이기도 한다. 고대 그리스나 바이킹의 경우와 같은 항해 문화에서는 바람과 행운이 밀접하게 연결되어 있다. 바람은 신으로부터의 선물이지만 때로는 저주이기도 하다. 포세이돈은 언제나 오디세우스를 위한 일들을 망치고 있다. 신은 바람과 파도와 구름을 통해 말했다. 고대 그리스어에서 좋은 날씨를 뜻하는 에우디아εὐδία는 "eu+dios"에서 유래했는데, 이는 제우스의 호의라는 의미다.[534] 모세는 홍해를 가르는 숨결을 불어넣고자 하느님에게 기도하고, 욥기에서는 하느님이 회오리바람 속에서 나타난다. 예수는 니고데모에게 바람을 고려하라고 말하고(아마도 바람, 숨결, 영혼을 의미하는 히브리어 ruach를 들먹이면서), 갈릴리 바다의 폭풍우를 가라앉히는 것으로 그의 신성을 입증하고, 놀란 제자들에게는 바람과 파도가 어떤 인간에게도 복종하지 않는다는 격언을 남겼다. 일본어에서 가미카제神風는 신성한 바람이라는 뜻이지만, 이 말은 거의 동어 반복처럼 보인다. 문자 그대로 '바람-물'을 뜻하는 풍수는 환경과의 조화를 지향하는 중국의 학문이며, 이는 날씨와 기상학에 대한 고대의 사상으로부터 유래한 것이다. 온화함이 자비이듯이, 험악한 날씨는 도덕의 그늘을 감춘다. 미풍과 산들바람은 숲의 영혼이다. 하늘에서 일어나는 모든 일들과 마찬가지로, 날씨에 대해서 인간은 아주 최근까지도 돌고래와 같다. 즉 물질적으로 불리한 조건에 놓여 있다.

한때 날씨가 변덕과 장난으로 가득한 극도로 시무룩한 천상의 존재가 벌이는 연극 무대였다면, 순전하게 물리학적인 대기라는 개념은 많은 사람들이 알고자 했음에도 불구하고 상대적으로 최근의 것이다. 하이데거의 말을 빌자면 한때 날씨는 신의 극장Götterschau이었다.[535] 조금 덜 의인화된 것으로 중국어에서 날씨를 뜻하는 티엔치天气는 하늘의 에너지를 의미한다. 사람들은 하늘을 바라보고, 바람과 천둥과 나뭇잎이 바스락거리는 소리를 듣고, 혜성과 일식과 번개와 구름을 관찰한다. 날씨에 대한 다양한 인류학적 이해의 풍부한 역사는 최근 급증하는 기후 역사의 연구와 함께 쓰여야 마땅하다. 많은 사람들은 공기를 텅 비고 동질적인 투명체로 보는 것이 아니라 기분과 건강에 영향을 주는 생명체와 물질들이 촘촘히 거주하는 매개체로 보았다 (앞에서 살펴보았듯이 종소리로 이를 통제한다). 햄릿은 "이 가장 멋진 캐노피인 공기"가 다름 아닌 "더럽고 역병을 옮기는 증기의 집합"에 불과하다는 점을 불평했으며, 이 묘사는 근대 이전에 일부 사람들이 공기를 전염병으로 이해했음을 보여 주는 적확한 표현이다. 예를 들어 19세기 아메리카의 이주자와 의사들은 공기 중에 감염원, 질병 인자, 활성 요소 등이 포함되어 있다고 생각했다.[536] 심지어 1930년대 후반에서 1940년대 사이 내 아버지가 어렸던 시절에는 몹시 추운 겨울날에도 침실 창문을 열어둔 채 잠들곤 했는데, 할머니가 신선한 공기의 효능에 대한 확신이 있었기 때문이다.

근대를 대기의 엑소시즘이 이루어진 시기로 정의하는 것은 꽤 그럴듯하다. 그러나 날씨와 황폐한 하늘에 대한 세속적인 전망의 노력은 매우 오래된 것이며, 이는 날씨 애니미즘이 오늘날까지도 굳건하게 버티고 있는 것과 마찬가지다. 아리스토파네스Aristophanes는 《구름*The Clouds*》에서 구름을 멋지게 표현하기는 했지만 구름이 커뮤니케이션할 수 있다는 생각은 우스갯거리로 삼았다. 그리고 소크라테스가 구름 속에서 헛된 공상이나 한다며 조롱했다. 루크레티우스Lucretius는 《사물의 본성에 관하여*The Nature of Things*》에서 우리는 폭풍우 구름을 얼굴이나 이미지가 아니라 공기를 통해 휘몰아치는 작은 몸으로 보아야 한다고 주장했다. 그는 하늘을 형이상학적으로 읽는 사람들에게 "제발 지금 당장nunc age"이라며 그만두기를 간청했다. 대플리니우스Pliny the Elder•는 탈레스Thales와 같은 철학자들이 일식을 설명함으로써 하늘의 조짐에 대해 꼼짝 못할 두려움을 갖고 있던 사람들을 해방시켰다며 칭송했고, 그 자신도 별똥별은 누군가의 죽음을 나타내

• 플리니우스(23~79)는 고대 로마의 정치가이자 박물학자로 천문, 기상, 동식물 등에 관한 《박물지》(37권) 등의 저서를 남겼다. 로마 관료이자 저술가인 이름이 같은 조카와 구별하기 위해 대(위대한)플리니우스로 불린다. — 옮긴이

는 징후가 아니라 기름 램프의 심지가 탁탁 소리를 내며 타듯 자연스런 과정일 뿐이라고 설명했다.[537] 고대 세계에서는 하늘의 신격화로부터 벗어나기 위한 무수한 노력이 있었으며, 이는 천체의 영향과 대기의 교란에 대한 견해가 얼마나 굳건했는지에 대한 강렬한 암시를 주는 프로젝트다.

물론 하늘이 신의 극장이라는 생각을 희극 극작가, 무신론자, 자연주의자들로부터 받아들일 거라 기대하지는 않을 것이다. 그러나 하늘을 읽는 것을 직접적으로 승인하는 성서의 문구가 없었던 것도 사실이다. 창세기는 천체가 시간 계측의 사인이라 말하고, 무지개는 지구에 다시는 홍수가 들지 않게 하겠다는 신의 약속을 나타내는 것이라 말하며, 야훼YHWH는 구름 속에 사는 폭풍우의 신이라 묘사되곤 한다. 그러나 히브리의 예언자들은 하늘에서 불길한 전조를 읽는 행위를 비난했는데, 천체를 지나치게 가까이 관찰하는 것은 우상 숭배나 마찬가지이기 때문이라는 이유였다. 킹 제임스 성경• 레위기 19장 26절과 신명기 18장 10절에서는 이를 "시간을 관찰하는" 죄라고 표현하지만, 이 두 절에 해당하는 히브리어 성경에서는 "구름을 읽고" 혹은 "날씨를 예측하는" 것임을 암시함으로써 미래를 추측하는 위험한 게임에 관여하게 되는 것으로 묘사한다.[538] 구름은 시나이산의 신성한 존재를 감추지만, 그렇게 감춤으로써 부재를 드러내기도 하며, 구름기둥은 이스라엘인들을 광야를 가로지르도록 이끈다. 히브리어 성경에서 구름의 신학은 복잡한 문제이지만,[539] 신의 뜻을 하늘에서 읽을 수 있다는 생각을 명백히 인정하리라는 것을 기대해서는 안 된다. 실상 예언자들과 레위기는 이에 전반적으로 동의한다. 헤겔이

• 킹 제임스 성경(The King James Version: KJV/The King James Bible: KJB)은 제임스 1세의 지시로 1604년 번역을 시작해 1611년 끝마친 영어 번역본이다. 순교자 윌리엄 틴들William Tyndale이 번역했던 성경의 70%가 킹 제임스 성경에 사용되었다. 19세기 말까지 영국 국교회에서 사용된 유일한 공식 영어 성경이며, 오늘날까지도 널리 사용된다. — 옮긴이

지적했듯이 각성은 유일신 종교의 적이 아니라 그 결과다.

비록 그리스도가 하늘을 가득 채울 사인을 담아 구름을 타고 돌아온다고 전해지지만, 표준 복음서의 예수는 하늘을 읽고 싶어 안달하는 관심사를 참아내지 못했다. 마태오복음서는 예수가 한때 천상(혹은 하늘)으로부터 놀라움(혹은 표적)을 보여 달라는 청을 받은 것으로 기록한다. 그리스어 신약에서 세메이온σημεῖον(sēmeion)은 기적과 표적 모두를 의미한다는 점에서 히브리어의 ot와 같고, 우라노스οὐρανός(ouranos)는 물리적인 하늘 혹은 형이상학적인 천체를 모두 의미할 수 있다. 예수는 청하는 자들에게 다소 냉소적인 답변을 하면서 기상학에 대해 이야기하기 시작한다. "저녁이 오면 너희들은 하늘이 붉기 때문에 좋은 날씨라고 할 것이다. 그리고 아침이 오면 하늘이 붉고 우울하기 때문에 오늘은 폭풍우가 올 것이라 말할 것이다." (이는 항해 관련하여 전해져 내려오는 "밤의 붉은 하늘은 뱃사람에게 축복이고, 아침의 붉은 하늘은 뱃사람에게 경고다"라는 말과 비슷하다) 예수에게 질문을 던진 사람들은 기적을 원했지만, 예수는 그들에게 일반적인 자연의 과정을 답했다. 질문자들은 세메이온을 "놀라움"으로 읽었지만 예수는 이를 "표적"으로 읽었다. 질문자들은 우라노스를 "천상"으로 읽었지만 예수는 이를 "하늘"로 읽었다. 예수는 이렇게 질책하며 마무리한다. "그대들은 하늘의 얼굴을 식별하는 방법은 알지만 시간의 표적sēmeia tōn kairōn을 식별할 수는 없다." 이는 역사의 날씨를 암울하게 지칭하는 것이었다(마태오복음서 16:2~3). 여기서 예수는 하늘에서 펼쳐지는 장관에는 관심이 없었고, 고전적인 인프라인 동작을 통해 명백한 것을 기적으로 제시했다. 그는 우리에게 하늘에서 낙타와 족제비와 고래를 찾으라고 부추기지 않았다. 바오로 역시 갈라티아인들이 달, 시간, 년을 나타내는 하늘의 표식에 지나치게 집중하는 것의 위험을 경고했다.[540] (훗날 대중 기독교는 이러한 비판을 따르지 않았다.)

고대 그리스인, 로마인, 유대인, 기독교인들 중에 지적인 지도자가 있어서 하늘을 신성한 일이 벌어지는 장소로 읽는 것에 저항했다고 한다면, 근대인들은 그 반대로 하늘을 읽는 것에 제대로 저항할 수 없었다. 날씨가 탈신성화되는 과정은 불균질했다. 비록 벤저민 프랭클린이 제우스와 토르의 손으로부터 불을 가져왔지만, 나쁜 날씨가 초인간적인 존재의 못마땅함을 반영하는 것이라는 생각은 여전히 살아남아 있다. 2011년 8월 당시 미국의 공화당 대통령 후보자이던 하원의원 미셸 바크먼Michele Bachmann은 카리브해 연안과 동부 해안 연안을 강타하며 40명의 사망자와 수십억 달러의 재산 피해를 불러온 허리케인 아이린을 일컬어 신이 오바마 행정부에게 던지는 경종이라고 말했다. 많은 사람들이 이러한 그의 주장을 비웃었지만, 환경운동가인 빌 맥키븐Bill McKibben 역시 유일신의 근거를 들지만 않았을 뿐 논점을 강조하기 위하여 비슷한 방식으로 허리케인 아이린을 경종으로 삼았다. 그리고 잘난 인류에 반대하여 "지구가 반격하고 있다"(제임스 러브록James Lovelock●)는 생각은 생태 비판적인 담론에 널리 퍼져 있다.

2013년 2월 시베리아 상공에서 유성체가 폭발하는 사건이 있고 난 후에, 러시아 정교회의 성직자는 이렇게 말했다. "우리는 성서를 통해 하느님이 종종 자연의 힘을 통해 표시와 경고를 보낸다는 것을 알고 있다. 운석은 우리가 취약하고 예측 불가능한 세계에 살고 있음을 일깨워 주었다."[541] 운석이 신의 표시라는 생각은 즉각 논쟁을 불러일으켰지만, 그 성직자가 자신의 발언을 어떻게 철회했는지 유의할 필요가 있다. 운석은 특정한 메시지라기보다는 논의의 여지없이 명백한 사실을 "상기시켜 주는 것"이라는 것이다. 그 해석은 우리의 몫으로 남아 있다. 그러나 가장 세속적인 사람이라 할지라도 어느 아름다운 날 어떤 성스러운 자비가 우리를

● 제임스 러브록은 영국의 과학자이자 지구를 하나의 작은 생명체로 보는 가이아 이론의 창시자다. 1970년대 러브록과 미국의 생물학자 린 마굴리스Lynn Margulis가 내놓은 가이아 이론은 지구를 스스로 변화와 진화를 겪는 거대한 생명체로 보는 이론이다. — 옮긴이

향해 미소 짓고 있다는 생각을 어떻게 거부할 수 있을까? 날씨는 여전히 축복과 죽음의 미스터리에 대한 가장 준비된 어휘 중 하나다. 텔레비전 기상예보관은 샤머니즘적 인물의 역할을 담당하기 좋아하여, 마치 날씨에 책임을 지고 있는 사람처럼 말한다. "내일은 여러분에게 햇살이 가득하기를 바랍니다."[542] 매클루언은 라디오 방송국에 전화를 걸었던 청취자에 관한 농담을 좋아했다. "거기가 날씨 방송을 두 배나 하는 곳인가요? 그만둬요. 익사할 지경이니."[543] 메시지 전달자들은 언제나 메시지를 뒤섞게 되고, 날씨의 경우 무엇이 무엇인지 구별하기란 언제나 어렵다.

날씨와 근대성

날씨는 미디어 연구에 있어서 매우 흥미로운 소재다. 왜냐하면 날씨란 한편으로는 모든 인간들에게 가장 익숙한 방식으로 자리하면서도 다른 한편으로는 우리가 아는 가장 강한 구성체 중 하나이기 때문이다. 즉 말에 의해, 측정 도구에 의해, 저널리즘에 의해, 그리고 이제는 대기 화학을 직접적이고도 공격적으로 변화할 수 있는 가능성을 지닌 지구공학에 의해 구성된다. 우리에게 날씨에 대한 기록 시스템Aufschreibesysteme의 역사가 더 많이 필요하며, 기후 역사에 의해 많이 착취되어 온 자연적인 것까지도 포함해야 한다. 아마도 매력 없는 하늘보다 더 뚜렷한 근대성은 날씨가 매일 보도할 만큼 평범하고 일상적인 일이라는 생각일 것이다. 노아 이후로 극적인 날씨는 스토리텔링의 소재가 되어 왔다. 사실상 날씨는 드라마와 매우 가깝다.[544] 셰익스피어는 날씨를 매우 잘 이용했다. 《맥베스*Macbeth*》에서는 마녀가 날씨를 조종하고, 《리어왕*King Lear*》에서는 폭풍우가 리어왕을 겸손하게 만든다. 날씨의 불길한 전조들로 가득 찬 많은 희곡 중에서도 대표적인 작품은 《햄릿》이다. 《템페스트*The Tempest*》는 연극의 볼거리로 연출된 폭풍우에 관심을 둔다. 홍수, 가뭄, 태풍, 폭풍우, 지진 해일, 눈보라, 개구리 비, 그 외에도 하늘과 땅 사이에서 일어나는 징후들과 놀라움들은 광범위하게 울려 퍼져서 오늘날 날씨 채널에 이르기까지 계속되고 있다. 르네상스 시대의 박식가인 로버트 버튼Robert Burton은 자신의 집 문 앞에 매일 도착하는 정보의 홍수에 대해 이렇게 썼다. "나는 매일 새로운 뉴스를 듣는다. 전쟁, 전염병, 화재, 침수, 절도, 살인, 대량 학살, 운석, 혜성, 스펙트럼, 천재, 유령 등에 대한 보통의 소문들, 그리고 프랑스, 독일, 터키, 페르시아, 폴란드 등등에서 포위된 마을과 도시에서 징집과 전쟁 준비가 매일 일어난다는 보통의 소문들, 그리고 이러한 격렬한 시기들로 인해 가능한 전투, 너무나 많은 사람들의 살해, 맞싸움, 난파, 해적, 해상 싸움, 평화, 동맹, 전략, 그리고 새로운 경고 등의 뉴스들이다."[545] 버튼이 언급한 유일한 날씨 관련 사건은 극단적인 것들로, 운석, 혜성, 홍수다. 그에게 일상적인 날씨라는 개념은 없었다.

인간에게 필수적인 관심사인 날씨는 언제나 모든 형태의 뉴스에서 근본적인 것이었지만, 매일 매일의 일기 예보는 극적인 드라마와 상관없이 근대의 텔레커뮤니케이션 인프라의 징후다. (시간과의 연결성을 주목해야 한다. 소식tiding이라는 말은 독일어에서 신문을 뜻하는 Zeitung과 어원이 같은 말이며, 이 신문의 "시간들"이라는 뜻의 이름은 선적과 "조수의 흐름tides"까지 거슬러 올라간다.) 18세기에는 전달에 몇 주씩이나 걸리는 일기 예보를 출간하는 것이 무의미했다. 기상 이변이나 놀라운 날씨와 같은 것들의 소식만 전달되었다. (연감은 또 다른 이야기다.) 날씨는 너무나도 변덕스러워서, 날씨 방송을 한다는 것은 오직 지역의 경계를 넘어서는 빠르고 시의적절한 전송 시스템이 있을 때에만 말이 된다. 일기 예보처럼 빨리 낡아 버리는 것도 없다. (대부분의 지역에서 사람들은 자신의 지역을 방문한 사람들에게 축하를 보내며 마치 날씨가 지역의 특수적 상황이기라도 한 것처럼 "만일 여기 날씨가 좋지 않다고 생각한다면 10분만 기다려 보세요"라고 말한다. 진지한 예보를 하는 기상과학과 마찬가지로 일기 예보 역시 고도의 공간과 시간의 통합을 전제한다.

누구나 날씨에 대해서 말하지만, 마크 트웨인Mark Twain이 한 것으로 알려져 있고 셀 수 없을 만큼 반복된 이 말이 의미하듯, 날씨에 대해 무언가를 하는 사람은 아무도 없다. 날씨는 진부함의 치열한 생산자다. 벤야민은 1840년에 파리에서 날씨가 일상 대화의 화제가 된 것을 일컬어 새로운 "지루함의 유행"이 생겨났다고 말한다. 그는 날씨와 지루함 사이에는 깊고도 내면적인 연관 관계가 있다고 생각했다.•[546] (내가 지금 이 글을 쓰고 있는 순간, 12월의 공기 위로 안개비가 내려앉아 지루함의 분위기를 덮고 있다.) 영국과 미국에서 날씨가 언론 보도와 과학 보도의 소재가 되고 그 자체로 일상의 지위를 획득하게 된 것은 1860년에서 1870년대가 되어서야 이루어졌지만, 그보다 먼저 벤야민의 만보객flâneur이 있었다. 날씨는 "엄청나게 평범하면서도 눈부시게 극적일 수 있는 잠재력을 모두 갖고 있다."[547] 날씨는 현재성과 동일성의 빛나는 긴급성을 지니며, 이는 하늘과 시간이 가진 양면의 얼굴이기도 하다. 나는 날씨가 언제나 기본적인 대화의 소재였는지 아니면 그러한 날씨에 관한 대화가 근대적 상황을 반영한 것인지 말해 줄 수 있는 날씨의 비교사회사 연구를 누군가 해 주기를 희망한다.

전신은 장기적이고 우발적이라는 날씨에 대한 개념을 형성하는 구성 요소였다. 역사학자들은 이미 이전부터 날씨 지도가 있었긴 했지만 1850년대부터 날씨를 "신의 시점"에서 보도록 해 준 데 있어서 전기 전신이 미친 결정적인 역할에 대해 동의한다.[548] 영국은 1854년 국가 기상청을 설립하였고, 다른 나라들도 신속히 그 뒤를 따랐다. 스미소니언박물관은 1856년부터 계속 업데이트되는 미국의 날씨 지도를 대전시실에 전시하기 시작했는데, 이는 전국 각지에서 일요일을 제외하고 최소한 하루에 한 번 보내온 전신을 받아 작성한 것이었다. 지리학자 마크 몬모니에Mark

• 그의 가장 유명한 개념인 '아우라aura'는 대기의 느낌을 갖고 있다.

Monmonier가 잘 설명하듯이, 지도와 기타 그래픽 전시물들은 날씨를 시각 데이터로 만드는 역사에 있어서 또 다른 결정적인 미디어다. "전신은 사람들로 하여금 날씨란 지역마다 일어나는 놀라운 일들을 한데 합한 것이 아니라 광범위하고 서로 연결된 일임을 생각할 수 있게 해 주었다."[549] 전신으로 연결된 관찰자들의 네트워크는 "수많은 기지국에서 온 관찰을 토대로 바람과 날씨의 움직임에 대한 일반적인 견해들을 한 시간 안에 지도 위에 종합하는 것을 가능케 했다."[550] 아이러니하게도 전신 시스템 그 자체는 폭풍우나 기타 극한의 날씨에 취약하다. 미국에서 국가 일기 예보 인프라는, 남북 전쟁 이후로 육군 정보 부대가 언제나 위험이 가득한 또 다른 적의 정찰을 수행할 수 있도록 그 임무와 시설을 재정비함에 따라 마련된 평화 배당금이다.[551] (근대 기상학의 선구자였던 빌헬름 비에르크네스 Vilhelm Bjerknes가 '전선front'이라는 용어를 처음 만들었을 때 그는 군사적인 의미를 염두에 두었다.)

날씨를 관리하고 구성하는 또 다른 주요 테크닉은 통계학이다. 범죄 및 자살과 함께, 19세기의 날씨는 통계적으로 표준화되었다. 예보와 마찬가지로, 통계 역시 분산된 관찰자들의 발견에서 개별 감각 지각을 없애고 인구, 시장, 기상 시스템과 같은 것으로 통합할 수 있는 통신 인프라를 전제로 한다. 기상학처럼 데이터에 굶주린 사업은 없으며, 확률과학으로서의 기상학은 훗날 사회 현상과 경제 현상에 사용되는 수많은 양적 개혁을 추동했다. 피에르 시몽 드 라플라스 후작Pierre-Simon, marquis de Laplace, 아돌프 케틀레Adolphe Quetelet, 찰스 배비지 등 중요 수학자들은 기상학적인 데이터 수집의 과제에 매료되었다.[552]

존 러스킨John Ruskin이 1839년 런던 기상학회에서 비국지적 동기화의 중요성을 표명했던 연설은 날씨 역사가들에게는 하나의 이정표가 되었다. 러스킨은 엄청난 유용성과 아름다움으로 눈에 띄는 새로운 분야를 예견했다. "그것은 순수한 공기의 과학이고 밝은 천국의 과학입니다……

자신의 왕국을 천국에 갖고 있는 자는 흥미롭지 않은 공간을 만나는 일이 결코 없으며…… 기상학자들은 공기 중의 왕국에서 기뻐합니다." 그는 기상학이 뚜렷한 과학으로서의 위치를 누린다고 주장했는데, 한 명의 외로운 천재가 홀로 이루어 낼 수 있는 작업이 결코 아니라는 점 때문이었다. 단 한 명이 하는 "관찰은 쓸모없다. 왜냐하면 그 관찰들은 하나의 시점에서 만들어진 것인 반면, 거기서 이끌어 낸 추론이란 공간 위에 있어야 하기 때문이다." 그 대신 "개인들이 동시에 생각하고 관찰하고 행동해야 하는 일이 중요한데, 비록 그들은 서로 먼 거리로 떨어져 있지만 넓게는 그들의 관찰의 유용성에 달려 있다." 그는 "전 지구에 편재한 거대한 기계a vast machine가 있어서 그 어떤 경우에라도 지구 표면 모든 지점의 대기 상태를 알 수 있게 해 주는" 것을 꿈꾸었다.[553] 전 지구적인 편재성에 대한 그의 꿈은 전신뿐 아니라 보다 소프트한 정치적 인프라와 지적 인프라를 기대했다. 여기에서 핵심은 근대의 날씨가 이미 추상이었다는 점, 관찰에 있어서 국지적인 경험이란 신뢰할 수 없는 무엇이었다는 점이다.

폴 에드워즈가 쓴 20세기 전 지구적인 날씨 인프라의 부상에 관한 훌륭한 연구서인 《거대한 기계*A Vast Machine*》의 제목은 러스킨의 글에서 가져온 것이다. 현대 기상학과 기후 과학의 역사는 기호학적(전신, 저널리즘, 라디오, 텔레비전, 위성)이고 존재론적(측정, 감시, 구성의 도구들)인 의미의 미디어로 가득 차 있다. 위성은 그 자체로도 중요하지만 전 세계적인 기상학 측정과 보도의 표준을 형성했다는 점에서도 마찬가지로 중요하다. 언제나 그렇듯, 문제는 정보를 이동하는 채널에 있는 것이 아니라 그 정보를 포장하고 읽어 내는 표준(포맷)에 있다. 에드워즈가 주장하듯 일기예보는 아마 틀림없이 최초의 월드 와이드 웹으로 볼 수 있으며, 단지 진정한 의미의 전 지구적 프로젝트의 형성일 뿐 아니라 컴퓨터 테크놀로지의 측면에서도 데이터를 주고받는 전 지구적 네트워크다. 기상학은 슈퍼컴퓨터의 등장에 있어서 핵폭발 실험만큼이나 가장 중요한 동기가 된다.

전후 컴퓨터 인프라의 대가인 존 폰 노이만John von Neumann은 폭탄과 그 효과를 모델링하는 컴퓨터를 설계한 것으로 잘 알려져 있지만, 그는 컴퓨터화된 기상학의 주도적인 주창자이기도 했다. 일기 예보는 데이터에 대한 탐욕스러운 관심을 갖고 있으며, 에드워즈가 보여 준 것처럼 기상학의 주요 이야기 가운데 하나는 전산 입력 자료의 부족이다.[554] 위성과 컴퓨터가 없이는 전 지구적인 날씨도 없지만, 전 지구적인 날씨에 대한 필요가 없었다면 현재와 같은 위성과 컴퓨터도 없었을 것이다. 이러한 상호관계에서 우리는 '클라우드'가 공적인 컴퓨팅 자원이라는 아이디어의 문자 그대로의 근원을 찾을 수 있다.

날씨 보도가 전 지구적인 관심사로 떠오른 여러 가지 이유 중에서도 항공과 어업에서의 필요성이 대표적이며, 노르웨이가 기상학의 선두 주자인 이유도 여기에 있다. 날씨에 대한 더 깊은 이해는 20세기에 많은 직업들을 만들어 냈고 우리가 위험을 인식하고 관리하는 방식에 근본적인 변화를 가져왔다. 선박과 항공은 물론이고 위험 그 자체도 근대화되었다.[555] 물론 전쟁이 가장 중요한 추동력 중 하나였다. 일기 예보는 또 하나의 '군사 장비 남용'이었다. 1950년대에 핵실험이 대기에 미치는 효과, 특히 방사능 낙진에 대해 추적할 필요성이 생기면서 고층 대기 기상학의 발전에 박차를 가했다. 대륙간탄도미사일은 전 지구적인 날씨 정보를 필요로 했고, 이는 구름이 덮여 있지 않을 때에만 작동하는 카메라가 장착된 고도 정찰기 조종사들에게도 마찬가지였다. 구름은 공중 촬영할 때 목표물을 뒤덮었고, 구름을 읽는 법을 학습하는 것은 핵무기 비축을 평가하는 데 있어서 긴급하게 필요한 파생 효과였다. (걸러 내야 할 노이즈가 있을 때 미디어는 갑자기 나타난다.) 드와이트 아이젠하워Dwight Eisenhower 대통령과 존 F. 케네디 대통령 모두 하늘을 군사화하는 것을 공적으로 정당화할 요량으로 일기 예보를 활용했다.[556]

날씨는 기후가 아니다. 전자는 카이로스고 후자는 크로노스다. 어제의 날씨에 대해 이야기하는 사람은 없지만, 기후는 몇십 년, 몇 세기, 몇천 년을 더 거슬러 올라갈 수 있을 만큼 장기적인 평균으로 구성된다. 수사학적 문제의 일부는 두 평균값을 비교할 때의 통계학적 t검정과 유사하다. 어느 하루의 날씨 변동은 몇십 년 또는 몇 세기 동안에 걸쳐 벌어진 지구 온도의 경미하지만 잠재적으로 치명적인 상승보다 훨씬 더 광범위한 영역에 걸쳐 있어서, 공기의 경험은 훨씬 더 미묘한 장기적인 사실을 압도하는 것처럼 보인다. 에드워즈는 기후 위기에 대한 우리의 지식이 어떻게 전 지구적으로 가시적이고 관리 가능한 데이터 모델을 통한 대상으로서의 날씨와 기후에 의존하는지 보여 주는데, 비록 기후 과학자들이 기후 측정을 위해 고안된 데이터를 사용하는 대신 예보 데이터의 나머지 부분을 사용해야 하는 처지에 속한다 하더라도 그렇다.[557] 기후 변화의 도전은 크로노스를 카이로스만큼 긴급한 것으로 만드는 일이다. 그러나 우리는 날씨에 대한 근대적 경험의 대부분이 이미 추상임을 잊어서는 안 된다. 근대인들은 창밖으로 직접 머리를 내밀기보다는 일기 예보를 확인하는 방식을 택하는 사람들이다. 근대인들은 대기를 직접 경험하는 것이 결코 신뢰할 만하지 않다는 교훈을 학습했으며, 이는 기후에도 적용될 수 있다.

구 름

하늘을 물들이는 것 중에서 구름은 탁월하면서도 자신만의 온전한 미디어 역사를 가질 만하다. 구름이 미디어라는 아이디어는 그 개념의 한계에 대한 시험이다.[558] 사실상 구름은 내재적 의미가 없는 최고의 것으로 여겨지곤 한다. 구름과의 커뮤니케이션을 멍청한 일이라 여긴 것은 아리스토파네스뿐만이 아니다. 만화에서 '말 구름풍선'이 있어서 인물들이 생각은 하지만 말하지 않는 것들을 드러내 주기도 하는 것처럼, 구름은 머릿속 생각의 어지러운 덧없음과 오랜 연관을 지니고 있다. 햄릿은 하나의 구름이 여러 가지 다른 동물들의 모양으로 보인다고 말하면서 폴로니어스를 놀리고, 그 자체로 유연하게 변화하는 구름과도 같이 폴로니어스는 바보처럼 햄릿의 말에 동의하게 된다.

햄릿	저기 낙타처럼 생긴 구름이 보이는가?
폴로니어스	크기로 보아 정말 낙타 같습니다.
햄릿	내 생각에는 족제비 같은데.
폴로니어스	등이 족제비 같군요.
햄릿	고래 같지 않은가?
폴로니어스	고래와 굉장히 비슷합니다.

— (《햄릿》, III, ii. 361~367)

영국의 구름감상협회는 《무언가를 닮은 구름*Clouds That Look Like Things*》(2005)이라는 화보집을 펴냈다. 이 책은 부드럽게 익살스러운 사진들로 가득 차 있지만 이 책에서 독자의 위치는 언제나 성운의 의도를 알아차리는 사람이 아니라 투사하는 사람으로 자리한다. (이 협회의 웹사이트에는 이러한 사진들이 더 많이 있다.) 만일 우리가 구름의 모양을 본다면, 우리는 그 구름이 바라보는 사람의 눈에 비친 상상력 그 이상의 것이 아님을 알아야 한다. 티아나의 아폴로니오스Apollonius of Tyana•는 지난 2000년간의 명명법에 대해 이렇게 설명했다. 아폴로니오스는 신은 하늘에 구름으로 켄타우루스, 수사슴, 늑대 등을 그리며 즐거움을 찾는 화가라는 아이디어에 반박하며, "이러한 모양들은 의미 없이 경쾌하게 움직일 뿐 아니라 신의 뜻에 따라 말하자면 그저 우연일 뿐이다. 반면 자연의 존

• 티아나의 아폴로니오스는 1세기 그리스 신피타고라스주의 철학자다. — 옮긴이

재인 우리가 이러한 규칙적인 모양으로 구름을 재배열하고 창조하며 흉내 내려는 경향이 강할 뿐이다"라고 말했다.[559] 변칙적인 구름과 상상력 넘치는 관찰자. 구름처럼 주체와 대상이 나뉘어 있는 것도 많지 않다. 대상을 보면서 상상한 것들을 지우도록 엄격히 규율된 이러한 독해 방식은 구름의 경우 이외엔 거의 없다.

구름에 의미가 있다는 것은 무슨 뜻일까? 구름이 미디어일까? 구름은 자연 미디어라는 것이 존재할 수 있다는 아이디어에 대한 궁극적인 테스트다. 그러나 우선, 구름은 명백하게 의미로 가득 차 있다. 당장 아무 농부나 조종사나 항해사에게 물어보면 알 수 있다. 아리스토텔레스는 하늘에서 해석에 대한 교훈을 찾자고 한 것은 아니며, 《수사학*Rhetoric*》에서 "만일 구름이 많다면 틀림없이 비가 올 것이다"라며 구름의 명백한 평범함을 언급했다.[560] 연기는 불을 나타내는 고전적인 '지표'이며, 전후 시대의 가장 중요한 사실이자 상징 중 하나였던 핵무기의 버섯구름은 구름에 역사성이나 의미가 없다는 생각을 침묵하게 했음에 틀림없다. 고래들은 물구름을 만들어 내고, 오징어들은 예술, 위장, 사냥, 짝짓기를 위해 먹물 구름을 만든다. 사람들은 인공 강우를 위해 구름을 만들 수 있으며, 구름을 (예를 들어 비나 가뭄을 만들어 내기 위해) 전쟁용으로 사용하는 것은 국제법으로 금지되어 있다. 인류는 또한 예술에 구름을 활용해 왔다. 일본의 예술가 나카야 후지코中谷芙二子는 안개 설치 예술을 하고, 네덜란드의 예술가 베른나우트 스밀데Berndnaut Smilde는 건물 안에 잠깐 존재하는 초현실적인 구름을 생산한다. 스밀데는 증기 등을 사진으로 찍어 예술적 미디어로 활용하며, 그의 작품은 거의 순식간에 사라진다(물론 앞에서 가상의 돌고래가 우리에게 보여 주었듯, 예술이 반드시 오래 지속되어야 하는 것은 아니다). 만일 구름이 한때 온전히 멀리서만 바라보아야 하는 것, 하늘에 있어 만질 수 없는 어떤 것이었다면, 이제 구름은 인간에 의해 설계되고 모양이 만들어진다. 나카야 후지코와 스밀데는 독가스와 인공 강우와 지구공학의 시대에 맞는 예술을 한다. 이제껏 자연적이라고 생각되어 왔던 수많은 다른 현상들처럼, 구름도 기술로 둘러싸이고 있다.

구름의 의미는 예술사학자 위베르 다미쉬Hubert Damisch가 쓴 멋진 책 《구름에 대한 이론*Théorie du nuage*》(1972)에서 추구했던 문제이기도 하다. 구름은 회화에 특별한 문제를 제기하는데, 그 덧없음으로 인한 모양 표현의 어려움 때문만이 아니라 경계가 명확치 않은 구름이 르네상스의 관점에서 도입되었던 점과 선과 면의 기하학적인 원칙에 도전을 가져다주기 때문이다. 다미쉬는 구름이 "표면 없는 몸체"라고 말하는데, 이 개념은 회화가 불타는 재와 진흙과 구름과 같이 파악하기 어려운 것들까지 포함해야 한다고 주장했던 레오나르도 다 빈치의 노트에서 가져온 것이다.● 다미쉬의 임무는 16세기 이후 회화에서 화려하게 편재했던 구름을 설명하는 것이다. 물질도 형태도 아닌 구름의 증기와 같은 성질은 재현의 외연에 대한 시험이다. 구름은 표면을 따라 명확히 구별된 형태로 특정할 수 없고, 구름은 고대 철학에서 무수히 논의되었던 문제를 다시 제기한다. 즉 경계가 어디인지 말하는 것은 불가능하다는 것이다. 구름은 그 모양만큼이나 색깔에 있어서도 (아리스토텔레스가 지적했듯이) 다양하게 존재한다. 구름의 풍성하고 다채로운 모양은 시점의 법칙을 거부하고, 그러면서도 구름은 유럽 회화를 5세기 동안이나 끈질기게 쫓아다니며, 위반의 법칙처럼 생산적인 것은 없다는 정신분석학적인 경구를 잘 보여 준다. 구름의 공기와 같은 논리는 격자 좌표의 논리를 거부하고, 이 책의 속표지(p.2) 삽화로 실린 야코프 판 라위스달의 그림처럼 가장 멋진 구름 회화는 그 두 가지 논리를 결합한다. 구름은 회화의 천재성을 자극하고, 명백히 그리기 힘든 것을 그리는 능력을 시험한다. 반면 다미쉬가 언급했듯이

● 이 개념은 들뢰즈와 가타리의 "기관 없는 신체"(CsO)라는 개념을 생산적으로 예측한 것이다.

중국은 구름 회화의 뚜렷한 전통을 갖고 있지만 유럽 회화에 비해서는 불안이나 초월이 덜하다. 구름은 산과 바다 위에서 훨씬 더 조화를 이룬 채 존재한다.[561]

구름 회화는 하늘에서 그림을 찾는 고대의 금기를 깼다. 루크레티우스와 아폴로니오스 이후로 현자들은 구름에는 이미지가 없다고 가르쳤지만, 그럼에도 화가들은 구름의 이미지를 빛나는 영광으로 표현함으로써 빌더페어보트Bilderverbot(이미지 금지령)를 거슬렀다.• 이러한 이미지들로는 무엇이 있었을까? 회화에서 구름은 하늘을 배경으로 할 수 있어서 엄청나게 아름다울 수 있다. 구름은 유의미함을 지닌 사물처럼 보일 필요가 없다. 구름은 도상도 지표도 상징도 아니다. 영광스럽게도 구름은 재현할 수 없음의 문제를 제기한다. 모든 구름 예술 중 가장 놀라운 일부를 생산했던 17세기 네덜란드의 회화에서는, 단지 네덜란드의 경제와 국가적인 자기의식에 너무나도 결정적인 바다의 풍경과 짝을 이루기 때문만이 아니라 그 어떤 구체적인 이미지도 표상하지 않기 때문에 구름의 그림이 많았다. 네덜란드 문화에 있어서 너무나 결정적인 칼뱅주의는 이미지의 우상 숭배에 반대되는 우상 파괴의 성격을 지니지만, 뭉게구름 위에 드리우는 빛과 그림자에 이르기까지 모든 소박한 경험적인 세부 사항들을 세상에서 관찰하는 것에는 호의적이다. 구름은 그 추상성 때문에 사물의 가장 작은 것에서 신의 손길을 추구하면서도 하늘을 사물화 하는 위험을 감수하지 않으려는 화가들에게는 안전한 주제였다. 모든 명백함 속에 존재하는 분명한 비전은 창조의 영광을 온전히 보여 줄 수 있었다.[562] 바로크 양식의 회화에서처럼 폭신한 구

• 이는 초기 기독교와 이슬람 등 유일신 종교에서 예술을 지배하는 가장 중요한 원리로, 영어로는 애니코니즘anicomism이라고도 한다. 이 원리의 핵심은 자연의 생명이나 우상의 이미지 표현을 종교적으로 금지하는 것이다. 이러한 사상의 전제는 신만이 생명의 창조자이며, 살아 있는 것과 유사한 것을 만들어 내는 행위는 신의 적이 되고자 하는 것이란 생각이다. — 옮긴이

름 위에 과시하듯 올라탄 천국의 주인은 없었으며, 오직 구름만이 모든 겸손의 빛을 발하고 있고 그것만으로 충분했다.[563]

19세기 영국, 프랑스, 독일의 문학과 과학과 예술에서 구름보다 더 중요한 주제는 없었다.[564] 최근 빈에서 개최된 구름 전시회는 1800년에 시작되는데, 이는 대략 1800년이 구름이 세속화되는 역사적 단절을 겪었던 것이라는 생각을 전제로 한 것이다. 그리고 구름은 신의 소멸을 대표한다고 말하고 싶기도 하겠지만, 하늘의 동기가 얼마나 복잡하게 뒤섞여 있었는지에 대해서 우리는 이미 살펴보았다.[565] 그럼에도 불구하고 이 순간 무슨 일인가 일어났는데, 대표적인 것은 1802년 런던에서 루크 하워드Luke Howard•가 구름에 대한 과학적인 명명법을 확립한 일이다.[566] 요한 볼프강 폰 괴테Johann Wolfgang von Goethe는 하워드의 작업에 매료되었고 대기를 공부하는 데 많은 시간을 쏟았으며, 비록 자신이 무엇인가를 확실히 배우지는 않더라도 하늘에 대한 공부는 어떻게 생각할 것인가에 대해 충분한 교훈을 제공할 것이라고 스스로 확신했다. 구름에 대한 그의 시 여러 편은 완벽한 시구들을 포함한다. "내 눈으로 모두 담아야 한다Ich muß das alles mit Augen fassen, / 비록 내 생각으로 알아내기는 어렵지만 Will sich aber nicht recht denken lassen." 메리 자코버스Mary Jacobus의 말에 따르면, 구름은 그 덧없음과 변화무쌍함으로 낭만주의가 찬미하는 분위기를 담은 "낭만적인 것"의 정수다.[567] 퍼시 비시 셸리Percy Bysshe Shelley에게 '구름'은 태어나고 죽는 자연적인 순환 과정의 핵심에 있는 창조적인

• 루크 하워드(1772~1864)는 영국의 기상학자로, 1803년에 쓴《구름의 종류에 관하여 *On the Modifications of Clouds*》에서 구름을 권운, 적운, 층운의 3가지 기본형으로 구분하고 세부 분류도 시도했다. 훗날 이 세 가지에 더해 난운을 추가했다. 이 분류법은 이후 구름 분류의 과학적인 기초가 되었다. 1818~1820년에 쓴《런던의 기후*The Climate of London*》는 도시의 기상을 다룬 최초의 서적으로 평가받는다. 괴테는 자신의 시집에《하워드를 위하여》라는 제목을 붙일 정도로 그의 연구를 높이 평가했다. — 옮긴이

허무주의를 대표했다.

나는 내 기념비에서 조용히 웃고,
비 내리는 동굴을 나와
자궁에서 나온 어린아이처럼, 무덤에서 나온 혼령처럼,
나는 다시 일어나고 파괴한다.•

존 컨스터블John Constable은 종종 19세기 구름 풍경을 그린 최고의 화가로 손꼽히는데, 그에게 구름은 색채와 분위기와 빛과 바람, 그리고 날짜와 시간에 따라 정교하게 펼쳐지고 하늘의 변덕과 감정에 따라 시시각각 변하는 초상을 잘 보여 주는 아름다운 연구 대상이다. 이 떠다니는 안개 모양의 물질은 인간이 전혀 손대지 않은 물과 의미를 가득 품고 있다. 그러나 구름이 담고 있는 의미에 대해서 J. M. W. 터너J. M. W. Turner와 클로드 모네Claude Monet는 자연적인 물안개와 철도에서 나오는 증기를 혼합해 그림을 그렸는데, 이는 20세기 구름 정경에서 너무나도 지배적이었던 자연과 문화의 혼합을 예견한 것이었다.

근대 회화를 "구름의 서비스"로 보았던 러스킨은 구름을 무언가 있음과 아무것도 없음을 혼합한 것이라 정의했고, 이를 통해 그는 미디어의 심장이라는 이름을 붙였다.[568] 키틀러는 19세기 아날로그 미디어를 장 밥티스트 조제프 푸리에Jean Baptiste Joseph Fourier, 헤르만 L. F. 폰 헬름홀츠Hermann L. F. von Helmholtz, 게오르크 칸토어Georg Cantor의 수학, 그리고 사진, 축음기, 영화 등과 같은 시각적 새김 장치들이 백색 소음(그의 말에 따르면 소음Rauschen)을 정복한 것이라 보았다. 글쓰기는 "상징적인 것"(예컨대 편지)의 영역이 되기를 멈췄고, 녹음 가능한 것의 왕국은 사운

• 퍼시 비시 셸리의 시 "구름The Cloud"의 마지막 부분이다. — 옮긴이

드, 몸, 구름 등의 자연적인 과정의 궤적을 포함하는 것까지 확장되었다. 이는 화가들이 이미 실재의 연속성을 그리면서 해 왔던 일들이었다. 따라서 구름은 최초로 묘사된 추상 대상이었고, 여기에서 구름은 녹음 미디어의 전사前史에서 결정적인 단계가 된다. 해안선이나 콜리플라워와 마찬가지로, 구름 역시 직선을 거부하는 프랙털 존재이며 무한을 떠올릴 수 있는 근대적 능력의 혜택을 받았다. 흘러가는 물의 경우도 그러하지만, 구름은 움직이는 그림으로 그럴 듯하게 표현하기 가장 어려운 사물이다. 유체역학의 과학은 하워드 이후 구름의 형성에 많은 빛을 던져 주었다.

구름은 회화뿐 아니라 사진에게도 마찬가지로 어려운 문제였다. 실상 구름을 사진으로 찍으려는 초창기의 시도들은 실패했는데, 구름이 감광판에 맺힐 만큼 충분히 오랜 시간 머물지 않기 때문이다. 다게레오타이프daguerreotype에 필요한 오랜 노출 시간은 하늘에서 구름을 지워 버렸고 이는 파리의 거리를 걸어가는 사람을 지워 버리는 것과 마찬가지 방식이었다. 아무것 없이 텅 빈 평평하고 하얀 하늘을 피하기 위해서, 초기의 사진가들은 땅의 풍경과 하늘의 풍경을 따로 찍었다.[569] 1920년대 중반, 알프레드 스티글리츠Alfred Stieglitz는 〈같은 형태들*Equivalents*〉이라는 제목의 놀라운 구름 사진 연작을 시작했다. 그는 일부 역사학자들이 계속하여 써내려왔던 이야기인 구체적인 대상 물질로부터 사진을 해방시킨 최초의 인물이 자신이라는 점에 스스로 만족했다. 그러나 다미쉬가 지적한 것처럼, 추상의 문제, 즉 대상을 정확한 표면이나 형태 없이 묘사하는 것은 르네상스 구름 회화의 시작에서부터 이미 존재하는 것이었고, 스티글리츠가 사진 촬영을 시작한 무렵에는 이미 기나긴 구름 사진의 역사가 있었다. (그가 〈같은 형태들〉 작품 활동을 하던 동시대는 아원자 입자를 발견하기 위한 안개상자의 전성기이기도 했고, 이는 비록 다른 종류의 구름이기는 하지만 못지않게 멋진 추상의 이미지를 만들어 냈다.) 사실 스티글리츠는 19세기 후반의 국제적인 구름 지도 제작에 일련의 이미지를 수집한 과학적 구름 사진가의 긴 목록 중에 제일 마지막에 놓는 편이 낫다. 헤르타 볼프Herta Wolf가 보여 주듯, 시각적 유사성은 제법 압도적이다.[570] 이러한 과학적 구름 사진들은 구름 형태의 지도를 만들고 있었고, 이 프로젝트는 그 내부의 좌절과 함께했다. 구름은 존재론을 거부한다.[571]

지난 반세기에 걸쳐 가장 놀랄 만한 이미지 중 일부에는 구름이 포함된다. 우주 공간에서 바라볼 때 지구을 알아볼 수 있는 가장 명확한 증거는 지구가 구름으로 덮여 있다는 점이다. 이는 지금까지 우리가 보아 왔던 것처럼 구름 없는 하늘을 가정했던 항공 촬영 사진의 관례를 훌쩍 벗어난 것이다. 로빈 켈시Robin Kelsey는 풍경화의 오랜 역사에 지구를 촬영한 두 장의 유명한 미항공우주국(NASA) 사진을 포함시키고, 그 사진에 명백히 드러난 구름은 우리가 기대했던 위도와 경도의 지구물리학적인 격자 위에 버티고 서서 다미쉬가 르네상스 이후로 갈등을 빚어 왔다고 보았던 기하학 논리와 대기학 논리를 넘어서 버림으로써 우리를 좌절케 했다고 주장한다.[572] 우주 탐사와 위성 덕분에 조니 미첼Joni Mitchell이 노래하듯 "이제 양쪽에서"• 구름을 보는 것은 일상적인 일이 되었고, 높은 건물에서 아래를 내려다보면 현기증이 생기듯이 지구에서 올려다보는 구름과 우주에서 내려다보는 구름은 다르게 보인다. 에드워즈가 지적하듯 처음엔 위성 구름 사진으로부터 식별할 만한 데이터를 구하기가 어려웠고, 하늘에서 구름을 읽는 예술과 과학이 아래로부터 구름을 읽는 옛날 방법과 함께 발전을 이루어나갔다.[573] 기상학자들은 "호쿠사이" 현상••이라 부르는 것을 발견했

• 조니 미첼이 부른 노래 "이제 양쪽에서Both Sides Now"에 나오는 표현이다. — 옮긴이

•• '호쿠사이' 현상이라는 말은, 일본 에도 시대의 화가인 가츠시카 호쿠사이葛飾北斎에서 따온 것이다. 그는 3만 점이 넘는 작품을 남겼으며 특히 온갖 자연을 묘사한 목판화로 유명하다. 그중에서도 〈가나가와 해변의 높은 파도 아래〉가 가장 유명한 작품인데, 여기서 언급한 파도 모양이 새겨진 목판화가 바로 그 그림을 지칭한다. — 옮긴이

는데, 예를 들어 대기를 찍은 위성 사진이 파도 모양을 새긴 목판화와 닮은 것을 말한다. 구름을 내려다보고 전통적으로 체화된 경험을 거부하는 위치에서 날씨 패턴을 보는 일은 신기하지만, 아마도 신비적 요소를 제거한 합리성의 요새인 과학이 2000여 년의 금지 이후에 처음으로 구름의 예술적인 이미지를 발견했다는 점을 듣는 것은 더욱 신기한 일일 것이다. 이는 일종의 결정적인 역사적 변이다. 구름에서 이미지를 찾는 일은 타당할 뿐만 아니라 긴급한 일이 되었다. 우리의 생존은 대기의 기호를 어떻게 읽는지 아는 일에 달려 있는지도 모른다.

6장

얼굴과 책(새김 미디어)

언어와 글쓰기

인간의 특성은 두 발로 서서 불로 유희하고 자연(우리 자신을 포함한)을 조작하며 친족을 위해 무덤을 만들고 하늘을 바라보며 무에서 유를 창조하는 것이며 이 모든 것에 있어서 언어는 필수적인 능력이라고 나는 주장해 왔다. 언어는 수만 년 전에 사람속이 획득한 놀라운 재능으로, 불을 다루는 것과 협력하는 사회적 삶 이후에 등장했음에 틀림없다. 언어는 구문과 문법, 음소와 형태소, 시와 화용론으로 세상을 자아내는 능력을 주고, 결합하고 연합하는 활동을 통해 새로운 모험을 가능케 해 준다. 고통스러울 만큼 정의하기 어려운 대상인 언어는 인간사에 이질적으로 편재한다. 언어는 모든 연구 분야들이 종합된 것으로, 동시에 물리적이고 생리학적이고 심리학적이고 사회적이며 논리적이다.[574] 언어의 역사, 어족, 심층 구조, 소리의 모양, 사회적 의미 등을 전적으로 다루는 작은 도서관 하나가 있다. 언어는 인간들 사이의 사회성 순환을 확장해 주고, 인간의 합리성을 자극할 뿐만 아니라 서사를 암송하고 탄저균을 합성하고 고래를 사냥하는 등 인간에게 독특한 고도의 광기도 자극한다. 풍동wind tunnel 실험, 유니콘, 제국 등 (아직) 존재하지 않는 것들을 존재로 불러내기도 한다. 기원법과 가정법으로 미래와 과거에 살 수 있게 해 주기도 한다. 그리고 "만일"과 "아님"을 말하게 해 준다. 만일 모든 인간이 한꺼번에 수영할 수 있는 대양이 있다면, 그것은 언어다. 언어는 우리를 씻어 주고 영양을 공급하고 연결하고 때로는 우리를 배신하기도 하는 기본 요소다.

구어口語를 미디어에 포함시켜야 하는가의 문제는 바다를 미디어에 포함해야 하는가의 문제만큼이나 어렵다. 그에 대한 내 답은 2장에서 말한 것과 비슷하게 될 것이다. 글쓰기는 말하기의 바다를 항해할 수 있도록 해 주는 배와 같다. 말하기는 의문의 여지없이 물질적이다. 말하기는 몸과 얼굴을 움직이게 하고, 숨과 뇌, 입과 귀, 눈과 손을 필요로 한다. 유아의 혀와 성도는 모국어의 음소가 생기기 이전까지는 옹기장이의 옹기와 같고, 몇 년 동안 익숙해진 이후에는 입의 근육 조직이 설정되어 일부 소리는 더 이상 생성이 불가능하다. 말하기는 몸의 활동이고 의문의 여지없이 문화적 테크닉이며, 원칙적으로는 인간 외의 뇌를 지닌 존재들도 가질 수 있는 것이다. 그러나 언어의 내구력 부족으로 인해, 보충 수단으로 기록되지 않은 말하기는 테크놀로지보다는 테크닉에 가깝게 계속 위치해 있다.

언어를 미라처럼 말리는 능력은 다시 한 번 판을 바꾼다. 단어를 고정하는 일은 바다 생물을 땅에 오르게 하는 것만큼이나 급격한 변형이다. 외부의 형태로 언어를 꺼내어 고정하는 능력, 즉 글쓰기는 인간의 기억과 정신과 역사를 실어 나르는 공인된 물질 통로의 새로운 거주지를 모두 창출한다. 우리는 귀중한 물품 대부분을 돌, 나무, 이산화규소 등에서 외부 조달해 왔다. 밀턴의 놀랍도록 그림 같은 표현에 따르면, "좋은 책은 뛰어난 영혼의 고귀한 생혈이다. 책은 한 생명이 죽은 후에도 그 정신을 영원히 간직하고 비장해 두는 것이다."[575] 이와 같은 정신에 대한 외부 관리인의 임무는 무엇을 의미하는가. 우리가 물질과 맺은 좀비와 같은 관계를 의미하는가? 어떻게 정신이 고체 상태가 되어 "생명을 넘어선 생명"이 되는가? 우리의 말하기, 노동, 경험은 덧없지만 우리가 만든 인공물과 문서는 시간을 견디고, 이 이중의 생명은 우리 자연사와 지속적인 존재의 대부분을 규정한다. 5원소 중에서 이 장에 제일 잘 들어맞는 것은 흙인데, 이 장은 고체성 때문에 치러야 할 대가에 관심을 갖고 있기 때문이다.

광범위하게 이해할 때 글쓰기는 기억을 확장하고 거래를 관리하고 정부에 힘을 주고 문명의 세 전선, 즉 자아와의 관계, 사람 사이의 관계, 그리고 사람과 자연 사이의 관계에 제단을 바치는 미디어다. 문서는 바다나 땅이나 하늘만큼이나 관리를 필요로 하는 환경이다. 글쓰기, 녹음, 도서관, 데이터베이스는 바다가 생명체를 에워싸는 것만큼이나 우리를 에워싸고 있다. "인공물, 텍스트, 미디어(그리고 심지어 문화적 행위들과 기구들)의 세계가 우리에게 주는 의미는 참치가 만든 나선형 물살과 소용돌이가 참치에게 주는 의미와 같을 것이다"라고 앤디 클라크는 썼다.[576] 상징이 깃든 인공물은 농사나 천체를 항해하는 것만큼이나 인간의 거주지에 있어서 중요한 환경이다. 쓰인 글을 항해하고 불태우고 별자리처럼 한데 묶는 능력은 우리의 가장 중요한 문화적 테크닉 중 일부를 구성한다.

글쓰기는 물질과 미디어에 단단히 박힌 우리를 고려하기에 뛰어난 방법을 제공해 준다. 말하기는 정치적 세계를 변화시키는 행동을 하게 하지만, 글쓰기는 물리적 세계를 변화시키는 일을 하게 한다.[577] 읽고 쓸 줄 아는 인간은 말하기의 바다 그리고 좀 더 드물기는 하지만 글쓰기의 대지 모두에 사는 수륙양생이다. 말해진 단어들은 소리가 되고, 특히 소리는 사라진다. 잘 알려진 것처럼 헤겔은 이를 두고 소리가 존재로 사라진다고 표현했다.[578] 사실상 만일 조금 전 발화된 소리가 사라지고 새로운 소리에 자리를 내어 주지 않는다면 목소리는 알아들을 수 없는 말이 되어 버릴 것이다. 만일 소리가 즉시 공중에 흩어지지 않는다면 음악은 금방 갈색 소음으로 뒤죽박죽 될 것이다. 호메로스는 "날개 달린 말"이라는 문구를 썼는데, 서사 시인이자 《일리아스*Ilias*》와 《오디세이아》를 새로운 방식의 그리스어 모음 알파벳으로 쓴 그에게는 자연스러운 관심사였다.

말은 어떻게든 가두어 두지 않으면 사라져 버린다. 소리는 우리에게 남은 가장 큰 공동 중 하나이자 가장 풍요로우면서도 사라져 버리기 쉬운 것 중 하나여서, 이러한 이중성은 우리로 하여금 '물질성의material'라는 유행어를 보다 명료하게 설명할 수 있게 해 준다. 소리(사운드)는 미디어(매질, 공기, 물, 땅)를 통해 전달되는 압력이며, 물질성을 띠지만 내구력은 없다. 앞서 돌고래의 사례에서 보았듯이 물질적이라는 것과 내구력이 있다는 것이 같은 말은 아니다. 글쓰기의 세계는 움직임과 움직이지 않음이, 그리고 흐름과 고정됨이 섞여 있다.

글을 새기는 행위는 그 엄청난 다양성에 있어서 모든 인간 미디어의 모체다. 인간은 물질에 의미를 새겼다. 즉 무덤과 사원에 그림과 의식을 새겼다. 이는 5400여 년 전 비옥한 초승달 지역(그리고 아마 이집트 지역 역시) 주변에서 언어가 음성학적인 글쓰기로 외재화했던 결정적 시기보다 훨씬 이전에 일어났던 일이다. 글로 쓰인 언어는 시간을 공간으로 그리고 공간을 시간으로 변환하고, 소리를 시각으로 그리고 시각을 소리로 변환하며, 그런 변환이 외부의 물질을 통해 이루어진다는 점에서 가장 위대한 기술 미디어다. 그 덕분에 다른 모든 상징적 미디어가 계속 이어진다. 글쓰기는 우리 인간 존재에게 있어서 선적, 불태우기, 천체 바라보기, 일기 예보 등과 비슷하거나 더 큰 지렛대 역할을 한다. 시간 계측은 하늘에서 유래하지만, 시간을 고정하는 것은 시간을 견뎌내는 내구성 있는 예술을 만들어 내고 해석하는 능력으로부터 유래한다.

커뮤니케이션의 한 형태로서 인간이 가진 글쓰기는 미디어 이론가들이 사랑하는 주제이고, 이 장에서는 디지털 미디어와 매일 상호 작용하는 수단으로서의 글쓰기의 부활이라는 측면에서 이 주제를 다시 방문해 본다. 글로 쓰인 것은 초기 문명과 최신 혁신 사이의 역사적 지속성을 보여 주는 가장 분명한 것 중 하나다. 글쓰기는 일상의 커뮤니케이션 행위의 핵심으로 요란하게 복귀했다. 2011년에는 총 7조 8억 개의 텍스트 메시지가 전송되었는데, 이는 생존해 있는 인간 1명당 1000개가 넘는 것이며, 비록 어느 순간엔가는 그 인기가 아마도 감소한다 할지라도 독자들이 이 책을 읽을 때쯤이면 그 수는 훨씬 더 커져 있을 것이다. 일부 자료에 따르면 평균적으로 미국인은 주당 23시간을 온라인에서 보낸다(이 수치는 표준 편차가 클 것임에 틀림없다). 고대에는 새김의 테크놀로지였던 글쓰기가 오늘날에는 매일의 상호 작용을 채운다. 물론 글쓰기는 무역상들, 학자들, 오랜 동안 멀리 떨어져 있는 연인들의 사회적 상호 작용의 핵심에 있지만, 디지털 미디어는 그것이 무엇이든 간에 모든 사람들을 작가로 변환시키는 기계다.

글쓰기가 지닌 세계 역사적인 위치를 측정하는 것은 쉬운 일이 아니다. 나는 천국이란 일종의 도서관과 같을 것이라고 말한 보르헤스에게 많이 공감하기 때문에, 내 이야기는 과거의 구어에 대한 어느 정도의 노스탤지어를 표현하는 일이 될 것이다. 이는 매클루언의 영향을 받아 리터러시가 "부적응의 열차"를 초래할 것이라는 그의 말을 신뢰하는 미디어 역사가들이 사랑해 마지않았던 과거이기도 하다.[579] 그러나 쓰인 글은 모든 지렛대와 선적의 형식과 마찬가지로 실상 위험하다. 글쓰기는 우리 인류가 항해하는 데 사용하는 주요 선박이다. 이는 우리를 시간의 바다 건너편으로 데려다주고 우리를 난파의 위험에 직면하게 한다. 에밀리 디킨슨은 "책보다 더 큰 호위함은 없다"고 말한다. 누군가 꽤 오랜 시간 동안 책을 읽었을 때, 시노페의 디오게네스Diogenēs는 일어서서 두루마리 끝의 빈 공간을 가리키며 "이봐 기운을 내시게, 거기 육지가 보이네"라고 선언했다.[580]

남겨지려면 어떤 식으로든 쓰여야 한다. 글쓰기는 보존한다. 글쓰기는 우리가 어떤 세상을 살든지 그와 평행하거나 때로는 더 현실적인 기이하고 대안적인 우주를 만들어 낸다. 글쓰기는 휴대가 가능하고, 중독성이 있으며, 비싸고, 노동 집약적이고, 결코 통달할 수 없으며, 만나기 어려우며, 멋지고, 불안정하다. 그렇다고 내가 결론적으로 텍스트가 세계와 같다고 생각하는 것은 아니지만, 상당히 그런 생각에 가깝다. 그러나 배가 없이도 바다가 있는 것처럼, 만일 당신이 세계에서 텍스트를 뺀다 해도 무엇인가 남을 것이다. 거의 모든 인간들은 말을 하고, 대다수는 글을 쓰지만, 모든 사람들은 글쓰기가 지배하는 세계에 살고 있다. 글쓰기는 "너무나도 귀중한 이점들"(소로) 중에서도 가장 탁월하다. 우리의 생명은 살과 글을, 그리고 정신과 문자를 통합하고, 그 결합은 쉽지 않았다.

글쓰기는 아마도 인간들 사이의 탈육화한 커뮤니케이션으로서 제1의 형태였을 것이다. 현전의 느낌(때로는 원격 현전이라 불리기도 하는)을 어떻게 자극할 것인가 하는 문제는 최소한 20여 년 동안 디지털 설계자들의 관심사였지만, 몸과 텍스트의 뒤섞임은 수천 년 동안 우리 물류 복잡성의 일부분이었다. 먼 거리에서의 상호 작용은 아마도 인간의 조건에 가까울 것이다. 우리는 그것이 오직 문자, 전화, 문자 메시지, 스카이프 등의 등장 이후에서야 나타났던 일인 것인 양 해서는 안 된다. 행동 현대성의 최초 신호 중 하나인 무덤은 과거와 현재 사이의 시간을 연장하기 위한 물질적인 투자다. 황제들은 자신의 힘을 돌에 새겨 떠벌이거나 저주와 함께 무덤에 봉인했으며, 이를 통해 알 수 없는 미래 세대에게 미래에 주목할 것을 주장했다. 왕, 사랑하는 이들, 신, 왕비 등을 언급하는 돈호법은 가장 오래된 시적 장치다. (서정시는 일반적으로 부재하는 대상을 언급한다.)[581] 역사상 가장 위대한 연애 사건 중 하나였던 피에르 아벨라르Pierre Abélard와 엘로이즈Héloïse의 사랑은 주로 편지를 통해 이루어졌다. 새로운 소셜 미디어는 장거리 상호 작용의 초기로, 즉 무덤과 모든 미스터리로 우리를 다시 데려간다.

매개 커뮤니케이션은 '라이브' 접촉과 녹음된 접촉 사이의 경계를 흐린다. 글쓰기처럼 저장된 의미 기계에서는, 소크라테스가 불평했듯 산 자와 죽은 자가 서로를 흉내 낼 수 있다. 죽은 사람의 글을 읽는 것은 완전히 일상적인 일이다. 그러한 행위의 신비로움은 대부분 사라졌지만, 저 너머에서 부르는 목소리는 여전히 우리를 놀라게 한다. 녹음은 산 자와 죽은 자의 위치 경계를 흐린다. 이것이 핵심이다. 상호 작용을 위해 사용되는 모든 미디어는 면대면 이야기에서 충분히 현전하지 않는 불가사의한 가능성을 만들어 낸다. 그러한 지렛대는 처음엔 글쓰기로, 나중에는 19세기의 아날로그 미디어로 등장했다. 내가 이전의 책에서 주장했던 것처럼, 새로운 아날로그 시청각 미디어 덕분에 얼굴과 목소리는 새로운 밝기와 변동성을 얻었다. 사진이나 영화에서, 녹음이나 전화에서, 느슨하게 몸에 연결되었을 뿐인 개인 정체성의 초상은 새로운 영혼의 세계를 돌아다닐 수 있었다. 목소리는 전신과 전파로 퍼져나가고, 얼굴은 스크린이나 종이에 잡혔다. 우리가 공간을 가로질러 몸을 이동하며 여행할 때, 우리는 때때로 편지나 전화나 사진이 우리를 앞질러가는 환영에 사로잡힐 수도 있다. 내 조부모는 1890년대 초에 제3자가 중개해 준 사진을 교환하면서 처음으로 서로 '만났다.' 뒤이어 편지를 교환했고, 마침내 직접 만났다. 이것이 1900년대 무렵 우리 조상들이 살아가도록 배웠던 세상이고, 다양한 시청각 복제물들에 의해 강화되었던 인간 현존의 세계다. 유심론자들은 아날로그 미디어의 시각적이고 청각적인 힘을 잘 활용했다. 그러나 말 그대로 우리의 몸과 마음이 공기 중으로 날아가 진동으로 재구성되며, 이는 우리 자신으로부터 분리된 자아를 나타낸다고 생각하는 정신분열적 사고도 있었다. 오늘날 소셜 미디어에서 너무나도 명징한 부분이기도 한 육체와 말, 현전과 부재의 문제는 오랜 역사를 갖고 있으며, 지금 이 장에서 그 개요를 살펴보려 한다. 이제 육체로부터 시작해 보자.

미디어로서의 몸

바다와 불과 땅과 하늘의 혼합체인 몸은 우리에게 있어서 가장 근원적인 인프라 미디어다. 다른 모든 포유류와 마찬가지로 인간은 수십억 년 된 생명의 역사로부터 나타났다. 우리의 몸은 여러 특징을 보여 주는데, 뇌에는 고대의 시계와 같은 인프라가, DNA에는 멸종한 바이러스가, 내장에는 박테리아가, 그리고 모든 세포에는 내부 공생을 하는 미토콘드리아가 있다. 제프리 보커는 "우리는 연방이다"라고 말한다. 인간의 유기체는 많은 내부 환경으로 구성되어 있다. 우리의 신경학적 기능은 피부, 근골격 시스템, 감각 기관과 떼어놓을 수 없다. 우리의 뇌는 몸 전체에 걸쳐 있고, 우리의 망막은 우리 눈의 최전선이다. 우리의 몸은 중복되는 생태계로 구성되어 있고 환경들의 환경이다. 유기체와 환경 사이의 경계가 단지 피부에 있는 것만은 아니다.[582] 이는 모든 몸에 마찬가지지만, 특히 뇌에서 더욱 그러하다. 정신과 뇌의 관계는 배와 바다의 관계와 같다. 이 조합은 신비롭고 혼란스러우며 결코 온전하게 깊이를 측정할 수 없는 자연의 요소를 관리하고 살 수 있는 곳으로 만들어 준다.

만일 미디어 이론이 몸 안에 있다는 것이 무슨 의미인가에 대한 문제라면, 앙드레 르루아구랑보다 더 나은 안내자는 없을 것이다. 진화의 역사는 일종의 거대한 신체 역학적인 실험, 즉 "멋진 고생물학의 모험"과 같아서 세상과의 지향이나 상호 관계의 주요 약호로서의 외부 장champ antérieur과 함께 시작한다.[583] 르루아구랑은 몸의 모양에 가해지는 제약에 대한 뛰어난 사상가다. 그에게 있어 진화의 역사란 탄성 있는 몸들로 가득 채워진 애니메이션 영화와 같다. 그는 유기 생명과 무기 생명 사이에 평행 역사가 있음을 보여 준다. 우리는 전자를 진화라 하고 후자를 테크닉이라 부르지만, 인간에게 있어서 두 개의 강은 함께 흐른다. 르루아구랑의 생각에 따르면 인조성과 인공 물성이란 우리의 몸이 끝나는 곳에서 시작하지 않는다. 우리의 마음을 저장하기 위한 외부의 댐, 탈것, 그리고 아카이브들에도 불구하고, 우리는 우리의 몸이 완전히 자연적이라고 생각하거나 전적으로 외재적인 테크놀로지라고 생각해서는 안 된다. 이러한 점에 대해서는 미셸 푸코Michelle Foucault의 영향을 받은 많은 연구들이 있지만, 몸이 역사적으로 어떻게 침투되어 왔는가를 드러내는 현상학 수준에 머물러 있는 경향이 있다. 즉 몸이 경험하고 욕망하는 방식의 서술에 머물러 있다는 것이다. 그러나 비록 푸코가 작업했던 것보다 훨씬 더 긴 역사적 규모에서이긴 하지만 더욱 급진적으로, 우리의 몸과 마음은 해부학과 생리학에서 기술적이면서도 문화적이다. 몸과 마음은 우리가 식물, 동물, 땅, 그리고 우리 자신으로부터 의미를 끌어낼 수 있는 인공적인 거주지가 넘쳐날 수 있게끔 진화되어 왔다. 우리는 우리의 몸에 머리에서부터 발끝까지 상징적인 건축물들을 담고 있다. 우리의 정수는 특정하게 주어진 조건에 뿌리를 둔다. 육지에 거주하고, 두 발로 서서 직립 보행하며, 작은 치아와 큰 뇌를 지니고 있고, 얼굴과 손이라는 이중의 장을 지니고 있다. 이는 모두 기술적으로 압력을 받은 환경의 역사에서 유래한 것이다.[584] 우리 몸의 인프라인 두개골, 치아, 발은 그 모양이나 기능에 있어서 역사적이고 문화적이며 기술적이다.

이는 얼굴과 손에 있어 더욱 사실이다. 원생동물로부터 시작하여 거의 모든 유기체들이 입으로부터 시작한다(해면은 예외다). 물고기의 머리는 섭취하고 느끼고 포착하는 기능을 함께 갖고 있는데, 이 기능들은 훗날 다른 동물들과의 차별점이 된다. 대부분의 물고기, 새, 유제류는 오직 얼굴 양식만을 갖고 있다. 만일 대부분의 물고기가 무엇인가를 먹거나 움켜쥐고자 한다면, 그들에게는 한 가지 방법밖에는 없다. 말이 물질을 만들어 낼 수 있는 유일한 방법은 머리와 입을 이용하는 것 밖에는 없고, 말에게는 물질 세계와 다양한 종류의 상호 작용을 할 수 있게 해 주는 치아가 있다(말의 나이와 건강 이력을 알려 주는 좋은 지침이기도 하다). 코끼리는 모든 얼굴 기관 중에 가장 진보된 것을 갖고 있다. 다른 동물들은 손으로 움직이는 장치도 갖고 있다. 짧은 다리의 물고기, 맹금류, 곰, 영장류 등이 그들이다. 얼굴 지향적인 동물들은 풀을 먹는 말과 소가 그러하듯 풍부하면서도 상대적으로 획득하기 쉬운 음식으로 생존하는 경향이 있다. 얼굴과 손의 작동 모드를 모두 갖고 있는 "양극성 동물들"은 사냥과 손질(과일, 견과류 등)이 필요한,

에너지가 더 가득한 음식을 먹는다. 얼굴 분야만을 갖고 있는 토끼는 초식이지만, 그의 사촌격인 쥐는 손을 자유자재로 움직일 수 있고 잡식성이다. 손을 사용하는 동물들은 모두 기술적인 잠재력을 갖고 있다. 인간은 양극성 중에서도 특이하여, 이동을 위해 땅을 디뎌야 하는 발로부터 자유로운 앞다리에 해당하는 손이 있어서 이 손이 자유롭게 테크닉과 커뮤니케이션을 담당한다. 손은 만들고, 동작하고, 애무하며, 인간들 사이의 커뮤니케이션 진화에 있어서 얼굴만큼이나 중요한 역할을 했다.

르루아구랑은 인간을 정의할 때 지능이나 사회성이나 불의 사용 등을 지목하지 않고, 그 대신 꽤 인프라에 가까운 두 발을 지목한다. 인류는 발로부터 시작한다.[585] 인류를 정의하는 핵심은 두 발로 선 자세와 자유로운 두 손과 작은 얼굴이다. 우리의 다리는 춤추고 시(시의 기본 단위는 '음보foot'다•)를 쓸 수 있게 해 주며, 진화의 변화를 추동한다. 물은 물고기가 머리의 무게를 견딜 수 있게 해 주지만, 육지로의 전환은 새로운 기계적인 압력을 가져왔다. 인간의 뇌는 진화의 결과이겠지만, 달리기와 걷기의 부산물로 형성된 수동적인 탑승자인 셈이다.[586] 존재는 의식을 앞선다. "신경계의 발전은 신체 구조의 여파에 따른 것이다."[587] 두개골의 모양과 용량은 뇌의 크기에 따라 정해진 것이 아니라 턱과 목에 가해지는 압력에 따라 정해진 것이다. 씹는 행위가 두개골 둥근 부위에 압력을 주는 방식으로 인간의 몸은 형성된다. 서로 다른 모양의 치아(이형치)와 점차 작아지고 있는 턱으로 인해 인간의 두개골은 둥근 풍선 모양이 되어 목 위의 얼굴 뒤에 매달린 형태가 되었다. 두 개 송곳니와 여러 어금니들이

• 'foot'은 영어권을 포함한 서구 언어 전통의 시에서 운율의 가장 기본이 되는 단위를 이르는 말이다. 보통 몇 개의 음절로 이루어지는 기본 단위로, 음악의 마디와 같은 형식적 역할을 한다. foot이라는 단어가 인간의 다리를 뜻하는 라틴어 pes에서 왔기 때문에, 본문에서 'foot'으로 춤도 추고 시도 쓴다고 표현한 것이다. — 옮긴이

얼굴 형성의 기둥과 같은 역할을 한다. 우리의 치아는 일종의 진화론적인 저장고다. 앞니와 송곳니와 어금니는 우리가 잡고 부수고 으깰 수 있는 다양한 장치들로 기능한다. 우리의 두 손은 얼굴과 동떨어진 위치에서 음식을 찾고 준비할 수 있도록 해 주고 우리의 입 밖으로 치아가 튀어나오는 일을 막아 주었으며, 따라서 두개골 안에서 커다란 뇌가 성장할 수 있는 여지를 주었다. 다른 말로 하자면, 우리 송곳니의 짧은 치근이 그러한 것들을 생각하고 인지할 수 있게 해 주는 것이다.

따라서 우리의 얼굴 모양과 뇌 크기는 생물학적이고 기술적인 진화 모두의 결과이고, 부분적으로는 불을 다루고 요리를 함으로써 치아로부터 뇌를 해방시킴에 따라 생겨난 결과다. 인간의 모양은 기술적인 모양 형성 과정의 핵심을 보여 준다. 르루아구랑은 "인간의 기술성"이란 "단지 동물학적인 사실일 뿐"이라고 주장한다. 마찬가지로 인간 동물학 역시 기술적인 사실이다. 몸과 뇌의 건축은 그 압력과 적응의 역사를 증언하고, 우리의 뇌와 몸은 바다 이후 진화의 모든 단계의 흔적을 담고 있다. 르루아구랑은 덧붙이기를, 우리의 사회성은 섬유소(풀)를 소화할 수 없는 상대적으로 짧은 소화 기관에 의해 주도된 것이라고 말한다. 우리는 결코 끝없이 풍부한 풀을 먹으며 들판 위에 서식하는 외로운 반추 동물이 될 수는 없었다. 실상 대부분의 살아 있는 생물은 인간에겐 소화 불가능한 것들이다.[588] (그렇다고 우리가 먹지 않으리라는 것은 아니다.) 우리 장의 특성은 우리로 하여금 집단생활을 하며 고칼로리 고단백 고지방인 "날고기 음식aliments charnus"을 나눠 먹어야만 하도록 만들었다. 기술이 외재화된 것과 생리학적인 제약이 있다는 것은 우리 인류 역사의 한 부분이다.[589] 자연사는 미디어 이론이 가득 담긴 책이다.

사실 몸은 이상하고 접근 불가능하다. 몸의 안쪽은 볼 수 없도록 감추어져 있지만, 바깥쪽 역시 감추어져 있는데 이는 단지 문화적 이유 때문만은 아니다. 데이비드 포스터 월러스David Foster Wallace가 보도한 기이하고도 멋진 이야기에 따르면, 자신의 입술로 자신의 몸 구석구석에 입맞춤을 하겠다는 야심을 가진 어느 소년이 있었다. 거의 부상을 입을 정도로 곡예사의 자세를 완벽히 습득하면서, 그는 몇 년에 걸쳐 자신의 피부 표면을 조금씩 점령해나갔다. 그러나 몸의 일부는 영원히 접근이 불가능했는데, 목과 턱 아래쪽과 입술 그 자체다. 월러스는 "우리 모두는 우리 스스로에게 다가갈 수 없다"면서, "또한 우리는 예를 들어 서로가 서로를 만지듯이 우리 자신의 몸을 스스로 만지는 일은 꿈도 꿀 수 없다……"고 말한다.[590] 얼굴 시스템과 손 시스템은 자기 인식이라는 측면에서는 동등하지 않다. 손은 아마도 등 위쪽 한가운데를 제외하면 우리 몸의 거의 모든 부분에 가닿을 수 있다. 얼굴로는 그렇게 할 수 없다. 우리는 우리 피부의 중요한 부분들을 만지거나 볼 수 없고, 거울에 비쳐 좌우가 바뀌거나 사진으로 매개된 경우를 제외하고는 우리 얼굴을 볼 수 없으며, 우리 몸 안에서 일어나는 비밀스런 일들에 대해서는 거의 이해하지 못한다. 몸의 어딘가에 이상이 있으면, 우리는 자동차를 기계공에게 맡기듯이 의학 전문가에게 간다.[591] 우리는 신체적으로나 정신적으로나 우리 자신만이 우리 몸에 접근할 수 있는 특권을 갖고 있다고 가정해서는 안 된다.

동작, 말, 글쓰기

글쓰기는 육화된 실천의 하나이지만, 이보다 더 직접적인 몸의 양식이 있다. 우리의 사회적 상호 작용 양식은 오랫동안 광범위하게 다양했고, 언어와 비언어 양식의 비등가성은 우리가 서로를 해석하는 방식에 있어 기본이 된다. 이른바 비언어적인 것을 손실 없이 뜻을 살리며 단어로 번역할 수는 없다. 악수는 "이건 주먹이 아닙니다"라는 말이지만, 그보다 훨씬 더 많은 의미를 갖기도 한다. 아픈 사람을 직접 병문안 가는 것은 말을 전하는 것 이상의 의미가 있다. (마찬가지로 손글씨 편지는 이메일보다 훨씬 더 의미가 큰 것으로 여겨지는데, 시간을 훨씬 더 들이는 것을 보여 줌으로써 진실성을 드러낸다고 생각되기 때문이다.) 비트겐슈타인은 "보일 수 있는 것은 말해질 수 없다"고 말했다. 그레고리 베이트슨이 1950년대에 언급했듯이 유인원과 수달은 "이거 노는 거야"라고 말할 수 있는 아무런 방법이 없지만, 그들은 보통의 행동을 하다가 보통의 결과를 지연시키는 방식으로 신호를 바꾸어 줌으로써 놀이를 수행할 수 있다. 꼬집는 것이지 물어뜯는 것이 아니라거나 간지럼을 태우는 것이지 공격하는 것은 아니라는 것을 입증할 수 있는 유일한 방법은 꼬집거나 간지럼 태우는 일을 끝까지 완수하지 않는 것이다. 보통의 규범을 지연한다고 표시할 수 있는 말이 없다면 보여 주어야 한다. 보여 주는 것은 너무나도 애매하기 때문에 말보다 덜 안정적이다. 장난치며 꼬집는 일이 어느 한순간 심각한 물어뜯기로 변해 버릴 수도 있다.[592] 이것이 비언어에서 의미의 깊은 우물이며, 우리가 불에 관해 이야기할 때 보았던 강력하고 애매한 의미와 비슷하다.

신체적으로 함께 존재하는 커뮤니케이션은 깊은 생물학적 근원을 갖고 있다. 영장류 동물학자 프란스 드 발Frans de Waal에 따르면, 동종 간의 신체적 안무는 윤리적인 중요성을 지닌다. 아리스토텔레스 이후 계속 존재했던 생물학과 정치학의 연결을 받아들임으로써, 그는 리처드 도킨스와 같은 동료와의 논쟁에 뛰어든다. 드 발은 도덕적 느낌을 이른바 동물적이고 잔인하고 이기적인 삶의 방식 위에 겹쳐진 얄팍한 인공물의 껍질이라고 보는 것은 인간뿐 아니라 동물에게도 잘못된 것이라고 주장한다. 드 발은 도킨스와 같은 신홉스주의자가 정치적으로 선동적일 뿐 아니라 과학적으로도 틀렸다고 보는데, 왜냐하면 정의를 느끼는 감정은 군집 생활을 하는 동물들 사이에서는 깊은 뿌리를 갖고 있고 진화론적으로도 자연 선택되었다는 것이다. 몸을 써서 흉내 내는 것은 많은 종들 사이에서 감정적인 유대를 형성한다. 새와 혹등고래는 서로에게 노래를 배우고, 돌고래와 영장류는 열렬한 흉내 내기로 유명하다. 쥐는 만일 동료 쥐가 다친 것을 보면 '고통의 전염'이나 경고를 할 수 있다. 개와 늑대는 싸움에서 진 자들을 달래기 위한 위로의 행위에 참여하고 집단의 유대감을 다시 공고히 한다. 코끼리는 눈물을 흘리고 가장 감정이입이 큰 동물 중 하나다. (전체적으로 유인원은 원숭이보다 더 감정이입이 크며, 여성은 남성보다 더 감정이입이 크다.) 몸과 몸 사이의 돌봄은 오랜 진화론적 유산을 갖고 있다.[593]

사람들은 다른 사람들과 함께 있는 것에서 기쁨을 느끼고, 몸동작을 일치시키는 일에서도 기쁨을 찾는 것이 분명하다.[594] 손뼉 치기, 하품하기, 웃기, 춤추기, 행진하기, 그리고 기타 움직임을 흉내 내는 더욱 미세한 형태들은 모두 사회생활의 핵심에 놓여 있다. 몸의 지도 만들기는 유아기 초기부터 시작하며, 그 후부터 우리는 계속 우리 몸의 내적인 느낌을 다른 이들의 몸에 지도로 그리고, 따라서 그들이 하는 일을 신체적으로 따라함으로써 그들과의 감정적인 유대를 더 강화한다. (여기에서 핵심 역할을 하는 것은 거울 신경이라는 주장이 있다.)

점차 약해지고는 있지만 비언어 커뮤니케이션이라 불리는 것은 틀림없이 언어보다 더 오래된 것이다. 가장 좋은 증거는 종의 영구 보존, 즉 끊임없이 이어지는 세대의 연속인데, 이는 일종의 감정과 성적 상호 관계의 역사다. 성적인 짝짓기는 사람속 사이에서는 200만 년이 넘을 만큼 오래되었다. 언어 이전에 일생을 지속하는 애착 관계를 유지하기 위해서는 의미가 풍부한 신호와 동작들의 풍부한 레퍼토리가 개발되었어야만 했을 것이다. 예를 들어 공포, 기쁨, 분노, 놀라움 등을 표현하기 위한 기본적인 얼굴 표정은 인간들 사이에서는 어느 정도 보편적이다. 한숨, 신음, 움직임 등으로도 많은 것들을 말할 수 있다. 경쟁자 간의 레슬링, 연인 간의 정겨움, 어머니의 아이 돌보기 등에서는 그 어떤 말로도 잡아낼 수 없는 웅변이 있다. 사실 모든 수화들은 엄청나게 다양하긴 하지만 몇몇 기본적인 의미론적 내용들을 공유하는데, 일부 동작이나 얼굴 표현들의 의미는 타고난 것처럼 보이기 때문이다. 이는 음운론과 의미론의 짝이 거의 전적으로 자의적인 관계를 이루는 구어와 뚜렷한 대조를 이룬다. 목소리는 무한한 뉘앙스와 의미로 가득하다. 눈동자의 크기, 태도, 삐딱하게 쓴 모자, 헤어스타일 등은 많은 것을 말해 주지만 그것이 무슨 의미인지 말하기 어렵다. 연기자, 가수, 스타일리스트들은 자신만이 보유한 비언어적인 표현의 광대한 영역을 갖고 있다. 위대한 배우는 몇 년의 일을 단 한 번의 눈빛으로 표현할 수 있다. 어떤 얼굴은 우리의 삶을 바꿀 수도 있다. 안나 카레리나를 바라본 브론스키는 넋을 잃었다.

언어는 의미 있는 현전을 완전히 재설계했다. 우리의 대인 관계의 감정적인 인프라는 아마도 플리오세Pliocene•에 형성되었을 것이고, 그 후로 여러 차례에 걸쳐 재건되어 왔을 것이다. 일부 유명한 진화심리학자들은 마치 인간이 불로 만든 공예품, 언어, 문명, 글쓰기 등에 의해 급격하게 재탄생하지 않았던 것처럼 말한다. 고대의 감정들의 비축물들이 훗날 우리의 엔진에 원동력이 되었을지도 모른다는 것은 사실이지만, 우리의 자연사는 역동적이다. 예를 들어 동작이 작동하는 방식은 언어에 의해 변화해 왔다.[595] 오스틴의 언어 행위 이론이 보여 주듯, 언어와 동작의 경계선은 애매하다. 고개를 끄덕임으로써 "예스"를 대신할 수 있다. 그리스에서는 턱을 내밀며 눈썹을 치켜 올리는 행위가 오키όχι, 즉 "노"를 의미한다. 개인의 사인은 유명한 사례다. 사인은 알아볼 수 있도록 쓰는 것이 요구되지 않는다는 점에서 단지 언어학적이지만은 않고, 이름이자 도상이자 동작이자 행위이자 발화의 역할을 모두 수행하며 몸 전체가 지탱하는 손

• 약 533만 년 전부터 258만 년 전까지의 지질 시대를 말하며, 신생대 신신생기의 마이오세Miocene 다음의 두 번째 시기다. 플리오세 다음으로는 플라이스토세Pleistocene가 이어진다. 찰스 라이엘이 명명한 플리오세는 그리스어로 새 시대의 연속이라는 의미를 지닌다. 이 시기에는 파나마 지협이 형성되어 히말라야 산맥의 상승이 격렬해졌다. — 옮긴이

으로 직접 작업한 것이다.[596]

르루아구랑은 언어가 언제나 시청각적이며 얼굴과 손의 공동 보호 관리하에 있다고 본다. 손은 동작의 주요 미디어이고, 얼굴은 목소리 내기의 주요 미디어다. 시각의 언어와 청각의 언어가 있었다. 손으로 하는 최초의 동작 중 다수는 도구를 가지고 하는 기술적인 조작이다. 손을 위한 도구와 얼굴을 위한 언어, 사물을 손동작으로 만들기와 감정을 얼굴로 표현하는 것 — 이것이 그리기와 글쓰기가 모든 것을 뒤섞어서 언어를 손에 전해 주며 얼굴의 독점을 깨 버리기 전까지 인간에게 할당된 것이었다.[597] 아렌트의 말처럼, 의미가 담긴 것들은 얼마나 지속되는가에 따라 세계성을 획득한다. 우리는 바닷속 지성체인 돌고래가 원칙적으로는 아렌트가 "행위"라 부르는 것을 해낼 수 있었음을 보았는데, 체제 안의 관계를 영원히 변환하는 능력, 즉 발전된 '얼굴' 체계를 가진 모든 구성원들이 달성할 수 있는 무엇인가가 그것이다. 우리 역시 얼굴 동물이고, 우리가 하는 대부분의 것들은 마치 돌고래들이 하는 일이 흘러가 버리듯 그렇게 영원히 사라져 버린다. 그러나 글쓰기는 아렌트가 "작업"이라 부른 누군가의 몸과 뇌 바깥에서 의미를 담을 수 있는 사물들의 영속적인 세계를 포함한다.• 글쓰기나 그리기 이전에는 언어가 기체나 액체의 형태로만 존재했을 뿐, 비록 그 효과가 지속될 수는 있었다고는 하나 결코 고체 상태로 존재하지 못했다. 뇌는 두개골 안에 자리하지만, 정신은 모든 종류의 사물화된 형태로 그 안에 자리한다. 정신은 뇌라는 대양을 항해하는 배다.

• 한나 아렌트는《인간의 조건》에서 노동labor과 작업work을 구분했다. 전자는 생물적 삶을 유지하기 위한 행위, 후자는 인공의 세계를 만드는 행위로 구분한 것이다. 독일어라면 이렇게 구분하기는 힘들다. labor나 work 모두 독일어로는 Arbeit에 해당한다. 작품이라는 뜻의 Werk가 있기는 하지만 아렌트가 말한 work와는 달리 작품 자체를 말하는 것으로 뜻이 협소한 편이다. — 옮긴이

살로 상호 작용하는 것은 비교행동학적으로 풍부하며, 수많은 채널에 수많은 데이터가 있다. 이것이 또한 위험하기도 하다는 것은 어빙 고프만 Erving Goffman 및 정중함을 연구한 동료 후학들인 프로이트에서 노르베르트 엘리아스에까지 이어지는 거대한 주제다. 우리가 다른 사람을 만날 때, 대개 당황스러움이 주가 되기는 하지만, 많은 문제들이 걸려 있다. 수많은 결정들이 필요하다! 악수를 해야 할까, 한쪽 혹은 양쪽 뺨에 입맞춤을 해야 할까, 입 냄새는 없을까? 면대면 상호 작용에서는 순식간의 타이밍이 중요한 의미 투성이가 된다. 짧은 머뭇거림만으로도 감정을 해석하는 수많은 방식이 가능하고, 결코 자발적인 통제하에 놓이게 되지 않는다. 얼굴의 미세한 표현들은 비자발적인 행동의 힌트를 발산하게 된다. 사람들은 실시간으로 언제나 자신의 정체를 드러낸다. 이전의 글쓰기 형태와 마찬가지로 문자 메시지, 트위터, 페이스북 등은 실시간의 위험을 잠시 중단한다. 아주 잠깐의 '타임아웃'만 있어도 자아 표현을 관리하는 데 도움이 된다. 면대면 커뮤니케이션에서 시계는 결코 멈추지 않는다. 시간을 지연하는 능력은 모든 도구 중에서 가장 강력한 것이다. 예를 들어 온라인에 글을 쓰거나 댓글을 달 때, 사람들은 실시간이라면 가장 뛰어난 대화 전문가가 관리할 법한 방식으로 자신의 재치 있는 답변을 다듬을 시간을 갖는다. 양자 컴퓨터의 경우처럼, 글쓰기의 매개체는 끊임없이 연속적으로 이어지는 면대면 대화에서라면 결코 달성할 수 없는 평행 세계 속으로 걸어 들어갈 수 있는 우회로를 제공한다. 플라톤이 불평했듯이, 글쓰기는 수행성을 향상시키는 마약과 같은 기능을 할 수 있다. 우리는 언제나 기회를 한 번 더 얻게 되는 것이다. 페이스북에서는 누구나 오스카 와일드Oscar Wild가 된다.

온라인 상호 작용은 또한 몸과 척추와 발의 위험성을 완화한다. 사이버 공간에서 우리는 배가 꼬르륵 하는 소리, 재채기할 때 사방으로 튀는 침, 혹은 식후에 이에 남은 잔여물 등을 걱정할 필요가 없다. 우리는 다른 사람들의 키가 얼마나 큰지 보지 않게 되고, 그들이 발로 무엇을 하는지 또는 다리를 꼬고 앉아있는지 등을 볼 수 없다. 지퍼가 열려 있거나 하이힐 때문에 똑바로 서 있기 힘든 것도 아무 문제가 되지 않는다. 키보드는 말더듬을 없애 주고 불쾌한 목소리를 가려 준다. 컴퓨터로 매개된 커뮤니케이션은 고대로부터 이어진 서로를 평가하고 판단하기에 사용되는 정보로 가득한 자료들을 후방으로 밀어내 버린다. 만일 인간화가 발로부터 시작한다면, 사이버공간의 발 없음은 무엇을 의미하는가? 우리가 다른 사람들과 같은 장소에 발을 딛고 있다는 것은 어떤 의미에서 매우 중요하다. 어떤 사람의 계급이나 태도를 말해 주는 최고의 지표는 신발이라는 점을 누구나 알고 있다. 온라인에서는 당신이 어디에 서 있는지 혹은 다른 사람의 신을 신고 그 사람인 척하는 것인지 알기 어렵다. 어느 발을 앞으로 내밀어야 최선이 될 것인가? 온라인에서 그리고 바다에서는 당신의 발걸음의 기반을 알기 힘들다. 누가 일가친척의 발에 관한 사진과 상태를 업데이트할 수 있는 앱을 발명할 것인가? 만일 그런 것이 있다면 풋북Footbook이라 부를 것인가?

1999년 빌 게이츠Bill Gates는 이렇게 질문했다. "우리가 캡처해야 할 면대면 회의가 있다면 어떠할까? 우리는 흩어져 있는 참가자들과 회의를 할 수 있게 해 주는 소프트웨어가 필요하다. 상호 작용과 느낌이 살아 있는 그러한 회의를, 언젠가 사람들은 원격 현전을 선호할 것이다."[598] 정보테크놀로지 사업은 언제나 사람들을 물리적 현전으로부터 떼어놓기를 원했다. "거기에 있는" 것보다 더 나은 상호성이 있는 환경을 설계하는 프로젝트는 이미 게이츠의 엉뚱한 꿈 너머에서 약간의 새로운 방식을 더하며 이어지고 있다. 사람들은 페이스북, 트위터, 문자 메시지 등을 통해 원격 현전하기를 선호하는데, 소프트웨어가 "면대면으로 앉아 있는" 그런

"느낌"을 주기 때문이 아니라 오히려 그러한 요소를 전혀 제공해 주지 않기 때문에 선호한다. 문자만으로 이루어진 커뮤니케이션은 사회적인 불안들도 가볍게 해 준다. 전화 대화는 면대면 회의만큼 몸의 위험을 감수해야 하는 것은 아니지만, 여전히 어떤 말로 시작해야 할지, 어떻게 자기소개를 해야 할지, 그리고 어떻게 전화를 마무리해야 할지에 대한 전략들을 고심해야 한다. 이 중 그 어느 것도 문자 메시지에서는 필요하지 않다.[599] 이 책의 1장 첫머리에서 언급한, 아모스 오즈의 부모는 전화라는 구어 미디어에서 비언어적인 풍부함을 발견했다. 반면 문자 메시지는 데이터의 홍수로부터 벗어나는 안식을 제공해 주고, 메시지를 보내는 사람이 반응의 속도, 발음 구별 부호, 표준을 벗어난 철자법, 각자의 스타일과 사투리로 기분을 표시할 수 있는 방법들을 발전시켜 왔을 정도로 대단히 최소한을 유지한다. (가까운 사람들은 "안녕"과 "안녀엉!" 사이의 결정적 차이를 읽어 낼 수 있으며, 마침표는 화가 났다는 표시로 읽히는 경우가 많다.) 물론 모든 커뮤니케이션의 상황에서 사소한 힌트를 사냥하는 일들이 일어나곤 한다. 그러나 면대면 회의는 최소한 수백만 년 동안 사람들이 이용해 왔던, 성공만 했더라면 좋았을 상황을 보장해 준다.

온라인 상호 작용은 내 동료인 앤디 하이Andy High가 "감정의 대역폭"이라 일컫는 것을 감소시켜 준다. 문자 메시지에서는 자신을 드러내야 할지 말지, 문자를 받는 사람에게 인사하는 법을 알아야 할지, 혹은 잘 지내느냐고 인사해야 할지 등을 결정할 필요가 없다. 전화 대화에 비교할 때, 문자 메시지는 얼굴과 다리가 없다. 시작도 없고 끝도 없이, 오직 몸만 있다. 같은 종에 속하는 두 명의 구성원들 사이의 만남은 언제나 폭력인가 연합인가, 성적 위협인가 우정인가와 같은 특별한 문제들을 불러온다. 온라인 상호 작용은 마치 공식에서 몸을 꺼내어 동물의 행동 규칙을 섞는 것과 같은 방식으로 레시피를 변경한다. 헤겔이 말한 주인과 노예의 변증법은 트위터에서 일어날 것인가? 그는 이 변증법을 인정 투쟁을 벌이는 두 사람 사이의 원시적인 맞대결로 파악하는데, 신체적인 현전은 헤겔이 이를 상상하는 방식에서 필수적이다. 명예를 위해 죽음에 맞서 싸우는 것은 실제로 온라인에서 말로 벌이는 무료 싸움에서 규칙성을 넘어서는 방식으로 갑자기 나타난다. 일상의 대화를 지배하는 명백한 사회 계약이 온라인에서는 약해지는 것처럼 보인다. 이른바 '트롤들'과 독단적인 말썽꾼들은 다른 어느 곳에서도 할 수 없을 소시오패스와 같은 행동을 온라인에서 해낼 수 있다. 온라인 세계는 자아도취와 고독한 글쓰기 행위와는 정반대처럼 보이는 악의적인 스타일을 낳는데, 이는 구전되는 말과는 매우 다른 법을 따르는 것이다. 글쓰기는 디지털 미디어 시대에 복수를 행하고 있다.

우리는 온라인 상호 작용과 면대면 사이에 아무 차이도 없는 척하는 모든 커뮤니케이션 플랫폼을 경계해야 한다. 페이스북은 사회성의 포럼인 척 하고 있지만, 페이스북에서 발생하는 모든 것은 어디에서인가 로그인하고 등록한 내용들이고, 이는 데이터 수집과 말에서는 발생하는 않는 유령을 보존하게 한다. 다시 말하지만 녹음은 죽은 자와 산 자 사이의 경계를 흐리고, 온라인에서는 당신의 대화 상대가 좀비인지 아닌지 구분하는 것조차 더욱 어렵다. 소셜 미디어는 죽은 자를 위한 새로운 거주지다.[600] 불과 마찬가지로 생명은 물질을 공기 중으로 태우는 것을 의미하며 이는 말의 연기와 같다. 그러한 사라짐은 삶의 위대한 기호다. 얼굴과 책은 두 개의 매우 오래된 커뮤니케이션과 권력의 양식이고, 그 둘을 한데 우겨넣고 모든 것이 행복해질 거라고 기대해서는 안 된다. 수많은 디지털 미디어 앱들이 그러하듯 글쓰기의 미디어가 마치 일상의 사회적인 관계의 물질들을 다룰 수 있는 척하는 것은 사실상 정비 불량의 기차를 위한 레시피일 뿐이다.

소셜 미디어는 커뮤니케이션 역사에서 오래된 패턴을 드러내는 흥미로운 돌연변이인데, 축소된 대역폭의 뛰어난 유용성 같은 것들이다. 면대면 상호 작용을 했던 옛날의 구어 세계는 인공적으로 매개된 세계보다 반드시 더 현실적이거나 생생하지는 않다.[601] 글쓰기는 내 증조부모를 함께하게 해 주었고, 이 장의 나머지 부분에서 설명하겠지만 시간과 공간을 조작하는 주요 미디어가 되었다. 그러나 중재안을 변호하는 입장에서, 실시간 현전을 간절히 바라는 것이 일종의 형이상학적 실수임을 암시하고자 하는 것은 아니다. 자크 데리다가 그렇게 불렀듯이 현전의 형이상학은 해로운 철학적 혼란일 수는 있으나, 현전의 성적 자극은 역시 다른 이유로 혼란스럽긴 하지만 인간에게는 필수적이다. 사람은 사랑하는 이들과 함께 있기를 갈망하는데, 그들이 글쓰기로는 가능하지 않은 다른 사람의 영혼에 접근하는 특권을 현전과 목소리가 생산한다는 환상 속에 머물러 있기 때문만은 아니다. 만일 당신이 원하는 것이 상대의 마음이라면, 그리고 많은 사람들이 그렇다면, 글쓰기가 더 낫다. 그러나 우리는 또한 서로의 몸과 현전을 원하며 단지 성적인 측면에서만 그런 것은 아니다. 생생한 현전은 결코 그 끌림과 매력을 잃지 않는다. 최근 일부 연구는 다른 사람과 함께 있는 것만으로도 신체적 건강이 향상된다는 결과를 보고했는데, 특히 미주신경 긴장에 좋다고 한다. 즉 뇌와 심장을 연결하는 미주신경이 튼튼해진다는 것이다.[602] 이러한 종류의 연구 결과를 해석하기는 어렵지만, 사람들이 신뢰와 유대감을 구축하기 위해 현전을 적극적으로 찾는다는 증거는 도처에 널려 있다. 토드 기틀린Todd Gitlin이 언급하듯, 결사의 권리는 미국 수정헌법 제1조에서 가장 과소평가된 부분이다. 우리는 여전히 고대에 과소평가되었던 대인 흉내의 양식에 따라 모인다.

이 모든 것에서 중요한 것은 사이버 공간에서의 몸의 지위이며, 이는 모든 미디어에서 몸의 지위에 대한 문제에 속하는 하위 문제들이다. 처음에는 1990년대 월드 와이드 웹의 등장과 함께 행복한 신플라톤주의 몸에 대한 수사학이 별안간 나타났다. 온라인 세계는 우리가 몸을 뒤에 남겨둔 채 우리의 피부색, 몸무게, 혹은 젠더와 상관없이 새로운 정체성을 획득하는 비물질적인 영역이었다.[603] 1993년 피터 스타이너Peter Steiner의 유명한 만화에서처럼 "인터넷에서는 누구도 당신이 개라는 걸 알지 못한다." 오늘날 사이버공간이 마음을 전달하는 커뮤니케이션의 클라우드 천국을 제공할 것이라 믿는 사람은 거의 없다. 거의 순식간에 명백해진 것은 고정된 정체성, 경쟁, 지배 등이 인간의 다른 영역에서와 비슷한 속도로 빠르게 이루어졌다는 점이다. 인터넷은 재런 래니어와 빌렘 플루서가 아껴 마지않는 두족류처럼 유연하게 모핑되는 몸으로 가득할지도 모르고 특히 데이트 사이트에서 더욱 그러할지도 모른다.[604] 하지만 인터넷에는 훨씬 덜 유연한 물질들도 가득한데, 예컨대 나체 사진, 협박, 그리고 러시아인들이 "콤프로마트kompromat"라 부르는 것으로 비참함과 파멸과 많은 이들의 자살을 초래한 약점 수집 공작 같은 것들이다. 타일러 클레멘티Tyler Clementi,• 아만다 토드Amanda Todd,•• 제임스 안트 온James Arnt Aune••• 등 두 명의 유명한 자살 피해자와 내가 개인적으로 아는 한 명 등 사망자들은 오프라인에서 비극적으로 계속 늘어날 것이다. 인터넷은 판타지 몸의 사육장이며, 밈과 스팸과 포르노와 그들의 인간 숙주를 위한 "하나의 거대한 주지육림과 끝없는 정보의 흥청망청"이다. 이는 파괴적이고 불안정한 구역으로, 인터넷 기업들이 채색하고자 하는 것처럼 안전하고 행복한 장소가 전혀 아니다.[605] 이런 방식 때문에 이는 마치 오래된 거주지인 글쓰기와 같다.

• 2010년 미국의 대학생 타일러 클레멘티는 인터넷에 사진이 유포되어 동성애자임이 드러나자 자살했다. — 옮긴이

•• 2012년 캐나다의 15세 소녀 아만다 토드는 온라인과 학교에서의 심한 따돌림으로 인해 자살한다. 12세 때 온라인 화상 채팅으로 만난 남성의 요구로 가슴 부위를 노출한 적이 있었다. 그는 이 영상을 캡처해 아만다를 협박했으나 그녀가 굴하지 않자 온라인에 퍼뜨렸다. 이 일로 그녀는 학교와 온라인상에서 심한 비난과 따돌림을 지속적으로 당하자 결국엔 자살을 택한다. — 옮긴이

••• 2013년 미국의 대학교수였던 제임스 안트 온은 온라인 섹스 사기로 협박당하자 자살했다. — 옮긴이

파워 테크놀로지로서의 글쓰기

불과 식물과 동물과 인간 자신을 길들이는 것 다음으로, 글쓰기의 발명은 아마도 인류 역사에 있어서 가장 위대한 기술적 전환에 해당할 것이다(우리에겐 상당히 타당한 이유가 있는 직립 보행이나 언어를 기술적 발명에 포함하지 않는 한 그렇다). 불과 마찬가지로, 글쓰기는 끔찍한 힘을 지닌다. 의미를 보존할 수 있는 능력으로 인해 글쓰기는 폭발적이고도 위험하다. 다른 모든 길들이기와 마찬가지로, 글쓰기도 결코 완전히 길들여진 적은 없으며 때때로 미친 듯이 날뛰기도 한다. (우리는 작은 글씨를 읽느라 소진되어 버리곤 한다.) 글로 쓰인 것들은 다시 우리를 쫓아오거나 우리를 구조한다. 모든 문서가 "작은 마법사의 견습생"이다.[606] 쓰인 글은 마치 죽은 자의 영역에서 온 좀비처럼 신비한 특성을 지닌다. 플라톤의 《파이드로스 *Phaidros*》에서 소크라테스가 불평했듯이, 쓰인 글은 같은 것을 계속 반복해서 말하고 창조된 것들은 사실상 죽은 것임에도 불구하고 마치 살아 있는 것처럼 묘사한다.[607] 소크라테스는 글쓰기가 마치 벽에 걸린 동물을 묘사한 그림zoographia이라도 되는 것처럼 설명한다. 글쓰기는 우리의 운명을 결정하고 ("벽에 걸린 글") 삶과 죽음 사이를 결정한다. 정복자 에르난 코르테스는 "만일 쓰는 법을 모른다면, 사형 선고에 서명하지 않아도 된다"고 탄식했다.[608] 목소리와 정신이 무덤을 넘어설 수 있도록 해 주는 미디어인 글쓰기는 죽음과 죽음을 다루는 사람들과 오랜 관련이 있다.[609]

누구나 손에 펜을 쥘 때마다, 설사 그것이 가장 평범한 상황이라 하더라도, 크건 작건 예견할 수 없는 사건의 연쇄를 여는 셈이다. 언어의 박제술은 그 힘을 어마어마하게 변화시킨다. 말과 글은 매우 다른 규칙에 따라 작용한다. 글쓰기의 선동적인 특성은 이른바 소셜 미디어가 왜 결코 면대면 대화와 같이 될 수 없을 것인지를 보여 주는 한 이유다. 글쓰기 미디어의 도입이 다양한 형태와 행동으로 나타나는 것은 어마어마한 결과를 초래했다. 어떤 집단이든 글쓰기를 보유한 집단은 그렇지 못한 집단보다 반드시 한 수 앞선다. 글쓰기는 단순히 글자와 데이터를 저장하는 장치만은 아니다. 글쓰기는 다른 모든 미디어와 마찬가지로 힘의 테크놀로지이기도 하다. 글쓰기의 원초적 힘은 그 내용보다는 그 지렛대에서 나온다. 글쓰기는 문명의 핵심적인 부분으로, 노동 분업, 관료제, 그리고 남성우월주의 등 오래 지속되어 온 실체들과 함께한다. (글쓰기의 역사는 또한 지배의 역사이기도 하다.) 물품 저장고를 만들고, 노동이나 빚을 기록하고, 왕이 하는 일을 불멸하게 만들고, 혈통의 정확성을 확인하는 등의 필요성은 특정한 종류의 사회에서만 유지된다. "거칠게 표현하자면, 초기의 글쓰기는 강력한 정부를 전제하는데, 이는 인류 역사 대부분에서 몇몇 왕권의 형태에만 해당하는 것이다."[610] 글쓰기는 사람과 물품에 대해 원거리 통제를 가능케 하지만, 시간과 공간에 대해서도 마찬가지다. 루카복음서 2장의 크리스마스 이야기는 카이사르 아우구스투스가 황제들이 언제나 하는 것을 하고 있는 장면으로 시작한다. 킹 제임스 성경에서 언급하듯이, 그는 "전 세계에 과세를 해야 한다"고 선언하는 것이 아니라 제국은 글로 새겨져 데이터베이스로 남아야 한다고 선언한다. (여기서 사용된 그리스어 아포그라페스타이ἀπογράφεσθαι는 키틀러가 말한 기록 시스템[담론 시스템]의 직계 조상이다.)[611] 증기 엔진이 석탄을 먹고사는 것처럼, 정부는 문서를 먹고 산다. 문서화된 계약은 미래를 잡아 두고, 아카이브는 과거를 보존하며, 글쓰기는 언제나 사건과 행동 주체와 저장고들을 먼 거리에서도 관리할 수 있는 최고의 수단이었다.

배리 파웰Barry Powell은 "글쓰기는 마법과 같이 신비하고 공격적이고 위험하며, 갖고 놀 수 없다"고 말한다.[612] 시장에서, 궁전에서, 사원에서 오랫동안 사용되어 온 글쓰기는 엄청나고 때로는 폭력적이기까지 한 힘을 부여받게 된다. 후기 구조주의 작가들은 독일어에서 동사 '쓰다'를 뜻하는 schreiben이 외침Schrei을 포함하고, 마찬가지로 프랑스어의 명사 l'écrit가

울다le cri를 포함한다는 점을 즐겨 지적한다. 글쓰기는 커뮤니케이션, 정치, 역사를 통해 과장되고 증폭된 효과를 지녔다. 신중한 사람은 글쓰기를 한다. 사인으로 어떤 사람들을 죽음으로 몰아넣기도 하고, 몇 개의 잘 정렬된 숫자 0들은 어떤 사람들을 엄청난 부자로 만들 수도 있다. 사람들은 진짜 서명, 즉 살아 있는 손에서 뿜어져 나오는 아직 쓰이지 않은 약간의 빈 잉크가 죽음과 교환될 것으로 기대한다. 2004년 조지 W. 부시George W. Bush 정부의 국방장관이었던 도널드 럼스펠드Donald Rumsfeld가 이라크에서 전사한 장병들의 가족에게 보내는 위로의 편지에 서명 기계를 사용해서 서명했다는 사실이 알려졌을 때, 이는 하나의 스캔들이 되었다. 한 몸의 피가 다른 잉크만큼의 가치도 갖지 못했던 것이다. 어떤 사람은 6연발 권총으로 당신을 강도질하고 어떤 사람은 만년필로 강도질한다는 우디 거스리Woody Guthrie의 노랫말●을 우리 모두는 이해한다.

수천 년 동안, 글쓰기는 광활한 시간(기록)과 공간(전송)을 가로질러 문화를 보내는 유일한 선택 방법이었다. 쓰이지 않은 것은 공기 중으로 사라져 버리거나 기억에 한 줌의 재로 남는다. 사실상 구술 기억은 기껏해야 몇 세기를 지속하는 것처럼 보인다.[613] 글쓰기는 바다 동물이 육지에 오르는 것만큼이나 급격한 변화였다. 이 두 사건 모두 유동성의 세계에 적응하는 일을 필요로 했다. 그러한 고정성은 커뮤니케이션의 반경을 시공간적으로 확장할 수 있게 한다. 우편 시스템과 메신저 시스템은 지리적으로 멀리 떨어져 있는 사람들의 연락을 지속하게 해 주었고, 기념물, 두루마리, 코덱스, 경전, 도서관, 아카이브 등 모든 포맷의 글쓰기는 시간의 너른 초원을 건너 사람들의 관계를 지속하게 해 주었다. 글쓰기는 키틀러의 이니스를 닮은 개념인 슈리프트모노폴Schriftmonopol, 즉 글쓰기의 독점을 문화적으로 저장하는 유일한 수단이었다.[614] 새김은 한때 미래

● 우디 거스리의 노래 "프리티 보이 플로이드Pretty Boy Floyd"에 나오는 가사다. — 옮긴이

의 세대를 위해 무언가를 저장할 수 있는 유일한 방법이었고, 시, 법률, 종교, 역사, 혈통, 재산권, 혹은 심지어 악보, 춤, 음식 등이 모두 마찬가지였다. (나는 여기에 기호 표기법도 포함시키고 싶은데, 음악 악보, 수학, 화학식, 건축 설계도 등도 글쓰기의 형태다.) 끊임없는 끼적거림은 시간이 기억에 하는 장난질에 저항할 수 있는 유일한 보루였다. 글쓰기는 우리의 운명을 영원히 봉인할지도 모르지만, 시간의 화살에 맞설 수 있는 방패도 가져다준다. 오징어와 마찬가지로, 근대의 부르주아들은 검은 잉크를 분비하여, 죽음 등 우리의 적을 막아 내는 가짜 형상을 만든다.

이 책에서 다루어진 모든 주제와 마찬가지로, 글쓰기와 그 역사만을 가지고도 평생의 연구 주제가 된다. 이에 대해서는 말해야 할 것이 많고, 많은 것들이 이미 이야기되어졌다. 글쓰기의 역사는 자기 반영적이어야 하는데, 그 자체로 역사의 역사가 되기 때문이다. 글쓰기라는 편파성을 통해 우리는 역사를 읽고, 글쓰기 역사에 대한 접근 그리고 거의 모든 것의 역사에 대한 접근은 글쓰기로부터 나온다. 거시 역사가 다루어야 할 많은 것들이 있다. 예를 들어 우리는 텍스트와 섬유 사이에 존재하는 전통적인 젠더의 노동 분업의 역사에 대해 토론할 수도 있다. 또한 중국의 학자들이나 이슬람의 성직자들 사이에 존재하는 서예의 권위와 아름다움에 대해서 토론할 수도 있다. 정과 창포, 깃털 펜과 타자기 등의 필기 도구에 대해서도, 그리고 유대인의 두루마리와 기독교의 코덱스에 대해서 토의할 수도 있다. 인쇄기와 그것이 국가의 언어와 정체성을 형성하는 과정에 대해서 이야기할 수도 있고, 복식기입법 회계 장부와 현대 자본주의에 대해 논의할 수도 있다. 기억과 수학에서 종이의 역할, 글쓰기가 경전을 통해 하는 종교적인 역할과 기억의 수호자 역할, 글쓰기가 학습의 데이터베이스로 하는 인식론적 역할이나 정복과 저항의 도구로 잘못 사용되는 일 등에 대해서 토론할 수도 있다. 여러 다양한 글과 문학, 알렉산드리아의 도서관에서부터 구글에 이르는 여러 아카이브들, 문해율과 근대적 자아나 근대 소설의 부상 등에 대해서도 논의할 수 있다. 타이포그래피 예술에 대해서, 또는 글쓰기에서 일어나는 눈, 귀, 목, 손, 척추, 심지어 엉덩이의 단련에 대해서도 이야기할 수 있다. (엉덩이의 굳은살을 의미하는 인내Sitzfleisch는 알려져 있다시피 작가에게는 집필에 필요한 핵심 도구 중 하나다.) 글쓰기 미디어의 고유성은 여러 다른 행위 주체들과 작동자들에게 자신만의 방식으로 무엇인가를 바꿀 수 있는 기회를 제공해 왔다.

여기에서 나의 초점은 일련의 행위로서의 글쓰기보다는 미디어로서의 글쓰기에 있다. 일부 독자들은 역사상 사람들이 글쓰기에서 이루어온 어지러울 만큼 다양한 작품들을 적절하게 언급하며, 내가 말하는 일반적인 '글쓰기'에 반대할 것이다. 불 미디어와 하늘 미디어와 마찬가지로, 나는 글쓰기가 할 수 있었던 너무나도 다양한 힘의 행위와 양식을 가벼이 보려는 것이 아니다. 영어에서의 글쓰기writing라는 용어로는 설명이 불가능한 구별을 위해, 나는 프랑스어 écrire나 독일어 schreiben 같은 '쓰다'는 뜻의 동사보다는 l'écrit 혹은 Schrift처럼 '쓰기'라는 명사에 더 초점을 둔다. 글쓰기는 세계를 바꾸는 그 힘에도 불구하고 우리 삶에 너무나 많이 밀착되어 있어서, 그 역사적이고 지속되는 중요성에 대해 온전히 감사하기가 힘들 수 있다. 두 발로 걷기, 북쪽을 찾기, 안정된 주소지에서 살기, 혹은 시간을 구별하기 등 당연시되는 다른 일들과 마찬가지로 글쓰기의 인프라적인 부분을 무시하기 쉽지만, 우리가 글쓰기로 가능해진 세계를 포착하기 시작하면 온갖 놀라움과 신비로 가득하게 된다.

가장 기념비적인 기술의 진보

새로운 문화 테크닉 하나를 상상해 보자. 사람들이 서로 함께 앉아서, 서로를 완전히 무시한 채, 자신들이 가진 이 장치에 아무 문제없이 열중할지도 모른다. 연인들은 면대면 현전보다는 각자의 방에서 이 장치를 통해 프라이버시로 물러서는 것을 선호할지도 모른다. 이것은 사람들의 사적인 생각과 기억을 마치 홀로그램 형태처럼 캡처하여 정신에서 벌어지는 내적 콘텐츠를 자신은 물론 다른 사람들을 포함하여 그 테크놀로지를 사용할 수 있는 사람이면 누구라도 접근할 수 있도록 만들어 준다. 이것의 사용법을 배우는 일은 사람들의 삶에서 몇 년을 잡아먹을 것이고 그럼에도 완전히 마스터할 수 없는 경우가 흔할 것이다. 사람들은 이것 없이 사는 일을 상상조차 못할 것이다. 모든 예술과 과학은 전적으로 이것에 의존하여 발전할 것이고, 정부, 무역, 의약, 보험, 회계, 그리고 인구 조사의 각 부처들도 마찬가지일 것이다. 이것을 보유한 사회는 그렇지 못한 사회에 비해 힘의 우위를 점유할 것이다. 사람들은 이것을 사용하느라 미동도 않고 몇 시간을 보낼 것이고, 비평가들은 그들의 쾌락에 빠진 자기도취를 비판하느라 목이 쉴 것이다. 개들은 자신들의 주인이 왜 얼빠진 상태가 되었는지 궁금해 하며 바라볼 것이다.[615] 사람들의 눈은 나빠지고 등은 굽을 것이다. 이러한 이상한 미디어는 사람들로 하여금 즉각적인 사회적이고 감각적인 세계로부터 멀어지게 만들 것이며, 자신의 욕망을 멀리서 오는 신비로운 생각에 맡겨 버리게 될 것이다. 이것은 문화를 그 누구도 무시할 수 없는 너무나도 크고 광활한 무엇인가로 만들 것이다. 종교가 있는 사람들은 심지어 신보다 이것을 더 사랑한다고 말할 수도 있다.

이 테크놀로지는 명백하게 글쓰기다(인터넷이 아니다). 인간이 할 만한 모든 것들과 마찬가지로 읽는 행위는 무척이나 다양하다.[616] 우리 인간은 자연이 그러하듯 아무 까닭 없이 즐기기 때문이다. 오늘날 우리는 쓰인 글에 대해 경외감의 태도를 보인다. 그러나 읽기와 쓰기의 문화적 가치를 높게 평가하는 것이 역사상 보편적인 것은 아니다. 뉴 미디어는 비판받고 올드 미디어는 소중하게 여겨진다고 미첼 스티븐Mitchell Stephen은 말한다.[617] 글쓰기는 오랫동안 죽음과 고정에 관련되었다거나 사회적 소외와 유아론과 연관되었다는 이유로 잔인하게 비판받아 왔다. 18세기와 19세기에 두려움에 빠진 비평가들은 글쓰기가 사람들을 소외시켜 사적인 존재로 만든다거나 심지어 불법의 쾌락으로 몰아넣을 것이라며 비판하는 일이 드물지 않았다. 독자들은 지하의 판타지 세계에서 길을 잃고, 살아 있는 인류와 사물들과의 접촉을 잃어버렸다.[618] 이러한 비평을 읽으면 당신은 그들이 인터넷 포르노그래피나 페이스북을 이야기했던 것이라고 상상할 수도 있다. 어떤 측면에서 아마 그들은 그랬을지도 모른다.

글쓰기는 인간 역사에 등장한 모든 기술적 혁신 중에 의문의 여지없이 가장 "중요하다."[619] 인간의 몸에 "원래부터 장치된" 구어와는 대조적으로, 글쓰기는 설치와 지속적인 업데이트가 필요한 소프트웨어 패키지다. 뭔가 말할 것이 있는 유아는 펜이나 종이를 요청하는 것이 아니라 동작과 표정과 일련의 상호 작용하는 구어를 사용할 것이다. 다윈이 언급한 것처럼, "우리가 어린 아이들이 옹알거리는 것을 보면 알 수 있듯이, 인간은 본능적으로 말하려는 경향을 갖고 있다. 반면 그 어떤 어린아이도 직관적으로 술을 만들거나 빵을 굽거나 글을 쓰는 경향을 갖고 있지 않다."[620] 말하기와 달리, 글쓰기는 어렵고 자연적이지 않고 심지어 고통스럽기까지 하며, 대학생들을 가르쳐본 사람이라면 누구나 15년 혹은 16년의 강도 높은 기술 훈련만으로는 글쓰기를 마스터하기에 불충분하다는 점을 안다. 말하기는 모든 인간에게 어느 정도는 '자연적인' 재능이다. 글쓰기는 오랜 견습 기간을 필요로 하는 기술적인 성취다. (글쓰기와 달리 말은 거의 대부분의 사람들이 즐기는 일이다.) 물론 '자연적인'을 정의하는 것은 까다로운 일인데, 인간의 자연이 곧 인공적이라는 점 때문에 그렇다. 글을 쓰는 사람은 누구나 글쓰기 작업이 등의 통증, 손톱 물어뜯기, 두통, 탈모 등을 동반하는 대단히 신체적인 과정임을 안다. 책은 문자 그대로나 비유적으로나 인간의 피부로 이루어져 있다.[621] 글쓰기는 노동이다. 글쓰기는 격렬한 육체적이고 인지적인 훈련을 요구한다. 글쓰기는 결정적인 생체 역학적인 면을 갖고 있어서, 눈으로 쫓아가며 읽기, 발성하기, 청각적 지각, 손의 민첩함, 자세, 정신적인 노력 등과 같은 복합적인 기술의 통합을 필요로 한다.[622] 의미를 새기는 일은 우리 몸으로 하여금 많은 비용을 치르게 한다.

글쓰기는 단지 몸성을 띨 뿐 아니라, 언제나 물질성과 세계성을 띤다. 비록 말하기가 지속적인 결과를 가질 수 있지만, 그것을 기록하는 미디어인 기억과 일상의 실천은 상대적으로 덧없고 비물질적이다. 플라톤은 말하기를 물속에서의 글쓰기에 빗댄 은유를 사용했다(이는 희한하게도 오징어나 돌고래에게도 적용된다).[623] 글쓰기는 접근 가능한 조건이나 자원 등을 이용하는데, 예를 들어 돌, 진흙, 뼈, 거북등껍질, 비단, 대나무, 옥, 야자 나뭇잎, 놋쇠, 목재, 동물이나 인간의 피부, 파피루스, 종이, 분필, 실리콘 칩 같은 것들이다. 심지어 먼지조차도 글쓰기의 물질이 되어 왔다. 주판을 뜻하는 아바쿠스abacus는 히브리어에서 먼지를 뜻하는 단어가 어원인 것 같고, 이는 한때 계산을 위해 사용되었던 석판을 덮고 있던 먼지를 나타낸다. 하늘에 글을 쓸 때 사용되는 미디어인 오일 분무기도 이와 비슷하게 덧없이 사라지는 특성을 갖고 있다. 도구나 손에 잡히는 물질이 없는 말은 있을 수 있지만, 글쓰기는 언제나 이 두 가지를 모두 요구한다. 다른 모든 문화적 테크닉과 마찬가지로, 글쓰기는 물질과 테크닉을 혼합한다. 하르트무트 빙클러Hartmut Winkler는 우리에게 글쓰기가 "물질 비축"의 행위들 가운데 특별한 것임을 일러준다.[624] 글쓰기는 아렌트의 용어가 던져주는 지속 가능한 것의 아카이브라는 의미 그대로의 세계성을 지닌다. 글쓰기의 도구와 예술과 공예품의 역사는 그 자체로 멋진 역사의 세부 전문 분야가 되었다. 물질적-문화적인 전체 인프라가 글쓰기를 지탱한다. 여기에는 가구와 조명, 임학, 제지 공장, 교육, 시력측정법 등이 모두 포함된다.[625] 글쓰기는 언제나 신체적이고 기술적이지만, 사용자들이 느끼기에는 자동화되어 있고 자연화되어 있다.

심지어 눈동자도 인프라의 습관이 깃들어 있을 필요가 있다. 당신이 무엇인가 읽을 때 눈은 왼쪽에서 오른쪽으로 훑어나간다. 당신의 눈은 일정 기간마다 매번 잠깐씩 느려지는 순간이 온다. 작은 점 하나가 입구에서 영혼에까지 이르는 교통을 지도한다. 눈동자는 셈족의 언어의 경우처럼 오른쪽에서 왼쪽으로 움직일 수도 있고, 혹은 위에서 아래로 움직이기도 한다. 1950년대에 중국의 글쓰기는 위에서 아래로 쓰는 방식에서 근대화 노력의 일환으로 왼쪽에서 오른쪽으로 쓰는 방식으로 전환했다. 당신은 척추 덕분에 편안한 거리에서 표면을 잡은 채 앉거나 서 있다. 이는 얼굴과 손 시스템 사이의 멋진 협동이다. 당신은 1분당 열몇 번 이상 숨을 쉬고, 이렇게 마신 산소는 당신의 몸을 살아 있게 해 주고 당신의 뇌를 천천히 타오르게 한다. 작은 세포 기관인 미토콘드리아는 약 10억 년 동안 다른 세포 안에서 내부공생하며 살아온 작고 행복한 기생물이고, 이는 어머니의 모계 혈통을 따라 광대한 사슬에서 이어져 내려와 모든 세포에 서식하는 침입성 종을 담당하며 당신의 몸을 따뜻하게 유지하는 일을 한다. 당신은 소화 활동과 신진대사를 한다. 당신의 삶의 경험은 우주만큼이나 복잡한 단백질에 엉켜 저장되며, 그 역사는 초신성의 핵융합에 따라 달라진다. 그렇게나 많은 역사가 신진대사에 축적되어 있다. 하나의 단어를 읽기 위해서 우주가 필요하다.

글쓰기에 대한 많은 이론들이 글쓰기를 마치 말하기를 대체하되 무언가 부족한 것처럼, 즉 목소리의 따뜻함을 대신하여 멀리 거리를 두는 지름길인 것처럼 취급한다. 구술성에 대한 이러한 규범적인 선호에 강렬하게 맞섰던 사람은 자크 데리다다. 그는 지난 반세기 동안에 글쓰기에 관한 한 가장 영향력 있는 철학사상가임에 틀림없다. 그의 슈퍼베스트셀러인 《그라마톨로지*De la grammatologie*》(1967)는 글쓰기에 대한 서구의 사상을 2차적인 것으로, 즉 눈에 보이는 표식으로 말을 기록하려는 단순한 수단이라고 주장했다. 이러한 그의 주장은 여러 유해한 효과를 보였다. 비록 그의 주장이 화려했을 수는 있지만, 데리다는 글쓰기의 역사에 대해 잘 알고 있었다. 그는 '그라마톨로지'라는 용어를 시카고대학교의 아시리아학 연구자인 I. J. 겔브I. J. Gelb로부터 따왔다. 겔브의 《글쓰기학*A Study of Writing*》(1952)은 오랫동안 글쓰기 역사에 관한 최고의 이론서로 여겨졌으며 기호와 언어에 대한 전후 프랑스 사상 형성에 암암리에 큰 역할을 했다.[626] (겔브의 책은 여전히 고전으로 여겨지지만, 목적론적인 내러티브와 마야 상형 문자를 인지하지 못했다는 점에서 계속 비판받아 왔다.) 역사와 정치와 윤리에 관한 데리다의 더 중요한 핵심은, 글쓰기의 내리막길이 "서구 형이상학의 폭력"과 연계되었고, 어쨌든 텍스트보다는 목소리가 더 자아를 잘 드러내거나 자아의 내부에 더 '현존'한다는 환상의 믿음을 조장하는 데 도움을 주었다는 것이다. 이러한 그의 견해는 역사상 그 어떤 글새기기나 글쓰기 시스템도 목소리를 완벽하게 잡아내지 못했으며 사인하기 등 많은 글쓰기 방식들이 결코 목소리의 분명한 상대짝은 아니었다는 언어학적으로 자명한 사실에 근거하고 있다. "순수하게 음성적인 글쓰기는 불가능하며, 비음성을 줄이는 것은 결코 끝나지 않았다."[627] 데리다는 글쓰기가 단지 말하기의 부속품 그 이상이라는 점을, 그리고 "목소리의 그림"(볼테르Voltaire)이거나 "눈에 보이는 말하기의 예술" 그 이상이라는 것을 보여 주었다.

데리다는 미디어로서의 글쓰기가 그 자체로 예술적인 비옥함을 지니고 있음을 많은 사상가들이 볼 수 있게 도움을 주었다. 그에게 있어서 글쓰기는 이른바 말하기의 순수함을 그르치는 것이 아니었다. 오히려 글쓰기는 언어 일반에 내재된 상징적 구조를 강화하고 드러내 준다고 보았다. (데리다가 종종 그러했듯이 하이데거의 말로 표현하자면, 돛이 바람을 드러내듯 글쓰기는 언어를 드러낸다고 말할 수 있다.) 그리스어 알파벳에 기반을 둔 음성학적인 글쓰기는 일반적인 글쓰기가 아니다. 그것은 독특하고 역사적으로 특수한 형태다. "음성학적 정확성에 집착했던 그리스의 알파벳은 글쓰기 역사에 있어서 위대한 이상 현상이다."[628] 데리다는 말하기와 현전으로부터 거리를 둔 글쓰기가 저주가 아니라 축복임을 보여 주었고, 이는 후기 구조주의 사상의 핵심이 되어 미디어 이론의 개막에 결정적인 역할을 했다. 부재는 글쓰기의 비범함이며, 모든 미디어는 어느 정도 부재와 교환한다. (배와 불과 시계를 생각해 보라.) 데리다는 즉각성의 꿈을 비판함으로써 글쓰기 미디어의 여지를 만들어 주었고 우리로 하여금 미디어를 글쓰기 논리의 다양한 변형으로 볼 수 있게 해 주었다. 따라서 글쓰기는 우리의 여러 미디어 형태들 중에서 주변적인 것이라기보다는 일차적인 것으로 이해될 수 있었다. 이러한 개념은 독일의 여러 미디어 이론가들의 글에서 발전되었는데, 그들은 19세기부터 전신, 사진, 음성 녹음, 영화 등의 아날로그 미디어에 의해 도래한 변화가 글쓰기를 아무 관련 없는 것으로 만든 것이 아니라 오히려 글쓰기의 역할을 급진적이고 강렬하게 만든 것으로 이해해야 한다고 주장했다.[629] 모든 새로운 미디어는 그 이름으로 올드 미디어에 헌사를 바친다. 예를 들어 전신telegraphy, 사진photography, 축음기phonography, 영화cinematography 등이 그렇다.[630] 19세기 말의 미디어 혁신은 먼 거리에서 쓰기, 빛으로 쓰기, 소리로 쓰기, 움직임으로 쓰기였던 것이다.

그렇다면 근대성은 글쓰기가 쇠퇴하는 것이 아니라, 글쓰기가 퍼져나가고 다양화하는 것을 의미한다. 시청각 미디어의 소리와 맹렬함에도 불구하고, 아마 20세기만큼 글자와 폰트와 캘리그라피가 확산되는 것을 목격했던 세기는 없었을 것이다. 쿼티 키보드는 가장 널리 퍼진 커뮤니케이션 장치 중 하나로 남아 있다. 곧 멸종할 것이라는 예언에도 불구하고 종이는 여전히 대량으로 사용되고 있다. (다만 유감스럽게도 신문 부수는 감소하고 있다.) 실제로 이른바 디지털 시대는 역사상 가장 풍부한 글쓰기 물질들을 뽐내고 있다. 사진, 텔레비전, 영화, 비디오는 단순히 글쓰기를 대체한 것이 아니다. 이 테크놀로지들은 글쓰기의 심층 논리(새기기, 저장, 편집, 전송)에 기대며, 그 결과물들은 글로 쓰인 물질들(제목, 방송 자막, 영화

크레딧, 자막 등)로 가득하다. 당신이 글이 써진 종이 상자에 담겨 인쇄된 사용자 매뉴얼과 함께 포장되어 나오지 않은 디지털 미디어를 살 수 없다는 것은 역사적으로 적절하다.

고정과 삭제

글쓰기가 단지 숙달하기 어려운 행위이기만 한 것은 아니다. 글쓰기를 정의하는 일은 훨씬 더 어렵다. 글쓰기 행위는 너무나도 압도적으로 다양하고 기술적으로 복잡해서 하나의 포괄적인 이해를 거부한다. 겔브는 글쓰기를 일반적으로 "인간의 상호 커뮤니케이션 시스템" 혹은 "언어적인 요소를 표현하는 장치"로 정의하며, 이 중 어느 경우든 "관례적인 시각적 표식"을 사용하는 것으로 본다.[631] 배리 파웰의 정의도 비슷하여, "정보를 소통하는 관례적인 표준을 가진 표시의 시스템"이다.[632] 내가 이 책에서 따라가게 될 두 학자의 분석에서, 글쓰기는 시각적인 표시를 갖고 있으며 해독의 체계적인 규칙에 의해 관리되어야 하지만, 글쓰기가 반드시 말하기를 직접적으로 대표할 필요는 없다. 비록 많은 형태의 글쓰기가 어느 정도는 그러하지만 말이다. 데리다와 마찬가지로 겔브와 파웰은 각각의 글자가 어느 정도는 음소를 정확하게 대표하는 (핀란드어에서는 더 정확히 그러하고 영어에서는 덜 정확히 그러한) 고대 그리스의 알파벳 시스템으로부터 시작되는 말만 그럴듯한 일반화를 경계한다. 시각적-공간적 표식을 받을 수 있는 2차원의 평평한 표면 역시 거의 모든 종류의 글쓰기에 결정적인 것처럼 보인다. 많은 언어들에서 글쓰기를 나타내는 단어들은 새기기, 흠집 내기, 긁기 등의 행동을 암시한다. 라틴어 scribere, 독일어 schreiben, 프랑스어 écrire 등은 모두 영어 scribble과 어족이 같고, 영어 engrave와 스페인어 grabar(기록하다 혹은 녹음 녹화하다)는 의미가 최초로 영구히 보호되는 장소인 grave(무덤)와 관련된다. (아쉽게도 쓰다라는 뜻의 그리스어 γράφω[그라포]는 더 이상 같은 어족으로 취급되지 않는다.)

글쓰기는 종종 지속성과 연관된다. 종교학자이자 고고학자인 얀 아스만Jan Assmann이 언급하듯, 국가는 단순히 권력을 모으기만 하는 것이 아니라 권력의 불멸을 보장하는 메커니즘이다. 그 수단으로는 경전, 사원, 도서관, 법률, 읽기를 가르치는 학교 등이 있다. 이집트인들이 선호했던 문화적인 기억 테크닉은 사원이며, 이는 돌로 건축되어 만들어진 기억의 책 역할을 한다. 반면 고대 유대인들은 성스러운 문헌을 선호했는데, 이는 훨씬 더 가볍고 운반하기에 편했다. 사실 출애굽기 드라마의 상당 부분은 단지 하나의 삶의 방식이 다른 삶에 대항하여 벌이는 싸움, 즉 이집트의 환락과 스펙터클과 파라오 대 시나이의 불타는 떨기나무와 계명과 사제의 싸움일 뿐만 아니라, 다른 미디어에 대항하는 하나의 미디어의 싸움이기도 하다. (야훼는 돌에 간단히 쓰지만, 그 석판은 얼마 지나지 않아 성난 모세에 의해 파괴된다.) 불멸은 돌이라는 수단에 의해 달성되는 것이 아니라 해석학적 전통의 계승과 오늘날까지도 지속되는 의례의 기억에 의해 이루어진다. 토라를 읽는 자들은 능동적인 독자라는 사랑스런 이미지 속에서 밀로 빵을 만들고 아마로 옷을 만든다.[633] 여기에서 읽는 행위란 단지 정보를 얻는 것이 아니라 새로운 물질을 만들어 내는 것이다. 그리스인들은 차례로 신성한 저자에 반하는 인간이 성서 대신에 문학의 지위를 부여한 개방된 전범을 갖고 있었다. 비록 두 유형의 글들 모두 영구적인 가치에 대한 강력한 주장을 발휘했지만 말이다.[634]

글쓰기는 변경 불가능성의 형이상학과 정치적 실천을 가능케 한다. 키틀러는 고대의 함무라비가 자신의 법령을 변경할지도 모르는 자들에 대해 걸어놓은 저주에 이르기까지 트레이드마크의 역사를 추적한다. 요한묵시록 역시 이와 비슷한 문구로 봉인해 두었는데, 텍스트의 한 글자라도 바꾸려는 자는 누구든 묵시록에 기록된 재앙을 받을 것이라 경고한다(묵시록 22:18).[635] 요한복음서 10장 35절은 "성경은 폐하지 못하나니"라고 적혀 있지만, 원래의 그리스어인 "Ou dynatai lythēnai hēgraph"는 훨씬 더 정언에 가까운 말로 "글은 해체될 수 없다"는 뜻이다. 그러한 믿음의 아름다운 표현은 미슈나Mishnah•에서 유래한다. 미슈나의 여섯 부분, 즉 '명령'은 철자 순서를 바꾸어 ZMN NKT로 되어 있는데, 이는 히브리어로 '시간을 멈춘다'는 의미를 지닌 단어의 두 가지 어원을 표기한 것이다. 이러한 것은 단지 유대 문화뿐 아니라 도처의 성서에 존재하는 글쓰기의 기능을 정확히 묘사한다.

기록의 영구성은 그것이 비록 글쓰기가 지닌 힘의 정수라 할지라도 글쓰기를 정의하는 데 있어 언제나 실패 없는 조건은 아니다. 글쓰기의 역사에서 결정적인 역할을 수행했던 것이 밀랍판, 석판, 압지, 수정 가능한 타자기, 컴퓨터 스크린 등 지울 수 있는 표면을 지닌 것들이었음을 고려하면 더욱 그러하다. 예를 들어 연필의 역사는 실험적이고 지울 수 있으며 생산적으로 지속 불가능한 글쓰기의 광범위한 영역을 보여 준다. 이를 일컬어 시빌 크뢰머Sybille Krämer는 "조작이 가능한 글쓰기operative writing"라 부른다. 글의 초고, 건축설계도, 수학 계산, 공학적 계획 등은 처분 가능한 글쓰기를 필요로 한다. "잉크는 아이디어가 공개될 때 사용할 화장품이다. 흑연은 아이디어의 지저분한 진실이다."[636] 다행스럽게도 모든 글쓰기가 영구적인 것은 아니다. 소박한 지우개는 글쓰기를 지우는 많은 방법 중 하나다. 글쓰기는 단지 의미를 저장하고 전송할 뿐만 아니

• 유대교 랍비들의 구전을 집대성한 책. 히브리어의 '반복'이란 뜻의 슈나šānāh에서 유래한 말로 되풀이해 가르치는 구전이란 뜻이다. 이 구전 율법은 Zeraim(종묘. 농경에 관한 법), Moed(제례. 안식일과 축제일에 관한 법), Nashim(여자. 결혼과 이혼에 관한 법), Nezikin(손해 배상. 민법과 형법), Kodashim(거룩한 것들. 희생제, 예루살렘 성전, 먹는 것에 관한 법), Tohorot(정결법. 정결함과 부정함에 대한 법) 등의 6부로 구성되어 있다. 유대교에서는 토라(모세의 율법) 다음으로 중요시해 왔다. — 옮긴이

라, 의미를 켜고 끄기도 한다. 주판과 석판처럼 연필 역시 글쓰기에 있어서 변경 가능성은 고정성만큼이나 중요하다는 것을 보여 주며, 변경 가능성이 없다면 텍스트는 변경 불가능한 것들을 끊임없이 말하기만 할 것이다. 폭군의 명령 문서는 재앙에 가까운 무한한 결과를 낳지 않고서는 상기되지 못했을 것이다. 다니엘서에 따르면, 심지어 페르시아의 위대한 다리우스왕도 일단 자신이 서명한 강령은 취소하고 싶어도 취소할 수 없었다. 텍스트는 왕의 의지를 능가했다. 그러나 취소 역시 권력의 특권이다.[637] 편집은 제왕의 신호다. 사면은 오랫동안 나쁜 기록을 지워 주는 것으로 여겨졌다. (파문 역시 마찬가지다.) 삭제는 진정 열역학적인 혁신이다.[638] 삭제가 없었다면 우리는 빌라도(폰티우스 필라투스Pontius Pilatus) 총독이 클라르텍스트Klartext(원문)에 대해 보여 주었던 완고함에서 벗어나지 못했을 것이다. "내가 한번 썼으면 그만이오"(요한복음서 19:22). 지우개는 용서의 작은 상징이다. 중세 독일의 신비주의 사상가 마이스터 에크하르트Meister Eckhart는 오직 지우는 손만이 진실을 쓸 수 있다고 했다.

글쓰기는 말하기의 저장 장치였던 것보다 훨씬 더 이전부터 데이터 처리 도구였다. 법이나 문학을 위한 글쓰기는 말할 것도 없이 훨씬 더 이후의 일이다. 고고학자 드니즈 슈만트 베세라Denise Schmandt-Besserat에 따르면, 최초의 글쓰기는 고대 메소포타미아의 계산과 목록으로, 진흙의 형태 위에 표시한 이것을 그는 "토큰token"이라 부른다.[639] 그러한 토큰들은 수메르의 쐐기 문자 글쓰기의 선구자였으며, 쐐기 문자는 3000년 이상을 지속하며 이후 서로 연관 없는 지배적인 언어들이 이어지게 되는 문자 형태가 되었다(어떤 면에서 영어, 핀란드어, 과라니어, 터키어는 서로 다른 어족에 속하지만, 이 언어들 모두 로마 문자를 사용하여 글쓰기를 한다). 토큰은 사람과 저장물품을 관리하는 데 사용되었다. 토큰의 기능은 산술과 회계였다. 그들은 처음엔 기원 신화나 왕실의 역사를 연대기로 작성하는 것은 말할 것도 없고, 구문론을 기록하거나 귀에 관련된 언어적 소리를 지정하는 데도 관심과 능력이 없는 데이터 처리 장치였다. 글쓰기는 오랫동안 목록, 표, 등록, 명부, 인구 조사, 차트, 지도책과 지도 등에 사용되어 왔다. 글쓰기는 초기 천문학에서 별의 목록을 수집하고 시간을 추론하는 데 필수적인 요소였다. 디지털 컴퓨터와 인터넷 인프라는 글쓰기의 몇 세기에 걸친 역할들을 더욱 확장시켰다. 지거트는 글쓰기의 두 가지 전통을 언급한다. 하나는 단어를 저장하기 위해 시간에 맞춰 작업하는 일이고, 다른 하나는 수집품과 재고 목록과 인구 등에 대한 데이터를 도표로 만들기 위해 공간에 맞춰 작업하는 일이다.[640] 스프레드시트 이전에는 긴 역사가 있었다.

따라서 최근의 디지털 미디어가 미디어의 논리 구조를 소설과 영화의 "내러티브" 형식에서 디지털 컴퓨터의 "데이터베이스" 포맷으로 이동시켰다고 말하는 레프 마노비치Lev Manovich의 지나치게 극적인 주장은 필기 미디어의 길고 혼합된 역사를 놓친 셈이다. 그는 키보드 검색과 설정이 가능한 소프트웨어로 이루어진 현재 문화에서, 이용자들은 설정한 목표를 주문형 텍스트로 만든다고 주장한다. 이용자들은 어떤 이야기의 구조가 단선적으로 펼쳐지는 것에 묶여 있을 필요도 없고 A-B-C-D의 논리나 다른 누군가의 일정에 사로잡혀 있을 필요도 더 이상 없다.[641] 마노비치의 일반화는 현재의 환경에 관한 많은 것을 조명해 주지만, 역사적으로 볼 때는 근시안적이다.[642] 이야기들과 목록들은 각각 시간적 순서와 공간적 순서를 선호하며, 기록 미디어의 역사에서 언제나 서로 경쟁과 보완의 원칙 관계에 있었다.[643] 글쓰기는 메소포타미아에서 발명된 이래 언제나 빵과 맥주와 노동 시간 등의 항목을 회계하는 데이터베이스였고, 문학의 저장고이자 전송인 동시에 행정과 산술의 도구였다.[644]

글쓰기의 처리 능력은 목록이 처음 등장할 때 명백히 드러난다. 목록을 쓰는 일에서 연쇄 순서는 묶인 정도를 느슨하게 한다. 예를 들어 어떤 소설을 읽을 때, 우리는 보통 첫 장에서부터 끝장에 이르기까지 일직선으로 읽는다. 그러나 이러한 소설에서조차 시퀀스가 언제나 군림하는 것은 아니다. 재니스 래드웨이Janice Radway가 연구했던 로맨스 소설의 독자들은 때로 소설의 결말을 예측하기 위해 맨 끝을 먼저 읽곤 했다.[645] 독자들은 자신들이 원하는 바에 따라 언제나 돌 던지기 놀이를 하듯 소설을 읽는다. 연감, 성경, 요리책, 사전, 백과사전 등을 읽을 때 단어 하나하나를 모두 읽는 사람은 없다. 그러나 이것이 단지 참고용 도서만의 운명은 아니다. 그 누구도 신문 전체를 다 읽지는 않는다. 알파에서 오메가까지 모든 것이 이어지는 내러티브는 물론 영향력은 크지만 소수를 차지하는 형태다. 소설은 읽기의 역사에 있어서 특권을 지닌 예외다. 글쓰기는 통합된 스토리라인을 필수로 하여 구성되지 않는다. 스토리는 글이 담아내는 수많은 종류의 데이터 중 하나일 뿐이다. 글쓰기의 역사학은 문학 쪽으로 기울어 있고 관료제로부터는 멀리 떨어져 있으며, 펜 쪽으로 기울어 있고 연필로부터는 떨어져 있다. 책은 20세기에 인쇄용으로 사용된 종이의 광범위한 더미 중에 극히 작은 일부분만을 차지한다. 수많은 종류의 회계, 원장, 지도, 기록, 등록, 목록, 인덱스, 청사진, 도식, 표 등을 통해서, 글쓰기는 앞에서 뒤로 이어지는 내러티브 구조 없이도 사물들의 저장고를 흉내 낸다. "모든 기억술의 가장 독창적인 미디어는 공간화다."[646] 그러한 글쓰기의 아름다움은 글을 "재배열하는 것을 가능케 해 주는" 그 "시각적이고, 공간적이고, 장소적인" 특성에서 나온다.[647] 잉글랜드 왕의 연대기 목록은 재임 기간의 길이에 따라, 대관식이나 사망 연도에 따라, 혹은 알파벳 순서로 재배열할 수 있다.• 글쓰기는 방대한 데이터 처리를 가능케 한다.

• 농담: 어느 나이 든 유대인이 기도책을 잃어버렸는데 기도문구를 암송하지 못한다. 그는 즉흥적으로 기도한다. "그러나 전지전능하신 신이여, 나에게는 해결책이 있으니 당신의 승인을 바랍니다. 나는 알파벳의 모든 글자를 읊을 테니, 바라건대 신께서는 그것을 바른 순서로 놓아 주십시오." Leo Rosten, *Hooray for Yidda* (New York: Touchstone, 1982), 95.

"내 연필과 나는 나보다 더 현명하다"고 아인슈타인이 말한 것으로 알려져 있다.[648] 크뢰머의 "조작이 가능한 글쓰기"는 수치를 내고, 계산하고, 설계하기 위해 그림을 그린다. 여기에서 글쓰기는 단지 말의 저장고일 뿐 아니라 계산의 장치이기도 하다. 수학은 글쓰기에 의존한다. 브뤼노 라투르가 "평평한 실험실"(석판과 주판)이라 부르는 것은 고대 수학이 하나의 학문 분야로 부상하게 해 주었다. 새겨 쓰는 시스템은 상호 비평의 사회적 네트워크와 생각을 물질화하고 조작하는 지적 테크닉 모두를 지속해 주었다. 근대 초기 수학, 특히 분석기하학과 미적분학 역시 마찬가지로 표와 격자와 x−y 좌표 등의 그림을 필수적으로 사용했고, 이때 힌두아랍 숫자와 0을 활용했다. 종이는 크뢰머가 "상징적 기계," 즉 외부에 위치한 정신적 도구라 부르는 것으로서 작용한다. 현대 수학의 경이로움 중 하나는 숫자 0과 같이 존재하지 않는 실체를 생각하는 능력이다. 한 장의 종이는 장소의 가치를 지닌 논리를 지속할 수 있게 해 주고, 이는 수학, 지도, 악보 등의 표기 시스템에 여러 다른 방식으로 필수적이다. 줄이 그어진 종이는 물론 그림이 그려진 종이도 있다. 조작적인 글쓰기에서 눈은 여러 방향으로 움직일 수 있으며, 연필 또한 마찬가지다. 순전히 선으로 이루어진 텍스트에서, 내용의 공간적인 위치는 중요하지 않다. 하나의 소설이 여러 다른 편집본으로 출간될 때 중요한 내용을 전혀 잃지 않은 채 페이지 수가 달라질 수도 있다. 그러나 방정식, 지도, 표 등에서는 공간적 위치가 결정적이다. 소수점이나 0이 어디에 위치해 있는가에 따라 모든 것이 바뀔 수 있다.

분필은 또 다른 수학적인 물질화의 미디어다. 19세기 초반 이래, 분필은 수학 교육, 발견, 신화학에서 빼놓을 수 없는 존재였다. 분필은 수학자의 손에서 마치 움직이는 존재처럼 튀어 올라가 생명을 얻는다. (아인슈타인이 바이올린을 연주하지 않거나, 자전거를 타지 않거나, 혹은 혀를 내밀지 않을 때는, 아이러니하게도 난해한 상징들이 가득 적힌 칠판 앞에 서 있다.) 수학의 목표는 기호학적 관습들을 통해 직관을 알아볼 수 있게 만들어 주는 것이고, 칠판은 분석의 대상을 물질화하는 하나의 방식이다. "형식적인 즉각성이나 자명성이 미디어와 매개를 넘어서는 수학적 개념이란 없다."[649] 분필, 석판, 연필은 참치가 헤엄칠 때 스트로크를 통해 더 많은 스트로크를 만들어 내는 것과 마찬가지의 역할을 한다. ("잔가지를 없애 버려!"는 내 아이의 수학 선생이 한 권고로, 이는 계산 과정을 드러내라는 뜻이다.) 수학의 물질성을 드러내는 것은 우리가 보유해 왔던 과학의 이미지로부터 우리를 떨쳐내기 위한 최근의 노력에서도 중요한 역할을 한다. 계산하고 끼적거리는 일은 수학의 본질이 이상적이며 글쓰기는 전적으로 마무리에만 필요하다는 생각을 포기하는 것을 의미한다. 라투르는 고대 그리스의 수학에서 다이어그램은 "존재론의 대체로서 효과적으로 활약했다"고 언급한다. 바로 그렇다. 바로 이것이 언제나 미디어다.●[650]

글쓰기 역사의 랜드마크

글쓰기의 역사 그 자체는 삭제로 가득 차 있다. 글로 쓰인 기록물(아마 모든 역사 기록물을 포함하여)의 보존은 종종 우연한 일에 따라 달라진다. 고대 그리스 역사의 핵심적인 실마리를 제공해 주는 고대 문자인 선형 문자 B는 크레타의 크노소스에서 발생한 어느 궁전의 화재로 인해 보존이 가능했는데, 화재가 아니었더라면 남겨지지 않았을 진흙판이 화재로 인해 불에 구

● 하이데거는 글쓰기의 구성적인 특성을 이렇게 예측한다. "가장 '추상적인' 문제 풀이와 결과의 기록도 글쓰기 물질과 함께 작용한다. 그러나 과학적인 연구의 그러한 요소들이 '흥미롭지 않고' 게다가 '자명'해 보일지 모르지만, 그들은 존재론적으로 전혀 무관심하지 않다." *Sein und Zeit*, 358.

워졌기 때문이다. 불은 또한 우가리트어•도 보존했다.[651] 베수비우스 화산의 뜨거운 재는 폼페이의 생명들을 앗아갔지만 그들의 삶은 보존했는데, 이는 전형적인 창조적 파괴의 한 사례다. 광범위하게 펼쳐져 있던 페르시아 제국을 관장하는 데 사용되었던 아람어는 이집트에서 가장 잘 문서화되어 있는데, 그 언어가 사용된 지역의 중심이 이집트이기 때문이 아니라 이집트 사막의 기후가 문서들을 가장 잘 보존해 주었기 때문이다.[652] 만일 글쓰기의 역사 전반이 이러한 조각들의 모음이라면, 인간 커뮤니케이션의 역사는 더 그러하다. 인간은 5000년 이상 글을 써왔지만, 그보다 더 오랜 기간 그림을 그려왔고, 말을 한 기간은 그보다도 훨씬 더 오래되었으며, 평생을 함께할 성적인 파트너를 찾아 짝을 지은 것은 그보다도 더 오래되었다. 이러한 역사의 대부분이 여전히 불명확하지만, 고고학적 연구와 유전학적 연구들이 조각들을 더해나가고 있다. 르루아구랑은 "선사학자들은 가장 의미가 클 수도 있는 증거들, 즉 동작, 소리, 물건의 배열 등도 없이 연구를 진행하는 일을 그만두어야 한다……"고 썼다.[653] 석기 가공물과 글쓰기는 우리들에게 인간 사이의 커뮤니케이션 역사에서 거의 갖지 못했던 모든 것을 가져다주었다(돌 가공물은 250만 년 전까지 거슬러 올라간다). 다행스럽게도, 쓰이지 않은 것들을 읽는 것이 가능하다.

이미지와 글쓰기는 서로 다른 논리를 따른다. 행동학적으로 근대 인간은 일찍부터 그림 예술가였던 것처럼 보인다. 인간은 달과 사람과 동물을 표현하기 위해 그림을 그렸고, 아마도 이를 통해 순수한 기쁨에 넘쳤을 것이다. 그러나 언어는 사물이나 사건으로 구성되는 것이 아니라 소리와 구문과 의미의 체계로 이루어진다. 글쓰기가 없던 시절의 언어는 소리

• 고대 도시 국가 우가리트Ugarit(북서 시리아 지중해 연안에 위치)의 유적지 라스 샴라에서 발견된 자음으로 된 쐐기 문자로, BCE 1000년 전까지 사용된 셈족 계통의 언어다. 이 언어는 성경에 기록된 히브리어와 히브리 문학에도 영향을 미쳤다. — 옮긴이

와 목소리와 귀가 만들어 낸 창조물로서만 존재했다. 눈은 동작과 자세와 얼굴 표정 등을 통한 비언어 커뮤니케이션에 있어서 매우 중요한 통로였지만, 그렇다고 언어의 운반자는 아니었다. 초기 언어의 그래픽 형태는 그림으로 의미를 포착했지만, 언어로 포착한 것은 아니었다. 겔브는 그러한 형태를 일컬어 다소 볼품없는 이름인 세마시오그래피semasiography라 불렀는데, 이는 그리스어에서 "의미를 새김"이라는 뜻이며, 이후 그 명칭은 고착되었다. 세마시오그래피는 말을 표상하는 것이 아니라, 분명한 목소리 혹은 언어의 상관물을 지칭하지 않은 채 시각적인 표상을 통해 의미를 커뮤니케이션한다. 이는 어느 정도는 공유하는 동작들의 보다 일반적인 모음을 활용하고 인간들에게 일반적으로 지각될 수 있는 작용을 한다. 그러나 르루아구랑이 언급하듯, 그리기는 다면적인 자유를 갖고 있는 반면 글쓰기는 다소 단선적이며 이미지를 음성학적인 순서의 규칙에 복종시킨다. 눈으로 바라볼 땐 원한다면 이미지 하나를 이리저리 훑어볼 수 있지만, 눈으로 읽는 일은 대체로 텍스트를 연쇄 순서대로, 즉 스웨덴의 시인이자 언어학자 제스퍼 스벤브로Jasper Svenbro가 아름다운 은유로 표현하듯, 쓰인 텍스트의 "개미들의 길"을 따르는 일이다.[654] 이미지는 구조를 가질 수 있으나 엄격한 구문론을 갖지는 않는다. 그리기란 그림으로 표현하는 것이고 언어학적이지는 않지만, 글쓰기 행위가 그리기를 주요 원천으로 하여 새로 나타나게 된 것은 분명하다.

예를 들어 '금지' 표지를 생각해 보면, 붉은 색 원 안에 대각선으로 그어진 줄이 문제가 되는 금지 행위의 이미지 위에 겹쳐져 있다.[655] 이러한 기호의 사용은 눈으로는 널리 이해되며, 귀에 들리는 소리로는 엄청나게 다양해진다. 이 기호는 "엉테르디 드 퓌메르interdit de fumer"(프랑스어), "이케 뢰이케Ikke røyke"(노르웨이어), "메 카프니제테Mη καπνίζετε"(그리스어) 등으로 다양하게 번역될 뿐만 아니라, 하나의 언어 내에서도 "금연," "담배를 피우지 마시오," "흡연 금지" 등으로 다양하게 표현될 수 있

그림 5 금연 기호

다. 세마시오그래피 기호는 독해하는 방법을 알려 주거나 기본이 되는 발음을 알려 주지 않은 채 의미를 전달한다. 시각 예술과 이미지들이 일반적으로 깊은 수준에서 연결되는 것과 마찬가지로, 대다수의 기호들은 구문론적이거나 음성학적인 내용을 특정하지 않는다. 다른 양식의 글쓰기는 더욱 촘촘한 말의 기준을 가능하게 한다. 예를 들어 알파벳 글쓰기는 우리에게 단어의 의미를 글자 하나하나 알려 주는 것이다. 그러나 세마시오그래피 텍스트는 여러 언어로 해석될 가능성에 스스로를 열어 둔다. 어떤 표현 방식이 더 우월하거나 더 적합한지 식별할 수 있는 방법이란 없다. 비록 세마시오그래피 텍스트에는 알파벳 사용자들이 말을 정확하게 복제하는 글쓰기에 필수적이라고 생각할 만한 특성들이 부족하다고는 해도, 그렇다고 세마시오그래피를 낡은 것으로 여겨서는 안 된다. 세마시오그래피 관습은 평범하게는 도로 표지판에서 그리고 가구나 전자제품을 직접 조립하는 데 필요한 설명서에서 사용되며, 고상하게는 수학과 음악의 표기법에서 사용된다. 그렇다고 세마시오그래피에 깊은 의미가 부족하다고 보아서도 안 된다. 음악과 마찬가지로 이미지는 우리가 알고 있는 가장 감동적인 것 중 하나로 남아 있으며, 말로는 왜 그런지 설명하기 어렵다. 왜 가사 없는 노래를 쓰느냐는 질문에 대한 펠릭스 멘델스존Felix Mendelssohn의 대답을 생각해 보자. 그는 이렇게 말했다고 알려져 있다. "내가 말해야 하는 것은 글로 쓰기에는 너무나도 정밀한 것이다."

그림 6 차례대로 아이eye, 캔can, 낫knot, 시sea, 유ewe. "I cannot see you"를 나타내는 리버스.

BCE 3400년경에 표어문자의 부호화, 즉 단어 글쓰기가 나타나면서 핵심적인 돌파구가 생겨났다. 잭 구디Jack Goody와 이언 와트Ian Watt는 이 혁신을 다음처럼 잘 표현했다. "그래픽 상징으로 소리를 표상한다는 개념은 그 자체로 깜짝 놀랄 만한 상상의 도약이어서, 놀라운 것은 그것이 인류 역사에서 상대적으로 늦게 일어났다는 점이 아니라 그 일이 어쨌든 일어났다는 점이다."[656] 핵심적인 장치는 리버스rebus로, 이는 소리를 연상케 하고 그것이 다시 단어를 연상케 하는 상징 그림이다. 리버스는 다른 단어와 똑같거나 거의 같은 소리가 나는 이름을 불러내기 위해 이미지를 사용한다. 다른 모든 역사적인 글쓰기 양식과 마찬가지로, 리버스도 여전히 사용 중이다. 어린이들의 퍼즐 그림에서도 발견되고, 프로이트의 말에 따르자면 우리 꿈속에서도 나타난다. (아마추어 이집트학자이기도 했던 프로이트는 꿈을 상형 문자, 즉 알파벳이 아닌 글자로 쓰인 텍스트라고 생각하기를 좋아했다. 그리고 자기 자신을 위대한 고대 이집트 해석학자인 장 프랑수아 샹폴리옹Jean François Champollion으로 여기고 싶어했다.) 리버스는 말을 에둘러 표상하는 방법처럼 보인다. 하나의 그림이 나타내는 것은 발음할 때 아무 연관이 없을 법한 소리가 나는 이름이다. 그러나 모든 글쓰기 시스템은 어느 정도 복잡한 장치를 갖고 있다. 다양한 종류의 데이터 흐름들(이미지, 개념, 단어, 소리)을 통합하는 일은 글쓰기가 하는 일에서 가장 바탕이 되는 것이다.

알파벳이 기본적인 말소리를 어떻게 내는지 독자에게 알려 줄 수 있는 유일한 글쓰기 시스템이라는 것은 알파벳이 갖고 있는 편견이다. 알파벳 이

전에도 수메르 쐐기 문자, 중국과 이집트의 표어문자, (아람어•와 히브리어 등의) 원시 알파벳 음절 문자들이 모두 말하기의 소리를 따른 것이다. 소리의 부호화는 비옥한 초승달 지역에서 BCE 4000년 전에 겔브가 "음성학적 원칙"이라 불렀던 것을 발견한 이후 계속해서 글쓰기의 특성으로 남아 있다. 하지만 소리를 내는 원칙은 불분명하고 항상 믿음직한 것은 아니었다.[657] (글쓰기의 기원이 하나인가에 대해서는 논쟁이 많지만, 다양한 글쓰기 방식들이 각각 소리를 나타내는 방식들을 발견했고, 마야의 상형 문자는 다원발생성을 주장하는 것처럼 보인다.) 중국과 이집트의 상형 문자는 모두 표어 시스템으로 음성화되었다. (두 언어 모두 유럽의 사상가들에게는 환상의 대상이었다. 중국어는 순수하게 관념적인 언어이며 이집트어는 감각적이고 우화적인 언어라고 생각했던 것이다.)[658] 중국어 문자의 절대다수는 의미를 나타내는 글자와 소리를 나타내는 글자가 합해진 형성 문자다. 상형 문자에서는 각각의 단어가 독특한 기호이기 때문에, 이를 읽고 쓰는 법을 배우는 데 엄청난 시간과 노력을 투자해야만 한다. 현대 중국어 신문을 읽기 위해서는, 약 3000자를 알아야만 한다. (중국어는 주요 고대 상형 문자 중에서 오늘날까지 살아남은 유일한 언어다. 최초의 표어문자 체계이자 수천 년을 이어졌던 수메르의 쐐기 문자는 이제 멸종했고, 이집트의 상형 문자와 마야의 자체도 마찬가지다.) 순전히 시각적인 언어였던 고대 로망스어와는 대조적으로 이집트의 상형 문자가 음성학적인 지시어들로 가득 차 있다는 점을 파악하는 일은 1820년대 샹폴리옹이 로제타석을 해독할 때 사용했던 핵심 단계였다.

역사적으로, 수사들, 필경사들, 학자들, 관료들에게는 글쓰기 테크놀로지를 보다 접근 가능하게 만들고자 하는 동기가 거의 없었다. 이니스

• 아람어는 아프리카아시아어족 셈어파에 속하는 언어로, BCE 1000년경부터 신아시리아의 영향 아래 소아시아 지역에서 널리 사용되었다. 기독교의 예수도 이 말을 사용했다고 보는 것이 정설이다. — 옮긴이

가 우리에게 일깨워 주듯 진입장벽은 독점적인 통제를 도와주고, 글쓰기의 역사는 단순히 글로 새기는 것의 연속이라기보다는 커뮤니케이션 수단의 통제권을 둘러싸고 벌인 여러 집단 사이의 갈등이다. 사실상 알파벳 이전에 등장했던 많은 문자들은 미칠 만큼 얽히고설킨 규칙들로 가득 차 있어서 마치 의도적으로 불분명하고 어렵게 만든 것처럼 보인다. (용기가 있는 사람이라면 겔브가 토론했던 여섯 가지 유형의 표어문자 글쓰기를 모두 파악해 보는 것도 좋겠다.)[659] 고대 문자에서의 사회학적 규범은 일부 학자들이 "올리고리터러시oligoliteracy," 즉 극소수를 위한 리터러시라고 부르는 것으로, 모든 시민은 읽고 쓰고 생각할 수 있어야 한다는 근대적인 규범과는 극명한 대조를 이룬다.[660] 중세와 르네상스 유럽에서는 많은 엘리트 여성들이 자기 지역 말을 읽고 쓸 줄 알았지만, 아주 극소수만이 언어를 학습했다. 라틴어는 압도적으로 남성들의 영역이었다.[661] 15세기 중반에 처음 인쇄기가 등장했지만, 북아메리카(백인 남성과 여성)와 북유럽에서 대중의 읽고 쓰는 능력이 성취된 것은 18세기 후반 이후의 일이었다. 발명이 곧 효과를 나타내는 것은 아니다.

비록 언어를 새기기 시작한 초기의 것이기는 하지만 로고그래프 방식도 여전히 죽지 않았다. 우리는 아직도 $, £, €, ©, Σ, √, ∞, †, ♥, 1, 2, 3, 4, 5 등의 로고그램을 사용하고 있다. 알파벳 문자들이 특정한 목적의 로고그램으로 사용되기도 한다. 로고그램은 어떤 소리를 함축하기도 하지만, 음성으로 읽는 방식은 정해진 것 없이 열려 있는 경우가 많다. 비록 중국에서 서로 알아들을 수 없는 언어(혹은 '사투리')를 사용하는 사람들이 서로의 말을 반드시 이해할 수는 없다 할지라도, 그들 모두는 대부분 언제나 한자를 읽을 수 있다. (이러한 사실은 중국어 문자가 순전히 관념적이며 음성은 전혀 나타내지 않는다는 잘못된 생각을 낳기도 한다.) 우리는 Rx를 "처방전" 혹은 "아르 엑스"라 읽을 수 있지만 이는 문제가 되지 않는다. I♥NY의 의미는 "아이 러브 뉴욕"이라 읽거나 "나는 뉴욕을 사랑해"라고 읽거나 상관없이 분명하다. 2 × 2 = 4라는 연산 기호는 지구상의 누구라도 이해할 수 있는 것이지만, 이에 해당하는 음성 소리는 매우 다를 것이다. "이 곱하기 이는 사" 혹은 "츠바이 말 츠바이 글라이히 피어Zwei mal zwei gleich vier" 혹은 "도스 포르 도스 손 콰트로Dos por dos son cuatro" 등으로 다양하다. 시각적 기호가 쓰인 것에 언제나 그에 해당하는 음성이 정해져 있는 것은 아니다. 만일 내가 1이라는 기호를 쓴다면, 지구상의 다수는 이것이 무슨 의미인지 알 것이지만 그것을 소리 내어 읽는 방법에 대해서는 서로 다른 의견을 낼 것이다. 언어에 따라 "하나," "원one," "아인스eins," "사투satu," "익시yksi" 등으로 다르다. 그러나 여기에 기호가 추가된다면 발음을 명확히 할 수 있다. 1st는 영어 퍼스트first로 첫 번째를 뜻하고, 1°는 스페인어로 첫 번째를 의미하는 프리메로primero를 뜻하며, 프랑스어에서는 1^{er}가 첫 번째를 의미하는 프리미어premier를 나타낸다. 그 의미가 눈으로 볼 때 명확하다 할지라도, 기호를 더해 주면 목소리와 귀로 듣는 소리의 힌트를 더해 주게 된다. (로고그램을 완성하는 추가 기호는 종종 "한정사"라고 불린다. 프로이트는 우리 꿈에서 한정사를 발견했다. 이에 해당하는 기능이 중국어와 이집트어에서는 일상적으로 일어난다.) 언어의 소리를 함축하는 이러한 능력은 로고그래피와 세마시오그래피를 구별해 준다. 모든 문자들이 의미와 소리 모두를 지시하지만, 의미뿐이라거나 소리뿐인 문자는 없다.[662]

개념을 표상하는 기호와 소리를 표상하는 기호를 섞는 것은 영어에선 낯선 방식이다. 영어에서 잘 알려진 로고그램인 십자가는 여러 다양한 음성학적이고 의미론적인 방향을 자아낼 수 있다. †s는 십자가를, †d는 죽음을 의미한다. Xmas는 크리스마스를, xing은 교차로를 의미한다. "트웬티Twenty"는 영국의 스파이 일당의 이름이었는데, 로마 숫자에서 20이라는 수는 XX('더블 크로스,' 즉 '배반')을 의미하기 때문이다. 이러한 교묘한 방식은 고대 글쓰기와 근대 글쓰기 모두에서 발견되며, 이는 우리에게 예를 들어 중국어 글쓰기가 어떻게 작동하는지 알려 주는 역할을 한다. 중세의 문장은 이름을 방패의 디자인으로 압축해 표현했다. 볼테르는 한때 저녁 식사 초대에 "Ga"라는 메시지로 답한 적이 있었다. 이는 "Gé grand A petit"(대문자 G, 소문자 A)의 발음이 "J'ai grand appétit"(배가 고프다)와 같기 때문이다. 오늘날 우리는 자동차 소유자가 선택한 번호판, 힙합 이름과 제목 등 다양한 현상들의 의미를 파악하기 위해 로고그래프를 읽어야만 한다. 전화 문자 메시지 역시 고대의 로고그래프 전략을 복귀시켰다. 영어 l8r는 "later"(나중에)를 의미하고, 프랑스어 7ac는 "c'est assez"(충분해), oqp는 "occupé[e]"(바쁘다), je x는 "je crois"("나는 믿는다." 십자가라는 뜻을 지닌 'croix'와 'crois'는 동음이의어)를 의미하며, 스페인어 s3은 "es"(S) 더하기 "tres"(셋) 혹은 "estrés"(스트레스)를 의미한다. 문자 메시지를 이해하기 위해서는 어떤 글자와 숫자를 로고그램으로 읽고 어떤 것을 음성을 표시로 읽을지 알아야 한다. 7ac라는 기호는 "세뜨-아세"라 읽는 것이 아니라, a와 c를 로고그램으로 취급하여 각각 이름과 소리로 구별해서 읽는다. l8r에서 l과 r은 알파벳에서 음성학적 요소이지만, 8은 단독으로 존재하는 로고그램으로 발음한다.[663] 문자 메시지를 해독하는 것은 약호에 접근할 수 없는 서툰 사람들에게는 꽤 혼란스러운 일일 수 있다. 글쓰기의 역사에서 이는 대략 현상 유지는 상태다. 읽기는 오랫동안 방관자들에게는 난해한 듯 보였고, 고대 그리스에서는 읽기가 징조와 꿈을 해독하는 일로 여겨졌다.[664] rune은 룬 문자 글쓰기와 신비한 글이라는 두 가지 의미를 갖고 있다. 읽기에서 우리는 여전히 기호를 찾고 있다.

그 어떤 기준으로 보더라도 그리스의 음성학적인 알파벳은 커다란 변형을 겪었지만, 그 역사적 의미에 대해 타당하게 고정하기란 어렵다. 왜냐하면 거기에는 너무나 많은 이데올로기적 값을 치르는 일이 수반되기 때문이다. 글쓰기의 역사에 관한 주장이 문화의 우월성에 대한 주장과 섞여 버리는 일은 너무나 자주 발생한다. 파웰에게 있어서 모음의 글쓰기는 역사적인 동서 분단 못지않은 분리였고, 이러한 견해는 키틀러가 열정적으로 확대해 나갔다.[665] 고전학자 에릭 A. 헤블록Eric A. Havelock은 그리스어 글쓰기를 분명하게 보았고, 따라서 그리스 문화를 히브리 문화보다 더 우월한 것으로 보았다. 이는 데리다가 이견을 표한 평가였다.[666] 그리스어 알파벳은 과거와 명백하게 결별한 것은 아니었다. 헤블록이 "어린 시절에 배울 수 있을 만한 짧은 주기율표"라 불렀던 것의 발명은 온갖 결과를 낳았지만, 말을 표상하기 위한 초기의 그래픽 체계와의 연관성을 놓치기 쉽다.[667] 겔브는 이렇게 말한다. "그리스 혁신의 위대함은…… 모음을 표기하는 새로운 방법을 발명한 데 있는 것이 아니라 초기의 셈족이 단지 불규칙적이고 간헐적으로만 사용했던 장치를 방법적으로 응용한 데 있다."[668] 몇몇 히브리어 글자들은 아직도 모음과 자음의 이중 역할을 수행한다. 이른바 모음 문자인 alef(알레프), he(헤), vav(와우), yod(요드) 등이 그러한 사례다. 그리스인들은 이전의 글쓰기 형태에 오랫동안 함축되어 있던 행위들을 체계적으로 발전시켰다.

알파벳의 혁신은 그 접근 가능성과 효율성에 있다. 명백한 점은 그리스어 알파벳이 말하기 소리를 독해 가능한 형태로 기록한 최초의 글쓰기 방식은 아니라는 점이다. 오히려 말하기를 다름 아닌 목소리의 음운에 맞는 기호로 표상한 최초의 방식이라 보아야 하며, 따라서 상대적으로 누구에게나 접근 가능한 형태였다. 이집트어와 히브리어를 능숙하게 말할 수 있는 사람들만이 그리스어 문자를 큰 소리로 읽을 수 있었다. 시각적인 표기는 기본 단어가 무엇인지 꿰뚫어볼 수 있을 때만 소리를 낼 수 있었다. 그리스어의 (자음) 알파벳을 읽는 사람은 언어를 몰라도 소리를 파악할 수 있었다. 그리스어의 우수함은 외국어의 소리를 옮겨 적는 데 있다. 결코 완벽하게 구현된 것은 없지만 그리스어 알파벳의 야심은 눈으로 볼 때 불분명하지 않은 소리의 약호를 제공하는 일이었다. 즉 언어의 자소와 음소를 일대일로 일치하게끔 하는 것이었다. 그리스어에 몸 바쳤던 헤블록과 같은 일부의 주장에도 불구하고, 그리스어 알파벳은 소리의 개별적인 특성을 모두 포착하는 녹음기가 아니다.[669] 운율, 음색, 속도, 볼륨, 또는 무한히 다양한 종류의 음색 등을 표상하지 않았다. 그리스어는 영리하고 혁신적이며 지속되는 방식으로 음성학을 그림으로 표상했지만, 소리 생산을 위한 정확한 미디어를 창출해내지 않았다. 하나의 모음을 발음하는 방식에는 거의 무한대의 다양한 결이 있지만, 알파벳은 그 모두를 하나의 기호로 우겨 넣었다. 그 어떤 글쓰기 시스템도 순수하게 음성학적이지 않다. 우리는 알파벳이 데이터 축소라는 놀라운 선물을 준 데 대해 감사해야 한다. 이러한 추상화가 이른바 목소리의 충만함을 잃은 것은 아니다. 목소리를 배경으로 두는 것은 글쓰기의 성취다. 전후 프랑스 사상계의 멋진 풍자에서는 "La letter"(편지)가 "l'être"(존재)를 드러낸다.

글자의 역사는 계속 진보하는 나선이기보다는 단속 평형 이론을 더 닮아서, 갑작스런 혁신이 요동친 후에 사용의 정체기가 오래 이어진다. 오늘날 알파벳 글쓰기를 관장하는 원칙은 BCE 800년경 그리스 어딘가에서 "모음-알파벳"(독일 학자들이 이렇게 부른다)이 발견되면서 규정된 원칙과 기본적으로 같다. 영어처럼 알파벳을 사용하는 일부 언어들은 체계적인 음성의 표상으로부터 훨씬 더 동떨어져 있고, '진보'의 기준으로 보자면 심지어 퇴행하는 것처럼 보이기도 한다. 잘 알려진 얘기로는 Ghotiugh를 'fish'로 발음할 수 있다는 것이 있는데, gh를 rough에서처럼 발음하고, o를 women에서처럼 발음하며, ti를 nation에서처럼 발음하고, ugh를 bough에서처럼 발음하면 그렇다는 것이다.[670] 영어가 아랍어나 히브리어(모음이 함축된) 혹은 일본어의 히라가나(하나의 자음과 하나의 모음을 결합한 정해진 글자로 소리를 나타내는)처럼 글자 단위의 글쓰기 시스템의 특성을 갖추고 있다는 주장도 있다. 예를 들어 'suspicion,' 'shut,' 'sure,' 'station,' 'crustacean,' 'session'에서 음성학적으로 똑같은 소리가 나는 'sh'는 오직 맥락 속에서만 파악할 수 있다. 형태학적으로 똑같은 ~ed는 started, tacked, tagged에서 각각 세 가지의 다른 발음을 낸다. 이는 하나의 독립적인 문자가 각각 독자적인 소릿값을 갖고 있는 주기율표와 다르지만, 훨씬 더 휘발성과 상호작용성을 지닌 화학이다!

언어를 글로 쓴 형태는 구어가 담지 못하는 지성을 담을 수 있다. 이는 영어와 중국어 모두 마찬가지이지만, 후자의 경우 훨씬 더 강렬하게 일어난다.[671] 베이징어의 많은 단어들이 고대에는 훨씬 더 음성학적으로 차별성을 띠었으나 그 후로는 발음에 있어 점차 통합되어 왔고, 그 때문에 중국어에는 글자로 고유한 의미를 나타내는 단음절의 동음이의어가 많아졌다. 이로 인해 사자를 잡아먹는 시인에 관한 92자짜리 이야기•가 눈으로 볼 때는 완벽하게 의미가 통하지만, 소리 내어 읽으면 하나의 음절인 shih의 변형된 발음이 계속 반복되는 것에 불과한 상황이 되기도 한다.[672] 여기에서 글로 쓰인 형태의 언어는 구어에 비해 우월한 권위를 획득한다. 중국어 표의 문자를 시각적으로나 마음속으로 '읽는 것'은 말하는 것을 들을 때보다 훨씬 더 빨리 동음이의어의 차이를 구별할 수 있게 해준다. 비록 중국어를 말하는 사람들은 글자의 의미를 파악하기 위해 문맥에 기대는 일이 일반적이지만, 때로는 중국어에서 중요한 손으로 글자를 쓰는 방식에 맞춰 허공이나 종이에 글자를 직접 써보기도 할 것이다.

영어에서는 글을 쓰는 형태의 우위가 좀 더 약하지만 그래도 여전히 명백하다. 영어의 변덕스러운 철자법은 비록 개혁론자들에게는 종종 공격의 대상이 되기도 하지만 꾸준히 유지되어 왔는데, 왜냐하면 바로 이것이 영어 역사의 보물 창고이고 게다가 단어들의 정체성의 지표이기 때문이다. 영어에서 단어의 차이는 시각적인 기호에 따라 달라진다. 예를 들어 but과 butt, threw와 through, sight와 site와 cite 등의 단어들은 음성학적으로 서로 동일하다. 이 단어들의 차이는 맥락에 따라 구별되지만, 모양이든 철자법이든 쓰인 형태에 의지하는 것이 어떤 단어가 어떤 의미인지 결정적으로

• 중국의 언어학자 자오위안런이 지은 시 "시씨식사사施氏食獅史."

밝혀 준다. 여기에서 글로 쓰인 형태는 데리다가 강조하고자 했던 바로 그 지점으로, but과 butt을 서로 구별해 주는 결정적인 방식이다. (독자적인 단어와 철자법이라는 바로 그 생각 자체가 글쓰기 행위에서 파생된 것이다.) 글쓰기는 말 만큼이나 단어를 정의한다. 글쓰기가 없다면 말하기도 깊고 넓은 바다처럼 미지의 상태로 남아 있었을 것이다.

눈으로 듣기

시각적인 기록이 인간의 문화 테크닉 역사에서 매우 일찍 등장했고 청각적 녹음 기록이 매우 늦게 등장했다는 것은 신기한 일이다. 그림은 구석기시대까지, 사운드 녹음은 1870년대까지 거슬러 올라간다. 이미지를 담기는 쉬운데 소리를 담기는 그렇게 어려웠던 이유는 무엇일까? 이 질문에 답하기 위해서는 앞에서 논의했던 물질성에 관한 부분으로 되돌아가야 한다. 많은 광학적 대상은 공간 안에 머물지만, 음향학적 대상은 결코 그렇지 않다. 소리는 나타났다가 사라진다. 소리는 시간 속의 존재다. 그 어떤 소리의 존재도 영원히 지속되지 않는다. 선사 시대 1000년 동안, 구어는 일단 발화되고 나면 사운드와 기억과 집단 언어 능력(소쉬르가 말한 "랑그") 등과 같은 덧없는 미디어를 통해서만 살아남을 수 있었다. 메아리가 초자연적이거나 귀신에 홀린 것이라고 생각되던 때도 종종 있었다. 그러나 글쓰기는 말의 '날개 달린 단어들'을 어떻게 사로잡을지 발견했다. 최소한 표음 형식으로만 보자면, 글쓰기는 에디슨보다 훨씬 먼저 등장한 일종의 축음기로 소리를 공간에 옮겨 쓴다. (언어학자들은 심지어 목소리로 낼 수 있는 사운드의 정확한 레시피를 제공하는 글쓰기를 일컬어 "축음기 같은"이라는 용어를 사용하기도 한다.) 눈은 언어를 다루는 법을 배우고 시간에 맞게 행동한다. 이러한 "음성 시각 동시적verbivocovisual"(제임스 조이스James

Joyce) 성취는 인류 역사에서 위대한 감각과 인지의 합성을 대표한다.

다른 말로 하자면 글쓰기의 놀라운 점은 서로 매우 다른 두 가지 감각, 즉 주로 공간의 질서를 따르는 시각과 주로 시간의 질서를 따르는 청각, 이렇게 두 감각의 기록을 여러 다양한 방식으로 통합한다는 점이다. 시각적 지각은 모두 한 번에(공시적으로) 일어나는 경향이 있고, 청각적 지각은 순차적으로(통시적으로) 일어나는 경향이 있다. 눈은 닮은 것을 보는 데 특히 적합한 반면, 귀는 우리가 경험으로 구별할 수 있도록 학습해야만 알 수 있는 음원의 소리를 듣는다. 우리는 소리를 들을 때 본능적으로 그 소리가 어디에서 나오는지에 의존한다. 그러나 우리가 어떤 대상을 볼 때, 그 소리가 어떤지 본능적으로 묻지 않는다. 소리는 종종 우리가 어디를 바라보아야 할지에 대한 단서를 제공하지만, 보이는 것이 우리에게 어디를 들어야 할지 알려 주는 경우는 거의 없다. 라디오와 영화의 음향 효과가 기대고 있는 것은, 맥락이 없는 소리란 그것이 설사 일상생활에서 얼마나 친숙한가와는 상관없이 시각적 (또는 기타 지시를 해 주는) 자극이 함께하지 않고서는 인지하기 힘들다는 사실이다. 알루미늄 포일을 흔들면 천둥소리가 나고, 탁자 위에 나무 조각을 두드리면 말발굽 소리가 난다. 영화 〈타이타닉*Titanic*〉에서는 얼어 있는 샐러리 줄기로 로즈의 머리가 얼어붙는 소리를 냈다. 이처럼 인간 감각 기관 중에 가장 지배적인 두 가지는 세상을 너무나도 다른 방식으로 지각한다. 눈은 전 영역을 한 번에 받아들이는 고대역 장치이지만 작은 시차는 구별하지 못한다(바로 이 사실 덕분에 영화가 가능하다). 반면 귀는 눈보다 훨씬 더 시간적으로 예민한 저대역 기관이지만 게슈탈트 Gestalten를 구별하는 능력은 덜하다. 귀는 시간의 청각적인 해저 세계와 스쳐 지나가는 사건들에 적합하다. 우리의 귀는 우리를 고래목과 동맹하게 한다. 귀는 또한 관습에 기반을 둔 의미에 가장 기본이 되는 감각이다. 즉 언어에 있어서 이 모든 의미 체계 중 가장 중요한 것은 자연적이라기보다는 관습에 의거한 것이라는 점이다. 다른 말로 하면, 보는 것은 찰스 샌더스 퍼스의 용어를 사용할 때 세상에 대한 "도상적" 관계에 주로 의지한다. 이와 대조적으로 듣기는 기본적으로 "상징적"이어서 학습한 습관이나 관습을 통해 세계를 파악한다.[673]

글쓰기는 보기와 듣기라는 두 가지 감각의 양식을 결합시키는 어마어마한 위업을 수행했다. 글쓰기는 시간으로 가장하기 위한 공간을 가졌고, 소리를 대표하는 표시를 잡아 두기 위한 평평한 표면을 가졌다. 글쓰기는 시각, 청각, 언어적 처리 과정을 통합했다. "글쓰기는 시각적 지각의 전체론적인 특성과 동시에 이와 전혀 모순됨 없이 청각적 지각의 연속적 특성을 동시에 포함한다. 글쓰기는 비시간적인 동시에 시간적이고, 도상적인 동시에 상징적이다. 간단히 말해서, 글쓰기의 잠재력은 시각적인 지각 통로와 청각적인 지각 통로를 연결하는 결합에 있다."[674] 매클루언이 말하고 싶어 했듯이, 글쓰기는 눈에게 귀처럼 행동하라고 가르친다. 글을 읽을 때 눈은 하나의 기호에서 다른 기호로 연쇄적으로 움직이고, 전체적인 시각적 패턴을 총체적으로 보지는 않은 채 관습화된 모양이 암시하는 소리나 단어를 '듣는'다. 눈은 글을 읽기 위해 일련의 과정을 처리해야 하고 선의 원칙을 따라야 한다. 글쓰기는 청각적인 대상(단어, 말)에 시각적인 집을 주고, 시간적인 사건에는 공간의 집을 준다. 어쨌든 글쓰기는 말하기의 청각적인 기호학 구조를 시각적인 평면으로 조옮김을 할 수 있었다. 글쓰기 미디어는 목소리 공명체다. 유럽과 중국 모두에서 거북이 등껍질과 쇠종은 글을 새기는 표면이자 소리를 공명하는 장치의 역할을 동시에 했다. 스벤브로의 말장난에서 글쓰기는 말에게 "존재 이유와 목적réson d'être"[•]을 제공한다.[675] 이런 의미에서 글쓰기는 예술과 음악, 시각과 청각을 한 번에 결합한다.[676]

• 여기서 "réson d'être"는 '존재 이유'라는 뜻의 "raison d'être"를 사용한 말장난으로, 발음이 같은 réson을 대신 사용함으로써 '존재의 목적'이라는 문자 그대로의 뜻을 함께 전달한다. — 옮긴이

글쓰기는 시간과 소리를 공간과 시각으로 변환한다. 역사상 대부분의 사람들이 해온 것처럼 소리 내어 읽기는 공간과 시각을 시간과 소리로 변환했다. 글쓰기는 먼 거리를 가로질러 말하고 듣기 위해 눈과 손을 사용하고, 복잡하고 방대한 다양한 데이터를 처리하고, 공간을 시간으로 시간을 공간으로 변형하며, 우리에게 시간의 비가역적인 흐름 너머의 영역에 접근할 수 있도록 해 주는 기술적인 방식이다. 글쓰기는 시간과 공간이, 시각과 청각이, 얼굴과 손이, 고정성과 유동성이 바뀌는 지점에 서 있다. 이러한 측면에서 글쓰기는 가장 근본적인 커뮤니케이션 미디어다. 미디어는 시공간을 건너 시각과 청각과 구어와 손동작의 기록을 통하여 의미를 옮겨주는 장치이며, 글쓰기는 그것을 실행한 최초의 위대한 미디어다. 그 후 모든 기록과 전송과 정보 처리 미디어는 그 여파를 따른다. 스페인의 위대한 시인인 프란시스코 데 퀘베도Francisco de Quevedo는 읽을 때 "나는 내 눈으로 죽은 자를 듣는다escucho con mis ojos a los muertos"라고 썼다.[677] 죽은 자를 듣는 눈, 그리고 거리를 넘어서서 이어지는 감각들의 뒤섞임. 퀘베도는 미디어 이론의 핵심을 정의한다.

가능한 모든 미디어 역사에서 글쓰기가 중심에 놓인 이유는 그 비선형성의 힘에 있는데, 이는 내가 방금 전까지 주장한 것과 명백히 모순되는 주장을 내가 하고 있는 것이다. 여러 학자들과 마찬가지로 매클루언 역시 글쓰기는 기본적으로 선형이라고 생각했다. 기호를 순서대로 파악해야 하도록 줄맞춰 배열하는 것은 글쓰기가 그림과 구별되고 텍스트가 이미지와 구별되는 핵심 지점이다. 그러나 우리가 보아왔듯 선형성은 글읽기과 글쓰기의 오직 한 측면일 뿐이고, 이를 강조하는 것은 미디어로서의 글쓰기에서 가장 중요한 것, 즉 공간화 덕분에 가능해진 시간적인 가역성을 놓치는 셈이다. (디지털 비디오 제작에서 비선형 편집은 이미지의 흐름에서 어느 지점이라도 변형할 수 있는 능력을 의미한다. 이는 두루마리 형태의 프레임들 사이를 돌려가며 보아야 하고 프레임 안에서 편집이 가능하지 않았던 예전 방식의 영화 편집과는 대조적인 것이다. 이와 비슷한 것이 코덱스 구조의 다소 무작위 접근에 의해 가능해졌는데, 이러한 구조에서는 어느 페이지나 모두 손쉽게 접근 가능하다.)

일상에서 글을 읽을 때, 순전하게 선형적인 텍스트는 없다. 각주와 책 여백에 적어둔 메모가 우리의 눈을 이리저리 선을 넘나들며 읽게끔 초대한다. 대부분의 글쓰기 체계에서 그림으로 된 기호의 순서는 말해진 기호의 시간적 순서와 대략 일치하지만, 항상 그런 것은 아니다. 우리는 $100를 "100달러"라고 읽는데, 여기서 구술은 쓰인 기호의 순서와 반대가 되어 단위 표시를 숫자 표시 뒤에 놓게 된다. 우리는 산술에서 오른쪽에서 왼 쪽으로 작업하며 글자와 숫자의 구별 기호를 읽는데, 이는 왼쪽에서 오른쪽으로 읽는 규칙과 반대되는 것이다.[678] 2진법인 디지털 표기에서는, 01000000(64)과 같은 숫자를 읽는 것이 눈 움직임의 속도를 느리게 하여 우리가 오른쪽에서 왼쪽으로 읽고 있음을 깨닫게 해 준다. 눈 움직임의 다양함은 히브리어에서도 마찬가지인데, 글은 오른쪽에서 왼쪽으로 읽고 숫자는 왼쪽에서 오른쪽으로 읽는다. 심지어 가장 최소한의 통사론적인 수준에서도, 텍스트는 순전히 선형적이지 않고 더 큰 단위의 텍스트를 읽는 사람이라면 누구나 우리가 얼마나 책의 세계에 아무렇게나 들어갔다가 나오는지 안다.

쓰인 글의 엄격한 선형성에 탄식하는 구술성과 문자성 연구의 경향은 따라서 한 방향으로 치우쳐 있다. 헤블록의 책에서 무작위로 몇 줄만 뽑아보자. "문서의 단어들은 일단 새겨지고 나면 고정되고, 새겨지며 등장한 순서도 고정된다. 말이 갖고 있는 그 모든 즉각성, 유동성, 즉흥성, 빠른 반응 등은 사라져 버린다."[679] 처음 읽으면 이 말은 상식인 것처럼 보이지만, 더 깊이 숙고해 보면 그는 정확히 반대로 생각했음이 분명하다. 구술한 말도 선형적이다. 글쓰기나 읽기에서는 뒤로 가거나 삭제하거나 훑어보거나 다시 읽을 수 있다. 코덱스 포맷은 두루마리 형태에 비해 텍스트 사이를 비선형적으로 건너뛰거나 가로지르는 것을 가능케 해 주지만, 심지어 두루마리 형태에서도 쓰인 순서에 얽매여 있는 것은 아니다. (페이스북 "페이지"와 컴퓨터 문서들이 이러한 두루마리 포맷을 부활시킨 것은 신기한 일이다.) 공정하게 말하자면 헤블록은 텍스트의 고정성이 지닌 위대한 이점을 즉시 받아들인 것이고, 생생한 상호 작용은 오해를 빨리 교정할 수 있게 해 준다. 그렇지만 글쓰기의 세계는 비선형 편집의 여유를 주는데, 이는 무언가를 되돌릴 수 있으면 좋겠다고 간절하게 외쳤던 사람이라면 누구에게나 선망의 대상이다. 그 말은 영원히 허공에 남아 있는 것처럼 보여 기분을 상하게 한 타자의 기억에 흔적을 남긴다. 구술에서는 첫 초안이 보통 마지막 초안이 되지만, 글쓰기는 영속성과 변화를 모두 갖고 있다. 면대면 대화에서 뒤로 돌려 삭제하는 자판은 없다. 이 때문에 일부 사람들은 함께 발표하는 상호 작용을 위해 온라인을 선호한다. 우리가 아무리 열심히 노력한다 해도 말할 때 시계를 거꾸로 돌릴 수 있는 사람은 없다. (녹음 장치는 말실수나 비난받을만한 고백을 들킨 정치인들이 한층 더 뜨겁게 이러한 바람을 갖도록 만들었다.) 그러나 글쓰기는 공간화된 데이터에 의해 시간과 장난을 칠 수 있게 만들었다. 우리는 거꾸로 혹은 똑바로 읽을 수 있다. 우리는 코덱스 포맷에서 1페이지를 읽다가 271페이지로 뛰어넘을 수 있고, 혹은 조금 더 귀찮기는 하지만 두루마리의 한 지점에서 다른 지점으로 옮겨갈 수 있다. 글쓰기는 시간의 영역을 변화시키는 최초의 테크닉이다. 선형의 내러티브 글쓰기를 규범으로 하는 대신, 우리는 조작적인 글쓰기를 전형적인 사례로 삼을 수도 있다. 조작적 글쓰기는 그 목표가 세계를 저장할 뿐 아니라 세계에 대한 데이터를 조작하는 글쓰기의 일종이다.

공간과 시간의 상호 전환 가능성

하르트무트 빙클러가 쓴 뛰어나고 종합적인 논문은 이니스, 베른하르트 피에프Bernhard Vief, 크뢰머, 키틀러의 작업에 근거한 것으로, 기록과 전송 사이의 관계를 재고함으로써 이 점을 지적한다.[680] 이니스라고 하면 우리는 보통 전송은 공간을 극복하고 기록은 시간을 극복한다는 주장을 한 것으로 생각한다. 전신은 지리를 가로지르고 새겨 넣은 글은 역사를 가로지른다. 하나는 공간의 거리를 초월하고 다른 하나는 시간의 거리를 초월한다. (별들로부터 멀리 떨어진 빛 속에서는 공간과 시간이 하나가 된다. 우주의 거리는 광년light-years으로 측정된다.) 글쓰기는 역사적으로 이 두 가지의 초월 모두에서 중심에 있었다. 그러나 이러한 관계들은 비가역적인 것으로 밝혀졌다. 전송하기 위해서는 시간이 필요하고, 기록하기 위해서는 공간이 필요하다. 예컨대 우리는 지구상에서 장거리 전화를 하면서 동시에 시차를 경험적으로 깨닫지 못한다. 그러나 우주의 거리에서는, 아인슈타인이 관찰했고 아마 일부 돌고래들도 발견했듯이, 전송할 때 빛의 속도에 의해 제한되는 손실이 명백하다. 물리천문학자 조지 가모프George Gamow는 신이 지구로부터 9.5광년 떨어진 곳에 살고 있다고 측정했다. 1904년에 러일 전쟁이 발발할 무렵, 러시아정교회는 일본의 멸망을 위해 기도하기 시작했고, 19년 후인 1923년에 관동대지진이 일어났다. 가모프는 신에게 기도를 보내고 받는 시간이 걸렸기 때문에 이러한 지연이 발생했다고 계산했다.[681]

빙클러는 이를 다이어그램으로 종합했는데, 이는 무덤에서부터 컴퓨터에 이르는 모든 미디어에 많은 것을 시사한다.●[682]

● 물론 컴퓨터는 빙클러의 핵심 관심사다. 컴퓨터가 하는 모든 것은 쓰고 읽고 전송하고 기록하고 처리하는 과정으로 압축된다.

	극복하는 것	소비하는 것
전송	공간	시간
저장	시간	공간

전송할 때 시간을 어떻게 소비하는가 하는 점은 가모프의 재치 있는 계산에서 명백히 드러난다. 기록이 어떻게 공간을 소비하는가 하는 것은 즉각 명백하지는 않다. 빙클러는 피에프의 산토끼와 고슴도치의 우화를 사용하여 설명한다. 산토끼와 고슴도치는 서로 달리기 시합을 하기로 하고, 각자의 고랑에서 달린다. 그러나 분명 더 빠른 동물인 산토끼가 늘 지고 만다. 산토끼가 달릴 때마다 언제나 고슴도치가 도착 지점에 먼저 가 있는 것이다. 빠른 속도로 왕복을 거듭하던 산토끼는 고슴도치가 항상 결승선에서 기다리고 있다는 것을 알았고, 산토끼는 지쳐 죽고 말았다. 성별의 차이를 알아채지 못한 것은 물론이고 산토끼는 최소한 그다지 주의 깊지는 않았던 것 같다. 고슴도치는 자신의 고랑 한쪽 끝에 자신의 아내를 세워 놓고 자신은 그 반대편에 서 있었던 것이다. 산토끼의 원칙은 전송에서 소비되는 시간을 대표한다. 얼마나 빠른가와 무관하게 공간을 가로지르는 모든 전송에는 약간이라도 시간이 필요하다. 반면 고슴도치의 원칙은 똑같은 것의 동시성과 사전 배포성인데, 이는 출판과 방송에서 전형적인 양식이다. 만일 여러 복사본이 많은 장소에 이미 퍼져나갔다면, 이는 명백한 동시성이다. 고슴도치는 동시에 두 장소에 있었기 때문에 시간을 소비하지 않았다. (고슴도치가 어떻게 아내와 의사소통할 시간을 벌었으며 어떻게 미리 그 자리에 세워놓았는지에 대한 설명은 없다.) 빙클러가 보기에 고슴도치 남편과 고슴도치 부인은 글쓰기에서 발견되는 원칙을 나타낸다. 즉 시간을 소비하지 않고도 시간의 바깥에서 공간적으로 미리 배포된 지점을 오갈 수 있는 능력인데, 이는 두 개의 복사본이 사전에 배포되었기 때문이다.

두루마리 형태와는 반대로 코덱스에서는 그 어떤 페이지라도 차이 없이 빠르게 접근할 수 있다. 노랫말에도 나오는 것처럼 시간은 강물처럼 흐르지만, 기록 미디어는 시간의 사건을 자르고 멈추게 하여 공간의 좌표 위에 새긴다. 텍스트는 단어들의 흐름을 나타내고, 악보는 음악의 흐름을 나타내며, 면 위에서 멈춰 건조된다. 텍스트는 선형의 논리를 지연하고 르루아구랑이 이미지의 지각을 정의한다고 생각했던 다면적인 눈 움직임을 가능케 한다. 연쇄적인 과정 대신 임의적인 접근이 우세할 수 있다. 빙클러가 주장한 것처럼, "기술적으로 시간을 공간으로 전환하는 기술적인 변형은 가역성이 성취될 수 있는 유일한 바탕이다." 기록되는 표면에서 조각들은 재배열되고, 따라서 시간의 선형적인 흐름을 깨게 된다. 영화는 느리게 상영되거나 속도를 올려 상영될 수 있고, 거꾸로 돌리거나 코믹한 효과를 내기 위해 편집을 할 수도 있다. 마찬가지로 축음기의 녹음이나 테이프 녹음도 빠르거나 느리거나 거꾸로 연주할 수 있다. 기록은 데이터를 지속 가능한 물질로 공간화하고, 재생은 시간 속에 동결된 기호를 액화하거나 되살아나게 하는 것이다. 여기에서 시간은 다시 비싸진다. 1초 동안 재생하기 위해서는 영화에서는 24프레임, 카세트테이프에서는 15분의 1 혹은 16분의 1인치가 소요된다.

글쓰기와 악보 그리기와 컴퓨터 메모리에서, 데이터는 마치 대서양의 배와 그리니치의 자오선이 뒤섞인 것 같은 가상의 공간으로 들어간다. 경도의 계산에는 먼 거리의 동시성이 포함된다. 배에서 보는 일출 시간과 그리니치의 일출 시간을 비교하는 것이다. 만일 당신이 있는 곳의 위도와 일출 시간을 안다면, 당신이 타고 있는 배의 시간과 그리니치 시간에 맞춰져 있는 크로노미터 시간 사이의 차이를 계산할 수 있을 것이다. 지구는 하루를 24시간 정도에 걸쳐 돌고, 시간차는 거리의 측정이기도 하고 따라서 경도의 측정이기도 하다. 이는 마치 크로노미터가 실제로 신호를 바다 건너로 보내지 않으면서도 그리니치에서 배로 메시지를 보내는 것과 같다. 그러면 크로노미터는 지구가 그리니치와 배 사이를 도는 데 얼마의 시간이 걸리는지 정확히 알려 주었다. 크로노미터는 전송을 하면서도 전혀 애를 쓰거나 시간을 잃지 않은 채 동시에 두 장소에 있을 수 있게 해 주었다. 우리는 이를 "공간축 조작"이라 부른다.• 메시지를 보낼 필요 없이 두 지점 사이의 원거리 커뮤니케이션을 가능케 하는 것은 고습도치 원칙이 실제 작용한 것이었다. (이는 또한 문서를 이미 소유하고 있다는 '클라우드 컴퓨팅'의 약속이기도 하다.)

기록된 물질은 키틀러가 말한 것으로 유명하며 그의 작업에서 핵심 개념이라고 할 만한 "시간축 조작"을 가능케 해 준다. 이러한 주장을 한 크뢰머는 이렇게 언급했다. "인간 존재의 가장 기본적인 경험은 시간의 흐름의 비가역성이고, 이는 인간이 결국엔 물리적 존재이기 때문에 적절하다. 테크놀로지는 이 비가역성이 흐르는 수단을 제공한다. 미디어 테크놀로지에서 시간은 그 자체로 조작될 수 있는 수많은 변인 중 하나가 된다."[683] 공간화된 시간은 연속 시간의 사건을 기록한 광학적, 청각적, 언어적 기호들을 자아 낼 수 있게 해 주었고, 심지어는 그 기호들을 원래의 시간과는 반대로 게걸음으로 보낼 수도 있게 해 주었다. 새로운 기록 미디어는 죽은 이들의 얼굴과 목소리와 행동을 담을 수 있는 집을 제공함으로써 사후 세계를 연장시켜 주었다. 그리고 가장 오래된 기억 미디어는 죽은 이를 기리기 위해 고안되었다.[684] 기록은 우리의 시간이 소진될 것이라는 필연적인 운명에 맞설 수 있게 해 준다.

적절한 사례 하나는 에디슨의 축음기에서 찾아볼 수 있다. 이 축음기

• 이 용어는 폴 프로쉬Paul Frosch로부터 빌려온 것이다. 에라토스테네스가 지구의 원주를 재기 위해 놀랍도록 정확한 고대의 측정법을 사용한 것도 비슷한 논리다. 그는 같은 시간에 시에네(오늘날의 아스완)와 알렉산드리아에서 해의 각도를 알았고 두 지역 사이의 거리를 알았다. 그는 자신이 두 장소에 동시에 있다고 상상하면서 지구의 둘레 길이를 추정했다.

는 죽은 이의 목소리를 잡아 두는 용도로 즉각적인 환영을 받은 아날로그 기록 미디어의 원형이다. 에디슨이 이 장치를 개발하면서 가졌던 원래 목표는 전신 송신을 향상하는 것이었다. 어떠한 손상이라도 복사할 수 있었고, 전기 전신은 먼 거리로 메시지를 전달하기 위해서는 증폭이나 복사가 필요했다. 대신 축음기는 인간이나 기계의 중계를 건너뛰고, 원래의 내용을 안정된 형태로 포착하여 먼 거리로 왜곡 없이 보낼 수 있게 했다. 다른 말로 하자면 축음기는 전송의 문제를 기록의 문제로 바꾸었다. 거리를 초월하고자 하는 욕망은 시간을 보존하는 장치를 이끌어 냈다. 메시지를 보내려면(전송) 메시지는 죽음이나 진행 중인 손상으로부터 보존되어야(기록) 한다. 전송을 위해서는, 데이터를 어떤 형태로 기록해야 하고, 기록하기 위해서는 메시지를 왁스 실린더의 홈처럼 어떤 표면에 적어서 원래의 것으로부터 멀리 두어야 한다. 에디슨의 우연한 발견은 전송하고 저장하는 것이 하나의 회로에 존재하는 두 얼굴이라는 점이었고, 이는 20세기 물리학의 시공간 연속에 그림자를 드리웠다. 아이러니하게도 물리학이 비가역성을 발견하고 있었던 무렵 미디어는 가역성을 다루고 있었다. 열역학은 시간축 조작의 위대한 아날로그 미디어인 축음기 및 영화와 동년배다.

빙클러는 상징적인 것이 공간적 새김과 시간적 실험과 놀이의 영역임을 보여 준다.[685] 리허설에서는 공연이나 대사를 자유자재로 멈추거나 추가할 수 있다. 연습에서는 피아노곡의 어려운 소절을 필요에 따라 얼마든지 되풀이할 수 있다. 상징적인 것은 실제 시간에서 사건을 떼어 놓고 느슨한 시간으로 대치하며, 이는 텍스트 메시지나 기타 모든 기록 미디어에서 일어난다. 시간축과 혼란을 겪는 데서 오는 비용은 재생을 통한 일시 중단으로 극소화된다. 재생과 연습은 몇 세기나 된 가역성의 형태다. 크리머와 빙클러에게 있어서 재생은 죽음을 막아 준다. 사건은 단 한 번 일어날지 모른다. 그러나 만일 사건이 기록된다면 여러 번 반복하여 재생될 수도 있다. 레코딩은 부활의 기계다. "미디어야말로 시간을 거스르고 실험적인 행위를 하기 위해 고안된 것이므로, 미디어는 고대 비극에서부터 범죄 소설을 거쳐 1인칭 슈팅 게임•에 이르기까지 죽음, 죽어감, 죽음에의 위협 등의 내용 수준에 사로잡혀 있다……"[686] 우리는 이미 글쓰기와 시계에 대한 비유적 은유를 보았고, 사진에 대해서도 역시 마찬가지의 것이 많다.•• 무덤과 상징은 함께한다. 기호는 무덤이다Sēma, sēma.••• 그러나 이는 무덤 주위의 춤이기도 하다. 미디어는 시간을 조작하지만, 배가 바다를 항해하게 만들어 주는 것처럼 미디어 역시 외계의 것을 드러내 준다.

이것은 정말 큰 뉴스다. 우리는 인간이 행동의 현대성 이후로 계속 쫓아다녔던 문화적이고 역사적인 잭팟을 터뜨렸다. 마치 달리는 산토끼가 죽음을 향해 달려가듯, 시간의 일방적인 흐름과 그로 인한 필연적인 추락을 어떻게 잡아 둘 것인가. 그 해답은 상징의 영역에 있으며, 시간의 저장과 변형의 장비와 함께 있다. 키틀러의 유명한 격언 중 하나에서 보듯, 미디어는 상징의 세계이고 상징의 세계는 기계의 세계다. 이 기계들은 인간의 자산에 엄청난 영향력을 갖고 있다. 기계들은 커다란 해를 미칠 수도 있고 이와 동시에 커다란 치유를 해 줄 수도 있다. 이러한 야망의 최근 버전은 양자 컴퓨터로, 이는 글쓰기가 처음 실시했던 평행 정보 처리 과정을 확장한다. 양자 컴퓨터의 전제는 정보 처리가 시간을 소요하지 않

• 액션 게임의 하위 장르로 총이나 무기를 발사하며 적이나 장애물을 제거하는 게임을 말한다. — 옮긴이

•• 고전적인 내용으로는 롤랑 바르트의 《카메라 루시다*Camera Lucida*》(trans. Richard Howard, New York: Hill and Wang, 1981, 31)가 있다. 바르트는 고대 그리스 연극과 죽음의 숭배를 연결하여, 가면이 죽음에서 되돌아온 자라고 보았다.

••• 이는 인간의 몸은 영혼을 가두는 감옥이자 무덤이라는 의미의 그리스어인 소마 세마Sōma Sēma를 의미한 것으로 보인다. 앞의 '소마'는 '몸,' 뒤의 '세마'는 '무덤'을 뜻하지만, '세마'는 '의미하다signify'는 뜻도 있다. 그래서 앞의 '몸'을 'sign,' 즉 기호를 뜻하는 Sēma로 바꾸어 같은 말이 두 번 반복되게 한 것이다. — 옮긴이

는 평행 세계에서 이루어질 수 있다는 것이며, 이는 현재 우리의 체제에서는 금지되어 있는 계산을 별 시간을 들이지 않고도 가능하게 해 준다. 사이버보안 행위의 대부분은 일련 처리 과정에 의존하고 있고, 현재의 컴퓨터 능력으로는 실시간으로 해결하기가 근본적으로 어려운 암호화 테크닉을 사용한다. 만일 양자 컴퓨터 사용이 시행된다면 더 이상 비밀번호에 의지할 수는 없을 것인데, 양자 컴퓨터는 시간에 상관없이 옆으로 뛰어들어 현재의 수작업 계산으로는 도저히 불가능한 것(예를 들어 큰 소수의 곱을 인수분해 하는 것)을 해낼 수 있기 때문이다.[687] 컴퓨터 계산에서 기밀성의 보장은 개인의 관계에서 친밀성의 표시와 마찬가지로 유한하다. 즉 시간이 부족하다.

미디어가 제공하는 상징적인 가역성에도 불구하고, 여전히 모든 사람은 죽는다. 몸은 분명 죽음을 맞이한다(문서의 삶은 조금 더 열려 있다). Volat irreparabile tempus(시간은 바꿀 수 없게 흘러간다)라고 해시계에 적혀 있다. 데이비드 이글맨에게 오랜 바다의 은유는 거부하기 힘든 것이다. "우리는 물속의 고기처럼 갇혀 있다."[688] 들어보지 못했던 멜로디는 달콤할 수 있으나 이는 그 멜로디가 삶과 죽음의 순환에서 벗어나 있기 때문이다. 음악은 모든 예술 중에서 가장 시간적이다. 축음기, 테이프, CD는 진정 소리를 잡아 두지 못한다. 소리는 시공간 안에서 압력으로만 존재한다. 청각적 저장 미디어는 제대로 된 장비를 사용하여 어느 정도 비슷한 소리를 계속 반복해서 생산할 수 있는 레시피를 갖고 있지만, 그렇다 해도 동굴의 벽이나 캔버스가 이미지를 잡아 두는 것만큼 소리를 잡아 두지는 못한다. 실시간으로 일어나는 모든 것은 실시간으로 계속 반복해서 시작해야만 한다. 소리는 지속되지 못하고, 단어들은 흩어져 사라지며, 진동은 약해진다. 레코드판 자체는 어느 정도 지속되지만, 그것이 스테레오에서 재생하는 음악은 그렇지 못하다. 음악은 매번 공기 중으로 전송되어야 한다. 소리나 움직임은 지금일 때에만 영원하고, 언제나 독특한 사건이며, 모든 시간의 사건에 수행성이라는 요소를 제공한다. 언급했듯이, 만일 소리가 즉각 약해지지 않는다면 이 세상은 온통 갈색 소음으로 가득할 것이다. 상징적 영역은 시간의 열역학적 장애물을 오랫동안 가두어 둘 뿐이다. 시간의 존재는 결국은 사라져야 한다.[689]

결국에 공간과 시간은 대칭이 아니다. 최소한 우리에게는 그렇다(미디어는 언제나 종 특수성이 있다). 인류는 기술의 역사 초반에 그림을 저장할 수 있었는데, 보이는 들판의 많은 대상(구름은 제외)들이 상대적으로 안정적이고 그림을 새겨 머물게 할 미디어의 표면들이 있었기 때문이다. 시각은 안정적인 대상을 잡아내고 손은 그들을 지속 가능한 형태로 만든다. 그러나 소음을 스케치하거나 소리의 스냅숏을 잡아낼 수는 없다. 적어도 19세기까지는 그랬다. 선형적인 소리의 과정과 움직임을 종이 두루마리와 구운 유리와 필름이나 왁스에 쓸 수 있는 도구를 만들기까지는 오랜 동안 축적된 발명의 창의력이 필요했다. 시간을 거부할 수는 있지만 결코 정복할 수는 없다. 공간에 새긴 것은 종이가 산화하고 필름이 삭고 돌이 마모되면서 점차 약해지거나 지워지지만, 최소한 그 내용을 즉시 읽을 수 있는 형태로 보존할 수는 있다. 저장과 전송, 시간과 공간, 그리고 시간을 혼란케 하는 녹음의 상호 변환 가능성에도 불구하고, 결국엔 그 무엇도 우주가 퇴화하는 것을 막을 수는 없다. 그 퇴화는 질서 있게 이루어지는 것이 아니라 카오스를 향하여 일련의 길을 따른다. 시간은 우주의 엔트로피 효과와 같아서, 모든 것이 닳는 경향은 꾸준히 한 방향으로 진행된다. 속죄는 가역성이다. 과거에서 벗어나 미래에 묶이는 힘, 즉 용서와 약속의 힘이다.[690]

돌고래와 달리, 인간은 우리의 계획을 찍어낼 수 있는 주조 가능한 물질, 즉 내구성 있는 미디어를 갖고 있다. 인간의 모든 기술적 성취 중에서 가장 위대한 것은 공간의 형태에서 일어나는 데이터를 기록하는 능력과 그것을 실시간으로 돌려 불러올 수 있는 능력이다. 오래된 돌에서부터 새로운

(실리콘)에 이르기까지 많은 선택이 있다. 그러나 결국 우리는 시간의 사건과 날씨를 잡아내지는 못한다. 실시간을 잡아서 주조할 수 있는 물질은 없다. 기껏해야 시간을 걸칠 수 있는 외형을 만들 수 있을 뿐이다. 우리에게는 4차원의 유연성을 지닌 미디어가 부족하다. 우리가 시간을 관리하기 위해서는 시간을 공간으로 변환해야 한다. 공간은 우리 인간이 무엇인가를 고정할 수 있는 유일한 방법이다. 우리는 사건들을 일정한 해상도로 재생할 수 있는 내구력 있는 공간의 특성에 사건을 '쓰'거나 기록할 수 있을 뿐이다. 우리가 할 수 있는 최선은 시간을 공간으로, 그리고 유동성 있는 물질을 굳은 물질로 대체하는 것이다.

돌고래에게 새길 수 있고 내구력 있는 공간 미디어가 부족한 것처럼, 우리에게는 시간을 새길 수 있는 미디어가 부족하다. 우리는 이제 막 매우 효과적인 3차원 프린터를 개발했을지는 모르나, 4차원의 프린터는 결코 불가능할 것이다. 시간은 우리의 모든 물질 형성의 한계를 나타낸다. 우리의 형제인 고래목은 우리의 결여를 반영한다. 그들에겐 물질이 결여이듯 우리에겐 시간이 그러하다. 즉 조작 가능성에 있어서 지극히 제한적이다. 우리는 물질적인 존재이지만, 사라지는 시간을 완전히 멈출 수 있는 물질을 아직 발견하지 못했다. 텍스트는 시간을 잡아 둘 수 있지만, 가장 심원한 미디어인 우리의 몸은 사라질 운명에 놓여 있다. 또한 우리는 시간을 저장하고 성형할 수 있기를 바랄 수도 없다. 시간과 마찬가지로 아픔은 지금 이 순간 압도적으로 현존하지만, 운 좋게도 아무것도 아닌 것으로 빛이 바랜다. 만일 아픔이 사라지지 않고 우리가 그것을 포착하여 영원히 재생할 수 있다면 어떻게 될 것인가? 4차원 저장은 현존재Dasein의 악마와 같고 지옥과 같은 한 조각이 될 것이다! 비가역성은 멋지고도 끔찍한 일이다.[691]

어떤 경우에건 모든 물질성은 시간 속에서 부서진다. 우리는 우리가 아는 모든 것이 언젠가 사라질 것임을 확신한다. 50억 년 내로 태양은 가차 없이 적색 거성으로 변할 것이고, 지구는 완전히 타서 재가 될 것이다.

대양은 증기로 변할 것이고, 우리가 모아둔 자료는 그 형태가 무엇이든지 간에 모두 타 버릴 것이다. 지구상에서 복제된 모든 DNA에 축적된 모든 역사는 녹아 버릴 것이다. 조심스레 다루어온 우리의 모든 무덤들은 기화할 것이다. 이는 인간이 하나의 종으로서 모든 역경에도 불구하고 그만큼까지 견딜 것이라 가정하는 것이다. 인간과 같은 생명체들은 겨우 수백만 년을 존재해 왔다. 언어를 갖게 된 것은 겨우 수만 년 전부터이고, 비인간 형태의 글쓰기로 우리의 말들을 기억할 수 있게 된 것은 겨우 5000년 남짓이다. 그리고 시간의 과정을 포착하여 재생할 줄 알게 된 것은 겨우 150년 정도에 불과하다. 그 결과는 여전히 우리를 겁먹게 하고 우리의 헌신과 보호를 요구하는 도서관의 좀비 우주(혹은 우주의 도서관)다. 《모비딕》에서 이스마엘은 가라앉는 배에서 살아남기 위해서 관을 구명정으로 사용한다. “질서와 마찬가지로 아름다움 역시 이 세상 많은 곳에서 동시다발적으로 일어나지만, 증가하는 엔트로피의 폭포수에 대항하는 국지적이고 일시적인 싸움의 형태로만 존재할 뿐이다.”[692] 글쓰기는 우리가 타고 떨어지는 동안 우리를 보호해 주기를 바라면서 폭포수 위에 띄우는 한 척의 배다.

7장

신과 구글

"데이터 은행은…… 포스트모던 인간에게는 '자연'이다."

— 장 프랑수아 리오타르Jean François Lyotard

지식의 웹

인터넷은 광대한 새김의 미디어다. 인터넷이 무엇인지, 그러니까 이 미로, 도서관, 세계의 뇌, 상업 엔진, 중매꾼, 포르노 조달업자, 감시의 도구가 무엇인지 이해하기란 어렵다. 인터넷은 대양이고, 묘지이고, 시장이고, 매춘굴이고, 동물원이고, 쓰레기 하치장이고, 아카이브다. 책이라는 생각을 발전시키는 데는 르네상스기 약 200년이 소요되었지만, 새로운 이것은 훨씬 더 빠르게 등장했다. 이것은 지구 행성을 위한 데이터 혈액이 되고, 다른 모든 것들을 집어삼키는 미디어가 된다. 그것이 무엇이든 간에 인터넷은 문서화 기계다. 이는 저장 마니아의 기분을 맞춰 주고 또 반영한다. 비트를 가득 채우는 우리의 집착을 보았다면 석가모니도 놀랄 것이다. 놀랄 만큼 많은 인터넷의 데이터 더미는 그에 상응하는 만큼의 탄소를 태우고, 그 어떤 커다란 규모의 도서관도 절대 달성하지 못했던 방식으로 인간의 기억력을 부끄럽게 만든다. 이 모든 일과 사업 중에 무엇이 남게 될 것인가? 현기증이 날 만큼 확장하고 있는 이러한 기록으로 우리는 무엇을 할 것인가? 절대 마를 리 없는 풍부한 정보의 서식지에 산다는 것은 어떤 의미인가?

새기는 시스템이 거대한 존재론적 결과를 낳았다는 것이 이 책의 핵심 주장이다. 역사는 과거의 시간을 다양한 방식으로 조직한 문서들이며, 명백하게 독특한 인류학적 조건이다. 다른 동물들은 자신의 유전자에 자신들의 종의 역사를 담고 개별적인 기억은 물론 심지어 집단적인 기억도 가진다. 우리 인간 역시 우리의 심원한 역사를 DNA에 담지만, 그 역사를 외부 저장 미디어에 담아 옮기기도 한다. 우리의 자연은 우리의 역사와 상호 작용한다. 외재화는 힘과 취약성을 모두 의미한다. 우리는 지금까지 그 영향력을 배, 불과 농업, 하늘 미디어, 글쓰기의 사례로 살펴보았다. 외부 저장 미디어에 대한 인간의 투자는 정보 과잉이나 인공 지능과 같은 문제를 만들어 냈다. 읽고 쓰는 능력이 있는 사회에서 지식의 은행은 언제나 어떤 개인이 알 수 있는 한도를 넘어서는 것이었다. 이러한 조건을 일컫는 고전적인 이름이 도서관이며, 보다 최근의 이름이 인터넷이다. 몇몇 고대 문화들은 이미 오래전에 한 사람의 머리로 알 수 있는 것을 훨씬 넘어서는 글 모음을 갖고 있었다. 랍비들은 토라의 책 다섯 권만 하더라도 평생 공부해서 통달할 수 있는 수준을 넘어서는 것이라는 생각에 전적으로 정당성을 부여했고, 그 어떤 전통도 텍스트의 신학에 대해 그들보다 더 창조적으로 생각한 적은 없었다. 토라는 "모든 다른 것들이 서로 연관된 세상에서 완벽한 상태의 사람만이 이해할 수 있는 하나의 대상"이었다.[693] 랍비들은 토라를 단지 하나의 책이 아니라 온 우주의 헌법이며 창조의 비밀을 담은 것으로 이해했다.[694] 오늘날 나팔절Rosh Hashanah•에 하는 인사말은 여전히 (인생의 책에) "좋은 기록으로 남으시기를"이며, 이 의미는 세상이 책을 담고 있는 것이 아니라 책이 세상을 담고 있음을 나타낸다. 회계와 기록의 논리는 유대 정교회의 관례에 깊이 새겨져 있다.[695] 비슷한 정신을 담고 있지만 다른 전통에 속하는 당나라의 학자 두우杜佑

• 유대력으로 제7월 첫날에 지키던 유대인의 절기로, 하루에 나팔 소리와 함께 성회로 모여 특별한 제사를 지낸다. — 옮긴이

는 이렇게 말했다. “누구나 고대의 책을 참고하는 것은 그때마다 현재의 상황에 맞는 새로운 의미와 형태의 기관들을 드러내기 원하기 때문이다. 그들의 방식은 지칠 줄을 모른다.”[696]

인쇄기는 알아야 할 것이 너무나 많다는 불만에 다시 불을 붙였다.[697] 르루아구랑의 말을 다시 풀어 보자면, 지식은 얼굴에 속하지만 책은 손에 속하고, 지식과 책은 한 개인이 얼마나 읽을 수 있을지를 고려는 하지 않은 채 축적되어만 간다. 오직 구술 문화에서만 지식의 총량이 한 인간이 유지할 만큼 정렬되는데, 이는 집단 지성의 저수지에 어느 정도 일정한 수준이 유지되는 “구조적인 건망증” 덕분이다.[698] 정신과 물질 사이의 평형은 문자 문화에서는 유지되지 않으며, 이는 비록 화재와 왕의 광기가 모든 책 더미를 없애 버린다 해도 책의 정리와 처분이 여전히 어려운 문자 문화의 특성 때문이다. 원칙적으로 근대적인 도서관은 내일의 보물에 대하여 제한 없는 저장과 불가지론의 놀라움에 헌신한다. 모든 것을 저장하는 원칙 중 극단적인 것으로는 유대교 전통의 성물 창고genizah가 있다. 이는 수명이 다한 낡은 텍스트들을 없애 버리기에는 너무나 신성하다는 이유로 모아놓은 지하 창고다. 여기서 문제는, 사용할 수 없는 텍스트에도 여전히 신의 이름이 적혀 있고 이를 손상해서는 안 되며, 따라서 그 텍스트들은 이러한 창고에서 평생 동안 지원을 받으며 보관된다(이는 결국 고고학적으로나 철학적으로 어마어마한 가치를 지닌 것으로 드러났다). 디지털 텍스트의 경우는 어떠한가? 1999년 랍비들의 결정에 따르면, 신성한 이름이 포함된 모든 텍스트를 보존하라는 명령이 컴퓨터 스크린의 픽셀에는 적용되지 않는데, 컴퓨터 텍스트들은 0과 1의 연속에 불과하다는 이유에서다.[699]

현기증이 날 만큼 무한한 텍스트에 대해 아마도 이의는 없겠지만, 순수한 물량으로만 치자면 디지털 시대에는 정보 과부하에 걸린 도박사들이 천문학적으로 증가했다. 이제까지 역사상 만들어진 문서들보다 더 많은 디지털 데이터가 매년 생산되고 있다. 존 밀턴은 그가 살던 시대에 읽을 수 있는 모든 책을 읽었다고 알려져 있다. 하지만 오늘날 그 언저리라도 갈 수 있는 사람은 없으며 사실 밀턴도 당시에 그렇게 했을 확률은 극히 적다. 설사 밀턴이 모든 것을 다 읽었다 해도, 얼마만큼을 머릿속에 간직할 수 있었을까? 특히 《실락원*Paradise Lost*》은 뛰어난 기억력의 위업이지만, 그 서사시조차도 몇 년간의 독서로 진입하는 하나의 불빛일 뿐 그 대부분은 안개 속에서 사라진다. 독서 애호가들은 같은 텍스트를 되풀이해서 읽을 때도 얼마나 이상하고 처음 본 것처럼 느껴지는지 알고 있으며, 마치 텍스트들이 새로운 생명체로 자라나거나 블랙홀로 사라져 버린 것처럼 느껴지기도 한다.[700] 당신이 읽은 책은 아직 읽지 않은 책과 존재론적으로 깊은 동질성을 공유한다. 이 두 가지 책 모두 지극히 애매하다. 때로는 당신이 읽지 않은 책이 읽은 책보다 더 밝게 빛나기도 하고, 때로는 어느 한 부분만 읽은 책이 전체를 다 읽은 책보다 당신의 마음을 더 결정적으로 사로잡기도 한다. 책을 읽는 것이 읽지 않는 것보다 더 내재적인 지식의 우월성을 갖는 것은 아니다. (학자들은 읽지도 않은 책들에 대해 이야기하는 데 전문가다.)[701] 그러나 기계로 찾을 수 있게 구축된 데이터베이스는 인간과 비인간이 하는 필터링 사이의 불균형을 한쪽으로 기울게 한다. 그 어느 때보다도 더 광범위한 데이터베이스를 가지고 우리는 과연 무엇을 해야 할 것인가? 우리 기억을 형성하고 흐리게 만드는 수호신을 어떻게 다루어야 할 것인가? 접근할 수 없거나 태그가 달려 있지 않은 "어둠의 웹dark web(다크 웹)" 혹은 감춰진 것의 광활한 바다에서 얼마나 많이 길을 잃을 것인가? 지식은 무엇이며 어디에 있는가? 지식의 거처는 인간의 뇌인가, 도서관인가, 인류 전체인가, 아니면 인간과 비인간의 하이브리드 네트워크인가?

구글 검색 엔진은 디지털 인프라가 기억의 예술을 어떻게 변형시키는지 볼 수 있는 편리한 사례다. 글쓰기가 불친절한 언어와 목소리 자료들을 관리하는 것과 마찬가지로, 구글은 처리하기 어려운 기억의 순서 문제를 다룬다. 지금까지 이 책에서 선박, 불꽃 제조술, 크로노미터 측정법, 그래픽 테크닉을 다루어온 것에 이어서, 이 장에서는 방대한 분량의 자료들에 꼬리표를 달고 순서를 정하는 문제인 기억술의 사례를 들 것이다. 불의 기술과 마찬가지로 검색의 기술은 대개는 제거하는 일로 이루어진다. 지식은 모으는 것이 아니라 정보를 던져 버리는 것이다. 학습은 얻는 것만큼이나 버리는 일과 관련된다. 학생들은 학습에 대한 걱정과 습관과 태도를 버려야 한다. 그러나 그 버려지는 것을 관리하기 위해 책을 만든다. 모든 도서관에는 참고 문헌, 자료, 목록 등을 모아둔 장서실도 함께 있다. 멀티미디어는 미디어 그 자체다. 심지어 사람들에게 정보를 안내하는 일을 하는 참고 자료들조차도 자리를 차지하고 있어 관리가 필요하다.[702] 그러한 도서관을 파악하는 구글의 비범함은 자체적으로 만든 인덱스에 있다. 이는 도서관의 지도로는 가장 최근의 것이며, 불친절한 요소들을 탐색할 수 있게 만들어 주는 탈것이다.

모든 문명은 기록과 전송과 정보 처리에 매달려 왔다. 광범위하게 정의하자면 데이터베이스는 집단적인 저장 미디어이며 묘지, 혈통, 사원, 돌무덤, 공문서 보관청, 도서관 등 수많은 보존 형태를 포함한다. 그러나 거의 0에 가까운 디지털 저장 비용, 디지털 장비의 소형화와 개인화, 주파수 대역과 네트워크 하부 구조의 확대, 강력한 부활론자 등이 역사적으로 유례없는 아카이브의 조건을 만들 것이다.[703] 오랫동안 사라졌던 책들, 신문들, 영화 클립들, 미디어들, 잡지들, 노래들, 사진들이 우후죽순으로 생겨나는 디지털 수집의 형태로 재등장한다. 죽었다 살아 돌아오기라도 한 양 소셜 미디어에 계속 등장하는 사람들의 경우도 마찬가지다. 브뤼노 라투르의 말로 표현하자면, 인터넷의 평행 우주는 비인간 사물들의 의회다. 꼬리표가 붙은 물질들은 해시계의 그노몬과 같이 지식을 장착한 사물이다. 웹의 디지털 도서관에서 핵심적인 것은 사용자에게 더 나은 접근성을 가져다주는 것이 아니라 텍스트들 사이에 더 큰 상호연결성을 갖는 일이다(물론 상호연결성의 형태는 정치학적이다).[704] 사람들의 네트워크뿐 아니라 사물들의 네트워크도 있다. 구글 검색은 이 우주의 데이터베이스에서 점점 자라나고 있는 자기 지식의 상징이자 징후다. 만일 기표가 우리 존재를 정박한다면, 그리고 기표의 인프라 변화가 우리 역사의 과정을 바꾼다면, 인터넷은 틀림없이 커다란 관심 대상이다.

도서관으로서의 우주

이러한 풍요, 생명이 있는 사물들과의 친밀감, 그리고 어쩌다보니 존재가 되어 버린 메타유기 네트워크에 대한 질문을 던지면서, 이번 7장은 우주를 도서관으로 인식했고 기억의 취약성과 책의 이상한 존재론과 엄청난 목록의 신학에 대해 그 누구보다도 잘 이해했던 호르헤 루이스 보르헤스를 따라가 본다. 보르헤스를 구글의 수호성인이나 심지어 인터넷의 수호성인으로 보는 시각은 새로운 것이 아니다. 지금부터 살펴보겠지만 구글 자체의 수사학이나 표현은 그러한 혈통을 열정적으로 양성한다. 예를 들어 2011년 8월 보르헤스 탄생 112주년을 맞이하여, 구글은 그가 잘 꾸며진 바벨의 도서관을 마주하고 있는 모습의 구글 "두들doodle"을 만들어 그를 기념했다. 그러나 보르헤스와의 관련성은 총체적인 도서관을 꿈꾼다는 것 이상으로 더 깊다. 그는 죽음과 기억 사이의 관계를 믿고 따랐는데, 책이 물질대사를 하며 탄소를 기반으로 하는 다른 생명체들과 마찬가지로 진정 생존할 수 있으며 아무 페이지나 펼치면 모두 신의 말이 될 수 있다고 생각했다. 그는 책들이 서로에게 작용하는 비극적인 떨림에 대해 숙고했으며, 백과사전과 다른 종합 프로젝트들이 네트워크로만 연결되어 있는 기이한 형이상학을 생각했다. 그가 아는 것들은 랍비로부터 그리고 1899년 구글의 등장을 예측했던 철학자 조사이어 로이스Josiah Royce로부터 온 것들이다. "주체-대상으로서의 우주는 완전하고 완벽한 이미지 혹은 스스로에 대한 관점을 갖고 있다…… 그것이 무엇이든 자체 시스템의 일부다."[705]

보르헤스의 작품을 너무나도 사랑했던 키틀러는 한때 "정보-이론의 유물론"의 핵심적인 원칙을 이렇게 선언했다. "오직 끄고 켤 수 있는 것만이 존재하는 것이다Nur was schaltbar ist, ist Überhaupt."[706] 그것은 기술과 공예로 세계를 처리하고 사물을 가능하게 하는 존재론적 운영자인 미디어에 대한 멋진 성명이다. 비록 키틀러는 이를 유물론적 생각이라 일컬었지만, 실상 이 아이디어는 더 분명한 관념론적인 혈통을 지니고 있다. 관념론은 에머슨이 말했듯이 목공과 화학 이외의 원칙들로 세계를 설명하고자 하는 철학일 뿐만 아니라, 우주를 인덱스로 환원하고자 하는 철학이다. 존재는 작동에 의해 대치될 수 있고, 세계는 관념에 의해, 인터넷은 그 꼬리표에 의해 대치될 수 있다. 위대한 아일랜드의 관념론자이자 그 이름이 캘리포니아의 도시를 더욱 빛나게 해 주는 조지 버클리George Berkeley에게 있어서, 실존은 지각을 의미했다. 그의 슬로건은 키틀러의 것과 동떨어져 있지 않다. 존재하는 것은 지각되는 것이다Esse est percipe. 일부 사람들은 버클리가 우주는 마음으로 가득 차 있어서 물질은 실재하지 않는다고 말한 것으로 알고 있지만, 사실 그는 위대한 프래그머티즘의 환원을 말한 것이라 보는 편이 더 낫다. 세계의 모든 구성물들은 사실상 지각한 자의 마음에 있는 너무나 많은 어떤 것들이다. 윌리엄 제임스가 언급했듯이, "버클리는 물질을 부정한 것이 아니라, 단지 그것이 무엇으로 이루어져 있는지 말했을 뿐이다. 그것은 감각의 방식에 대해 너무나도 적합한 진정한 이름이다."[707] 관념론은 꼬리표 달기의 암묵적인 철학이다. 우리는 존재esse에 대해 걱정할 필요가 없다. 더 다루기 좋은 지각percipi으로 대신하면 되기 때문이다. 도서관은 목록이다. 인터넷은 검색 엔진이다. 사건은 기록이다. 우주는 지각이다. 이러한 문장의 연쇄에서, 우리는 미디어 연구가 꿈꾸는 가장 웅장한 야망을 볼 수 있다. 그것은 바로 모든 것의 구성을 설명하는 분야로서, 형이상학을 계승하는 학문이 되는 것이다.

"존재하는 것은 지각되는 것이다"라는 말이 돌과 개구리와 나무와 모든 다양한 '사물들'에 해당되는지의 여부와는 무관하게, 인간 정신의 산물인 책에는 어떤 식으로든 분명히 해당된다. 지금부터 살펴보겠지만 책의 특성은 인터넷에 대해 많은 것을 말해 준다. 관념론 사상가들인 버클리, 아르투르 쇼펜하우어Arthur Schopenhauer, 로이스, 보르헤스 등이 모두 장서가인 것은 우연이 아니다. 책의 존재는 어떤 면에서는 관념적이다. 종잇장으로 된 물체 이상의 것으로 존재하기 위해서는, 책은 읽히거나 기억되어야 한다. 그러나 책은 그것을 읽는 것 이상의 무엇이다. 언젠가 나는 아이오와대학교 도서관에서 1938년에 마지막으로 대출되었다는 대출 도장이 찍힌 책을 발견했다. 그 책은 너무나도 생생하고 멋져서 내가 반드시 알아야 할 것들이 가득 담겨 있었고 내게 아침의 신선함으로 말을 걸어왔으며 지하실의 곰팡이나 냄새가 전혀 없었다. 그 여러 해 동안 그 책은 어디에 있었던 것일까? 그 책을 그토록 살아 있게 만든 것은 무엇이었을까? 그 책의 저자인 카를 야스퍼스는 오래전 사망했고, 따라서 그의 뇌가 그 책의 불꽃을 지켜온 것은 아니었다. 어떤 경우에라도 작가는 자신의 책을 잘 지키지 못하는 사람이 되기 쉬운데, 자신의 작품을 읽는 최고의 독자가 아닐 뿐 아니라 독자가 책을 읽자마자 잊어버리는 것만큼이나 빠르게 자신이 쓴 책을 잊어버리기 때문이다. (망각 덕분에 아이를 여럿 낳는 것과 비슷한 이유로 망각은 책 여러 권을 쓰게 만든다. 그 과정에서 더 나은 기억력을 갖고 있다면 반복하는 일은 덜해질지도 모른다.) 배가 바다를 살아 있게 하듯 독자는 책을 살아 있게 한다.

우리에게 주어진 시간은 제한되어 있으므로, 각각의 책은 축복이자 무거운 짐이다. 쇼펜하우어는 만일 책을 읽을 시간을 살 수만 있다면 책을 사는 일이 더 좋아질 것이라고 언급한 적이 있다. 책은 자연의 대상물들과는 달리 우리를 압도할 수 있으며, 이는 풍요로운 자연조차도 우리에게 거의 해 주지 못하는 방식이다. 알아야 할 것은 늘 너무 많고, 우주는 전적으로 우리를 당황하게 만든다. 우리가 서점으로 걸어 들어갈 때 금방이라도 쏟아질 듯 많은 지식의 양에 압도되기 쉽다. 왜 이러한 비슷한 감정을 숲과 해변과 큰 도시에서 혹은 단지 숨 쉬는 일에서는 느끼지 못하는 것일까? 우리 몸에서는 우리가 결코 이해할 수 없을 만큼 많은 일들이 매초마다 벌어지고 있고, 그럼에도 우리가 그 모든 것들을 알 수 없다는 사실에 불편을 느끼는 일은 거의 없다. 그러나 책은 우리의 관심과 시간을 요구하게 만들게끔 설계된다. 책은 자연이 거의 하지 않는 방식으로 우리를 부른다. 하나의 사물은 하이데거가 zunichtsgedrängt라고 불렀던 상태, 즉 편안하고 아무것에도 방해받지 않는 상태에 있다. 식물이나 돌은 아리스토텔레스적인 신이나 하이데거의 태평함만큼이나 자기 충족적이지만, 책은 요구하는 것이 많다. 책은 마치 악마가 영혼에 굶주리는 것처럼 독자들을 향해 울부짖는다. 책은 우리를 소유하고자 한다. "책은 최고의 사물이다"라고 보르헤스는 말했다. "무관심한 우주에 거주하는 책들 속에서 책은 길을 잃은 후에야 독자를 만난다. 책의 상징이 될 운명이었던 사람을."[708]

의미가 담긴 지성을 소유한 사물들은 대부분 살아 있는 관리자 없이 존재한다. (만일 존재가 지각이라면, 어떤 사람이 졸 때마다 우주의 일부분은 사라지는 셈이 되고 다른 부분이 존재로 튀어 오르게 된다.) 만일 어떤 전염병이 모든 인간들을 죽음에 이르게 하고 물질 대상만 손대지 않고 남겨 둔다면 어떤 일이 일어날 것인가? 박물관과 도서관의 소장품들, 그리고 사무실과 관세청의 서류더미들은 아무 의미도 갖고 있지 않은 것일까? (책과 컴퓨터는 옥수수나 푸들과 마찬가지로 성장하기 위해서는 인간의 돌봄을 필요로 한다. 그들은 궁극적으로 길들여졌다.) 외부화된 기억 저장 장치를 모두 읽을 수 있는 살아 있지 않은 지성이 있을까? 이는 우리가 만일 지성이란 주관적이거나 사적인 것이 아니라 객관적이거나 공적이라는 원칙을 유지하고 싶다면 매우 중요한 문제이고, 나에게도 그렇다. 나는 그러한 전염병에도 살아 남은 모든 텍스트가 계속 의미를 띨 것이라 믿는다. 마치 이집트의 상형 문자가 그것을 어떻게 읽는지 아무도 몰랐던 세기 동안에도 의미를 계속 띠고 있었던 것처럼 말이다. 그 언어는 겨울잠 중이었지만 존재론적으로 특정하기 어려운 방식으로 여전히 거기 있었다. 상형 문자를 마지막으로 썼던 작가와 샹폴리옹 사이에 그 어떤 인간의 뇌에도 존재하지 않았지만, 지성으로 가득찬 홀로된 텍스트로 계속 존재해 왔다.

독자의 존재를 지워 버리는 시나리오가 단지 사고 실험이기만 한 것은 아니다. 실제 우리의 상황이 그렇다. 우리는 그 어떤 숙달의 가능성을 넘어설 뿐만 아니라 어떤 살아 있는 생명체와의 아주 작은 만남조차도 넘어서는 데이터 정경과 문화의 저장고에서 살고 있다. 지식은 전체 종에 위탁되어 유지된다. 저장 미디어에서 정신은 뇌보다 더 잘 성장한다. 우주 대부분의 내용물들은 그것이 자연적인 것이든 인공적인 것이든 인지적인 수호신을 갖고 있지 않으며, 그 어떤 불멸하지 못하는 지성에 의해서도 영향을 받지 않는다. 버클리의 관념론에서 그러한 내용들은 무로 사라질 위험에 처해 있고, 따라서 그는 신의 전지한 지각으로 그들을 구했다. (전지에 대해서는 뒤에서 다시 이야기할 것이다.) 신은 모든 것을 지각하기 때문에, 그 어떤 무시의 싱크홀도 실재를 집어삼키지는 않을 것이다.

책은 바다와 같다. 아무 간섭이 없는 상태, 그러나 약간의 기술적인 노동 없이는 완벽하게 접근할 수 없는 상태로 존재하는 것에 전적으로 행복해한다. 그러나 책의 존재는 특정하기에 더 어렵다. 인간보다 덜 지적인 존재도 바다를 이용할 수 있지만, 오직 인간이나 인간 이상의 지성을 가진 존재들만이 책을 의미의 저장고로 활용할 수 있다. 화재와 좀벌레는 각각 책을 다른 용도로 사용한다. 유물론은 아래에 있는 동물 지성의 철학이고, 관념론은 위를 향한 인간 지성의 철학이다. 책은 무엇인가? 누가 그 질문에 어떤 답을 할 수 있을 것인가? (이는 "마음이란 무엇인가?"와 같은 질문이다.) 책은 몸, 동물, 영혼, 사람, 예술품, 음악 한 곡, 먹을 것, 하늘에서 내려온 계시이거나 땅에서 솟아난 보물, 현관문, 이력서에 실린 한 줄, 동반자, 베스트셀러, 자랑하는 방법, 선물, 삶의 안내서, 불쏘시개 한 조각, 다른 사람을 피하는 이유, 저작권료, 불법 복제품, 손으로 쓰는 도구, 전집, 이혼 서류, 하나의 증거, 책가방에 한 학기 내내 들고 다니다가 팔아 버리는 것, 그리고 밀봉되고 검열되고 욕설을 듣고 번역되고 안 읽히거나 심지어 쓰여지지 않은 다른 나라다. 존 밀턴은 늘 그렇듯 랍비의 의견을 반영하여, 책은 살아 있는 생명체이고 용의 이빨처럼 갑작스레 생겨나기 쉬운 것이라 생각했고, 좋은 책을 죽이는 것은 어찌 보면 사람을 죽이는 것보다 더 나쁘다고 생각했다. 왜냐하면 사람은 신의 이미지이지만 좋은 책은 이성 그 자체이고, "눈앞에 실제 있는 것이나 마찬가지인 신의 이미지"를 죽이는 것이라 생각했기 때문이다.[709] 하인리히 하이네Heinrich Heine는 책이 불태워지면 그다음 차례는 사람이라고 언급했다.[710] 책은 살아 있는 지성과 긴밀한 관련을 맺고 있다. 살아 있는 존재로서, 책은 몸의 생명(비오스bios)과 집단적인 차원을 모두 지니고 있다. 책은 탁월한 정치적 동물이다.

책을 정의하는 것은 언어를 정의하는 것만큼이나 어렵고, 구글은 이 둘 모두를 생각하는 방식을 되살린다. 즉 책과 언어는 모두 네트워크다. 구글은 분류와 평가를 하는 방식 중 가장 최신 단계이고 그것을 결정하는 그 어떤 초월적 진실이나 핵심적인 권력도 거부한다. 학문 세계에서 전문가들로 이루어진 공동체가 연구의 질적 수준을 평가하는 피어 리뷰(동료 평가)를 하는 것과 마찬가지로, 구글은 순전히 연결의 수단을 통해 내재하는 의미들을 솎아 낸다. (어떤 이는 내재의 철학으로 복귀하게 된 데에는 미디어 그 자체인 구글의 덕이 크다고 의심한다.) 여기에서 이것은 마치 페르디낭 드 소쉬르의 언어학 이론과 비슷한데, 소쉬르는 언어를 서로 상호 연결되어 있는 네트워크로 이해했다. 그가 말년에 했던 강연은 저 유명한 《일반 언어학 강의*Cours de linguistique générale*》(1916)로 집대성되었고, 모든 사전의 핵심을 급진적으로 바꿨다. 만일 단어 하나를 찾으려면 다른 단어도 찾아야 한다. 그러면 그 단어가 또 다른 단어로 이어지고 계속 그런 식으로 이어진다. 그의 핵심은 훗날 그의 독자들 중 일부가 짚어 냈던 것과 정확히 일치하지는 않는다. 즉 의미는 무한히 지연되는 것이 아니라, 각각의 단어의 의미가 그 네트워크, 그 얽힘, 그 어족 관계의 독특한 패턴 안에 놓여 있다는 점이다.

도서관들 역시 언제나 네트워크였고, 서지 목록을 만드는 체계적인 방법이 개발되기 전에도 마찬가지였다. 그 어떤 책도 다른 책이 없이는 존재할 수 없다. 책들은 사시나무 숲처럼 서로 연결된 섬세한 시스템 안에 존재한다. 다른 글들을 인용하는 연결망은 학술 서적의 경우에 가장 명시적이지만, 모든 책들이 명시적이거나 암묵적인 하이퍼링크(문학 연구자들은 상호텍스트성이라 부른다)의 빽빽한 얽힘 안에 존재한다. 바람과 날씨가 책을 통해 영향을 미친다. 해럴드 블룸Harold Bloom은 그것들을 연구하는 데 평생을 바쳤다. 어떤 책들은 뒤따르는 언어의 DNA 상당 부분을 제공할 만큼 핵심적 역할을 한다. 영어에서는 킹 제임스 성경과 셰익스피어가 유전자 창시자의 효과를 누리고 있으며, 독일어에서는 루터 성경과 괴테가 그러하다. 그 후로는 영어나 독일어로 쓰인 거의 모든 것이 각자의 홈페이지로 아웃링크된다.

검색은 계속된다

나는 이미 구글 언어를 사용하기 시작했으며, 구글은 명백히 도서관을 스스로의 모델로 삼고 있다. 구글은 에너지와 지나친 자신감과 상상력과 기발함과 무자비함으로 가득한 놀라운 기업이다. 그리고 무엇보다 돈의 기업이다. 구글은 스팽스Spanx나 자포스Zappos•처럼 귀여운 것과 농

• 스팽스는 미국의 보정 속옷 전문 기업이며, 자포스는 세계적으로 유명한 신발 및 액세

담을 좋아하는 다른 기업들과 더불어 희극적인 자본주의를 이끌고 있다. 구글은 학문적으로나 언론상으로도 제법 괜찮은 연구 주제가 되어 왔다.[711] 구글은 학술적 분석에 특히 매력적인 대상인데, 왜냐하면 구글이야말로 학자들의 기본적인 검색 절차와 너무나 가깝기 때문이다. 구글은 우리 존재를 묶어 두기 위해 순찰하고 추적하는 데 전념하는 많은 기업들을 대표한다. 그러나 여기에서 내 초점은 기업 그 자체 혹은 기업이 끝없이 가지 치는 프로젝트와 상품에 있지 않다. 지금 이 책처럼 긴 시간을 다루는 데 전념하고 있는 책이 다루기에는 너무나 빨리 움직이기 때문이다. 20년 이후까지도 구글이 존재할 것인지의 여부 자체도 분명치 않지만, 그때도 세계를 지배하고 있을지도 모른다. 오히려 내 관심은 구글이 가장 잘 하는 것이 무엇인가 하는 점에 있다. 그것은 바로 "검색search"이라 부르는 것이다. (내 개인적으로는 동사형 그대로보다는 동명사형인 검색하기searching를 선호하지만, 이 전투는 이미 진 것으로 보인다.) 구글의 궁극적인 운명이 무엇이든지, 그 검색 방법은 우리가 도서관이나 우주 주변에서 어떻게 길을 찾을 것인가라는 오랜 문제에 대한 놀라운 대답을 제공해 주었다. 그 해결책 중 일부는 물론 인터넷만큼이나 오래 지속되기도 했다. 구글은 기록과 기억을 도와주는 오랜 항해의 역사를 이해할 수 있는 길을 제공해 준다. 데이터는 구글의 사업이고, 그 분야의 천재성은 디지털 미디어가 가장 오래된 문명의 문제, 특히 어떻게 인프라의 요소들을 다룰 것인가라는 문제를 되살린다는 내 주장을 일부 뒷받침해 준다. 구글은 온라인 우주의 선도적인 물류 창구이고, 따라서 주목할 만한 가치가 있는 병목이다. 물론 분석할 만한 가치가 있는 가능성 있는 기업과 목표 대상은 구글 말고도 많이 있다.

서리 판매 기업다. 두 기업 모두 소셜 미디어 등을 적극 활용한 마케팅으로 발랄한 이미지를 유지하는 전략을 갖고 있다. — 옮긴이

구글은 틀림없이 우리 시대의 상징적인 미디어 기업이다. 구글은 이 책의 출발점을 분명히 해 준다. 즉 미디어는 이론에서뿐만 아니라 실제로도 매스 미디어에서 문화 테크닉으로 전환했다는 것이다. 50년 전, 산업화된 국가의 주력 미디어 기업들은 대중에게 소구할 만한 장르의 드라마와 뉴스를 편성에 따라 제작하여 전송하는 사업에 속해 있었다. CBS, NBC, BBC, NHK 등은 국가의 문화 행사를 제작했고 또한 사람들의 여가 대상과 시간을 형성하기도 했다. 반면 구글은 그러한 프로그램을 생산하지 않고 검색, 메일, 지도, 문서 저장, 달력, 번역, 참고 자료, 기타 수많은 신기한 부수 프로젝트들의 조직화된 서비스를 제공한다. 이러한 서비스는 24시간 내내 개인화된 방식으로 제공된다. 돌이켜 생각해 보면, 미디어를 국가 중심의 문화 산업이라기보다는 시간과 공간을 가로질러 주체와 대상을 연결하는 데이터 처리 과정으로 이해하기는 쉽다. 바뀌지 않은 유일한 것은 광고주들이 수용자의 관심을 끄는 대가로 돈을 지불하는 경제 계약의 기본이다. 구글의 순이익은 2013년 570억 달러로, 2012년 440억 달러보다 증가한 수치였다. 이니스가 말했던 독점에 대한 우려가 이보다 더 맞아떨어진 적은 없었다.

구글은 스스로를 검색 서비스라 표현하지만, 그들의 진짜 산업은 데이터 마이닝이다. 2010년 기준으로 구글은 하루에 20페타바이트의 데이터를 소비했다. 1페타바이트는 100만 기가바이트다. 세계 역사상 모든 언어로 쓰인 모든 글들의 총합은 대략 50페타바이트 정도로 추정된다. 구글은 가상 공간을 통한 모든 검색 하나하나, 그리고 그에 따른 온라인 사용자들의 '클릭 스트림'을 모두 기록해 왔고, 앞으로도 구글이 존재하는 한 계속 그렇게 할 것이다. 이 접속 기록은 매우 가치가 큰 데이터를 보여 주는데, 사업과 정치와 범죄와 열정에 관한 비밀스런 지식들로 가득 차 있다. 지난 10여 년간 사람들이 만들어 내고 궁금해하고 욕망하고 바라고 쇼핑했던 많은 것들이 구글의 서버에 저장되어 있고 다시 구글의 웹 모델로 되돌아온다. (구글은 영감을 받은 이름에 대한 전형적으로 정확한 의미를 가지고 자신의 대용량 파일 시스템을 "콜로서스Colossus"라고 부른다. 이는 2차 세계 대전 때 영국이 독일의 무선 통신 암호를 해독하는 데 사용했던 컴퓨터의 이름을 반영한 것이다.) 우리 모두는 온라인에 접속할 때마다 디지털 궤적을 남기고, 이렇게 집단적으로 모인 개미 길들은 물질에 어떻게 접근하여 분석하는지 모르는 사람들에게 반짝이는 물질로 안내해 준다. 여기에서 데이터는 생명의 책의 새로운 버전(뒤에서 이야기하겠다)이다. 데이터베이스를 만든 사람들은 권력을 지니고, 권력을 지닌 사람은 데이터베이스를 만든다.

듀이 십진분류법(Dewey Decimal Classification: DDC)이나 국회도서관 시스템과 같은 이전의 도서관 분류 체계는 제목, 저자, 주제를 기반으로 한다. 그러나 구글은 전례 없이 좋은 해결책으로 주제를 검색하는 방법을 알아냈다. 구글은 스마트 도서관이 되고자 했다. 단지 책의 저장고에 머무는 것이 아니라, 문서를 뒤지고 스스로 알게 되는 하나의 지능으로써, 마치 헤겔의 절대정신Geist처럼 알고리즘에서 스스로의 자각에 이르게 된다. 구글의 공동 창업자인 세르게이 브린Sergei Brin과 래리 페이지Larry Page가 구글을 제안했던 원래의 논문은 온라인으로 출간된 "대규모 하이퍼텍스트 웹 검색 엔진의 해부학The Anatomy of a Large Scale Hypertextual Web Search Engine"(1998)인데, 여기에는 구글의 온라인 검색에 대한 기본 논리가 소개되어 있다. 스탠포드대학교의 컴퓨터학 박사 과정에 재학 중이었던 그들은 자신들의 검색 엔진이 "혼합된 동기"로부터 자유로운 것이라며, 그에 비해 다른 검색 엔진들은 광고에 의존하는 사업 모델을 갖고 있다고 특징지었다. 그들은 심지어 미디어 소유 집중의 악영향에 대해 폭로했던 권위 있는 고전인 벤 바그디키언Ben Bagdikian의 《미디어 독점*Media Monopoly*》을 인용하기도 했는데, 돌이켜보면 그 책은 그들에게 경고보다는 사용법 안내서의 역할을 했던 것 같다. 그들의 목표는 학문 연구의 활성화였고, 웹은 카드 목록이 없는 거대한 도서관으로 "완전히 통제되지 않은 이질적인 카드 목록의 광범위한 모음"이었다. 사실 역사상 다른 대규모의 문서 모음들과는 달리, 웹은 중앙 도서 목록이나 검색 시스템이 없이 탄생했다.[712] 구글은 그 간극을 채우려는 목표를 세웠다.

복잡한 공학을 제쳐 두고 나면, 구글의 검색 방식 원리를 파악하기는 쉽다. 구글은 웹을 그 자체의 지도처럼 읽는다. 웹에 적용된 확장기 그래프의 수학은 이를 마치 풍경 속에 내리는 비처럼 간주한다. 목표는 그 땅의 구석구석을 모두 아는 것이 아니라 빗물의 흐름으로부터 지형학을 파악하는 것이다. 더 간단히 말하자면, 문서의 내용은 그 문서가 있는 네트워크의 위치로부터 추론될 수 있다. 컴퓨터과학자인 존 M. 클라인버그Jon M. Kleinberg는 구글에 영감을 주었던 한 논문에서 이 점을 분명히 했다. "하이퍼링크로 연결된 환경의 네트워크 구조는 환경 내용에 대한 풍부한 정보원이 될 수 있다." 많은 웹사이트들은 명백한 검색 용어를 주소로 삼지 않는다. www.harvard.edu가 반드시 '고등 교육 기관'이라는 용어를 많이 사용하는 것은 아니며, 토요타나 혼다의 홈페이지에서 '자동차 제조사'라는 용어를 많이 볼 수 있을 것이라 기대할 수도 없다. 클라인버그는 일부 링크들은 순전히 탐색을 위한 것("홈페이지로 돌아가기 위해서는 이곳을 클릭하시오")이지만 다른 링크들은 명백하게 연관성에 따른 선택이라고 언급했다. 링크들은 똑같은 비중으로 만들어지지 않지만 분류되거나 가중치를 둘 수는 있다.[713]

구글이 만든 최초 검색 알고리즘인 페이지랭크PageRank는 클라인버그의 주장을 기초로 하여, 연관성을 웹페이지의 명시적인 내용이 아니라 관계와 시스템에 따른 것으로 정의했다. (페이지랭크는 웹페이지의 위치에서 유래한 말이 아니라, 래리 페이지의 이름에서 따온 것이다.) 브린과 페이지는 웹을 수백만 이용자들의 지성이 담긴 것이라 읽기로 결정했다. 클라인버그는 이를 "대중 추수적인 하이퍼미디어의 복잡미묘한 형태"라 불렀다. 페이지랭크는 웹에 담긴 지식에 기생한다. 웹사이트들 사이의 모든 링크는 가치 혹은 "권위"(클라인버그)에 관한 일종의 투표 결정이다. 구글은 웹의 인프라를 그 내용의 해석자로 읽어 낸다. 색인에 사용되는 메타데이터는 문서 안에 담겨 있는 것이 아니라 마치 소쉬르의 언어 네트워크처럼 일종의 추론을 거친다. 구글의 크롤러는 웹사이트의 핵심적인 단어들에 관심이 있지만, 인링크와 아웃링크를 읽어 내는 네트워크의 강도와 밀집도에 더 큰 관심이 있다. (페이지랭크는 깨진 링크로 연결되는 일이 거의 없다.) 구글은 웹을 역으로 운영하여 그 지식을 추출한다. 인프라를 읽을 줄 아는 사람들은 축복받은 일이다. 똑같은 것들로 만들어진 튜링 기계와 DNA처럼, 구글은 메타메시지와 메시지 사이를 물질적으로 분리하지 않는다. 튜링의 무한히 길게 감겨 있는 종이테이프는 데이터와 명령을 모두 담고 있다. DNA 코드에서는 구조적인 유전자와 통제하는 유전자가 나란히 뒤섞여 있는데, 후생적인 코드 통제는 코드 자체에 의해 관리된다는 뜻이다. 구글에서 검색의 물질은 웹 그 자체다. "메타"가 사물 자체로 되풀이하여 무너지는 것은 튜링 시대 미디어의 독특한 특징이다.[714]

페이지랭크가 데이터를 읽는 논리는 학계의 명성 시스템을 흉내 낸 것으로, 구글이 대학 캠퍼스 문화와 관련되는 또 하나의 방식이다. "논문을 출판하지 못하면 도태된다"라는 말은 대학 교수들에게는 유명한 규정이지만, 그 계산법은 실상 더 미묘하다. 교수들은 읽기를 좋아하며, 게다가 쓰기를 더 좋아한다. 쓰는 것보다도 출판하는 것을 더 좋아한다. 그러나 출판보다 더 좋아하는 것은 바로 자신의 글이 읽히는 것이다. 읽히는 것보다 더 나은 것은 인용되는 것이다. 그러나 인용되는 것보다 더 좋은 것은 저명한 누군가가 자신의 글을 인용해 주는 것이다. 그렇게 중요한 사람이 누구인지 어떻게 알 수 있을 것인가? 물론 인용에 의해서다. 중요한 학자는 인용이 많이 된다. 다른 학자들에 의해 많이 인용되는 학자들은 다른 학자들을 인용했을 때 더 큰 권위를 갖는다. 그들은 자신의 인링크를 통해 권력을 이동시킨다.

학자들끼리 서로 인용해 주는 네트워크가 일종의 월드 와이드 웹이고 암묵적인 가치의 위계라는 것은, 폴 오틀레Paul Otlet와 유진 가필드Eugene Garfield 등 정보과학의 선구자들이 이미 인식했던 것이다. 학자들이 유명 학자들에게 인용되고 싶어 하는 것처럼, 웹페이지 디자이너들도 자신이 만든 페이지가 많은 인링크를 지닌 페이지에 링크되기를 원한다. 학술지들이 "피인용 지수impact factor"라 부르는 것은 간혹 구글 주스Google juice라 불리는 것과 유사하다. 사이트의 영향력이나 웹문서의 위치는 들어오는 웹링크에 의해 정의된다. 페이지랭크는 현재 웹오브사이언스Web of Science가 운영하는 학술 인용 패턴 분석에 사용되는 서지 측정 논리를 따른다.[715] 인용은 구조적으로 하이퍼링크와 마찬가지다. 페이지는 한때 전체 인터넷을 그 링크만으로 다운로드하는 꿈을 가졌고, 최고의 검색 엔진은 "인류의 지식 전체에 대해 완벽히 숙달되어 있는 참고 도서실의 사서"와 같다고 보았다.[716]

이 꿈은 구글의 웹 크롤러가 수집하여 인터넷에서 끊임없이 업데이트되는 지도를 통해 어느 정도 충족되었다. 구글의 스파이더들은 웹 우주에서 끊임없이 업데이트되는 지도를 유지한다. (여기에 바로 장 보드리야르Jean Baudrillard의 "매트릭스"나 "시뮬라크룸"이 존재한다.) 나는 태그되어 있다, 고로 나는 존재한다. 많은 사람들에게 구글이 곧 인터넷이다. 구글이 한동안 중국 정부와 협업을 통해 www.google.cn의 검색에서 민감한 결과들이 보이지 않게 변경하기로 결정했을 때, 구글은 존재론적으로 작동했다. "인덱스가 없는 인터넷 사이트는 책이 잘못 정리된 도서관과 같은 림보다."[717] 매우 불안정한 관계 이후에 교착 상태에 있던 중국 정부에 동의한 구글은 웹의 한 조각을 효율적으로 림보에 집어넣었다. 중국 이용자들은 구글이 단지 정보를 숨길 뿐 아니라 그 정보가 무엇인지 감추고 있다고 본다. 알고리즘을 살짝 비틀면 검색 결과 첫 페이지에 보이는 웹사이트를 훨씬 뒤의 잘 눈에 뜨이지 않는 네 번째나 다섯 번째 페이지로 옮길 수 있다. 볼셰비키 당의 서기장이었던 레닌처럼, 구글의 문서에 대한 통제는 엄청나게 윤리적이고 정치적인 딜레마를 드러낸다.[718] 스페인 군주와 독일의 미디어 이론가가 좋아했던 표현은 구글에게 안성맞춤이다. "문서에 없는 것은 세계에 없다Quod non est in actis, non est in mundo." 이는 버클리의 "존재하는 것은 지각되는 것이다"와 데리다의 "텍스트 바깥에 있는 것은 아무것도 없다Il n'y a pas de hors-texte"와 키틀러의 "오직 끄고 켤 수 있는 것만이 존재하는 것이다"와 사촌격이다. 구글은 우주를 담고 있는 텍스트고, 토라 가계도 나무에 솟아난 가장 최근의 가지다.

구글은 미디어이고, 미디어는 존재론적인 효과를 지닌다. 파일에 없는 것은 이 세계에도 없다는 말은 여러 방식으로 읽힐 수 있다. 이 세계가 파일로 가득 차 있다고 가정하면, 이 말은 기록의 행정적인 우위를 주장하는 것이다. 만일 무엇인가가 글쓰기로 남아 있지 않다면 법적으로 존재하지 않는 것이다. 그러나 라틴어의 쿼드quod를 조금 더 공격적으로 읽어 '왜냐하면'으로 해석하면, 이 말은 문서로 만들어지지 않은 모든 것의 실제성을 부인하는 것이다. 브린은 구글북스 프로젝트를 변호하면서 이 프로젝트가 책을 망각으로부터 구해 준다고 주장했다. "설사 우리의 문화적 유산이 세계 최고의 도서관들에 안전히 보존된다 해도, 거기에 쉽게 접근할 수 있는 사람이 아무도 없다면 결국 그 유산을 점차 잃게 될 것이다."[719] 그의 말은 마치 버클리가 우주의 지각되지 않은 부분에 대해 이야기하는 것과 비슷하게 들린다. 문화적 유산을 잃는다는 것은 무슨 의미일까? 구글이 지식을 갖고 있을까? 내가 읽었지만 잊어버린 책들의 지식, 혹은 내 감각이 순식간에 놓쳐 버린 개념적인 데이터 메가바이트를 나는 갖고 있는 것일까? 수백만 사람들이 이미 알고 있는 점을 내가 이 책에 언급한다 해서 지식에 무언가를 보태는 것일까? 내 책을 읽는 특정 독자들에게는 내가 어떤 지식을 더할 수 있을지도 모르지만, 전체 지식의 양을 늘리는 것일까? 지식은 다음 중 어디에서 발견되는 것일까? 세계의 도서관과 인공물에서, 지식이 담긴 정신을 지닌 사람들의 네트워크에서, 혹은 단지 개인의 뇌에서만 발견되는 것일까? 사실 지식 대부분이 구글이 만드는 조직과 네트워크의 인공물과 비슷하지 않은가? 만일 개인들 사이의 교육이 중요하다면, 반복은 헛되어서는 안 된다. 다양한 사람들이 공통으로 지닌 지식의 증가를 위한 종의 가치가 있어야 한다.

2005년 〈디 어니언*The Onion*〉에 실린 패러디는 파일과 사실 사이의 존재론적인 불일치를 논리적인 극단까지 가져갔다. 이 풍자 전문 신문은 구글 청산Google Purge이라는 프로젝트의 소식을 보도하며, 이 프로젝트의 목표는 스캔할 수 없는 모든 책을 불태우는 것이라고 보도했다. 구글에 대한 친절한 해설가인 존 배텔John Battelle•은 허구의 인물로 이런 의견을 낸다. "검색을 놓쳤다고 걱정할 필요는 없을 것이다. 왜냐하면 그 책은 이미 더 이상 존재하지 않을 것이기 때문이다. 영화, 예술, 음악에도 이는 마찬가지다." 책을 태우는 것은 〈디 어니언〉이 한 조롱 중 첫 단계일 뿐이다. 결과적으로 구글이 목록을 만들지 못하는 모든 것은 사라질 것이다. 하드드라이브, 생각, 느낌 등은 숙청될 것이며, 구글봇이 관리하는 DNA 스캔을 거부하는 사람의 뇌는 액화될 것이다.[720] 자주 일어나는 일이지만, 패러디는 핵심을 드러낸다. 창조하고 파괴하는 태그의 존재론적 권력.

웹을 네트워크로 이해하는 구글의 함의 중 하나는 부정확한 검색 용어에 대한 친절함이다. 브린과 페이지는 처음 논문에서 검색 항목은 정확하고 길어야 한다는 아이디어에 '격렬하게' 반대했다. 그들은 부정확성에 대한 민중의 간청과 오픈 액세스에 우호적이었다. 구글 검색은 하나의 용어에 여러 의미가 공존하는 다의성에 직면하고, 실용적인 답을 내놓았다. '워싱턴'이라는 검색 항목은 미국의 주(WA), 미국의 도시(DC), 미국 대통령(조지 워싱턴), 혹은 배우(덴젤 워싱턴)에 대한 페이지를 보여 주어야 하는

• Jon Battelle이라는 이름을 John으로 바꾸어 패러디한 것이다.

가? (고유명사의 의미론은 철학자와 검색 엔진 모두를 미치게 만든다.)[721] 이 알고리즘은 여럿으로 갈라지는 의미들의 범위를 포함함으로써 승률을 관리한다. 구글의 주요한 발견은 의미론적인 것으로, 여기서 이름은 엄격하게 지정된 표시자가 아니다. 구글은 검색 알고리즘을 의미론적인 미묘함을 제거하여 엄격한 정의의 순수성을 검색하는 논리실증주의자처럼 다루지 않는다. 대신 어디에서나 달팽이 흔적을 기꺼이 크롤링하는 낙천적인 프래그머티스트처럼 다룬다. 구글의 감정 논리는 오히려 소쉬르의 언어학적인 의미를 은행으로 보는 관점과 비슷하다. 즉 한 단어의 의미는 다른 단어다. 사전이 이른바 현실을 잡아 두는 일 없이도 단어에 대한 하이퍼링크의 연결망으로 구성되어 있는 것과 마찬가지로, 그 어떤 초월적인 금본위제도 웹에서 떠다니는 통화량을 뒷받침할 수 없다. 하나의 페이지는 그 시스템의 다른 행위자들이 어떻게 가치를 매겼는가에 따라 가치가 정해지고, 그것을 결정하는 행위자들의 권력은 그들 안의 다른 장소가 지닌 가치에 의해 결정된다. 의미의 정확하고 조목조목 다루는 것이 구글의 목표는 아니지만, 사용자들의 검색을 예측하려는 경향이 점차 증가하고 있다. 구글은 사물의 특성에 깃들어 있는 애매한 논리를 인정한다.

또 다른 함의는 웹의 기본 조직에 대한 구글의 완벽한 무관심이다. 이는 하나의 기업으로서의 구글이 인터넷의 설계와 진화에 대한 강력한 정책 선호가 없다는 말이 아니다. 구글은 인터넷을 사회적 벌집이나 울타리가 둘러진 정원(라이벌인 페이스북과 애플의 관점)이라기보다는 감시받아야 하는 공개된 땅으로 본다.[722] 구글의 검색은 기본적인 건축 질서에 무관심하다. 구글은 웹을 정리하지 않고 태그로 조직한다. 듀이 십진분류법에서 청구번호는 무엇에 대한 책인가 뿐만 아니라 어디서 그 책을 찾아야 하는지까지도 알려 준다. 1870년대의 글에서 멜빌 듀이Melville Dewey는 책의 분류 방식뿐만 아니라 책을 정리 보관하는 도서관의 설계 방식까지도 변화시켰다. 그는 19세기 도서관의 불규칙한 난장판을 깨끗이 청소하고 인쇄 왕국의 분류 방법과 위계를 제안했다. 그는 무엇에 관한 책인지 그리고 어디에 있는 책인지를 결정하기 위해 인간 색인 작성자에 의존해야만 했다.

이와 대조적으로 구글은 문서가 어디에 있는지 그리고 검색을 쉽게 하기 위해 물리적인 투자를 얼마나 해야 하는지에 대해서는 관심이 없다. 구글은 앤디 클라크가 말한 육화된 정신 비슷하게 작동한다. 웹의 명백한 재현을 만드는 것이 아니라 그것을 어떻게 갖고 놀지 아는 방식으로 작동하는 것이다. 건축은 한때 기억 예술의 근간으로, 개념들을 장소들 topoi에 놓아서 기억을 가로지를 수 있도록(아마도 돌고래에게는 어려운 일) 하는 것을 기반으로 한다.[723] 비트를 뒤섞는 것은 책장을 정리하는 것보다 노동력이 덜 드는데, 최소한 디지털 인프라는 제자리에 있어서다. (심지어 윈도 파일 시스템은 폴더형에서 최근 키워드 검색으로 변경되었다. 이제 문서가 어디 있는지 알 필요가 없고, 어떻게 찾는지만 알면 된다.)

인터넷이 고단한 정리의 노동으로부터 자유롭다는 아이디어는 디지털 저장의 보편적 공간으로서의 클라우드의 수사학에서 특히 분명하다. 클라우드 은유는 정보 테크놀로지 산업으로 대성공을 거두었고, 솜털처럼 따뜻한 적운은 이제 온라인 저장을 나타내는 표준적인 그림 표시가 되었다. 구글 내부 관계자인 에릭 슈미트Eric Schmidt와 조나단 로젠버그Jonathan Rosenberg는 이렇게 보고한다. "이것은 '클라우드 컴퓨팅'이라고 불리는데, 네트워크 회로도를 그리는 예전의 프로그램이 서버 아이콘을 원으로 둘러쌌기 때문이다."[724] 비록 그 은유의 기원에 대한 말은 정확하지만, 그들은 클라우드의 효과와 편재성에 대해서는 매우 솔직하지 못하며, PR이 성공할 수 있는 클라우드의 레토릭이 무엇인지 알아야 한다. 클라우드는 하늘의 기록이라는 고대의 아이디어를 다시 불러일으키는데, 그 기록은 이제까지 말하고 해 왔던 모든 것들을 담고 있으며, 세상에서 일어난 일이자 틀림없는 것에 대한 기록이다. 낡은 방식의 마르크스주의적인 탈신비화에게 목표라는 것이 있다면, 이것이 바로 그것일 것이다.[725] "클라우드"를 그저 가볍게 말하는 사람이 있다면 반드시 〈테이크 쉘터*Take Shelter*〉라는 멋진 영화를 보아야 한다. 이 영화는 구름의 위협에 대해 두 번 생각하게 해 줄 것임을 장담한다. 우리에겐 아직도 비구름 집중 호우cloudburst나 구름 공격cloud attack 등처럼 되살려야 할 말들이 남아 있는데, 후자는 독가스를 나타낸다. 마크 한센Mark Hansen이 "대기의 미디어"라 부르는 판타지는 전기 망이 있어야 가능하다.[726] 정보는 연기가 없는 것이 아니다. 구글의 서버는 매달 수백만 달러의 전기를 태워 없애고 엄청난 양의 열을 발생시키기 때문에 냉각이 필요하다. 노버트 위너는 "정보의 이동은 에너지 비용을 어느 정도 지출하지 않고서는 일어날 수 없다"고 말했다.[727] 컴퓨터 사용은 열역학적으로 결코 공짜가 아니다. 지식을 조직하는 모든 행동은 무엇이든 저하되려는 경향에 맞서 위를 향해 달린다. 냉각 필요성은 언제나 컴퓨터 설계에, 특히 부품들을 얼마나 빽빽하게 끼워 넣을 것인가에 영향을 미친다.[728] 인간의 지적 활동 권역은 인프라를 필요로 한다. 아마도 천상의 기록은 열에 의해 제약받지 않겠지만, 구글은 하늘 미디어나 바다 미디어가 되기를 바라 마지않는 그러한 자부심에도 불구하고 너무나도 땅의 미디어다. 데이터에는 많은 흙먼지가 있다. 컴퓨터 사용의 대부분은 석탄과 콜탄에 의존하고, 데이터 센터 하나만 해도 대략 전기 출력의 1~3%를 사용한다. 데이터 처리는 화로 기술에 의존한다. 아폴로가 아니라 불카누스가 사이버 공간의 신이다.[729]

종교 미디어로서의 구글

세르게이 브린은 "완벽한 검색 엔진은 신의 마음일 것"이라고 말한 것으로도 유명하다. 절반은 허풍이고 절반은 야망인 그 말은 구글을 하늘을 읽는 신관의 오랜 계보 안에 위치시킬 뿐 아니라 약간의 카발라도 갖고 있다.• 그것은 구글이 뚜렷하게 종교 미디어 가계의 일원임을 보여 준다. 구글의 프로젝트는 하늘을 만나는 사원을 짓고, 기억을 고정시키고, 모든 지식의 경전을 제공하는 것이다.[730] 구글은 사이버 공간에서 당황한 사람들을 이끄는 메타미디어를 목표로 하는 것이나 마찬가지다. 구글은 성직자 계급의 이야기 방식을 이어받아, 우주를 식별하고, 혼돈에서 질서를 표현하고, 우리의 간청에 답하고, 우리를 점술의 예언 행위에 참여하게 한다. 설명할 수 없을 만큼 광범위한 가능성의 범주를 지닌 구글은 당신이 찾는 대답을 제공하며, 마치 예언가나 제사장 혹은 하늘을 바라보며 징조와 전조를 찾아 사원에 서 있는 수사처럼 군다. 구글은 성직자와 사제들이 언제나 그래왔듯 새겨 넣고 검색하는 수단을 통제한다는 점에서 성직자로 정의할 수 있다. 구글은 또한 수학자들이 무한하고 궁극적인 사물들과 관계를 맺어 왔던 오래된 로맨스를 알아차린다. 조지 불George Boole은 "논리 체계의 0과 1이라는 상징들을 각각 해석하면 무와 우주다"라고 썼다.[731] 이는 디지털 표기를 창조와 심연 사이의 왕복으로 보는 고트프리트 빌헬름 라이프니츠Gottfried Wilhelm Leibniz 관점의 변형이다. 실제로 우주에서 구글은 왕복을 좋아한다.

분명한 사실은, 우리가 종교라고 여기는 모든 것의 핵심이 미디어라는 점이다. 일부 개신교와 뉴 에이지 사상의 변형 종파들은 직접성만이 진정한 종교의 양식이라며 가치를 두면서도, 그것을 가능케 하는 인프라는 간과한다. 모든 다양한 종교 행위의 핵심에는 일종의 성스러운 미디어가 있다. 직접성은 대개 어떤 문화적 테크닉을 감춤으로써 성취된다.[732] 아브라함의 종교는 신성함의 장치에 대해 선택적으로 우호적이지만, 그중에는 자신들이 거짓이라 간주하는(대상화하는) 미디어를 언제든지 공격할

• 현대 히브리어에서 영수증은 '카발라Kabbalah'라고 하며, 이는 성스러움과 회계를 멋지게 연결한다.

준비가 되어 있는 과민한 우상 파괴의 분파도 존재한다.[733] 여기서의 싸움은 미디어가 그 문제의 일부인가의 여부에 대한 것이 아니라 옳은 미디어에 대한 것이다. '종교 미디어'는 모순 어법이 아니라, 궁극적으로는 유일한 미디어일지도 모른다. 두루마리와 성경, 휴일과 달력, 시계와 종, 아스트롤라베와 해시계, 성찬과 의식, 기도 문구가 쓰인 회전축과 수맥을 찾는 Y자형 막대, 탑과 사원, 산양뿔 나팔과 오르간, 스테인드글라스와 향초, 합창과 일기, 유물과 순례지, 가운과 베일 등은 종교 행위와 경험을 가능케 해 주는 미디어 중 일부다. 미디어는 영적인 에너지에 집중하고 이를 수집하며, 공동체나 마음 맞는 사람들이 모여 사는 지역을 양성하고, 문화를 보존하고 전송하며, 성스러운 것의 데이터를 드러낸다. 성찬을 뜻하는 옛 신학 용어를 떠올리며, 우리는 미디어를 구원의 미디어media salutis라 부를 수 있을지도 모른다.[734]

구글은 사실상 신학적 분석을 요구한다. 전지全知 개념의 역사는 모든 형태의 데이터베이스 미디어의 역사, 즉 다양한 기록 형태의 암묵적인 목록이기도 하다. 신과 구글은 모두 데이터를 수동적으로 캐는 광부다. 그들이 인식하지 않고서는 참새 한 마리 떨어지지 않고 클릭 한 번 일어나지 않는다. 구글이 어느 정도 신이나 마찬가지라는 인식은 이미 널리 퍼져 있고, 구글은 이 신비감을 적극 키운다. 구글에서 '신과 구글'을 검색하면 2013년 4월 현재 11억 1000만 개 항목이 도출되는데, 여기에는 구글 교회와 십계명에 대한 조악한 개인 제작물들 그리고 구글의 스트리트뷰 카메라가 이동하며 촬영한 이른바 신의 시각이라 알려진 장면들이 포함된다. 또한 신이 거대한 검색 엔진처럼 다루어져서는 안 된다는 전통적인 교회의 고민 어린 호소도 있다.[735] 어느 교회는 일요일 설교를 이렇게 광고했다. "구글이 모든 답을 다 아는 것은 아니다." 구글을 떠받드는 수많은 비즈니스 책 중에 《구글이 할 수 있는 모든 것*What Would Google Do*》이라는 제목도 있다. 캐나다의 기술철학자인 대린 바니Darin Barney는

《구글 아래 한 나라*One Nation under Google*》•라는 책으로 비슷한 말 장난을 했다. 모두가 구글이라는 이름으로 바꾸고 있다. 가장 대범한 최근의 말장난은 2014년 베스트셀러인 《구글이 하는 일*How Google Works*》의 표지 디자인으로, 구글 검색 엔진 화면을 클로즈업 한 후 검색창에 책 제목을 집어넣었다. 그 위로 보이는 구글Google 로고의 두 번째 O가 반쯤 잘려 있어서, 이 책이 출판된 후 어느 서점에나 널리 깔린 책 표지를 얼핏 보면 마치 '신God'이라는 글자처럼 보이게 만들었다.

모든 것을 알지만 악이 아니라는 구글의 주장은 스스로를 마치 천상의 일에 초연한 사제처럼 보이게 하며, 구글에 대한 광범위한 신뢰도의 이유를 설명해 준다.[736] 구글사의 미션인 "세계의 정보를 조직하여 보편적으로 접근 가능하고 사용할 수 있게 만들기"는 이 사업이 사실은 정보를 취득하고 있는 것이면서도 마치 기업이 정보를 주는 것처럼 보이게 한다. 구글이 제공하는 서비스는 분명 무료이지만 이는 데이터 마이닝의 공식적 얼굴일 뿐이다. 구글은 검색을 마치 〈스타 트랙〉에서 [행성 연합이 가장 중요하게 여기는] 최상위 정책인 프라임 디렉티브와 비슷한 무엇처럼 정의한다. 즉 무간섭이다. 브린과 페이지는 처음부터 왜곡된 검색 프로토콜과 돈을 지불하는 광고주들이 원하는 방향으로 치우친 결과를 내주고자 하는 유혹의 위험성을 언급했다(구글은 스폰서 페이지를 명시적으로 인정하는 정책을 고수한다). 브린과 페이지가 1998년 "이익을 위해 전문적으로 검색 엔진을 조작하는 무수한 기업들이 있다"고 썼던 것은 순진한 생각이 되었다. (검색 엔진 최적화는 검색 엔진 그 자체만큼이나 오래된 것으로, 레닌이 볼셰비키 당을 지배하기 위해 당 비서라는 직위를 사용한 것과 마찬가지다.) 부분적으로만 큐레이션되는 야후와는 대조적으로 온전히 인공 지능의 방식으

• 미국의 공식 의례 등에서 국기 아래 충성을 맹세할 때 사용하는 "신 아래 한 나라One Nation under God"라는 구절을 패러디한 것이다. — 옮긴이

로 계산하는 구글의 알고리즘은, 그 무관심 덕분에 중립적이고 보편적인 것처럼 보이게 되었다.

구글은 시시때때로 바뀌는 로고('두들')와 만우절 풍자와 어린애 말투 같은 이름과 보육원처럼 알록달록한 색깔로 칠한 얼굴 한 면을 대중에게 보여 주고 다른 한 면은 광고주에게 보여 준다. 구글이 검색 요청과 웹 검색자들로부터 읽는 것은 비밀과 지적재산권의 가치가 있는 정보, 몇몇 문해력이나 계산력의 최신판이다.[737] 내 학생이었던 에블린 보탄도Everlyn Battando는 미국 매사추세츠주의 케임브리지에 있는 구글 본사를 방문한 일을 묘사하는 것으로 구글북스에 대한 박사 학위 논문을 시작한다. 그가 제일 먼저 해야 했던 일은 정보 비공개 동의서를 작성하는 것이었다.[738] 세상의 모든 정보에 접근할 수 있는 것은 분명 아니었다. 끊임없이 뒤바뀌는 구글의 페이지랭크 알고리즘(2010년에만 400번의 변화가 있었다)은 코카콜라 레시피만큼이나 비밀스러웠다. 브린과 페이지는 최초의 논문에서 이전의 검색 엔진 기술은 "검은 예술"이었다고 말했다. 바뀐 것은 거의 없다.

정작 구글 자신은 다른 모든 이에게 비추는 빛 속에서 스스로 긴장한다. 2007년 이후로 특별 카메라가 장착된 구글의 자동차들은 구글 지도의 스트리트뷰 앱을 만들기 위해 여러 나라에서 거리와 상점과 건물들의 360도 회전 사진을 찍었다. 스트리트뷰는 길가에서 소변보는 남성의 모습에 영생을 주었고 창문으로 건물 안을 들여다볼 수 있게 해 주었다. 그 후로 스트리트뷰는 프라이버시 침해에 대한 불만을 야기했고 구글은 2013년 초반에는 벌금 700만 달러를 냈다(비교적 푼돈이었다). 스트리트뷰는 대개 얼굴과 차량 번호판과 다른 민감한 항목들을 흐릿하게 만들며, 이것 하나로도 객관성을 실천하는 것이라고 방어한다. 이상하게도 캘리포니아의 마운틴 뷰에 있으며 "캠퍼스"라고도 불리는 구글의 본사인 구글플렉스의 사진은 2012년 8월 현재 특이한 각도에서 촬영되어, 배구장과 건물 하나만을 볼 수 있을 뿐이다.[739] 모든 것을 보는 눈을 지닌 구글이 자신의 모습을 거울에 아주 자주 비춰 보는 것은 아님에 분명하다. (한번은 초대장 없이 한 친구와 함께 구글플렉스를 방문했는데, 보안 요원이 우리에게 속히 떠날 것을 정중하게 요구했다. 나는 나오는 길에 고용된 직원들이 무료로 전기차를 충전할 수 있도록 간이 차고 천장에 매달아 둔 전선을 보고 감탄했다.) 권력은 지도의 중심을 빈 곳으로 남겨 둔다. 힐스를 비롯한 연구진이 부르듯 "봉헌"에 대한 주장 때문에 구글의 실수는 더욱 두드러진다. 그것은 성스러운 것을 쉽게 신성모독해 버리는 특성이다. 속물은 더 단단하고 더 더러워지기 쉽다. 작은 반점은 아름다운 얼굴에 있을 때 더욱 두드러진다. 작은 악은 자칭 성자의 경우 더 심한 냄새를 풍긴다.

구글 검색 페이지의 놀라운 미학은 종교적인 시사로 가득 차 있다. 예를 들어 마이스페이스MySpace 등의 정신없는 페이지에 비하면, 구글 페이지의 널찍한 공간은 격조와 우아함을 한껏 뽐낸다. (시각적으로 복잡한 디자인은 너저분함을 상징한다.) 구글에 대한 책들에도 모두 등장하는 것처럼 보이는 구글의 색상 조합은 플레이도우의 기본을 보여 준다. 구글의 "하얀 원시의 바다"는 순수를 나타내고, 아마도 천국의 문이나 하늘의 구름을 나타낼 수도 있을 것이다.[740] 하얀 배경 화면은 글을 쓰는 새 문서를 암시하기도 한다. 이는 옛날 옛적 도스 시절의 검은색 바탕에 녹색 글씨가 아니다. (흰색은 애플 로고의 색이자 많은 애플 상품들의 색이기도 하다.) 흰 색은 또한 더 많은 에너지 소비를 의미하기도 한다. 픽셀을 끄는 것보다는 채색하는 것에 더 많은 에너지가 드는 것이다. 구글은 방문자들에게 입구를 제공하고 잠깐 동안의 방문을 받는 것을 좋아하지만, 결국 당신은 나머지 여정의 대부분을 이곳에 머무르게 될 것이다. 마치 예수라도 된 양 구글은 말한다. "내가 문이다."[741]

구글이 웹 정찰용으로 홈페이지에 둔 "구글 검색"과 "I'm feeling lucky"의 두 가지 선택은 핵심적인 장치다. "I'm feeling lucky"는 주관적 발화 양식이다. 이것은 나, 1인칭이, 웹으로 들어가는 것이고, 또한 도박꾼의 외침, 자신이 통제할 수 없는 무엇인가에 대해 주문을 외우는 중얼거림이다. 구글 검색 페이지는 욕망의 포털이고, 사람들이 자신의 청원을 가지고 찾아가는 왕좌다. (구글의 서버는 희망의 아카이브를 수납한다.) "I'm feeling lucky"는 또한 종교적 행위와 같은 제비뽑기를 하라고 호소한다.[742] "I'm feeling lucky" 버튼이 자주 효율성을 거두다 보니 구글의 입장에서는 자랑할 만한 이유가 되었다. (최근에는 이 버튼이 주로 위키피디어 페이지로 연결되지만, 그 이전에는 더 놀라운 검색 결과가 나오기도 했다.)

비록 구글이 '럭키' 버튼을 누른 1% 남짓 되는 검색자들 덕분에 돈을 번 것은 아니지만(이 버튼은 단 하나의 결과만을 보여 주기 때문에 주변에 아무런 광고도 없다), 구글의 리더들은 기업의 순이익을 수호하려는 측의 비판에 직면하여 이를 지키는 일에 놀라우리만치 단호했다. 그들은 자신들이 하는 일의 의미를 알고 있었다. 럭키 버튼은 신비한 아우라와 괴짜 같은 매력을 유지함으로써 수익 손실을 거뜬히 상환한다. 그 손실은 헤아릴 수 없을 것이다. 당신은 구글 검색 페이지의 문가에 서서 노크한다. 두 가지 대안이 나란히 당신을 기다린다. 하나는 점치는 옛날 방식이고 다른 하나는 구글의 근대적인 방식이다. 구글사의 문화적 공명은 역경(주역)과 같은 미스터리가 총체성을 획득하려는 컴퓨터화된 주장과 짝짓는 데 있다. 고대와 근대, 신과 구글, 그 연속성은 명백하다. 아마도 구글의 검색 페이지는 검색이나 탐색의 단순한 구조 중에 가장 종교적일 것이다. 사람들은 무엇을 추구하는가? 정적인 가운데 신호를 찾는다. 진실한 사랑. 정의로부터의 도망자. 잃어버린 반지. 구글은 이러한 것들 중 일부를 찾도록 도울 수 있다.

구글은 더 위대한 조물주와도 같은 비전을 넌지시 던진다. 아담과 이브는 일단 그들이 금지된 과일을 먹었을 때 '지식'을 가졌고, 서로를 '알았고' 자손을 두었다(애플 로고는 이렇게 해석되기도 한다). 구글이 그렇게 할 수 있을까? 틀림없이 그럴 수 있다고, 2010년 미식축구 챔피언 결정전인 슈퍼볼 기간에 방송되었던 구글 광고는 말한다. "파리지안의 사랑"이라 불리며

2013년 4월 구글이 소유한 유튜브에서 거의 700만 뷰를 기록했던 이 광고는 12개의 구글 검색을 통해 이어지는 로맨스를 이야기하는 작은 보석 같은 이야기 구조로 이루어져 있으며, 그 이미지만큼이나 영리한 사운드트랙이 함께 사용된다. 구글의 하얀 홈페이지에 적힌 첫 번째 검색 질문은 "파리 유학"으로, 미국 청년이 로맨스의 도시로 가는 전형적인 내용이다. 두 번째 검색 질문은 "루……루브 근처의 카페"인데 구글은 "루브르Louvre"라고 친절하게 자동 교정해 주며 우리 주인공이 프랑스어를 잘 하지 못한다는 점을 놀린다. (구글이 더 많이 안다.) 세 번째는 "tu es très mignon 번역"(당신은 매우 귀여워요)으로, 아마도 누군가 그에게 말했을 법한 말이고, 우리가 구글에 대해 생각해야 하는 말이기도 하다. 그러고 나서 "프랑스 여성에게 좋은 인상을 주기," "파리 근처의 초콜릿 상점," "트뤼플이란" 그리고 "트뤼포는 누구"(검색 엔진의 뜻밖의 발견!)가 이어진다. 파리의 이 미국인은 문화를 알고 사랑에 빠진다. 그리고 나면 "장거리 연애 조언"이 나온 이후에, 전화벨 소리가 들리고 기대에 가득 찬 채 전형적인 프랑스어로 "알로!"라고 말하는 여성의 목소리가 들린다. 이 검색어들 사이에 시간은 압축되고 광고의 리듬은 가속한다. 그리고 "파리에서의 일자리," 비행기와 공항 사운드와 함께 "AA120"(아마도 PPL), 그리고 "파리의 교회"가 나온다. 이러한 검색어들은 구글의 다양한 서비스들을 보여 줄 수 있게 해 준다. 번역, 비행 교통편 업데이트, 지도 등이다. 지도에서 교회가 선택되고 축하의 종소리가 배경에 깔리면, 마지막 검색어가 입력된다. "방법"이 타이핑되고, 잠시(약 44초 즈음에) "임신하는 방법"이 여러 자동 검색어 항목 중에 장난스런 옵션으로 나타났다가, 결국은 "요람 조립하는 방법"으로 완성된다. 마지막 이야기가 끝날 무렵 우리는 결혼에서 출생에 이르는 타임 랩스 속으로 갑자기 빨려 들어간다. (구글은 신속한 결과를 제공한다.) 마지막 화면에는 "검색은 계속된다"가 떠오르고, 아기의 울음소리가 들린다.

이 광고에 대해서는 많은 이야기를 할 수 있다. 하나는 슈퍼볼이라는 기이한 맥락이다. 구글은 슈퍼볼이 개최되기 3개월 이전에 전형적으로 교훈적인 영상의 온라인 광고를 시작했고, 그 광고들 중 다수는 음율이 있으면서도 온화한 무거운 옥타브의 피아노 음악이 배경으로 깔렸으며 "구글 검색 이야기"라 불렸다. (신성함으로 연결되어 짝을 이룬 것에 대한 이 교화의 목록은 좋은 연구 주제가 될 수 있다.) 슈퍼볼은 놀라운 선택이었는데, 구글이 주장하는 뛰어난 광고란 언제나 분산된 목표 수용자를 가정한 광고에 돈을 쏟아 붓는 것에 대한 대안의 방식으로 제안되었기 때문이다. 즉 구글은 대중 살상 무기가 아니라 스마트 폭탄인 셈이었다. 이제는 명백하게 기업의 축제를 즐길 때가 되었고, 그 품격은 세계에서 가장 큰 광고 축제의 일부가 되는 것으로 나타났다. 보다 미묘한 것은 그 광고의 암묵적인 메시지다. 즉 구글은 당신의 인생을 지도한다는 것이다. 구글은 사람들을 연결한다. 전화와 비행기처럼 미디어를 통해 공통어를 찾아 더듬거리던 어색한 시작에서부터, 종과 교회의 성스러운 미디어까지, 그리고 요람을 조립하는 가정의 일까지, 사람들을 연결한다. 구글은 운명의 신이고 짝을 짓는 중매인이다. 기존의 문화적 소재와 자료들(소년 소녀를 만나다, 로맨스와 루브르와 초콜릿과 프랑스 영화의 파리)에 편승하는 것은 이미 유효성이 입증된 창의 전략이고, 여기에서 핵심적인 메시지는 구글이 아기를 낳는다는 점이다. 구글의 지식은 단순히 지적일 뿐만 아니라 육체적인 것으로도 제공되었다.

"파리의 사랑"은 검색을 에로스로, 즉 가장 근원적인 연결의 욕망으로 제시한다. (이는 또한 통계적으로 웹의 주요 행동유도성 중 하나가 무엇인지 간접적으로 인정한다.) 여기서 고전적인 선망의 대상인 기업은 스스로를 단지 운명의 신이거나 모든 지성의 근원일 뿐 아니라 새로운 삶을 만들어 가는 신비로움에 도달하는 것으로 묘사한다. 구글은 두 가지 의미의 개념 모두에 대해 명령권을 갖고 있음을 보여 주길 원하고, 가장 오래 지속되는 종류의 보존을 내세웠다. 여성의 매개라고는 전혀 없는 순전한 지적 창조물인 전통적인 남성 전용 판타지의 창립자라 할 수 있는 플라톤은 이론theōria을 에로스eros로 여겼다. 그러나 자연이 인식론적 진실을 알 필요가 있거나 특별히 관심을 가졌는지에 대해서는 거의 알려진 바 없다. 동물들은 그들이 느끼는 뜨거운 삶에 대해 설명하지 않지만, 우리의 이론과 테크네는 진화의 성취를 잡아먹는다. 약간은 애매한 방식으로 구글은 괴테가 영원한 여성성이라고 부른 것에 대한 부러움을 고백한다. (테크놀로지는 자궁을 부러워한 결과물이다.) 남성성의 이론적인 지식은 구글의 야망을 만족시키기에는 충분치 않다.[743] 데이터 정경datascape은 생명 정경bioscape에 도달하기를 원하고, 저장 미디어의 세계는 생명의 순환 그 자체에 도달하기를 원한다.•

생명의 책

구글은 고대의 꿈이자 악몽이기도 했던 "생명의 책"을 되살리는데, 이 책은 심판의 날을 위해 모든 인간의 행위를 기록한 것이고 따라서 수많은 성례용과 관료용 부기 중 하나다.[744] 글쓰기는 고전적으로 죽음의 기능과 기억의 기능을 결합하였고, 너무나 많은 전통들이 죽음의 영역을 텍스트로 관리되는 것이라 여긴다. 고대 바빌로니아에는 운명의 책이 있었고, 이집트에는 토트신이 서명한 강령이 있었다. 그리스의 운명은 언제나 텍스트와 섬유가 원초적으로 일치한 방식으로 편물을 하거나 글을 쓰는 것이었다. 반면 유대인의 전통에서는 인간 행위자가 없는 운명의 책이

• 이 야심은 2007년에 세르게이 브린과 결혼했던 앤 워치츠키Anne Wojcicki가 공동 창립자로 있는 기업 23andMe에서 분명하게 드러난다. 그의 목표는 단지 조상을 기록하는 것이 아니라 거대한 유전자와 건강에 대한 데이터베이스를 구축하는 것이다.

란 없었고, 이는 다시 인근 문화의 천문학적인 운명의 책과 대조를 이룬다. 예수는 최후 심판의 날에 모든 레마 아르곤ῥῆμα ἀργόν 혹은 헛된 말들을 설명할 것이고 따라서 일종의 기록이 남을 것이라 경고했으며(마태오복음서 12:37), 초기 기독교인들은 로마인들로부터 시민 명부나 등록 장부에 대한 아이디어를 따왔다. 예를 들어 2세기 신학자인 테르툴리아누스Tertullianus는 "그리스도의 센서스"에 올려졌음을 이야기했다. 그러면 다시 코란은 이렇게 말한다. 알라는 "보이지 않는 것의 열쇠들을 갖고 있다. 알라 외에는 누구도 그것을 알 수 없다. 그는 땅과 바다의 모든 것을 안다. 떨어지는 나뭇잎도 대지의 어둠 속에 있는 곡식 한 알도 싱싱한 것과 시든 것도 그가 모르는 것이 없으니, 그것은 성서에 분명히 기록되어 있다"(6:59). 이는 하늘의 움직임을 따라가는 장비인 천체 관측기에 전통적으로 새겨지는 문장이다.

성서와 관련된 세 종교 모두에서, 편집과 문서 기록과 등록 등의 텍스트 관련 행위를 포괄하는 은유들은 상상의 구성 요소를 이룬다. 이에 대해 어느 저명 학자는 그 은유들이 "모든 것을 아우르는 신의 지식에 대한 상상의 표현"이라고 말한다.[745] 같은 전통이긴 하지만 훗날의 르네상스는 세상의 책을 발견했다. 예를 들어 르네 데카르트René Descartes는 "세상이라는 커다란 책le grand livre du monde"에 지지를 표명하며 청년을 위한 학문 교육을 챙기기로 결정했다.[746]

산 자와 죽은 자의 거처를 위한 땅과 하늘의 데이터베이스의 역사에 대해서는 멋진 비교 연구가 가능할 것이지만, 현재를 살피기 위한 목적이라면 19세기의 아이디어를 간략히 훑어보는 것만으로도 충분할 것이다. 파스칼, 라이프니츠, 불, 위너 등과 함께 이론적인 관심이 컸던 무수한 컴퓨터 이론가들 중 한 명인 찰스 배비지로부터 시작해 보자. 배비지는 《9차 브릿지워터 논문Ninth Brigewater Treatise》(1938)에서 무한한 데이터에 대한 꿈을 가장 강력하게 언급했는데, 이는 자연신학을 지키려 했던 브릿지워터 백작이 기부한 일련의 강연에 그가 추가했던 것이다. 배비지의 주장은 자연의 종교가 결점 많은 증언들을 전달하는 대상이 되어서는 안 되며, 아주 간신히 지각할 수 있는 자연의 숨소리 안에서 언제나 신선해야 한다는 것이었다. 멋진 제목의 "우리가 거주하는 지구상의 말과 행동에 대한 영원한 인상에 관하여"라는 장에서, 그는 총체적인 우주 저장을 주장했다. 현재는 미디어 이론에서 널리 알려진 이 장을 다시 직접 인용할 만하다.

> 우리가 숨 쉬는 이 광활한 대기는 얼마나 이상한 카오스인가! 선과 악을 지닌 모든 분자들은 한때 철학자들과 현자들이 전해 주었던 동작들을 보유하고 있으며, 별 것 아니고 질도 나쁜 모든 것들을 수만 가지 방식으로 섞고 결합한다. 공기 그 자체는 하나의 거대한 도서관이고, 거기에는 이제까지 남성이 말했던 것이나 여성이 숨 쉬었던 모든 것들이 적힌 기록들이 있다. 변덕스럽지만 무섭지는 않은 글자들 속에는 가장 초기의 것과 가장 최근의 죽음의 한숨이 뒤섞여, 기록된 모든 것, 지켜지지 않은 맹세, 지켜지지 않은 약속을 대표하고, 각각의 입자의 통합된 움직임 속에서 인간의 변화무쌍한 의지의 증언을 영속하게 한다.

배비지의 동료인 라플라스에서 따온 무한소의 무한한 미묘함은 이 견해의 수학적인 심장으로 작용한다. "일단 인간의 목소리에 의해 움직인 공기의 맥은 그들이 낳은 사운드와 함께 존재하지 않게 된다…… 우리 대기의 일부 입자에 영향을 주는 움직임은 끊임없이 증가하며 커뮤니케이션되지만, 동일한 방향으로 측정된 총 운동량은 전혀 추가되지 않는다." 제대로 된 무한한 지식은 모든 것을 들을 수 있다.[747]

"우리가 숨 쉬는 공기는 우리가 발화하는 감성을 기록하는, 결코 실패하지 않는 역사가다"라고 주장함으로써, 배비지는 우주를 무한한 도서관이자 완전한 우주의 기억으로 보았다. 공기만이 유일한 저장고는 아니다. "내리는 모든 비, 발생하는 모든 온도 변화, 그리고 불어오는 모든 바람은 식물의 세계에 그 통행의 흔적을 남긴다. 아마도 우리에게는 정말 사소하고 감지할 수 없을 만큼 미세하겠지만, 그럼에도 불구하고 숲이[748] 짜놓은 직물의 깊이에는 영원한 기록으로 남는다." 여기에 배비지가 우려한 이슈였던 날씨와 기후에 대한 데이터 수집 문제에 대한 해답이 있었고 (사실상 라플라스 뒤를 잇는 비슷한 계열의 학자들 전체가 혼란스러운 대기 시스템을 핵심적인 관심사로 삼았다), 연륜연대학dendrochronology(나이테 연대 측정법)은 이제 기수를 재구성하는 일에 있어서 중요한 테크닉이다. 배비지의 랩소디는 이 세계가 19세기에 도입된 사진과 기타 자연을 스스로 기록하는 비슷한 수단들을 맞이할 준비가 되어 있음을 제시한 것이다. 키틀러는 온전히 새겨진 기록에 대한 배비지의 전망이 "모든 아날로그 미디어의 창립 헌장"이라고 말한다.[749]

현대의 사진을 관찰하는 사람들은 배비지와 비슷한 언어를 사용한다. 1840년 에드거 앨런 포Edgar Allan Poe는 다게레오타입이 그림으로 나타낼 수 있는 최상의 것보다도 "무한히" 더 완벽하다고 주장했다. "만일 우리가 성능 좋은 현미경으로 일반적인 예술 작품을 살펴본다면, 자연을 닮은 모든 흔적들은 사라질 것이다. 그러나 사진을 더 자세히 들여다본다면 더 절대적인 진실, 즉 어떤 사물이 재현하는 더욱 완벽한 정체성의 측면만이 드러날 것이다."[750] 사진은 가능한 한 최대한으로 확대해도 충실도를 보인다는 포의 믿음은 그가 읽은 라플라스(그리고 아마도 배비지)로부터 영감을 얻은 것이었고, 이는 다시 1859년 미국의 의학자이자 작가인 올리버 웬델 홈스Oliver Wendell Holmes의 공감을 얻게 된다. "누군가 현미경을 가지고 그림의 표면을 점점 더 가까이 확대해 보면 잎 하나하나는 완벽하고 멀리 있는 표지판의 글자도 읽을 수 있을 것이다…… 이론적으로, 완벽한 사진은 절대적으로 무진장하다. 그림에서는 예술가가 당신보다 먼저 보지 않았던 무엇인가를 찾을 수 없지만, 완벽한 사진에서는 마치 숲과 초원에 눈에 뜨이지 않은 채 붉게 핀 꽃들처럼 무수히 많은 아름다움이 숨어서 관찰되지 않은 채 움직이고 있다."[751] 그러한 판타지는 묘사의 하한선을 놓치는 것이고 어떤 지점이 되면 디테일은 흐리고 거칠어지겠지만, 이는 아날로그 미디어에 대한 형이상학적 판타지일 뿐 초기 사진이 어떻게 작동했는지를 제대로 설명해 주지는 않는다. 홈스는 영화 〈블레이드 러너*Blade Runner*〉(1983, 감독 리들리 스콧Ridley Scott)에서 표현되었던 아이디어를 공식적으로 인정한다. 즉 "절대적으로 무진장한" 사진을 확대할 때 미시적으로 생기는 미궁 안에서는 법의학적인 속임수가 가능하다는 것이다.

수학자이자 하버드대학교 총장이었던 토머스 힐Thomas Hill은 배비지에게 응답했다. 힐 역시 언젠가는 "우리의 귀가 우리가 [이전에 발화한] 단어들이 아직 공기 중에 울리고 있을 때 들을 수 있을 만큼 빨라질" 날이 올 수도 있다고 생각했다. 그러나 그에게는 총체적인 기록을 할 수 있는 더욱 전통적인 저장고가 있었다. 바로 하늘이다. "따라서 생각해 보면 현재 밤하늘의 보석처럼 별이 총총 박힌 기록이란 얼마나 신기한지! 그 빛나는 사파이어들이 마치 고정된 듯 보이지만, 거기에는 생생한 춤이 펼쳐지고 그 복잡한 트랙에는 인간이나 자연이 그동안 만들었던 온갖 동작들의 기록이 담겨 있다. 우리가 그것을 읽을 수 있는 기술을 갖고 있었더라면, 우리는 거기에서 모든 친절한 행동과 모든 죄책감, 그리고 산사태, 작동하는 분수, 어린 양의 스포츠, 손을 흔드는 풀잎 등을 발견하게 될 것이다."[752] 그의 도덕에 대한 결정적 한마디는 이렇다. 우주는 언제나 당신의 행동을 지켜보고 있다. (배비지 역시 마찬가지로 공중의 도서관이 도덕적 효과를 지닌다고 생각했다. 노예의 고통은 영원히 감춰질 수 없다.) 당신이 말하거나 행동하는 모든 것은 미세한 감각의 힘을 부여받은 지적 존재가 감지할 수 있도록 남게 될 것이다. (그는 말은 마치 내가 가르치는 대학생들이 서로서로에게 어떤 사진을 페이스북에 올리면 안 되는지에 대해 주의를 주는 것처럼 들린다.) 힐은 심지어 최후의 심판에 대한 물리학을 설명한다. 그것은 고대인들이 생각했듯이 인간에게 일어날 모든 일들을 예견하는 하늘이 아니라, 이미 일어난 모든 일들에 대한 기록이다. 별들은 미래가 아니라 과거를 담고 있다. 힐은 하버드대학교 수학자 벤저민 퍼스Benjamin Peirce의 제자였으며, 그의 견해가 벤저민의 아들인 찰스 샌더스 퍼스와 닮은 것은 우연이 아니다.

과학에 박식하기로 가장 유명한 19세기 인물은 맥스웰의 도깨비다. 가장 위대한 스코틀랜드의 물리학자 제임스 클러크 맥스웰James Clerk Maxwell은 1869년 움직이는 가스 분자로 가득 찬 칸막이로 나눈 두 방에 위치한 지적 존재를 상상했다. 그의 도깨비는 모든 분자의 움직임을 즉각적으로 분별하고 두 방 사이의 문을 열고 닫아서, 빠른 분자들을 한쪽 방에 그리고 더 느린 분자들을 다른 쪽 방에 들어갈 수 있게 하는 방식으로 엔트로피를 되돌릴 수 있었다. 하나의 방은 더워질 것이고, 다른 방은 차가워질 것이며, 이는 다른 말로 하자면 더욱 질서가 잡힐 것이라는 뜻이다.[753] 가장 중요한 것은 우주의 불가역적인 퇴보를 돌이키는 것이었다. 분자를 바라보았던 지적 존재는 분자에 대해 즉각적이며 천사와 같다고 말할 수도 있을 만큼 조건 없는 인식론적 관계를 가졌다. 맥스웰의 도깨비는 19세기 후반 내내 우리를 쫓아다녔던 '열사병'으로부터 벗어나게 해 주는 방법으로 유명해졌다. (노버트 위너는 그 사고 실험의 유명한 아킬레스건을 이렇게 언급했다. "19세기 물리학에서는 정보를 얻는 데 드는 비용은 하나도 없었던 것 같다.")[754]

맥스웰의 동료였던 물리학자 발포어 스튜어트Balfour Stewart와 피터 거스리 테이트Peter Guthrie Tait는 자신들의 책 《보이지 않는 우주*The Unseen Universe*》(1875)에서 끊임없는 에너지 손실을 우주 기억의 대가로 만회했다. 그들은 그 책에서 우주의 낭비처럼 보이는 것들, 즉 그렇게 많은 에너지들이 사라지기만 하는 것은 우주 기억의 엔진으로 변환하기 때문이라는 이야기로 시작한다. 구글의 공식 레토릭과는 달리, 그들은 데이터베이스가 에너지를 소비한다는 것을 인지했다. "모든 기억은 과거를 붙들기 위해 현재의 자원을 채워 넣는 과정으로 구성되어 있다. 우리는 그 미디어, 즉 그 에테르가 우주의 한 부분에서 다른 부분으로 움직임을 전송하는 힘을 갖고 있음을 보았다. 태양을 찍은 한 장의 사진은 상상할 수 없는 속도로 우주를 여행하는 것이라 말할 수 있으며, 실제로 모든 사건의 연속 사진이 그런 식으로 제작되어 유지된다. 따라서 우주 에너지의 대부분은 그러한 사진에 투자된다고 알려져 있다.[755] 스튜어트와 테이트는 이 위대한 태양의 사진 앨범에서 엔트로피를 파괴력보다는 보존력으로 만드는 방식을 찾았다. 그들은 빅토리아 시대 엘리트들의 가장 큰 걱정이었던 신의 부재와 우주 의미의 몰락에 응답했다. 최고의 미디어인 에테르는 전신 그 이상이며 빅토리아 시대의 인터넷이었다. (에테르는 당연히 이 장에 포함될 수 있는 원소다.)

빅토리아 시대의 사진가인 윌리엄 제롬 해리슨William Jerome Harrison 역시 빛을 기록 미디어로 읽었다. "태양이 빛나는 우리 지구 위에서, 또는 사실상 그런 이유에서라면 빛나는 우주 어디에서라도, 이제까지 벌어졌던 모든 행동은 빛의 행동에 의해 기록된다." 해리슨은 배비지와 스튜어트와 테이트가 짐작만 했던 것을 명백하게 만든다. 빛이 새긴 것을 읽으려는 사람은 그 속도를 능가해야 한다. 해리슨은 만일 우리가 그럴 수만 있다면 공간으로 여행을 떠나 전파가 만든 기록을 따라잡을 수 있을 것이라 추론한다. 우리가 서로 충돌하는 사진 문서를 따라잡게 되면, 우리는 우리 눈앞에서 시간의 역순으로 펼쳐지는 사건들을 보게 될 것이고, 우리의 젊은 시절과 우리의 부모와 조상의 삶을 거슬러 올라갈 것이다. "역사는 우리에게 펼쳐질 것이다. 우리는 그저 워털루 전투와 트라팔가 전투가 우리 눈앞에 펼쳐질 때까지 오랫동안 여정을 이어나가야 할 뿐이다. 우리는 메리 1세 여왕이 자랑스레 뽐냈다던 아름다움이 진실인지도 알게 될 것이다. 영국 해안가의 정확히 어느 지점에 율리우스 카이사르가 상륙했는지도 더 이상 미스터리가 아닐 것이다."[756] 해리슨은 시간 여행의 몇 가지 중요 사항들을 일깨웠는데, 아름다움을 응시하는 일에서부터 역사상의 미스터리를 해결하는 일까지, 모두 영국 민족주의의 틀 안에 있는 일이었다. 그리고 그는 외계가 방송 아카이브의 꿈이 되기를 기대하는데, 이러한 주제는 〈2001 스페이스 오디세이*2001: Space Odyssey*〉와 〈콘택트*Contact*〉 등의 영화에 나타나 있다. 해리슨은 전송과 기록의 상호 변환 가능성을 파악한다. 우주를 가로지르는 빛의 전송으로 모바일 아카이브를 구성한다는 것이다. 우주가 도서관일 때, 기록(시간 저장)과 전송(공간 잇기)은 하나다.

로버트 브레인Robert Brain이 보여 주듯이 심지어 생물학에서도 원형질은 우주의 기억 저장고 형태였다.[757] 1900년경 가장 위대한 심리학자였던 윌리엄 제임스와 지그문트 프로이트는 신경섬유가 모든 경험의 은행이라고 생각했다. 제임스는 《심리학의 원칙*Principles of Psychology*》(1890)에서 "신경세포와 섬유소까지 내려가면 분자들은 [경험을] 세고, 등록하고 저장한다"고 썼다. "엄밀하게 과학적인 문자 그대로의 의미로 말하자면, 우리가 했던 모든 일들은 결코 씻겨 사라지지 않는다." 제임스는 라플라스를 따라 신경학적인 현재는 과거와 미래를 모두 포함한다고 생각했다. "현재의 모든 뇌 상태는 모든 것을 알고 있는 눈이 자기 주인의 지난 역사를 읽는 기록이다."[758] 다음에는 프로이트가 뇌를 모든 것이 기록된 혼란으로 가득 찬 시스템이지만 찾기 힘든 것으로 보았다. 오히려 검색 엔진이 있기 이전의 인터넷, 혹은 그의 은유를 빌자면 모든 것이 이해할 수 없는 상형 문자로 쓰인 채 쌓여 있는 글쓰기 판에 가까웠다.• 프로이트에게 문제는 기록이 아니라 기록의 복구였다. 트라우마는 적절치 못한 순간에 잃어버린 파일이 재등장하는 것을 의미했다. 배비지와 달리, 힐과 스튜어

• Sigmund Freud, *Traumdeutung*, I, 20. 벨기에 심리학자 조제프 델보외프Joseph Delboeuf에 동의하며 그의 주장을 인용했다. "모든 인상은 설사 그것이 가장 중요하지 않은 것이라 할지라도 변경 불가능한 흔적을 남기며 그날에 무한정 나타날 수 있다."

트와 테이트 혹은 해리슨은 모두 완벽한 기록에서 견딜 수 없는 무엇인가를 전혀 발견하지 못했고, 프로이트와 제임스는 삭제된 데이터가 사라지기를 거부할 때 일어날 수 있는 끔찍한 일에 대해 알고 있었다.

태그 붙이기의 축제

전지全知의 눈이 뒤에 이어질 모든 상태를 읽을 수 있는 기록에 대한 꿈은 무너져 버렸다. 그럼에도 구글은 정보를 무료로 준다는 제안을 포함하여 이러한 환상의 문화적 연관성이 계속 유지되면서 이익을 얻는다. 구글은 모든 수준에서 검색이 가능한 완벽한 세계를 재현하는 대신 흐릿함과 애매함으로 평화를 유지했다. 구글은 감시에 대한 포스트양자post-quantum 개념을 갖고 있으며 확률론적 혁명의 결과를 충분히 이해하고 있다. 현실의 광범위한 조각들이 보르헤스의 명백한 형용 모순인 "독특하게 모호한 특성들rasgos singularmente vagos"로 구성될 수도 있다는 점을 인식하고, 구글은 모든 점을 담는 것이 아니라 실용적으로 웹의 지도를 구성한다. 빅토리아 시대 사람들은 수학과 미디어가 아주 작은 것까지도 모든 세부 사항들이 총체적으로 질서가 잡힌 세계를 나타낼 수 있을 것이라 생각했지만, 구글은 그러한 주장을 하지 않는다. 구글은 모든 데이터 지점들을 배비지 스타일의 인덱스로 만들지 않는다. 그렇게 하면 데이터 대역폭이 너무 많이 들 것이다. 그러나 구글의 이름에서부터 명백히 드러나듯 무한함에 대한 주장은 그대로 남아 있다. 1998년 브린과 페이지가 언급했듯이, "우리는 시스템의 이름을 구글로 정했는데, 왜냐하면 10의 100제곱을 뜻하는 구골googol의 철자법으로 사용되기도 하고, 매우 커다란 규모의 검색 엔진을 향한 우리의 목표와도 잘 맞아떨어지기 때문이다."

구글은 놀랄 만큼 큰 규모의 시대를 살고 있다. 한때 빅 데이터는 오직 신에게만 속하는 영역이었다. 예레미야서(31:37)에서 야훼는 이렇게 말한다. "만일 저 위의 하늘을 측량할 수 있다면, 나는 이스라엘의 자손들을 버릴 것이다." 이 말이 의미하는 것은 천구의 측량과 선택된 자들을 버리는 일 모두 똑같이 불가능하다는 것이다. "레위 지파는 그 수를 세지 마라"(민수기 1:49). 인구 조사를 하려던 다윗왕의 계획에 대해 그의 고문들과 하느님은 모두 눈살을 찌푸렸는데, 그들은 그러한 계수가 과세와 징집의 서곡임을 알았던 것이다. 위너는 한때 신이 한 것과 비슷한 정도의 해상도로 표현한 별자리 목록을 상상했다. "만일 우리가 별자리 목록이라 부르는 인간의 소천성표Durchmusterung(항성 목록)가 특정 강도보다 약한 별들에 미치지 못한다면, 더 멀리까지 나아가는 신성한 소천성표를 생각하는 일이 우리에게 불쾌할 까닭은 하나도 없다."[759] 그러나 과학에서의 엄격함에 대한 새로운 가능성이 있다. 현재 우리가 볼 수 있는 별은 7×10^{20}개 정도로 추산된다.[760] 모든 종류의 군집은 셀 수 있다. 3장에서 본 것처럼, 미국 정부는 2007년 12월에 미국에서 1억 2826만 파운드의 샐러드 오일이나 요리용 오일이 소비되었음을 추산하고, 해양생물학자들은 2.9×10^{29}개의 미생물 세포를 해저 퇴적물에 넣는다. 심지어 우주의 완벽한 내용물이 약 10^{80}개의 양성자로 측정될 수 있다 하더라도 이는 놀랍도록 진부한 표기법이다.

상상할 수 없을 만큼 큰 규모를 위해서라면, 우리는 자연이 아니라 문화를 이용해야 한다. 보르헤스의 '바벨의 도서관'은 모든 활용 가능성을 지닌 23개 문자로 이루어진 세상의 모든 책들로 구성되어 있고(스페인 관례에 따라 알파벳에서 아마도 k와 w와 x를 빼놓았을 것이다), 윌리엄 골드블룸 블로흐William Goldbloom Bloch가 쓴 매우 흥미로운 책에서 실시한 계산에 따르면 책 $10^{1834097}$권을 보유할 수 있다. 만일 우리가 책장에 배열할 수 있는 변형들을 고려하면, 조합의 수는 현기증이 날 만큼 더 커진다.[761] 이 숫자는 10^{80}이라는 수를 놀랄 만큼 작아 보이게 만든다. '천문학적'이라는 단어로는 바벨의 도서관이 미국 국회도서관의 몇 배나 될지 묘사하기에 충분치 않은데, 국회도서관은 약 3500만 권을 소장하고 있으며 빅 데이터 토론의 표준 단위가 되기도 하는 세계에서 가장 큰 도서관이다. 우리 우주의 양성자 모두는 각각 국회도서관 하나씩을 담고 있어야 할 뿐 아니라, 바벨의 도서관에 맞먹기 위해서는 그들 중 $10^{1834010}/3.5$개를 보유하고 있어야 할 것이다. 이런 황당한 대수학이 보여 주는 것은 정말로 큰 숫자는 물질이 아니라 마음의 영역에서 찾을 수 있다는 점이다. 문제는 그러한 거대한 수가 정말로 보이는 그만큼 정확한가 하는 점이다. 블로흐가 보여 준 것처럼, 그 수는 셀 수 있을지 모르나 상상하기 힘들다. 우리가 그 수에 대해 유일하게 가닥을 잡을 수 있는 것은 설명할 수 없을 만큼 모호하다. 모호함이란, 어쩌면, 좋은 것일지도 모른다.

보르헤스는 신의 존재에 대한 새로운 증거를 보여 주는 짧고 독창적이며 별난 텍스트를 썼는데, 지금부터 그 내용을 풀어 보겠다. 보르헤스는 눈을 감고 하나의 새 떼를 상상했다. 그 새 떼의 수는 유한인가 무한인가? 만일 신이 존재한다면, 신은 보르헤스가 몇 마리의 새를 보는지 알 것이다. 신 말고는 그 어떤 존재도 그렇게 개인적인 환상에까지 접근할 가능성은 없다. 만일 신이 존재하지 않는다면, 얼마나 많은 새를 보고 있는지 확실히 결정할 수 있는 사람은 아마 아무도 없을 것이다. 이 말의 의미인즉슨, 보르헤스가 보았던 새의 수는 예를 들어 10보다 작고 1보다 크지만, 2에서부터 9 사이의 정수에 해당하지는 않는다는 뜻이다. 그러나 1과 10 사이의 정수 중에서 2, 3, 4, 5, 6, 7, 8, 9가 아닌 것은 상상할 수 없고, 따라서 신은 존재한다.[762] 보르헤스의 번개는 몇 단계의 중개 변수를 빼놓았고, 궁극적으로 필요성 개념에서 존재의 개념으로 옮겨가는 다른 입증들보다 더 설득적이지 않다. 우리에게 흥미로운 점은 무한한 수의 합보다는 유한한 수의 합이 더 깊고 형이상학적인 결과를 이끌어 낸다는 것이다.

비행기에 텍사스 농장주와 약삭빠른 도시인이 나란히 앉아 있는 상황에 대한 오래된 농담이 있다. 그 도시인이 창밖을 내다보고 소떼를 발견한다. "저기 동물이 많네요"라고 그가 말한다. "예, 진짜, 정확히 소 434마리가 있네요"라고 목장주가 답한다. "어떻게 아세요?" "쉽죠"라고 텍사스인이 말한다. "소들의 다리 수를 모두 센 다음에 4로 나눴어요." 텍사스 허풍쟁이의 말도 재미있지만, 이 유머의 핵심은 무한한 수의 합을 정확하게 구할 수는 없다는 그 불가능성에 있다. 무한의 크기는 다르다는 점을 발견한 수학자 게오르크 칸토어는 무한을 나타내는 보통 명사로 '알레프aleph'를 선택했는데, 아랍어로 알레프가 소떼Rinderherde를 의미하기 때문이기도 했다. 그러나 그는 이 문자의 역사가 우주의 역사가 되리라는 것에 대해서는 어슴푸레 짐작만 할 뿐이었을 것이다.[763]

구글 덕분에, 한때 불가산수였던 '떼'가 이제 조사 가능한 수가 되었다. 4장 마지막 부분에서 "자기장을 띤 소"를 발견했다고 언급했던 연구는 구글어스에서 가져온 위성 사진 이미지를 활용하여 수행된 연구다. 과학자들은 그 사진들 대부분이 태양이 높게 빛나는 대낮에 날씨가 잔잔하고 좋을 때 그리고 여름 동안의 북반구에서 주로 촬영된 것이어서 편향된 결과를 보여 준다는 점을 인지했지만, 그럼에도 여전히 6개 대륙에서 무작위로 선택된 우유 8510병과 소목장 308곳으로부터 거대한 데이터 조합들을 수집할 수 있다. 이런 방법이 아니었다면 그렇게 거대한 데이터를 모으기 위해서는 엄청난 양의 정보원을 필요로 했을 것이다. 연구팀이 152곳에서 1080마리의 동물과 관련하여 노루의 사진 현장 관찰 결과를 복제한 것은 그 자체로 거대한 물류 사업이었다. 그러나 그 관찰은 구글 지도의 부산물이 되어 즉시 이용 가능하게 되었다. 농부, 목동, 사냥꾼들이 수천 년 동안 깨닫지 못했던 것들을 이제 위성사진의 데이터 마이닝을 통해 볼 수 있다.[764]

그러나 꼬리표 붙이기는 오늘날 커뮤니케이션에서 가장 특색 있는 행동 중 하나다. 꼬리표 붙이기는 새와 동물 군집을 추적하는 것은 물론 공공건물을 낙서로 장식하는 것까지도 의미한다.[765] 존 제임스 오듀본John James Audubon과 같은 동물학자들은 19세기 초반에 새들을 분류했다. 하지만 새의 발목에 표식을 달고 물고기에 표식을 붙이는 방식은 20세기 초반이 될 때까지도 체계화된 과학적인 행위가 아니었고, 특히 북아메리카와 스칸디나비아에서 더욱 그랬다. 작살 자국은 이미 1910년부터 고래를 쫓는 데 사용되었고, 1920년대부터는 고래들에게 "인식표"를 쏘기 시작했다.[766] 1980년대 무렵에는 테크놀로지의 소형화와 배터리 수명 연장 덕분에 여러 다양한 해양 동물들에게 이름표를 붙이는 일이 가능해졌다. 이렇게 꼬리표가 붙은 동물에는 참치, 귀상어, 코끼리바다표범, 온갖 종류의 고래들이 포함된다.[767] 동물들에게 태그 붙이기는 재고 품목, 소비자 선호도, 마라톤 선수, 페이스북 사진의 사람들을 포함한 여러 종류의 집단들에게 길을 열어 주었음에 틀림없다. 동물 개체군은 라디오 수용자와 같아서 복잡한 통계적 추정 문제를 제기했고, 1940년대에는 둘 모두를 위한 통계 방법론이 제기되었다.[768]

구글의 지도는 결국엔 우주와 일치하게 될 것이다. 보르헤스는 아마도 루이스 캐럴Lewis Carroll에게서 영향받았을 법한 실제 땅의 영역과 일대일로 일치하는 지도의 이야기를 우리에게 들려주는데, 그러한 지도가 얼마나 우스우리만치 말도 안 될지를 우리에게 보여 주기 위해서다. 어떤 군집의 경우에는 아마도 추정치가 실제 저장 내용보다 더 정확할지도 모른다. 인도네시아에는 얼마나 많은 섬이 있을 것인가? 미네소타의 호수는 몇 개일까? 바닷가 해안에는 얼마나 많은 모래알들이 있을까? 하늘의 구름은 얼마나 될까? 구름 하나에 물방울은 몇 개나 될까? 얼마나 많은 곡식을 쌓아야 한 단이 될까? 지구상에는 원핵생물이 몇 개나 있을까? 전 지구상에 늑대나 고래나 참치 개체군은 얼마나 클까? 이러한 질문들은 기본적인 정의 문제, 즉 제프리 보커와 수잔 스타Susan Star가 《사물의 분류*Sorting Things Out*》에서 분석했던 인프라의 모호함 문제에 멈춰 선다.[769] 무엇을 셀 것인가와 어떻게 셀 것인가라는 문제는 모든 활동 중에서 가장 기본적인 것 중 하나다. 해안선은 얼마만큼의 땅이나 바다까지 포함해야 하는가? 호수는 얼마나 큰가? 인공 호수도 포함하여 세야 할까 아니면 지하에 연결되어 고인 물만 호수로 여겨야 할까? 영국의 해안선의 길이는 얼마인가? 이 마지막 질문에 대한 대답은 측정자의 길이에 따라 달라지는 것으로 유명하다. 측정용 자가 더 짧을수록 더 작은 곡선까지도 포함하여 잴 수 있고 따라서 전체 길이는 더 길어진다. 여기서 위대한 발견은, 일정한 "분할의 차원"은 측정용 자의 길이가 어떻든 유지된다는 것이다.[770] 광대한 수량을 재거나 측정하려는 일은 우리가 사용하는 미디어의 특성에 빛을 드리운다. 영국의 해안선 길이가 얼마인가라는 질문에 대해서는 그저 답이 없을 뿐이다. 과학에서의 정확성을 찾기 위한 탐구는 우리의 도구들의 특수성을 드러내고, 이는 다시 일반성이란 특수성만큼이나 모호하다는 것을 드러낸다.

기타 등등으로 가득 찬 우주

겉으로 드러난 면모로 보면, 구글은 무한한 사물의 조사에 관한 19세기 관념들을 다시 활성화시키는 복고풍 유행이다. 그러나 공학자적인 속내로는 구글은 절대 지식에 미치지 못하는 작업에 만족한다. 충분하기만 하면 구글에겐 충분하다. 사람들이 꼬리표를 달 가치가 있다고 믿는다면, 모든 것이 조만간 검색 결과에 모습을 나타낼 것이다. 구글은 아직 꼬리표가 달리지 않은 것에 관해 초조해할 필요가 전혀 없다. (마찬가지의 말을 학술 저널을 찾는 일에 대한 내 게으른 태도에 대해서도 할 수 있다. 뭔가 정말로 중요한 것이 출판된다면, 내 연락망에서 누군가가 이를 알려 주리라 나는 믿는다. 끊임없이 살피고 있을 필요가 없다.) 우주는 유한하기 때문에 충분히 패턴을 만들 수 있다. 보르헤스의 바벨의 도서관은 완벽한 도서관이란 숨이 턱 막히는 것임을 보여 준다. 내가 말하는 모든 문장이 그러한 도서관 어디에선가 발견되는 어떤 언어에서는 완전히 다른 의미를 지닐 것임이 틀림없다. 그러나 생명이란 것이 너무나 짧은 찰나라서 그것을 찾기 시작하는 것조차 할 수 없음을 확실하게 안다는 것은, 내 문장들이 무엇인가를 의미하며 그것이 중요한 하나의 선택임을 의미한다. 생명의 수명이 제한된 우주에서 선택은 실재이며 어떤 식으로든 우주 전체의 운명에 기여한다. 보르헤스의 바벨의 도서관을 디스토피아나 우울한 분위기로 읽는 것은 잘못이다. 그것은 무표정한 기쁨의 현장이다. 우리 우주처럼 작고 선택지가 매우 제한된 우주에서는 뭔가 새로운 것을 말하는 것이 무척 쉽다. 열역학에 따르면, 정돈되는 것보다는 엉망이 되는 방식이 무한히 더 많기 때문에, 질서가 더 잘 눈에 띈다. 도서관의 틈들은 우주가 그 자체로 불완전하며 기타 등등의 희미함으로 축복받았음을 말해 준다. 우리는 가이우스 발레리우스 카툴루스Gaius Valerius Catullus•의 시에 등장하는 연인들과 같을 수도 있다. 그들은 입맞춤을 날리듯 데이터를 함부로 던져 버린다. 카툴루스는 레스비아에게 천 번의 입맞춤, 그리고 백 번의 입맞춤을, 그리고 다시 천 번의 입맞춤을, 그리고 다시 백 번의 입맞춤을 해 달라고 간청한다. 결국 그들도 다른 그 누구도 얼마나 많은 입맞춤을 나누었는지 알 수 없을 만큼 많은 입맞춤을 나눈다. 틈이 많은 우주는 우리가 뭔가 할 일이 있는 우주다.••

• 가이우스 발레리우스 카툴루스(BCE 84~BCE 54)는 고대 로마의 서정 시인으로, 그가 레스비아라 칭한 귀부인에 대한 사랑과 실연의 갖가지 감정을 노래한 일련의 시가 유명하다. — 옮긴이

•• 그래서 보르헤스는 니체의 영원 회귀에 대한 반박을 생각하는데, 그는 나쁜 무한대

빅토리아 시대 물리학에서는 보편적인 공기 속의 기록, 식물, 햇빛에 도달할 때의 유일한 한계는 대역폭이었다. 배비지 등은 계산 능력이 충분했기 때문에 우주를 모든 비트까지 남김없이 추적할 수 있으리라 생각했다. 이는 통계역학, 초한수, 양자역학, 프랙털 기하학 이후에 사물이 드러내는 모습이 아니다. 사건들의 내재적인 우연성의 교훈, 어떤 무한의 셀 수 없음, 막대나 비용이 드는 정보, 척도가 거리 함수에 의존하는 것. 일어나는 일은 그 자체로 규정되어 있지 않다. 모든 분자의 운동을 더 완벽하게 문서화하는 기계는 사물의 심장에서 비껴남[클리나멘]을 드러낼 (또는 생산할) 뿐일 것이다. 빈학파의 어느 철학자가 지나친 열정으로 말했듯이, "공간과 시간 속에서 물리적 사건의 정확한 위치를 알아낼 수 있다는 교조는 형이상학적이며, 따라서 무의미하다."[771] 사물은 더 잘 문서화될수록 더 흐려지곤 한다. 피터 스트로슨Peter Strawson은 이렇게 말한다. "'망라된 서술'이라는 관념은 대개 전혀 무의미하다."[772] 구글은 로파이lo-fi 우주의 적응이며, 그 목록 속에 '기타 등등'이라는 단어를 필요로 한다.[773]

소크라테스, 예수, 링컨, 케네디 같은 순교자와 지도자의 죽음으로 받게 되는 강박적인 주목을 생각해 보자. 가령 얼핏 보기에 단순한 질문을 해 보자. 예수는 몇 시에 십자가형을 당했는가? 역사상 가장 많이 기억된 사건 중 하나는 너무 많은 복잡성을 지닌다. 요한복음서는 예수가 여섯 번째 시간, 즉 오후에 처형되었다고 말한다. 이와 달리 마르코복음서는 세 번째 시간이라고 말한다. 마르코가 옳다면 빌라도 총독은 아침 9시 이전에 침실에서 나와서 일하러 나갔다고 가정해야 한다. 이는 로마의 관리들에게는 너무 이른 시간일 것이다. 두 일정 모두 유대인들이 시간을 일출 때부터, 즉 오전 6시경부터 센다고 가정한다. 그러나 마르코가 로마

를 세탁 코스의 순환 고리로 이해하는 것처럼 보인다. "La doctrina de los ciclos," in *Obras completas 1: 1923~1949* (Buenos Aires: Emecé, 1996), 385~392.

의 계수법을 쓰고 있다면 마르코와 요한은 일치한다. 어쩌면 요한이 유월절의 양 도축 의례와 십자가형이 그날의 같은 시간에 일어나게 만들어서 신학적으로 조화를 이루도록 세세한 부분을 조정하고 있었는지도 모른다.[774] 해석 틀이 달라지면 증거를 읽는 방식도 달라진다. 그 점에서 표준 복음서들 사이에는 이런저런 온갖 종류의 미묘한 불일치가 있다. 우리는 무엇이 글의 장식인지, 무엇이 신학적 논평인지, 또는 무엇이 역사적 짐작인지 구별할 수 없는 경우가 많다. 우리의 독해가 향하는 방식이 무엇이든 대체로 시험할 수 없는 가정들에 의존해야 한다. 신약성서의 원전이 지니는 역사성에 대한 더 넓은 가정을 차치하고라도. 다른 곳에서와 마찬가지로 여기에는 이론에 포화되지 않은 사실은 없다.

에이브러햄 링컨을 저격한 사건은 한 세기 후 존 F. 케네디의 저격 사건과 마찬가지로 미세한 질문을 남겨 놓았다. 링컨이 극장에 도착한 것은 언제였는가? 연극 〈우리 미국인 사촌*Our American Cousin*〉• 1막이 진행 중이던 오후 8시 30분 무렵이다. 링컨이 총에 맞은 것은 언제였는가? 다양한 증언에도 불구하고, 그것은 오후 10시 30분 무렵이었던 것으로 보인다. 존 윌크스 부스John Wilkes Booth는 대통령 지정석에서부터 무대까지 얼마나 멀리 달렸는가? 증언에 따르면 그 거리는 9피트에서 15피트(약 2.7~4.6미터) 사이였다. 그러나 포드 극장은 1866년에 내부가 파괴되었으므로 대답은 불확실한 채로 남아 있다가, 원래의 건축도면이 발견되고 나서야 10피트 6인치(약 3.2미터)라는 정확한 값을 알게 되었다. (역사는 방증하는 자료원이 훨씬 많기 때문에 소설과는 구별된다.) 부스가 뛰어내리다가 다리가 부러졌을까? 당시의 유일한 증언은 부스가 며칠 후 날짜를 소급해 썼다는 일기다. 이 사료는 여러 가지 이유로 신뢰할 만하지 않음이 밝혀졌

• 영국의 희곡 작가 톰 테일러Tom Taylor가 1858년에 발표한 작품이다. 링컨은 포드 극장에서 이 연극을 보다가 존 윌크스 부스에게 암살당한다. — 옮긴이

다. 목격자들은 그가 무대를 지나서 "돌진했다"거나 "달려갔다"고 말했다. 부스가 뭐라고 외쳤을까? 목격자들의 대답은 대체로 일치하는데, 그것은 "시크 셈페르 티라니스Sic semper tyrannis"(폭군에게는 이와 같이 하라)였다. 하지만 다른 선택지로는 "남군이 해방되리라," "남군을 위한 복수," "남군의 복수가 이루어졌다," "내가 해냈다," "자유" 등이 있다. 부스의 입장에서 보자면, 그는 링컨을 암살한 날과 그로부터 12일 후의 총격전에서 스스로 목숨을 끊을 때까지 사이 언젠가 쓴 일기장에서 "시크 셈페르"(이와 같이 하라)라고만 말했다고 주장했다.[775]

또 다른 수수께끼는 링컨 행정부의 육군장관 에드윈 스탠턴Edwin Stanton이 링컨의 마지막 순간에 침대 맡에 서서 뭐라고 말했는가 하는 것이다. "이제 그는 시대ages에 속하게 되었다"라는 말이 오랫동안 논쟁의 여지가 없는 축복 기도였다. 최근에 "이제 그는 천사angels에 속하게 되었다"라는 말이 대신 등장했다. 이 논쟁은 링컨에 대한 두 가지 독해와 연관된다. 즉 링컨을 기독교 낭만주의자(천사)로 볼 것인가, 아니면 현대적 스토아학파(시대)로 볼 것인가다. 애덤 고프닉Adam Gopnik은 사려 깊은 에세이를 통해, '시대'라는 인용이 한 세기 동안 역사적 사실로 받아들여져 왔지만, 실상 그것이 기록된 것은 링컨 행정부의 장관 두 명이 쓴 링컨 평전이 1890년에 출판되었을 때였고, 이는 저격 후 25년이 지난 뒤였음을 지적했다. '천사'라는 덧붙임은 더 최근의 일이다. 링컨을 기독교적인 인물로 독해하려는 관심이 동기가 되었다. 그러나 무엇인가 그럴듯한 역사적 이유도 최소한 존재한다. 결국 우리는 스탠턴이 무슨 말을 했는지 알 수 없다. 심지어 스탠턴 자신이 무슨 말을 했는지 스스로 아는가 여부도 알 수 없다. 그 혼잡하고 혼돈스러운 방 안에, 슬퍼하는 사람들 여럿이 조금씩 바뀌면서 가득 차 있는 그 방 안에 테이프 녹음기가 있었다 하더라도 문제를 해소해 주지는 않았을 것이다. 부스가 극장 안에서 뭐라고 외쳤는지의 기록에 대해서도 이것이 성립한다. 고프닉은 다음과 같은 결론을 내린다. "과거가 그렇게 자주 알 수 없게 되는 이유는 지금 안개 속에 들어가 버렸기 때문이 아니라 그 일이 현재였을 때 바로 그때 이미 안개 속에 있었기 때문이다."[776] 우리는 여기에 기상학적 지혜를 덧붙일 수도 있다. "미래의 예보forecasting는 잊어버려라. 심지어 현재의 예보nowcasing도 거의 불가능하다."[777]

배비지와 반대로, 그 밤의 분위기를 상기하여 그 소리를 들을 수 있다면, 그것은 구름과 엔지니어들이 "손실lossiness"이라 부르는 것으로 가득 차 있었을 것이다. 어쩌면 과거는 완전한 직접성 안에 갇혀 있을 수 없을 것이다. 왜냐하면 현재가 완전히 직접적이지 않으니까. 관찰되지 않은 채 조용히 순간마다 도사리고 있는 방대한 조각들이 있다. 확대의 더 높은 수준과 더 낮은 수준에서, 그리고 여러 감각 기관에 대하여, 그리고 우리보다 더 빠르거나 더 느린 마음에 대하여. 우리가 말할 때 곧잘 무슨 뜻인지 모르는 것과 마찬가지로 우주는 언제나 그 자신을 확신할 수 없을지도 모른다. 우주는 구조적으로 불완전하며, 파일들만큼이나 틈으로 가득차 있다. 그런 놀라운 조건이 바로 이것이다! 우주는 관대하게 우리의 모든 행위, 언어 사유를 받아들인다. 여전히 할 일이 많이 있다. 우주는 새로운 사건들에 열려 있다. 우주는 풍성한 허공을 지닌 그릇이다. 자라나는 우주는 돌이켜보건대 불완전한 존재다. 우주에 완전한 서술이 어쨌든 가능하다면, 우주는 무로 흩어질 것이다. 왜냐하면 그럴 때 우주는 얼어붙을 터이기 때문이다. 그 불완전함은 우주가 새로움과 계속되는 창조의 사냥감임을 의미한다.

심지어 절대적인 지식마저 모호할 수 있다. 신이 효율성을 추구했을까? 중세 기독교 신학과 이슬람 신학에는 신이 일반으로 사고하는가 아니면 특수로 사고하는가에 관한 주요 논쟁이 있었다.[778] 신이 모든 빗줄기와 모래알 하나하나에 꼬리표를 달아 거대한 목록을 만들었을까, 아니면 우주를 일반 원리에 따라 감지했을까? (앞의 견해는 신의 현존이 모든 기도에 응답을 하며 각 개인의 삶에 개입함을 암시하기 때문에 종교적으로 더 편안해 보일 수 있다.) 구글의 작동은 두 번째 견해를 암시한다. 포스트양자 전지성은 확장자 그래프 같은 발견법적 지름길을 사용할 수도 있다. 구글은 모든 빗줄기의 위치표Durchmusterung를 만드는 대신 비가 모이는 곳을 보고 기상을 예측할 것이다. 어쩌면 신은 상세함에 있지 않다. 아마 신적인 지식은 무한히 초점을 맞추는 것이 아니라 풍부하게 일반적일 것이다. 아마 누덕누덕 기운 실재는 기운 전지성을 의미할 것이다. 어느 쪽이 더 거대할까, 모든 것이 망라된 꼬리표 달기일까, 아니면 구름 같은 패턴의 창조적 복사일까? 어쩌면 신적인 지식은 모호한지도 모른다. 이것이 상상된 새 떼의 수에 대한 확실함이 신의 존재를 함축하는 이유다. 모든 것을 아는 것은 프랙털 사다리일 것이다. 성 아우구스티누스에게 생명의 책liber vitae의 차례는 쓰기 쉬운 일이었다. 왜냐하면 그것은 실상 예정의 책liber praedestinationis이었기 때문이다. 모든 것이 처음부터 다 설정되어 있다면 추적에서 실질적인 어려움은 없다. 진짜 경험주의(가령 도박)는 미래를 아는 것에 있지 않다. 미래를 안다면 예측할 수 있고 또 놀라게 만드는 능력을 가질 수 있다. (신학적 유한론과 근본적 경험론은 선택 친화력을 공유한다.) 신적인 지식이 일반적이고 실용적이며, 가추법과 사랑에 대한 확률적 암중모색에 따라 작동한다면 어떻게 될까? 신의 일기 예보는 얼마나 더 이어질 수 있을까? 지능이 감각과 지적인 도약 덕에 더 빨리 움직이는데 신이 무엇 때문에은 무관한 세부 사항으로 자신의 마음을 어지럽힐까? 모든 것에 대한 가장 심오한 목록을 지닌 이는 정말 훌륭하고 재빠른 색인만을 필요로 할 것이다.

페터 벡스테Peter Bexte는 프리드리히 키틀러의 마지막 강연 중 하나에서 토론을 맡았는데, 라이프니츠의 구절 하나를 인용했다. 거기에서 라이프니츠는 바닷가에 서서 바다의 으르렁거리는 소리를 들으며 신에게는 없지만 죽을 수밖에 없는 존재에게만 존재하는 그 소음을 되새긴다. 왜냐하면 신의 귀는 혼란스러운 파도들 전체를 분류할 수 있고 이를 규칙적인 소리의 메들리로 바꿀 수 있을 터이기 때문이다. 키틀러는 벡스테의 논평에 기뻐하면서, 신은 위대한 푸리에 분석자라고 농담했다. 그러나 신에게 소음이라는 게 존재하는가 하는 문제에 대해서는 주저했다. 키틀러는 어떤 소리도, 심지어 천둥소리나 바다의 파도 소리처럼 엄청나게 시끄러운 소리도 사인 파동의 적당한 중첩으로 절대적으로 모형화할 수 있다는 발견에 오랫동안 매료되었다.[779] 신이 소음을 들을 수 있는가 하는 물음은 심오한 것이며, 키틀러가 주저한 것은 온당하다. 나에게 묻는다면 나는 예스라는 쪽에 투표할 것이다. 즉 신의 연민이 자기 자식들의 경험을 감싸 안는 공감을 불러일으킬 터이므로, 신은 소음을 들을 수 있다. 그러나 어쩌면 우주 속에는 추적할 수 없는 소음도 있을 것이다.

전지성이 구름 같은 조각들로 이루어진 세계는 모든 것을 미리 설명할 수 있는 것은 아니고 소음이 들리며 우리의 선택이 실제적인 결과를 갖는 세계일 것이다. 고칠 수 없는 상실 같은 것이 있는 다원주의 우주다. 그것이 내가 살고 있다고 생각하는 우주다. 위험으로 가득 찬 곳. 하나의 선택이 영구적인 결과를 낳을 수 있다. 천사는 영원한 저주에 빠질 수 있다. 단일한 행위는 선한 삶을 난파시킬 수 있다. 우리 우주는 돌이킬 수 없는 난파의 가능성을 지니고 있지만 또한 근본적인 참신함과 혁신을 지니는 곳이다. 그 혁신은 완전해서 과거가 완전히 변형되거나 심지어 망각된다. 지움은 파괴인 동시에 구원이다. 엔트로피에 역행하여 달려가는 조작이다. 삭제는 모든 동작들 중에서 열역학적으로 가장 드물고 뜻밖의 것이다.[780]● 우리 인간이 하는 모든 것은 흔적을 남긴다. 이 흔적에서 범죄 장면은 다윈보다는 배비지와 일치한다. (다음 절에서 이를 보게 될 것이다.) 어느 정도 중간의 수준에서 확대해 보면 실마리와 흔적이 조사자에게 남

● '스냅챗Snapchat'은 전송 이후 10초가 지나고 나면 메시지와 이미지를 자체 파괴하는 서비스를 제공한다. 삭제에도 시장이 있다.

는다. 해커는 독자의 컴퓨터 깊숙이 어딘가에 있는 삭제된 파일의 유령을 찾아낼 수 있다. 진정한 솜씨는 역사를 바꾸어 어디에도 그 흔적을 남기지 않는 것이리라. 속죄는 과거를 돌이킬 수 있게 만들며, 지워지지 않는 잉크를 지운다. 스탈린의 연필 같은 그런 능력은 절대선의 존재의 통제 아래에만 있어야 할 것이다. 왜냐하면 그렇지 않은 경우 우주적 남용이 아주 쉬울 것이기 때문이다. (모든 능력을 지닌 도덕적으로 완벽한 어떤 존재가 상시적인 교육과 실수에 대한 굴욕을 어떻게 겪지 않을 수 있는지 그 자체가 놀라운 수수께끼다.) 신적으로 강력한 마음의 참된 표식은 모든 분자를 추적하는 것이 아니라 대부분을 지워야 하는 얼마 안 되는 결정적인 사항들이 거의 없는 기록을 깨끗하게 지워 내는 것에 있을 것이다. 이는 우주에서 가장 값비싼 계산이다. 삭제는 우리의 가장 위대한 슬픔과 가장 위대한 기쁨을 가능하게 한다. 그렇다면 전지성이 흑점을 보유할 필요가 있는 이유에 대한 윤리적 논변도 있다. 신이 용서하고 잊을 수 있다는 것, 우리의 최악의 도덕적 재난이 일어나는 것이 신의 기억 속에 흑점 내지 덧붙여진 점이 될 수 있다는 것, 바로 여기에 우리의 희망이 있다.

편향된 기록

세상 사람들 대부분은 웹 위에 있지 않고, 웹의 대부분은 검색에 개방되어 있지 않다. 깊고 어두운 웹이 있다. 독점되고 기밀로 분류되고 보호벽으로 막혀 있는 사이트가 있는가 하면, 페이스북이나 아이튠즈처럼 비밀번호로 보호되는 사이트의 보물들이 있고, 또 죽은 링크, 막힌 링크, 기타 등등이 있다. 웹은 이 세계처럼 블랙홀로 가득 차 있다. 인터넷은 찾을 수 없는 것들의 광활한 사막일 뿐 아니라 또한 명백하게 특정 종류의 축적이 다른 종류보다 우선시되는 쪽으로 편향되어 있다. 구글은 특정 방향(가령 포르노로부터 멀어지는 방향)으로 알고리즘을 비틀어 놓고 있다. 구글은 웹의 안정과 평화를 추구한다.[781]● 구글은 새로운 검색을 열지만 우주의 많은 부분이 그 시야를 벗어나 버린다. 실재로 가는 엄청난 계단들이 색인조차 되지 않은 채 남아 있다. 그 대부분은 과거 속에 있으며 더 많은 부분이 미래 속에 있고, 가능성은 너무나 장황해서 어떠한 문서 기록으로도 부족하다. 수천 년 동안 지속되는 디지털 기록을 만드는 방법을 알아낸 사람은 아무도 없다.[782] (내 박사 학위 논문은 내가 1986년에 쓰던 플로피 디스크에서는 사라져 버렸지만 몇몇 도서관에는 종이로 듬직하게 살아 있다. 지난 30년 동안만 보더라도 종이는 다른 경쟁자들보다 더 강고한 보존 미디어임이 증명되었다.) 웹은 이니스가 공간 편향적 미디어라고 불렀을 것의 원형적인 예다. 웹은 자신이 무엇을 모르는지 알지 못한다. 물론 그런 방대한 자체 망각의 구멍은 도서관이나 문서기록소에서도 발견된다. 그 담당자가 잊어버리곤 하기 때문이다. 그러나 그 구멍의 모습은 사뭇 다르다. 우리는 어떤 형태로든 발생하는 것의 아주 작은 부분만을 추적할 수 있다. 우주는 적극적인 재활용가이지만 모든 저장 미디어는 사라지지 않기 위해 각자의 방식으로 고군분투하고 있다.

이니스가 보기에, 모든 기록과 미디어는 편향되게끔 되어 있다. 역사는 시간과 공간을 통한 커뮤니케이션의 문제다. 모든 미디어는 발견할 수 있는 과거를 선택적으로 전달하고 기록하고 생성한다. 모든 역사의 미디어는, 문서든 유적이든 가정의 가공품이든 뼈이든 DNA든 과거로부터 현재로 오는 여행에서 살아남은 그 무엇이든, 내재된 기울어짐을 지닌다. 좋은 편향과 나쁜 편향이 있을 수 있지만 편향이 없을 수는 없다. 이니스가 지적했듯이, 긴 시간적 추이를 탐구하는 역사학자들이 대개 종교를 강조하며 관료 정치를 무시하는 까닭은, 살아남은 문서들은 대체로 시간을

● 구글의 반反포르노 알고리즘을 개발한 책임자의 이름은 멋지게도 커츠Cutts다.

보존하는 행위 주체들, 즉 현자나 승려가 고안한 것이며, 법률가나 상인처럼 공간을 지배하는 행위 주체들이 고안한 것이 아니기 때문이다. 과거를 해석한다는 것은 역사 기록의 내용을 읽어 내는 것만이 아니라 기록 자체의 빗나감을 탐구하는 것을 의미한다. '편향'은 객관성에 대한 개연적인 위협을 의미하는 것만이 아니다. 이니스가 염두에 둔 것은 대각선의 바이어스컷으로 직조된 직물 비유였다. 역사학자들은 필연적으로 대각선 방향을 따라 읽기 마련이라 편향은 결점이 아니라 더 많은 증거다. 제각기 달리 새겨진 미디어는 다른 화물을 나른다. 석판 위에 일기 예보를 기록하는 일은 결코 없을 것이다. 기록을 적는다는 것은 '정말로 일어난' 것이 아니라 기록하여 적을 수 있는 것을 기록한다는 의미다. (니클라스 루만 Niklas Luhmann의 수수께끼 같은 표현을 빌자면, 커뮤니케이션만이 커뮤니케이트할 수 있다.) 모든 미디어는 사건의 다양성을 여과하며, 모든 기록은 또한 그렇지 않은 것의 암묵적인 기록이기도 하다.

그렇다면 상실과 손실은 저장만큼이나 중요하다. 역사적인 기록이 있고 그 안에서 미생물이 언제나 존재해 왔을 것이라는 환상은 이제 내가 주장할 내용처럼 신학에서조차 지지할 수 없는 이상적인 인식자를 가정한다. 배비지는 19세기 영국에서 벌어진 논쟁에서 한쪽 편만 들었다. 찰스 라이엘Charles Lyell은 기념비적인 저작 《지질학 원론*Principles of Geology*》(1830~1833)에서 "유적"에 대해 썼는데, 이는 낭만주의가 즐겨 사용하던 수사 어구였으며 바로크에서 빌려온 것이었다. 라이엘은 지구를 일종의 텍스트로 보았다. 이 지질학자는 "기념비의 암호를 해독하고" 그리고 "살아 있는 언어로 적혀 있는 자연의 태곳적 기억"을 읽어 내는 것을 과제로 삼았다.[783] 지질학적 기억은 살아 있는 언어로 적혀 있지만, 기록은 틀리기 쉽고 불완전하며 파편적이다. 라이엘은 최근에 지구의 모습을 만들어 놓은 과정들, 즉 침식이나 퇴적 같은 과정을 탐구함으로써 지구의 과거의 텍스트의 많은 부분을 적어 내고 또한 지워 버린 똑같은 과정들을 볼 수 있다고 생각했다. 지질학적 과정이 역사적 시간에 걸쳐 동일하다는 확신이 라이엘의 그 유명한 '동일과정설'의 핵심이었다. 이는 역사를 대변동, 창조주의, 혹은 다른 무언가로 보는 것에 반하는 것이다. '동일과정설'이라는 용어는 영어권의 위대한 작명가 중 하나인 자연철학자 윌리엄 휴웰William Whewell이 붙여 준 것이다. 텍스트로서의 지구를 지질학적으로 개념화하는 것은 세계를 일종의 책으로 보았던 고대의 비유를 결정적으로 비틀어 놓은 것이었다. 왜냐하면 이 텍스트는 사람이 새겨 넣은 것도 아니고 신이 새겨 넣은 것도 아니었기 때문이다. 자연의 수집품들은 암호 해독을 통해서만 읽어 낼 수 있을 것이다.

라이엘의 후계자 찰스 다윈은 지구 역사의 텍스트 비유를 《종의 기원*The Origin of Species*》(1859) 10장 "지질학적 기록의 불완전함"에서 더 발전시켰다. 이는 심원한 시간의 불완전한 기록에서 어떻게 추론을 이끌어 낼 것인가 하는 방법론적 문제에 대한 숙고의 소중한 발견이며, 미디어 이론과 핵심적인 관련성을 갖는 문제다. 다윈은 지질학적 기록의 변형된 조각만을 읽지 않고 변형과 트라우마 자체를 읽었다. 종들 사이의 과도적인 연결의 희미한 증거에 맞닥뜨린 다윈은 기록하는 미디어의 본성에 매달렸다. 훗날 표본 추출의 문제라 불리게 되었던 바로 그 문제에 주목하면서 다윈은 파편적인 것은 지질학적 기록이지 실제의, 접근 불가능한 생명의 역사 그 자체가 아님을 주장했다. 지질학의 역사에는 "엄청난 길이의 텅 빈 기간"이 존재한다. 만일 우리가 생명의 역사에 대한 온전한 문서 기록을 가지고 있었다면, 중간의 연결 고리들을 발견할 수 있었을 것이며, 이것이 기록으로 입증되지 않은 까닭은 일어난 적이 없기 때문이 아니라 기록이 훼손되고 축약되었기 때문이다. 생명 역사의 기록은 침식으로부터 화산 작용까지 지구 역사의 말살 과정 모두에 쉽사리 노출된다. 훌륭한 미디어학자처럼 다윈은 텍스트를 그 형성 과정을 참조하며 읽어 낸다. 다윈은 격변적인 기록 앞에서 동일과정론적 가정을 펼치기 위해 과

거의 전달에서 생기는 간극이 과거의 간극 그 자체가 아님을 주장했다. 다윈의 관점에서 보면, 지질학적 기록 속에서 종들 간의 연결 고리의 증거를 찾는다는 것은 마치 스포츠의 역사에서 가장 위대한 순간들을 모아 놓은 비디오 속에서 고대 올림픽을 찾으려 하는 것과 비슷할 것이다. 미디어의 역사가 바로 그것을 배척한다. 훼손된 기록을 넘어서 과거 전체를 알아내는 것은 과학적 관념론의 구성적 행위다. 최근에 발견한 것들이 마치 언제나 존재했던 것인 양 과거를 다시 쓰는 것은 미생물 효과에 대한 또 다른 변형이다.

《종의 기원》 10장에 나오는 다윈의 장광설은 19세기 텍스트주의의 전형적 서술이다.

> 내가 보기에, 라이엘의 비유를 따르자면, 지질학적 기록은 불완전하게 보존되고 변화하는 방언으로 쓰인 세계의 역사와도 같은 것이다. 이 역사 중에서 우리는 기껏해야 최근 2~3세기만을 다룬 마지막 권만을 갖고 있다. 이 마지막 권 중에서도 여기저기 짧은 장들만 보존되어 있으며, 각 페이지마다 여기저기 몇몇 줄만 남아 있다. 서서히 변화하는 언어로 쓰인 각 단어는 앞뒤 장에서 다소 다르게 쓰이기도 한다. 이 때문에 연속적인 형성을 겪으며 묻혀 있던 생명체가 마치 갑작스레 나타난 것처럼 잘못 보일 수도 있다. 이 관점에서 보면, 앞에서 논의한 어려움들은 크게 줄어들며, 심지어 사라져 버린다.[784]

지구라는 도서관에서 책들은 약탈당하고 흩어지고 검열되고 불태워져 왔다. (지구라는 도서관은 프로이트나 라캉의 무의식을 닮아 있다.) 다윈의 진화 이론은 19세기에 등장한 다른 역사주의 과학, 즉 고고학과 천문학에서 문헌학과 정신 분석에 이르는 역사주의 과학들과 분명 친족 관계이며, 이 모두가 막대한 거리와 간섭을 넘어 보내진 약한 신호를 읽어 낸다. 다윈과 라이엘에게 지구는 아주 좋게 보면 상형 문자가 새겨진 심오하게 망가지기 쉬운 기록 미디어이고 아주 나쁘게 보면 텅 빈 망각의 광활한 땅이다.

라이엘과 다윈은 역사가 오직 조각들만으로 기억될 수 있다고 확신했기 때문에 미디어 각인의 본성에 관한 대화 한 가닥을 집어들었다. 그들은 생명의 잔해라는 장관 속에서 어떤 우울한 교훈을 찾아낸다(자연 선택은 그런 장관 중 하나다). 다윈은 자연의 사색으로부터 얻을 수 있는 고매한 의식이라는 의미에서 훌륭한 빅토리아 시대인이었다. "사람은 여러 겹으로 중첩된 지층들을 스스로 검토하고 개울들이 진흙을 실어 나르고 파도가 해안 절벽을 깎아내는 것을 보아야 한다. 그래야만 지난 시간의 흐름에 관해 무엇인가를 이해할 수 있고 우리를 둘러싼 모든 것에서 그 흔적을 볼 수 있다."● 다윈은 시간이 지나가는 것을 보는 겸손한 기쁨을 누렸다. 마치 에머슨처럼. 에머슨은 독자들에게 "수백만 년 동안 루비를 더 단단하게 만들 뿐 아니라 알프스 산맥과 안데스 산맥이 무지개처럼 왔다 가는 긴 시간 동안 지속되는 자연의 느림Naturlangsamkeit을 존중해 달라"고 요청한다.[785] 그러나 다윈은 기록 미디어가 결국 어떤 식으로든 진짜 역사와 구별될 수 있으리라 믿었다. 그는 유리 조각 뒤에 진짜 과거가 있어야 한다고 생각했다. 이런 식으로 다윈은 구글이 역으로 후원했던 전체 기록의 꿈, 그러니까 부재 속에서만 존재하는 것으로서의 꿈을 유지했다.

다윈주의의 후계자인 리처드 도킨스는 지질학적 기록에 대해 매우 비슷한 논변을 펼쳤다. 만일 어떤 개별 인간의 직접적인 모계를 따라 태어난 생명들의 모든 화석을 1센티미터짜리 팬케이크처럼 만들어 같은 장소에 묻는다면, 그 더미는 약 600마일(1000킬로미터) 정도의 높이가 되어 지구 지각보다도 더 두꺼워질 것이다. 그는 이어 말하기를, 만일 그랜드캐년을 화석으로 가득 채운다면, 이제까지 존재했던 생명체 중 600당 하나의 비율로밖

● 이 문장은《월든》(1854)의 "봄"의 장을 연상시키는데, 과연 다윈이 소로를 읽었는지에 대한 문제로 우리를 불러들인다. 우리는 소로가 다윈을 읽었다는 점은 알고 있다.

에는 품어 내지 못할 것이다.[786] 매우 다른 감성을 지닌 다른 자료 하나도 이와 비슷한 점을 지적한다. 요한복음서의 마지막 절은 구슬픈 분위기로 마무리된다. "그러나 예수께서 행하신 일이 이 외에도 많으니, 만일 낱낱이 기록된다면 이 세상이라도 이 기록된 책을 두기에 부족할 줄 아노라"(21:25, 신개정 표준역 성경). 이 구절은 무한한 도서관이라는 생각에서 간과되었던 자료이고, 보르헤스의 문학적 선조 중 하나다. 이 구절에서는 이 세계는 담아낼 수 없을 만큼의 책으로 넘쳐난다는 점, 그리고 모든 행위를 포괄하기에는 내러티브가 얼마나 극미한지를 보여 준다는 점에서 그렇다. 물론 이 점은 포화 상태인 예수의 도서관이라는 이야기가 얼마나 터무니없는지 보여 주고, 따라서 경쟁자에 대한 요한복음서의 특별한 관점의 권위를 주장한다. 약간의 현기증에 더하자면, 21장은 새로운 텍스트 더미 쌓아나가기를 선제적으로 멈추어 주기 원했던 후대가 아마도 꺼림칙하게 추가한 것으로 널리 여겨지고 있다. 해체를 위해 데리다가 늘 필요한 것은 아니다. 어떤 텍스트는 이미 그렇게 만들어져 있다.

복음주의자와 진화주의자 모두에게 남아 있는 것이라고는 실제로 발생했던 일들의 상상 불가능한 초과분의 아주 작은 조각뿐이다. 도킨스도 요한복음서 21장도 그 손실에 대해 매우 슬퍼하는 것처럼 보인다(화석 기록에 대한 다윈의 멜랑콜리한 회고는 이와 대조적이다). 지질학적인 기록과 복음은 모두 근본적으로 불완전하고 대단한 특권을 갖고 있다. 이는 명백하게도 화석이나 기록물로 살아남는 일에게 일어나는 영광이다. 우주는 아무렇지도 않게 이제까지 존재했던 모든 것을 석판에서 깨끗이 지워 버린다.• 요한복음서와 도킨스 모두 총체적인 기록이란 소름끼치게 터무니없

• 스티브 잡스Steve Jobs가 2005년 스탠포드대학교에서 연설한 내용과 비교해 보라. "죽음은 삶이 만들어 낸 유일하고도 가장 최고의 것임에 틀림없습니다. 죽음은 새로운 것에 길을 내 주기 위해 낡은 것들을 치웁니다."

는 것이라 여겼고, 제한된 기록을 축복했다. 이 어울리지 않을 법한 한 쌍은 최소한 하나에 대해서는 동의했다. 아카이브의 고갈은 멋진 조건이라는 것이다.

휘어진 존재론

구글이 세상에 나타난 것은 우주가 새로운 방식으로 도표화되었을 때였다. 흔한 이미지들로 보면, 인터넷은 빅뱅, 아니 성운, 아니 뇌를 닮은 모습이다. 최근의 우주론은 구글처럼 총체성 프로젝트다. 우주론도 구글도 우주의 지식으로 가는 왕도는 그 구조를 기록 미디어와 전달 미디어로 읽어 내는 것음을 보여 준다. 우주를 아는 것은 또한 그 안에 있는 우리의 시간과 공간을 아는 것이다.

우주는 그 어떤 것보다도 존재사Seingeschichte에 달려 있다. 하늘에 닿기 위해서는 배를 닮은 미디어가 있어야 한다. 망원경은 그 전까지 지배적이던 지구 중심의 관점보다 상상할 수 없을 만큼 훨씬 더 방대한 시스템 속으로 지구를 밀어 넣었다. 닫힌 우주는 겉보기에 끝이 없는 공간으로 길을 내 주었다. 그 누구보다 놀란 사람이 파스칼이었다. 라이엘의 말을 빌자면 "오랜 세월 동안 우리의 감각은 땅이 멈춰 있는 것이라 선언했지만, 결국 천문학자는 땅이 공간 속에서 상상할 수 없는 빠르기로 옮겨 다닌다는 것을 알려 주었다. 같은 식으로 이 행성의 표면은 창조 이래 아무것도 바뀌지 않은 것으로 여겨져 왔으나, 결국 지질학자가 지구는 수 없이 반복된 변화의 무대였으며 지금도 느리지만 결코 끝나지 않을 요동의 주체임을 증명해 주었다."[787]

천문학의 관측을 통해 공간과 시간이 서로 바뀔 수 있음을 처음 발견한 사람은 윌리엄 허셜William Herschel이었을 것이다. 그는 행성 천왕성을 발견했고 오르간 연주자였으며 조지 3세의 궁정 천문학자였다. 허셜이 200여 년 전에 지적했듯이, "공간 속으로 꿰뚫는 능력을 지닌 망원경은 (그렇게 불러도 좋다면) 과거의 시간 속으로 꿰뚫는 능력도 또한 지닌다." 그가 "나는 나보다 먼저 살았던 그 어떤 사람보다도 더 멀리 공간 속을 내다보았다…… 내가 관측한 별들의 빛이 지구에 도달하기까지 200만 년 이상이 걸렸음을 증명할 수 있다"라고 자랑스럽게 말한 것은 명백하게 정당화된다.[788] 200만 년은 긴 시간이었고 지금도 그러하지만, 가장 최근의 관측은 우주의 나이가 138억 년이며 영겁을 세 번 이상 지난 세월임을 보여 준다. 허블 울트라 딥필드Hubble Ultra Deep Field 탐사에서 130억 년보다 이전에 만들어진 은하 일곱 개의 이미지가 잡혔으며, 그중 하나는 빅뱅 후 3억 5000만 년 지난 시점, 즉 빛이 생겨날 무렵의 '빛의 화석'을 보내오고 있다.

오래된 것을 보는 것과 멀리 있는 것을 보는 것이 이렇게 수렴한다는 것은 무슨 의미일까? 공간의 거리가 시간의 거리라는 점은 그 망원경의 이름을 따온 사람, 에드윈 허블Edwin Hubble의 작업에서 핵심이었다. 1920년대에 정립된 허블의 법칙은 천체가 더 멀리 있을수록 더 빠르게 멀어져 가며 더 오래된 것임을 말해 준다. 공간 속으로 더 멀리 볼수록 시간 속으로 더 옛날을 보는 것이다. 먼 은하에서 오는 빛은 우리가 볼 때에는 오래된 것이지만, 빛이 전송되기 시작할 무렵에는 젊은 것이다. 최근에서야 관측된 초신성은 수십억 년 전에 생긴 것일 수도 있다. 만일 우리가 충분히 멀리 볼 수 있다면 모든 것이 시작될 때까지 거슬러 볼 수 있을 거라 생각하기 쉽지만, 빛은 태초로부터 수억 년 이상 지난 후에야 무대에 나타났으며, 관측할 수 있는 우주는 우주론적 지평선까지로 제한된다. 우주론적 지평선은 우리가 더 이상 정보를 추적할 수 없는 한계다. 오귀스트 콩트Augueste Comte는 천문학에서는 관측만 가능하고 실험 조작을 할 수 없기 때문에 수학 다음으로 순수한 과학이라고 생각했지만, 실상은 그렇지 않다. 천문학은 지질학과 마찬가지로 일종의 역사 과학이다. 우주는 그 자체의 화석 기록이다. 광활한 우주는 모든 전송이 과거로부터 온 것임을 가르쳐 준다. 망원경은 공간 여행의 기계인 만큼 시간 여행의 기계다. 우리는 망원경望遠鏡/telescope을 망고경望古鏡/paleoscope이라 부를 수도 있다.

지질학과 천문학은 둘 다 뒤늦은 수신의 문제, 즉 한참 나중에야 도착한 메시지를 해석하는 문제에 맞닥뜨려 있다. 두 과학의 내용은 신호와 채널의 속성과 분리할 수 없다. "우리는 미디어를 확대하지 않고서는 대상을 확대할 수 없다"라고 허셜이 1800년에 말했다.[789] 미디어 이론과 과학철학이 융합하는 지점을 이보다 더 멋지게 말할 수는 없을 것이다. 바로 미디어와 대상을 구별할 수 없다는 것이다. 어쨌든 멀리 있는 물체의 증거를 우리가 갖고 있다는 바로 그 사실이 풀어야 할 문제다. 수십억 년의 세월을 지나온 빛 신호든 전파 신호든 어떤 신호든 그것을 변형시키고 뒤틀리게 만든 사건은 무엇이었을까? 이를 제대로 알기 위해서는 우주를 노래하는 펑크 음악 정신interplanetary funksmanship•이 많이 필요하다. 전송상의 교란은 우주 역사에서는 주요 데이터다. 빛이 오래된 것일수록 그 여정은 더 길다. 우주는 팽창하고 있으므로 가장 멀리 여행한 빛은 가장 극단적인 교란을 겪어야 하는 우려가 있다. 우주는 오싹한 속력으로 끊임없이 스스로를 내던지고 있기 때문에, 오래된 빛이 우리를 향해 여행해 온 그 시간 동안 그 빛의 원천은 더 멀리 멀어져 있다. 도플러 효과에 따르면, 후퇴하는 물체에서 나온 파동은 늘어지고, 다가오는 물체에서 나온 파동은 쪼그라든다. 멀리 있는 우주 원천에서 나온 빛은 파장이 더 긴 쪽, 즉 붉은 빛과 적외선 쪽으로 옮겨간다. 왜냐하면 그 원천과 우리 사이의 거리가 팽창하기 때문이다. 우

• '행성 간 펑크맨십'은 펑크 밴드 팔러먼트 펑카델릭Parliament Funkadelic의 리더인 조지 클린턴George Clinton이 처음 만든 말이다. 이 밴드는 우주나 SF를 소재로 한 음악을 주로 하며 사이키델릭한 분위기의 공연으로도 유명하다. 여기서 'interplanetary funksmanship'은 단어 뜻 그대로 '행성 간 펑크 음악가 정신'을 의미하기도 하고 '정신 없는 상태'를 뜻하기도 하는 이중적 표현이다. — 옮긴이

주의 모든 부분이 지금도 빅뱅의 폭발에 갇혀 있는 것이다. 적색 이동은 그 원천들의 속도의 척도이며 따라서 간접적으로 그 나이의 척도다. 마치 나이테가 나무의 나이를 말해 주듯이. 우주의 역사에서 더 빨리 빛나기 시작한 빛은 더 빨리 멀어진다. 최대 팽창 속도는 틀림없이 가장 이를 때였을 테니까. 실상 가장 오래된 빛은 심지어 보이지도 않는다. 왜냐하면 적색 이동한 빛은 우주 배경 복사cosmic background radiation•가 되어, 그 자체로 우주 역사의 보물이 되기 때문이다.

인프라의 휘어짐은 인식론적으로 받아들일 수 있다. 구글에서처럼 존재론과 인식론은 융합된다. 적색 이동이 19세기 후반 천문학적 촬영에서 발견되었듯이, 그것을 교란일 뿐이라고 배제하고 싶어 하는 이들이 있었지만, 곧 생생한 증거의 원천으로 포용되었다. 채널의 혼란은 메시지의 파괴가 아니라 그 자체로 일종의 메시지다. (최근 상황으로 보면 중력 렌즈 효과••에 대해서도 똑같은 말이 성립한다.) 우주의 모양을 보면 우주가 어떻게 작동하는지 알 수 있다. 지식은 반드시 역사적이며, 심지어 역사가 관련되지 않는 것처럼 보이는 과학에서도 그렇다. 우주는 멀리 떨어진 곳으로부터 오는 뒤틀린 텍스트다. 즉 고전적인 해석학적 상황이다. 라이엘과 다윈의 가정과 반대로 최근의 천문학에서는 과정 속의 균일성을 가정할 수 없다. 또한 우주의 기본 상수들 몇몇은 시간이 흐름에 따라 변화해 왔을 가능성도 있다. 우주의 가장자리로부터 오는 메시지는 과거가 현재의 규칙과는 전혀 다른 규칙으로 움직여 왔을 수도 있음을 암시한다. (가령 중력상수가 다른 값일 수

• 마치 그림의 배경처럼 우주의 모든 방향에서 검출되는 마이크로파 복사를 의미한다. — 옮긴이

•• 무거운 질량을 가진 천체로 인해 배경의 빛이 구부러져, 마치 렌즈를 통과하여 오는 것처럼 보이는 현상을 말한다. 이렇게 휘어져서 오는 빛들의 시간 차이를 지나온 질량이 큰 천체의 이론적 질량과 연결하여 그 거리를 알 수 있다고 한다. — 옮긴이

도 있다.)[790] 현재의 신호는 수십억 년의 세월 동안 우주 속을 여행하다가 이제야 우리에게 온 것으로 해석할 도리밖에 없는데, 그 우주의 모양과 법칙은 아주 미묘하게나마 변화해 왔을 수도 있다. 우리가 배의 사례로 살펴보았던 것처럼, 긴 여정은 언제나 존재가 역할을 하도록 한다.

천문학에서 미디어가 메시지라는 점은 아인슈타인의 특수 상대성 이론의 탄생에서 분명하다. 피터 갤리슨Peter Galison은 이를 매혹적으로 재구성했다. 상대성 이론은 특정한 기술적 및 역사적 조건을 지닌다. 키틀러의 표현을 빌자면 이는 일종의 "선험적 미디어"다. 1905년 아인슈타인이 특수 상대성 이론을 발견한 것에 대한 표준적인 설명은 아인슈타인 자신이 적극적으로 홍보했던 대로 다음과 같다. 아인슈타인은 스위스 베른의 특허국에서 일하는 외롭고 싫증난 천재로서 프란츠 카프카Franz Kafka의 경우처럼 중부 유럽의 관료주의에 봉사하고 자신의 재능을 썩히면서 공간과 시간을 꿈꾸었다. 그러나 실제로 아인슈타인은 위대한 사유를 꿈꾸는 외로운 두뇌가 아니라 현대적인 시간을 기록하고 텔레커뮤니케이션을 이루어 내는 미디어의 핵심에 자리 잡고 있던 천문가였으며, 위대한 시계의 고향 스위스에서 시계와 전신의 망들과 깊이 연관된 특허 출원을 심사하는 특정한 과제를 맡고 있었다. 아인슈타인은 물리학자로 교육받았지만 국내외의 복잡한 망 속에 있는 시계들을 연결시키는 신호 증폭기와 전환 계전기를 연구하는 엔지니어로서의 경쟁력도 잘 갖추고 있었다. 이런 장치들은 더 높은 추상 수준으로 변모한 뒤로는 바로 상대성 이론을 위한 상상의 맥락을 마련해 주었다. '장거리 동시성'의 문제, 즉 가령 멀리 떨어져 있는 두 시계 사이에 어떤 신호의 시간 지체가 있을 때 이 두 시계를 어떻게 동기화할 것인가 하는 문제는 아인슈타인의 이론에서 토대가 되는 질문이었을 뿐 아니라 일상생활에서 늘 골몰하던 질문이었다. 좌표화된 시간 기록을 구현하는 전기적 방법에 대한 특허 출원들이 그의 책상에 잔뜩 쌓여 있었다. 특허국은 침체 지역이 아니었다. 갤리슨에 따르면, 특허국은 "현대 테크놀로지의 위대한 행진을 바라볼 수 있는 특별 관람석"이었다. 상대성 이론의 생동감 있는 예들, 즉 엘리베이터, 열차 스케줄, 회중전등, 동기화된 시계들, 우주여행 등은 그냥 생각해 보면 좋은 것들이 아니라 그 이론의 가능성에 대한 역사적 조건을 향한 것들이었다. 아인슈타인은 탄력이 넘치는 공간과 시간의 세계에서 살고 있는 근대인이었다. 19세기에 비로소 나타난 새로운 속도의 뒤틀림과 시간 규율과 의식이 없이는 상대성 이론(또는 그 수학적 보조물인 비유클리드 기하학)을 상상할 수 없다.[791]

아인슈타인의 위대한 발견은 1905년 그가 한 친구에게 쓴 것처럼 "시간과 신호 속도 사이에는 분리할 수 없는 관계가 있다"는 점이었다.[792] 이 불가능할 만큼 탁월한 통찰은 전신 신호(바로 현대 기술 미디어의 기반)에 대한 공학적 경험으로부터 현대 우주론(그 증거의 기초가 미디어 실천의 세목에 근본적으로 의존하는 분야)의 높이와 깊이까지 관철된다. 아인슈타인은 우주가 그 자체와 커뮤니케이션할 때 유한한 속도로만 할 수 있다는 문제에 맞닥뜨렸다. 정보는 광속보다 더 빨리 움직일 수 없다. 아주 먼 우주에서라면 광속이란 것도 아주 빠른 것은 아니다. 표준 시간이 우주 스케일에 기반을 둘 수 있는가 없는가 하는 질문에 대한 아인슈타인의 결론은 보편적인 시계가 있을 수 없으며, 모든 점들에서 절대적인 '지금'이 있을 수 없다는 것이었다. 아인슈타인은 빛을 그냥 신호 전달자의 하나라고 이해하지 않았고 우주의 구조에 대한 기초가 된다고 보았다. 즉 단순한 메시지가 아니라 존재라는 것이다. 시간은 그 커뮤니케이션보다 더 빨리 움직일 수 없다. 우주의 본성은 우주가 전달하는 메시지의 종류를 좌우한다. 뉴턴이 보기에 중력은 거리와 무관하게 순식간에 작용하는 것이었다. 아인슈타인이 보기에 중력은 원격 작용이 아니라 시간-공간 마당의 휘어짐이다. 무거운 물체의 운동에서 오는 정보는 광속보다 더 빨리 전달될 수 없다. 이는 아인슈타인이 나중에 양자 얽힘의 "유령 같은 원격 작용spukhafte Fernwirkungen"을 받아들이지 못한 이유이기도 하다.

다르게 말하면, 상대성 이론은 커뮤니케이션 이론이다. 더 특정해서 말하면 이는 우주가 자신과 커뮤니케이션할 때의 어려움에 관한 이론이다. 멀리 떨어진 점들에 있는 시계들을 동기화할 수 있는 우주 전신은 없다. 아인슈타인의 우주는 아주 묘하게도 철도 시간 이전의 시계 시간의 낡은 질서를 닮아 있다. 그 무렵에는 모든 마을마다 각자의 지역 시간이 있었다. (정오는 그림자가 가장 짧고 그 그림자가 정확히 북쪽을 향할 때다.) 이는 행성 전체가 하나의 연결망 속에서 중앙이 좌표화하는 그리니치 평균시의 뉴턴적인 통치와는 다른 것이다. (아인슈타인의 이론은 그가 미워하던 독일 군대가 밀어 붙인 표준 시간에 저항하는 평화주의자의 복수다.) 우주 전체를 관통하는 단일한 '지금'은 없다. 모든 지금이 흩어짐의 범위를 지닌다. 위성처럼 흩뿌려진 '발자국'이다. '지금'은 우리 신호가 전해 주는 데까지만 펼쳐진다. 어쩌면 돌고래와 혹등고래가 처음 보여 준 발견이기도 하다. 우리는 앞에서 시계가 그 북반구 기원의 흔적을 어떻게 안고 있는지 보았다. 그러나 아인슈타인 역시 시계가 땅의 유한함과 망라할 수 있는 지금에 대한 주장에 신세를 지고 있음을 보여 주었다. 신호 전달과 시간, 존재론과 전달 속도는 분리 불가능하다. 미디어 이론은 이것이 의미하는 바를 아직 제대로 이해하고 있지 못하다. 여기에서 우리는 수단과 목적이 언제나 함께 다닌다는 듀이의 고정점 같은 것을 본다.

아인슈타인의 우주에서는, 우주에서 다른 것과 진정으로 동시인 곳은 어디에도 없다. 앞에서 봤듯이 심지어 땅 위에도 참된 동시가 있을 수 없다. 현존은 서투른 감각 기관들이 너무 느리게 미끄러짐을 감지하고도 훌륭한 뇌가 뒤죽박죽인 입력들을 단일한 이야기로 엮어낸 결과다. 우리는 어느 정도 영구적으로 과거에 산다. 우리의 감각들은 구별된 신경 구조들을 따라 움직여온 다양한 신호들을 동기화하여 일관된 그림을 만들어 낸다. 거기에는 시간이 걸리며, 가끔은 100마이크로초(0.1밀리초) 이상이 걸리기도 한다.[793] 지구 표면의 깔끔한 물리학을 보면 과거와 현재와 미래는 길이와 넓이와 깊이처럼 세 가지 대칭적인 실체라고 확신하게 될 것이다. 그러나 더 큰 틀에서 보면 어쩌면 과거만이 존재한다. 엔트로피는 현재를 끊임없이 먹어 치우고 있다. 켄타우로스 자리 알파별에서 온 별빛이 모두 4.3년 전의 것이라는 사실과 꼭 마찬가지로 우리가 다른 사람으로부터 받는 어떤 커뮤니케이션도 과거에서 온 것이며, 면대면 대화에서조차 출발과 도착 사이에 미세한 뒤쳐짐을 겪게 된다. 당신이 말하고 내가 듣는 사이의 무한히 작은 시간 간격 동안 우주가 망해 버릴 수도 있다. 그런 파국이 매우 드물다고 해서 그것이 불가능하다는 뜻은 아니다. 엄밀하게 말하면 그 어떤 커뮤니케이션 행위도 그 기원에서의 공간이나 시간과 똑같은 데에서 수용되지 않는다. 대부분의 비극과 희극은 보냄과 받음 사이의 공간에서 일어난다. 로미오와 줄리엣이 죽은 것은 중세 시대 우편의 지연 때문이었다. (적당한 휴대전화라도 있었다면 그들이 죽지 않았을 것이다.) 거리와 지연은 커뮤니케이션의 장애물이 아니다. 그것은 합이자 실체다.

올베르스의 역설을 다시 살펴보자. 밤하늘의 어둠은 우주가 자신과 접촉하고 있지 않다는 증거다. 밤하늘이 왜 모든 점에서 빛들로 가득 차 있지 않을까? 빛이 아직 우리에게 도달하지 않았기 때문이다. 어둠은 우주의 일관성이 느리다는 것 또는 우주가 젊다는 증거다. 밤하늘의 직접적인 그림은 또한 우주 역사의 신호다. 우리가 바라보는 우주의 아주 먼 부분은 '이미' 20억 년 '전에' 사라져 버렸을지도 모른다. ('이미'와 '전에'가 이 문맥에서 무슨 뜻인지 상관없이.) 또한 우리는 20억 년보다 더 긴 영겁의 시간을 찾아낼 수 없을지도 모른다. (왜냐하면 '그동안'에 우주의 부분이 계속 후퇴했을 테니까.) 우주는 너무나 크다. 우주는 너무 빨리 확장하고 있다. 그래서 멀리 있는 모든 빛이 우리에게 도달할 수 없다. 그 틈은 단지 앎의 지연이 아니다. 시간은 우주의 핵심 차원으로서 신호 속도에 매어 있으며, 존재론은 커뮤니케이션의 유한성에 종속되어 있다.

관찰자로서 우리가 부분적이라는 점이 나쁜 소식일까? 그렇지 않다고 생각한다. 물리학자 데이비드 도이치David Deutsch가 제안한 것처럼, 천체물리학은 사람의 이론, 즉 별을 알고 있는 사람들에 대한 설명이 필요하다.[794] 우주는 그것을 바라보는 능력을 갖게끔 진화된 존재를 예견할 수 있도록 되어 있는 것처럼 보인다. 내가 존재하여 하늘을 바라보고 있다는 사실은 어떤 식으로든 우주의 역사와 일치한다. 시간과 공간의 위치와 통찰은 분리 불가능하다. '인간 원리'는 어떤 종류의 우주만이 우리를 아는 존재로 지지해 줄 수 있으며 우주의 역사의 특정 점에서만 그렇게 할 수 있음을 암시한다. (도이치는 이 원리 때문에 골치가 아프지만, 그것은 별개의 문제다.) 우주는 충분히 오래되고 식어서 우리가 아는 지적인 생명을 유지하는 데 필요한 복잡한 화학물질들을 생성해냈어야 할 것이다. 우리가 우주를 알고 있다는 가능성이 있기 때문에 허용되는 우주는 우리가 그 안에 존재할 수 있는 우주이어야 한다. 우주가 충분히 오래되어 적절한 화학을 따라 여하간 우주를 이해할 수 있는 뇌를 가진 유기적 생명 형태가 유지될 수 있게 된다면, 필연적으로 우주는 차갑고 비어 있고 어둡고 오래되어서 우리 몸을 구성하는 화학물질들과 우리 눈에 도달할 수 있는 빛을 생성했을 것이다. (아마 지적인 생명체가 유기적인 형태가 아닌 형태가 될 수도 있겠지만) "우리가 관측하리라 기대할 수 있는 것은 관측자로서 우리의 현존에 필요한 조건으로 제한되어 있음에 틀림없다."[795] 이는 미디어 이론의 제1 원리이기도 하다. 인간 원리는 실존적 상황과 인식론적 능력의 수렴을 향하고 있다. 우주의 역사가들은 필연적으로 그 역사의 일부다. 우주의 역사에서 어떤 점에서만 우리는 관객이나 역사가일 수 있다. 주체와 대상은 같은 재료로 만들어진다. 먼 공간과 먼 시간에서 전송되어 온 것을 받아들이는 우리의 능력은 공간과 시간 속에서의 우리의 위치 때문이다. 미디어와 메시지는 분리 불가능하다. 에머슨이라면 이렇게 말했을지도 모르겠다.

내 경험은 민주주의

존재하는 모든 것에 대해. 탓 트밤 아시Tat tvam asi•

미디어 신학 (여섯 겹)

비인간 존재자에 대한 최근의 관심은 궁극적인 비인간 타자성에 대한 탐구까지는 미치지 못한 채로 멈춰 버리는 전형성을 드러낸다. 예외는 라투르의 경우인데, 그는 신학의 유의미성을 완전히 받아들인다. 지성의 조직화라는 문제는 신의 전지성이라는 문제에서 가장 첨예하게 제기된다. 질 들뢰즈의 재치 있는 신성모독에서 신학은 존재하지 않는 존재자의 과학이다.[796] 그러면 신학은 가장 포괄적인 과학이어야 할 것이다. 왜냐하면 존재하지 않는 사물은 존재하는 사물보다 월등하게 많을 터이므로. 마음은 (아직) 존재하지 않는 모든 것의 목록을 보며 깜짝 놀란다. 우리 이교도의 우두머리들, 몽상가들, 공포 장사꾼들이 우주에 넘쳐난다. 실상 존재하지 않는 어떤 것들이 우리 세계를 근본적으로 만들고 있다. 영, 소수점, 24시간인 하루, 내일, '아님,' 그리고 비슷한 부계 물질성paterial 미디어. 중세 스콜라 철학자 안셀무스Anselmus에게는 미안하지만, 존재는 의미를 위한 필수 요건이 아니다. now와 같은 언어적 연결사, the와 같은 관사, if와 같은 접속사, of와 같은 전치사, 그리고 세계 속으로가 아니라 언어 속으로 뻗어나가는 기호들의 모든 부류는 비록 그 물질성에 있어서는 수수께끼일지라도 풍부한 결과를 갖는다.•• 유클리드Euclid(에우클레이데스)의 《원

• 베단타 사나타나 달마에 나오는 마하바키야 중 하나로서 "네가 그것이다"라는 의미의 산스크리트어다. 범신론적 초월주의자였으며 동서양의 사상을 종합하려 했던 에머슨은 누구나 약간의 신성을 갖고 있다는 의미로 이 구절을 사용하곤 했다. — 옮긴이

•• 이 기호들은 때로는 오징어처럼 못생긴 용어인 "공의적syncategorematic" 기호라 불린

론*Elements*》은 다음과 같은 정의로 시작한다. "점은 부분이 없는 것이다." 대부분의 수학적 개념들이 이와 똑같은 혼합된 지위를 갖는다. 가령 소수는 겉보기에는 다름 아니라 마음에 바탕을 둔 것 같지만, 보통의 경험적인 존재자들을 닮은 예측 불가능한 난폭함으로 행동한다. 이상적인 세계가 발견을 기다리고 있다는 것은 수학에서나 형이상학에서 모두 마찬가지다. 그 둘 다 경험과학일 수 있다. 찰스 샌더스 퍼스, 알프레드 노스 화이트헤드Alfred North Whitehead, 찰스 하츠혼 같은 철학자의 견해다. 실상 존재하지 않는 것들을 가지고 작업할 수 있는 능력이야말로 지성의 훌륭한 서술이다. 신학, 즉 존재하지 않는 것들의 탐구는 광활함을 포괄한다.

실제로 들뢰즈의 정의는 기독교 신학의 역사에 관해 좋은 정보를 준다기보다는 덜 외설스럽다. 보르헤스가 관찰했듯이, 기독교 성서의 창세기에는 신이 엘로힘Elohim, 즉 탁월한 존재를 의미하는 복수형의 이름을 지닌다. 히브리 성서 내내 신은 강한 성격을 지닌다. 질투하고, 분노하며, 미안해하고, 자비로우며, 거의 모두가 너무나 인간적이다. "명백하게 누군가, 신체적인 누군가로서 수 세기 동안 확대되고 더러워진 누군가." 기독교의 첫 세기 동안 신은 (보르헤스가 멋지게 표현했듯이) '옴니omni'로 시작하는 말들[전지, 전능, 전재 등]을 통해 "상상할 수 없는 최상급의 존중할 만한 혼돈"이 되었다. 그러나 어떤 서술도 또한 한계다. 어떤 신학자들은 부정의 길만이 적절함을 주장했다. 즉 신에게 할당되는 그 어떤 속성도 부정되어야 한다는 것이다. 중세 신학자 존 스코투스 에리우게나John Scotus Eriugena는 신을 '니힐룸nihilum(없음)'으로 정의했다.[797] 안셀무스의 존재론적 증명은 신을 "그보다 더 위대한 것을 상상할 수 없는 것"으로 정의했

다. [이 말은 제 혼자서는 의미가 없고 다른 언어와 사용될 때에만 의미가 생기는 언어를 일컫는다. — 옮긴이]

다. 그럼으로써 암묵적으로 아무것도 없음을 신의 정체성에 연결시켜 버렸다. 만일 신이 우리가 생각할 수 있는 것 중 가장 위대한 것이라면, 틀림없이 신은 존재해야 한다. 왜냐하면 존재한다는 것은 위대함의 선결 조건임에 틀림없기 때문이다. 이렇게 해서 모든 시대의 가장 위대한 형이상학적 조산술의 행위 중 하나 속에서 사유가 존재를 분만했다. 칸트와 같은 근대 사상가들은 그 분만에 훨씬 덜 행복했다. 물론 그럼에도 데카르트는 다른 방식으로 사유로부터의 존재를 끌어내긴 했다. 보르헤스는 다음과 같이 요약한다. "무엇인가임은 준엄하게 다른 그 어떤 것도 아님이다. 이 진리의 혼란스러운 직관 때문에 인류는 아무것도 아님이 무엇인가임을 넘어서며 여하간 모든 것임이라고 상상하게 되었다."[798]

보르헤스는 존재보다 부정을 더 선호하는 것이 오류라고 보았으며, 나도 거기에 동의한다(비록 부정이 없는 세계는 세계가 아니겠지만). 존재하는 모든 것은 특수하며, 신성도 거기에 포함된다. 이 유한주의 관점에서는 신학이 존재하지 않는 존재자에서 나오는 것이 아니라 인간을 넘어서는 것에서 나온다. 이 신학은 기술에 관한 질문에 절대적으로 핵심이다. 심리학이 반드시 영혼에 관한 것이 아니듯이 신학이 반드시 신에 관한 것은 아니다. 궁극에 관해 인간이 만든 담론 중 하나로서 신학은 지식의 조건과 미디어에 관한 상상력의 기록이기도 하고, 미디어 역사의 부주의한 백과사전이며, 데이터베이스와 힘과 영광에 관한 은유의 집합이다. 예언자들은 사람의 연설 방식을 따라 신의 진리를 말하고, 성직자와 율법학자와 신학자들은 예언자들이 무슨 뜻으로 말한 것인지 해명한다. 그러나 바로 그 점에서 이는 사람의 언어를 다른 언어로 번역하는 문제이지, 다른 것이 섞이지 않은 신성한 실체를 소통하는 문제가 아니다. 신은 변덕스러운 존재여서 잉크 때문에 쉽사리 놀라서 도망가 버린다. 신의 존재는 너무나 강력해서 진짜 신학은 존재하지 않는 존재자들의 과학이 아니라 존재하지 않는 과학이 될 수도 있다.[799] 신이 완전히 현현하는 것은 체현된 현존으로 올 것이다. 신학은 부득이 쇠락한 학문이다. 다른 모든 학문처럼 신의 현존으로부터의 추방되었다는 공개 고백이다. 그러나 더 공개적으로 말하면 상상을 자극하는 모든 장거리 글쓰기 기술의 능력에 종속된 학문이다. 바오로는 신적인 것에 관해 인간적인 방식으로 말하는 것이 온당하다고 생각했다(로마 신자들에게 보낸 서간 6:19). 신학은 예언자들로부터 단절되어 있다. 이 단절은 자유로운 탐구로서의 안전과 동시에 진리의 경쟁 원천으로서의 위험을 준다. 신을 믿는 사람은 두려움이 없는 가장 정신 나간 개념을 생각할지도 모른다. 왜냐하면 살아 있는 신이 철학자들과 신학자들이 분만한 지적인 만신전(판테온)을 통해 폭발할 것이기 때문이다. 모든 성상파괴주의자들이 언제나 알고 있던 것처럼 유일신을 믿는 사람은 이교도와 똑같은 입장에 있다. 왜냐하면 그런 사람은 근본적으로 한 가지 외에는 모든 경우에 회의적이기 때문이다. 독실한 사람은 다른 모든 사람들이 가르치는 것은 아무것도 믿지 않는 듯하다.

동물학이 각양각색의 체현들과 타고난 것의 다양성을 계속 탐구한다는 점에서 미디어 이론의 끝나지 않은 책이라면, 신학도 그와 마찬가지일 것이다. 2장에서 논의한 고래와 돌고래는 실증적인 피조물이 아니라 사유를 선점한 대상이었으며, 외계의 서식처라면 어땠을까 하는 만약의 문제what-if였고, 그 목적은 인간의 영역을 조명하려는 것이었다. 우리는 서식처가 클라우드인 존재에 관해 비슷하게 가정법으로 같은 질문을 할 수 있다. 신이 몸, 환경, 테크네와 맺는 관계는 어떤 것이 가능할까? 신이 생명(비오스)과 서식처를 가질 수 있을까?[800] 신이 살아 있다면 '조에zōē'뿐 아니라 '비오스'도 갖고 있지 않을까?• 그리고 존재의 질서는 기호와 수

• 고대 그리스어에서 '조에'는 동물을 포함한 생명 전체를 의미하고, '비오스'는 생명의 살아가는 방식을 포괄한다. 조르조 아감벤Giorgio Agamben은 전자를 '벌거벗은 생명,' 후자를 '정치적 존재'로 설명하고, 이 구분이 근대 민주주의에서 어떠한 방식으로 변용되며 등장하

와 영보다는 살아 있는 유기체를 닮아 있지 않을까?• 불멸의 생명에 대한 생물학은 어떤 형태가 될까? 죽음이 없는 생명을 누리는 몸을 유지하기 위해서는 어떤 생태계와 서식처가 있어야 할까?

이런 골치 아픈 사변들(죽음이 없는 생물학?)은 아마 신성한 기술에 관한 의문보다 더 어려울 것이다. 신성한 서식처는 왜 기술적 차원을 지니지 않을까? 전통적인 기독교 신학에서는 자연이 신의 작품이기 때문에 테크네와 퓌시스의 대조를 흐리게 한다.[801] 그런 관점에서는 창조가 신의 예술 작품이다. 신이 미디어를 사용한다는 관념은 불쾌한 것이 아니어야 한다. "신 안에서 모든 목적이 새로운 수단으로 변환한다"라고 에머슨은 말한다.[802] 신-기술theotechnics은 신들을 만드는 공예가 아니라 물질로 신의 작품을 만드는 공예가 될 것이다. 인간의 관점에서 보면 신성과 고래목 사이에는 흥미로운 대칭성이 있다. 고래목을 바라보면 테크놀로지와 구별되는 테크닉, 질료와 구별되는 예술을 보게 된다. 왜냐하면 고래목은 창조적인 교역이 전혀 없는 것이나 마찬가지인 원소[즉 물로 이루어진 바다] 안에 무기 물질을 가지고 살아가기 때문이다. 고래목은 세계가 아니라 자신의 몸과 마음에만 도장을 남길 수 있다. 이와 대조적으로 신을 바라보면 예술과 자연은 존재론적으로 구분 불가능하다. 탈격의 존재인 신에게 모든 것은 기술의 미디어일 것이다. 신이 물질을 포함한 모든 것의 창조자라고 보는 전통적인 신학에 따르면, 존재하는 모든 것은 신-기술적인 창조를 위한 재료이거나 그 산물이다. 고래목에게는 자신의 본성 밖에 있는 예술은 없을 것이고, 신에게는 자신의 예술 밖에 있는 본성은 없

는지 탐구한다. — 옮긴이

• 살아 있는 존재는 젠더를 갖고 있다. 이 책에서 나는 신을 지칭하며 모세의 금지 율법을 준수하여 전통적인 '그he'를 사용했다. 그러나 신의 젠더에 대한 더욱 총괄적인 견해로는 다음을 참조하라. John A. Widtsoe, *A Rational Theology* (Salt Lake City, 1915), chapter 12.

을 것이다.● 이와 대조적으로 인간은 만들어진 것과 자연적인 것 사이에 서 있다. 공예와 존재는 우리에게 돌이킬 수 없게 혼합되어 있다. 그러나 우리는 배가 난파하거나 우리 중 하나가 죽을 때 그 분리를 보지 않을 수 없다.

이 책은 미디어 이론이 철학적 인간학의 한 판본이어야 한다고 말하면서 시작했다. 이제 우리는 가장 넓은 의미에서 인간학과 이웃하고 있는 과학들로서 신학과 동물학을 본다.[803] 그 둘은 모두 다양하게 살아 있는 존재들의 과학이다. 미디어 이론은 살아 있는 존재들의 계에서 시작해야 하지만 거기에서 끝나면 안 된다. 왜냐하면 다른 계, 특히 사물과 아무것도 아닌 것의 계가 있기 때문이다. 그러나 신학, 인간학, 동물학은 신들, 죽을 수밖에 없는 존재들, 동물, 하늘, 땅, 바다의 여섯 겹에서 작동하여 미디어 이론의 영역을 멋지게 정해 준다.

현자들의 출판물

문서화가 시간적인 것에 대한 보기 흉한 집착이라는 생각는 몇몇 고대 현자들 속에서 발견된다. 세계에서 가장 영향력이 있는 도덕 선생들 중에 어떤 이들은 자신의 교조를 적는 것을 거부했다. 물론 모두가 그런 것은 아니다. 모세는 모세 오경●● 전체의 저자로 알려져 있다. 모세 위업의 불가사의함은 마지막 장에서 모세의 죽음을 다룸으로써 더 광채를 발한다. (이 위업은 랍비들이 창조적 다양성을 가지고 설명했다.) 성서의 다른 책들에는

● 나는 개인적으로 물질과 신성의 근본적인 평등 원칙에 찬성하고 신이 자녀를 창조한 것과 그의 작품과는 구별되어야 한다는 데 찬성한다. 그러나 이에 대해서는 훗날을 기약한다.

●● 모세 오경은 창세기, 출애굽기, 레위기, 민수기, 신명기를 말한다. — 옮긴이

분명한 저자가 있다. 그러나 우리는 공자나 소크라테스나 예수, 즉 역사 속에서 가장 영향력 있는 세 도덕 선생들이 후손을 위해 무엇이든 썼다는 기록을 찾을 수 없다. (이 분석은 석가모니에게도 확장할 수 있다.)

물론 이 선생들 사이에는 중요한 차이가 있다. 둘은 자신의 교조 때문에 죽었고, 하나(공자)는 그렇지 않았다. 하나(예수)는 종교적 구원자였고, 둘은 아니었다. 둘은 교조로 시작했으나 나중에 국가 이데올로기가 되었지만, 하나(소크라테스)는 아니었다. 그러나 이 셋 모두 자신의 교조를 자신의 말로 썼다는 증거가 전혀 남아 있지 않다는 기묘한 공통점을 지닌다. 각자가 후속 세대와 커뮤니케이션하는 독특하고 또 독특하게 강력한 방법을 지니고 있었다. 모든 경우에 그 가르침은 제자들을 통해 기록되거나 문서화되거나 찬양되거나 왜곡되었다. 아무도 정확히 어느 것인지 알지 못한다. 우리가 아는 소크라테스는 플라톤의 대화들에 등장하는 영웅이지만, 아리스토파네스는 우스꽝스럽게 괴팍한 소크라테스를 보여 주기도 한다. 정신 분석 상담실처럼 보이는 '생각실'에서 구름에 관해 떠벌이는 모습이다. 크세노폰Xenophon[•]은 통속적인 벤저민 프랭클린처럼 보이는 더 점잖은 소크라테스를 보여 준다. 사람들에게 간결한 지혜를 나누어 줄 준비가 되어 있는 자상한 저녁 식사 손님의 모습이다. 예수의 말들은 복음서 네 편에 경전으로 기록되어 있다. 즉 마태오복음서, 마르코복음서, 루카복음서, 요한복음서다. 외경 복음서나 다른 어록(로기아logia)의 흔적도 기독교 성서의 경전 안팎으로 남아 있다. 공자의 제자 수에 대해서는 여러 설이 있는데(72명, 3000명 등등), 우리가 공자의 가르침이라 알고 있는 《논어論語》는 공자 사후에 편집된 것이라 충실성을 두고 논란이

• 크세노폰은 그리스 역사가이자 소크라테스의 제자로, 그가 쓴 《소크라테스에 대한 회상*Memorabilia*》은 플라톤이 묘사한 것보다 실제 소크라테스 모습에 더 가깝다는 평가를 받는다. — 옮긴이

많다. 이 세 명의 가르침 모두의 운명과 확산은 제도정치학에 따라 크게 달라졌다. 플라톤의 아카데메이아가 거의 1000년 동안 살아남은 것이나, 기독교를 로마의 콘스탄티누스 황제가 국교로 채택한 것이나, 중국 한 왕조에서 처음으로 공자의 국가적인 제사를 지내고 다시 당나라 왕조에서 더 발전한 것이 그런 것이다.

교조들이 사후에야 문서화될 수 있어서 문서 역사의 우연성에 좌우된다는 것은 잘 알려져 있다. 더 이상한 것은 역사에 남은 소크라테스, 예수, 공자가 공통으로 지녔던 것으로 보이는 태도다. 자신의 교조를 선뜻 글로 쓰려 하지 않았다는 점이다. 그들이 모두 훌륭한 문필가였음은 의심의 여지가 없다. 플라톤의 《파이드로스》에서 잘 보여 주듯이, 소크라테스는 저술 및 여러 저작들과 밀접한 사이였음이 분명하다. 랍비로서 예수는 히브리 성서의 구절을 잘 알았고 회당에서 이를 크게 읽기도 했다(루카복음서 4:16 이후). 요한복음서 8:8(많은 성서학자들이 훗날에 덧붙여진 것으로 보기 때문에 신빙성을 의심하는 구절이다)에는 예수가 땅에 무엇인가를 쓰는 모습이 묘사된다. 공자는 평생 중국의 오경•을 편집하는 일에 매진했다. 공자는 "나는 전달할 뿐 창조하지 않는다述而不作"(《논어》 7:1)라고 말했다. 《춘추春秋》는 공자가 '저술'한 것처럼 되어 있지만, 이 저술은 독창적인 교조를 말하는 것이 아니라 역사적 편집으로서 그 구성에서 교조가 간접적으로 제시된다. 공자가 편집자이지만, 언제나 그가 기억되는 구절은 "공자가 썼다"가 아니라 "공자가 말했다子曰"로 되어 있다. 공자, 소크라테스, 예수는 모두 근본적으로 말로 하는 선생이었으며 그 불멸성은 역설적으로 쓰기의 미디어에 남아 있다.

그렇다면 그들 모두가 쓰기에 실패했다는 점은 능력의 문제가 아니라 의지의 문제다. 어쩌면 그들 모두 순간적인 것이나 영원한 것을 고정하

• 중국의 오경은 《시경》, 《서경》, 《역경》, 《춘추》, 《예기》를 가리킨다. — 옮긴이

여 살아 있는 사유의 정신을 잉크와 종이에 붙잡는 것이 오만하거나 허무하다는 점을 인식했던 것이다. 어쩌면 그들은 왕과 황제들이 저술한 법령이 지니고 있던 생명과 죽음 위에 있는 절대 권력을 거부한 것이다. 어쩌면 그들은 너무나 겸손해서 이미 있던 텍스트들 — 소크라테스의 경우에는 '법들,' 예수의 경우에는 예언자의 텍스트들, 공자의 경우에는 고대의 저작들 — 에 뭔가를 덧붙이지 못한 것이다. 이 인물들 모두 개인적 표현에 대한 근대 유럽의 문화에서 나타난 '저자권'이나 저작권이라는 개념은 전혀 갖고 있지 않았다. 실제로 그들의 교조는 모두 개인이 진리의 원천일 수 있다는 생각을 거부한다. 소크라테스에게 진리는 하늘 위의 장소에 대한 명상을 통해 온다. 영혼이 신성한 역사를 배우고 잊지 않을 수 있기 때문이다. 예수에게 진리는 아버지 신에게서 온다. 공자에게 진리는 고대 성인에게서 온다. 그 이유가 무엇이었든지 소크라테스와 예수와 공자는 쓰지 않았다. 그리고 제자들이 연주하는 텍스트의 복화술를 통해 그들은 인간 가족의 많은 부분에 대한 도덕적 규준이 되었다. 자신의 말을 공중이나 제자들의 기억 속에 던져 버린 사람들의 가르침을 쓰기의 미디어가 우리에게 전해 주었다는 것은 역사의 위대한 아이러니 중 하나임에 틀림없다. 구체적인 대화 상황에서 구어로 전달되었던 그들의 말들은 추상적으로 흩뿌려진 상황을 저술한 글의 소리 기록으로 보존되어 플라톤의 대화와 신약성서와 《논어》로 남아 있다. 가장 기초적인 수준에서 이 세 인물 모두의 텍스트는 미스터리가 담긴 수수께끼다. 가장 핵심적인 용어나 가르침이 정확히 무슨 뜻인지, 어느 것이 농담이거나 진지한 말인지, 문서상의 오류가 어느 것인지 또는 심지어 누가 왜 텍스트를 썼는지 아무도 모른다. 이 세 전통 모두가 항구적인 영향과 공명을 불러일으키는 것은 어쩌면 그 세 전통의 심장부에서 커뮤니케이션의 이러한 '실패'가 있기 때문일지 모른다.

각 가르침의 핵심에 있는 것은 다음과 같다. 죽는 것을 두려워하지 말라. 소크라테스는 농담하고 음악과 시를 배우면서 죽었다. 예수는 무시무시한 번민 속에 죽었지만 자신의 운명을 전적으로 받아들였다. 공자는 나이 들어 죽었다. 공포로부터의 자유를 가장 잘 증명하는 것은 그들이 가장 위대한 진리라고 여겼던 것을 꼬리표도 붙이지 않은 채 내버려 둔 용기였다. 그들은 자신이 사라져 가는 것을 받아들였고, 모든 것이 결국 사라져 버린 우주 안에서 편안함을 느꼈다. 문서화가 아니라 초연함이 그들의 표어였다. 물론 그들은 다양한 종류의 불멸성을 믿었다. 그러나 돌고래들처럼 그들은 매달려야 할 기록소를 전혀 찾지 않았다. 석가모니가 그러했듯 저술하지 않기로 한 그들의 선택은 윤리적인 것이었다. 그들은 미디어를 가장 중대한 결과를 지니는 도덕적 선택이라고 보았다. 이들 중 아무도 쓰기를 선택하지 않았다는 이상함을 언급하면서 우리는 더 이상한 사실에 주목해야 한다. 역사 속에서 거의 아무도, 대부분의 여성을 포함하여, 쓸 것인지 쓰지 않을 것인지의 선택조차 하지 않는다는 사실 말이다. 문명으로 이해한다면, 이 현자들은 노동과 세속성이라는 남성적 선택지 대신 행위와 출산에 대한 여성적 선택지를 택한 것이다. 우리가 지금 이 순간 꼬리표에 열광하는 것과 반대로, 그들은 사라짐을 두려워하지 않았다. 이는 그들이 어떻게 태어나고 어떻게 출산하는지, 즉 모든 것들 중에 가장 불가사의한 것을 알고 있었음을 의미한다. 그들의 가르침이나 우리의 디지털 순간의 축적이 앞으로 2000년 동안 살아서 번성할 수 있을까? 약한 힘들이 역사에서 이긴다.

구글은 출산을 한다고 주장할지 모르지만, 죽는 법을 배우기 전까지는 낳는 법을 결코 배울 수 없을 것이다. 그 꼬리표를 그대로 둘까?• 구글

• 이 책이 인쇄에 들어가는 현재[2015년], 구글에게 웹에서 오래되었거나 좋지 않은 데이터들을 지울 것을 요구하는 청원이 300만 건을 넘어서고 있다. EU에서 진지하게 고려되는 '잊혀질 권리'는 앞으로 논쟁의 중심이 될 것을 약속한다.

은 2013년 '죽음을 해결하기' 위한 회사를 출범시켰는데, 이는 현자들을 엉뚱한 곳에 불러들인 것이다. 죽음과 망각이 없이 우리가 무엇이 될 것이며, 조심스레 축적해 온 기억과 불멸성의 물질적 그릇을 기꺼이 버리지 않고서 우리가 무엇이 될 수 있을 것인가? 저장에 열광하는 이 순간의 우리는 최악의 일이란 상실을 상실하는 것이라는 교훈을 파악할 수 있을 것인가?

결론

의미의 안식

"……정신이 멀쩡한 사람이라면 물처럼 기적적인 것을 만날 때 너희처럼 환호성을 울리며 발을 구르겠지."

— 메릴린 로빈슨Marilynne Robinson, 《글리아드*Gileard*》

이 책은 두 부류의 독자를 염두에 두고 쓴 것이다. 하나는 미디어와 커뮤니케이션 학자이고, 다른 하나는 우리 시대 인간의 조건에 관심을 갖는 일반 독자다. 그 두 독자층에 건네는 몇 마디 맺음말로 결론을 마무리하겠다.

전통적인 미디어학자들에게는, 이 책에서 다룬 인프라의 관점이 미디어 실천과 미디어 기관 모두가 자연 세계와 인간 세계와의 관계 안에 내재해 있음을 볼 수 있게 해 줄 것이다. 우리 시대의 디지털 변화는 광산과 광물, 클라우드와 전기망, 인간의 결핍과 노동의 습관, 그리고 전 지구적으로 퍼져 있는 인류의 불평등과 학대 없이는 불가능하다. 텔레비전과 라디오, 저널리즘과 영화 등의 매스 미디어 역시 인간의 크기와 모양, 광학적 및 음향학적 대역폭, 숲과 플라스틱에 닻을 내리고 있다. 인간 진화의 역사가 우리의 발과 척추와 두개골을 만들어 내지 않았더라면, 우리의 미디어와 우리의 세계는 전혀 다른 모습이 되었을 것이다. 올드 미디어와 뉴 미디어는 낮과 밤, 날씨와 기후, 에너지와 문화의 순환 속에 내재되어 있으며, 오래되고 차가운 우주는 물론 길들여진 식물과 동물과 사람의 거대한 개체군을 전제한다. 디지털은 생물학의 기본 사실들을 함축한다. 우리는 우리의 기나긴 자연사를 존중하는 녹색 미디어 연구를 만들어야 한다. 그 자연사는 매개의 과정으로서 우리의 서식지를 형성하고 또 서식지에 의해 형성되어 온 것이다.

뉴스와 저널리즘에 관심이 있는 학자라면, 커뮤니케이션의 핵심은 내용이라는 견해에 반대하는 내 주장에 일견 맥이 빠질지도 모르겠다. 그러나 이 주장은 뉴스를 드라마이자 이야기이며 습관이자 의례라고 보았던 제임스 W. 캐리까지 그 혈통이 거슬러 올라간다.[804] 실제로 설문 조사를 보면 사람들은 인간 세계보다 자연 세계에 관한 뉴스, 즉 날씨 보도에 가장 많이 매달린다는 점을 알 수 있다. 현재의 관행으로 볼 때, 뉴스는 아마도 그렇다고 주장하지는 않겠지만 이미 심하게 환경적이고, 날씨 보도는 아마도 존재하는 매일의 과학 커뮤니케이션 중에서 최대 투자처일 것이다. 이 책이 한 가지 정책 제안을 한다면, 그것은 날씨의 일상적인 카이로스를 넘어서 세대에 걸친 기후의 크로노스를 추적하는 날씨 보도가 될 수 있도록 전반적인 향상을 이루어달라는 요청이 될 것이다. 대부분의 좋은 정책 제안과 마찬가지로 이 정책 제안은 매우 이상주의적이며, 뉴스 생산의 사회학에서 가장 널리 알려진 사실 중 하나인 하루 단위의 단기 편향을 고려하면 특히 그러하다. 느리게 움직이는 모든 종류의 이야기들은 하루 단위로 돌아가는 저널리즘의 관심에서 벗어나기 십상이기 때문에, 이 제안은 건강한 민주주의를 문화와 뉴스 사업의 이동에 연결시켜야 한다는 다른 여러 요청들과 맥을 함께한다. 그럼에도 불구하고 조각들은 제자리에 있다. 우리는 날마다 인간의 얼굴을 복잡한 비인간 데이터 위에 놓고, 우리의 기후와 대기 및 우리의 지구 환경과의 최신 공진화 땜질에 관한 공개 드라마와 정보로 깊숙이 들어갈 수 있는 광대한 날씨 관찰 및 날씨 보도 인프라를 갖고 있다.● 미래의 날씨 보도는 우리의 지구와 세계에 가장 애착을 갖도록 장려할 수 있을 것이다. 공론장은

● 마르크스주의자들이 얘기하는 방식대로라면, 날씨 보도는 그 자체an sich로 존재하지만 아직 대자für sich로 존재하지는 않는다.

언제나 자연이라는 조건을 필요로 해 왔지만, 오늘날 공론장은 자연이라는 내용도 필요로 한다.[805]

미디어 연구는 문화적, 사회적, 정치적, 경제적 분석에서 탁월하지만, 이 책은 '존재'를 향한 실존의 방향으로 감히 접근한다. '존재'라는 웅장한 단어는 휴머노이드의 도장을 염두에 두지 않고도 모든 것을 포괄한다(그리고 틀림없이 아무것도 포괄하지 않을 것이다). 더 구체적으로 말하면 이 책은 미디어 연구자들에게 신학과 철학뿐 아니라 자연과학에 더 친숙해지기를 청하는 것이다. 이 제안 역시 교육과 지식 정치학에 깊이 뿌리내린 관행에 대항하여 거슬러 나가는 것이며, 양방향으로 학제 사이의 경계들을 넘어가려는 내 노력은 나 자신에게도 많은 두려움과 떨림을 주었다. 자연과학과의 연결은 도구 만들기의 중심성을 다루는 과학사의 최근 연구에서 이미 많이 이루어졌다. 이는 자연과학이 안개상자로부터 연구 논문 작성 요령에 이르기까지 이미 다양한 종류의 미디어에서 횡행함을 보여 준다. 신학과의 연결은 덜 분명하지만, 미디어 이론의 역사에서 많은 부분이 (적어도 매클루언와 키틀러는) 어떤 의미에서 신학이 되어 있다. 그러나 미디어 연구는 양방향에서 배울 것이 많이 있는데, 특히 의미를 다르게 이해하거나 더 넓게 이해하기 위해 더욱 그렇다.

인문학은 오랫동안 의미에 대한 독점을 주장해 왔다. 19세기 정신과학Geisteswissenschaften과 자연과학Naturwissenschaften의 구별 이래 인문학을 옹호하는 사상가들은 의미에 대한 특별한 관계를 주장했다. 무지개는 설명될 수 있지만 시는 이해된다는 것이었다. 해석학적 과학에는 커다란 고귀함이 있으며, 점차 사회과학들 다수가 이 전통에 포함되었지만, 자연의 의미를 보는 데에는 도움이 되지 않았다. 해석학적 과학은 자연과학과 수학에 대항하여 자신들의 '세계의 각성'을 주장하곤 했다. 넓게 보자면, 이 이야기는 인문학, 특히 예술과 시학을 의미의 구원자로 자리매김한다. 이들이 대상의 맹공격에 대항해 인문학의 서식지인 주관성을 구출한다고 보기 때문이다.[•] 예술과 시학만큼 필수적이면서도 그래드그라인드 씨[••] 같은 냉혹한 계산 문화의 많은 부분이 그래 왔던 것만큼 의심의 여지없이 억압적인 것이지만, 낭만주의 사유의 덕을 크게 보고 있는 치유는 이 책이 묶어 보려고 애써 온 두 경계에 놓여 있다. 즉 주체–대상과 인문학–과학이 그것이다. 인문학이 자연 속에 내재하지 않다거나 과학 속에 시학이 없다거나 시학 속에 과학이 없다는 생각은 얼마나 이상한가! 의미를 보호한다는 것이 얼마나 특이한가! 의미가 연약한 까닭은 모든 것 중에서 가장 잡다하고 가장 변덕스러운 것, 즉 주관성에 닻을 내리기 때문이었다. 주관성은 의미를 분위기의 우울한 기분에 취약하게 만들었다. 참된 의미는 연약하지 않다. 그것은 활기 넘치게 풍부하며, 압도적으로 그러하다.

랠프 월도 에머슨은 석양을 바라보는 일이 너무나 아름답기 때문에 집안으로 들어가는 것이 고통스럽다고 쓴 적이 있다. "자연이 말하려는 것이 도대체 무엇인가?" 그는 물었다. "침묵의 음악에는…… 아무런 의미도 없는 걸까?" 에머슨의 이 말은 자연이 마음, 즉 큰 영Oversoul을 지니고 있으며, 우리가 만날 수 있는 것은 모종의 주체라는 의미로 이해할 수 있다. 그러나 에머슨의 이 말의 의미는 그보다 훨씬 더 미묘하다. 자연의 가장 위대한 점 중 하나는 우리의 관심에 전혀 신경을 쓰지 않는다는 바로 그 사실에 있다. 자연은 의미를 지니지만 우리를 위해 그런 것은 아니다. 자연은 우리의 기획에 대해 더없이 행복하고도 저주스럽게 텅 비어 있다. 하늘의 고요하고 짜증나는 햇빛 속에 휩싸인 채, 구름은 결코 당신의 이름을 부르거나 당신에게 신경 쓰고 있다고 말하지 않을 것이며, 바로 그것이야말로 구름을 경이롭게 만드는 점이다. 자연의 교훈은 의미가

• 물론 해석학은 텍스트와 전통을 강건한 상호 주관적인 네트워크로 파악했다.

•• 찰스 디킨스의 소설《어려운 시절*Hard Times — For These Times*》에서 '사실'만을 숭배하고 '상상'을 금지해야 한다고 강변하는 인물이다. — 옮긴이

주체를 필요로 하지 않는다는 점이다. 자연은 주체가 아니지만, 그 때문에 그 의미나 영광을 상실하지 않는다. 에머슨의 핵심은 마음을 자연 속에 투사하는 것이 쉽다는 것이 아니라 그것이 헛되다는 데 있다. 자연의 침묵하는 음악을 듣기란 어려운 일이며, 이는 석양에서는 물론 요소尿素나 종유석에서도 나타날 수 있다. "모든 비열한 이기주의가 사라진다"는 것은 자연 탐구의 위대한 혜택 중 하나다.[806]

이 책에서 개진된 원소 미디어라는 개념은 복합 학문의 시늉 그 이상이다. 그것은 자연과 의미의 위치에 관한 오랜 철학적, 종교적, 정치적 논쟁의 명령이기도 하다. 자연의 미디어를 상정하는 것은 의미에 대한 인간의 독점을 부정하는 것이다. 미디어는 인간만의 고유한 특성이 되지 않고서도 기호학적으로 풍부해질 수 있다. 실제로 퍼스가 그렇게 이해한 것처럼 기호학은 원형질로부터 신에 이르기까지 모든 기표적 활동에 대한 탐구였다. 의미 있는 모든 것이 지성의 존재에서 오는 것은 아니다. 또한 지성이 있는 생명체에서 오는 모든 것에 의도가 담긴 것도 아니다. 사람들과 다른 동물들 사이의 비언어 커뮤니케이션이 이를 잘 보여 준다. 이로부터 내가 동료 학자들에게 전하는 마지막 제안이 등장한다. 우리는 우주 안에서 타자와 살아가는 인프라의 미학과 윤리를 일컫을 더 좋은 이름이 필요하다. 지금은 '비언어적'이란 말이 인간 커뮤니케이션에서 언어를 제거할 때 남는 나머지를 의미한다. 그러나 이는 비인간 자연에서 발견되는 의미있음을 무시한다. 우리와 자연을 대부분 이어 주는 커뮤니케이션의 부분을 결핍으로 묘사하는 것은 얼마나 기이한가! '비'언어적이란 말의 결핍성 개념은 의미의 원천으로서 문화의 지배를 지속시킨다. 우리는 의미를 만들지만 우리 자신이 만든 미디어 안에서만 그러는 것은 아니다. 우리 몸은 기후의 역사와 불의 정권과 지구의 자전과 남과 북 안에, 그리고 식물과 가공물과 모든 종류의 생명체와 특히 우리 서로에게 내장되어 있다. 비언어적 커뮤니케이션이 무엇이든 간에, 그것이 얼마나 풍부하든지, 우리 몸의 암시와 제스처보다 더 풍부할 것임이 틀림없다.

아직까지는 내 주장에 동의하는 사람이 많지 않을 것이다. 그러나 우리가 자연을 마음이 아니라 의미의 전형이라고 본다면 어떻게 될까? 자연 속 의미의 다산성이 우리의 커뮤니케이션 모델을 제공해 줄 수 있다면 어떻게 될까? 자연에는 의미가 풍부한데도 그 대부분에 대해 그것이 거기 있다는 것을 읽어 내거나 심지어 인지하는 방법에 대해 우리는 전혀 알지 못한다. 바다달팽이(군소)의 DNA와 뉴런에는, 양성자와 적색 이동에는, 탄소 원자의 결합과 물의 우발적이고 특이한 움직임에는 매우 정교한 패턴이 있다. 원인과 상관관계는 중요한 것이기도 하다. 행성의 피드백 고리, 생리학적 피드백 고리, 유전적 피드백 고리에는 모종의 지성이 분명히 있다. 모종의 감독자가 있어 이를 계속 조작한다고 상정할 필요는 없으며, 오히려 모든 수준의 지성을, 즉 자신의 환경에서 진화하는, 동적이고 멈춤이 없고 분절되지 않은 생명 형태의 천재성으로 이해해야 한다. 우주에서 가장 지성적인 것은 모든 형태의 생명의 총체성이며, 사람의 뇌에서 보이는 지성은 단지 유기적 진화의 찬란한 전초기지에 불과하다. 이는 아직 모습이 갖추어지지 않은 가장 정교한 것들 중 하나다. 내가 기반으로 삼은 프래그머티즘 학자들처럼 나는 마음과 진화를 실험하기와 적응의 동일한 과정에 속하는 양상들로 여긴다. (이는 퍼스의 용어로 '가추 abduction'다.) 마음과 자연은 둘 다 미래를 향해 나아가며, 지성적으로 선택지를 분류하고 무엇이 작동하는지 바라보는 것이다.

자연이 지향성을 지니고 말하는 주체라고 생각하는 것이 잘못이라면, 인간에 대해 같은 생각을 하는 것 역시 잘못이기 쉽지 않을까? 자연 속에서 개인적인 메시지를 발견하는 사람들은 결국 실망하게끔 되어 있다. 이는 문화 속에서도 아주 자주 참이다. 우리는 말하기 전까지 무엇을 의도하는지 알기 어려우며, 말을 함으로써 그 전까지 우리가 가지고 있었다는 사실조차 몰랐던 의미가 드러나는 일이 많다. 미래는 현재를 포함하며 현재를 드러낸다. 세계를 각성하는 것이 곧 손해라는 이야기는 다시 생각할 필요가 있다. 종교적이기도 하고 동시에 과학적인 이유로 나는 모든 이파리의 낙하나 하늘의 모양이 어떤 어두운 신성의 기호가 되는 세계에서 살고 싶지 않다. 계몽의 변증법은 좋은 측면도 지닌다. 각성은 손실이지만 또한 너무 많은 의미의 부담에서 해방되는 것이기도 하다. 발생하는 거의 모든 일이 특정한 방향이나 더 심오한 의미를 갖지 않은 채 일어나며, 여기에는 사람들이 말하는 것의 많은 부분이 포함된다. (이것은 듣기가 중요하지 않다고 말하는 것이 아니다. 듣는 것이 필수임을 더 강조하려는 것이다.) 인지란 세계를 소통하기 위한 의도의 기호들로 읽기를 거부하는 것이며, 이는 우리가 과학적으로나 종교적으로나 인간 상호적으로나 제정신이라는 것의 기초가 될지도 모른다. 우리가 맺고 있는 상호 관계를 가장 잘 밝혀내기 위해서는, 가능한 모든 의미를 읽어 내는 것이 아니라 우리가 생산하는 의미가 무엇인지 보기 위해 미래 속으로 움직여 가야 한다. 단어 하나를 말하기도 전에 우리의 함께함은 이미 의미로 과포화된다. 이러한 세계에 다시 매혹될 필요는 없다. 세계는 이미 놀랍다. 우주는 데이터로 가득 차 있다. 우주가 그렇게 놀랍도록 매혹적이고 창조적일 수 있는데도 불구하고 인간이 만든 좁은 데이터 광역폭에만 국한해야 할 이유가 무엇인가? 최고의 과학은 놀라움의 적이 아니라 놀라움을 가져다주는 운반자다.

자연이 의미로 가득 차 있다고 말하는 것은 단지 형이상학적인 비약이 아니다. 그것은 경험적으로 정당화된다고 나는 믿는다. 자연이 작은 알약에 사람의 마음과 같은 어떤 것을 담고 있다고 말하는 것이 아니라 마음이 무엇이든 간에 생명의 실험에서 시작하여 거기로부터 성장한다는 것이다. 진화 철학은 객관적 관념론이 그랬던 모든 것, 즉 참된 광역적 의미의 감각을 마음의 주관적 위치 없이도 마련해 줄 수 있다. 퍼스가 보기에 느낌은 물질과 마음을 연결하는 핵심 요소다. 모든 생명은 아무리 미약한 시작 단계라도 아름다움을 느낀다. 찰스 하츠혼이 주장한 것처럼, 생화학은 형태와 기능에서 적합도를 감지하며, 미학은 진화를 추동하는 조화와 다양성에 관심을 둔다. 활짝 핀 사과나무는 할 말은 하나 없지만 모든 것을 의미할 수 있다. 그것은 비옥함과 지구 위의 거주지임과, 역사의 영겁을 증언한다. 아름다움에 대한 우리의 감각은 그냥 모종의 문화적 강제가 아니라 이 지구 위 자연사 인프라의 심오한 부분이다. 퍼스는 제임스에게 다음과 같이 썼다. "이 아름다운 나라에서 살고 있으면서, 저는 모든 사람이 그러하듯 우주의 사랑스러움에 압도되지 않을 수 없습니다. 그것을 생각해 보려고 발걸음을 멈추는 모든 유한한 생명을 가진 존재는 사랑으로 관철됩니다. 그것은 저항할 수 없는 일입니다."[807] 우리가 아름다움을 보고 느끼는 까닭은 우리가 우주의 일부이며 타자의 일부이기 때문이다.

반대 의견이 하나 있다. 새들은 새들의 노래 속에서 아름다움을 들으며, 우리도 그럴 수 있지만, 새들의 노래는 사람의 노래처럼 우리를 감동시키는 일이 드물다. 자연에는 문자가 없다.[808] 사람과 사물 사이에 차이가 있다는 것은 사실이다. 생명 역사적으로 만연한 의미들은 모호함이라는 대가를 치른다. 자연의 기호는 모호하다. 구름이나 별, 얼굴이나 몸, '사랑'이나 '자유'처럼 가장 풍부한 용어들이 그러하듯이. (모호한 기호를 의미의 발화로 받아들이는 것은 무서운 예외가 있긴 하지만 거의 언제나 편집증이나 망상을 보장한다.)[809] 미국의 작곡가 찰스 아이브스Charles Ives가 말한 것처럼 "모호함은 때로는 완벽한 진리에 가까이 갔음을 알려 주는 징표다."[810] 가끔 자연의 의미로부터 충분한 매력을 끌어내기 힘들 때가 있다. 자연은 무표정한 얼굴을 하고 세월tempus은 지루할 수도 있다. 평범한 것에는 기적이 있지만, 또한 기적 속에 평범한 것이 있다. 존재만큼 지루한 것도 또 없을 것이다. 완벽하게 지속적으로 주의를 기울이기란 어렵다. 인프라에 영원히 어지러움을 느낄 수도 없다. 다른 무언가가 언제나 줄을 잇는다. 어떤 오후에는 그저 천천히 나아갈 필요가 있으며, 어떤 때에는 이메일을 확인하거나 영화를 보고 싶을 때도 있다. 어떤 황홀한 철학이라도 불가피하게 경이로움이 잦아드는 것과 인간적 만족의 달콤함을 불가피하게 갈망하는 것에 익숙해질 필요가 있다. 우리 인간 동료가 보내는 신호는 자연에서 오는 신호와는 다르며, 우리는 아무리 드물다 해도 그러한 신호가 필요하다. 우리는 주체–대상을 초월할 필요가 있지만 그렇게 할 수는 없다. 독일의 생태철학자 한스 요나스Hans Jonas가 지적한 것처럼 "주체–대상 관계는 실수가 아니라 사람의 특권이요, 부담이요, 의무다."[811] 실상 이것이 이 책의 핵심 주장이었다. 즉 인간이 만들어 놓은 것이 자연을 드러낸다는 것이다. 구름이 그렇게 멋지게 채색되지 않았더라면, 나는 구름을 그렇게 사랑하지 않았을지도 모른다. 우리 인류에게 있어서 자연의 의미는 그 존재를 항해하기 위해 사용하는 배들을 통해서만 나타난다.

자연의 의미 충만함 이론에 대한 또 다른 반대는 윤리적인 것이다. 자연의 황홀한 질서는 죽음 위에 토대를 둔다. 살아 있는 존재를 탐구하는 동물학 그리고 타자와 그 계시의 미디어에 대한 탐구인 신학, 이 둘은 모두 허무주의에 익숙해지게 할 수 있다. 이들의 관점은 대단히 광활해서 단지 인간이라는 것만으로는 결국 그 어떤 것에도 움찔하지 않을 것임에 틀림없다. 철학자와 신학자는 자신의 일용할 양식을 위해 우주를 파괴하고 다시 세운다. 나는 한 신학 전공 학생에게 방을 세 준 적이 있는데, 그는 책상 위를 사람의 두개골로 장식했다. 마치 그 유물이 자신을 길드에 들 자격을 부여해 주기라도 할 것처럼 말이다. 토머스 홉스Thomas Hobbes는 자신의 묘비에 "이것은 참된 철학자의 묘비다"라고 쓰길 원했다. 미디어 철학자에게 이는 적절한 표어인데, 모든 기록 미디어는 무덤을 회피하는 동시에 시간을 되돌리는 연금술적 능력을 움켜쥐려는 노력이기 때문이다. 죽음이 심원한 도덕적 퍼즐이라는 데 대해 뭔가 새로운 것을 말하는 것은 아니다. 그 어떤 것도 그렇게까지 평범하거나 그렇게까지 특별하지 않다. 죽음은 지루할 만큼 텅 비어 있으면서도 완전히 정상적이고 지루하며 예측 가능한 것으로 느낄 수 있다. 그리고 죽음은 참을 수 없을 만큼 가혹하고 불가능한 것이거나 추락의 사유만큼 힘들 수 있다. 죽음은 인프라의 위대한 계시자이며, 그와 마찬가지로 도피로부터 트라우마적으로 빠져나오는 습관과 함께한다.

알프스 산맥과 안데스 산맥이 무지개처럼 오고가는 시간의 프레임에서는 우리 모두가 이미 죽은 것이다. 지질학적 역사의 숭고한 비도덕성은 인간 중심적인 도덕성을 부끄럽게 만들며, 이제까지 살았던 거의 모든 종이 대격변 속에 멸종한다. 영겁에 대한 관조는 아마 독자의 민감한 마음에 그리 좋지는 않을 것이다. 소로의 《월든》에 나오는 몇 구절을 생각해 보자. "자연이 생명으로 충만하기에 무수한 숫자가 희생되거나 서로 잡아먹힐 여유가 있고, 연약한 생명체가 펄프처럼 짓눌려 조용히 사라질 수 있으며 — 예를 들어 왜가리가 올챙이를 통째로 집어삼킨다거나, 거북이와 두꺼비들이 길에서 마차에 치어 뒹굴 듯이 — 때로 살점과 피로 범벅이 된 비가 내리기도 하는 모습을 보는 것을 나는 사랑한다!"[812] 소로는 다윈과 같은 파장으로 돌아서서 묵시록적인 파괴를 자연의 회복력 있는 생동감의 기호로 찬미한다. 그는 죽음을 찬미하는 것이 아니라 (대부분의 초월론자들이 얼음장 같은 반사회적 측면을 지니긴 하지만) 19세기에 유행하던 분명한 사실, 즉 무자비한 경쟁을 말하고 있는 것이다. 생명은 죽음에 의존한다는 것이다. 그의 극단적인 수사학은 아마 우리를 망연자실하게 만들어 깨달음을 주는 데 필수적일 것이다.

행복한 우주적 허무주의는 언제나 인문학의 수호자들이 맞서 싸웠던 것의 일부였다. 아무것도 중요하지 않다sub specie aeternitatis. 그러나 카이로스의 돌진 속에는 걱정할 거리가 많이 있다. 우리의 영혼을 달래는 초연함의 윤리와 우리를 화나서 행동하게 하는 몰입의 윤리 사이에는 오래된 충돌이 있다. 낡은 스타일의 인문학자들은 마치 과학이 사람들을 아무것도 없는 것으로 환원하기라도 할 것처럼 죽음을 비극적인 것으로 남겨 놓고 싫어 한다. 윌리엄 제임스는 철학적 관념론이란 그것이 무엇이든 인간이 만들어 내는 것을 향해 절망적으로 매달리는 노력이라고 보았다.

> 그것이 바로 그 함정이다. 우주의 거대한 가뭄 속에 우리의 특별한 즐거움이 남아 있는 것 같지는 않지만, 비록 많은 보석으로 장식된 해안은 있지만, 구름으로 뒤덮인다. 그러나 이러한 덧없는 산물들이 가버리면, 아무것도, 그 어떤 것도 남지 않으며, 그들의 특별한 성질을 나타내거나 그들이 소중히 간직해 온 것의 귀중함을 나타낼 수 없다. 그들은 죽어서 사라졌으며, 존재의 공간과 영역에서 완전히 벗어난 것이다. 반향 없이, 기억이 없이, 뒤에 올 수 있는 어떤 영향도 없이, 이는 비슷한 이상에 관심을 갖는다. 이 완전한 마지막 난파와 비극은 현재 파악된 바와 같이 과학적 물질주의의 본질이다.

심지어 죽음도 죽을 것이며 망각될 것이다.[813]

그러면 우리는 가장 마지막 영겁의 정점에서 우주적 휴식 속에서 편안함을 취해야 할까? 아무것도 영원히 지속되지 않는다는 확실성 속에서 특이한 평화가 발견될 수 있다. 심지어 신조차 일곱 번째 날에 쉬었다. 기후 변화는 지구의 역사에서 또 다른 에피소드에 불과한 것으로 기록될 것이며, 영겁의 세월이 우리의 탄소에 대한 양심의 가책을 지워 버릴 것이다. 하지만 사람들이 죽어 가는 동안에 우주를 고찰하는 고요함은 세상의 고통을 느끼는 누구에게나 항상 터무니없는 것이었다. 우리는 바다나 하늘이나 구름에 대한 초월적 관점이 어떻게 군사-기술 프로젝트로부터 자금을 지원받는지를 여러 차례 보아 왔다. 길 스콧 헤론Gil Scott-Heron•이 말한 것

• 길 스콧 헤론은 미국의 싱어송라이터이자 작가로 미국 흑인 음악에 큰 영향을 미쳤으며 '랩의 대부'라고도 불린다. 그의 음악은 미국 흑인 사회가 처한 부당함에 대한 날카로운 비판 의식을 담고 있다. 그의 곡 "휘트니 온 더 문Whitey On The Moon"은 달에 사람이 가는 시대

처럼 푸른 구슬을 닮은 지구를 보며 기뻐하는 것은 좋은 일이지만, 그 사진을 찍은 이가 "백인[놈]Whitey"이었음을 기억하는 것이 바람직하다.[814] 사회정의에 대한 관심은 상대적으로 작은(즉 휴머노이드의) 상상의 나침반과 상대적으로 짧은 시간의 나침반을 필요로 하는 것으로 보인다.

하지만 우주에 대한 올바른 평가와 이웃 사랑이 상충하는 것은 아니다. 장기적 안목의 연구는 기후와 장기적인 변화 과정에 더 신경을 쓰도록 촉진할 수 있다. 퍼스가 말했듯이, 우주의 아름다움은 윤리적인 주장을 펼친다. 진화론적 관점과 지질학적인 관점은 다른 사람이라는 존재가 얼마나 드문지, 즉 얼마나 불가능한 확률의 정점인지 보여 준다. 이것이 우주가 만들어 낸 결과다. 다른 존재가 당신과 같은 형태로 존재한다는 것, 그것은 드물고 소중한 것이며, 그 다른 존재와 더불어 당신은 진행 중인 생명의 역사에 기여할 수 있을 것이다. 사랑과 아름다움은 우주의 의미이며, 그런 의미는 우리 의지의 노력을 통해 원초적이고 무감각한 물질에 내려진 인간의 명령이 아니라, 오히려 우주 역사의 산물이다.

우주의 아름다움이 윤리를 가르친다는 것 또한 옛 사람들이 별을 바라보며 생각했던 것이다. 나는 마지막으로 다시 하늘을 바라보는 것으로 끝을 맺고자 한다. 지금 우리가 별들을 이해하는 방식이 고대와는 매우 다르지만, 별들은 여전히 독특하게 숭고하며 아름답다. 왜 미묘하게 다른 색깔과 강도를 지닌 작은 빛들로 반짝이는 어두컴컴한 밤하늘의 시야가 이렇게 마음을 사로잡는가 하는 것은 여전히 해결되지 않은 문제다. 단테는 《신곡》의 세 편을 모두 '별stelle'이라는 단어로 끝낸다. 단테와 베르길리우스가 "지옥 편"에서 지옥을 빠져 나올 때, 우리가 알고 있는 세계로 돌아오고 싶어 죽을 지경이던 그들이 마치 긴 잠수 끝에 숨을 쉬기 위해 올라오는 것처럼 보인다. 그들은 하늘에서 아름다운 것들을 보았고,

---

에 왜 게토의 삶은 비참할 수밖에 없는지 물으며 백인우월주의를 비판한다. — 옮긴이

밖으로 나가서 단단한 대지로 귀향한 그들을 환영하는 별들을 보았다. 단테에게, 별들(물론 태양을 포함하여)은 우주의 중심에 있는 지구를 감싸고 있는 궁극적인 신의 영역(천구)의 기호였다. 별들은 우주 속 우리의 고향을 표시하는 신의 축복이자 아늑한 축복이었다.

코페르니쿠스 이래 우리는 열린 우주 속에 살고 있다. 이 우주는 시간이 흐를수록 점점 더 커지고 점점 더 이상해지고 있다. 우리는 별을 만져 볼 수도 없고 가 볼 수도 없음을 알고 있다. 별들은 우리가 제대로 된 언어로 표현할 수 없는 먼 곳에 존재한다. 또한 별들이 제각기 분리되어 놓여 있는 공간(우주)은 텅텅 비어 있어서 아무런 소리도 전해지지 않는 곳이며, 오래된 빛이 인지를 넘어서서 뒤틀리는 빅뱅의 운동량으로 멀리 뻗쳐 있는 곳이며, 또한 별들은 너무나 차가워서 보호 장비를 갖추지 않은 사람을 순식간에 부수어 현미경으로 봐야 할 만큼 작은 별먼지 조각으로 만들고, 결국은 비정상적인 농도로 뭉쳐진 화학물질 덩어리가 되어 별들 사이의 텅 빈 곳 속에서 게으른 구름처럼 여기저기 떠돌아다닐 것이다. 별들의 절대적인 광대함과 상대적인 지구의 왜소함으로 인해, 별들은 그 어떤 광경보다도 더한 현기증으로 우리를 미치게 만들 수 있다. 별들은 항상 사람들을 미쳐 버리게 만드는 능력을 지니고 있다. 별들은 결국 공허에의 부름appel du vide이다.

단테와 베르길리우스가 오늘날 지옥에서 돌아온다면, 그것은 아마도 외부 우주로부터 태양과 구름들 아래 따뜻함과 물과 진흙으로 뒤덮인 지구로의 귀환일 것이다. 그들이 하늘을 올려다보면서 우주의 집에 돌아왔음을 깨닫게 되는 것은 생겨났다 흩어지면서 그것이 아니었다면 보이지 않았을 수증기를 바다로부터 가져오는 구름을 통해서다. 바다는 언제나 우리가 그 안에서 움직이고 그 안에서 우리의 존재를 지녔던 미디어였다. 하늘에서 피와 살이 비처럼 내리지는 않겠지만, 하늘도 바다처럼 우리의 피와 살을 가능하게 만드는 특정한 성분들을 품고 있다. 핀란드어로 세계를 일컫는 아름다운 말인 마일마maailma는 땅 또는 대지maa와 대기 또는 공기ilma를 합친 것으로서 그 정신을 제대로 잡아낸다. 우리는 단테의 우주론으로 돌아갈 수는 없지만, 중세적 관점의 상징으로 오랫동안 비난받아 온 지구 중심설을 비판적으로 부활시킬 가치가 있을지도 모른다. 이것은 학자들뿐만 아니라 인류를 향한 내 마지막 제안이다. 지구에 대한 더할 나위 없는 감사.

구름은 우리 집을 나타내는 지표 중 하나이며, 우리가 존재할 수 있는 대기다. 구름은 바다를 순환시켜 지구의 온도를 조절하는 데 중요한 역할을 한다. 셸리가 지적했듯이, 구름은 죽음으로써 태어난다. 우리 근대인들은 하늘과 접촉을 잃은 것이 아니라 단순히 상수들에서 변수들로, 별에서 구름으로 이동한 것이다. 기후 변화는 우리에게 크로노스를 카이로스로 보는 어려운 일을 해내라고 요구한다. 우리는 구름을 바라보면서 우리가 구름을 영원히 바꿔 놓았을지도 모른다는 것과 그보다 더 상처를 주는 일도 없을 것이라는 징조를 본다. 샤를 보들레르는 자신의 산문시에서 사람도 신도 금도 싫어한다고 주장하는 집 없는 낯선 사람과의 대화를 상상한다. 그렇다면 당신은 무엇을 사랑하나요? 그는 대답한다. "나는 구름을 사랑해요. 흘러가는 구름을. 저기…… 저기…… 저 경이로운 구름을!J'aime les nuages, les nuages qui passent…… là-bas…… là-bas…… les merveilleux nuages!"• 결국 여기에 극도로 오만불손한 사람도 사랑하지 않을 수 없는 것이 있었다.

우리 개개인의 죽음만큼 불가피한 우리 인류의 난파 이후에, 제임스의 인간 클라우드 은행에 있는 모든 것들이 사라질 테지만, 이 축복받은 지구는 계속 살아갈 것이며, 구름과 태양은 계절 내내 빛을 발할 것이고 우리

• 샤를 보들레르의 시 "이방인L'Étranger." — 옮긴이

감각에서 맥박 치던 아름다움은 다른 감각이나 그 자체로 여전히 계속 맥박 칠 것이고, 그것으로 충분할 것이다. 이 아름다움이 지속될 것임을 아는 것은 다소 위로가 된다. 우리가 가고 나면 출생성이 뭔가 새로운 것을 가져올지도 모른다. 산소가 없는 바다와 건조한 황무지의 기간이 오래 이어질 수도 있지만, 무슨 일이 일어나 결국 우리가 남겨 두고 온 유해 위에 야생화가 퍼져갈 수도 있을 것이다. 인류의 마지막은 비극적인 전망만이 아니라 희극적인 전망이다. 엄격한 의미로 보자면 희극은 생명의 재생에 대한 것이기 때문이다. 멜빌은 이렇게 썼다. "여전히 희망은 있다. 시간과 조류는 광활하게 흐르고 있다." 아마도 다른 지적인 종이 수백만 년 그리고 다시 수백만 년 후에 진화할 것이고 더 잘해낼 것이다. 시간과 조류는 광활하게 흐르고 있다! 우리에게 구름이 있는 한, 희망과 싸움과 사랑이 있다. 지금 우리에게 구름의 아름다움과 서로서로가 있음을 안다는 것은 받아들이기에 벅찬 일이다. 그것으로 충분하고 넉넉하다.

부록

고래목 커뮤니케이션의 비동시성

다섯 마리의 돌고래 A, B, C, C, E가 각각 어느 지점에 정지해 있다고 해 보자. 돌고래 A는 한 마디를 내뱉는데, 이를 메시지 M이라 하고 발화하는 데 0.1초가 걸린다고 하자. 그렇다면 각각의 돌고래는 똑같은 시간에 걸쳐 한 마디씩 응답을 한다.

A

B　C

D　　E

이 시나리오는 실제 발생하기 힘든 몇 가지 일들을 가정한다.

(1) 완벽하게 동질적인 사운드 미디어.

(2) 아무런 장애물이나 이상 현상이 없는 해저.

(3) 소리 전파의 불변성.

(4) 땅의 곡률의 영향 없음.

(5) 가까이에 있는 돌고래나 멀리 떨어져 있는 돌고래의 모든 메시지를 동등하게 잘 듣는 능력.

(6) 메시지를 듣는 마지막 순간에 돌고래마다 즉각적인 반응을 함.

(7) 돌고래마다 인식 가능한 음성 기호를 지니고 있어서 송신자를 구분할 수 있음.

(8) 메시지에 발송 시간 및 장소 또는 송신자에 관한 메타데이터가 없음.

(9) 전체 대화가 진행되는 동안 돌고래의 위치를 안정됨.

(10) AB와 BC가 동등하고, AD와 DE가 동등함(AB가 거리 1단위라고 가정하고, 각 선분들이 서로 직각으로 위치함).

(11) $\sqrt{5} = 2.236$, $\sqrt{2} = 1.414$

대상의 시간선

0.0	시간 0	A가 메시지 M을 발화
1.0	시간 1	B가 M을 수신
1.1	시간 $1 + 0.1$	B가 M에 N으로 응답
1.4	시간 $\sqrt{2}$	C가 M을 수신
1.5	시간 $\sqrt{2} + 0.1$	C가 M에 P로 응답
2.0	시간 2	D가 M을 수신
2.1	시간 $2 + 0.1$	A, C, D가 N을 수신. D가 M에 Q로 응답
2.5	시간 $1 + \sqrt{2} + 0.1$	B가 P를 수신
2.8	시간 $2\sqrt{2}$	E가 M을 수신
2.9	시간 $2\sqrt{2} + 0.1$	A, D, E가 P를 수신. E가 M에 R로 응답
3.1	시간 $3 + 0.1$	B가 Q를 수신
3.3	시간 $1 + \sqrt{5} + .1$	E가 N을 수신
3.5	시간 $2 + \sqrt{2} + .1$	C가 Q를 수신
4.1	시간 $4 + .1$	A와 E가 Q를 수신
4.3	시간 $3\sqrt{2} + .1$	C가 R을 수신
4.9	시간 $2 + 2\sqrt{2} + .1$	D가 R을 수신
5.1	시간 $2\sqrt{2} + .1 + \sqrt{5}$	B가 R을 수신
5.7	시간 $4\sqrt{2} + .1$	A가 R을 수신

객관적으로 (땅을 기준으로) 한 메시지의 순서: M, N, P, Q, R.

A가 보는 메시지의 순서: M N P Q R.

B가 보는 메시지의 순서: M N P Q R.

C가 보는 메시지의 순서: M P N Q R.

D가 보는 메시지의 순서: M N Q P R.

E가 보는 메시지의 순서: M P R N Q.

각 돌고래는 잠재적으로 연속 순서를 다르게 수신한다. 하지만 메시지 자체보다 먼저 메시지에 대한 응답을 들리게 할 수 있을까? 응답 경로가 짧고 메시지의 경로는 지구 반대편으로 돌아 긴 경로를 택하는 경우에만 가능하다.

표준 시간, 선 또는 직각이 없다면, 돌고래의 신경생리학이 어떤 것을 할 수 있는지 모르지만, 메시지 속에 메타데이터를 부호화하는 것은 매우 어려울 것이다. 어쩌면 항로 표지가 표준적인 공간 방향을 알려 줄 수 있을지도 모른다. 행성 간 통신에서도 같은 문제가 발생할 수 있다. 이전 회차의 메시지에 대한 반응의 관련성이나 적합성이 보장되지 않을 수 있다. '객관적'인 시간선이라는 개념은 외부 관찰자가 소리 미디어에 몰두하지 않거나 그 제약을 받지 않도록 하는 것이다. 객관성은 특정한 미디어에서만 가능한 특징이며, 아마도 미디어 사이의 굴절로만 가능할 것이다.

동시에 발생하지만 상호 통신하지 않는 사건들을 조정하는 문제는 데이터베이스 설계의 문제이기도 하다. 두 사람이 동시에 아마존닷컴Amazon.com에 있는 같은 책을 클릭하여 장바구니에 넣고, 그러고 나서 둘 다 실제로 거래를 끝내기 전에 쇼핑을 계속한다고 가정해 보자. 창고에 책이 한 권밖에 없다. 실상 이 책은 살 수 없지만, 두 번째 사람에게는 책이 구매 가능한 것처럼 보일 것이다. 이는 마치 이미 사라진 별에서 나온 빛이 누군가의 망막에 도달할 때쯤이면 그 별은 사실상 더 이상 존재하지 않는 상황과 비슷하다.[815] 올베르스의 역설은 분산 다중 사용자 데이터베이스에 들어맞는다. 시간적 기원이 다르지만 현재 보기에 같아 보이는 이 문제는 밤하늘, 많은 작가들이 있는 온라인 시스템 그리고 고래목의 신호에 공통된다. 도서관과 기억에서도 같은 구조를 발견할 수 있다. 이 두 구조는 모두 탄생한 날이 서로 다른 다양한 항목들을 갖추고 있지만 어느 정도 비슷한 순간에 소환될 준비가 되어 있다. 그래서 월트 휘트먼은 잘난 천문학자의 강의를 듣는 데 지쳐 강의실을 나서면서 "때때로" 별들을 올려다보았던 것이다.[816]

돌고래들이 "자크 아저씨" 같은 곡을 돌림 노래로 부르거나 심지어는 훨씬 더 복잡하게 여러 번 왕복하는 대화를 상상할 수도 있다. 다른 시나리오도 얼마든지 가능하다.

유행과는 반대로, 나는 여기에서 내 사회적 네트워크를 모두 드러내지는 않겠다. 내 친구들은 그들이 누구이며 내가 그들을 얼마나 사랑하는지 알고 있다. 내가 은혜를 입은 사람들의 이름을 일일이 대야 한다면 속수무책일 것이다. 구름 속에 그들의 이름이 있고, 몇몇 이름은 각주에 있다.

미완성된 초고나 완성된 장들을 읽어 준 사람들은 다음과 같다. 마크 안드레예비치, 매츠 버그만, 존 크릴렌, 데이비드 드퓨, 나탈리 픽스머-오라이스, 김진, 조나단 라슨, 리싱화, 아밋 핀체프스키, 스티븐 파인, 이그나치오 레돈도, 한스 루인, 존 시가, 앨리슨 윌구스, 하르트무트 빙클러. 2013년 봄 아이오와대학교의 대학원 세미나를 수강한 학생들은 3장, 4장, 5장 초고를 읽어 주었다. 2013년 1월 헤브루대학교의 세미나에 참여한 학생들과 동료들도 아주 중요한 피드백을 해 주었다. 틸 하일만은 초고의 두 장에 대해 결정적인 조언을 해 주었으며, 테드 스트리파스 덕분에 7장은 아주 많이 나아졌다.

복합학 분야의 연구서에서는 어이없는 실수가 나오기 쉽다. 도와달라는 요청 그 이상으로 과학의 전문성을 나누어 준 베른트 프리취, 랜디 맥엔태퍼, 해럴드 L. 밀러에게 감사한다. 특정 사항에 관한 질문에 대답해 준 사람들에게 각주에서 일일이 감사를 표하지는 못했다. 여기에 명단을 적는다. 윌리엄 F. 앨트먼, 제프리 C. 보커, 피터 작스 콜로피, 존 피나모어, 에드 폴섬, 로버트 마크 프리드먼, 엘라나 고멜, 토머스 하이, 린다 댈림플 헨더슨, 그래엄 로슨, 얀 뮈겐부르크, 존 네론, 유시 파리카, 레아 프라이스, 토머스 시한, 프레드 스키프, 아흐메드 수아이아이아, 그리고 영국박물관의 데이비드 톰슨. 물론 여전히 남아 있는 오류들은 이들 중 그 누구의 책임도 아니다.

2011~2012년에 걸친 한 학기 동안 연구년을 가질 수 있었던 데 대해 아이오와대학교에 감사하며, 그곳의 친구들과 동료들, 그리고 ICRU 프로그램에서 별처럼 빛나는 학부 연구 조교인 사만다 쿠퍼와 리우 야저우를 학교가 지원해 준 것에 감사한다. 이 조교들은 까다로운 논문과 사실들을 찾아냈고 초고를 읽었으며 수정을 제안해 주었다. 야저우는 중국어 문자를 알려 주기도 했다. 헬싱키대학교의 고등 연구를 위한 헬싱키 콜레기움에서 1기 헬싱긴사노마트재단 연구원(2013~2014)으로 있을 때 이 책을 마무리할 수 있었다. 그들의 막대한 후의에 대해 재단과 대학생들에게 감사하고, 마지막까지 연구를 지원해 준 야니 아흐티아이넨에게도 감사한다.

다음 기관의 친구들, 동료들, 학생들과의 토론을 통해서도 엄청나게 많은 것을 배웠다. 아얄라박물관, 영국 서관, 국립중정대학, 쾰른 미디어아트아카데미, 컬럼비아대학교, 게오그르 아우구스트 괴팅겐대학교, 예루살렘의 헤브루대학교, 베를린의 훔볼트대학교, 인디아나대학교, 국제커뮤니케이션학회, 국제문화기술연구와 미디어철학대학, 린셰핑대학교 노르셰핑 캠퍼스, 런던 정치경제대학교, 맥길대학교, 맥매스터대학교, 노스캐롤라이나주립대학교, 노스웨스턴대학교, 노르웨이 과학기술대학교, 오픈대학교, 라파나세아트센터, 베이징대학교, 프린스턴대학교, 리드대학, 인민대학교, 라이어슨대학교, 서울대학교, 세신대학교, 쇠데르퇸대학교, 스톡홀름 환경연구소, 시라큐스대학교, 아나우악대학교, 나바라대학교, 멕시코 파나메리카나대학교, 아쿠레이리대학교, 앨버타대학교, 캘리포니아대학교 어바인 캠퍼스, 쾰른대학교, 아이오와대학교, 라플란드대학교, 미주리대학교, 오슬로대학교, 파더보른대학교, 지겐대학교, 서던캘리포니아대학교, 시드니대학교, 탐페레대학교, 유타대학교, 바사대학교, 빌뉴스대학교, 버지니아대학교, 웨스턴온타리오대학교, 웨스턴미시건대학교, 연세대학교. (내가 왜 지구온난화를 염려하는지 알 수 있을 것이다.)

시카고대학교 출판부의 더글러스 미첼과 함께 작업하는 것은 늘 즐거웠다. 레날도 미갈디의 꼼꼼한 편집에 감사한다. 새뮤얼 맥코믹은 여러 장에 걸쳐 에즈라 파운드에 맞먹는 해설을 제공해 주는 등 늘 준비된 문체 자문이었다. 제프리 윈스롭 영은 책 전체를 자세하고 언제나 열정적으로 읽어 줌으로써 나를 멍청한 실수로부터 구원해 주었다. 이전에 펴낸 내 책 두 권에 대해 마이클 슈슨은 날카로운 독자였다. 그는 이번 라운드에는 기권했다. 하지만 그의 학생 둘이 큰 도움을 주었다. 프레드 터너는 외부 독자로서의 임무를 훨씬 뛰어넘어, 내게 이 책의 구조, 어조, 구문, 주장들을 형성하는 데 엄청나게 큰 영향을 준 조언을 해 주었다. 벤저민 피터스는 더할 나위 없이 협조적이었다. 대니얼 피터스와 마샤 폴센 피터스도 마찬가지다.

이 책의 내용 중 일부는 이전에 출간된 적이 있지만, 이번 출판을 위해 새롭게 바꾸어 썼다. 4장과 5장은 제레미 스톨로Jeremy Stolow가 엮은 《데우스 인 마키나*Deus in Machina*》(New York: Fordham University Press, 2012) 중에서 "달력, 시계, 탑Calendar, Clock, Tower"(25~42)을 새롭게 쓴 것이며, 이 논문 자체도 그 이전에 출간되었던 대니얼 A. 스타우트Daniel A. Stout가 엮은 《종교, 커뮤니케이션, 그리고 미디어*Encyclopedia of Religion, Communication, and Media*》(New York: Routledge, 2006) 중에서 "달력Calendar"과 "시계Clock"(57~59, 77~79)를 새롭게 수정하여 쓴 것이다. 6장은 존 네론John Nerone이 엮은 《국제 미디어 연구 백과: 미디어 역사와 미디어 연구의 기본*International Encyclopedia of Media Studies: Media History and the Foundations of Media Studies*》(Malden, MA: Wiley-Blackwell, 2013) 중 "글쓰기Writing"에서 대부분을 가져왔다. 7장은 다음 글들에서

부분적으로 가져왔다. 〈캐네디언 저널 오브 커뮤니케이션*Canadian Journal of Communication*〉 28호(2003)에 실렸던 "공간, 시간, 커뮤니케이션 이론Space, Time, and Communication Theory"(397~411), 바비 젤리저Barbie Zelizer가 엮은 《커뮤니케이션과 역사 탐구*Explorations in Communication and History*》(London: Sage, 2008) 중에서 "커뮤니케이션 문제로서의 역사History as a Communication Problem"(19~34), 그리고 현재까지 《허공에 말하기*Speaking into the Air*》의 번역본으로는 유일한 중국어판의 서문. 1장을 새롭게 쓴 글 한 편이 마리온 내저라더Marion Näser-Lather와 크리스토프 노이베르트Christoph Neubert가 엮은 《교통: 인프라와 문화 실천으로서의 미디어*Traffic: Media as Infrastructures and Cultural Practices*》(Amsterdam: Rodopi, 2014)에 "인프라구조주의Infrastructuralism"라는 제목으로 실릴 예정이다.

주

1 예를 들어 다음을 참조하라. Media *Meets Climate: The Global Challenge for Journalism*, ed. Elisabeth Eide and Risto Kunelius (Gothenburg: Nordico, 2012).

2 Jochen Hörisch, *Ende der Vorstellung: Die Poesie der Medien* (Frankfurt: Suhrkamp, 1999), 134.

3 다음을 보라. Adam Kuper, *Culture: The Anthropologists' Account* (Cambridge, MA: Harvard University Press, 1999), 23~46; Fernand Braudel, Grammaire des civilisations (1963; Paris: Flammarion, 1993), 41~83.

4 Raymond Williams, "Drama in a Dramatised Society," in *Raymond Williams on Television: Selected Writings*, ed. Alan O'connor (London: Routledge, 1989).

5 Mark B. Andrejevic, "Surveillance in the Digital Enclosure," *Communication Review* 10 (2007): 295~317.

6 마티아스 되프너Mattias Döpfner가 에릭 슈미트Eric Schmidt에게 2014년 4월 16일에 쓴 공개 서한. http://www.faz.net/aktuell/feuilleton/medien/mathias-doepfner-warum-wir-google-fuerchten-12897463.html.

7 예를 들어, Ian Bogost, *Alien Phenomenology* (Minneapolis: University of Minnesota Press, 2012).

8 "Die Arbeit des Philosophen ist ein Ausammentragen von Erinnerungen zu einem bestimmten Zweck," Philosophical Investigations, § 127.

9 Amos Oz, *A Tale of Love and Darkness*, trans. Nicholas de Lange (Orlando: Harcourt, 2005), 10~11, 13.

10 Paul N. Edwards, "Infrastructure and Modernity: Force, Time, and Social Organization in the History of Technical Systems," *Modernity and Technology*, eds. Thomas J. Misa, Phillip Brey, and Andrew Feenberg (Cambridge, MA: MIT Press, 2002), 185~225, 196.

11 Ludwig Wittgenstein, *Philosophische Grammatik*, Schriften, vol. 4, ed. Rush Rhees (Frankfurt: Suhrkamp 1969), 468.

12 Peter Simonson, "Our Places in a Rhetorical Century," 2011년 6월 24일 미국 수사학회에서 한 기조연설. associationdatabase.com/aws/RSA/asset_manager/get_file/35611.

13 Charles Hartshorne, *Born to Sing: An Interpretation and World Survey of Bird Song* (Bloomington: Indiana University Press, 1992).

14 최근에 나온 뛰어난 논문으로는 다음을 참조하라. Florian Sprenger, *Medien des Immediaten: Elektrizität-Telegraphie-McLuhan* (Berlin: Kadmos, 2012).

15 Michael Cuntz, "Kommentar zu André-Georges Haudricourt's 'Technologie als Humanwissenschaft,'" *Zeitschrift für Medien- und Kulturforschung* 1 (2010): 89~99, 89; Kyle Joseph Stine, *Calculative Cinema: Technologies of Speed, Scale, and Explication* (PhD diss., University of Iowa, 2013), 237~258을 참조하라.

16 내가 쓴 "Philosophy of Technology 1964/2014," *Södertörn Lectures*, 11 (Huddinge, Sweden: Södertörn University, 2014)을 참조하라.

17 Elihu Katz, "Communications Research since Lazarsfeld," *Public Opinion Quarterly* 50 (1987): S25~S45를 참조하라.

18 대표적인 사례로 W. J. T. Mitchell and Mark B. N. Hansen, eds., *Critical Terms for Media Studies* (Chicago: University of Chicago Press, 2010)가 있는데, 수십 년에 걸친 사회과학 연구들을 고려하지 않았다는 점만을 제외하면 미디어학을 재창조했다는 점에서 훌륭한 책이다.

19 미첼과 한센이 엮은 *Critical Terms for Media Studies*에 포함된 내 글이 이 주제를 다룬다.

20 예를 들어, Cornelia Vismann, *Files*, trans. Geoffrey Winthrop-Young (Stanford, CA: Stanford University Press, 2008), 56; Siegert, *Passage*, 66 ff.

21 1962년 2월 8일 마셜 매클루언이 월터 옹에게 쓴 편지. *Letters of Marshall McLuhan*, ed. Corrine McLuhan, Matie Molinaro, and William Toye (New York: Oxford University Press, 1987), 285.

22 Holly Case, "The Tyrant as Editor," *The Chronicle Review*, 11 October 2013, http://chronicle.com/article/Stalins-Blue-Pencil/142109/, 2013. 10. 11 접속.

23 James W. Carey, "Ideology and Technology: The Case of the Telegraph," *Communication as Culture: Essays on Media and Society* (Boston: Unwin Hyman, 1989), 216~222.

24 근대 자본주의와 '유가 증권'의 발명에 대해서는 다음을 참조하라. Werner Sombart, *Die Juden und das Wirtschaftsleben* (Leipzig: Duncker & Humblot, 1911), chap. 6.

25 Herman Melville, *Moby-Dick* (New York: Norton, 1967), 181.

26 Jacob Soll, *The Information Master: Jean-Baptiste Colbert's Secret State Intelligence System* (Ann Arbor: University of Michigan Press, 2009).

27 Benjamin Peters, "And Lead Us Not into Thinking the New is New: A Bibliographic Case for New Media History," *New Media & Society* 11 (2009): 13~30.

28 가장 뛰어난 소개로는 다음을 참조하라. Geoffrey Winthrop-Young, *Kittler and the Media* (Cambridge: Polity, 2011).

29 Ute Holl and Claus Pias, "Aufschreibesysteme 1980/2010: In memoriam Friedrich Kittler," *Zeitschrift für Medienwissenschaft* 6 (2012), 114~192, 11편의 분석과 미출간된 키틀러의 서문이 포함되어 있다.

30 Till A. Heilmann, "Innis and Kittler: The Case of the Greek Alphabet," in *Media Transatlantic: Media Theory Between Canada and Germany*, ed. Norm Friesen, Richard Cavell, and Dieter Mersch, www.mediatrans.ca/Till Heilmann.html을 참조하라.

31 키틀러가 자신의 책에 쓴 서론을 참조하라. *Gramophon Film Typewriter* (Berlin: Brinkmann und Bose, 1986); *Gramophone, Film, Typewriter*, trans. Geoffrey Winthop-Young and Michael Wutz (Stanford, CA: Stanford University Press, 1999).

32 Friedrich Kittler, "Leon Battista Alberti," *Unsterbliche: Nachrufe, Erinnerungen, Geistergespräche* (Munich: Fink, 2004), 11~20.

33 Friedrich Kittler, "Real Time Analysis: Time Axis Manipulation," *Draculas Vermachtnis: Technische Schriften* (Leipzig: Reclam, 1993), 182~207, 182.

34 Friedrich Kittler, "Towards an Ontology of Media," *Theory, Culture and Society* 26 (2009): 23~31.

35 *Gramophon Film Typewriter*, 5; *Gramophone, Film, Typewriter*, xi.

36 Clifford Geertz, "Blurred Genres: The Reconfiguration of Social Thought," *American Scholar* 49, no. 2 (1979): 165~179.

37 Lisa Gitelman, "Welcome to the Bubble Chamber: Online in the Humanities Today," *Communication Review* 13 (2010): 27~36, 29.

38 Friedrich Kittler, "Universities: Wet, Soft, Hard, and Harder," *Critical Inquiry* 31 (2004): 244~255, 251.

39 Bernard Stiegler, *Technics and Time: The Fault of Epimetheus*, trans. Richard Beardsworth and George Collins (Stanford, CA: Stanford University Press, 1998), 100~133을 참조하라.

40 Douglas Coupland, *Marshall McLuhan: You Know Nothing of My Work!* (New York: Atlas, 2010), 200.

41 David Hendy, "Listening in the Dark: Night-Time Radio and a 'Deep History' of Media," *Media History* 16, no. 2 (2010): 215~232, 218.

42 Lorenz Engell and Bernhard Siegert, "Editorial," *Zeitschrift für Medien- und Kulturforschung* 1 (2010): 5~9, 6.

43 *Après la finitude: Essai sur la nécessité de la contingence* (Paris: Seuil, 2006).

44 "Remarks on Internet Freedom," http://www.state.gov/secretary/rm/2010/01/135519.html (2013. 9. 25 접속)

45 Edwards, "Infrastructure and Modernity," 186.

46 Edwards, "Infrastructure and Modernity," 221; Paul N. Edwards, Geoffrey C. Bowker, Steven J. Jackson, Robin Williams, "Introduction: An Agenda for Infrastructure Studies," *Journal of the Association for Information Systems* 10, no. 5 (May 2009): 364~374, 365.

47 John Keane, "Silence, Power, Catastrophe: New Reasons Democracy and Media Matter in the Early Years of the Twenty-First Century," Samuel L. Becker Lecture, 8 February 2012, University of Iowa.

48 Brian Larkin, "Degraded Images, Distorted Sounds: Nigerian Video and the Infrastructure of Piracy," *Public Culture* 16, no. 2 (2004): 289~314, 289.

49 J. D. Bowman, D. C. Thomas, S. J. London, and J. M. Peters, "Hypothesis: The Risk of Childhood Leukemia Is Related to Combinations of Power-Frequency and Static Magnetic Fields," *Bioelectromagnetics* 16 (1995): 48~59.

50 G. W. F. Hegel, *Lectures on the Philosophy of Religion: The Lectures of 1827*, ed. Peter C. Hodgson (Berkeley: University of California Press, 1988), 321n339.

51 Marisa Leavitt Cohn, *Lifetimes and Legacies: Temporalities of Sociotechnical Change in a Long-Lived System*, University of California, Irvine, PhD diss., 2013을 참조하라.

52 Susan Leigh Star, "The Ethnography of Infrastructure," *American Behavioral Scientist* 43 (1999): 377~391, 382.

53 Susan Leigh Star and Karen Ruhleder, "Steps toward an Ecology of Infrastructure: Design and Access for Large Information Spaces," *Information Systems Research* 7, no. 1 (1995): 111~134.

54 Paul A. David, "Clio and the Economics of QWERTY," *American Economic Review* 75, no. 2 (1985): 332~337; S. J. Liebowitz and Stephen E. Margolis, "The Fable of the Keys," *Journal of Law and Economics* 33, no. 1 (1990): 1~25.

55 Dieter Mersch, "Tertium datur: Einleitung in einer negativen Medientheorie," *Was ist ein Medium?*, ed. Stefan Münker and Alexander Roesler (Frankfurt: Suhrkamp, 2008), 304~321, 304.

56 McLuhan, *Understanding Media*, 198.

57 Geoffrey C. Bowker and Susan Leigh Star, *Sorting Things Out: Classification and its Consequences* (Cambridge: MIT, 1999). 9.35의 인용문은 인프라 구조에 대한 유용한 정의를 담고 있다.

58 Peter Krapp, *Noise Channels* (Minneapolis: University of Minnesota Press, 2011)를 참조하라.

59 "In einer Störung der Verweisung…… wird aber die Verweisung ausdrücklich." Martin Heidegger, *Sein und Zeit* (1927; Tübingen: Niemeyer, 1993), 74.

60 Lisa Parks, "Technostruggles and the Satellite Dish: A Populist Approach to Infrastructure,"

Cultural Technologies: The Shaping of Culture in Media and Society, ed. Göran Bolin (London: Routledge, 2012), 64~84.

61 Staffan Ericson and Kristina Riegert, *Media Houses: Architecture, Media, and the Production of Centrality* (New York: Peter Lang, 2010)를 참조하라.

62 "Ethnography of Infrastructure," 377.

63 David Edgerton, *The Shock of the Old: Technology and Global History Since 1900* (London: Profile, 2008).

64 Edwards, "Infrastructure and Modernity," 185.

65 *Nature, Selected Writings of Emerson*, ed. Donald McQuade (1837; New York: Modern Library, 1981), 41.

66 Gabriele Schabacher, "Raum-Zeit-Regime: Logistikgeschichte als Wissenszirkulation zwischen Medien, Verkehr, und Ökonomie," *Agenten und Agenturen. Archiv für Mediengeschichte*, eds. Lorenz Engell, Joseph Vogl, and Bernhard Siegert (Weimar: Bauhaus Universität, 2008), 135~148, 145. 또한 다음을 보라. Judd Ammon Case, *Geometry of Empire: Radar as Logistical Medium* (PhD diss., University of Iowa, 2010); "Logistical Media: Fragments from Radar's Prehistory," *Canadian Journal of Communication* 38, no. 3 (summer 2013): 379~395.

67 돈에 대해서는 다음을 참조하라. Hartmut Winkler, *Diskursökonomie* (Frankfurt: Suhrkamp, 2004), 36~49.

68 Wolfgang Schäffner, "The Point: The Smallest Venue of Knowledge," trans. Walter Kerr, *Collection, Laboratory, Theater: Scenes of Knowledge in the 17th Century*, ed. Helmar Schramm, Ludger Schwarte, Jan Lazardzig (Berlin: Walter de Grutyer, 2005), 57~74를 참조하라.

69 Kittler, *Gramophon Film Typewriter*, 5; *Gramophone, Film, Typewriter*, xli.

70 Bruno Latour, *We Have Never Been Modern*, trans. Catherine Porter (Cambridge, MA: Harvard University Press, 1993), 65; "Can We Get Our Materialism Back, Please?" *Isis* 98, no. 1 (2007): 138~142.

71 Richard Rorty, "Heidegger and the Atomic Bomb," *Making Things Public*, ed. Bruno Latour and Peter Weibel (Cambridge, MA: MIT Press, 2005), 274~275.

72 Latour, *We Have Never Been Modern*, 142~145.

73 "Why Has Critique Run Out of Steam?" *Critical Inquiry* 30, no. 2 (2004): 225~248.

74 Bruno Latour, *Pandora's Hope: Essays on the Reality of Science Studies* (Cambridge, MA: Harvard University Press, 1999), 145.

75 *Keywords: A Vocabulary of Culture and Society*, rev. ed. (Oxford: Oxford University Press, 1983), 87.

76 다음을 참조하라. Robert Bernasconi, *Nature, Culture, and Race* (Huddinge: Södertörn University, 2010); Joan W. Scott, *The Uses and Abuses of Gender* (Huddinge: Södertörn University, 2013).

77 John P. Jackson and David Depew, "Darwinism, Democracy and Race in the American Century," 미출간 원고.

78 Emerson, *Nature*, 7~9. "Commodity" provides "temporary and mediate" service and "mercenary benefits." 에머슨에게 이는 틀림없는 테크네의 영역이다.

79 Kenneth Burke, *A Grammar of Motives* (1945; Berkeley: University of California Press, 1969), 277.

80 Henry David Thoreau, *Walden* (New York: Norton, 2008), 19.

81 Thoreau, *Walden*, 32.

82 미디어라는 용어의 역사에 대한 중요 텍스트는 다음을 참조하라. Stefan Hoffmann, *Geschichte des Medienbegriffs* (Hamburg: Meiner, 2002). 또한 다음 문헌을 참조하라. Dieter Mersch, "Res medii. Von der Sache des Medialen," *Medias in res: Medienkulturwissenschaftliche Positionen*, ed. Till A. Heilmann, Anne von der Heiden, and Anna Tuschling (Bielefield: Transcript, 2011), 19~38; John Guillory, "Genesis of the Media Concept," *Critical Inquiry* 36 (2010): 321~362; Mitchell and Hansen, eds., *Critical Terms for Media Studies*.

83 Leo Spitzer, "Milieu and Ambience," *Essays in Historical Semantics* (New York: S. F. Vanni, 1948), 179~316, 223, 190.

84 Wolfgang Hagen, "Metaxy: Eine historiosemantische Fuβnote zum Medienbegriff," in *Was ist ein Medium?*, ed. Stefan Münker and Alexander Roesler (Frankfurt: Suhrkamp, 2008), 13~29.

85 Spitzer, "Milieu and Ambiance," 201. 에우스타치우스Eustachius a Sancto Paulo(1573~1640).

86 Steven Connor, "Michel Serres's Milieux" (2002), http://www.stevenconnor.com/milieux/를 참조하라.

87 Hoffmann, *Geschichte des Medienbegriffes*를 참조하라.

88 Wolfgang Hagen, "Wie ist eine 'eigentlich so zu nennende' Medienwissenschaft möglich?" *Was waren Medien*, ed. Claus Pias (Zurich: Diaphanes, 2011), 81~101, 특히 86~93을 참조하라.

89 예를 들어 Hartmut Winkler, "Zeichenmaschinen; oder, warum die semiotische Dimension für eine Definition der Medien unerlässlich ist," *Was ist ein Medium?*, ed. Münker and Roesler, 211~221.

90 Geoffrey Winthrop-Young, "Afterword. Bubbles and Webs: A Backdoor Stroll through the

Readings of Uexküll," in Jakob von Uexküll, *A Foray into the Worlds of Animals and Humans* (Minneapolis: University of Minnesota Press, 2010), 209~243.

91 Ursula Heise, "Unnatural Ecologies: The Metaphor of the Environment in Media Theory," *Configurations* 10, no. 1 (winter 2002): 149~168을 참조하라.

92 Donna Haraway, *The Companion Species Manifesto: Dogs, People, and Significant Otherness* (Chicago: Prickly Paradigm Press, 2003), 65.

93 Robert H. Carlson, *Biology is Technology* (Cambridge, MA: Harvard University Press, 2010).

94 Stefanie Schramm, "Ab in den Beutel," *Die Zeit*, 10 June 2010, 38. 그러나 이러한 용법은 드물어 보인다.

95 Walter Ong, *Orality and Literacy: The Technologizing of the Word* (London: Routledge, 1982), 82~83.

96 Martin Heidegger, "The Ode on Man in Sophocles' Antigone," *Introduction to Metaphysics*, trans. Ralph Manheim (New Haven: Yale University Press, 1987), 155.

97 André Leroi-Gourhan, *Gesture and Speech*, trans. Anna Bostock Berger (Cambridge, MA: MIT, 1993), 246; Le geste et la parole, vol. 2 (Paris: Albin Michel, 1965), 48: "l'apparition du chariot, de la charrue, du moulin, du navire est aussi á considérer comme une phénomène biologique."

98 Dipesh Chakrabarty, "The Climate of History," *Critical Inquiry* 35, no. 2 (2009): 197~222를 참조하라.

99 "Astonishment," *New Yorker*, 23 July 2012, 57.

100 Plato, *Alcibiades* I, 129e.

101 다음을 참조하라. Wolf Kittler, "Thallata Thallata: Stéphane Mallarmé: Brise marine, Übersetzung und Kommentar," *FAKtisch: Festschrift für Friedrich Kittler zum 60.* Geburtstag, ed. Peter Berz, Annette Bitsch, and Bernhard Siegert (Munich: Fink, 2003), 245~252; Hans Blumenberg, *Shipwreck with Spectator*, trans. Steven Rendall (Cambridge, MA: MIT Press, 1997), 28~29; Bernhard Siegert, "Kapitel 55: Of the Monstrous Pictures of Whales," *Neue Rundschau* 124 (2014): 223~233.

102 Vilém Flusser and Louis Bec, *Vampyroteuthis Infernalis*, trans. Valentine A. Pakis (1987; Minneapolis: University of Minnesota Press, 2012), 32.

103 Plato, *Phaedo*, 109e.

104 Aristotle, *De anima*, 423a~b.

105 Lodge, *Ether and Reality* (London: Hodder and Stoughton, 1930), 28.

106 Marshall McLuhan and Quentin Fiore, *War and Peace in the Global Village* (NY: McGraw-Hill, 1968), 175. 2005년 데이비드 포스터 월러스David Foster Wallace가 한 졸업 연설 "This Is Water"도 참조하라.

107 Marshall McLuhan and Quentin Fiore, *The Medium is the Massage* (New York: Bantam, 1967), 84.

108 청각의 진화에 대해서는 다음을 참조하라. Bernd Fritzsch et al., "Evolution and Development of the Tetrapod Auditory System: An Organ of Corti-centric Perspective," *Evolution and Development* 15, no. 1 (2013): 63~79.

109 Gregg Mitman, *Reel Nature: America's Romance with Wildlife on Film* (Cambridge, MA: Harvard University Press, 1999), chap. 7.

110 Lori Marino, "Cetacean Brain Evolution: Multiplication Generates Complexity," *International Journal of Comparative Psychology* 17 (2004): 1~16.

111 Helmut H. A. Oelschläger, "The Dolphin Brain: A Challenge for Synthetic Neurobiology," *Brain Research Bulletin* 75, nos. 2~4 (18 March 2008): 450~459.

112 Michael Marshall, "Dolphins Call Each Other by Name," *New Scientist* 211, no. 2829 (10 September 2011): 15. 다음을 참조하라. Tyler M. Schulz, Hal Whitehead, Shane Gero, and Luke Rendell, "Overlapping and Matching of Codas in Sperm Whales: Insights into Communication Function," *Animal Behaviour* 76 (2008): 1977~1998.

113 Derek Browne, "Do Dolphins Know Their Own Minds?" *Biology and Philosophy* 19 (2004): 633~653.

114 Frans de Waal, *The Age of Empathy* (New York: Three Rivers Press, 2009), 125~130.

115 Stefan Helmreich, *Alien Ocean: Anthropological Voyages in Microbial Seas* (Berkeley: University of California Press, 2009)를 참조하라.

116 Mette Bryld and Nina Lykke, *Cosmodolphins: Feminist Cultural Studies of Technology, Animals, and the Sacred* (London: Zed Books, 2000).

117 대표적인 연구로는 다음을 참조하라. Roger S. Payne and Scott McVay, "Songs of Humpback Whales," *Science* 173, no. 3997 (13 August 1971): 585~597.

118 Witlow W. L. Au and Mardi C. Hastings, *Principles of Marine Bioacoustics* (New York: Springer, 2008), 109. 이 책은 인식하지 못하는 물의 미디어를 다룬 연구서다.

119 Oelschläger, "The Dolphin Brain"을 참조하라.

120 Herman Melville, *Moby-Dick* (New York: Norton, 1967), 279~280.

121 Monica Gagliano, Stefano Mancuso, and Daniel Robert, "Towards Understanding Plant Bioacoustics," *Trends in Plant Science* 17, no. 6 (June 2012): 323~325.

122 Kelly Benoit-Bird. 다음에서 인용한 것이다. Eric Wagner, "Call of the Leviathan," *Smithsonian* (Dec. 2011), 68~74, 76.

123 Ingo R. Titze, *Fascinations with the Human Voice* (Salt Lake City: National Center for Voice and Speech, 2010).

124 *Principles of Marine Bioacoustics*, 405~408, 502, 여기저기.

125 Peter L. Tyack, "Functional Aspects of Cetacean Communication," *Cetacean Societies: Field Studies of Dolphins and Whales*, ed. Janet Mann et al. (Chicago: University of Chicago Press, 2000), 270~307, 277~278.

126 John C. Lilly, MD, *Man and Dolphin: Adventures on a New Scientific Frontier* (Garden City, NJ: Doubleday, 1961), chapter 3.

127 Sam Ridgway et al., "Dolphin continuous auditory vigilance for five days," *Journal of Experimental Biology* 209 (2006): 3621~3628.

128 이를 설명해 준 션 굿맨Shawn Goodman에게 감사한다.

129 논의를 위해서는 다음을 참조하라. Au and Herzing, *Marine Bioacoustics*, 244~252, 337.

130 D. Graham Burnett, *The Sounding of the Whale: Science and Cetaceans in the Twentieth Century* (Chicago: University of Chicago Press, 2012), 225.

131 Judith Donath, "Signals, Truth, and Design," (11 January 2007), www.youtube.com/watch=xE P7pe2il0, 2013. 5. 25 접속.

132 Vincent M. Janik, "Vocal Communication and Cognition in Cetaceans," in *The Oxford Handbook of Language Evolution*, ed. Maggie Tallerman and Kathleen R. Gibson (New York: Oxford University Press, 2012), 102~108, 107~108.

133 Tyack, "Functional Aspects of Cetacean Communication," 275.

134 Lilly, *The Mind of the Dolphin*, 133.

135 James J. Gibson, *The Ecological Approach to Visual Perception* (Boston: Houghton Mifflin, 1979), chapter 5.

136 Thomas I. White, *In Defense of Dolphins: The New Moral Frontier* (Malden, MA: Blackwell, 2007), 21.

137 Nicole Starosielski, "Beyond Fluidity: A History of Cinema under Water," in *Ecocinema Theory and Practice*, ed. Stephen Rust, Salma Monani, and Sean Cubitt (New York: Routledge, 2013), 149~168을 참조하라.

138 "Sonar: Empire, Media, and the Politics of Underwater Sound," *Canadian Journal of Communication* 38 (2013): 357~377을 참조하라.

139 Otto Keller, *Thiere des classischen Alterthums* (Innsbruck: Verlag der Wagner'schen Universit ts-Buchhandlung, 1887), 211~235.

140 Melville, *Moby-Dick*, 126.

141 Pliny, *Naturalis historia*, book 9, chapters 7~10을 참조하라.

142 Adrina Cavarero, *For More Than One Voice: Toward a Philosophy of Vocal Expression*, trans. Paul A. Kottman (Stanford, CA: Stanford University Press, 2005), 95~116.

143 Herodotus, *The History* 1:23~24. 켈러(Keller, *Thiere*, 229~230)는 이 주제를 변주한 성경의 요나 이야기라 생각한다. 메리 드퓨Mary Depew의 도움에 감사한다.

144 Karen Edwards, "Dolphin," *Milton Quarterly* 40, no. 2 (2006): 110~113.

145 Derek Walcott, *The Prodigal* (New York: Farrar, Straus, Giroux, 2004), 102. 조지 핸들리 George Handley에게 감사한다.

146 Simon Schama, *The Embarrassment of Riches* (Berkeley: University of California Press, 1988), 130~145, 140.

147 Burnett, *The Sounding of the Whale*, 4, 곳곳에서 인용.

148 "Poet of the Depths," *Time*, 28 March 1960, 66~77 (띄엄띄엄).

149 Burnett, *The Sounding of the Whale*, 579.

150 Mitman, *Reel Nature*, 157~179.

151 다음을 참조하라. Eva Hayward, "Diving into the Wreck: Leni Riefenstahl, Coral Preservation, and Surface Tension" (미완성 원고); Stacy Alaimo, "Violet-Black," in *Prismatic Ecology: Ecotheory Beyond Green*, ed. Jeffrey Jerome Cohen (Minneapolis: University of Minnesota Press, 2013), 233~251.

152 Donald R. Griffin, *Listening in the Dark: The Acoustic Orientation of Bats and Men* (1958; New York: Dover, 1974), 269~273, 323~346, 273에서 인용한 것이다.

153 Peter Galison, "The Ontology of the Enemy: Norbert Wiener and the Cybernetic Vision," *Critical Inquiry* 21, no. 1 (autumn 1994): 228~266.

154 Bryld and Lykke, *Cosmodolphins*, 179, 여기저기.

155 Burnett, *Sounding the Whale*, 530. 5장은 릴리와 그의 맥락에 대한 필수 요약이다. 또한 Bryld and Lykke, *Cosmodolphins*, 48~49, 189~206, 여기저기에는 버넷이 놓치고 있는 소비에트 측의 이야기를 다룬다.

156 Friedrich A. Kittler, *Gramophon Film Typewriter* (Berlin: Brinkmann und Bose, 1986), 149.

157 Ted Nelson, *Possiplex: Movies, Intellect, Creative Control, My Computer Life and the Fight for Civilization* (Hackettstown, NJ: Mindful Press, 2010~11), 133~139.

158 Denis L. Herzing, "SETI Meets a Social Intelligence: Dolphins as a Model for Real-Time Interaction and Communication with a Sentient Species," *Acta Astronautica* 67 (2010): 1451~1454.

159 Bryld and Lykke, *Cosmodolphins*.

160 Burnett, *Sounding of the Whale*, 619.

161 *The Dolphin in History*. Ashley Montagu and John C. Lilly, 1962년 10월 13일 클라크 도서관 심포지움에서 발표한 논문 (Los Angeles: Clark Memorial Library, UCLA, 1963), 21.

162 Lilly, *The Mind of the Dolphin*, 98.

163 Melville, *Moby-Dick*, 106.

164 Bryld and Lykke, *Cosmodolphins*, 207.

165 Bryld and Lykke, *Cosmodolphins*, 203, 207. 여기저기서 인용.

166 Bryld and Lykke, *Cosmodolphins*, 207.

167 Andy Clark, "Embodiment and the Philosophy of Mind," in *Current Issues in Philosophy of Mind*, ed. Anthony O'Hear (Cambridge: Cambridge University Press, 1998), 35～52.

168 Erving Goffman, *Behavior in Public Places: Notes on the Social Organization of Gatherings* (New York: Free Press, 1963), 8 ff; John M. Picker, *Victorian Soundscapes* (New York: Oxford University Press, 2003), chapter 2.

169 Mauss, "Techniques of the Body," 75.

170 *Gesture and Speech*, 31ff; *Le geste et la parole*, vol. 1, 49 ff.

171 마르틴 하이데거와의 차이점을 업데이트하려면 다음을 보라. "Die Frage nach der Technik," *Vortrage und Aufsätze* (Pfulligen: Neske, 1954), 71.

172 Paul Ricoeur, *Hermeneutics and the Human Sciences*, ed. John Thompson (Cambridge: Cambridge University Press, 1981), chapter 8.

173 Loren Eiseley, "The Long Loneliness," in *The Star Thrower* (New York: Times Books, 1978), 37～44, 43.

174 Melville, *Moby-Dick*, 409.

175 Rowan Hooper, "Do Dolphins Have a Concept of Death?" *New Scientist* 211, no. 2828 (3 September 2011): 10.

176 Peter Sloterdijk, *Derrida ein Ägypter: Über das Problem der jüdischen Pyramide* (Frankfurt: Suhrkamp, 2007).

177 M. S. Triantafyllou and G. S. Triantafyllou, "An Efficient Swimming Machine," *Scientific American* 272 (1995), 64～71.

178 다음을 참조하라. Karen Pryor, Jon Lindbergh, Scott Lindbergh, and Raquel Milano, "A Dolphin-Human Fishing Cooperative in Brazil," *Marine Mammal Science* 6 (1990): 77～82. 이 협업은 *Ocean Giants: The Fascinating Lives of Whales and Dolphins* (BBC Earth, 2012), 3부에서 극화되었다. 대플리니우스는 *Naturalis historia*, book 9, chapter 9에서 비슷한 언급을 했다.

179 Tyack, "Functional Aspects of Cetacean Communication."

180 다음의 고전적 연구를 참조하라. Frances A. Yates, *The Art of Memory* (1966; London: Pimlico, 1994).

181 David J. Depew, "Humans and Other Political Animals in Aristotle's History of Animals," *Phronesis* 40, no. 2 (1995): 156～181을 참조하라.

182 Natalie Angier, "Dolphin Courtship: Brutal, Cunning, and Complex," *New York Times*, 18 February 1992.

183 Burnett, *Sounding of the Whale*, 613 n164.

184 Fred Turner, *From Counterculture to Cyberculture* (Chicago: University of Chicago Press, 2006); Bryld and Lykke, *Cosmodolphins*, 202~206, 여기저기.

185 Adrienne Rich, "Diving into the Wreck."

186 이 점을 알려 준 토레 슬라타Tore Slaatta에게 감사한다.

187 Leo Marx, "The 'Idea' of Technology and Postmodern Pessimism," in *Does Technology Drive History? The Dilemma of Technological Determinism*, ed. Merritt Roe Smith and Leo Marx (Cambridge, MA: MIT Press, 1994), 238~257; Leo Marx, "Technology: The Emergence of a Hazardous Concept," *Social Research* 64, no. 3 (fall 1997), 965~988; Eric Schatzberg, "Technik Comes to America: Changing Meanings of Technology before 1930," *Technology and Culture* 47, no. 3 (July 2006): 486~512; George Parkin Grant, *Technology and Justice* (Notre Dame, IN: University of Notre Dame Press, 1986), 11~14.

188 Bernard Stiegler, *Technics and Time: The Fault of Epimetheus*, trans. Richard Beardsworth and George Collins (Stanford, CA: Stanford University Press, 1998), 116, 96; Bert de Vries and Johan Goudsblom, eds., *Mappae Mundi: Humans and Their Habitats in a Long-Term Socio-Ecological Perspective* (Amsterdam: Amsterdam University Press, 2003), 271 ff.

189 Thomas J. Misa, "How Machines Make History, and How Historians (and Others) Help Them to Do So," *Science, Technology, and Human Values* 13 (1988): 308~331. 미사는 여기에서 기술철학자들은 기술결정론이라는 관념에 가장 우호적이며, 여성학자들이나 노동역사학자들은 기술결정론에 가장 덜 우호적임을 적시한다.

190 더 심도 있는 논의를 위해서는 다음을 참조하라. *Die technologische Bedingung: Beiträge zur Beschreibung der technischen Welt*, ed. Erich Hörl (Berlin: Suhrkamp, 2011).

191 Augustine, *De doctrina christiana*, 1:22. "Nos itaquae qui fruimur et utimur aliis rebus, res aliquae sumus."

192 Lorenz Engell and Bernhard Siegert, "Editorial," *Zeitschrift für Medien- und Kulturforschung* 2 (2010): 5~9.

193 *Theory, Culture and Society*, 30, no. 6 (2013)에 실린 문화 테크닉에 대한 특별호를 참조하라.

194 Marcel Mauss, "Techniques of the Body," trans. Ben Brewster, *Economy and Society* 2, no. 1 (1973): 70~88; Erhard Schüttpelz, "Körpertechniken," *Zeitschrift für Medien- und Kulturforschung* 2 (2010): 101~120.

195 *Gesture and Speech*, trans. Anna Bostock Berger (1964~1965; Cambridge, MA: MIT, 1993), 114; *Le geste et la parole*, vol. 1 (Paris: Albin Michel, 1964), 164: "La technique est à la fois geste et outil……."

196 Jan Müggenburg and Sebastian Vehlken, "Rechnende Tiere. Zootechnologien aus dem Ozean," *Zeitschrift für Medienwissenschaft* 4, no. 1 (2011): 58~70; John Shiga, "Of Other

Networks: Closed-World and Green-World Networks in the Work of John C. Lilly," Amodern (2013), http://amodern.net/article/of-other-networks/.

197 예를 들어 Tyack, "Functional Aspects of Cetacean Communication," 272.

198 MacGregor Campbell, "Learning to Speak Dolphin," *New Scientist* 210, no. 2811 (7 May 2011): 23~24를 참조하라.

199 V. M. Janik et al., "Chorussing in Delphinids," *JASA* 130, no. 4 pt. 2 (October 2011): 2322.

200 Tyack, "Functional Aspects of Cetacean Communication," 306.

201 다음에서 "지금 시간Jetztzeit"에 대한 논의를 참조하라. Walter Benjamin, "Über den Begriff der Geschichte," *Erzählen*, ed. Alexander Honold (1940; Frankfurt: Suhrkamp, 2007), 129~140.

202 Luis P. Villareal, "Can Viruses Make Us Human?" *Proceedings of the American Philosophical Society* 148, no. 3 (2004): 296~323.

203 Flusser and Bec, *Vampyroteuthis infernalis*, 20.

204 Flusser and Bec, *Vampyroteuthis infernalis*, 50.

205 Jaron Lanier, "Why Not Morph: What Cephalopods Can Teach Us about Language," *Discovery* 27, no. 4 (2006): 26~27. 2013년 2월 14일 주고받은 이메일 질문에서 래니어는 플루서의 이름을 이전에 들어본 적이 없다고 밝혔다.

206 Jody Berland, "Cat and Mouse: Iconographies of Nature and Desire," *Cultural Studies* 22, nos. 3~4 (May~July 2008): 431~454.

207 Kittler, *Musik und Mathematik* 1.1. (Munich: Fink, 2006), 30n8; *Liddell-Scott-Jones Greek-English Lexicon*, physis, VII.

208 간략하게 잘 정리된 설명의 개요는 다음을 참조하라. Johan Goudsblom, "Het raadsel van de mannenmacht," *Het regime van de tijd* (Amsterdam: Athanaeum Boekhandel Canon, 2006), 97~107.

209 Jared Diamond, *Guns, Germs, and Steel* (New York: Norton, 1999), 13~28.

210 Zoe Sofia, "Container Technologies," *Hypatia* 15 (2000): 181~201.

211 *Understanding Media*, 46, 25, 93.

212 Arendt, *Human Condition*, 8을 참조하라.

213 Ulrike Bergermann, "1.5 Sex Model. Die Masculinity Studies von Marshall McLuhan," in *McLuhan neu lesen*, ed. Martina Leeker and Kerstin Schmidt (Bielefeld: Transcript, 2008), 76~94를 참조하라.

214 예를 들어 다음을 참조하라. Claudia Breger, "Gods, German Scholars, and the Gift of Greece: Kittler's Philhellenic Fantasies," *Theory, Culture and Society* 23 (2006): 111~131.

215 Blumenberg, *Shipwreck with Spectator*, 7~9.

216 Bernhard Siegert, "'Ort ohne Ort': Das Schiff. Kultur-und mediengeschichtliche

Überlegungen zum Nomos des Meeres," 강연, Internationales Forschungszentrum Kulturwissenschaften, Vienna, 15 November 2004, 4~5. 베른하르트 지거트의 근간은 미디어학에서의 배에 대한 일반적인 작업이 될 것이다.

217 Martin Heideger, *Der Ursprung des Kunstwerkes* (Stuttgart: Reclam, 1960), 45~46. 철학자 프리드리히 빌헬름 요제프 셸링Friedrich Wilhelm Joseph Schelling이 《인간 자유의 본질*Über das Wesen der menschlichen Freiheit*》에서 자연을 다음과 같이 묘사한 것을 반영한다. 자연은 "하나의 [신이며] 나눌 수 없는 존재이지만 그럼에도 불구하고 다양한 존재다ein von [Gott] zwar unabtrennliches, aber doch verschiedenes Wesen,"(1809; Frankfurt: Suhrkamp, 1975), 53.

218 이언 존스톤Ian Johnston 번역, 334~337.

219 "…… tu, nisi ventis / debes ludibrium, cave" (lines 15~16). 다음도 참조하라. Ernst Robert Curtius, *Europäische Literatur und lateinisches Mittelalter* (Bern: Francke, 1948), 136~138.

220 "Nous voguons sur un milieu vaste, toujours incertains et flottants, poussés d'un bout vers l'autre." *Pensées*, 72.

221 McLuhan, 1960 NAEB report, quoted by Jana Mangold, "Traffic of Metaphor: Transport and Media in the Beginning of Media Theory," in *Traffic: Media as Infrastructures and Cultural Practices*, eds. Marion Näser-Lather and Christoph Neubert (Amsterdam: Rodopi, 근간).

222 Marshall McLuhan, *Understanding Media* (New York: New American Library, 1964), 64.

223 Buckminster Fuller, *Operating Manual for Spaceship Earth* (1968), http://www.therealityfiles.com/wp-content/uploads/edd/2012/12/3-fuller operating-manual.pdf.

224 John Law, "On the Methods of Long-Distance Control: Vessels, Navigation, and the Portuguese Route to India," in *Power, Action, and Belief: A New Sociology of Knowledge?* ed. John Law (Henley, UK: Routledge, 1986), 234~263.

225 Austin M. Knight, rev. Captain John V. Noel, Jr., *Seamanship*, 15th edition. (New York: Van Nostrand, 1971), 493.

226 Ralph Waldo Emerson, "Northman," in *Selected Writings of Emerson* (New York: Modern Library, 1981), 905.

227 Bernhard Siegert, *Passagiere und Papiere: Schreibakte auf der Schwelle zwischen Spanien und Amerika* (Munich: Wilhelm Fink, 2006).

228 John Naish, *Seamarks: Their History and Development* (London: Stanford Maritime, 1985).

229 Björn Ægir Norðfjörð, "The Yellow Eye: The Lighthouse and the Paradox of Modernity," 2002년 가을 아이오와대학교 세미나 논문.

230 Hörisch, *Ende der Vorstellung*, 148 ff.

231 John Battelle, *The Search: How Google and Its Rivals Rewrote the Rules of Business and Transformed our Culture* (New York: Portfolio, 2005), 62. 다음을 참조하라. Bruno Latour, "Networks, Societies, Spheres," *International Journal of Communication* 5 (2011): 796~810, 805.

232 Hiawatha Bray, "Google Goes to Sea, and the World Wonders Why," *Boston Globe*, 2 November 2013, http://www.bostonglobe.com/business/2013/11/01/google-goes-sea-but-why/EbxjX9rEvfWcoRIDPGPa1N/story.html

233 Plato, *Republic*, 488a~489d, 488d. 호라ὥρα는 계절, 네마πνεῦμα는 바람으로 번역된다.

234 Melville, *Moby-Dick*, 156.

235 *Oxford English Dictionary*, "shaft" 항목 1번 정의.

236 이 이야기를 더 깊이 숙고하고 싶다면 다음을 참조하라. Stiegler, *Technics and Time*.

237 Jake Kosek, "Ecologies of Empire: New Uses of the Honeybee," *Cultural Anthropology* 25, no. 4 (2010): 650~678.

238 Francisco Guarner and Juan-R Malagelada, "Gut Flora in Health and Disease," *Lancet* 361 (2003): 512~519.

239 특히 나노 수준의 공학에 있어서 생체 모방의 가능성에 대해서는 다음을 참조하라. Bharat Bhushan, "Biomimetics: Lessons from Nature — an Overview," *Philosophical Transactions of the Royal Society* 367 (2009): 1445~1486.

240 Heidegger, "Die Frage nach der Technik," 79, 81; "The Question Concerning Technology," *The Question Concerning Technology and Other Essays*, ed. and trans. William Lovitt (New York: Harper and Row, 1977), 12~13.

241 매클루언의 이 말은 다음에서 인용한 것이다. Mangold, "Traffic of Metaphor."

242 Heidegger, *Upsprung des Kunstwerkes*, 70.

243 Martin Heidegger, *Sein und Zeit* (1927; Tübingen: Niemeyer, 1993), 70; "der Wind ist Wind 'in den Segeln.'"

244 Martin Heidegger, *Poetry, Language, Thought*, trans. Albert Hofstadter (New York: Perennial, 2001), 150.

245 George Herbert Mead, *Movements of Thought in the Nineteenth Century* (Chicago: University of Chicago Press, 1967), 364.

246 Jacques Lacan, "L'instance de la lettre dans l'inconscient ou la raison depuis Freud," *Écrits* (Paris: Seuil, 1966), 493~528, 527. 다음에서 인용한 것이다. Bernhard Siegert, *Passage des Digitalen* (Berlin: Brinkmann und Bose, 2003), 417; Jan Assmann, *Das kulturelle Gedächtnis: Schrift, Erinnerung, und politische Identität in frühen Hochkulturen* (1992; Munich: Beck, 2007), 173. 다음에서 아이디어를 얻었다. Friedrich Kittler, *Musik und Mathematik* 1.2

(Munich: Fink, 2009), 68.

247 Johan Goudsblom, *Het regime van de tijd* (Amsterdam: Meulenhoff, 1997), 61.

248 Leroi-Gourhan, *Gesture and Speech*, 92; *Le geste et la parole*, vol. 1: 134: "Il est certainement moins périlleux de voir dans la technicité humaine un simple fait zoologique ……"

249 Shakespeare, *Sonnet* 73.

250 Leroi-Gourhan, *Gesture and Speech*, 118～128, *Le geste et la parole*, 1: 169～182.

251 Johan Goudsblom, "The Civilizing Process and the Domestication of Fire," *Journal of World History* 3, no. 1 (1992): 1～12, 5; "The Human Monopoly on the Use of Fire: Its Origins and Conditions," *Human Evolution* 1, no. 6 (1986): 517～523.

252 이 표현은 파블로 로드리게즈 발본틴Pablo Rodriguez Balbontin 덕이다.

253 Kenneth Burke, "Definition of Man," *Hudson Review* 16, no. 4 (winter 1963～1964): 491～514.

254 William Gustelle, *The Practical Pyromaniac: Build Fire Tornadoes, One-Candlepower Engines, Great Balls of Fire, and More Incendiary Devices* (Chicago: Chicago Review Press, 2011), ix. 다음도 참조하라. Lewis Mumford, *Technics and Civilization* (New York, 1934), 79.

255 Johan Goudsblom, "Introductory Overview: Towards a Historical View of Humanity and the Biosphere," in *Mappae mundi: Humans and their Habitats in a Long-Term Socio-Ecological Perspective*, ed. Bert de Vries and Johan Goudsblom (Amsterdam: Amsterdam University Press, 2003), 29～31. 사막은 일종의 바다이고, 낙타는 몸 안에 물을 지니고 있는 일종의 배와 같다.

256 Jonathan A. Foley, Chad Monfreda, Navin Ramankutty, and David Zaks, "Our Share of the Planetary Pie," *PNAS* 104:31 (31 July 2007): 12585～12586.

257 Edmund Russell, *Evolutionary History: Uniting History and Biology to Understand Life on Earth* (Cambridge: Cambridge University Press, 2011), 49.

258 John R. McNeill, *Something New under the Sun: An Environmental History of the Twentieth-Century World* (New York: Norton, 2000), 360～361과 여기저기.

259 Mumford, *Technics and Civilization*, 69.

260 Johan Goudsblom, "The Past 250 Years: Industrialization and Globalization," in de Vriesand Goudsblom, *Mappae Mundi*, 369.

261 Stephen J. Pyne, *Fire in America: A Cultural History of Wildland and Rural Fire* (1982; Seattle: University of Washington Press, 1997), 84～99.

262 Loren Eiseley, "Man the Firemaker," *The Star Thrower* (New York: Times Books, 1978), 45.

263 James Nasmyth, *Engineer: An Autobiography*, ed. Samuel Smiles (London: J. Murry, 1883),

165.

264 www.state.gov/s/partnerships/cleancookstoves/index.html을 참조하라.

265 Mumford, *Technics and Civilization*, 156, 87~88, 137, 156~158.

266 Gurstelle, *Practical Pyromaniac*, 70~72, 135~137, 147~151, 161.

267 William James, *The Principles of Psychology* (New York: Dover, 1890), vol. 1, 85~86.

268 Stephen J. Pyne, *Vestal Fire* (Seattle: University of Washington Press, 1997).

269 Jean-Joseph Goux, "Vesta, or the Place of Being," trans. Wm. Smock, *Representations* 1, no. 1 (1983): 91~107.

270 Martin Heidegger, "Die Frage nach der Technik," *Vorträge und Aufsätze* (Pfulligen: Neske, 1954), 83. 발전소는 강을 재건설verbaut한다.

271 Chris Anderson, "The Rediscovery of Fire," in *Is the Internet Changing the Way You Think?: The Net's Impact on Our Minds and Future*, ed. John Brockman (New York: Harper Collins, 2011), 35~37

272 2011년 11월 2일 나눈 개인적인 대화.

273 이는 다음에서 인용한 것이다. Simon Singh, *Big Bang: The Origin of the Universe* (New York: Harper Perennial, 2004).

274 Malcolm Dole, "The Natural History of Oxygen," *Journal of General Physiology* (1964): 5~27, 12.

275 Nick Lane, "The Rollercoaster Ride to an Oxygen-Rich World," *New Scientist* 205, no. 2746 (6 February 2010): 36~39.

276 Donald Griffin, *Listening in the Dark: The Acoustic Orientation of Bats and Men* (New Haven: Yale University Press, 1958), 33 ff.

277 John Witte, "Oil," seminar paper, University of Iowa, spring 2013.

278 여기서 나는 다음 책을 바탕으로 했다. D. Graham Burnett, *Sounding the Whale: Science and Cetaceans in the Twentieth Century* (Chicago: University of Chicago Press, 2012), 12, 63~78, 92~93, 308, 330~35, 522, 여기저기.

279 Bernal Díaz del Castillo, *Historia Verdadera de la Conquista de la Nueva España* (Mexico City: Porrúa, 2004), 107.

280 〈가스랜드*Gasland*〉(2010), 감독 조시 폭스Josh Fox.

281 Melville, *Moby-Dick* (New York: Norton, 1967), 178.

282 Kyle S. Brown et al., "Fire as an Engineering Tool of Early Modern Humans," *Science* 325 (2009): 859~62.

283 Plato, *Timaeus*, 31b.

284 Pyne, *Vestal Fire*, 31~32.

285 *Eisenstein on Disney*, trans. Alan Y. Upchurch (London: Methuen, 1986), 24~33, 44~48,

47. 타일러 윌리엄스Tyler Williams에게 감사한다.

286 그 자체로 일종의 불을 사용한 정죄 의식이었던 홀로코스트의 의미론적 역사에 대해서는 다음을 참조하라. Giorgio Agamben, *Remnants of Auschwitz*, trans. Daniel Heller-Roazen (New York: Zone, 1999), 28~31.

287 Susan A. Handelman, *The Slayers of Moses: The Emergence of Rabbinic Interpretation in Modern Literary Theory* (Albany: State University of New York Press, 1982), 37.

288 Gaston Bachelard, *La psychanalyse du feu* (Paris: Gallimard, 1949), 35: "Le feu couve dans une âme plus sûrement que sous la cendre."

289 Jacques Le Goff, *The Birth of Purgatory*, trans. Arthur Goldhammer (Chicago: University of Chicago Press, 1984).

290 Sarah Lyall, "Bark Up or Down: Firewood Splits Norwegians," *New York Times*, 19 February 2013. 《미디어의 이해》에서 매클루언의 "원시 부족의 북"이 히브리어로는 "모닥불"로 재미나게 잘못 번역되었다.

291 Janet Lee Scott, *For Gods, Ghosts, and Ancestors: The Chinese Tradition of Paper Offerings* (Seattle: University of Washington Press, 2007), chap. 1.

292 Menahem Blondheim, "Prayer 1.0: The Biblical Tabernacle and the Problem of Communicating with Deity," International Communication Association, Phoenix, AZ, 2012.

293 Georffrey Winthrop-Young, "'Well, What Socks is Pynchon Wearing Today?' A Freiburg Scrapbook in Memory of Friedrich Kittler," *Cultural Politics* 8, no. 3 (2012): 361~373, 362~363.

294 Pyne, *Vestal Fire*, 25 ff, 49 ff.

295 A. Roger Ekirch, *At Day's Close: Night in Times Past* (New York: Norton, 2005), 100~111, 41~42를 참조하라.

296 Arthur F. Finney, *Shakespeare's Webs: Networks of Meaning in Renaissance Drama* (New York: Routledge, 2004), 81~84.

297 "Der Gevatter Tod," *Die Märchen der Brüder Grimm* (Augsburg: Goldmann, 1981), 159~161.

298 Gaston Bachelard, *La flamme d'une chandelle*, 2nd ed. (Paris: Presses universitaires de France, 1962); Jiyeon Kang, "Coming to Terms with 'Unreasonable' Global Power: The 2002 South Korean Candlelight Vigils," *Communication and Critical/Cultural Studies* 6, no. 2 (2009): 171~192.

299 Carolyn Marvin, "Theorizing the Flagbody: Symbolic Dimensions of the Flag Desecration Debate; or, Why the Bill of Rights Does Not Fly in the Ballpark," *Critical Studies in Mass Communication* 8, no. 2 (1991): 119~138.

300 Goudsblom, *Vuur en beschaving*, 128~129.

301 Mumford, *Technics*, 11. Leroi-Gourhan, *Gesture and Speech*, 134, *Le geste et la parole*, 1:190~191.

302 Lewis Mumford, "An Appraisal of Lewis Mumford's Technics and Civilization (1934)," *Daedalus* 88, no. 3 (1959): 527~536; *Technics*, 83.

303 Zoe Sofia, "Container Technologies," *Hypatia* 15 (2000): 181~201, 192.

304 Heidegger, "Bauen Wohnen Denken," *Vorträge und Aufsätze*, vol. 7 (Frankfurt: Vittorio Klostermann, 2000), 145~164.

305 Bruno Latour, "Networks, Societies, Spheres," *International Journal of Communication* 5 (2011): 796~810, 802; Heidegger, "Das Ding," *Vorträge und Aufsätze*, vol. 7 (Frankfurt: Vittorio Klostermann, 2000), 165~187.

306 Zoe Sofia, "Container Technologies," *Hypatia* 15 (2000): 181~201.

307 Jennifer Ackerman, "The Downside of Upright," *National Geographic* 210, no. 1 (July 2006): 126~145; *Oxford English Dictionary*, 3rd ed., s.v. "deliver," v. 1.

308 De Vries and Marchant, "Environment and the Great Transition," *Mappae mundi*, 106~107.

309 Nicholas Wade, *Before the Dawn: Recovering the Lost History of our Ancestors* (New York: Penguin, 2006), chapters 6~7.

310 Ian Hodder, *The Domestication of Europe: Structure and Contingency in Neolithic Societies* (Oxford: Basil Blackwell, 1990), 282~310, and *The Leopard's Tale: Revealing the Mysteries of Çatalhöyük* (London: Thames and Hudson, 2006), 18~19, 46, 82~85, 88, 206, 233~258, 특히 256~258, 여기저기.

311 Mumford, *City in History*, 7.

312 Bernard Wood, *Human Evolution: A Very Short Introduction* (Oxford: Oxford University Press, 2005), 26, 69, 98.

313 Cicero, *De oficiis*, 1.55. "…… magnum est enim eadem habere monumenta maiorum, eisdem uti sacris, sepulcra habere communia."

314 Gregory Nagy, "Sēma and Nōēsis: Some Illustrations," *Arethusa* 16 (1983): 35~55, 특히 45~51; Jesper Svenbro, *Phrasikleia: Anthropologie de la lecture en Grèce ancienne* (Paris: Èditions la Découverte, 1988), 23 ff.

315 Helen M. Leach, "Human Domestication Reconsidered," *Current Anthropology* 44, no. 3 (2003): 349~368, 360; Bernhard Siegert, "Doors: On the Materiality of the Symbolic," *Grey Room* no. 47 (spring 2012): 6~23; McLuhan, *Understanding Media* (New York: Mentor, 1964), 120~121.

316 Goudsblom, "The Civilizing Process and the Domestication of Fire," 10.

317 Paul N. Edwards, "Infrastructure and Modernity: Force, Time, and Social Organization

in the History of Sociotechnical Systems," *Modernity and Technology*, eds. Thomas J. Misa, Philip Brey, and Andrew Feenberg (Cambridge, MA: MIT Press, 2003), 185~225, 194.

318 Deborah Lubken, "Fighting the 'False-Alarm Fiend': The Fire Alarm Telegraph and Efforts to Eliminate Erroneous Alarms," 2011년 International Communication Association(Boston, MA)에서 한 강연.

319 Jacques Gernet, *Daily Life in China on the Eve of the Mongol Invasion, 1250~1276*, trans. H. M. Wright (New York: Macmillan, 1962), 34~38.

320 Plutarch, "Crassus," in *The Lives of the Noble Grecians and Romans*, trans. John Dryden; rev. Arthur Hugh Clough (New York: Modern Library, n.d.), 650~651.

321 Ekirch, *At Day's Close*, 48~56.

322 도시 화재의 유럽 중심적인 역사에 대해 더욱 유용한 정보는《브리태니커 백과사전》11판(뉴욕: 브리태니커 백과사전, 1911) 중 10권 401~418의 "화재와 진화" 항목에서 찾아볼 수 있다.

323 Gouldblom, *Vuur en beschaving*, 63.

324 Jared Diamond, *Guns, Germs, and Steel* (New York: Norton, 1999), 18.

325 Jared Diamond, "The Worst Mistake in the History of the Human Race," *Discover* (May 1987): 64~66.

326 전체 목록을 보려면 다음을 참조하라. Russell, *Evolutionary History*, 56.

327 Bert de Vries and Robert Marchant, "Environment and the Great Transition: Agrarianization," in de Vries and Goudsblom, eds., *Mappae mundi*, 71.

328 Mumford, *Technics and Human Development*, 129.

329 Michael Pollan, *The Omnivore's Dilemma: A Natural History of Four Meals* (New York: Penguin, 2006), 15~108.

330 Loren Eiseley, "How Flowers Changed the World," in *The Star Thrower*, 66~75.

331 Lewis Mumford, "The Flowering of Plants and Men" (1968), *Interpretations and Forecasts, 1922~1972* (New York: Harcourt, Brace, Jovanovich, 1973), 487~496, 494.

332 Karl Ernst von Baer, "Welche Auffassung der lebenden Natur ist die richtige? Und wie ist diese Auffassung auf die Entomologie anzuwenden?" (1860), *Reden gehalten in wissenschaftlichen Versammlungen und kleinere Aufsätze vermischten Inhalts* (1864; facsimile reprint: New York: Arno, 1978), 1:239~284.

333 다큐멘터리 〈퀸 오브 더 선*Queen of the Sun*〉(2010, 감독 타가트 시겔Taggart Siegel)을 보라.

334 Jack Goody, *The Culture of Flowers* (New York: Cambridge University Press, 1993), chapters 5, 8, 여기저기 참조.

335 *The Botany of Desire: A Plant's Eye View of the World* (New York: Random House, 2001),

chapter 2.

336 Goudsblom, *Het regime van de tijd*, 74, 85~88.

337 McNeill, *Something New under the Sun*, 22~26.

338 T. S. Eliot, "The Burial of the Dead," *The Waste Land* 1부를 참조하라.

339 Robert Marchant and Bert de Vries, "The Holocene: Global Change and Local Response," in de Vries and Goudsblom, eds., *Mappae mundi*, 47~70; Cook, *A Brief History of the Human Race*, 5~9.

340 Helmut Hemmer, *Domestication: The Decline of Environmental Appreciation*, trans. Neil Beckhaus (Cambridge: Cambridge University Press, 1990), vii.

341 Diamond, *Guns, Germs, and Steel*, 165, 175, 159.

342 Leach, "Human Domestication Reconsidered," 357.

343 Diamond, *Guns, Germs, and Steel*, 100. 길들여진 동물에 대한 유용한 도표는 다음을 참조하라. Russell, *Evolutionary History*, 56.

344 Louise Erdrich, "Nero," *New Yorker*, 7 May 2012, 61.

345 "The Name of a Dog, or Natural Rights," trans. Seán Hand, in *Difficult Freedom: Essays on Judaism* (Baltimore: Johns Hopkins University Press, 1990), 151~153.

346 Wade, *Before the Dawn*, 110 ff.

347 이 단락은 2011년 6월 11일 샘 맥코믹Sam McCormick과의 토론에 근거한다.

348 Russell, *Evolutionary History*, 143. 러셀과 폴랜에게서 예를 가져왔다. *Botany of Desire*, chapter 3.

349 *Capital*, vol. 1, 493n4. "Die Technologie enthüllt das aktive Verhalten des Menschen zur Natur……"

350 Norbert Elias, *The Civilizing Process* (1939; Oxford: Blackwell, 2000), 103~107.

351 Karl Jaspers, *Vom Ursprung und Ziel der Geschichte* (Zurich: Artemis, 1949).

352 Leach, "Human Domestication Reconsidered," 353~356.

353 좋은 리뷰로는 다음을 참조하라. Wade, *Before the Dawn*, 175~177.

354 Hemmer, *Domestication*, 92, and passim. Compare Leach, "Human Domestication Reconsidered," 349.

355 Goudsblom, "The Civilizing Process and the Domestication of Fire," 8.

356 Edwards, "Infrastructure and Modernity," 196.

357 André Leroi-Gourhan, *L'homme et la matière* (Paris: Albin Michel, 1943), 329를 참조하라.

358 T.S. Eliot, *The Waste Land*, 307~309행. 그의 설명도 함께 참조하라.

359 "Calmly We Walk Through This April's Day," 33~41행. 제프리 윈스롭 영에게 감사한다.

360 노버트 위너의 유명한 토론을 참조하라. *Cybernetics, or Control and Communication in the Animal and the Machine*, 2nd ed. (Cambridge, MA: MIT Press, 1961), 31~37; Ulrike

Bergermann, "Durchmusterung: Wieners Himmel," *Archiv für Mediengeschichte* 5 (2005), 81~92.

361 Mette Marie Bryld and Nina Lykke, *Cosmodolphins: Feminist Cultural Studies of Technology, Animals, and the Sacred* (London: Zed Books, 2000), 19~21, 여기저기.

362 Hans Blumenberg, *The Legitimacy of the Modern Age*, trans. Robert M. Wallace (Cambridge, MA: MIT Press, 1985), 245. 다음도 참조하라. Jürgen Habermas, "Knowledge and Human Interests" (1965), appendix to *Knowledge and Human Interests*, trans. Jeremy Shapiro (Boston: Beacon Press, 1971), 298~317.

363 Plato, *Timaeus*, 47a~b; 번역문은 다음에서 약간 수정한 형태로 가져온다. Andrea Wilson Nightingale, *Spectacles of Truth in Classical Greek Philosophy: Theoria in Its Cultural Context* (Cambridge: Cambridge University Press, 2004), 173.

364 Andy Clark, "Embodiment and the Philosophy of Mind," *Current Issues in Philosophy of Mind*, ed. Anthony O'Hear (Cambridge University Press: 1998), 35~52, 44.

365 John D. North, *Cosmos: An Illustrated History of Astronomy and Cosmology* (Chicago: University of Chicago Press, 2008), 67, 95~101.

366 Francis Macdonald Cornford, *Plato's Cosmology* (London: Kegan Paul, Trench, Trubner, 1937), 74~75.

367 Ernst Robert Curtis, *Europäische Literatur und lateinisches Mittelalter* (Bern: Francke, 1948), 306, 309~310. Plotinus, *Enneads*, 2.3.7을 보라.

368 Daniel Peterson, "Heavenly Signs and Aerial Combat," *Sunstone* (MarchApril 1979): 27~32.

369 Hans Blumenberg, *The Genesis of the Copernican World*, trans. Robert M. Wallace (1975; Cambridge, MA: MIT Press, 1987), 3.

370 다음을 참조하라. Steven J. Waller, "Sound and Rock Art," *Nature* 363 (10 June 1993): 501; Iegor Reznikoff, "The Evidence of the Use of Sound Resonances from Palaeolithic to Medieval Times," in *Archaeoacoustics*, ed. Chris Scarre and Graeme Lawson (Cambridge: McDonald Institute, 2006), 77~84.

371 North, *Cosmos*, chapter 1.

372 Shakespeare, *Sonnett* 73.

373 Rory Jurnecka, "First-World Fastback," *Motor Trend* (May 2013), 42. 대니얼 N. P. 피터스 Daniel N. P. Peters에게 감사한다.

374 E. C. Krupp, *Echoes of the Ancient Skies: The Astronomy of Lost Civilizations* (New York: Harper and Row, 1983), chapter 5.

375 "Todesfuge" (1947).

376 Sybille Krämer, "'Epistemology of the Line': Reflections on the Diagrammatical Mind,"

Studies in Diagrammatology and Diagram Praxis, ed. Olga Pombo and Alexander Gerner (London, 2010), 13～39.

377 Hans Georg Gundel, *Zodiakos: Tierkreisbilder im Altertum: Kosmische Bezüge und Jenseitsvorstellungen im antiken Alltagsleben* (Mainz: Philipp von Zabern, 1992), 32.

378 William James, *Pragmatism* (1907; Cleveland: Meridian, 1970), 140 ff.

379 *Theories des Romans* (1916: Darmstadt: Luchterhand, 1974), 21.

380 Walter Benjamin, "Zum Planetarium," in *Einbahnstrasse*, ed. Detlev Schöttker (1927; Frankfurt: Suhrkamp, 2009), 75～76.

381 Marshall McLuhan, *Understanding Media* (New York: Mentor, 1964), 118.

382 농촌에서 별과 하늘에 더 친숙하다는 점에 대해서는 다음의 멋진 책을 참조하라. A. Roger Ekirch, *At Day's Close: Night in Times Past* (New York: Norton, 2005), 138.

383 Hannah Arendt, *The Human Condition* (Chicago: University of Chicago Press, 1958), prologue, chapter 6.

384 *Phänomenologie des Geistes*, sections on "sinnliche Gewißheit."

385 Thomas Macho, "Zeit und Zahl: Kalender und Zeitrechnung als Kulturtechniken," in *Bild—Schrift—Zahl*, ed. Sybille Krämer and Horst Bredekamp (Munich: Fink, 2003), 179～192를 참조하라.

386 Bruno Latour, *We Have Never Been Modern*, trans. Catherine Porter (Cambridge, MA: Harvard University Press, 1993), 51 ff, 여기저기.

387 Ian Hacking, *Representing and Intervening: Introductory Topics in the Philosophy of Science* (Cambridge: Cambridge University Press, 1983).

388 "Immortality in the Light of Synechism," *The Essential Peirce: Selected Philosophical Writings*, vol. 2 (Bloomington: Indiana University Press, 1998), 2.

389 다음을 따른다. Alain Badiou, *L'éthique: essai sur la connaissance du mal* (Caen: Nous, 2003), 26～32, 여기저기.

390 Palmiero Monteleone and Mario Maj, "The circadian basis of mood disorders: Recent developments and treatment implications," *European Neuropsychopharmacology* 18 (2008): 701～11.

391 Anthony F. Aveni, *Empires of Time: Calendars, Clocks, and Cultures* (New York: Kodansha America, 1994), chap. 1.

392 Burkhard Bilger, "The Possibilian: Delving into the Mysteries of Brain Time," *New Yorker*, 25 April 2011, 54～60, 62～65, 57.

393 David M. Eagleman, "Brain Time," *What's Next? Dispatches on the Future of Science*, ed. Max Brockman (New York: Vintage Books, 2009), 155～169.

394 Dean V. Buonomano, "The Biology of Time across Different Scales," *Nature Chemical*

Biology 3, no. 10 (2007): 594~597.

395 Aveni, *Empires of Time*, ch. 2.

396 E. E. Evans-Pritchard, *The Nuer: A Description of the Modes of Livelihood and Political Institutions of a Nilotic People* (New York: Oxford University Press, 1940), chapter 3; 101, 103에서 인용한 것이다.

397 다음에서 인용한 것이다. Simon Singh, *Big Bang: The Origin of the Universe* (New York: Harper Perennial, 2004), 36.

398 Gregory Bateson, "Number is Different from Quantity," *Co-Evolution Quarterly* (1978), 44~46. 또한 McLuhan, *Understanding Media*, 117을 보라. 확인을 도와준 베른하르트 지거트에게 감사한다.

399 D. Shweiki, "Earth-Moon Evolution: Implications for the Mechanism of the Biological Clock?" *Medical Hypotheses* 56, no. 4 (2001): 547~551.

400 E. G. Richards, *Mapping Time: The Calendar and its History* (Oxford: Oxford University Press, 1999); Duncan Steel, *Marking Time: The Epic Quest to Invent the Perfect Calendar* (New York: Wiley, 2000).

401 Harold Adams Innis, "A Plea for Time," *The Bias of Communication* (1951; Toronto: University of Toronto Press, 1991), 64~65.

402 Plutarch, "Caesar," *The Lives of the Noble Grecians and Romans*, trans. John Dryden, rev. Arthur Hugh Clough (New York: Modern Library, n.d.), 888.

403 Robert Poole, "'Give Us Our Eleven Days!': Calendar Reform in Eighteenth-Century England," *Past and Present*, no. 149 (1995): 95~139.

404 춘분점과 추분점의 세차 운동에 대한 고대의 핵심 자료는 프톨레마이오스Ptolemaios의 《알마게스트*Almagest*》 7권이다.

405 이 단락 전체는 다음을 기초로 했다. Eviatar Zerubavel, "Easter and Passover: On Calendars and Group Identity," *American Sociological Review* 47 (1982): 284~289.

406 James W. Carey, "Technology and Ideology: The Case of the Telegraph," *Communication as Culture* (Boston: Unwin Hyman, 1989), 201~230, 227~228.

407 Adrian Johns, *Death of A Pirate* (New York: Norton, 2011), 15.

408 Carey, "Technology and Ideology," 227.

409 "Calendar," *Encyclopaedia Britannica*, 11th ed. (New York: Encyclopaedia Britannica, 1911), 4: 987~1004, 988.

410 Leofranc Holford-Stevens, *The History of Time: A Very Short Introduction* (Oxford: Oxford University Press, 2005), 122.

411 James Michener, *The Source* (New York: Random House, 1965), 23.

412 Boris Johnson, "BC or BCE? The BBC's Edict on How We Date Events is AD (Absolute

Drivel)," *Telegraph*, 26 September 2011.

413 Eviatar Zerubavel, "Social Memories: Steps to a Sociology of the Past," *Qualitative Sociology* 19 (2006): 283~299, 294.

414 Eviatar Zerubavel, *The Seven Day Circle: The History and Meaning of the Week* (New York: Free Press, 1985).

415 Li Chi, *The Book of Rites*, part 2, trans. James Legge (Whitefish, MT: Kessinger, 2003), 61~62.

416 Nathan Sivin, "Mathematical Astronomy and the Chinese Calendar," in *Calendars and Years II: Astronomy and Time in the Ancient and Medieval World*, ed. John M. Steele (Oxford: Oxbow, 2011), 39~51.

417 Joseph Needham, Wang Ling, and Derek J. de Solla Price, *Heavenly Clockwork: The Great Astronomical Clocks of Medieval China* (Cambridge: Cambridge University Press, 1960), 6n3, 173~178.

418 이 세 단락은 리명Meng Li의 멋진 논문인 "The Time War: The Chinese Calendar and Its Modern Reform"(아이오와대학교 커뮤니케이션학과 2011년)에 많은 빚을 졌다.

419 Paddy Scannell and David Cardiff, *A Social History of British Broadcasting*, 1922~1939 (Oxford: Blackwell, 1991), 157~173을 참조하라.

420 Steve H. Hanke and Richard Conn Henry, "Changing Times," *Globe Asia* (January 2012), 18~20.

421 Helmut Hemmer, *Domestication: The Decline of Environmental Appreciation*, trans. Neil Beckhaus (Cambridge: Cambridge University Press, 1990), 91.

422 Ekirch, *At Day's Close*, 261~262, 300~303.

423 McLuhan, *Understanding Media*, 60.

424 Miriam O'Reilly, "Let There Be Light," *Guardian* 14 April 2012, 18~19.

425 Ekirch, *At Day's Close*, chs. 11~12.

426 Jorge Luis Borges, "A New Refutation of Time," *Selected Non-Fictions*, ed. Eliot Weinberger (New York: Penguin, 1999), 323.

427 David Hendy, "Listening in the Dark: Night-Time Radio and a 'Deep History' of Media," *Media History* 16, no. 2 (2010): 215~232를 참조하라.

428 Herodotus, *History*, 2.109.

429 Jacques Aumont, "'Verklärte Nacht': Der Himmel, der Schatten und der Film," trans. Michael Cuntz, *Zeitschrift für Medien- und Kulturforschung* 1 (2010): 11~31을 참조하라.

430 Vitruvius, book 9; Pliny, *Naturalis historia*, book 35, chapter 5, on the origins of drawing as "umbra hominis lineis circumducta"; Steffen Bogen, "Schattenriss und Sonnenuhr: Überlegungen zu einer kunsthistorischen Diagrammatik," *Zeitschrift für Kunstgeschichte* 68,

no. 2 (2005): 153~176을 참조하라.

431 Michael Serres, "Gnomon: Les débuts de la géométrie en Grèce," *Éléments d'histoire des sciences*, ed. Michel Serres (Paris: Bordas, 1989), 63~99, 68~69.

432 다양한 언어로 된 모토들에 대한 요약 설명은 다음을 참조하라. Mrs. Alfred (Margaret) Gatty, *The Book of Sun-Dials*, enlarged by H. K. F. Eden and Eleanor Lloyd (London: George Bell, 1900), 203~486.

433 Friedrich Kittler, "Perspective and the Book," trans. Sara Ogger, *Grey Room* no. 5 (fall 2001): 38~53, 44.

434 Cecil H. Brown, "Where Do Cardinal Direction Terms Come From?" *Linguistic Anthropology* 25, no. 2 (summer 1983): 121~161.

435 Hugh W. Nibley, "Tenting, Toll, and Taxing," *Western Political Quarterly* 19, no. 4 (1966): 599~630.

436 "Kirchen und Gräber zum Beispiel sind nach Aufgang und Niedergang der Sonne angelegt, die Gegenden von Leben und Tod……" Heidegger, *Sein und Zeit*, 104.

437 David A. King, "Astronomy and Islamic Society: Qibla, Gnomonics, and Timekeeping," *Encyclopedia of the History of Arab Science*, ed. Roshdi Rashed, 3 vols. (London: Routledge, 1996), 1:128~184.

438 다음을 참조하라. Peter Szendy, *À coup des points: La ponctuation comme expérience* (Paris: Minuit, 2013).

439 Shweiki, "Earth-Moon Evolution," 547.

440 Helene M. Lampe and Sara Ötlund-Nilsson, "Animal Navigation in Air and Water,"in *Kompassrosen: Orientering mot nord* (Oslo: Nasjonalbiblioteket, 2009), 28~39를 참조하라.

441 Sabine Begall et al., "Magnetic Alignment in Grazing and Resting Cattle and Deer," *Publications of the National Academy of Science* 115, no. 36 (9 September 2008), 13451~13455.

442 Gerhard Ruhenstroth-Bauer et al., "Influence of the Earth's Magnetic Field on Resting and Activated EEG Mapping in Normal Subjects," *International Journal of Neuroscience* 73 (1993): 195~201.

443 Antonio Sastre et al., "Human EEG Responses to Controlled Alterations of the Earth's Magnetic Field," *Clinical Neurophysiology* 113 (2002): 1382~1390.

444 Wiltschko and Wiltschko, *Magnetic Orientation in Animals*, 71~75.

445 *Der Ursprung des Kunstwerkes* (Stuttgart: Reclam, 1960), 45 ff, 70, 여기저기.

446 Stanley H. Ambrose, "Paleolithic Technology and Human Evolution," *Science* 291 (2 March 2001): 1748~1753, 1750.

447 Robert Hertz, "The Preeminence of the Right Hand" (1909), *Death and the Right Hand*,

trans. Rodney and Claudia Needham (Aberdeen: University Press, 1960), 89～113, 155～160, 102.

448 Roger A. Hegstrom and Dilip K. Kondepudi, "The Handedness of the Universe," *Scientific American* 262, no. 1 (15 January 1990): 108～115.

449 Melville, *Moby-Dick*, 399.

450 어빙 고프만의 "시간 있어요?"라는 질문에 나오는 다양한 대답들에 관한 토론을 참조하라. *Forms of Talk* (Philadelphia: University of Pennsylvania Press, 1981), 68～70.

451 Charles Baudelaire, "L'horloge."

452 Martin Heidegger, *Sein und Zeit* (1927; Tübingen: Niemeyer, 1993), 71: "In den Uhren ist je einer bestimmten Konstellation im Weltsystem Rechnung getragen." 다음도 참조하라. Joan González Guardiola, *Heidegger y los relojes: Fenomenología genética de la medición del tiempo* (Madrid: Encuentro, 2008).

453 Espen Ytreberg, "The 1911 South Pole Conquest as Historical Media Event and Media Ensemble," *Media History* 20, no. 2 (2014): 167～181.

454 Charles O. Frake, "Cognitive Maps of Time and Tide among Medieval Seafarers," *Man* 20, no. 2 (1985): 254～270, 262～266. 다음도 참조하라. Bernhard Siegert, *Passagiere und Papiere* (Munich: Fink, 2006), 11.

455 *Oxford English Dictionary*, "다이얼" 어원.

456 Hartmut Winkler, "Was tut ein Prozessor? Raum und Zeit auf der Mikroebene der Chips," 미완성 원고, Universität Paderborn.

457 George Dyson, *Darwin among the Machines* (Reading, MA: Addison-Wesley, 1997), chapter 10.

458 내가 쓴 "Resemblance Made Absolutely Exact: Borges and Royce on Maps and Media," *Variaciones Borges* 25 (2008): 1～23을 참조하라. www.borges.pitt.edu/documents/2501.pdf.

459 Joseph Needham, Wang Ling, and Derek J. de Solla Price, *Heavenly Clockwork: The Great Astronomical Clocks of Medieval China* (Cambridge: Cambridge University Press, 1960), 85～94, 154～161, 여기저기.

460 Arthur F. Finney, *Shakespeare's Webs: Networks of Meaning in Renaissance Drama* (New York: Routledge, 2004), 80～81, discusses hourglass imagery in the Bard.

461 Gaston Bachelard, *La flamme d'une chandelle* (Paris: Presses universitaires de France, 1962), 24: "La flamme est un sablier qui coule vers le haut."

462 Silvio A. Bedini, "The Scent of Time: A Study of the Use of Fire and Incense for Time Measurement in Oriental Countries," *Transactions of the American Philosophical Society* 53, no. 5 (1963): 1～51; *Understanding Media*, 136.

463 Tony Jones, *Splitting the Second: The Story of Atomic Time* (Bristol: Institute of Physics,

2000).

464 Seneca, *Apocolocyntosis divi Claudii*, 1.2: "Facilius inter philosophos quam inter horologia conveniet." "horologia"라는 용어는 이것이 해시계인지 클렙시드라인지 혹은 다른 시계인지, 시계의 종류를 특정하지는 않는다.

465 Wolfgang Ernst, "Ticking Clock, Vibrating String: How Time Sense Oscillates between Religion and Machine," *Deus in Machina*, ed. Jeremy Stolow (New York: Fordham University Press, 2012), 43~60.

466 Needham et al, *Heavenly Clockwork*, 53, 여기저기.

467 David Landes, *Revolution in Time: Clocks and the Making of the Modern World* (Cambridge, MA: Harvard University Press, 1983, 2000).

468 John North, *Cosmos: An Illustrated History of Astronomy and Cosmology* (Chicago: University of Chicago Press, 2008), 133, 262~264.

469 Qur'an 6:97, 16:16.

470 Lynn T. White, Jr., *Medieval Technology and Social Change* (Oxford, UK: Oxford University Press, 1962), 122.

471 Derek J. de Solla Price, "On the Origin of Clockwork, Perpetual Motion Machines, and the Compass" (1959), https://archive.org/stream/ontheoriginofclo30001gut/30001.txt.

472 영국박물관, P&E 1888,1201.229.

473 Carlo Cipolla, *Clocks and Culture: 1300~1700* (London: Collins, 1967), 41~42.

474 Gerhard Dohrn-van Rossum, *Die Geschichte der Stunde* (1992; Cologne: Anaconda, 2007), 28, 32.

475 Edward Palmer Thompson, "Time, Work-Discipline, and Industrial Capitalism," *Past and Present*, No. 38 (1967): 56~97, 58.

476 Lewis Mumford, *Technics and Civilization* (New York: Harcourt, Brace, Jovanovich, 1934), 12~18. In *Being and Time*, 411, 416, 하이데거는 시계의 공공성Öffentlichkeit을 이루어 냈다.

477 Cipolla, *Clocks and Culture*, 58~59, 138~139n2.

478 Peter Galison, *Einstein's Clocks, Poincaré's Maps: Empires of Time* (New York: Norton, 2003), 93.

479 Dava Sobel, *Longitude* (New York: Walker, 1995).

480 Wiener, *Cybernetics*, 38.

481 다음을 참조하라. James R. Beniger, *The Control Revolution: Technological and Economic Origins of the Information Society* (Cambridge, MA: Harvard University Press, 1986); Galison, *Einstein's Clocks*, chapter 3; Carey, "Ideology and Technology," 213, 223 ff, 여기저기.

482 Derek Howse, *Greenwich Time* (London: Oxford, 1980).

483 Paul N. Edwards, *A Vast Machine* (Cambridge, MA: MIT Press, 2010), chapter 2.

484 Goudsblom, *Het regime van de tijd*, 33~34.

485 일광 절약 시간에 대해서는 다음을 참조하라. Siamak Movahedi, "Cultural Preconceptions of Time: Can We Use Operational Time to Meddle in God's Time?" *Comparative Studies in Society and History* 27, no. 3 (1985): 385~400.

486 Keni Lesa, "Samoa Skips Friday in Leap across International Dateline," *Christian Science Monitor*, 30 December 2011.

487 Peter L. Berger, Brigitte Berger, and Hansfried Kellner, *The Homeless Mind: Modernization and Consciousness* (New York: Vintage, 1974), 145.

488 Josetxo Beriain, *Aceleración y tiranía del presente* (Barcelona: Anthropos, 2008).

489 "The Watch," 7~10행.

490 Item P&E 1874,0718.41.

491 "Preámbulo a las instrucciones para dar cuerda al reloj." 파블로 로드리게즈 발본틴에게 감사한다.

492 Johan Huizinga, *Herfsttij der Middeleeuwen* (1919; Haarlem: Tjeenk Willink, 1957), 6.

493 Jacques Le Goff, *The Birth of Purgatory*, trans. Arthur Goldhammer (Chicago: Universityof Chicago Press, 1984). 290~295, 여기저기.

494 Jacques Le Goff, "Le temps du travail dans la 'crise' du XIVe siècle: Du temps médiéval au temps moderne," *Pour un autre moyen age* (Paris: Gallimard, 1977), 66~79.

495 White, *Medieval Technology*, 124.

496 Alain Corbin, *Village Bells*, trans. Martin Thom (New York: Columbia University Press, 1998).

497 Amos Oz, *A Tale of Love and Darkness*, trans. Nicholas de Lange (New York: Harcourt, 2004), 191.

498 Aschoff, Geschichte der Nachrichtentechnik, vol. 1, chapter 12; Theodor Reik, "The Shofar," *Ritual: Psycho-Analytic Studies*, trans. Douglas Bryan (1919; New York: Farrar, Straus and Company, 1946), 221~361; Jacques Lacan, "La voix de Jahvé," *L'angoisse* (1963; Paris: Seuil, 2004), 281~295.

499 R. J. H. Gottheil, "The Origin and History of the Minaret," *Journal of the American Oriental Society* 30:2 (March 1910): 132~154.

500 Brian Mockenhaupt, "Enlisting Allah: To Thwart the Taliban, Marines in Helmand Province are Teaching the Locals to Read the Koran," *Atlantic*, September 2011, 28, 30. 다문화주의와 제국주의가 어떻게 손을 맞잡고 함께 갈 수 있는지 보여 주는 좋은 사례다.

501 Corbin, *Village Bells*, 102.

502 Sigmund Freud, *Introductory Lectures on Psycho-Analysis* (New York: Norton, 1966), 112

~115.

503 Kate Lacey, *Listening Publics: The Politics and Experience of Listening in the Media Age* (Cambridge: Polity, 2013), 82.

504 Corbin, *Village Bells*, 307, 290.

505 Deborah Lubken, "Death Metal: American Bell Metal in War and its Aftermath," presentation to International Comm. Association, Boston, 2011; Friedrich Kittler, "Lightning and Series — Event and Thunder," trans. Geoffrey Winthrop-Young, *Theory, Culture and Society* 23 (2006): 63~74, 특히 65~69; Bernhard Siegert, "'Erzklang' oder 'Missing Fundamental': Kulturgeschichte als Signalanalyse," in *Medias in res: Medienkulturwissenschaftliche Positionen*, ed. Till A. Heilmann, Anne von der Heiden, and Anna Tuschling (Bielefield: Transcript, 2011), 231~245.

506 Cipolla, *Clocks and Culture*, 39, 50.

507 Marija Gimbutas, "Ancient Slavic Religion: A Synopsis," in *To Honor Roman Jakobson* (The Hague: Netherlands: Mouton, 1967), 738~759, 742~746.

508 Roland Barthes, "La Tour Eiffel" (1964), *Oeuvres Complètes*, ed. Éric Marty (Paris: Seuil, 1993), 1:1379~1400, 1385.

509 Bernal Díaz del Castillo, *Historia Verdadera de la Conquista de la Nueva España* (Mexico City: Porrúa, 2004), 174.

510 아타나시우스 키르허Athanasius Kircher의 《포노지아 노바*Phonurgia nova*》(1673)에 실린 목판화를 참조하라.

511 Lisa Parks and James Schwoch, eds., *Down to Earth: Satellite Technologies, Industries, and Cultures* (New Brunswick, NJ: Rutgers University Press, 2012)를 참조하라.

512 Friedrich Kittler, *Optical Media: Berlin Lectures, trans. Anthony Enns* (Cambridge: Polity, 2010).

513 Peter Apian, *Instrument Buch* (1533; Leipzig: Reprintverlag, 1990).

514 Michel Mollat du Jardin, *Europe and the Sea*, trans. Teresa Lavender Fagan (Oxford, UK: Blackwell, 1993), 113.

515 Orhan Pamuk, *My Name Is Red*, trans. Erdağ M. Göknar (New York: Vintage, 2001), 70.

516 John Naish, *Seamarks: Their History and Development* (London: Stanford Maritime, 1985), 11, 14.

517 2012년 파리 경찰은 특이한 밀매에 관련된 혐의로 한 가족을 체포했다. "Police Seize 13 Tonnes of Miniature Eiffel Towers," *Guardian*, 14 April 2012, 26.

518 Gustave Eiffel, in Jean des Cars and Jean-Paul Caracelle, *La Tour Eiffel: Un siècle d'audace et de génie* (Paris: Denoël, 1989), 59. "Enfin au point de vue militaire, la Tour fournira un observatoire précieux…… elle permet, soit par la vision direct, soit par la télégraphie optique,

d'établir des communications qui n'existent pas encore."

519 Galison, *Einstein's Clocks*, 275～290.

520 Barthes, "La Tour Eiffel," 1384.

521 Charles Braibant, *Histoire de la Tour Eiffel* (Paris: Plon, 1964).

522 Staffan Ericsson and Kristina Riegert, eds., *Media Houses: Architecture, Media, and the Production of Centrality* (New York: Peter Lang, 2010).

523 Volker Aschoff, *Geschichte der Nachrichtentechnik*, vol. 1 (Berlin: Springer, 1989), chapter 3.

524 William Thomson, Lord Kelvin, "On Lighthouse Characteristics," in *Lectures on National Architecture and Engineering* (Glasgow: William Collins, 1881), 89～106, at 89.

525 이 의견을 제공해 준 짐 포터Jim Porter에게 감사한다.

526 Tad Friend, "Jumpers: The Fatal Grandeur of the Golden Gate Bridge," *New Yorker*, 13 October 2003, 48～59.

527 F. W. J. Schelling, *Über das Wesen der menschlichen Freiheit* (1809; Frankfurt: Suhrkamp,1975), 74, on "die Lust zum Creatürlichen"; E. T. A. Hoffmann, "Der Sandmann"을 참조하라.

528 다음을 참조하라. Gertrud Heidegger, ed., *'Mein Liebes Seelchen': Briefe Martin Heideggers an seine Frau Elfriede, 1915～1970* (Munich: Deutsche Verlags-Anstalt, 2005), 69, 71, picture on 81; Thomas Sheehan, "Heidegger's Early Years: Fragments for a Philosophical Biography," in *Heidegger: The Man and the Thinker*, ed. Thomas Sheehan (Chicago: Precedent Publishing, 1981), 3～19; Hugo Ott, *Martin Heidegger: A Political Life*, trans. Allan Blunden (1989; New York: Basic, 1993), 104～105; Georg Paul Neumann, *Die deutschen Luftstreitkräfte im Weltkriege* (Berlin: E. S. Mittler und Sohn, 1920), 286～297 (기상 관측). 독가스 구름은 다음을 참조하라. Peter Sloterdijk, *Schäume, Plurale Sphärologie* (Frankfurt: Suhrkamp, 2004), 89～153과 여기저기.

529 William H. F. Altman, *Martin Heidegger and the First World War: Being and Time as Funeral Oration* (Lanham, MD: Lexington Books, 2012).

530 Theodore Kisiel, "Das Kriegsnotsemester 1919: Heideggers Durchbruch zur hermeneutischen Phänomenologie," *Philosophisches Jahrbuch* 99 (1992), 105～122. 키지엘 교수가 이 기상학 논문을 내게 알려 주었다.

531 Martin Heidegger, *Phänomenologie des religiösen Lebens, Gesamtausgabe* vol. 60 (1920～1921; Frankfurt: Klostermann, 1995), 149～151.

532 Richard Broxton Onians, *The Origins of European Thought: About the Body, the Mind, the Soul, the World, Time, and Fate* (Cambridge: Cambridge University Press, 1954), 343～348, and Napier Shaw, *The Drama of Weather*, 2nd ed. (Cambridge: Cambridge University Press, 1939), chapter 1. '바람의 눈'에서 온 카이로스 용어인 창문은 날씨와의 어원적 관계를 유지

함을 주지하라.

533 Friedrich Kittler, *Musik und Mathematik*, 1:1 (Munich: Fink, 2006), 79.

534 Shaw, *Drama of Weather*, 51. 이 용어는 마태오복음서 16:2에서 예수가 사용했다. 아래를 참조하라.

535 Friedrich Kittler, *Musik und Mathematik*, 1:2 (Munich: Fink, 2006), 40.

536 Conevery Bolton Valencius, *The Health of the Country* (New York: Basic Books, 2002), 109～132를 참조하라.

537 Lucretius, *De Rerum Natura*, book 4, lines 166ff; Pliny, *Naturalis historia*, book 2, chapters 6, 9.

538 메나헴 블론드하임의 도움에 감사한다.

539 J. Luzarraga, *Las tradiciones de la nube en la biblia y en el judaismo primitivo* (Rome: Biblical Institute Press, 1973)를 참조하라.

540 갈라티아 신자들에게 보낸 서간 4:10은 레위기 19:26과 민수기 18:10과 맥을 같이 한다.

541 "Russian Cleric: Meteorite was Lord's Message," *Rianovisti*, 15 February 2013, en.ria.ru/russia/20130215/179493189.html, 2013. 2. 15 접속.

542 Bruce E. Gronbeck, "Tradition and Technology in Local Newscasts," *Sociological Quarterly* 38, no. 2 (1997): 361～374.

543 McLuhan, *Understanding Media*, 66.

544 Shaw, *Drama of Weather*를 참조하라.

545 *The Anatomy of Melancholy*, James Cleick, *The Information* (New York: Pantheon, 2011), 401～402를 참조하라.

546 *Das Passagen-Werk*, vol. 1, 156～165.

547 Marita Sturken, "Desiring the Weather: El Niño, the Media, and California Identity," *Public Culture* 13, no. 2 (2001): 161～189, 162.

548 Paul N. Edwards, "Meteorology as Infrastructural Globalism," 4. James Rodger Fleming, *Meterology in America, 1800-1870* (Baltimore: Johns Hopkins University Press, 1990), 7장과 Mark Monmonier, *Air Apparent: How Meteorologists Learned to Map, Predict, and Dramatize Weather* (Chicago: University of Chicago Press, 1999), 3장을 참조하라.

549 Gleick, *The Information*, 147.

550 Shaw, *Drama of Weather*, 48, 70.

551 Richard R. John, *Network Nation: Inventing American Telecommunication* (Cambridge, MA: Harvard University Press, 2010), 123～124. 미국의 뉴스와 날씨 역사에 대한 도움을 준 그와 존 네론John Nerone, 그리고 케임브리지 리들리 린치Cambridge Ridley Lynch에게 감사한다.

552 Stephen M. Stigler, *Statistics on the Table* (Cambridge, MA: Harvard University Press,

1999), 2장.

553 "Remarks on the Present State of Meteorological Science," *Transactions of the Meteorological Society* 1 (London: Smith, Elder, and Co., 1839), 56~59, 57과 59에서 인용했다.

554 Paul N. Edwards, *A Vast Machine: Computer Models, Climate Data, and the Politics of Gloal Warning* (Cambridge, MA: MIT Press, 2010), 137, 173~174, 여기저기.

555 Narve Fulsås, "What Did the Weather Forecast Do to Fishermen and What Did Fishermen Do to the Weather Forecast?" trans. Mary Katherine Jones, *Acta Borealia: A Nordic Journal of Circumpolar Societies* 24 (2007): 59~83. 에스펜 이테베르크Espen Ytreberg에게 감사한다.

556 Edwards, *A Vast Machine*, 222 ff.

557 Edwards, *A Vast Machine*, 189~190, 222~224, 301, 여기저기.

558 구름이 미디어인지 물어준 크리스티나 샤프Kristina Scharp에게 감사한다.

559 Philostratus, *Life of Apollonius of Tyana*, trans. F. C. Conybeare, book 2, chapter 22.

560 Aristotle, *Rhetoric*, 1393a.

561 Hubert Damisch, *Théorie du nuage: Pour une histoire de la peinture* (Paris: Seuil, 1972), 51~52, 170~171, 180, 201, 214, 227, 기타 여기저기.

562 라위스달의 기상학적인 관찰이 지닌 진실성에 대해서는 프란츠 오싱이 주장한 바 있다. Franz Ossing, "Haarlem's Crown of Clouds: Meteorology in the Paintings of Jacob van Ruisdael," trans. Kari Odermann, http://bib.gfz-postdam.de/pub/wegezurkunst/haarlem_ruisdael_en.pdf (2014. 5. 3 접속).

563 Werner Busch, "Wolken zwischen Kunst und Wissenschaft," *Wolken: Welt des Flüchtigen*, ed. Tobias G. Natter and Franz Smola (Ostfildern, Germany: Hatje Cantz Verlag, 2013), 16~26.

564 Kurt Badt, *Wolkenbilder und Wolkengedichte der Romantik* (Berlin: De Gruyter, 1960); André Weber, *Wolkenkodierungen bei Hugo, Baudelaire, und Maupassant im Spiegel des sich wandelnden Wissenshorizontes von der Aufklärung bis zur Chaostheorie* (Berlin: Frank und Timme, 2012).

565 Tobias G. Natter, "'I change, but I cannot die': Eine Wolkenentdeckungsreise," *Wolken*, 6~13, at 8.

566 Richard Hamblyn, *The Invention of Clouds* (London: Picador, 2001)를 참조하라.

567 Mary Jacobus, "Cloud Studies: The Visible Invisible," *Gramma* 14 (2006), 219~247. 낭만주의 구름 테마에 대해서는 Hermann Hesse, *Peter Camenzind* (1904)를 참조하라. 코트니 램버트 피터스Kourtney Lambert Peters에게 감사한다.

568 John Ruskin, *Modern Painters*, vol. 5 (Sunnyside, UK: Goerge Allen, 1888), 108.

569 마르가리다 메데이로스Margarida Medeiros에게 감사한다. 루크레티오스는 이 삭제를 용인했을지도 모른다.

570 Herta Wolf, "Wolken: Zum Beispiel," *Wolken*, 42~53.

571 로레인 데이스턴Lorraine Daston은 구름의 과학과 재현의 한계에 대한 매우 흥미로운 작업을 하고 있다.

572 Robin Kelsey, "Reverse Shot: Earthrise and Blue Marble in the American Imagination," in *New Geographies 4: Scales of the Earth*, ed. El Hadi Jazairy (Cambridge, MA: Harvard University Press, 2011), 10~16. 카일 스타인Kyle Stine에게 감사한다.

573 Chris Russill, "Forecast Earth: Hole, Index, Alert," *Canadian Journal of Communication* 38 (2013): 421~442.

574 Ferdinand de Saussaure, *Cours de linguistique générale* (1916; Paris: Payot, 1995), 25, re: language, not langue.

575 John Milton, *Areopagitica* (1644), 6:5.

576 Andy Clark, "Embodiment: From Fish to Fantasy" (1999), 14. www.philosophy.ed.ac.uk/people/clark/pubs/TICSEmbodiment.pdf에서 접근이 가능하다.

577 Hannah Arendt, *The Human Condition* (Chicago: University of Chicago Press, 1958).

578 추가 논의로는 다음을 참조하라. Josef Simon, *Das Problem der Sprache bei Hegel* (Stuttgart: Kohlhammer, 1966), 68~79, 120~123; Friedrich Kittler, "Real Time Analysis, Time Asix Manipulation," in *Draculas Vermächtnis: Technische Schriften* (Leipzig: Reclam, 1993), 182 ff; Alexander Rehding, "The Discovery of Slowness in Music," *Liminal Auralities*, ed. Sander van der Mass and Kiene Brillenburg-Wurth (New York: Ofrdham University Press, 근간).

579 Marshall McLuhan, "The Later Innis," *Queen's Quarterly* 60 (1953): 385~394, 387.

580 Diogenes Laertius, *Lives of Eminent Philosophers*, trans. R. D. Hicks (Cambridge, MA: Harvard University Press, 1925), 38.

581 Jonathan Culler, "Apostrophe," *The Pursuit of Signs* (Ithaca, NY: Cornell University Press, 1981), 135~154를 참조하라.

582 존 듀이는 *Art as Experience* (1934; New York: Perigree, 1980, p.59)에서 이를 인지했다.

583 *Gesture and Speech*, 25, 19, 2장 여기저기. *Le geste et la parole*, 1:34, 41. 번역문을 글의 맥락에 맞게 고쳤다.

584 몸의 대칭에 대해 관심을 가졌던 또 다른 미디어 이론가로는 빌렘 플루서와 루이 벡이 쓴 *Vampyroteuthis Infernalis*(trans. Valentine A. Parks, Minneapolis: University of Minnesota Press, 2012)를 참조하라.

585 *Gesture and Speech*, 149; *Le geste et la parole*, 1: 211: "L'humanisation commence par les pieds."

586 직립 자세가 우리 뇌에 초래한 결과에 대한 보다 최근의 생체역학적인 사례로는 대니얼 리버먼Daniel Lieberman의 *The Evolution of the Human Head* (Cambridge, MA: Harvard

University Press, 2011)를 참조하라.

587 *Gesture and Speech*, 50; *Le geste et la parole*, 1: 75: "L'am nagement nerveux suit celui de la machine corporelle."

588 Diamond, *Guns, Germs, and Steel*, 88.

589 Leroi-Gourhan, *Gesture and Speech*, 149~150, *Le geste et la parole*, 211~212.

590 David Foster Wallace, "Backbone," *New Yorker*, March 2011, 69. *The Pale King*에서 발췌한 것이다.

591 Paddy Scannell, *Telvision and the Meaning of Live: An Inquiry into the Human Situation* (Cambridge: Polity, 2014), 64, 232n5.

592 Gregory Bateson, "Why Do Frenchmen" and "A Theory of Play and Fantasy," in *Steps to an Ecology of Mind* (1972; Chicago: University of Chicago Press, 2000), 9~13, 177~193.

593 Frans de Waal, *The Age of Empathy: Nature's Lessons for a Kinder Society* (New York: Broadway Book, 2010)

594 William H. McNeill, *Keeping Together in Time: Dance and Drill in Human History* (Cambridge, MA: Harvard University Press, 1995).

595 David McNeill, *Hand and Mind: What Gestures Reveal about Thought* (Chicago: University of Chicago Press, 1992).

596 Béatrice Fraenkel, *La signature: Genèse d'un signe* (Paris: Gallimard, 1992). 벤 카프카Ben Kafka에게 감사한다.

597 *Gesture and Speech*, 6장, 특히 149~150. *Le geste et la parole*, 특히 271, 272.

598 "Gates sees personal data, telepresence as future software issues," *MIT News*, 1999년 4월 14일, web.mit.edu/newsoffice/1999/gates2-0414.html, 2013. 3. 21 접속.

599 Robert Hopper, *Telephone Conversation* (Bloomington: Indiana University Press, 1992), 13 ff, 여기저기.

600 Alice Marwick and Nicole B. Ellison, "There Isn't Wifi in Heaven! Negotiating Visibility on Facebook Memorial Pages," *Journal of Broadcasting and Electronic Media* 56, no.3 (2012): 378~400을 참조하라.

601 Ilana Gershon, *The Breakup 2.0: Disconnecting over New Media* (Itaca, NY: Cornell University Press, 2010), 93~101. 대학생들이 얼마나 명백하게 함께 현전할 수 있는 커뮤니케이션을 미디어 선택의 문제로 여기는지 보여 준다.

602 Barbara L. Fredrickson, "Your Phone vs. Your Heart," *New York Times Sunday Review*, 23 March 2013.

603 Ken Hillis, *Online a Lot of the Time: Ritual, Fetish, Sign* (Durham, NC: Duke University Press, 2009); Imar O. de Vries, *Tantalisingly Close: An Archaeology of Communication Desires in Discourses of Mobile Wireless Media* (Amsterdam: Amsterdam University Press, 2012).

604 데이트 사이트는 래니어의 모핑하는 두족류가 서식하는 자연의 집으로, 이에 대해서는 2013년 봄학기에 내 학부 수업을 들었던 노라 부시맨Norah Bushman과 아만다 스미스Amanda Smith의 두 보고서에 빚을 졌다.

605 Jack M. Balkin, "Information Power: The Information Society from an Antihumanist Perspective," papers.ssrn.com/sol3/papers.cfm?abstract_id=1648624, 2013. 4. 12 접근, p.4.

606 David Michael Levy, *Scrolling Forward: Making Sense of Documents in the Digital Age* (New York: Arcade, 2001), 38.

607 Plato, *Phaedrus*, 275d.

608 Bernal Díaz del Castillo, *Historia Verdadera de la Conquista de la Nueva Espanã* (Mexico City: Porr a, 2004), 97. "¡Oh, quién no supiera escribir, por no firmar muertes de hombre!"

609 Walter J. Ong, *Orality and Literacy: The Technologizing of the Word* (London: Routledge, 1982), 81.

610 Michael Cook, *A Brief History of the Human Race* (New York: Norton, 2003), 47.

611 Cornelia Vismann, *Files*, trans. Geoffrey Winthrop-Young (Stanford, CA: Stanford University Press, 2008), 5.

612 Barry Powell, *Writing: History and Theory of the Technology of Civilization* (Malden, MA: Wiley-Blackwell, 2009), 11.

613 Cook, *A Brief History of the Human Race*, 142.

614 Friedrich A. Kittler, *Gramophon Film Typewriter* (Berlin: Brinkmann and Bose, 1986), 12.

615 William James, "On a Certain Blindness in Human Beings," in *The Writings of William James*, ed. John J. McDermott (Chicago: University of Chicago Press, 1977), 629~645, 630.

616 이에 대한 좋은 리뷰로는 다음을 보라 Leah Price, "Reading: The State of the Discipline," *Book History* 7 (2004): 303~320.

617 Mitchell Stephens, "Which Communication Revolution Is It, Anyway?" *Journalism Quarterly* 75 (1998): 9~13.

618 Leah Price, "You are What You Read," *New York Times*, section 7, 23 December 2007.

619 Ong, *Orality and Literacy*, 85.

620 Charles Darwin, *The Descent of Man* (New York: Appleton, 1871), 53.

621 Carolyn Marvin, "The Body of the Text: Literacy's Corporeal Constant," *Quarterly Journal of Speech* 80 no. 2 (May 1994): 129~149.

622 Lydia Liu, "Writing," *Critical Terms for Media Studies*, ed. W. J. T. Mitchell & Mark B. N. Hansen (Chicago: University of Chicago Press, 2010), 310~326.

623 Plato, *Phaedrus*, 276c와 Ernst Robert Curtius, *Europäische Literatur und Lateinisches Mittelalter* (Bern: Francke, 1948), 306.

624 Hartmut Winkler, "Discourses, Schemata, Technology, Monuments: Outline for a Theory

of Cultural Continuity," trans. Geoffrey Winthrop-Young and Michael Wutz, *Configurations* 10 (2002): 91~109.

625 이상하게도 실체가 없는 글쓰기 미디어Schreibzeug에 관한 하이데거의 논의는 *Sein und Zeit* (1927; Tübingen: Niemeyer, 1993), 68을 참조하라.

626 프랑스에 미친 겔브의 영향력에 대해서는 Claudia de Moraes Rego, *Traco, letra, escrita: Freud, Lacan, Derrida* (Rio de Janeiro: 7Letras, 2006), 2장을 참조하라.

627 Jacques Derrida, *Of Grammatology*, trans. Gayatri Chakravorty Spivak (1967; Baltimore: Johns Hopkins University Press, 1976), 88.

628 Barry B. Powell, "Homer and Writing," in *A New Companion to Homer*, ed. Ian Morris and Barry B. Powell (Leiden: Brill, 1997), 3~32, 4.

629 훌륭한 개론서로는 다음을 보라. Till A. Heilmann, *Textverabeitung: Eine Mediengeschichte des Computers als Schreibmaschine* (Bielefeld: Transcript, 2012), 1~56, 여기저기.

630 Hartmut Winkler, *Basiswissen Medien* (Frankfurt: Fischer, 2008), 235, 237.

631 Gelb, *A Study of Writing*, 12, 24.

632 Powell, *Writing*, 18.

633 Barry Holtz, ed. *Back to the Source: Reading the Classic Jewish Texts* (1984; New York: Simon and Schuster, 2006), 28~29.

634 Jan Assman, *Das kulturelle Gedächtnis* (Munich: Beck, 2007).

635 Friedrich Kittler, *Musik und Mathematik* 1:1 (Munich: Fink, 2006), 113~115.

636 Henry Petroski, *The Pencil* (New York: Knopf, 1989), 6.

637 Vismann, *Files*, 25~29.

638 James Gleick, *The Information: A History, a Theory, a Flood* (New York: Pantheon, 2011), chapter 13.

639 Denise Schmandt-Besserat, *How Writing Came About* (Austin: University of Texas Press, 1996).

640 Bernhart Siegert, *Passage des Digitalen* (Berlin: Brinkmann und Bose, 2003), 33.

641 Lev Manovich, *The Language of New Media* (Cambridge, MA: MIT Press, 2001).

642 Michael Schudson, "Political Observations, Databases & News in the Emerging Ecology of Public Information," *Daedalus* 139, no. 2 (2010): 100~109.

643 Peter Stallybrass, "Against Thinking," *PMLA* no. 5 (2007): 1580~1587, 1586.

644 Jöran Friberg, "Counting and Accounting in the Proto-Literate Middle East: Examples from Two New Volumes of Proto-Cuneiform Texts," *JCS* 51 (1999): 107~137. 댄 이머리Dan Emery에게 감사한다. Vismann, *Files*, and Wolf Kittler, "Aphrodite gegen Ammon-Ra: Buchstaben im Garten des Adonis, nicht in Derrida Apotheke," in *Archiv für*

Mediengeschichte: Stadt-Land-Fluss, ed. Lorenz Engell, Bernhard Siegert, and Joseph Vogl (Weimar: Verlag der Bauhaus-Universität, 2007), 207 ff.

645 Janice A. Radway, *Reading the Romance: Women, Patriarchy, and Popular Literature* (Chapel Hill: University of North Carolina Press, 1991), 199~200.

646 Assmann, *Das kulturelle Gedächtnis*, 59, 215.

647 Jack Goody, *The Domestication of the Savage Mind* (Cambridge: Cambridge University Press, 1977), 104.

648 David Deutsch, *The Biginning of Infinity* (New York: Viking, 2011), 60.

649 Michael J. Barany & Donald MacKenzie, "Chalk: Materials and Concepts in Mathematics Research," August 2011, www.sps.ed.ac.uk/_data/assets/file/0020/60518/Chalk.pdf, 2013. 3 접근.

650 Bruno Latour, "Review Essay: The Netz-Works of Greek Deductions," *Social Studies of Science* 38 (2008): 441~459, 457.

651 Barry B. Powell, *Writing and the Origins of Greek Literature* (Cambridge: Cambridge UP, 2002), 105.

652 Nicholas Ostler, *Empres of the Word: A Language History of the World* (New York: harper, 2005), 78, 83, 131.

653 *Gesture and Speech*, 107; *La geste et la parole*, 1: 153.

654 Jasper Svenbro, *Myrstigar: figurer för skrift och läsning i antikens Grekland* (Stockholm: Bonnier, 1999).

655 Powell, *Writing*, 19~20.

656 Jack Goody and Ian Watt, "The Consequences of Literacy," *Comparative Studies in Society and History* 5, no. 3 (April 1963): 304~345, 315.

657 Gelb, *A Study of Writing*, 67ff.

658 Derrida, *Of Grammatology*, 76~81.

659 예를 들어 Gelb, *A Study of Writing*, 100~101 도표를 참조하라.

660 Goody and Watt, "The Consequences of Literacy," 313.

661 Walter J. Ong, "Latin Language Study as a Renaissance Puberty Rite," *Studies in Philology* 56, no. 2 (1959): 103~124.

662 Florian Coulmas, *Writing Systems: An Introduction to their Linguistic Analysis* (Cambridge: Cambridge University Press, 2003), 18.

663 David Crystal, *Txting: The Gr8 Db8* (New York: Oxford University Press, 2009).

664 Jesper Svenbro, "Stilles Lesen und die Internalisierung der Stimme im alten Griechenland," trans. Peter Geble, in *Zwischen Rauschen und Offenbarung: Zur Kultur-und Medien-geschichte der Stimme*, ed. Friedrich A. Kittler, Thomas Macho, and Sigrid Weigel (Berlin:

Akademie, 2001), 55~71.

665 Barry B. Powell, *Writing and the Origins of Greek Literature* (Cambridge: Cambridge University Press, 2002), 120; Friedrich Kittler, *Musik und Mathematik* 1.1 (Munich: Fink, 2006), 101~121, 여기저기.

666 헤블록의 자민족중심주의에 대한 충격적인 비평으로는 Assmann, *Das culturelle Gedächtnis*, 259~264를 참조하라.

667 Havelock, *The Muse Learns to Write*, 9.

668 Gelb, *A Study of Writing*, 182.

669 Havelock, *The Muse Learns to Write*, 59~61.

670 Gelb, *A Study of Writing*, 225.

671 Powell, *Writing*, 48.

672 Deborah Fallow, *Dreaming in Chinese: Mandarin Lessons in Life, Love, and Language* (New York: Walker, 2010), 39~43.

673 이 단락은 내 스승인 존 S. 로버트슨John S. Robertson의 뛰어난 논문에 기반하고 있다. "The Possibility and Actuality of Writing," *The First Writing: Script Invention as History and Process*, ed. Stephen D. Houston (Cambridge: Cambridge University Press, 2004), 16~38.

674 Robertson, "The Possibility and Actuality of Writing," 19.

675 Jesper Svenbro, *Phrasikleia: Anthropologie de la lecture en Gréce ancienne* (Paris: la Découverte, 1988), 183.

676 Sybille Krämer, "Zur Sichbarkeit der Schrift oder: Die Visualsierung des Unsichtbaren in der operativen Schrift. Zehn Thesen," *Die Sichbarkeit der Schrift*, ed. S. Strätling and G. Witte (Munich: Fink, 2005), 75~83, 76.

677 후안 라몬 무뇨즈 토레스Juan Ramón Muñoz-Torres에게 감사한다.

678 McLuhan, *Gutenberg Galaxy*, 181.

679 Havelock, *The Muse Learns to Write*, 70.

680 Hartmut WInkler, "The Geometry of Time," homepages.uni-paderborn.de/winkler

681 Singh, *Big Bang*, 334.

682 빙클러의 "Processing"을 참조하라. homepage.uni-paderborn.de/winkler

683 Sybille Krämer, "The Cultural Techniques of Time Axis Manipulation: On Friedrich Kittler's Conception of Media," trans. Geoffrey Winthrop-Young, *Theory, Culture and Society* 23 (2006): 93~109, 96, trans. 번역 문장은 조금 수정하여 인용한 것이다.

684 Assman, *Das Kulturelle Gedächtnis*, 60~63.

685 Hartmut Winkler, *Diskursökonomie* (Frankfurt: Suhrkamp, 2004), 215~230.

686 2011년 4월 21일 하르트무트 빙클러와 개인적으로 나눈 이야기에서. 저자 번역.

687 Gleick, *The Information*, 370~71.

688 Bilger, "the Possibilian," 65.

689 Friedrich Kittler, "Blitz und Werie, Ereignis und Donner" (1993). 이를 설명하는 이 위대한 학자를 직접 보려면, vimeo.com/21605213을 참조하라. 영어로는 "Thunder and Series-Event and Thunder," trans. Geoffrey Winthrop-Young, *Theory, Culture and Society* 23 (2006): 63~74.

690 Arendt, *The Human Condition*, 236~247.

691 내가 쓴 웃긴 글을 참조하라. "The Anatomy of a Circumcerebral Quantum-Entangling Experience Engine," *Das Medium meiner Träume, Hartmut WInkler zum 60. Geburstag*, ed. Ralf Adelmann and Ulrike Bergemann (Berlin: Verbrecher Verlag, 2013), 31~42.

692 Norbert Wiener, *The Human Use of Human Beings: Cybernetics and Society* (Boston: Houghton Mifflin, 1950, 1954), 134.

693 Gershom Scholem, *Kabbalah* (New York: Quandrangle, 1974), 168.

694 Susan A. Handelman, *The Slayers of Moses: The Emergence of Rabbianic Interpretation in Modern Literary Theory* (Albany: NState University of New York Press, 1982), 37 ff.

695 Sharrona Pearl, "Exceptions to the Rule: Chabad-Lubavitch and the Digital Sphere," *Journal of Media and Religion* 13 (2014): 123~137.

696 Michael Cook, *A Brief History of the Human Race* (New York: Norton, 2003), 196~197에서 인용한 것이다.

697 Ann M. Blair, *Too much to Know: Managing Scholarly Information Before the Modern Age* (New Haven: Yale University Press, 2010).

698 Jack Goody and Ian Watt, "The Consequences of Literacy," *Comparative Studies in Society and History* 5:3 (April 1963): 304~345, 309.

699 "Rabbi OKs Deleting 'God' on Computers," *Los Angeles Times* 2 January. 1999, http://articles.latimes.com/1999/jan/02/local/me-59668.

700 Patrick Süskind, "Amnesia in Litteris: The Books I have Read (I Think)," *Harper's* (March 1987), 71~73.

701 Pierre Bayard, *Commoent parler des livres qu'on n'a pas lus* (Paris: Minuit, 2007)를 참조하라. 나는 아직 읽지 않은 책이다.

702 Blair, *Too Much to Know*, 3장 여기저기.

703 Lisa Gitelman, "Welcome to the Bubble Chamber: Online in the Humanities Today," *Media History and the Archive*, ed. Craig Robertson (New York: Routledge, 2011), 30~39.

704 Ted Striphas, "The Abuses of Literacy: Amazon Kindle and the Right to Read," *Communication and Critical/Cultural Studies* 7:3 (2010): 297~317.

705 Josiah Royce, *The World and the Individual*, 2 vols. (New York: Macmillan, 1899), 1:553.

706 Friedrich Kittler, "Real Time Analysis. Time Axis Manipulation," *Draculas Vermächtnis:*

Technische Schriften (Leipzig: Reclam, 1993), 182~207, 182.

707 William James, *Pragmatism* (1907; New York: Meridian, 1970), 68.

708 Jorge Luis Borges, "Prologue to the Collection," *Selected Non-Fictions*, ed. Eliot Weinberger (New York: Penquin, 1999), 513~534.

709 John Milton, *Areopagitica* (1644), 6:5.

710 "Dort, wo man Bücher verbrennt, da verbrennt man am Ende auch Menschen."

711 John Battelle, *The Search* (New York: Penguin, 2005); Ken Auletta, *Googled: The End of the World as We Know It* (New York, Penguin, 2009, 2010); Jeff Jarvis, *What Would Google Do?* (New York: Collins, 2009); Siva Vaidhanathan, *The Googlization of Everything (and Why We Should Worry)* (Berkeley: University of California Press, 2011); Ken Hills, Michael Petit, and Kylie Jarrett, *Google and the Culture of Search* (New York: Routledge, 2012); Nicholas Carr, *The Shallows* (New York: Norton, 2010); Steven Levy, *In the Plex* (New York: Simon and Schuster, 2011).

712 Thomas Haigh, "The Web's Missing Links: Search Engines and Portals," *The Internet and American Business*, ed. William Aspray and Paul E. Ceruzzi (Cambridge, MA: MIT Press, 2008), 159~200.

713 Jon M. Kleinberg, "Authoritative Sources in a Hyperlinked Environment"(1997), www.cs.cornell.edu/home/kleinber/auth.pdf, 2013. 4. 23 접속.

714 Friedrich Kittler, *Gramophon Film Typewriter* (Berlin: Brinkmann und Bose, 1986), 357.

715 Hills, et. al., *Google*, 4장을 참조하라.

716 Auletta, *Googled*, 35; Battelle, *The Search*, 252.

717 James Gleick, *The Information* (New York: Pantheon, 2011), 410.

718 James Grimmelmann, "The Google Dilemma" (2009), works.bepress.com/jamesgrimmelmann/19/, 2013. 4. 23 접근.

719 Sergei Brin, "A Library to Last Forever," *New York Times*, 8 October 2009, sec. A31.

720 "Google Announces Plan to Destroy All Information It Can't Index," *The Onion* 31 August 2005, www.theonion.com/articles/google-announces-plan-to-destroy-all-information-i,1783/, 2012. 8. 3 접근.

721 Levy, *In the Plex*, 46~52, 여기저기.

722 Fred Vogelstein, "Great Wall of Facebook: The Social Network's Plan to Dominate the Internet — and Keep Google Out," *Wired* 17 (22 June 2009).

723 당연히 다음을 참조하라. Frances A. Yates, *The Art of Memory* (1966; London: Pimlico, 1994).

724 Eric Schmidt and Jonathan Rosenberg, *How Google Works* (New York: Grand Central, 2014), 11.

725 Vincent Mosco, *To the Cloud: Big Data in a Turbulent World* (Boulder, CO: Paradigm, 2014) 참조.

726 Mark B. N. Hansen, "Foucault and Media: A Missed Encounter?" *South Atlantic Quarterly* 111 (2012): 497~528, 497.

727 Norbert Wiener, *The Human Use of Human Being: Cybernetics and Society* (Boston: Houghton Mifflin, 1950, 1954), 39.

728 Charles H. Bennett, "Notes on the History of Reversible Computation," *IBM Journal of Research and Development* 44 (2000): 270~277, 272.

729 James Glanz, "Power, Pollution, and the Internet," *New York Times*, 22 September 2012; Jean-Francois Blanchette, "Computing as if Infrastructure Mattered," *UCLA*, 27 September 2002.

730 Jan Assmann, *Das Kulturelle, Gedächtinis* (Munich: Beck, 2007), 177 ff.

731 Gleick, *The Information*, 164.

732 Brigit Meyer, "Mediation and Immediacy: Sensational Forms, Semiotic Ideologies, and the Question of the Medium," *Social Anthropology* 19 (2011): 23~39.

733 다음을 참조하라. *Deus in Machina*, ed. Jeremy Stolow (New York: Fordham University Press, 2012); Régis Debray, *Dieu, un Intinéraire* (Paris: Odile Jacob, 2001); Peter Sloterdijk, *Gottes Eifer: Vom Kampf der Drei Monotheismen* (Frankfurt: Verlag der Weltrrdligionen, 2007).

734 이 점에 대해서는 독일 그라이프스발트대학교 하인리히 아셀Heinrich Assel 교수의 도움을 받았다.

735 Tracy Carbauth, "God & Google: Do You Ever Treat God Like a Search Engine?" *Christianity Today* (September 2003),www.christianitytoday.com/iyf/hottopics/faithvalues/14.14.html, 2013. 4. 23 접근.

736 Hills, Petit, and Jarrett, *Google and the Culture of Search*.

737 이 제안을 해 준 제프리 윈스롭 영에게 감사한다.

738 Everlyn Bottando, *Hedging the Commons: Google Books, Libraries, and Open Access to Knowledge* (PhD dissertation, University of Iowa, 2012).

739 이 사례는 시바 바이드야나탄Siva Vaidhyanathan의 덕이다.

740 Haigh, "The Web's Missing Links."

741 요한복음서 10:9.

742 고대의 임의 추출 도구들에 대해서는 다음을 참조하라. Hugh W. Nibley, "The Arrow, the Hunter, and the State," *Western Political Quarterly* 2, no.3 (September 1949): 329~344.

743 자기 충족에 대한 남성성의 판타지에 대한 부분은 다음을 참조하라. Page Dubois, "Phallocentrism and its Subversion," *Arethusa* 18 (1985): 91~103.

744 다음을 참조하라. Gleick, *The Information*, 395~396; Hillis et al. *Google*, chapter 5.

745 Leo Koep, *Das himmlische Buch in Antike und Christentum: Ein religionsgeschichtliche Untersuchung zur altchristlichen Bildersprache* (Bonn: Peter Hanstein, 1952), 127, 여기저기.

746 Ernst Robert Curtius, *Europäische Literatur und Lateinisches Mittelalter* (Bern: Francke, 1948) 321~327, 324.

747 *The Ninth Bridgewater Treatise: A Fragment, second edition. The Works of Charles Babbage*, ed. Martin Campbell-Kelly, vol. 9 (London: William Pickering, 1989), 35~39, 36.

748 Babbage, "Note M: On the Age of Strata, as Inferred from the Rings of Trees Embedded in Them," *Ninth Bridgewater Treatise*, 110~114.

749 Friedrich A. Kittler, *Aufschreibesysteme, 1800/1900*, 3rd ed. (Munich: Fink, 1995), 291. 키틀러의 《축음기, 영화, 타자기*Gramophone, Film, Typewriter*》는 죽음 이후에도 청취가 가능하도록 남아 있는 목소리에 대한 몇 가지 이야기를 다시 들려준다.

750 Edgar Allan poe, "The Daguerreotype" (1840), *Classic Essays on Photography*, ed. Alan Trachtenberg (Stony Creek, CT: Leete's Island Books, 1980), 38.

751 Oliver Wendell Holmes Sr., "The Stereoscope and the Stereograph" (1859), *Classic Essays in Photography*, 73, 77~78.

752 Thomas Hill, *Geometry and Faith: A Fragmentary Supplement to the Ninth Bridgewater Treatise*, 수정 증보판 (New York: Putnam's, 1874), 46, 50.

753 도깨비에 대한 최근의 멋진 설명으로는 Gleick, *The Information*, 9장을 참조하라.

754 *The Human Use of Human Beings: Cybernetics and Society*, 2nd ed. (Boston: Houghton Mifflin, 1954), 29.

755 Balfour Stewart and Peter Guthrie Tait, *The Unseen Universe, or Physical Speculations on a Future State*, 3rd edition (London: Macmillan, 1875), 155~156. 차드 볼라스Chad Vollrath에게 감사한다.

756 W. Jerome Harrison, "Light as a Recording Agent of the Past," *The Photographic News: A Weekly Record of the Progress of Photography* 30, no. 1427 (8 January 1886): 23.

757 Robert Michael Brain, "Protoplasmania: The Vibratory Organism and 'Man's Glassy Essence' in the Later 19th Century," *Zeichen der Kraft: Wissenstransformationen 1800-1900*, ed. Thomas Brandstetter and Christof WIndgätter (Berlin, Kadmos, 2008), 199~227.

758 William James, *The Principles of Psychology*, 2, vols. (New York: Dover, 1950/2890), 1: 127, 234.

759 Norbert Wiener, *Cybernetics, or Control and Communication in the Animal and the Machine*, 2nd ed. (Cambridge: MIT Press, 1961), 31.

760 Andrew Craig, "Astronomers Count the Stars" (2003), news.bbc.co.kr/2/hi/science/nature/3085885.html.

761 *The Unimaginable Mathematics of Borges' Library of Babel* (New York: Oxford University Press, 2008).

762 Borges, "Argumentum ornithologicum," in *El Hacedor* (Buenos Aires: Emecé, 1960), 17.

763 Borges, "El Aleph" 참조.

764 Sabine Begall et al., "Magnetic Alignment in Grazing and Resting Cattle and Deer," *Publications of the National Academy of Science* 115, no. 36 (9 September 2008): 13451~13455.

765 인간에게 실행되었던 모든 원칙들은 처음엔 동물들에게 그리고 책에 시도되었다.

766 Burnett, *Sounding*, 154.

767 바다 동물들에 이름표를 붙이는 데 사용되었던 장치들에 대한 개요로는 다음을 참조하라. Whitlow W. L. Au and mardi C. Hastings, *Principles of Marine Bioacoustics* (New Yoker: Springer, 2008), chapter 13.

768 이러한 라디오 관련 연구에서 주요 인물은 폴 F. 라자스펠드Paul F. Lazardfeld다. 동물 개체군에 대해서는 D. B. DeLury, "On the Estimation of Biological Populations," *Biometrics* 3, no. 4 (1947): 145~167을 참조하라. 획기적인 계기가 된 연구는 1920년대 유전학이었다.

769 Geoffrey C. Bowker and Susan Leigh Star, Sorting *Things Out: Classification and its Consequences* (Cambridge, MA: MIT Press, 1999).

770 Benoit Mandelbrot, "How Long is the Coast of Britain: Statistical Self-Similarity and Fractional Dimension," *Science* 156 (1967): 636~638, 루이스 프라이 리처드슨Lewis Fry Richardson에 근거해 설명한 것이다.

771 Hans Hahn, "The Crisis of Intuition" (1933), in his *Empricism, Logic, and Mathematics: Philosophical Papers*, ed. Brian McGuinness (Dordrecht: Reidel, 1980), 76.

772 P. F. Strawson, *Individuals*. 인용 출처는 다음과 같다. Ian Hacking, *Representing and Intervening: Introductory Topics in the Philosophy of Science* (Cambridge: Cambridge University Press, 1983), 94.

773 Wendell Johnson, *People in Quandaries* (New York: Harper and Bros., 1946), 212~213.

774 이 사례를 발췌한 출처는 다음과 같다. D. Moody Smith, *John Among the Gospels*, 2nd edition (Columbia: University of South Carolina Press, 2001), 204~205, n15. 이 출처를 알려 준 도론 멘델스Doron Mendels에게 감사한다.

775 이와 관련한 모든 정보는 다음에서 가져왔다. Timothy S. Good, *We Saw Lincoln Shot: One Hundred Eyewitness* (Jackson: University Press of Mississippi, 1995).

776 Adam Gopnik, "Angels and Ages," *New Yorker*, 28 May 2007.

777 Rivka Galchen, *Atmospheric Disturbances* (New York: Picador, 2008), 90.

778 Jorge Luis Borges, "La busca de Averroes," in *El aleph* (Madrid: Alianza Editorial, 2007), 104~117, 104.

779 Friedrich Kittler, *Und der Sinus wird weiterschwingen: Über Musik und Mathematik* (Cologne: Kunsthochschule für Medien Köln, 2012), 46~50.

780 Gleick, *The Information*, 362, 371, 여기저기.

781 Vaidhyanathan, *Googlization*, 14.

782 내가 쓴 다음의 글을 참조하라. "Proliferation and Obsolescene of the Historical Record in the Digital Era," in *Cultures of Obsolescene: History, Materiality, and the Digital Age*, eds. Bärbel Tischleder and Sarah Wasserman (Palgrave Macmillan, 근간).

783 Charles Lyell, *Principles of Geology*, vol 1. (1830; Chicago: University of Chicago Press, 1991), 73, 75.

784 Charles Darwin, *The Origin of Species* (1859; Hazleton, PA: Electronic Classics Series, 2001~2013), 278.

785 "Friendship," *Selected Writings of Emerson*, ed. Donald McQuade (New York: Modern Library, 1981), 211.

786 *Unweaving the Rainbow* (New York: Mariner Books, 1998), 13~14.

787 Lyell, *Principles of Geology*, 73.

788 Ricahrd Panek, *Seeing and Believing: How the Telescope Opened Our Eyes and Minds to the Heavens* (New York: Penguin, 1998), 119.

789 William Herschel, "On the Power of Penetrating into Space by Telescopes," *Collected Scientific Papers* (1800; London: Royal Society, 1912), 2: 31~52, 49.

790 John D. Barrow, *The Constants of Nature* (New York: Pantheon, 2002), ch. 12를 참조하라.

791 Peter Galison, "Einstein's Clocks: The Place of Time," *Critical Inquiry* 26 (Winter 2000), 355~389, 387, 389에서 인용한 것이다.

792 Galison, "Einstein's Clocks," 375에서 인용한 것이다.

793 David M. Eagleman, "Brain Time," *What's Next? Dispatches on the Future of Science*, ed. Max Brockman (New York: Vintage Books, 2009), 155~169, 159, 163, 여기저기.

794 *The Beginning of Infinity* (New York: Viking, 2011), 70.

795 Barrow, *Constants of Nature*, 160~176; Brandon Carter, 162에서 인용한 것이다.

796 Gilles Deleuze, *The Logic of Sense* (1969; New York: Columbia University Press, 1990), 281.

797 다음의 유쾌한 에세이를 참조하라. P. L. Hearth, "Nothing," in *Encyclopedia of Philosophy* (New York: Macmillan, 1967), 5: 524~525. 피트 시몬슨Pete Simonson에게 감사한다.

798 Jorge Luis Borges, "From Someone to Nobody," *Selected Non-Fictions*, 341~343.

799 "La parole théologienne se nourrit du silence où, enfin, elle parle correctement," Jean-Luc Marion, *Dieu sans l'être* (1982; Paris: Quadrige, 2013), 9.

800 Steven L. Peck, "Crawling out of the Primordial Soup: A Step toward the Emergence of an

LDS Theology Compatible with Organic Evolution," *Dialogue: A Journal of Mormon Thought 43*, no. 1 (Spring 2010): 1～36; Gershom Scholem, *On the Mystical Shape of the Godhead: Basic Concepts in the Kabbalah*, trans. Joachim Neugroschel (1962; New York: Schocken, 1991).

801 Hans Blumenberg, *Geistegeschichte der Technik* (Frankfurt: Suhrkamp, 2009)를 참조하라.

802 Nature, *Selected Writings of Emerson*, 23.

803 Joel Robbins, "Anthropology and Theology: An Awkward Relationship?" *Anthropological Quarterly* 79, no. 2(2006): 285～294.

804 *Communication as Culture* (Boston: Unwin Hyman, 1989), 1장.

805 이야기를 나누어 준 리스토 쿠넬리우스Risto Kunelius에게 감사한다.

806 *Nature, Selected Writings of Emerson*, ed. Donald McQuade (New York: Modern Library, 1981), 10, 6.

807 퍼스가 윌리엄 제임스에게 쓴 글의 일부로 다음에서 인용한 것이다. Joseph Brent, *Charles Sanders Peirce: A Life* (Bloomington: Indiana University Press, 1993), 302.

808 Jorge Luis Borges, "La busca de Averroes," *El Aleph* (Madrid: Alianza Editorial, 2007), 104～117, 108; Friedrich Kittler, *Aufschreibesysteme 1800-1900* (1985; Munich, Fink, 1995), 39.

809 Jorge Luis Borges, "El jardín de los senderos que se bifurcan," *Ficciones* (Madrid: Alianza, 1985), 101～116.

810 Charles Ives, *Essays before a Sonata*, ed. Howard Boatwright (New York: Norton, 1961), 21.

811 Hans Jonas, "Heidegger and Theology," *Review of Metaphysics* 18, no. 2 (1964): 207～233, 230.

812 Thoreau, *Walden* (New York: Norton, 2008), 262.

813 William James, *Pragmatism*, 76.

814 Lynn Spigel, *Welcome to the Dreamhouse: Popular Media and Postwar Suburbs* (Durham, NC: Duke University Press, 2001), 141～183.

815 이 사례는 줄리언 브라운Julian Browne 덕분에 얻을 수 있었다. "Brewer's CAP theorem," www.julianbrowne.com/article/brewers-cap-theorem, 2012. 12. 27 접속. 벤 피터스Ben Peters와 에이브 공Abe Gong에게 감사한다.

816 Ed Folsom, "When I Heard the Learn'd Astronomer," in *The Routledge Encyclopedia of Walt Whitman*, ed. J. R. LeMaster and Donald D. Dummings (New York: Routledge, 1998), 769.

찾아보기